Histoire du cinéma français

PIERRE BILLARD

L'ÂGE CLASSIQUE DU CINÉMA FRANÇAIS

Du cinéma parlant à la Nouvelle Vague

Flammarion

© Flammarion, 1995
ISBN : 2-08-066138-8
Imprimé en France

AVANT-PROPOS

Informés de l'ouvrage que je préparais, des amis, quand ils me rencontraient, ne manquaient pas de me demander : « Alors, ton livre, à quelle lettre en es-tu ? » Ils avaient perçu l'ambition « totalitaire » du projet : ce ne pouvait donc être qu'un dictionnaire... Je recevais leur question comme une provocation : c'était tout juste du contraire qu'il s'agissait. Non que je sous-estime l'utilité et l'importance des dictionnaires, catalogues, almanachs, encyclopédies dont le cinéma s'enrichit désormais. Je considère Raymond Chirat, Philippe d'Hughes, Jacques Lourcelles, Vincent Pinel, Jean-Loup Passek ou Jean Tulard comme des bienfaiteurs de l'humanité et me déclare leur très reconnaissant débiteur. Simplement, j'ai suivi un autre chemin.

Après cinquante années de compagnonnage cinématographique, et plus de deux mille articles publiés, minces copeaux arrachés aux branches de l'actualité, le besoin grandit de dégager une vue d'ensemble, de remettre en ordre et en perspective le territoire parcouru, dont on a accumulé des « flashes » éparpillés, sans jamais le contempler dans son unité et sa continuité.

Cette motivation d'ordre strictement personnel, biographique en quelque sorte, pour ne pas dire biologique, se nourrit d'arguments plus généraux. Je dirai, pour faire court : la recherche de signes et l'intuition d'un manque.

Les signes. Le cinéma, tel qu'on le vit, en observateur, ou en participant, ce sont des films et puis des films, et puis encore des films, atomes peu crochus qui s'accumulent sans jamais vraiment faire masse. J'ai toujours eu le sentiment qu'outre leur poids spécifique, évidemment essentiel, ces films disposaient d'une valeur ajoutée selon la place qu'ils occupaient dans leur production nationale, qu'ils s'éclairaient et s'enrichissaient d'être perçus solidairement, dans le temps et l'espace. Et qu'en France ils étaient créés, produits, par un système fait d'initiatives, de passions, d'intérêts, de traditions qui, au-delà des institutions réglementaires et corporatives, formait un corps doué d'identité : le cinéma français. Bref, je crois que le cinéma français *existe* : pas seulement comme la somme arithmétique de ses particules mais comme le précipité chimique de ses composantes ; pas seulement

5

comme l'addition de ses œuvres et artisans mais comme une entité douée d'une personnalité. D'où l'envie de traquer les signes de cette identité et de cette personnalité au fil du temps, de regarder l'aventure se faire histoire.

Le manque. A la fin des années quarante, j'ai connu un premier paradis de la cinéphilie. C'était dans l'île Saint-Louis, un bureau tout blanc, égayé par la rumeur d'une cour de récréation voisine, où Georges Sadoul, manipulant des liasses de paperasses en désordre, déployait la merveilleuse utopie d'écrire l'histoire générale de tous les cinémas du monde. L'échec fatidique de cette belle entreprise n'a jamais effacé la fascination qu'elle exerçait : en ce temps-là, écrire sur le cinéma, c'était écrire l'Histoire. Puis les temps changèrent. Déserté, le chantier fut peu à peu réinvesti par de plus modestes ouvriers, précis, méticuleux, qui, de monographie en monographie, et de D.E.S. en doctorat d'université, ont patiemment rassemblé des matériaux historiques disparates mais précieux, tandis que dictionnaires et catalogues constituaient les premières banques de données, vite saisies en informatique, d'une documentation singulièrement enrichie.

Cette étape de la recherche éclatée et du fichier documentaire est nécessaire et féconde : espérons qu'elle va se poursuivre et se développer. Mais ce vaste savoir en miettes, éparpillé autour des auteurs, des thèmes, des époques les plus variés, n'est-il pas temps de le réinsérer dans une vision plus générale ; cette phase analytique si riche ne doit-elle pas contribuer à de nouvelles synthèses ? La connaissance s'est faite plus précise, plus sérieuse, plus large. A cette histoire dont la mosaïque s'assemble lentement dans la diversité de ses couleurs et de ses matériaux il manque le récit global, concret et raisonné.

Ce livre prend son élan sur cette double pente : retracer l'histoire du cinéma français pour mieux en cerner l'identité ; faire le récit de cette aventure pour définir la trajectoire globale. Pour être valable, une telle synthèse devait intégrer toutes les facettes de cette aventure : esthétique, économique, humaine, sociologique, politique, mythique, technique, littéraire, financière, statistique.

Entreprise modeste, soucieuse d'intégrer les conquêtes les plus notables de la recherche historique, et qui ne promet aucune révélation fulgurante. Entreprise ambitieuse, néanmoins, par l'étendue du champ qu'elle prétend couvrir, la diversité des paramètres choisis, la prétention à découvrir, sous l'histoire, des traits identitaires. Cette ambition, il convenait de l'adapter aux capacités de l'auteur. L'histoire de la période muette du cinéma français demeure un vaste chantier de fouilles. Je n'avais ni les moyens ni la compétence d'aller plus profond. Les soixante-cinq années de cinéma parlant offraient un terrain de bonne mesure, déjà sérieusement balisé, et que je n'ai cessé d'arpenter. Mais le centenaire du cinéma célébré en 1995 imposait une publication à date fixe. Pour tenir les délais, il fallait se partager le travail. Le surgissement de la « Nouvelle Vague », à mi-parcours, en 1959, justifiait la césure. Un spécialiste à qui me lient de profondes affinités et quelques divergences, Jean-Michel Frodon, s'occuperait de la période la plus récente, et moi de la plus ancienne : ainsi sont nés les deux volumes d'histoire du cinéma français « L'Age Classique » et « L'Age Moderne ».

L'objectif, dans ce livre, n'est pas d'accumuler des matériaux : les annexes se chargent de stocker les repères chronologiques et les principales données brutes. Il s'agit avant tout de privilégier l'essentiel, le significatif, l'information qui fait sens ; de croiser des dossiers jusqu'alors autonomes ; d'approfondir l'analyse d'œuvres majeures au-delà des anciens repères ; de réintroduire les passions humaines là où on ne voyait plus qu'évolution de structures, ou de rappeler le poids des institutions là où l'auteur vedette occupait la totalité du champ. Jusqu'à quel point ce vaste programme est-il vraiment rempli ? Au lecteur d'en décider.

L'auteur n'a qu'une certitude : cette approche était féconde. Parti pour transmettre un savoir, il a en cours de route, grâce à cette démarche, beaucoup appris. Par exemple qu'en tirant le fil rouge d'une banale commission parlementaire de 1930, on peut faire la pelote des réformes majeures de la Quatrième République dans le cinéma. Ou bien les bonnes réponses à des questions jamais posées : pourquoi l'échec des trois premières adaptations des *Maigret* au cinéma en 1931-1932 ? Comment André Gide a été l'agent majeur de la carrière de Marc Allégret ? Pourquoi des années séparent la fin de la guerre du retour de Jean Renoir en France ? Avant que Roland Barthes ne prononce leur oraison funèbre, ce fut une belle expédition que de retrouver les principaux acteurs-personnages à dimension mythique de cette période : pas seulement le héros des classes laborieuses, maudit par le Destin, cher à Jean Gabin, mais aussi son négatif, le tricheur mondain aux doigts de prestidigitateur et à la langue de camelot, incarné par Jules Berry, ou le symbole de l'évasion libertaire représenté par le clochard que joue Michel Simon, chez Renoir et Vigo, dans les années trente, chez Guitry dans les années cinquante. Il était précieux de vérifier que les grandes mutations techniques (parlant, couleur, scope, etc.) ne sont jamais déclenchées par des découvertes scientifiques, souvent bien antérieures, mais par la gravité des crises à résoudre ; ou de découvrir que l'événement engendré par *L'Age d'or* n'ouvre par l'ère du cinéma surréaliste, mais clôt pour longtemps celle des avant-gardes. Ce n'était pas du temps perdu de gratter longuement autour des « appellations contrôlées » pour se convaincre que substituer l'étiquette « populisme tragique » à celle de « réalisme poétique » concourait à mieux exprimer la diversité des réalismes français. Ce fut un trouble bénéfique d'être contraint de se demander si la période de l'Occupation ne représentait pas un âge d'or du cinéma français, pour la simple raison que celui-ci était alors débarrassé du cinéma américain. Si une sérieuse contre-expertise ne peut que conforter la prééminence de Jean Renoir, et si la plupart des grands noms du cinéma français se trouvent confirmés dans leur statut par ce réexamen, c'est une découverte de mesurer la diversité, la richesse, la vitalité d'un cinéma populaire si longtemps expulsé du champ de la recherche...

Cet « Age Classique » n'est qu'une première tentative pour retrouver la continuité d'un récit fragmenté et proposer du cinéma français une vision syncrétique. Ce travail doit beaucoup aux recherches des historiens qui l'ont précédé, et n'en fait pas mystère. Il souffre de lacunes délibérément assumées. Pour des raisons d'espace et de cohérence, cette histoire est, pour l'essentiel, celle de la production des longs-métrages de fiction : le documentaire, les actualités, le dessin animé, le court-métrage y sont à peine évoqués. Nous reconnaissons que cette contrainte est dommageable. Mais il faut arrêter ici la séance des aveux. Déjà le « je » de l'auteur a cédé la plume au « nous » de l'historien, et l'avant-propos cède au propos. Place à l'Histoire...

REMERCIEMENTS

Ce travail de longue haleine a requis de nombreux alliés. Je remercie particulièrement Marion Cres, directeur de la bibliothèque de la FEMIS, Charles-Henri Flammarion et Françoise Verny pour leur patience, Jean-Michel Frodon pour ce qu'il sait et ce qu'il ne sait pas.

Je remercie mes amis pour leur soutien et leur indulgence. Avec une pensée particulière pour Gérard Oury, Pierre et Geneviève Hebey, Michel Flacon et Mirèze Seguela. Le souvenir des « Oliviers » à Saint-Tropez et de la Villa Marouchi à Biarritz restera lié à celui de l'âge d'or du cinéma.

J'ai apprécié les stimulants coups de gueule de Bertrand Tavernier, la chaleureuse disponibilité de Bernard et Alice Chardère, la joyeuse consistance des entretiens avec Pierre-André Boutang et avec Jean-Claude Carrière.

J'ai puisé de l'énergie dans le souvenir d'amis disparus qui m'accompagnent toujours comme Jacques Becker, Jean-Louis Bory, Federico Fellini, Jean Grémillon, Joris Ivens, Pierre Kast, Jacques Ledoux, Sergio Leone, Jean-Pierre Melville. Et, bien entendu, Valentin Feldman par qui tout a commencé.

Le rôle de Ginette, ma femme, la situe hors de tout remerciement. Sans elle, il n'y aurait pas de livre...

Livre premier

L'APPRENTISSAGE

1928-1935

« — Moi, j'aimais mieux le muet.
Du temps du muet, il y avait de la musique.
— Maintenant aussi.
— On ne l'entend pas, les gens causent tout le temps.
— C'est le progrès... »

Jacques Prévert et Jean Renoir
Le Crime de M. Lange

Introduction

LA FIN DU MONDE

Dans son livre *Notre siècle*, l'historien René Rémond titre son chapitre 5 : « 1930 : un apogée » et son chapitre 6 : « La crise ». C'est sur cette ligne de faîte entre l'apogée national et la crise mondiale que démarre le cinéma parlant et que s'ouvre notre livre. De cette crise des années trente qui s'achèvera en guerre mondiale, les germes existent déjà au tournant de l'an 1930, mais rares sont ceux qui les perçoivent. Les raisons de se réjouir sont si nombreuses !

La France dispose de la plus grande armée du monde, elle est respectée pour son action pacifique et son représentant à Genève, Aristide Briand, est le leader de la Société des Nations. Politiquement apaisé, le pays, qui compte moins de 1000 chômeurs en 1929, a absorbé 2 millions d'immigrants en dix ans et compte, sans conflits notables, 8 % d'étrangers. En mai 1929, le stock d'or de la Banque de France est de 29 milliards : il sera de 55 milliards en mai 1931, au moment où la France se rassemble fièrement autour de l'Exposition coloniale, symbole de la grandeur de son empire (33 millions de visiteurs). L'Etat dispose d'un copieux bas de laine (excédent budgétaire de 4 milliards) et le franc est solide, tandis qu'un krach sans précédent secoue les Etats-Unis (jeudi noir du 24 octobre 1929 à Wall Street). Les Mousquetaires du tennis (Borotra, Cochet, Brugnon, Lacoste) détiennent la Coupe Davis depuis 1927 et les ailes françaises viennent de réussir le raid autour du monde (Costes et Le Brix), la traversée de l'Atlantique Sud (Mermoz), ainsi que celle de l'Atlantique Nord dans le sens Paris-New York (Costes et Bellonte). Sur le plan intellectuel, le bilan est plus excitant encore. Anatole France puis Bergson ont décroché le prix Nobel de littérature, Jean Perrin puis Louis de Broglie le Nobel de physique, Charles Nicolle le Nobel de médecine. Dada puis le *Manifeste du surréalisme* ont donné le branle à une révolution artistique. Gide, Valéry, Montherlant, Aragon, Mauriac, Cocteau, Malraux, Giono, Saint-Exupéry, Marcel Aymé, Marcel Arland et Paul Morand sont au cœur d'une vie littéraire intense qui se polarise autour de la *N.R.F.* Picasso, Braque, Matisse, Maillol, Ravel, Honegger, Max Ernst, Giacometti, Miró, Dali, Lifar, Balanchine, Chagall illustrent de leurs œuvres un Paris cosmopolite où l'on rencontre Hemingway, Man Ray, Henry Miller et tous les grands noms de la création mondiale. Paris est une fête et tire les derniers feux d'artifice de ce qu'on appellera les « années folles ».

Sans le savoir, cette fête célèbre la fin d'un monde. Demain, ce sera la crise, la dévaluation, le chômage, demain ce sera le fascisme, le nazisme, le stalinisme, le franquisme, l'antisémitisme. Demain ce sera la guerre. Le hasard va faire que pendant ces dernières années de prospérité et de fierté nationales (1928-1932), le cinéma français va se trouver ébranlé dans ses fondations, menacé dans son existence et soumis à l'humiliation d'être pris en otage par une révolution technique et artistique venue d'ailleurs. Le temps d'affronter et de surmonter l'épreuve, de s'adapter et de retrouver son équilibre, la fête sera envolée. Précédant l'événement, le cinéma aura ainsi, sinon compris, du moins éprouvé dans sa chair comment le monde change.

A ce moment charnière où commence notre histoire, considérons, sous les hasards de l'anecdote, la valeur symbolique de trois événements qui frappent les trois coups de cette mutation.

1) Le 19 août 1929, le jeune génie soviétique Sergueï Eisenstein (trente et un ans) est autorisé à quitter Moscou. Il veut présenter à l'Ouest son dernier film, *La Ligne générale*, et s'initier au cinéma sonore et parlant. Il donne des conférences dans les grande capitales européennes. Avec son assistant Alexandrov et son opérateur Tissé, il étudie à Paris le matériel des studios Tobis et entreprend un petit film musical, *Romance sentimentale*, financé par le joaillier Leonard Rosenthal qui donne l'occasion à sa femme Mira Giry de chanter pour l'écran. Moment privilégié de ce voyage, Eisenstein participe du 2 au 9 septembre 1929 au Congrès du cinéma indépendant organisé par Jean-Georges Auriol et son journal *La Revue du cinéma* au château de Mme de Mandrot à La Sarraz (Suisse). Il retrouve là le gratin de la culture cinématographique européenne ; entre autres les critiques et historiens Jean Mitry et Léon Moussinac, le cinéaste d'origine brésilienne Alberto Cavalcanti, le grand théoricien hongrois exilé à Berlin Bela Balazs, le cinéaste allemand Walter Rutmann qui vient de tourner le premier film expérimental sonore, *La Mélodie du monde*. Au cours de cette réunion, Edouard Tissé tourne un petit film burlesque, *L'Assaut de La Sarraz*, où l'on voit Moussinac en mousquetaire, Eisenstein en Don Quichotte et Jean-Georges Auriol, usant de sa machine à écrire comme d'une mitraillette, livrer un assaut victorieux pour libérer le film d'art (incarné par l'écrivain Janine Bouissounousse), prisonnier du cinéma commercial. Hélas, ce n'est que du cinéma... A Paris, en février 1930, le préfet Chiappe interdit la projec-

tion de *La Ligne générale* à la Sorbonne. Eisenstein abandonne à Alexandrov *Romance sentimentale* et part pour une malheureuse aventure mexicaine dont il sortira meurtri. Il faudra attendre 1938 pour qu'il puisse enfin terminer un film, *Alexandre Nevski*. Contrairement au scénario, le film d'art n'a pas été libéré de ses geôles.

2) Pourtant, c'est le moment où le cinéma onirique et irréaliste, en un mot surréaliste, frappe un grand coup. En 1927, Germaine Dulac a tourné *La Coquille et le Clergyman* sur un scénario d'Antonin Artaud. Le groupe surréaliste chahute la présentation aux Ursulines en février 1928, bien que le film soit fidèle aux intentions. En 1929, le groupe, en revanche, donne son imprimatur au *Chien andalou* de Luis Buñuel et Salvador Dali. Un couple de mécènes, le vicomte Charles de Noailles et la vicomtesse Marie-Laure, sur la suggestion de Jean Cocteau et du compositeur Georges Auric, alloue 700 000 francs d'une part à Buñuel, d'autre part à Cocteau, pour qu'ils tournent au gré de leur inspiration. Ce sera, pour Buñuel, *L'Age d'or* (écrit en partie avec Dali), qui passera au Studio 28 du 28 octobre au 3 décembre 1930 avant d'être interdit ; et, pour Cocteau, *Le Sang d'un poète*, tourné au même moment, qui ne sortira que le 20 janvier 1932 au Vieux-Colombier. Les surréalistes soutiennent à fond le film de Buñuel (dont la bande-son reste techniquement assez primitive), qui exalte l'amour fou et trouve des métaphores visuelles originales et violentes pour attaquer la bourgeoisie, l'Eglise, les institutions, les représentants des autorités sociales. Les surréalistes, par contre, dénoncent comme une sinistre mystification *Le Sang d'un poète*, moins révolté, moins cruel, moins passionné, plus esthétique et formellement superbe.

Peu importe aujourd'hui ce débat. Il reste que deux des premiers films parlants français ont été des entreprises marginales d'expression poétique profondément liées aux courants les plus vivaces de la vie artistique française. La révolution (technique) du parlant va-t-elle épouser la révolution (morale, artistique) du surréalisme ? Le nouveau cinéma qui s'invente va-t-il être marqué du sceau de la révolte, de l'avant-garde, de la poésie ? C'est le contraire qui se produit. *L'Age d'or* et *Le Sang d'un poète* n'ouvrent pas l'ère du cinéma surréaliste : ils concluent le maigre cycle de la création surréaliste au cinéma. A l'exception du court-métrage documentaire *Las Hurdes* (*Terre sans pain*, 1932), Luis Buñuel ne tournera plus avant 1946, et Cocteau non plus. En 1930, justement, André Breton publie le *Second manifeste du surréalisme*, davantage consacré à un bilan du passé qu'à un programme d'avenir. Sous le titre « Un cadavre », une partie des surréalistes (dont Jacques Prévert) répliquent violemment à Breton. L'heure est aux règlements de comptes. Pendant les années trente, on abandonne les cadavres exquis et l'écriture automatique : le grand débat du surréalisme sera de savoir s'il faut adhérer ou non au parti communiste. Le monde a changé.

3) Pendant les années vingt, un cinéaste français a montré, à travers trois œuvres de mieux en mieux maîtrisées (*J'accuse, La roue, Napoléon*), une ambition poétique et prophétique exceptionnelle. En janvier 1930, Abel Gance entreprend le tournage d'une nouvelle œuvre hors du commun, *La Fin du monde*. A travers un scénario complexe, il raconte l'histoire de deux frères, l'un mystique, l'autre astronome, qui tentent de prévenir le monde entier d'un risque de collision interplanétaire et de créer une république universelle faisant corps contre les hommes d'argent et de pouvoir qui financent des guerres juteuses. Cette croisade messianique devait durer plusieurs heures et mettre en œuvre des innovations dont l'imagination de Gance n'était pas avare. Mais l'arrivée du parlant imposa d'improviser immédiatement une nouvelle version (parlante), sans que la technique soit rodée, ni l'usage du verbe maîtrisé. De grandiose, le film devint bavard, grandiloquent, outrancier. Le tournage prit du retard, le producteur exigea des coupures, Gance ne put terminer le film et ses assistants, Jean Epstein, Victor Tourjansky et Henri Etievant, firent au mieux. Il en résulta une œuvre de quatre-vingt-douze minutes, incohérente en dépit de superbes moments. Pour Gance, et pour le cinéma français, c'était une défaite radicale, car s'il poursuivit sa carrière avec éclat, jamais le cinéaste ne devait retrouver un projet à la dimension de son génie. Pour tout un cinéma d'expression visuelle, dont Gance avait été en quelque sorte le Victor Hugo, c'était en effet la fin du monde.

Un génie en vadrouille libérant le film d'art, le cinéma récupéré par la révolution surréaliste (ces deux victoires obtenues grâce aux œuvres de bienfaisance de l'aristocratie éclairée...), un grand poète de cinéma instaurant en images la république universelle : trois rêves fous auxquels conduisait naturellement l'évolution esthétique du cinéma des années vingt, avec ses avant-gardes constituées et son ambition artistique proclamée. Trois rêves fous auxquels les événements que nous venons d'évoquer donnent une illusoire consistance, mais qui en fait fonctionnent non comme des tremplins mais comme des butoirs : sous les pavés, le granit du réel. Finie la kermesse des armistices victorieux. En 1930, sans le savoir encore, la France glisse de l'euphorie de l'après-guerre à la montée des périls de l'avant-guerre. A partir de 1939, guerres chaudes et guerre froide, antitotalitaires et anticolonialistes, ou guerres de libération, ce seront des décennies d'affrontements physiques et idéologiques où les hommes lutteront pour la survie et la liberté. Le débat sur l'art pour l'art est remis à plus tard ; il attendra trente ans.

Le cinéma parlant naît au moment où l'Histoire amorce son grand virage vers la crise et la tragédie. Il portera les traces de cette mutation politique et sociale à peine perceptible en 1930, et qui va bientôt exploser aux yeux de tous. Mais une autre révolution est en marche, souter-

14

raine, dont la portée n'apparaîtra que beaucoup plus tard, et qui affectera beaucoup plus directement l'avenir du cinéma. Jean-Luc Godard a raison de noter que le cinéma parlant surgit au moment où s'imposent sur la scène politique mondiale de grands manitous du micro, du meeting de masse et de la manipulation radiophonique et médiatique tels que Mussolini, Hitler ou Staline. Chaplin l'avait déjà noté à sa manière, puisque pour tourner *Le Dictateur*, en 1939, il consent pour la première fois à parler à l'écran. Si, en notre fin de XXe siècle, le cinéma est devenu un secteur de l'industrie audiovisuelle, elle-même composante du complexe dominant de la communication, c'est bien parce que, en cette fin des années vingt, s'est mis en route le phénomène des mass media qui va grignoter, puis dévorer, bon nombre d'instruments culturels.

En 1928, *L'Ami du peuple* à deux sous met en péril la presse à cinq sous. Les quotidiens qui paraissaient sur quatre pages en 1919 en ont maintenant dix. En 1930, Prouvost rachète *Paris-Soir* qui, en l'espace de trois ans, passera de 60 000 à 2 millions d'exemplaires par jour. En 1928 encore, Paris découvre le téléphone automatique. Cocteau, avec *La Voix humaine*, inscrit le téléphone au répertoire de la Comédie-Française, tandis qu'avec *Vol de nuit* Saint-Exupéry introduit les lignes aériennes en littérature. Depuis 1922, la radio, avec Radio Paris, Radio Tour-Eiffel et le Poste Parisien, en attendant Radio Cité (1935), connaît un essor extraordinaire. En 1930, le Moulin-Rouge salue la radio avec sa nouvelle revue « Allô... Ici Paris », où on remarque un jeune émule de Maurice Chevalier : Jean Gabin. Il y a déjà 500 000 postes en 1930, il y en aura 5 millions en 1938. La photographie se répand dans les publications, grâce au bélinogramme, à l'offset et à l'héliogravure et est consacrée comme une forme d'expression artistique. Depuis 1928, le magazine *Vu* se spécialise dans les reportages photographiques. Si Gaston Gallimard règne sur l'intelligentsia *via* la *Nouvelle Revue française*, il se lance parallèlement dans la presse populaire et sort, en 1928, *Détective* à 350 000 exemplaires (en 1932, ce sera *Marianne*). Il y avait 120 000 automobiles en 1914, il y en a 1 700 000 en 1931 et ce n'est qu'un début. On vend 2 500 000 disques en 1930. La publicité envahit les murs et conquiert ses lettres de noblesse. Les affiches de Jacques Carlu, Paul Colin, Cassandre récupèrent le cubisme et le style Arts Déco. Après les programmes expérimentaux de 1929, la télévision émet à partir de 1932. Personne ne le soupçonne encore, mais la société de communication est en marche. Le cinéma parlant contribuera à la façonner. Elle contribuera à le transformer.

C'est donc bien à la fin d'un monde que le parlant apparaît. Il s'installe dans le décor fissuré d'une époque qui s'achève, sur les ruines d'un art qu'il assassine et auquel il se substitue : le cinéma muet. Il va lui falloir le temps — c'est l'objet de cette première partie — de maîtriser ses instruments et de se forger une identité avant de mettre le cap sur sa périlleuse et formidable aventure.

Première partie

COMMENT LA PAROLE VIENT AU CINÉMA

1928-1930

Chapitre 1

LE MUR DU SON

> « *You ain't heard nothing yet* »
> (Vous n'avez encore rien entendu).
> Al Jolson, dans *The Jazz Singer*.

Une défaite française

L'apparition du parlant n'est pas une simple étape de l'évolution technique. Elle constitue un véritable séisme qui bouleverse le monde cinématographique. Industrie, esthétique, brevets, positions dominantes, carrières, vedettariat, investissements : tout est chamboulé. Pierre Leprohon résume parfaitement cette situation quand il intitule le premier tome de son histoire du cinéma : « 1895-1930 : vie et mort du cinématographe ». Du muet au parlant, nous assistons moins à une transmission de relais qu'à l'essor d'une activité nouvelle à partir des dépouilles de la victime.

Pour le cinéma français, cette mutation s'étend sur cinq ans, de 1928 à 1932. Pourquoi à ce moment-là ? Il faudrait au moins le Sganarelle du *Malade imaginaire* pour nous « dire justement ce qui fait que votre fille est muette » et se met soudain à parler. Car la parole, le cinéma la possédait avant même d'être inventé...

C'est en 1877 que le poète et musicien Charles Cros imagine un procédé d'enregistrement du son sur disque, tandis qu'Edison réalise et fait breveter un appareil d'enregistrement sur cylindre sous le nom de « phonographe ». C'est l'ambition de mettre des images animées sur ces sons, l'espoir d'inventer ce qu'il appelle un « phonographe optique » qui inspirera à Edison ses recherches vers le cinéma. « Je songeai qu'il serait possible de construire un appareil qui serait pour l'œil ce que le phonographe est pour l'oreille, et qu'en les utilisant ensemble, on pourrait enregistrer et reproduire simultanément le son et le mouvement. »

Dès 1894, son laboratoire mettait au point un « kinétophone » qui assurait une synchronisation entre la rotation d'un disque et le déroulement de ce qui n'était pas encore, à proprement parler, un « film ». Après 1895 et l'étape majeure du cinématographe Lumière, les expériences se poursuivirent, sans grand impact public. Pendant trente ans, elles vont progresser lentement avant de subir une foudroyante accélération.

Nous n'entendons pas entrer ici dans le détail des travaux scientifiques mettant en jeu acoustique, mécanique, électricité et photoélectricité, qui aboutirent à sonoriser le cinéma. Il est toutefois nécessaire d'évoquer les pistes principales, faute de quoi on s'exposerait à ne rien comprendre aux structures et conflits autour desquels se constituera le cinéma parlant.

Deux voies techniques principales mènent au cinéma parlant : l'utilisation de disques dont la rotation est synchrone avec le déroulement des images et la transposition des ondes sonores en ondes photographiques inscrites sur la pellicule du film. Le premier système est le plus ancien, le plus simple et le moins satisfaisant : les disques sont lourds et fragiles, ils doivent être changés toutes les vingt projections, le synchronisme peut être défaillant. C'est un tel système, pourtant, mis au point en 1925 par la société américaine Western Electric sous le nom de Vitaphone, qui fut acheté en avril 1926 par les frères Warner et utilisé pour la sonorisation musicale d'un film muet en cours, *Don Juan*, avec John Barrymore. Ce film fut projeté le 6 août 1926 au Warner's Theater de New York. C'est encore avec le procédé Vitaphone que les frères Warner produisirent *Le Chanteur de jazz* sorti à New York le 23 octobre 1927 et dont le triomphe constitua le détonateur de la révolution du parlant.

Le second système comporte des variantes diverses suivant la manière dont est déclenchée et enregistrée la variation de la lumière sous l'effet des ondes sonores. Le brevet déterminant est celui acquis en Allemagne, en 1919, par Hans Vogt, Joe Engl et Joseph Massole pour « un système d'enregistrement photographique à densité variable » baptisé Triergon. Expérimenté avec succès en 1921-1923 puis abandonné, cédé à des sociétés diverses, enrichi d'apports multiples, le Triergon est à la base des trois procédés commercialisés : deux aux Etats-Unis à partir de 1927 par Fox sous le nom de Movietone, et par R.K.O. sous le nom de Photophone, et un en Allemagne, à partir de 1928, par la Tobis-Klangfilm. Au total donc, quatre marques, trois américaines et une allemande, exploitant deux procédés radicalement différents, se lançaient à la conquête d'un nouveau marché mondial.

Que faisaient donc les Français ? Depuis trente-cinq ans, ils avaient joué un rôle de premier plan dans l'invention du cinéma, la fabrication du matériel, la chasse aux images, la recherche technique, la popularisation d'un nouveau média, l'élaboration d'un langage artistique, au point d'occuper une place dominante dans le monde vers 1910. Comment expliquer leur absence au moment où le cinéma sonore et parlant venait écrabouiller le cinéma muet et se substituer à lui ? En tout cas pas par l'indifférence au problème ou par l'ignorance de la question. Des deux premiers grands entrepreneurs français du cinéma, Charles Pathé avait commencé par vendre et louer, puis fabriquer des phonographes avant de s'intéresser aux images, tandis que Léon Gaumont, passionné d'innovation technique, chercha pendant trente ans la clé du problème. Déjà, lors de l'Exposition universelle de Paris en 1900, on pouvait assister aux démonstrations du Phonorama de Berthon, Dussart et Jaubert, du Cinématorama parlant de Baron, du Ciné-Gramo-Théâtre de July et Mendel, du Phono-Cinéma-Théâtre de Léon Gaumont avec des scènes jouées par des acteurs célèbres de l'époque : Sarah Bernhardt, Coquelin, Mounet-Sully. Le Français Henri Joly déposait dès 1905 un brevet pour l'enregistrement électrique du son sur la pellicule du film. Le Français Eugène-Augustin Lauste, qui fut le collaborateur de Dickson aux laboratoires d'Edison, fit breveter en Angleterre en 1906 un système d'enregistrement du son directement sur la pellicule cinématographique. En reconnaissance de son impuissance à commercialiser ses inventions, les laboratoires Bell Telephone firent plus tard de Lauste le directeur de leur service des brevets ! L'un des trois inventeurs du Triergon, Joseph Massole, était un Français venu poursuivre en terrain plus favorable des recherches qui ne trouvaient pas de débouchés en France. Un autre chercheur, qui avait inventé un « viseur de tir aérien » utilisé pendant la guerre de 14-18, Charles Delacommune, fit breveter en 1919 un appareil qui « réalisait le synchronisme sans disque, en bordure du film », sans parvenir à financer la fabrication industrielle de son invention.

Si ces obstacles, ces détours, ces revers sont le lot commun de la recherche, l'échec de Léon Gaumont est plus étrange. Car son acharnement fut considérable, ses moyens étaient grands et sa position, stratégique. Les étapes de ses initiatives, après l'Exposition universelle, ont des allures de marche triomphale. Le 7 novembre 1902, Léon Gaumont présente, avec un nouvel appareil « Bloc-Notes 4 1/2 X 6 », un portrait parlant de lui-même. En 1906, il fait breveter le Chronophone et diffuse dans ses salles des « phonoscènes » qui permettent d'entendre et de voir, par exemple, Charlus chanter « Viens Poupoule » ou un ténor de l'Opéra chanter un air de *Carmen*. Alice Guy, réalisateur maison, tournera 104 phonoscènes pour Gaumont, y compris 12 tableaux de *Carmen*, totalisant 1 275 mètres, soit plus d'une heure de projection : en puissance le premier long-métrage parlant (cf. Noël Burch : *La Lucarne de l'infini*). En 1907, l'ingénieur Georges Laudet invente l'Elgéphone (L. G. comme Léon Gaumont), qui permet enfin de reproduire des sons avec une grande puissance, grâce à un ingénieux système d'amplification à air comprimé. A partir de cette même année, cette version perfectionnée du Chronophone, rebaptisée Chronomégaphone, fonctionne au cinéma des Gobelins, puis à l'Hippodrome (qui deviendra en 1911 le Gaumont-Palace). Le 27 décembre 1910, à Paris, Léon Gaumont présente à l'Académie des Sciences un portrait parlant du professeur d'Arsonval, avec son « Chronophone à double plateau ». A partir du 15 mars 1911, jusqu'en 1914, des phonoscènes réalisées par Dorhy, comprenant chants et monologues, sont exploitées à l'Olympia et au Gaumont-Palace (qui compte 4 000 places). « Aux couplets chantés viennent s'ajouter des saynètes comiques baptisées "filmparlants". L'exploitation du cinéma sonore était chose accomplie en 1912 et, qui plus est, dans la plus grande salle du monde » note Jean Vivié dans son *Historique de la technique cinématographique*. Après la guerre, Léon Gaumont abandonne le son enregistré sur disque pour se consacrer à la reproduction photographique du son. Il est amené à s'associer avec deux chercheurs, le Danois Axel Petersen et le Suédois Arnold Paulsen, pour mettre au point le procédé Gaumont-Petersen-Paulsen (G.P.P.) qui présente la difficulté de nécessiter deux films : l'un consacré aux images, l'autre à la reproduction photographique des modulations sonores. C'est une technique raffinée, mais lourde, chère et compliquée, qui devient obsolète dès que les systèmes allemand et américain parviennent à caser le son dans une étroite marge du film lui-même.

Cependant, une première production est mise en train, utilisant le procédé G.P.P. Le 18 octobre 1928, au Caméo, boulevard des Italiens, Gaumont présente un programme complet sonore et parlant comprenant une allocution de Léon Gaumont, un nocturne de Chopin au violoncelle, un monologue tiré de *Toi et moi* de Paul Géraldy dit par Pierre Fresnay, un air de *Mignon*, et un long-métrage, *L'eau du Nil*, adapté par Marcel Vandal d'un roman de Pierre Frondaie, avec Jean Murat et René Lefèvre. Le film a été tourné en muet et on y a rajouté de la musique et des chants. Dans le journal corporatif *La Cinématographie française* du 27 octobre 1928, son directeur, P.-A. Harlé, souligne l'importance de l'événement et lance un cri d'alarme : « Nous pouvons nous hâter si nous ne voulons pas recommencer la comédie du film français handicapé par la guerre. Les Américains, sautant sur la découverte, depuis un an déjà, font du film sonore et du vrai... Si nous ne savons pas utiliser vite le Cinéphone de Gaumont [...] nous nous retrouverons encore une fois envahis et nos gémissements seront tout simplement ridicules. » On ne peut mieux dire. Mais en fait, la bataille est déjà jouée et perdue. Fin novembre, c'est le superbe *Ombres blanches* de Van Dyke et Flaherty qui sort au Madeleine Cinéma et *Les Ailes* de William Wellmann au Paramount : l'effet de curiosité produit par ces films sonorisés est énorme. Avec *Les Ailes*, la Paramount bat tous les records d'affluence avec une recette hebdomadaire de 650 000 francs (1 780 000 francs F.C. [1]). Dans un autre journal professionnel, *Le Courrier cinématographique*, Charles Le Fraper développe une analyse à la fois prophétique et dépassée : « [En Amérique] toute l'industrie s'est précipitée en rangs serrés sur cette voie encore inexplorée et si riche en espoirs [le cinéma parlant]... Que fait-on pendant ce temps-là à Paris ? Rien ou pas grand-chose... Les initiés se regardent, tiennent des conciliabules, critiquent, hochent la tête d'un air plein de sous-entendus... Mais personne ne bouge. On attend paisiblement qu'il se passe quelque chose en dissertant à perte de vue sur le bien ou le mal-fondé de cette magnifique invention... Or, un beau matin, nous apprendrons qu'une société américaine, allemande ou anglaise installe en France une usine de production de films parlants et monopolise chez nous cette forme nouvelle d'exploitation cinématographique dont l'antériorité des intéressants travaux de M. Léon Gaumont aurait pu nous permettre de devancer, sur ce terrain, tous les autres pays. Nous apprendrons que cette société étrangère, exploitant peut-être un brevet étranger, gagne immensément d'argent, et alors nous entendrons s'élever mille et une lamentations. On invoquera Dieu, le diable, tous les saints du paradis, en l'espèce les pouvoirs publics, auxquels on demandera un contingentement supplémentaire de manière à protéger l'industrie française. »

Tout cela devait arriver en effet. L'article était daté du 1er décembre 1928. Le 30 janvier 1929 sortait à l'Aubert-Palace *Le Chanteur de jazz* (*The Jazz Singer*), réalisé par Alan Grosland, avec Al Jolson dans le rôle principal, et produit par la Warner. Procédé sonore : Vitaphone. Le film comporte musique et chants en abondance, mais seulement deux minutes de dialogues et compte encore un certain nombre d'intertitres. Le triomphe du *Chanteur de jazz* est immédiat, ravageur. En quarante-huit semaines d'exclusivité, il totalise 545 893 spectateurs et 8 555 000 francs de recettes (21 500 000 francs F.C.). La première phrase parlée qu'on y entend : *You ain't heard nothing yet* » ! (Vous n'avez encore rien entendu), est en fait un cri historique : le cinéma désormais parlera et chantera. L'Amérique le sait depuis plus d'un an, l'Europe le comprend soudain : rien ne peut plus arrêter le cinéma parlant. Techniquement, ce cinéma sera breveté américain ou allemand.

C'est une lourde défaite française. Comment l'expliquer ? Les travaux des chercheurs français ont été nombreux et féconds. Certains d'entre eux, nous l'avons vu, ont d'ailleurs activement participé à l'élaboration des inventions étrangères. Seul Gaumont a eu le temps, les moyens et la volonté d'aboutir. Au moment de sa plus grande puissance, en 1910, il a presque résolu le problème de la synchronisation par disque. Il y avait peut-être à ce moment-là une chance à

1. Le sigle F.C. signifie « Francs Constants — Valeur 1990 ».

saisir : lancer le cinéma sonore sous le pavillon français qui régnait alors sur le cinéma mondial. Il a manqué à Léon Gaumont, et au cinéma en général, l'audace ou plus simplement d'avoir besoin d'une révolution. La prospérité peut aider l'invention. Elle décourage la prise de risque. Le cinéma était alors en pleine expansion. C'est quand ils sont au bord de la faillite, en 1926, que les frères Warner se lancent à corps perdu dans le sonore, comme une garnison assiégée tente une sortie ultime.

Cette occasion ratée ne se retrouvera plus pour Léon Gaumont. Pendant la guerre de 1914-1918, le cinéma français a perdu son leadership dans le monde. Il peut difficilement prétendre initier une révolution technologique et en rafler les dividendes. Les recherches sont devenues plus complexes et supposent des investissements plus élevés. Ce n'est pas un hasard si les brevets finalement vainqueurs de la course au parlant ont été acquis par Western Electric et R.C.A. pour les produits américains, A.E.G. et Siemens pour les produits allemands, c'est-à-dire par quatre importants trusts auprès desquels la puissante Gaumont française n'était qu'une naine. Encore faut-il relativiser cette importance du progrès technique. Les procédés d'avant-garde pour le cinéma sonore, ce sont les procédés photographiques Tobis ou Movietone. Mais la percée sera effective avec le procédé à disque Vitaphone, déjà obsolète et qui aura totalement disparu quatre ans plus tard. Fondamentalement, il fallait, pour réussir, la chance de naître au bon moment.

Quand les frères Warner lancent le Vitaphone, fin 1926, avec l'énergie du désespoir, tout le monde ignore, y compris eux-mêmes, que l'évolution des techniques du son (microphone, cellule photo-électrique, etc.), le jeu de la concurrence dans le secteur du cinéma et l'attente d'un public lassé vont converger pour imposer le parlant à une vitesse foudroyante. Scientifiquement, économiquement, culturellement, le moment était venu, alors que plusieurs essais tentés pendant les années dix et vingt n'avaient suscité qu'une curiosité sans lendemain. Il en sera de même avec la couleur. La société Technicolor est fondée dès 1915. Le Gaumontcolor est exploité marginalement dès 1920. En 1928-1929, Roger Hubert, qui va bientôt devenir l'un des meilleurs opérateurs français, fait des démonstrations du système dit du « film gaufré ». En 1930, la société Gaumont s'est mobilisée à nouveau sur le problème de la couleur, comme si elle voulait compenser la défaite technique du son par une victoire sur un autre terrain, et elle a mis son service de recherche à la disposition de Charles Nordman, un astronome qui a déjà acquis sept brevets dans ce domaine. Mais la révolution de la couleur ne s'imposera que dans la seconde partie des années trente aux Etats-Unis, au moment où, menacé d'une nouvelle crise, le cinéma est contraint de développer l'innovation.

Il en est de même avec l'écran large. L'Hypergonar du professeur Chrétien, objectif qui permet d'anamorphoser l'image et de la restituer sur l'écran, existe dès 1925 et, en 1927, Claude Autant-Lara emploie ce procédé pour tourner *Construire un feu*. C'est en 1927 également qu'Abel Gance utilise le triple écran pour certaines scènes de son *Napoléon*. Mais la révolution du Cinémascope ne s'imposera qu'à partir de 1953.

Dans les deux cas, couleur et écran large ont dû attendre, pour s'imposer, de se doter de nouveaux perfectionnements techniques et d'être en position d'aider le cinéma à sortir d'une crise. C'est ce même processus qui, en 1927-1929, déclenche le raz de marée du parlant. Quand il atteint la France, il est trop tard pour l'endiguer ou le récupérer. Pendant les six premiers mois de 1928, 50 millions de dollars ont été dépensés aux Etats-Unis pour transformer les équipements des studios. A l'été, un quart des salles sont déjà équipées. Quand démarre la production parlante française, la production parlante américaine a déjà en réserve plusieurs centaines de films. Rien à faire : le mur du son est franchi. Une seule solution : sauter dans le train en marche.

Le grand chambardement

C'est une chose de constater que le public est séduit, que le parlant est l'avenir du cinéma, c'en est une autre d'affronter les réalités concrètes de cette révolution. Elle va affecter toutes les catégories professionnelles, modifier toutes les structures. Pour mieux le comprendre, suivons l'élaboration d'un film jusqu'à sa sortie.

Au départ, il faut un producteur. Il est vite évident que, sonore, le film est plus lent et plus onéreux à fabriquer, à cause des complications techniques qu'introduisent l'enregistrement, puis le montage du son. Les devis des films parlants seront d'un quart à un tiers plus élevés que les devis de films muets de même nature. Cette nécessaire mobilisation de fonds plus élevés ébranle la production, fait disparaître des sociétés artisanales et entraîne la constitution de nouvelles alliances de producteurs.

Il faut ensuite un scénario qui intègre les inventions que permet le son : il faut des dialogues. En attendant qu'apparaisse la nouvelle race des dialoguistes de cinéma, celui-ci se tourne dans un premier temps vers le théâtre. C'est l'âge d'or des auteurs dramatiques, vieux adversaires du cinéma, ce butor, cet intrus qui était venu rafler une partie de leur public et qui soudain les accueille en sauveurs. Il faut aussi prévoir un accompagnement musical : « Composer des centaines de partitions d'accompagnement de films, chaque année, c'est tout bonnement impossible », proclame Jacques Ibert. « Impossibilité » vite dépassée, à grand renfort, il est vrai, de mélanges de musiques anciennes, de chansonnettes et d'airs à la mode. Autre difficulté : cette musique, il faut l'enregistrer. Au lieu de voir là un nouveau débouché, les musiciens flairent une menace. La « musique mécanique » allait remplacer l'« exécution directe » de la musique d'accompagnement qui avait cours au temps du muet. En vérité, seuls les cinémas des grandes villes bénéficiaient d'un véritable orchestre. Ailleurs, il s'agissait le plus souvent de petits ensembles de trois instrumentistes, ou deux (violon, piano) ou bien souvent d'un seul (piano). Et cette musique « vivante » était de toute façon menacée par les disques d'accompagnement que les exploitants avaient de plus en plus tendance à utiliser. C'est dans un climat de crise que, dès décembre 1928, le syndicat des musiciens décide d'« interdire jusqu'à nouvel ordre tout enregistrement de bandes sonores [1] ». Position radicale rapidement abandonnée quand les producteurs français annoncent leur intention de faire enregistrer leurs musiques de film à l'étranger.

Pour tourner, il faut des studios. Les anciens sont inadaptés : c'étaient des cages de verre, matériau singulièrement sonore mais qui permettait d'utiliser la lumière du jour. Le film sonore se tournant à 24 images-seconde — au lieu de 16 images-seconde pour le film muet —, le temps d'exposition de la pellicule est plus court et exige donc un éclairage plus puissant, que le ciel ne peut fournir, en tout cas pas de manière fiable et prolongée. Les nouveaux studios seront par conséquent des boîtes obscures, éclairées par des projecteurs et des lampes à arc, dont le grésillement devient la hantise du préposé au son. Tout matériel générateur de bruit est redouté. On utilise des matériaux qui absorbent le son. On élimine les vitres, les plafonds, les surfaces réfléchissantes, les murs parallèles, tout ce qui fait caisse de résonance ou engendre des échos. Marcel L'Herbier raconte sa surprise lorsqu'il commence à tourner, en octobre 1929, son premier film parlant, *L'Enfant de l'amour*, aux studios de Joinville à peine aménagés : « Je ne disposais que de caméras bruyantes de feu le muet. Il fallait donc les calfeutrer pour que les micros ne l'entendent pas [...] en construisant des sortes de cabines en bois. [...] Mes camarades Artémise et Lucas [...] suaient à grosses gouttes dans ces chariots mobiles, vitrés pour que l'objectif ait droit à la scène, mais clos de partout. [...] Les machinistes doivent habituellement faire avancer cette cabine à la poursuite des vedettes pour qu'on les enregistre en plus gros plan, ou en travelling. Et... alors tout fait du bruit : les roues mal huilées de cet équipage de fortune, les charbons des sunlights qui grésillent sans prévenir, les fils des

1. *Ciné-Journal,* 7 décembre 1928.

26

lourds micros qui se rompent en plein tournage et les font chuter devant le nez ou parfois sur le crâne des acteurs... Sans compter aussi les ombres que les micros s'empressent de projeter sur les murs... » L'entraînement de la pellicule est remplacé par le recours à un moteur qui fait du bruit. Pour le rendre silencieux, on l'entoure d'une chape de plomb, le « blimp », qui alourdit les caméras et les rend moins maniables. Gene Kelly et Stanley Donen ont évoqué à merveille cette époque de Hollywood dans *Singin' in the Rain* (*Chantons sous la pluie*, 1952). Les micros sont volumineux, difficiles à dissimuler et à déplacer. Peu sensibles, ils doivent être placés à proximité de la source sonore, et celle-ci — le plus souvent un comédien — doit éviter de bouger quand il parle. Tiré d'un peu loin, un coup de revolver ne restitue qu'un petit bruit ridicule, tandis que, proche du micro, le remplissage d'un verre de bière résonne comme le jaillissement d'un geyser, et la chute d'un sucre dans une tasse de thé, comme un coup de canon...

Ce film parlant, il faut des acteurs pour l'interpréter. Ceux du muet ont été sélectionnés pour la force expressive de leur visage ou de leur corps. Les nouveaux doivent parler avec une voix audible, agréable, modulable. D'un seul coup, des dizaines de comédiens, affligés d'un accent trop marqué, ou bien à la voix mal formée, mal placée, trop faible ou rocailleuse, ou bien souffrant d'un défaut de prononciation, ou tout simplement incapables de jouer avec leur voix, sont exclus du métier. De nouveaux noms vont s'imposer, recrutés d'abord, bien évidemment, chez les professionnels de la voix : acteurs de théâtre, chanteurs et chansonniers, animateurs de revue ou de cabaret. Jusqu'en 1930, le cinéma a, plus ou moins, ignoré ces vedettes de théâtre que sont Gaby Morlay, Marguerite Moreno, Arletty, Harry Baur, Raimu, Jouvet. Le parlant va les adopter et s'appuyer sur leur talent et leur métier, décupler la popularité d'un Maurice Chevalier, arracher au music-hall Georges Milton, Gabin, Fernandel, sacrer Edwige Feuillère dès son premier prix au Conservatoire. Symbole anecdotique de ce passage de témoin des gens du film à ceux des planches : le 14 novembre 1930, Fernand Contandin, dit Fernandel, qui produit depuis des années un numéro de « tourlourou » dans les caf'conc', fait ses grands débuts au Concert Mayol de Henri Varna, dans une revue intitulée (actualité oblige) : « Nu sonore — Seins pour seins parlant » (par allusion au slogan publicitaire du nouveau cinéma « cent pour cent parlant »). Marc Allégret, encore assistant et déjà découvreur, le remarque, le signale à Roger Richebé qui lui fera faire ses débuts dans un film tiré de la pièce de Sacha Guitry, *Le Blanc et le Noir*, film qui marquera les débuts d'un autre Méridional venu du théâtre *via* le music-hall : Raimu.

Enfin, ces films parlants, il faut les montrer. Passé la phase expérimentale, de démonstration en quelque sorte, il apparaît que l'apport du son impose de lourds investissements sur deux plans : aménagement et matériel. Les salles de cinéma, le plus souvent vétustes car peu d'entre elles ont été modernisées depuis la guerre, sont impropres, par leurs matériaux et leur architecture, à la bonne circulation du son. Il faut les aménager et plusieurs théories s'affrontent sur les meilleurs dispositifs : voûte bombée, plafond en vagues ondulées (c'est la solution retenue par l'architecte Henri Belloc pour la transformation du Gaumont-Palace), élimination des éléments décoratifs qui engendrent des échos, recours à de nouveaux matériaux absorbants, etc. Et, puisqu'il faut modifier le balcon, élargir la scène, trouver de nouveaux revêtements pour les murs, autant changer et moderniser la façade dans le style moderniste qui triomphe à l'exposition Arts Déco de 1925. C'est beaucoup d'argent à mobiliser, une décision lourde à prendre : en 1929, en 1930, le cinéma sonore, parlant, cela marche ; mais est-ce que cela va durer ? Ce n'est pas encore certain. Mettre de la moquette, arracher les panneaux décoratifs, installer l'écran sur un mur plat plutôt qu'au centre d'une scène à l'italienne, c'est toujours possible. Mais pour projeter ce nouveau cinéma, quel matériel choisir ? Et d'abord, quel système ? Car le Vitaphone à disque n'utilise pas le même projecteur que le Western ou le Photophone (tout au moins au début, car Gaumont propose très vite son nouvel appareil Idéal-Sonore qui permet le passage de tous les standards à disque ou à piste optique latérale). Le choix est d'autant plus complexe que les principales marques, loin de chercher la compatibilité entre les systèmes, ont entamé une nouvelle « guerre des brevets » rééditant celle qui, à la naissance du cinéma, opposa Edison à tous les autres fabricants de matériel, à commencer par les frères Lumière.

Cette nouvelle guerre oppose violemment les Américains (Western) et les Allemands (Tobis), détenteurs des brevets d'enregistrement photographique du son. Les Américains tentent d'abord de faire condamner le système allemand comme contrefaçon du leur, mais ils échouent. Les deux marques lancent alors une opération d'exclusivité : les exploitants ne peuvent passer que des films fournis par Western sur des appareils Western ou fournis par Tobis sur des appareils Tobis. Tobis, puissant industriellement et financièrement, a rapidement pris des positions dominantes dans toute l'Europe centrale et occupe une place importante en France et en Grande-Bretagne. Or, le marché européen est — déjà — essentiel à l'économie du film américain. Les Américains cherchent à négocier. Les accords de Londres (septembre 1929) et de Berlin (juillet 1930) partagent le monde en zones d'influence. Les Américains régneront sur les Etats-Unis, le Canada, l'Australie, la Nouvelle-Zélande et la Russie ; les Allemands sur l'Allemagne, l'Autriche, la Hongrie, la Suisse, les pays scandinaves, la Tchécoslovaquie, la Roumanie. Les autres pays, dont la France, constituent un marché libre. En 1931, un dernier accord décide l'« interchangeabilité » : tout appareil de projection sonore pourra diffuser n'importe quel film sonore sans s'occuper de son origine. C'est la fin du casse-tête pour les exploitants.

Toutes ces difficultés accumulées constituent un frein notable à la progression du son. Les producteurs sont bien décidés à investir dans des films parlants. Encore faut-il qu'il y ait des salles pour les projeter. Mais pourquoi se lancer dans la sonorisation d'une salle si l'on n'est pas sûr, l'année suivante, d'avoir des films à projeter ? Ces charges, ces contradictions expliquent la relative lenteur de la mutation du parc des salles par rapport à l'engouement pour le parlant qui a saisi la production. En mars 1930, on compte 194 salles équipées en France sur environ 4 500. Il y en aura 250 en mai, 450 en septembre, 552 en décembre, 703 en mars 1931, 1 027 en octobre. Mais ce sont les mille plus importantes, recueillant plus de 50 % du public. L'une des toutes nouvelles dernières salles de grande ville à se convertir, le Cosmographe de Toulouse (dépendant du circuit catholique), résistera à l'emprise du parlant jusqu'en 1934. A cette date, on dénombre 3 023 salles équipées en sonore et 1 586 qui ne le sont pas [1]. Aux Etats-Unis, on comptait en janvier 1930, 8 500 salles équipées sur 20 000 (mais le processus avait commencé deux ans plus tôt) et, à la même époque, 1 500 salles équipées en Allemagne sur 5 000.

C'est seulement le 21 septembre 1930 que l'Olympia-Gaumont de Bordeaux programmera (avec succès) *Le Chanteur de jazz* que Paris avait découvert le 30 janvier 1929. En mai 1931, dans le département du Lot-et-Garonne, seuls cinq des dix cinémas importants sont équipés. Les cinq autres grands cinémas urbains et les cinquante et une autres salles qui montrent des films de manière irrégulière ne peuvent encore passer que des films muets. Par contre, si les investissements sont lourds, les recettes peuvent se révéler exorbitantes. Avant de devenir producteur et réalisateur, Roger Richebé s'occupe d'un réseau de salles dans le Midi. En 1928, il traite la première location de projection sonore avec Western Electric (l'autre appareil disponible à Paris avait été ramené des Etats-Unis par Louis Aubert) : il lui en coûte 500 000 francs de l'époque (soit 1 350 000 F.C.) pour une location de dix ans. En 1929, il sort l'un des premiers films français parlants, *La route est belle*, au Capitole, à Marseille. Le record de recettes de cette salle était jusqu'alors détenu par *La Ruée vers l'or*, avec 165 000 francs en première semaine, et 130 000 en seconde. *La route est belle* réalisera 250 000 francs de recettes par semaine pendant les cinq premières semaines.

1. En prenant en compte, outre les cinémas proprement dits, toutes les salles organisant à titre exceptionnel des séances de cinéma.

Le succès du parlant a pour résultat immédiat d'envoyer la production muette au massacre. L'innovation technique se révélant plus attractive que la qualité, un certain nombre de films muets remarquables voient leur carrière brisée par le surgissement du parlant. C'est le cas du dernier film muet de Julien Duvivier, *Au Bonheur des dames*, adapté de Zola, ou d'un chef-d'œuvre de Jacques Feyder, *Les Nouveaux Messieurs* (1929), satire des mœurs politiques, qui dut affronter les foudres de la censure avant de se voir submergé par la vague du sonore et d'être néanmoins proclamé « meilleur film européen de l'année », en 1930, par un référendum de presse. Deux comédiens célèbres viennent, au même moment, de réaliser leur premier film : Charles Vanel avec *Dans la nuit* et Gaston Modot avec *Conte cruel* (adapté de « La torture par l'espérance » de Villiers de L'Isle-Adam). Le raz de marée du son les accule à l'échec : ils ne repasseront plus jamais derrière la caméra.

Sur sa lancée, Roger Richebé équipe quinze salles à Nîmes, Toulon, Nice, Béziers, Lyon, Toulouse et Marseille. Mais tout le monde ne manifestait pas le même enthousiasme. Il y eut même, en 1931, un mouvement de recul devant le nouveau cinéma. Les exploitants devaient affronter des catalogues hétéroclites de nouveaux matériels et dans ce business s'étaient glissés nombre de contrefacteurs et d'aigrefins : en septembre 1931, vingt-cinq affaires d'escroquerie au matériel cinématographique étaient portées devant le tribunal de commerce de Paris. Ces mêmes exploitants, une fois équipés, avaient le plus grand mal à se procurer de vrais films « cent pour cent parlants » qui n'arrivaient pas en nombre suffisant. Ils projetaient alors des produits plus ou moins bricolés ou rafistolés dont le son était enregistré ou reproduit dans des conditions techniques approximatives. Dans le *Marius* de Pagnol qui triomphe sur scène depuis mars 1929, César (joué par Raimu) avait une réplique annonçant : « J'irai peut-être au cinéma. » A partir de la fin de l'année, Raimu ajoutait : « Mais pas au cinéma parlant ra, ra, ra. Ce sont des voleurs. Ils disent que c'est parlant, et on ne comprend rien du tout. »

Le spectateur qui va voir un film « parlant » peut tomber sur un film parlant vraiment français, un film parlant anglais sans sous-titres, un film seulement sonore et musical, avec des titres écrits pour les dialogues, un film muet inédit sur lequel on a plaqué quelques bruits et plages musicales, un film muet ancien auquel on a rajouté de la musique : il n'y comprend plus rien et n'accepte pas ce traitement. L'un des plus grands succès, à Bordeaux, en 1931, est *Ben Hur* avec Ramon Novarro, tourné en 1925, exploité en muet en 1928, et dont on a trafiqué une version « sonore et chantante » qui rallie toujours les foules. Elle fera encore un triomphe au Femina de Dax en juin 1932. C'est le moment où l'afflux des films nouveaux et la rationalisation des techniques entraînent le basculement définitif du grand public. Les statistiques en témoignent. De 1929 à 1932, les recettes du cinéma français évoluent de la façon suivante :

1929 : 598 107 000 F (un milliard cinq cent mille F.C.)
1930 : 800 806 000 F (deux milliards de F.C.)
1931 : 937 777 000 F (deux milliards quatre cent cinquante millions de F.C.)
1932 : 933 633 000 F (deux milliards sept cents millions de F.C.)

Le parlant a gagné, aucun retour en arrière n'est plus possible. Et pourtant...

Nous parlons ici, bien entendu, du cinéma professionnel. Dans leur enquête sur les « Offices du cinéma éducateur », associations laïques organisant des séances récréatives et éducatives, Raymond Borde et Charles Perrin ont découvert que cette diffusion était restée majoritairement fidèle au cinéma muet jusqu'en 1940 et même parfois au-delà. Un inventaire réalisé en 1941, à l'Office de Lille, constate un stock de 545 000 mètres de film 35 mm muet pour 24 000 mètres de film sonore. Borde et Perrin évaluent approximativement à 40 millions le nombre de spectateurs de films muets aux séances des Offices entre 1930 et 1940. Or ce réseau laïque répondait à un réseau catholique de salles paroissiales ou de patronage, plus puissant encore. Il a dû aussi, même s'il s'est modernisé plus vite, pérenniser la diffusion des films muets bien après leur disparition des circuits commerciaux. Ainsi, alors que le cinéma français professionnel vire au parlant, au début des années trente une frange notable de la France profonde restera, bon gré mal gré, fidèle au muet, près de dix ans encore. Belle démonstration, nous aurons d'autres occasions de le vérifier, de ce que l'histoire du cinéma ne coïncide pas avec l'histoire du public...

Cette grande pagaille atteint tous les secteurs du cinématographe en voie de disparition, et finalement les structures économiques elles-mêmes. Nombreuses sont les sociétés de production ou de distribution qui meurent ou se transforment, incapables d'affronter la charge des investissements ou tout simplement les choix qu'implique la situation. Impossible de relater toutes les faillites, cessions et fusions des années 1928-1931. Il suffit, pour comprendre la situation, de s'arrêter sur la situation des trois grands patrons du cinéma français, Charles Pathé, Léon Gaumont et Louis Aubert, qui tous trois disparaissent en 1930 de ce qu'on n'appelait pas encore le « paysage audiovisuel français ». Né en 1864, Léon Gaumont a fondé sa société en 1895. Né en 1863, Charles Pathé a fondé Pathé Frères en 1896. Après l'impulsion initiale donnée par les frères Lumière, Gaumont et Pathé ont été pendant trente ans les inventeurs et les piliers d'une véritable industrie cinématographique. Tour à tour, ou simultanément, ils ont exercé leur activité dans tous les secteurs du cinéma : recherche et fabrication de matériel, studios, production, distribution, exploitation, exportation, fabrication de pellicule, etc. Léon Gaumont cède une partie de ses actions en août 1929 et abandonne sa société le 17 avril 1930, tandis que Charles Pathé cède sa société le 1er mars 1929 et abandonne son poste d'administrateur le 26 mai 1930 : ainsi deux carrières parallèles connaissent-elles une issue parfaitement synchrone. Cet ouragan entraîne aussi le retrait de Louis Aubert, né en 1878, qui a fondé les Etablissements Aubert en 1909. Grand distributeur et exploitant, patron des studios de Joinville, président de 1926 à 1928 de la Chambre syndicale du cinématographe, Louis Aubert s'intéresse à la politique et est élu en 1928 député de Vendée. Il profite de l'agitation déclenchée par l'arrivée du parlant pour liquider sa société. De ces départs et retraits vont naître deux « majors », deux groupes considérables sur le papier, qui continuent de faire flotter le drapeau des deux figures emblématiques, le coq de Pathé et la marguerite de Gaumont, mais qui vont connaître des phases agitées, stériles et parfois même catastrophiques. Il faudra la Seconde Guerre mondiale pour qu'elles retrouvent stabilité, respectabilité et dynamisme.

Pour l'heure, Charles Pathé vend sa société au propriétaire des laboratoires Rapid Films, qui a fait construire un nouveau studio rue Francœur. D'origine roumaine, Natan Tanenzapf, naturalisé français en 1921, obtiendra l'autorisation, en 1931, de se faire appeler Bernard Natan et donnera à sa société le nom de Pathé-Natan. Une gestion délictueuse (nous y reviendrons) mènera l'homme en prison et sa société à la faillite.

Du côté de Gaumont, c'est plus compliqué. Une série de fusions et de cessions va rassembler dans une nouvelle société :
— la société Gaumont ;
— la société Aubert ;
— la Franco-Film, société de production fondée en 1927 par Edouard Corniglion-Molinier, Léonce Perret (grand cinéaste du muet) et Robert Hurel. Elle contrôle le réseau de salles françaises de la Loew Metro Goldwyn ;
— les Etablissements Continsouza, marque réputée pour les produits d'optique et de mécanique de précision dans les secteurs du cinéma, de la photographie, du son et de l'automobile.

Cette nouvelle entité, qui portera le nom de Gaumont-Franco-Film-Aubert (G.F.F.A.), détient une position importante, voire dominante, dans la plupart des secteurs du cinéma. Mais elle est le fruit d'une construction financière conçue par la Banque nationale de crédit qui a avancé 98 millions pour rendre l'opération possible. Cette lourde dette et le contrôle direct de la B.N.C. vont constituer un rude handicap pour le nouveau groupe qui déposera son bilan en 1934.

L'arrivée du parlant n'est pas le seul responsable de cette mutation. Mais elle pose des problèmes nouveaux, impose des investissements accrus, permet une rentabilité plus grande qui attire l'attention des milieux financiers, rend plus complexes les matériels, les techniques, les stratégies. Tant qu'elles étaient les sociétés de Charles et de Léon, Pathé et Gaumont gardaient leurs racines dans le divertissement forain d'où elles étaient nées. Le cinéma français se coupe de ce patrimoine pour entrer dans une phase d'affairisme et de spéculations financières souvent troubles. Il faudra la mise en garde à vue sous Vichy et l'Occupation, et les réglementations de la IVe République, pour que notre cinéma retrouve des assises plus stables et plus saines.

La grande peur

« La machine sauve l'homme une fois de plus, en l'obligeant à vivre par des moyens dangereux. C'est ainsi qu'elle représente le dernier état de l'Esprit. En somme, la plus grave accusation que nous portions contre la machine, ne serait-ce point de ne pas savoir nous en servir ? »

Elie Faure,
« Défense et illustration de la machine »,
Mercure de France, 1er juin 1933.

Ce grand chambardement n'affecte pas seulement les matériaux, les techniques, les structures : c'est dans les têtes surtout qu'il se produit. Le cinéma est un moyen d'expression tout jeune encore. Il n'y a guère plus de vingt ans qu'il a dépassé le stade d'attraction foraine pour s'affirmer comme spectacle et comme langage. Une révolution aussi importante que l'accession à la parole trouble profondément praticiens et théoriciens.

Une angoisse s'installe, des prophètes se dressent, un débat s'instaure. Pour chacun de ceux qui ont vocation de réfléchir au cinéma, c'est, pour au moins quelques mois, une tempête sous un crâne. Ce son qui, désormais, double l'image, est-ce le diable ou la providence ? Promet-il la mort du cinéma ou sa résurrection ? Les premières expériences américaines ont paru annoncer un virus réservé à un pays lointain. Mais l'épidémie se répand. Et quand Jesse Lasky, patron hollywoodien des Famous Players, fait au printemps 1928 une tournée en Europe pour proclamer : « Le muet est mort. Le parlant le remplace », c'est le choc. En juin 1928, le journal *Comœdia* ouvre un débat qui, pendant trois ans, va faire rage dans la presse et les milieux artistiques ou professionnels. Comme souvent dans ces cas-là, ce sont les témoins les plus célèbres et les plus compétents qui profèrent les pronostics les plus aberrants. Il serait fastidieux d'établir le sottisier de l'avènement du parlant, où l'on verrait d'éminents spécialistes expliquer qu'on ne pourra trouver assez d'auteurs pour écrire tous les dialogues, ni assez de compositeurs pour écrire toutes ces musiques originales, ni même assez de musiciens pour les interpréter ; ou encore que les copies de films projetées désormais à 24 images-seconde au lieu de 16 seront usées beaucoup trop vite pour être amorties, d'autant que, pour la même durée de projection (cent minutes par exemple), il faudra trois mille mètres de pellicule là où il n'en fallait auparavant que deux mille. Etc. Etc. Un seul exemple, particulièrement édifiant : celui de Louis Lumière, l'inventeur français du cinématographe. Début 1931, alors que la victoire du parlant est consommée, il déclare tranquillement à un journal viennois qu'il ne croit pas que sonore et parlant « restent longtemps à la mode. D'abord le synchronisme parfait du son et de l'image est absolument impossible ». Il explique ensuite qu'au cinéma un personnage peut apparaître tout petit (vu de loin) ou qu'au contraire son visage, ou même sa bouche, peut emplir tout l'écran. Cette modulation de l'image du plus petit au plus grand n'est pas transposable dans le domaine sonore, qui ne saurait supporter agrandissement ou rétrécissement. Le raisonnement de Louis Lumière obéit à une logique parfaite. A ceci près qu'il suffisait d'entrer dans n'importe quelle salle pour constater que le cinéma s'accommodait aisément de cette apparente impossibilité.

En fait, cette thèse de la barrière technique impossible à franchir est vite balayée. Explicite ou diffuse, l'objection qui perdurera davantage veut que le parlant soit condamné pour cette simple et bonne raison que le cinéma n'en a pas besoin. « Le silence et la pantomime ont quelquefois un pathétique que toutes les ressources de l'art oratoire n'atteignent pas », écrivait Diderot dans une lettre à Voltaire. Sur ce thème, tous les plumitifs du moment, y compris les meilleurs esprits, assèchent leurs encriers. Mais l'opinion ne cessera d'évoluer de 1928 à 1931, au fur et à mesure que l'on découvre dans les nouveaux films de nouveaux progrès, techniques ou esthétiques, qui affaiblissent ou réduisent à néant les contestations antérieures. En 1928, le ton général de la presse est au rejet : « Le film parlant est un contresens plein de dangers redoutables » (*Le Courrier cinématographique*). « Ce qui fait le charme du cinéma, c'est le silence... le film parlant doit rester dans le domaine de l'attraction cinégraphique » (*Filma*). « Le cinéma est toujours pur quand il se tait » (*Ciné-Magazine*). Mais, en 1929, l'engouement public est manifeste et un contre-courant se dessine dans la presse : « Je ne comprends pas cette levée de boucliers contre une formule nouvelle [...] celle-ci apportera à l'art muet une force qui ne pourra qu'être profitable... » (*Ciné-Journal*). « Le film sonore et parlant est un incontestable progrès... » (*Filma*). « Ah, comme nous nous sommes bien défendus devant l'intrus... Et puis, un jour, j'ai succombé » (*Ciné-Magazine*). En 1930, la cause est entendue. Certes il y a encore des voix discordantes, mais le 5 juillet *Le Courrier cinématographique* titre l'éditorial de Honoré Snell : « Le muet est mort, le sonore va mourir, le parlant triomphe. »

Cette distinction entre le sonore et le parlant revient souvent dans les textes de l'époque. C'est que le cinéma sonore (bruits et musique) s'est développé quelques mois avant le parlant. Techniquement plus au point, et ne posant pas de problème de langue, il a été plus aisément adopté. Les cinéastes, à ce moment précis, tracent une frontière assez forte entre sonore et parlant. Du son, ils sont prêts à jouer pour renforcer leurs effets dramatiques ou poétiques. De la parole, ils se méfient car ils la sentent à la fois difficile à maîtriser et prête à tout subvertir. C'est la voie qu'amorce Abel Gance avec son lyrisme habituel. « J'exclus délibérément du cinéma futur le film dialogué, mais j'appelle passionnément la grande symphonie visuelle et sonore qui, grâce au synchronisme, aura capté le bruit et le mouvement universels pour les offrir à nos oreilles et à nos yeux émerveillés comme un don magnifique et divin » (*Ciné-Miroir*, 31 mai 1929). Apôtre du « cinéma pur », égérie de l'avant-garde cinématographique, Germaine Dulac a déjà adopté cette position : « ... le grand progrès sera, sinon le film parlé, du moins le film musical ». (*Ciné-Journal*, 29 juin 1928). Jean Renoir s'y résigne, visiblement sans enthousiasme : « Pourquoi le film parlant, quand l'art muet nous procure, tel qu'il est, des satisfactions merveilleuses et complètes... C'est pour l'enregistrement des bruits et non des paroles que le cinéma sonore pourrait être de quelque intérêt » (*Mon ciné*, 21 mars 1929). Marcel L'Herbier redoute, comme beaucoup, le recul artistique que risque d'engendrer le son : « Le cinéma est devenu — avec quelle peine — un art original, indépendant... Il serait désastreux qu'il profitât d'un progrès technique pour revenir en arrière, artistiquement parlant. A ce point de vue, l'enregistrement des paroles aura des conséquences regrettables. L'enregistrement de bruits, au contraire, pourrait, sans détruire l'universalité du film, donner des films intéressants. Et enfin, l'enregistrement de l'orchestre serait d'un intérêt capital... » (*Mon ciné*, 17 janvier 1929).

Dans ce texte, L'Herbier évoque la hantise des cinéastes, le fantôme qui légitime la grande peur des créateurs les plus exigeants. Depuis dix ans, accompagnés par une « avant-garde cinégraphique » officielle

(Delluc, Epstein, Dulac, etc.), ils ont (Gance, L'Herbier, Clair, Feyder, etc.) fait reconnaître peu à peu l'autonomie d'une expression, la spécificité d'un art visuel : le cinéma. Certes, leur bataille n'est pas gagnée, mais leur position est forte et la victoire en vue. La mutation du sonore désorganise toute la théorie de la poésie visuelle du cinéma, fondée sur le silence. Elle renforce le pouvoir des intervenants extérieurs : financiers, techniciens, écrivains, poètes, au moment où le cinéaste pouvait espérer être reconnu comme auteur de film. Elle accroît la capacité du cinéma à reproduire ou imiter la vie telle qu'elle est, et donc à s'éloigner de l'art qui est imagination et re-création. L'image, maîtresse des émotions, régnait sur le cinéma : elle risque d'être supplantée par le verbe, porteur de sens. On ne comprend rien au long malaise des cinéastes les plus notables devant l'émergence du son si l'on néglige ce facteur : la bataille qu'ils croyaient avoir gagnée, celle d'un art cinématographique authentique et spécifique, va devoir être reprise à zéro. Cette inquiétude était légitime : il faudra attendre vingt ans pour que le cinéma, comme expression autonome, retrouve le statut qu'il était sur le point de conquérir en 1928.

C'est cette peur et cette rage qu'exprime bien l'écrivain Alexandre Arnoux, à qui l'on vient de confier la rédaction en chef d'un nouvel hebdomadaire cinématographique, *Pour vous*. Il écrit dès le numéro 1, le 22 novembre 1928 : « J'aime le cinéma profondément. Ses jeux de noir et de blanc, son silence, ses rythmes enchaînés d'images, la relégation, par lui, de la parole, ce vieil esclavage humain, à l'arrière-plan, me paraissaient les promesses d'un art merveilleux. Voilà qu'une sauvage invention vient tout détruire. Qu'on me pardonne quelque amertume, quelque injustice. Après avoir tant travaillé, tant espéré, pour revenir en fin de compte à une formule aussi éculée que le théâtre, se soumettre à la tyrannie du verbe et du bruit, aggravée encore par un intermédiaire mécanique ! » Un « art merveilleux » chassé par « une sauvage invention » : c'est ainsi que la cohorte cinéphilique pour qui le cinéma est devenu une drogue magique vit l'événement.

Cinq ans plus tard, Bardèche et Brasillach, quand ils publient leur *Histoire du cinéma*, restent marqués par cette rupture au point d'écrire, en 1935 : « Nous qui avons vu naître un art, il se peut aussi que nous l'ayons vu mourir. » En 1931, un jeune professeur de philosophie, dont l'enfance baigna dans la féerie primitive du cinéma muet, est chargé du discours de distribution des prix au lycée du Havre. « Je prétends que le cinéma est un art nouveau qui a ses lois propres, ses moyens particuliers, qu'on ne peut le réduire au théâtre, qu'il doit servir à notre culture au même titre que le grec ou la philosophie », proclame-t-il. Et Jean-Paul Sartre (puisque c'est de lui qu'il s'agit) rappelait la parabole de Pirandello qui comparait le cinéma au paon de la fable d'Esope dont on admirait le merveilleux plumage jusqu'au jour où le renard le persuada de chanter. Et Sartre d'ajouter : « Le cinéma, comme le paon, est en train d'acheter le droit de se taire. » Pour toute une génération, le cinéma avait été machine à rêver, détonateur d'émotions, mystique esthétique, bataille idéologique. La parole risquait de fracasser cette religion. La panique ressentie explose dans ce texte d'un jeune apprenti cinéaste, Edmond T. Gréville : « Rien à faire. Nous avons le cinéma dans la peau... Ma génération a été brûlée, dépecée, bouffée par le film muet... Avec des mots, le cinéma nous eût peut-être intéressés au même titre que certains poèmes, certains romans. Mais il n'eût pas été cet incendie charnel et bouleversant qui gicle des images sans voix » (*Cinégraph*, juillet 1930).

Ce sont là beaucoup de citations. Mais puisqu'il s'agit d'« opinion publique », il convient d'écouter les autres. Cette écoute nous transmet, à travers le temps, un message singulièrement actuel. Les années quatre-vingt-dix se sont ouvertes sur l'inquiétude et la rumeur d'une nouvelle « mort du cinéma ». Après la grande période cinéphilique des années cinquante et soixante, la seconde « génération-cinéma » a reçu de plein fouet le choc d'un autre type de mutation technologique : l'invasion de la télévision, l'entrée dans la vidéosphère, le passage du cinéma à l'audiovisuel. Une nostalgie et un climat de fin de règne se sont installés. La naissance en 1991 de la revue *Trafic* (peu avant la mort de son fondateur, Serge Daney, en 1992) avait des allures de fête funèbre. A travers le premier éditorial de Serge Daney, on pouvait lire en filigrane : « Dans quelques années, les jeunes gens ne comprendront plus ce que le mot "cinéma" a signifié pour toute une génération. » Une phrase écrite par René Clair en 1933...

Pour comprendre la problématique de cette phase de l'histoire du cinéma français, il n'est pas meilleur guide que René Chomette, cet écrivain si assuré de sa vocation qu'il prit le pseudonyme de Clair pour ses incartades cinématographiques afin de réserver son patronyme à son œuvre écrite. Le destin farceur ignora René Chomette pour assurer la célébrité de René Clair. Il reste que son expérience, sa lucidité, sa culture, sa langue donnent à ses écrits sur le cinéma (essais et articles de journaux) une profondeur exceptionnelle. C'est à tort qu'on a vu en lui un adversaire résolu du parlant. Quand il brandit, en 1927, la menace « du cinéma parlant, monstre redoutable, création contre nature, grâce à laquelle l'écran deviendrait un pauvre théâtre, le théâtre du pauvre », c'est pour dénoncer les périls de l'industrialisation du cinéma. Il craint une nouvelle invention qui donnera plus de pouvoir à l'argent, moins de place à l'esprit. Dès 1928, il précise : « Il est toujours fâcheux d'être amené à prendre position publiquement contre un progrès. Thiers reste écrasé sous la locomotive dont il contesta les vertus naissantes. Aussi devons-nous prendre nos précautions. Ce n'est pas l'invention du film parlant qui nous effraie, c'est la déplorable utilisation que ne manqueront pas d'en faire nos industriels. » Avec cinquante ans d'avance, le poète ironique d'*Entr'acte*, le subtil vaudevilliste d'*Un chapeau de paille d'Italie* perçoit le cinéma comme une industrie culturelle en perpétuelle évolution technologique et qui n'en est encore qu'à ses balbutiements. Dès mai 1929, il prédit : « Le film parlant, dans sa forme actuelle et inférieure, ou dans sa forme perfectionnée de demain, ne sera sans doute qu'une des phases d'une évolution dont nous ne pouvons prévoir la fin. La télévision apparaîtra et tous les problèmes se poseront de nouveau. Sommes-nous certains que cette dernière n'inspirera pas une technique nouvelle, qu'elle ne donnera pas naissance à de nouveaux moyens d'expression que nous sommes incapables d'imaginer aujourd'hui ?... La lutte ne fait que commencer entre les industries et l'esprit de création artistique. Les industries voudront les asservir à seule fin d'y trouver de nouvelles sources de bénéfices. L'esprit tentera de les employer comme de nouveaux modes d'expression. Rien ne nous permet de prévoir l'issue de cette lutte... »

Il est important de dater toutes ces citations car la situation évolue si vite que témoins et commentateurs corrigent constamment leurs impressions. En mai 1929, René Clair rapporte de Londres une étude fouillée du film américain de Harry Beaumont, *Broadway Melody*, première analyse sérieuse des ressources du parlant et de ses futurs poncifs. Mais le théoricien va bientôt s'effacer derrière le réalisateur et, en mai 1930, soit tout juste un an plus tard, sort *Sous les toits de Paris*, premier film parlant de René Clair et premier film parlant français présentant un intérêt artistique. A ce moment-là, le débat ne porte plus sur la viabilité du parlant (la cause est entendue) mais sur les mutations qu'il va entraîner et notamment sur la menace qu'il fait peser sur le théâtre. C'est alors que Marcel Pagnol, à son tour, se rend à Londres sur la suggestion du comédien Pierre Blanchar, pour voir *Broadway Melody*. Curiosité singulièrement tardive chez celui qui va devenir l'un des plus importants cinéastes français. A ce retard on peut trouver deux débuts d'explication. D'une part, une grande indifférence — pour ne pas parler de mépris — à l'égard du cinéma muet, de ses créateurs, de son histoire et de ses ambitions. Le cinéma, pour lui, est né quand il a su parler. D'autre part, l'existence de Pagnol a été fort bousculée pendant le long accouchement du parlant. Les triomphes de *Topaze* (octobre 1928), puis de *Marius* (mars 1929) lui ont assuré une jeune gloire lourde à gérer. Un épisode amoureux avec une danseuse du Casino de Paris l'entraîne dans la Sarthe où il fait le fermier, le maçon, perfectionne un nouveau moteur automobile et engendre un fils : de quoi vous distraire des palabres cinématographiques.

Quand il s'en mêle, Pagnol le fait avec une pétulance bien méridionale. De retour de Londres, il publie dans *Le Journal* du 17 mai 1930 (jour de la 600e de *Topaze*) un article fracassant où il déclare entre autres : « L'art du théâtre ressuscite sous une autre forme et va connaître une prospérité sans précédent. Un champ nouveau s'ouvre à l'auteur dramatique et nous allons pouvoir réaliser des œuvres que ni Sophocle ni Racine ni Molière n'ont eu les moyens de tenter. » Le surgissement tonitruant de Pagnol dans le débat du parlant lui vaudra l'inimitié du monde du théâtre, dont il annonce pratiquement la disparition, et du monde du cinéma, dont il ignore avec superbe les motivations et les doutes. Son approche théorique se développe plus tard à partir de la création, en décembre 1933, de la revue *Les Cahiers du film*. Elle restera marquée par le refus de reconnaître les spécificités techniques et esthétiques de l'art du cinéma. Le parlant, pour lui, c'est moins du cinéma guéri de son infirmité, le mutisme, que du théâtre dont la scène s'ouvre sur le monde entier. Nombre de ses arguments restent contestables. Mais en 1930 son punch et sa célébrité font découvrir que, hors des querelles de disciplines, le parlant instaure un autre mode de récit dramatique, une autre façon de raconter une histoire, une autre relation aux acteurs et aux personnages. Et Pagnol annonce l'auteur dramatique-metteur en scène, bref le cinéaste complet qu'il va devenir bientôt. Quand Marcel Pagnol est décoré de l'ordre de la Légion d'honneur (en même temps que Giono), le 14 juillet 1932, il reçoit ce message de félicitations : « Je me réjouis de vos triomphes. Mais quand vous dites du bien du cinéma, vous me navrez, ingrat ! » Cette boutade est signée Sacha Guitry qui, trois ans plus tard, franchira lui aussi le pas de la scène au studio. Ce double ralliement prestigieux du théâtre au cinéma (il y en eut bien d'autres, de Marcel Achard à Louis Verneuil en passant par Yves Mirande) marque la fin de la grande peur qui entoure la naissance du parlant.

Le débat, peu à peu, dérive vers des problèmes spécifiques. Le principal à retenir l'attention est celui des langues. Le langage du muet était (plus ou moins) universel. Il suffisait de traduire les cartons d'intertitres pour qu'un film circule dans le monde entier. Le parlant ressuscite la tour de Babel. Forts de leur avance technique, les Américains proclament que dans dix ans le monde entier parlera anglais. La menace ne fait sourire personne. Mais les lois du marché sont plus puissantes que cet impérialisme linguistique : les nations veulent voir leurs acteurs nationaux, parlant leur langue nationale. Ainsi naissent des versions multiples du même film, interprétées par des acteurs différents dans des langues différentes, bientôt remplacées par le doublage (réenregistrement de la bande-son par des comédiens de langues différentes sur la même bande-image), procédé mis au point à Hollywood et singulièrement facilité par la « bande rythmo » inventée par l'ingénieur français Charles Delacommune qui indique au « doubleur » le moment exact où il doit prononcer chaque syllabe de son texte pour être parfaitement synchrone avec l'acteur visible sur l'écran.

Ce doublage fera l'objet de l'ultime bataille déclenchée par le parlant. Il est en effet violemment condamné par l'Union des artistes (syndicat des acteurs) qui « interdit à tout unioniste d'accepter des rôles dont la parole et les gestes seraient confiés à des interprètes différents » (juillet 1930). Mais les films doublés apparaissent début 1931. L'Union des artistes condamne « un compromis artistique assimilable à une présentation frauduleuse de la marchandise [...], une usurpation caractérisée de la personnalité de l'artiste [...], des pratiques dégradantes pour l'acteur ». Et renforce son interdiction (*Le Courrier cinématographique*, 16 juin 1931). La presse se fait l'écho de cette bataille professionnelle. Mais cette agitation ne peut endiguer la montée des films doublés, seule solution qui permette aux exploitants de se procurer les programmes parlants dont ils ont besoin, la production française ou en langue française ne couvrant qu'une faible part des besoins... *Ciné-Journal* a beau dénoncer « l'abominable tromperie qui consiste à donner au public de la ventriloquerie pour de l'art dramatique », le doublage a déjà gagné la partie, aidé, curieusement, par une décision de la censure. Celle-ci, en effet, interdit en octobre 1930 la version originale de *Westfront 1918* (*Quatre de l'infanterie*) de Georg Wilhelm Pabst, dans laquelle soldats allemands, anglais et français s'expriment chacun dans leur langue. Cette audacieuse innovation trouble la commission de contrôle qui sévit, contraignant le distributeur — à la grande indignation de la critique — à bricoler une version où tout le monde parle français (sortie en décembre 1930).

Le grand débat lancé par l'arrivée du parlant s'apaise, même si les derniers échos retentissent jusqu'en 1935. Mais il y a longtemps que les discours ont laissé la place aux actes. Tandis que les prophètes s'égosillent, les apprentis sorciers se sont mis au travail...

Chapitre 2

LES APPRENTIS SORCIERS

Le succès du sonore, les débuts du parlant aux Etats-Unis ont alerté les professionnels français les plus attentifs... ou les plus menacés. Certains d'entre eux prennent immédiatement des initiatives. Ce fut le cas, nous l'avons vu, pour Louis Aubert et Roger Richebé, s'agissant de l'exploitation. Natan décide très tôt de faire aménager des studios. Pierre Braunberger, jeune producteur (il a vingt-quatre ans en 1929) qui a travaillé avec Jean Renoir et s'intéresse à l'avant-garde, suit à Londres les progrès du nouveau cinéma et crée une société destinée aux films parlants : les Films Pierre Braunberger. Mais c'est le succès, en France, à partir de janvier 1929, du *Chanteur de jazz* qui fait véritablement office de starter. Dorénavant, dans la production française, la course au son est engagée.

La cour des miracles

Pendant deux bonnes années, la production sera une véritable cour des miracles, un concours Lépine permanent de bricolage artistique et technique, un centre de formation où chacun s'initie aux nouvelles techniques en se livrant à des exercices lancés quelques semaines plus tard sur le marché comme « les nouvelles merveilles de l'art nouveau » alors que ce ne sont que des expériences plus ou moins abouties sur le plan technique et (sauf rares exceptions que nous signalerons) dépourvues de toute ambition artistique. Les producteurs qui viennent de terminer un film muet au moment où le mouvement se déclenche hésitent sur la conduite à tenir. Les solutions les plus variées sont expérimentées. Un exemple typique dans sa banalité même : le 28 janvier 1929, au lendemain de la sortie du *Chanteur de jazz*, doit avoir lieu une « présentation corporative » (projection en avant-première réservée aux professionnels) de *La Servante*, un film muet que Jean Choux a tourné en 1928 à Saint-Tropez avec sa femme, la comédienne Thérèse Reignier. Ce film doit sortir en février, mais la fièvre du parlant le bloque. Que faire ? Après une longue hésitation, il sortira, muet, le 21 février 1930, tandis que des bruits, de la musique et quelques répliques seront ajoutés pour une nouvelle version dite « sonore et parlante » lancée le 23 octobre de la même année.

Bien des films tournés en 1929-1930 connaîtront ainsi une double sortie, à quelques mois de distance, dans une version muette, puis pseudo-parlante. Certains renoncent à une exploitation muette et tentent la greffe du son, en ajoutant au moins des bruits et de la musique à une bande-image qui, pour être compréhensible, conservera ses intertitres. C'est le cas du *Collier de la reine* sorti le 22 octobre 1929. Cette adaptation d'Alexandre Dumas est presque le dernier film de Henri Ravel, dont le premier film remonte à 1913, et le premier de Marcelle Jefferson-Cohn, venue de l'Opéra, dont l'imposante beauté va triompher sous le nom de Marcelle Chantal. Le « complément sonore » dont se prévaut ce film muet comporte une suite arrangée par le compositeur André Roubaud à partir de musiques du XVIIe et du XVIIIe siècle, et deux scènes dialoguées (condamnation et supplice de la comtesse de La Motte) qui firent impression à l'époque. Le film fut retenu pour être projeté à Noël à l'Elysée pour le président Doumergue. Techniquement, une procédure voisine est appliquée à *Nuits de prince* de Marcel L'Herbier, d'après Joseph Kessel, avec Gina Manès et Jaque-Catelain : l'accompagnement sonore se contentait de placer des airs tsiganes et des chants cosaques, et une chanson par Gina Manès pendant les scènes de cabaret, ainsi que des bruits d'accompagnement. Toute la partie sonore est réalisée à Berlin par Michel Levine.

Un peu plus tard, on s'avisa que ce travail de post-synchronisation qu'on avait réalisé sur les derniers films muets, on pouvait y recourir pour rajeunir et exploiter à nouveau des films plus anciens. A l'automne 1930 par exemple, sortent une « version sonore, parlante et chantante » de *Paris en cinq jours*, film réalisé en 1925 par Nicolas Rimsky et Pierre Colombier, et une « version sonore et en partie parlante » d'un chef-d'œuvre de Raymond Bernard, *Le Miracle des loups*, tourné en 1924. Plus tard, et dans un esprit différent, des cinéastes tenteront de donner une vie nouvelle à leurs films anciens à l'aide du son. Abel Gance s'y emploie avec *J'accuse* et *Napoléon*, mais dans le cadre d'une recréation élaborée. Plus tard encore, dans les années 1980-1990, dans un tout autre contexte et dans le cadre de la sauvegarde du patrimoine, on rééditera de grands films muets accompagnés de la musique initialement composée pour eux (*Casanova* d'Alexandre Volkoff, musique de Ferdinand Heurter, 1926) ou d'une musique composée pour la circonstance (*L'Hirondelle et la Mésange* d'André Antoine, 1920 ; musique de Raymond Alessandrini sur des thèmes de Maurice Jaubert, 1982).

Plutôt qu'un film parlant, *Le Collier de la reine* est un film sonorisé et partiellement post-synchronisé. Un pas supplémentaire est franchi aux studios de la rue du Mont à Epinay, construits par l'Allemand Menchen en 1913, repris et équipés par Tobis, détenteur du brevet allemand. Une société française des Films sonores Tobis a été créée qui va à la fois produire et gérer le seul matériel capable de rivaliser avec celui des Américains. Pendant des mois des cinéastes et techniciens français viennent tourner des courts-métrages, des sketches comiques, des saynètes ou des chansons filmées pour se faire la main. Parmi eux, René Clair veille à ne pas se faire remarquer. C'est son frère, Henri Chomette, qui va essuyer les plâtres.

Henri Chomette a mené jusqu'alors une carrière cinématographique assez marginale, avec un intérêt marqué pour l'avant-garde et l'expérimentation, ce qui pouvait le désigner pour l'aventure de ce premier essai. *Le Requin* raconte l'histoire d'une escroquerie à l'assurance dont l'auteur, acquitté par un tribunal, sera tué par sa femme. Dans les rôles principaux, Gina Manès, capiteuse vedette du muet dont l'étoile va vite pâlir, et Henri Garat à qui le parlant va apporter quelque temps un surcroît de popularité. Le film comportait des intertitres écrits, un accompagnement musical, avec deux séquences chantées, et en final, une scène de tribunal parlée. On ne sait pas si cette solution bâtarde découlait d'insuffisances techniques, ou d'un choix esthétique de Chomette qui déclarait pendant le tournage : « La bonne formule c'est, je crois, de garder à l'image le rôle essentiel... Un film "parlant tout le temps" serait insupportable. » Beaucoup d'autres films de cette période resteront ainsi en équilibre entre le muet et le parlant. Par exemple *Le Crime de Sylvestre Bonnard*, terminé en mai 1930 par André Berthomieu dans une version sonore et musicale, mais non parlant parce que — déclarait sans rire le réalisateur — « il serait sacrilège de faire dire aux acteurs un texte qui n'est pas d'Anatole France »...

« *Made in England* »

« Le premier film français parlant », annonçait la publicité du *Requin*, en septembre 1929. « Le premier grand film français parlant et sonore », proclamait celle du *Collier de la reine*, le 22 octobre de la même année. Huit jours plus tard, celle des *Trois Masques* promet : « Le premier grand film français cent pour cent parlant. » Pas facile pour le public de percevoir la différence. Elle existe pourtant car *Les Trois Masques* est effectivement le premier film entièrement parlant en français et conçu comme tel. Réalisé par un honnête artisan (il tournera plus de cinquante films), André Hugon, avec pour décorateur un jeune affichiste-journaliste sportif, Christian-Jaque, qui va bientôt trouver sa voie dans le cinéma, le film *Les Trois Masques* s'entourait de garanties, comme beaucoup de films de cette époque : d'abord, il est tiré d'une pièce de théâtre à succès (de Charles Méré) et, ensuite, c'est un remake d'un film muet de 1921. Ce « Roméo et Juliette » corse reste assez primitif mais remportera un succès notable : c'est le premier film parlant qui ait l'air et le son (pas fameux) vraiment français. Plutôt que les naïvetés du récit, les spectateurs découvrent la justesse des bruits. Le critique de *Ciné-Miroir* s'émerveille des gloussements d'une mère poule. Charles Spaak, le futur grand scénariste, est béat d'admiration en entendant le glouglou des gouttes tombant d'un robinet dans un évier. Par contre, l'accompagnement musical est pauvre, et limité à des bruits réels (musique militaire lorsque passent des troupes en manœuvres) ; pour soutenir l'émotion, l'orchestre du Pathé-Marivaux, où le film est sorti, comble les moments creux...

Mais le plus important, dans le cas des *Trois Masques*, c'est qu'il a été tourné en Grande-Bretagne. Pathé, en effet, veut se lancer au plus tôt dans le parlant, et fait équiper le studio de la rue Francœur avec du matériel américain. En attendant que les studios soient prêts, il a donc dépêché son équipe à Londres où l'équipement des studios a un an d'avance. En 1929-1930, sept films français seront ainsi tournés en Angleterre, parmi lesquels *La route est belle*, sorti à Paris en décembre 1929.

Si Pathé fonce vers les nouvelles techniques, ce sont surtout les petites sociétés, souvent récemment créées, qui vont s'engager avec le plus de détermination dans l'aventure. Ainsi de Jacques Haïk, de Vandal et Delac, des Films de Venloo. Ainsi de Pierre Braunberger qui monte en quelques mois sa nouvelle société et entreprend à toute vitesse de produire son premier film parlant. Son idée n'est pas, comme pour beaucoup, d'exploiter le répertoire théâtral, mais celui de l'Opéra. Le chant sera la seconde mamelle du nouveau cinéma. Il engage André Beaugé, ancien baryton de l'Opéra-Comique, vedette du théâtre lyrique sous le pseudonyme de Grillaud, pour le film *Sous le maquillage*. Mais les essais techniques à Paris sont dissuasifs. C'est donc finalement à Londres (dans les studios d'Elstree) que Robert Florey tourne *La route est belle*, mélo simpliste où un pauvre chanteur amené à remplacer au pied levé un ténor célèbre conquiert la fortune et le cœur de sa dulcinée. A noter, parmi les responsables de la partie musicale, la première collaboration au cinéma de Georges Van Parys, qui sera l'un des plus prolifiques et talentueux compositeurs de musique de film. Nous avons évoqué comment Roger Richebé fit l'expérience bénéfique de sortir *La route est belle* à Marseille. A l'occasion de cette collaboration, producteur et exploitant décidèrent de s'associer pour fonder les Etablissements Braunberger-Richebé qui, en trois ans, produisirent quatorze films et contribuèrent à l'impulsion du cinéma parlant.

Le plus significatif, dans *La route est belle*, est cette idée qu'eut Pierre Braunberger de faire venir des Etats-Unis Robert Florey, journaliste français de vingt-neuf ans, qui s'était établi à Hollywood en 1921, où il avait développé des participations de toutes sortes avec les studios. Robert Florey fut sans doute le premier Français à avoir tourné un film parlant, puisque, ami des Marx Brothers, c'est lui qui tourna, en 1928, leur premier film, *Coconuts* (*Noix de coco*). Après trois ans en Europe, Robert Florey repartit pour les Etats-Unis où il eut quelques succès, notamment avec des films fantastiques, avant de faire une belle carrière à la télévision. En dehors du cas Florey, deux autres « Français de Hollywood » saisirent l'occasion des débuts du parlant pour entamer une carrière française ou la reprendre. Jean de Limur avait débuté comme figurant à Hollywood avant d'apporter des collaborations diverses à Chaplin (*L'Opinion publique*) et C.B. De Mille (*Le Roi des Rois*). Cornac d'Adolphe Menjou, acteur d'origine française spécialisé dans les rôles de séducteur français pour films américains, Jean de Limur fut appelé par Pathé pour diriger son comédien favori dans *Mon gosse de père*, adapté d'une comédie de Léopold Marchand. Jean de Limur poursuivit ensuite en France une carrière sans éclat.

L'autre cas est celui de Maurice Tourneur, qui avait quitté la France en 1914 après avoir tourné quatorze films, pour devenir un cinéaste important et respecté à Hollywood. De retour en Europe fin 1927, Tourneur tourne un film en Allemagne et un autre en France, *L'Equipage*, qu'il refusera de signer avant d'entamer vraiment une seconde carrière avec son premier film parlant, *Accusée, levez-vous*, en 1930. Au moment où trois Français de Hollywood tournent à Paris, trois cinéastes venus de France tournent à Hollywood des versions françaises de films américains : Jacques Feyder, Claude Autant-Lara et Jean Daumery. Nous y reviendrons. Compliquant ce bilan des échanges franco-américains, il faut citer le cas de Louis Gasnier, Français qui accompagne les débuts du cinéma (premier film en 1905), tourne les premiers Max Linder avant d'émigrer aux Etats-Unis où il triomphe avec *Les Périls de Pauline* (1914) et *Les Mystères de New York* (1915), avant d'entamer une carrière plus besogneuse. En 1930, en souvenir de ses origines, il est requis sur placepour tourner quelques films en version française (*L'Enigmatique Mr. Perkins*, dont il réalise également la version américaine, *Slightly Scarlet*, 1930), puis pour faire un saut à la Paramount française où il tourne notamment *Mon gosse de père* et *Topaze* d'après Pagnol, avant de repartir pour sa carrière américaine.

Versions multiples : le mariage berlinois

Cette parenthèse sur Louis Gasnier nous amène à revenir sur une étape essentielle de la naissance du parlant : celle des films en plusieurs versions. Ce système constitue la première réponse à la question la plus sérieuse posée par l'arrivée du parlant : comment exporter des films qui jusqu'alors s'exprimaient dans le langage universel des images et vont désormais se heurter aux barrières linguistiques. Si les premiers films parlants américains ont déclenché une vive curiosité populaire, ils ont aussi déçu. « En français ! En français ! » criait-on dans les salles et les quelques apparitions de titres ou sous-titres ne calmaient pas une foule qui ne voulait plus seulement entendre parler, mais entendre parler *français*. Les deux pays détenteurs de brevets, les Etats-Unis et l'Allemagne, ont besoin des marchés étrangers. Pour les conserver, ou les conquérir, ils auront, dans un premier temps, recours tous deux à la même solution : le film à versions multiples. Mais ce sont les Allemands qui iront le plus vite en besogne. Sorti à Paris dès décembre 1929, *La nuit est à nous* est le premier exemple, encore modeste, de ces films internationaux à version française.

Petite innovation pour ce film, il sort des studios, se situe dans le monde des courses automobiles et s'évade, le temps d'une séquence, sur les routes de Sicile où se dispute la course Targa Florio. Petite révolution : le rôle féminin principal est tenu par Marie Bell, pensionnaire de la Comédie-Française, qui a eu le plus grand mal à obtenir une autorisation de son employeur. Le cinéma est devenu l'ennemi depuis que, parlant, il s'inspire du théâtre. Un nouveau règlement interdit à la troupe de jouer dans des films tirés de pièces inscrites au répertoire du Français et limite à quatre le nombre de films autorisés par an (Marie Bell fera scandale en en tournant cinq l'année suivante). En 1931, la toute jeune Edwige Feuillère, encore élève au Conservatoire, et donc réglementairement interdite de cinéma, tournera deux films sous le pseudonyme de Cora Lynn...

Mais la vraie révolution de *La nuit est à nous* est ailleurs. Ce film « parlant français » est en fait un film allemand, tourné à Berlin, avec mise en scène, scénario, musique allemands, où des comédiens français rejouent en français les scènes que les comédiens allemands viennent de tourner en allemand. Principal rôle français du film, Henry Roussell, qui a également réalisé quelques films, sera le conseiller du metteur en scène Carl Froelich pour le contrôle du jeu des acteurs, et surtout de leur prononciation. Ce qui, à l'affiche, donnera cette mention ambiguë : « Mise en scène de Carl Froelich, réalisation française de Henry Roussell. »

Ce qui a été institué ici, d'une manière en quelque sorte artisanale (mais avec une bonne maîtrise du son, et une certaine application artistique qui fait oublier la source théâtrale du scénario), sera ensuite organisé industriellement par la U.F.A., principale société de production allemande, associée de Tobis. Car si l'on tourne un film en double version, rien n'empêche de multiplier les versions et de le tourner en trois, quatre, ou cinq langues. Six mois plus tard, la U.F.A. annonçait le tournage de cinquante-huit versions étrangères de films allemands, dont vingt-neuf versions françaises, quatorze versions internationales (seulement le son et la musique), huit versions anglaises, deux suédoises et une italienne, espagnole, polonaise, hongroise et tchèque. Cette prédominance des versions françaises (que l'on retrouvera chez les Américains) découlait de l'influence linguistique et culturelle du français dans certains pays d'Europe, en Roumanie surtout, mais aussi en Tchécoslovaquie, en Yougoslavie, en Bulgarie, en Pologne, en Hongrie, en Grèce. Si le cinéma français n'était plus capable de tenir ses marchés, la langue française restait une clé utile pour les pénétrer.

Versions multiples : apprentissages hollywoodiens

Franchir les frontières, une fois rodée la nouvelle technique du parlant, devenait bien entendu la préoccupation première des Américains qui tiraient de l'exportation 40 % de leurs recettes. La solution du problème fut trouvée en trois étapes : importation de talents étrangers pour la réalisation de films en langues étrangères à Hollywood ; installation à Paris d'une usine de fabrication de films en versions multiples ; doublage. Pour suivre la première étape, le mieux est de s'intéresser au sort d'un des principaux cinéastes français (d'origine belge), Jacques Feyder, rattrapé à Hollywood par le surgissement du parlant.

Remarqué par les Américains, notamment après *Thérèse Raquin* (1927), Jacques Feyder avait été invité par la M.G.M. à tourner à Hollywood et avait signé un contrat de trois ans. En 1929, il tourne *Le Baiser*, avec Greta Garbo : ce sera le dernier film muet du cinéaste et de la vedette. En fait, Irving Thalberg, grand patron de la Metro, ne sait pas trop comment l'employer. Avec le développement du parlant apparaissent les films à versions multiples. Faute de mieux, on demande à Feyder de diriger des versions françaises de films américains, ce qu'il accepte sans grand état d'âme : il a toujours considéré cette parenthèse américaine comme un laboratoire professionnel et il est satisfait de s'initier dans les meilleures conditions aux mystères du son cinématographique. Pour *Le Spectre vert* (sorti à Paris le 12 mai 1930), version française de *The Unholy Night* de Lionel Barrymore, il jouit d'une relative liberté dans sa mise en scène, à condition de suivre de très près scénario et dialogues. Pour le rôle masculin principal, Feyder avait consulté sa femme, la comédienne Françoise Rosay, qui avait suggéré un acteur de théâtre réputé, André Luguet, et deux néophytes, Henri Garat et Claude Dauphin. C'est le premier que choisit la M.G.M., mais tous trois devinrent des vedettes du parlant. Feyder réalisa ensuite la version française et allemande de *Si l'empereur savait ça* (*His Glorious Night*, de Lionel Barrymore), avec André Luguet et Françoise Rosay. Aucun de ces deux films ne mérite qu'on s'y arrête, même s'ils remportèrent un honorable succès public. Françoise Rosay évoque avec lucidité cette époque dans son livre *La Traversée d'une vie*. Le foyer Feyder était devenu le refuge de tous les Français convoqués par les diverses « majors » pour tourner des versions françaises. Le dimanche, dans leur villa de Brentwood, on pouvait rencontrer Tania Fedor, Huguette Duflos, Mona Goya, Charles Boyer (en pleine période de doute), Maurice Chevalier, Arlette Marchal, des auteurs dramatiques venus travailler sur l'adaptation des dialogues comme Yves Mirande, Roger Ferdinand, Yvan Noë. Si Feyder vivait avec une grande dignité cette expérience professionnelle, la plupart des autres ne dissimulaient pas que seul l'intérêt d'un chèque hebdomadaire conséquent les retenait dans un monde et pour une tâche auxquels ils n'adhéraient pas. Le plus grincheux ou véhément des invités du dimanche était sans doute Claude Autant-Lara. Engagé pour deux ans par le « French Department » de la M.G.M. (en même temps que Buñuel qui n'y fera pas de vieux os...), alors qu'il sortait de l'expérience décevante de deux films expérimentaux (*Fait divers*, 1923 ; *Construire un feu*, 1927-1928), Claude Autant-Lara attendit des mois avant qu'on lui confie un travail : *Buster se marie* (la version française de *Parlor, Bedroom and Bath*, d'Edgar Sedwick), avec Buster Keaton. Il essaya de convaincre le coréalisateur, Edmond Brophy, qu'on lui avait assigné pour le contrôler, de faire des modifications dans le scénario. Une moviola fut alors installée dans le décor, sur laquelle on repassait sans cesse la séquence du film américain correspondant à celle en cours de tournage afin de vérifier que la version française était strictement conforme à l'originale.

Plus tard, Autant-Lara récidiva avec *Le Plombier amoureux*, toujours avec Buster Keaton. A ce moment meurt Jean Daumery, cinéaste d'origine belge qui réalisait des versions françaises pour la Warner (*Contre-enquête*, *Lopez le Bandit*, etc.) et qu'il faut remplacer. La M.G.M. loue Autant-Lara à Warner qui tourne pour elle, dans un climat moins tendu, *L'Athlète incomplet* (*Local Boy*, de Mervin Le Roy, 1932), avec Douglas Fairbanks Junior. Mais, pour les Américains, le système des versions multiples a fait long feu. Ils ont décidé d'adopter le doublage, perfectionné par un monteur allemand, Jacob Karol. Les doubles versions déclinent rapidement. Il semble que la dernière « version française » d'un film américain tourné à Hollywood ait été, en 1934, *Caravane*, réalisé par Eric Charell et interprété par Charles Boyer dans les deux versions, Annabella et Pierre Brasseur reprenant les rôles tenus dans la version américaine par Loretta Young et Philip Holmes. Produit par la Fox, *Caravane* a pour directeur de production Robert Kane, rentré de France où il avait dirigé le Studio Paramount (voir plus loin).

Donc, le doublage s'impose. Claude Autant-Lara part en guerre contre ce procédé barbare, au nom de la menace artistique et culturelle qu'il représente. Mais il accepte les travaux qu'on lui confie, expérimente la technique sur deux petits films, *Trader Horn* et *Pur-Sang* (*Sporting Blood*), avant de perfectionner sa direction d'acteurs et sa connaissance du montage en travaillant deux mois sur le doublage d'un film important et très parlé : *Dance, Fools, Dance*, de Harry Beaumont avec Joan Crawford et Clark Gable. Pour Feyder et Autant-Lara, le contrat hollywoodien est un échec artistique mais un intéressant stage de perfectionnement — pour le premier — et d'apprentissage — pour le second.

Versions multiples : Paramount-sur-Marne

Tandis que Hollywood fabrique ainsi des « doubles » de ses films en langues étrangères, il entreprend une expérience extravagante : exporter à l'étranger la fabrication elle-même de ces films.

Dès mai 1929, Jesse Lasky, vice-président de la Paramount, accompagné de Walter Wanger, directeur général de la production, donne à Paris une conférence de presse qui dévoile l'ampleur de ses projets. « Voici mon idée. J'achète les droits d'adaptation d'un livre, d'une pièce ou d'un scénario que j'estime devoir convenir au tempérament français qui présente cependant des facteurs de succès auprès du public américain. Nos différents services effectuent le travail minutieux qu'exige la préparation d'un film parlant. Le film est tourné en Amérique. Les frais de mise en train (costumes, maquettes de décors, découpage du scénario, etc.) étant établis pour la réalisation du film en Amérique, je fais exécuter en France une réplique de ce film avec une distribution entièrement française, d'après les indications initiales qui seront le vade-mecum que le nouveau producteur n'aura qu'à suivre scrupuleusement [1]. » Bref, Hollywood fabriquerait les prototypes, et Paris exécuterait les copies... Ce n'est pas exactement le dispositif qui fut mis en place.

En janvier 1930, la Paramount appliquait une variante du plan Lasky. Une filiale française, dirigée par un producteur américain, Robert T. Kane, louait, aménageait et équipait les vieux studios de Gaumont à Joinville, puis un studio adjacent à Saint-Maurice, pour en faire un centre de production où seraient tournés des films internationaux dans les différentes langues européennes. En attendant que le chantier soit terminé, Louis Mercanton et Charles de Rochefort tournèrent dans les studios Gaumont des sketches écrits par Saint-Granier, Noël-Noël, Pierre Dac et interprétés par Marguerite Moreno, Bach, Dalio, Marcel Vallée, Tramel, Boucot, tandis que des vedettes du caf' conc' comme Lucienne Boyer ou Jeanne Aubert poussaient la chansonnette. Un comité de scénaristes-dialoguistes rassemblait quelques auteurs à succès : Yves Mirande, Marcel Achard, Tristan Bernard, Saint-Granier, etc., tandis qu'on engageait, pour les multiples versions, des réalisateurs italiens, portugais, suédois, polonais... et bien entendu français, parmi lesquels Marc Allégret, Jean de Limur, Louis Mercanton. Un « comité littéraire », destiné à donner confiance, siégeait, contre de confortables jetons de présence (120 000 francs par an). On y trouvait Tristan Bernard, Pierre Benoit, Sacha Guitry, Edouard Bourdet, Paul Morand.

Un banquet de deux cents couverts à l'hôtel Ambassade assure en mars 1930 le lancement du « Hollywood européen ». Le Studio Paramount est inauguré le 17 avril 1930. On commence à y tourner le 2 mai. A cette date, il y avait des versions françaises de films allemands sur les écrans français depuis six mois déjà. Quelques jours plus tard, la sortie de *Sous les toits de Paris* montrait la capacité française à se débrouiller vite et bien. L'opération Paramount démarrait tardivement, dans les roulements de tambour d'une publicité tonitruante, noyée sous le champagne de réceptions munificentes. Pendant plus d'un an, elle manifesta l'incroyable productivité quantitative annoncée à grand fracas.

En mai 1931, la Paramount proclamait avoir produit en douze mois cinquante courts-métrages et cent longs-métrages (toutes versions confondues). Si l'on considère qu'il y eut une moyenne de cinq versions par film, cela signifiait, pour un seul studio, cinq versions de vingt films différents en un an, ce qui est totalement ahurissant. L'usine à films avait fonctionné à plein rendement. Mais ce n'était qu'une fabrique de navets, « une machine à saucisson » suivant l'expression d'André Daven, qui en était pourtant l'un des principaux dirigeants.

1. *Le Courrier Cinématographique*, n° 18, mai 1929.

Le Trou dans le mur, premier film de la Paramount-France, portait déjà les stigmates de cette production à la chaîne. Il avait été confié à un modeste tâcheron, René Barberis, qui avait tourné auparavant cinq films, tous adaptés de pièces de théâtre, dont l'un adapté d'Yves Mirande et l'autre de Tristan Bernard, ce qui lui valut la protection de ces deux auteurs maison. *Un Trou dans le mur* était lui aussi tiré d'une pièce d'Yves Mirande qui avait triomphé au théâtre de la Michodière et qui se distinguait par une éclatante banalité. Il amorçait ce que les critiques de l'époque appelèrent le « théâtre mécanique » : la mise en images, sans transposition cinématographique réelle, d'une représentation théâtrale. Le « théâtre mécanique » fut la plaie de cette préhistoire du cinéma parlant, et la caractéristique majeure du « style » (si l'on peut parler de style) de la Paramount française.

Ce n'était pas pour elle seulement un choix artistique ou idéologique simpliste (ils veulent de la parole, donnons-leur du théâtre), mais aussi une contrainte économique et technique. En s'imposant un cahier des charges de haute productivité, avec autant de troupes de réalisateurs-acteurs qu'il y avait de versions, la Paramount était obligée de tourner très vite, sur place, dans des décors simplifiés facilement amovibles. La plupart des films tournés à Joinville le furent en douze jours (et parfois ce fut en douze nuits, car on tournait les versions « nobles » — anglaise et française — de jour et le travail continuait la nuit pour les autres). Efficace, admirablement organisée, extrêmement onéreuse, complètement caporalisée à l'instar d'un studio hollywoodien, la Paramount-France réussit le miracle de produire environ quarante films différents (plus de cent cinquante toutes versions comprises) d'une médiocrité constante, à une exception près : le *Marius* tourné par Alexandre Korda d'après la pièce de Marcel Pagnol.

Le triomphe de *Marius* constitue en quelque sorte le point d'orgue du désastre de la Paramount française. Car le seul film qu'elle ait réussi a été réalisé en violation de toutes les règles que la Paramount avait imposées. Dès le début, Robert T. Kane avait proposé d'acheter les droits de cette pièce qui remplissait le Théâtre de Paris depuis mars 1929. Mais Pagnol avait exigé d'être associé au travail du réalisateur choisi, Alexandre Korda, d'être associé à l'adaptation, que les acteurs de la pièce (Raimu, Fresnay, Orane Demazis, Charpin) soient ceux du film, et enfin d'être rétribué au pourcentage des recettes. Aucune de ces revendications n'est acceptée. Mais un an plus tard, la Paramount fait ses comptes : l'expérience française coûte cher et les films marchent mal. Au même moment sort un « petit film français », *Jean de la Lune*, transposition à l'écran, par Jean Choux, de la pièce de Marcel Achard, avec pour interprètes des acteurs qui pour la plupart ont joué la pièce, au moins en tournée : Michel Simon, Madeleine Renaud et René Lefèvre. C'est un succès : vingt-cinq semaines d'exclusivité. Les Américains reconsidèrent leur position et décident de produire *Marius* en acceptant toutes les exigences de Pagnol. Seule restriction, ils tourneront parallèlement une version allemande et une version suédoise du film, sur lesquelles ils conserveront un entier contrôle. *Marius* eut droit à cinq semaines de tournage et durait cent trente minutes, à la grande colère des exploitants. Il rapporta un pactole, n'ébranla en rien les certitudes du système Paramount, et fut impuissant à en empêcher la déconfiture. En mai 1932, le vétéran Louis Mercanton mourut alors qu'il venait de commencer le tournage de *Passionnément* d'après une opérette d'Albert Willemetz. Claude Autant-Lara, qui revenait de Hollywood sur un cargo assurant le trajet direct Los Angeles-Le Havre, reçut à bord un télégramme l'engageant pour reprendre le film. Quand il se présenta à Joinville en juin 1932, il trouva l'usine à films à moitié déserte : la Paramount avait décidé d'arrêter son expérience de production européenne en France, et assurait les contrats signés avant de fermer boutique. La fin de *Passionnément* fut confiée à René Guissard, et Claude Autant-Lara, en compensation, reçut la commande de six courts-métrages d'après Courteline...

Versions multiples : la voie « en chanté »

Si Robert Florey fut le premier cinéaste français à tourner — aux Etats-Unis — un film parlant, l'interprète français qui, le premier, s'est forgé une célébrité grâce au parlant est sans doute Maurice Chevalier. Certes, célèbre, il l'était déjà, après dix années de succès au music-hall, mais le cinéma l'avait jusqu'alors à peu près totalement ignoré. Contacté par la M.G.M. (Irving Thalberg en personne lui fit faire un essai à Paris fin 1928), il est finalement engagé par la Paramount avant qu'elle n'installe en France son usine de versions multiples. Dès son second film américain, Chevalier a la chance d'avoir pour réalisateur l'Allemand émigré Ernst Lubitsch qui transforme ce chanteur populaire et parigot en un élégant prince d'opérette. Le triomphe de *Parade d'amour* (*The Love Parade*, 1929), adapté du *Prince consort* de Léon Xanrof et Jules Chancel, transformé en opérette grâce à une musique de Victor Schertzinger, est énorme aux Etats-Unis comme en France. Partout, c'est le coup de foudre pour le couple Maurice Chevalier-Jeanette MacDonald. (Le film américain engendra une version française avec la même distribution mais où l'on avait supprimé certains dialogues trop longs, ou trop difficiles à jouer, en français, pour les acteurs américains.)

Le film sort à Paris en février 1930, au Panthéon, un cinéma que Renée Naville a reçu en dot pour son mariage avec Yves Allégret (le frère du cinéaste Marc Allégret et futur cinéaste lui-même). Allégret s'associe avec Pierre Braunberger pour gérer cette salle qui se spécialise dans les versions originales et le cinéma artistique. La publicité annonce fièrement : « Maurice Chevalier enfin au Panthéon » ! C'est un très grand succès.

Phénomène du show-business, Maurice Chevalier se trouve, par chance, livré quatre fois à la fantaisie inventive d'un des plus grands cinéastes du monde. Après *Parade d'amour*, ce seront successivement : *Le Lieutenant souriant* (*The Smiling Lieutenant*, 1931, d'après Oscar Strauss, avec Claudette Colbert — version française à dialogues réduits) ; *Une heure près de toi* (*One Hour With You*, 1932, avec Jeanette MacDonald, chansons d'Oscar Strauss — version française avec des acteurs différents pour les rôles secondaires) ; *La Veuve joyeuse* (*The Merry Widow*, 1934, d'après Franz Lehar, avec Jeanette MacDonald — version française comme le film précédent, avec des dialogues de Marcel Achard et des chansons réécrites par André Hornez).

L'intérêt de ces films dépasse leur effet sur la carrière de Maurice Chevalier. Le parlant a engendré immédiatement le « musical » et le « chantant ». Les Américains, dès les origines, développent un type de films basés sur les shows de Broadway, grandes revues à paillettes, rythmes et strass, ou comédies musicales qui modernisent l'opérette. Ce seront, tout de suite, les « Broadway Melodies », les « Ziegfeld Follies », etc. Le cinéma de culture européenne est entraîné tout naturellement vers ce recours à la musique et aux chansons, mais avec un style très différent, qu'on peut baptiser « viennois » ou « berlinois » selon qu'on considère la musique qui l'inspire, ou bien la ville d'origine de ceux qui le pratiquent et l'endroit où ils le pratiquent. Car ce retour à l'opérette, que le Berlinois Lubitsch (et d'autres avec lui) introduit dans le cinéma américain, va se développer d'une autre manière dans les studios de la U.F.A. Ce sera l'énorme succès, public et critique, du *Chemin du paradis*, réalisé par William Thiele, dont la version française (contrôlée par Max de Vaucorbeil, avec Lilian Harvey dans les deux versions, Willy Fritsch dans l'allemande et Henri Garat dans la française) sort à Paris en octobre 1930. La France entière chante « Avoir un bon copain ». Ou celui, équivalent, du *Congrès s'amuse*, mis en scène par Eric Charell (version française : Jean Boyer, 1931). Existe aussi une version anglaise, également avec Lilian Harvey et Henri Garat. Succès encore de *Captain Craddock*, réalisé par Hanns Schwarz, assisté de Max de Vaucorbeil pour la version française, avec Kate de Nagy et Jean Murat (1931), qui fera fredonner partout « Une nuit à Monte-Carlo » et, surtout, « Les gars de la Marine », une chanson qui sera la « scie » des années trente.

Nous sommes là dans un cinéma de « genre » : le premier genre qu'ait engendré le parlant, le théâtre filmé n'étant qu'une paresseuse facilité. Hors genre, comme toute œuvre d'exception, mais dans les marges de ces comédies musicales d'inspiration germano-européenne, on peut citer *L'Opéra de quat'sous* (1930) chef-d'œuvre de Georg Wilhelm Pabst, adaptation à l'écran de la satire musicale de Bertolt Brecht et Kurt Weill. Le film a été longtemps controversé, d'abord par la censure française qui l'interdit sept mois durant (sortie en novembre 1931), puis par la critique, qui considérait que Pabst avait affadi la charge de critique sociale de la pièce (Brecht et Weill intentèrent un procès au film) et que la version française, avec Florelle et Albert Préjean dans les principaux rôles, édulcorait encore la version allemande, l'inclinant vers la comédie chantée traditionnelle. Ces remarques sont fondées. Mais, soixante ans plus tard, après avoir vu tant de mises en scène de pièces de Brecht tirant l'auteur dans tous les sens, les rigueurs de l'orthodoxie brechtienne se sont adoucies. La vision Pabst est acceptable, et elle est mise en images avec intelligence et efficacité. Mais à quoi bon insister : de tous ces films dont nous parlons ici, aucun n'est français. Parce qu'ils ont été tournés en « version française », ils figurent dans les répertoires filmographiques du cinéma français (en tout cas ceux — si précieux même si on peut discuter ce point de détail — établis par Raymond Chirat et publiés par Maurice Bessy et Raymond Chirat sous le titre *Histoire du cinéma français. Encyclopédie des films*). Or, tous ces films sont d'origine, d'inspiration, de réalisation allemandes. Cas singulièrement démonstratif : *L'Opéra de quat' sous*, ce brûlot anti-ploutocratique, est coproduit par deux trusts rivaux, Warner et Tobis... C'est bien entendu entre ces deux mâchoires : cinéma américain-cinéma allemand, que le cinéma français essaie de ne pas se faire dévorer.

Cette revue des apprentis sorciers a permis d'exposer les différents types d'approche, les essais de laboratoire, les rites d'initiation vécus par le cinéma pour intégrer le son. Il s'agissait de vérifier comment une profession réagissait au choc d'une révolution technologique et s'y adaptait. Les films dont nous avons parlé jusqu'à présent défrichent un nouveau territoire, expérimentent de nouveaux instruments. Le plus souvent, l'expression artistique reste étouffée par l'apprentissage technique. Nous avons déjà eu l'occasion d'évoquer la situation ambiguë du film d'Abel Gance, *La Fin du monde*, transformé *in extremis* en film sonore et parlant sans y être vraiment préparé sur le plan technique, esthétique ou financier. L'ambition artistique existe, et elle est grandiose, mais elle se télescope avec les incertitudes et les contraintes du nouveau média. Beau sujet de méditation pour Abel Gance : la machine, dans ce cas, se révèle plus forte que l'homme.

Mais la recherche esthétique et technique se poursuit, et très vite, la nouvelle machine, domptée, accouche d'une production normalisée d'où émergent les premières œuvres marquantes. Avant d'en dresser le tableau, essayons d'éclaircir un dernier point de « préhistoire ». Nous avons rencontré en cours de route plusieurs films (il y en eut d'autres encore) qui prétendaient au titre de premier film parlant français, soit abusivement, soit parce qu'ils innovaient sur un plan ou sur un autre, se partageant ainsi plus ou moins équitablement ce titre de champion. On peut essayer d'être plus précis. Il semble bien que le premier film français de fiction, vraiment sonore et parlant, tourné en France par une équipe française, avec une qualité technique honorable, ait été *Chiqué*, sorti début 1930, produit par Pathé-Natan, réalisé par l'incontournable Pierre Colombier, dont nous n'avons pas fini de parler, interprété notamment par Charles Vanel. L'essentiel du film se déroulait dans un cabaret, où un couple d'Américains se mêlait par erreur à une rixe qui faisait partie du spectacle et se divertissait ensuite d'une bagarre bien réelle qu'il croyait truquée. Quelques semaines plus tard, Henri Diamant-Berger, qui venait de quitter Pathé, tournait sur un sujet voisin *Paris la nuit* (scénario de Francis Carco, chanson de Damia). Avec ses bouges, ses truands réels et d'opérette, ses chansons réalistes, ses virées nocturnes, son folklore montmartrois, le cinéma parlant, sous le parrainage de Carco et de Damia, venait de planter le décor. Il n'allait pas le quitter de sitôt...

Deuxième partie

LES CRÉATEURS

1930-1935

Introduction

> « La nouveauté..., c'est la recherche
> d'une place fraîche sur l'oreiller. »
>
> Igor Stravinski [1].

C'est peu de dire qu'elles n'ont pas bonne réputation, les premières années françaises du parlant ! Le chroniqueur ou l'historien a soudain envie de hâter le pas, de faire sec et court, pour atteindre plus vite la féconde et passionnante décennie suivante. Ce ne sont pas ses prédécesseurs, ni ses collègues qui vont l'inciter à s'attarder. Car ils n'y vont pas avec le dos de la cuiller quand ils abordent cette période... Pierre Leprohon, dans *50 Ans de cinéma français*, constate sobrement : « Pendant quelques années (1930-1934), la production sera d'une pauvreté décevante. » Plus précis et plus féroce, dans son *Histoire du cinéma mondial*, Georges Sadoul parle d'« un artisanat sans honnêteté et sans envergure » et conclut : « Le cinéma français [de cette époque] peut se réduire au seul René Clair... Quand Vigo meurt (1934), la production française paraît en plein déclin. » Dans sa revigorante étude, *Quinze Ans d'années trente,* Jean-Pierre Jeancolas donne à son chapitre sur la période 1932-1935 ce titre sans ambiguïté : « Les années médiocres ».

De tels jugements sont justifiés par le bas niveau d'une part notable de la production de cette époque. Ils sont amplifiés par des considérations plus discutables. L'historien connaît la suite de l'histoire : amené à juger les années trente, il lui faut bien constater qu'en matière de création de chefs-d'œuvre, la première moitié de la décennie ne fait pas le poids face à la seconde. Mais ces premières années du parlant expérimentent, bouillonnent, inventent à tout va. Beaucoup de ces tentatives vont droit à un échec qui bloquera les années suivantes dans des stéréotypes contraignants. D'autres vont réussir la percée et amorcer les œuvres marquantes de la grande époque du cinéma français. Si les résultats sont limités, l'effervescence créatrice est passionnante et détermine ce qu'on peut appeler l'âge d'or du

---

1. Cité par Jean Cocteau dans la préface de *La Machine à écrire*.

cinéma français, c'est-à-dire la décennie historiquement contrastée, mais qualitativement prodigieuse, qui va de 1935 à 1945. Placées dans leur vraie perspective, celle de l'apprentissage d'une expression nouvelle, de la mutation radicale d'un art et de l'invention d'une nouvelle forme de spectacle populaire, ces années « médiocres » se révèlent à la fois excitantes et essentielles.

Survolons, pour l'exemple, l'année 1930 : nous sommes encore dans les limbes, le cordon ombilical est à peine coupé. Et pourtant... René Clair amorce avec *Sous les toits de Paris* un carré royal. Jean Vigo ouvre, avec *A propos de Nice*, sa fulgurante trajectoire, Marcel L'Herbier tente de donner un peu de relief à *L'Enfant de l'amour* en baptisant « pièce cinéphonique » ce qui s'avère être le plus plat théâtre filmé, mais entrouve avec *Le Mystère de la chambre jaune* un nouveau genre : le film policier. Maurice Tourneur, avec le succès d'*Accusée, levez-vous*, consacre le vedettariat de Gaby Morlay et ouvre au cinéma parlant l'un de ses décors favoris : les tribunaux. Le triomphe du *Roi des resquilleurs* illustre le nouveau comique vulgaire, pétulant, chanté, dynamique et annonce les futures réussites du réalisateur Pierre Colombier. L'échec de *La Petite Lise*, très convaincante réalisation de Jean Grémillon, condamne celui-ci à six ans d'exclusion. Julien Duvivier a terminé *David Golder* : c'est le premier authentique chef-d'œuvre du cinéma français parlant. Michel Simon inspire, joue et dirige en partie *Jean de la Lune* : son génie goguenard ou halluciné de bouffon tragique va planer sur ces premières années. Tout cela, pour les seuls douze premiers mois d'une ère nouvelle : décidément, cet instant trop méprisé mérite qu'on s'y arrête. Bien des surprises nous y attendent. Mais tout d'abord, c'est obligatoire, une non-surprise : l'hommage nécessaire au défricheur de l'art nouveau, René Clair.

Chapitre 1

LE ROI RENÉ

> « Sous les toits de Paris,
> Tu vois, ma p'tit' Nini,
> Qu'on peut être heureux et bien unis ! »
> René Clair
> Chanson du film *Sous les toits de Paris.*

En 1929, René Clair a trente et un ans. Il vient de connaître la réussite avec deux adaptations de Labiche : *Un chapeau de paille d'Italie* et *Les Deux Timides*. Tobis-France, qui équipe les studios d'Epinay avec le matériel de son allemand, veut produire des films de qualité qui fassent la démonstration de son procédé. Son directeur, Georges Lourau, qui sera l'un des principaux producteurs français, propose à René Clair de faciliter son « apprentissage du son » et de signer un contrat pour quatre films. Pendant des semaines, René Clair s'initie méthodiquement aux nouvelles techniques, expérimente des innovations, à base de sons ralentis ou superposés (on ne pratiquait pas encore le mixage, ni le doublage), et tourne, pour se faire la main, des sketches ou des chansons dont « Le fiacre », interprété par Yvette Guilbert. Ayant écrit le scénario de son premier « talkie », le 2 janvier 1930, aux studios d'Epinay, il donne le premier tour de manivelle de *Sous les toits de Paris*. Lorsque le film sort (gala au Moulin-Rouge, le 30 avril), c'est la déception. La critique fait la moue, le public déserte.

Mais Tobis-France doit témoigner de la qualité technique de son activité auprès de la maison mère. Une présentation de gala est organisée à Berlin : c'est un triomphe et le début d'un succès international qui atteindra même les Etats-Unis et reviendra, par effet boomerang, sur la France. Cet incident de parcours, qui a mis un instant le film au bord de la catastrophe, n'est pas mystérieux. Depuis dix-huit mois qu'il est question de cinéma parlant, on ne va plus voir les films parlants que pour entendre parler et, si possible, en français. Or, *Sous les toits de Paris* est un film parlant qui ne parle pas, ou très peu. Il y avait là de quoi dérouter des spectateurs qui, quelques mois plus tard, guéris de l'obsession de l'innovation, seront mieux en mesure d'apprécier la subtilité du traitement du son, le charme mélancolique et populaire de cette romance faubourienne. D'abord opposé au parlant, redoutant que la parole ne submerge le pouvoir d'envoûtement poétique de l'image, René Clair a tourné, sous les dehors d'une bluette montmartroise, un film-manifeste : économie du dialogue (ce n'est pas parce qu'on peut parler qu'il faut parler pour ne rien dire) ; confiance à l'image pour exposer les situations (première promenade hésitante des deux amoureux : on y va, on n'y va pas. Rien n'est dit par le dialogue : on se contente de suivre les évolutions de quatre pieds sur le sol) ; la musique donne sa tonalité au film — l'histoire d'un chanteur des rues — et sert de lien entre les scènes (tandis qu'Albert Préjean pousse sa chansonnette, la caméra descend le long de la façade, présente au passage tous les locataires aux prises, d'une manière ou d'une autre, avec cet air qui monte du trottoir) ; ironiquement utilisé, le son nourrit le gag... en disparaissant (deux personnages discutent, puis franchissent une porte vitrée : nous ne les entendons plus mais suivons leur discussion grâce à leurs gestes).

Sous les toits de Paris marque une date, un repère. Mais c'est encore un film rudimentaire, sur un scénario grêle, avec une interprétation disparate : si Aimos et Gaston Modot sont solides au poste et si Préjean révèle une voix agréable qui va faire de lui une des premières vedettes du parlant (et du chantant), les autres sont pâlichons. René Clair franchit une nouvelle étape l'année suivante, en présentant en avril *Le Million* et, fin décembre, *A nous la liberté*. *Le Million* adapte un vaudeville de Georges Berr et Marcel Guillemaud, dont la trame, ramenée à l'essentiel, reproduit la fameuse poursuite d'*Un chapeau de paille d'Italie* : poursuivis par deux créanciers, deux rapins poursuivent le voleur d'une veste contenant un billet de loterie gagnant ; la police poursuit aussi le voleur qui vend la veste à un ténor de l'Opéra-Comique, ce qui fera surgir la meute des poursuivants en pleine représentation des *Bohémiens*, où la bataille pour la veste se transformera en match de rugby. René Clair a composé la première opérette cinématographique, sur un ton narquois où l'ironie ou la tendresse sont toujours au bord de la dérision. L'irréalisme du propos est souligné par l'invention d'un décor légèrement voilé de tulle de manière à bien détacher l'incroyable mouvement des personnages. On sait désormais — beaucoup en doutaient encore à ce moment-là — que le cinéma parlant aura aussi son expression artistique.

Dans *A nous la liberté*, René Clair ne se résout toujours pas au « parlant cent pour cent » : la musique, la chanson gardent un rôle important, le modèle « opérette » hante le scénario, à moins que ce ne soit l'exemple Bertolt Brecht-Kurt Weill : *A nous la liberté* est une sorte d'*Opéra de quat' sous* à la française. Le plus nouveau demeure l'insolence de la satire sociale. Parallèle entre la vie en prison et le travail en usine, danger et inhumanité du machinisme et de la taylorisation, exaltation libertaire du vagabondage oisif préféré à la vie normalisée des villes et à l'emploi régulier : René Clair, le moins idéologue des cinéastes français, pianote allégrement une ballade résolument anarchiste. L'influence de Charlie Chaplin est présente mais le film reste profondément original ; la preuve en est que Chaplin se souviendra — il le reconnaîtra lui-même — des scènes de cantine et de travail robotisé quand il entreprendra, en 1936, *Les Temps modernes*. Devenu, après l'accession au pouvoir de Hitler, patron de la Tobis (et donc propriétaire des films de René Clair), Goebbels intentera à Chaplin un procès en plagiat. René Clair témoignera en faveur de Chaplin, reconnaissant sa propre dette à l'égard de ce dernier et saluant comme un honneur d'avoir pu inspirer quelques scènes à Chaplin. Celui-ci sera acquitté.

Pour le quatrième et dernier film de son contrat avec la Tobis, René Clair renoue avec le pavé parisien. *Quatorze Juillet* n'a pas de ligne dramatique, mais suit, par notations successives, justes, drôles, émouvantes, pittoresques, une série de personnages d'où émergent un chauffeur de taxi et une marchande de fleurs (merveilleuse Annabella), dont l'idylle sombrera dans l'amertume. René Clair compose une goualante tendre et triste, admirablement soutenue par les décors de Lazare Meerson et la musique de Maurice Jaubert. La chanson du film, « A Paris, dans chaque faubourg », fera le tour du monde. Elle a été composée par Jaubert sur un motif de valse proposé par le cinéaste — et musicien à ses heures — Jean Grémillon.

René Clair fait vraiment la jonction entre le muet et le parlant. Pour imposer la cohérence de cette phase de sa création, il dispose de conditions de travail exceptionnelles autour de l'équipe non moins exceptionnelle qu'il a rassemblée. La Tobis lui a donné carte blanche. Installé dans les studios d'Epinay où il s'est fait aménager un appartement, il contrôle jour et nuit la bonne marche du travail. Comme il n'y a que deux plateaux de dimensions modestes pour des films où les décors jouent un rôle important, les nuits sont utilisées pour démolir les décors, en construire d'autres, régler les éclairages et les parcours de travelling pour les caméras. Lazare Meerson, responsable des décors, et Georges Périnal, responsable de l'image, couchent souvent sur place. Les heures de nuit sont comptées doubles et Alexandre Trauner, qui, comme assistant de Meerson, démarre sa prodigieuse carrière, se souvient qu'une semaine, on dut lui régler deux cent quarante heures de travail ! Outre Meerson et Périnal, grands maîtres de leur spécialité qui règnent sur le décor et la photo à cette époque, René Clair a regroupé autour de lui des passionnés du cinéma dont beaucoup deviendront réalisateurs. Georges Lacombe, Albert Valentin et Marcel Carné (une seule fois et sans plaisir) sont ses assistants, René Le Henaff son monteur, Edmond T. Gréville son interprète (ils connaîtront tous les cinq une belle carrière), tandis qu'il recrute, pour la musique, Armand Bernard, Georges Van Parys, Georges Auric, Maurice Jaubert, qui vont s'affirmer comme les meilleurs compositeurs de musique de film.

Il est vrai que les films de Clair semblent parfois souffrir d'anémie. Jacques Prévert, qui ne l'aimait guère, visait juste quand il disait méchamment : « René Clair est l'inventeur du cinéma sans relief. » Pour les prises de vue, par exemple, Clair poussait Périnal à rechercher une image claire, lumineuse, construite entièrement sur les dégradés de gris, à l'opposé de la « lumière allemande », dérivée de l'expressionnisme et véhiculée par les opérateurs allemands émigrés qui commençaient à imposer leurs contrastes forts entre blanc pur et noir absolu. De même, dans ses scripts, René Clair fuyait, par discrétion et pudeur, les temps forts, les passions déchaînées, les conflits extrêmes. Son cinéma tout en nuances et demi-teintes impliquait de la part du spectateur une attention et une complicité pas toujours disponibles. C'est sans doute pourquoi la richesse de ces quatre films, plutôt fredonnés que proclamés, est toujours restée sous-évaluée. Pourtant ces films anticipent avec élégance le cinéma populiste qui va déferler sur nos écrans. Ils imposent des anti-héros pris dans la foule, sortis directement du pavé des villes, issus du prolétariat et des faubourgs. Ils inventent diverses formes musicales pour le nouveau cinéma qui va, pendant six-sept ans, s'appuyer lourdement sur la chanson populaire. Ils font courir un vent résolument fantaisiste et gentiment anarchique, héritage tempéré des déjà lointains orages surréalistes. Sans pour autant s'abstraire du réel. Voici, pour la première fois, le travailleur immigré, sans travail et sans logis, qui erre avec sa petite valise, bientôt aux frontières de la délinquance : c'est Pola Illery à la fois dans *Sous les toits de Paris* et dans *Quatorze Juillet*. Voici pour la première fois la satire du travail à la chaîne et de la caporalisation dans les entreprises. Voici proclamée, à la fin d'*A nous la liberté*, la première coopérative ouvrière qui annonce *Le Crime de Monsieur Lange* et *La Belle Equipe*. Même l'aimable opérette *Le Million* prend des allures de satire sociale et fait chanter par le chœur des voleurs :

Nous sommes les soldats de l'inégalité
Nous reprenons les biens donnés par l'injustice,
Et nous nous consacrons, sous l'œil de la police,
Au partage meilleur de la prospérité !

En 1930, *Sous les toits de Paris* a pour héros un chanteur des rues. Mais, en 1931, *A nous la liberté* se déroule dans une usine de phonographes, rappelant que le disque vient de révolutionner la diffusion de la musique et de la chanson : il n'y a pas que pour Chaplin que René Clair annonce les temps modernes...

La critique s'est longtemps battue pour savoir lequel, parmi ces films, du *Million* ou de *Quatorze Juillet*, méritait le titre de chef-d'œuvre, avant que l'idéologie « Nouvelle Vague », ne renvoie l'œuvre de René Clair à un purgatoire immérité. Mais si Sadoul a dit qu'à cette époque-là « le cinéma peut se réduire au seul René Clair », quelqu'un qui lui est en tout point opposé, Robert Brasillach, a écrit avec les mêmes mots, dans *Notre avant-guerre* : « C'est lui [Clair] à vrai dire qui a été le cinéma presque tout entier dans ces années-là. » Comment expliquer cet étrange consensus, en dépit des défauts évidents de tel ou tel film ? Par la cohérence de la création, cette maîtrise qu'implique la rapidité d'exécution, l'imagination d'un « auteur » complet maître d'œuvre, qui développe sur quatre films une entreprise esthétiquement homogène et novatrice, au moment où tous ses confrères font encore leur première page de bâtons à l'école maternelle du cinéma parlant.

Force est de constater qu'à l'avènement du parlant, René Clair est le premier cinéaste français à élaborer un style d'expression personnel et à l'illustrer de manière significative. Quand Jean Renoir sort son premier grand film parlant, *La Chienne*, en novembre 1931, René Clair a déjà terminé son troisième film. Certes, en période normale, ni le nombre de films ni la rapidité d'exécution ne font rien à l'affaire. Mais, en un temps de table rase où tout est à réinventer, il est légitime que le surgissement d'une œuvre aussi élaborée au milieu du désordre et de la perplexité générale impressionne. De 1930 à 1934, René Clair transforme l'innovation technique en instrument esthétique. Il esquisse les thèmes, les décors, les personnages et le ton qui vont dominer dans la décennie. Il entraîne une équipe d'exception qui va largement essaimer. Il frappe, avec ses quatre films, les quatre coups du lever de rideau sur le cinéma parlant français.

Chapitre 2

MAÎTRES D'IMAGES

Economie du dialogue, recours à la chanson pour légitimer la parole, fidélité à sa thématique : Clair, dans cette phase, assure la transition. Mais le cinéma ne peut pas rester assis entre deux chaises. Passé les premières expérimentations techniques, se développe un cinéma, plus ou moins limité, et parfois fort primitif sur le plan esthétique, mais qui joue à fond les nouveaux atouts et se soumet sans complexe au dialogue et à la musique. Théâtre filmé, chansons des rues, comique de garnison, mélodrames des faubourgs, comédies bourgeoises constituent, qualitativement et quantitativement, pour le meilleur et pour le pire, l'essence même du cinéma parlant. Nous lui consacrerons l'attention qu'il mérite dans le chapitre « Le cinoche ». Auparavant restons, comme l'exemple de René Clair nous y invite, avec ceux qui approfondissent les possibilités du nouvel instrument, s'en servant pour intensifier la beauté artistique, la puissance émotionnelle, la force de conviction de leurs œuvres. Trois cinéastes, dont la situation est bien différente, fournissent au cinéma parlant, en 1931, ses trois premiers chefs-d'œuvre. Ce sont Julien Duvivier avec *David Golder*, Jean Renoir, avec *La Chienne* et Raymond Bernard avec *Les Croix de bois*. Pendant ces années d'initiation, Duvivier, Renoir et Bernard, rejoints en 1934 par Jacques Feyder, vont, par des voies diverses, créer les bases de ce qu'en musique on appelle la « grande forme », c'est-à-dire l'expression la plus complexe du cinéma à ce moment-là. Suivons, à travers ces quatre cas, cette naissance du premier classicisme du parlant français.

Julien Duvivier et « David Golder » : l'artisanat surpassé

En 1930, Julien Duvivier a trente-quatre ans. En 1915, son directeur à l'Odéon, Antoine, le trouvant mauvais comédien, l'a engagé comme assistant pour ses films. Plus tard, devenu lui-même réalisateur, il a tourné une vingtaine de films muets, qui témoignent d'une bonne maîtrise professionnelle, d'un sens de la construction dramatique (Duvivier est toujours scénariste ou adaptateur de ses films) et d'une excellente direction d'acteurs. Quelques films sulpiciens sur Lourdes et sainte Thérèse lui attirent une abondante clientèle catholique. *Poil de carotte* (1925) et *Au Bonheur des dames* (1929) lui valent une notoriété plus large. Duvivier est reconnu comme un bon artisan, et rien de plus quand, très vite (tournage terminé en novembre 1930, sortie début 1931), son *David Golder* est salué comme un chef-d'œuvre. « Le consciencieux cinéaste du silence se révèle sans crier gare un des réalisateurs ayant le mieux compris et le plus habilement restitué ce style imagé qui cherche si diversement sa voie », déclare *Filma* dans la première critique parue en décembre 1930. On ne saurait mieux dire. *David Golder* avait fait sensation en librairie l'année précédente : on s'extasiait sur les dons de la jeune, riche et jolie Irène Nemirowski, russe émigrée qui venait d'écrire en français ce roman amer et vigoureusement construit. Mais Duvivier lui donne, à l'écran, une tout autre ampleur et hisse le personnage central au rang d'un héros balzacien. Le drame de ce banquier âpre au gain, cynique et habile, berné par sa fille qui monopolise toute sa capacité d'amour, est raconté en scènes fortes, en images impressionnantes (décors et prises de vue à nouveau de Lazare Meerson et Georges Périnal). Montage choc, violence verbale inouïe, interprétation d'une bouleversante sobriété de Harry Baur ont gardé, soixante ans plus tard, toute leur efficacité. Manié comme avec désinvolture, le son joue un rôle dramatique constant. Il devient même l'arme d'une tentative d'assassinat : victime d'une crise cardiaque, David Golder, sur son lit de malade, a une terrible dispute avec sa femme qui, pour tenter de l'achever, lui révèle que la fille qu'il aime tant n'est pas de lui. Plus tard, la mort de Golder, bercée de chants hassidiques, sur le bateau qui le ramène d'U.R.S.S., est d'une tragique beauté.

Impossible de ne pas s'arrêter sur cette troublante coïncidence : le film qui ouvre la voie royale du cinéma parlant, dans une période marquée par l'antisémitisme et qui va connaître le génocide de la Shoah, a pour héros un juif désigné comme tel et mis en cause comme tel. Dès les premières scènes du film, Golder reçoit à dîner un personnage, juif bien sûr, que l'on dirait aujourd'hui caricatural (« Je marche sur la pointe des pieds, comme cela je n'use pas mes semelles »), qui critique le luxe dont s'entoure Golder (« Vous croyez qu'un juif a besoin de tout cela pour vivre ? »), tandis que Golder lui reproche de « couver son argent comme une vieille poule ». Apprenant que, ruiné par Golder, son associé s'est suicidé, les deux hommes concluront paisiblement : « C'est comme ça qu'on se tue au travail ! » Il semble que, personne, à l'époque, n'ait crié à l'antisémitisme. Ces scènes se trouvent d'ailleurs dans le livre d'Irène Nemirowski, fille d'un banquier juif, et qui mourut déportée à Auschwitz. Certes, ceci n'innocente pas cela. Mais nous touchons là du doigt une difficulté que nous retrouverons à maintes reprises : la différence de lecture et la différence de sensibilité à l'égard de toute désignation ou implication juive, selon qu'on se situe avant ou après la Shoah. En dépit de son évidente « innocence », *David Golder* laisse aujourd'hui un certain sentiment de malaise. Nous rencontrerons en cours de route d'autres cas où l'innocence est plus douteuse et le malaise accru.

Mais revenons à Julien Duvivier. Les qualités qu'on lui connaissait sont comme sublimées avec *David Golder*. Son ingéniosité technique lui a fourni les clés d'utilisation du son, et l'usage, abondant mais toujours efficace et percutant, du dialogue lui a permis de renforcer la construction du scénario et l'acuité dramatique des scènes. Un pas est franchi : Duvivier sera un grand du cinéma parlant. En 1931, il tourne deux films estimables : *Les Cinq Gentlemen maudits*, réalisé au Maroc en double version — française et allemande — et marqué par d'intéressantes expériences de montage de bruits, et *Allô Berlin, ici Paris*, qui met en scène des téléphonistes françaises et allemandes dans un film où chacun parle sa langue d'origine. Duvivier a été, du temps du muet, un précurseur de la collaboration cinématographique franco-allemande. Il fut, en 1922, le premier Français de l'après-guerre à tourner un film, *L'Ouragan dans la montagne*, à Berlin. C'était placer sa carrière sous un signe international qui ne devait jamais se démentir. Il connaît à nouveau une réussite majeure en 1932 avec *La Tête d'un homme* (voir page 153), le troisième Maigret tourné dans l'année, et avec *Poil de carotte*, remake de son film muet de 1926, bénéficiant cette fois encore de l'étonnante interprétation de Harry Baur dans le rôle de M. Lepic et du jeune Robert Lynen dans celui de *Poil de carotte*. Les effets visuels (ombres menaçantes, surimpressions), les répliques qui fusent, le montage sec et aiguisé témoignent de la proximité de tempérament entre Jules Renard et Julien Duvivier, d'une même vision pessimiste de l'homme. Après deux films sans intérêt en 1932, Duvivier remporte en 1934 un triomphe avec *Maria Chapdelaine*, tourné en décors réels au Canada avec un grand souci d'authenticité et qui offre à Jean Gabin son premier rôle « noble », hors de la pègre et du caf'conc'. *Maria Chapdelaine* obtient le premier très officiel « Grand Prix du cinéma français ». Certains verront là, plus tard, un premier signe d'académisme.

Duvivier crée l'événement début 1935 avec *Golgotha*, film sulpicien aujourd'hui démodé mais qui maîtrise parfaitement les grands mouvements de foule, l'usage décoratif des costumes et des paysages. Le Vigan (Jésus), Gabin et Edwige Feuillère (Ponce Pilate et sa femme), Harry Baur (Hérode) étonnent, et parfois détonnent dans cette lumière d'images pieuses. Neuf films en quatre années : Duvivier reste un « professionnel de la profession », comme dira Jean-Luc Godard quarante ans plus tard. Mais sa maîtrise n'est plus seulement artisanale. Il a mis au point une esthétique de la tension. Un monde dramatique bien à lui grouille et se déchire dans *David Golder, Poil de carotte, La Tête d'un homme, Maria Chapdelaine*. Son réalisme noir va contribuer à marquer le cinéma français. Et le meilleur reste à venir...

Jean Renoir et « La Chienne » : la liberté assumée

Essayons d'oublier la suite de l'histoire, que nous connaissons trop bien. En 1930, le cinéaste Jean Renoir n'a encore rien prouvé. C'est un homme de trente-six ans, doté d'un bel héritage depuis la mort de son père, le célèbre Auguste Renoir. Ses huit films constituent des expériences plus ou moins poétiques centrées pour la plupart sur Catherine Hessling, le dernier modèle d'Auguste qu'il a épousée, mises en scène avec une bande de copains, et qui ne comptent qu'une seule vraie réussite (*Nana*, 1926). Si le stade de l'amateurisme est dépassé, Renoir fait encore figure de marginal du cinéma. La révolution du parlant coïncide avec une révolution dans sa vie. En le pratiquant en artiste bohème, Renoir s'est attaché au cinéma, à la richesse du moyen d'expression, à la solution concrète des problèmes techniques, au climat de bande que favorise le travail d'équipe. Par ailleurs, il s'est détaché de Catherine Hessling, l'épouse aussi bien que la comédienne, qu'il a inventée de toutes pièces. Il est très lié à ses deux monteuses, Suzanne de Troye qui deviendra plus tard l'épouse du compositeur Joseph Kosma, et Marguerite Houllé qui sera sa compagne pendant les années trente et qu'il autorisera à porter son nom. La monteuse Marguerite Renoir est fille d'un responsable syndicaliste, sœur d'un militant communiste et elle-même technicienne cégétiste. Sans donner à cet épisode de la vie privée de Renoir plus d'importance qu'il n'en a, on peut y voir l'annonce ou le symbole d'une évolution affirmée vers un cinéma plus réaliste et plus social. Telle sera en effet la marque de cette décennie pour le cinéma de Renoir comme pour le cinéma français en général.

Sans grande personnalité, les deux derniers films muets de Jean Renoir, *Le Tournoi* et *Le Bled*, témoignent de sa volonté de s'insérer davantage dans le milieu professionnel. Très vite, il veut tourner un film parlant. Pierre Braunberger, qui a déjà produit plusieurs de ses premiers films, convainc son associé Roger Richebé de produire un Renoir, et l'un ou l'autre suggère d'adapter un roman de Georges de La Fouchardière, paru en feuilleton dans *L'œuvre*, puis en livre et porté à la scène par Mouézy-Eon (le 12 décembre 1930, au théâtre de la Renaissance, pour seulement sept représentations). Mais ni la compétence professionnelle de Renoir, ni son respect des devis ne sont vraiment assurés. Braunberger et Richebé viennent d'acheter les droits de trois pièces de Feydeau. Avant de se lancer dans *La Chienne*, on va mettre Renoir à l'épreuve en lui faisant tourner *On purge bébé*. Renoir donne entière satisfaction : en trois semaines, il a écrit l'adaptation (six jours) tourné le film (six jours) et achevé la post-production (six jours). Avec les dialogues de Feydeau et Michel Simon et Fernandel comme interprètes, le succès est réconfortant. La seule chose à retenir de cet épisode est que Renoir s'est familiarisé avec la technique du son. Il aimera toujours citer l'« expérience » majeure du film : l'enregistrement en direct d'une chasse d'eau qui faisait un bruit de Niagara. L'anecdote fait sens car Renoir amorce sa collaboration avec Joseph de Bretagne, un des pionniers de l'école française du son qui, nous dit Renoir, « lui communiquera sa religion de l'authenticité sonore ».

La voie est ouverte pour *La Chienne*, pour lequel Michel Simon est finalement préféré à Harry Baur, primitivement envisagé. Le tournage a lieu pendant l'été 1931 (c'est-à-dire après la sortie de *David Golder*, dont plusieurs historiens parlent comme s'il suivait *La Chienne* alors qu'il le précède de six mois), et la sortie, retardée à cause des hésitations des exploitants, en novembre. C'est un succès. Dans *Pour vous*, René Lehmann salue « l'étude des mœurs, l'observation stricte et âpre de la vie [...] faite de douleurs, de renoncements cachés, d'injustice et de tristesse ». C'est aussi l'aspect « tranche de vie réaliste et brutale » qui frappe Marcel Carné (*Ciné-Magazine*) ou Jean-Georges Auriol (*La Revue du cinéma*). Il est vrai que la trame de base de *La Chienne* établit le schéma typique du mélodrame réaliste qui va faire florès pendant vingt-cinq ans, avec l'aventure d'un caissier sans ambition, peintre du dimanche, marié à une virago, qui tombe amoureux d'une femme rencontrée dans la rue, vole pour l'entretenir, découvre qu'elle l'exploite pour le compte d'un maquereau, la tue et se réfugie dans la liberté de la clochardisation. Ce premier degré de l'histoire est raconté avec une maestria impressionnante : l'assassinat de Lulu dans une étreinte amoureuse poussée jusqu'à la mort, tandis que monte de la rue la « sérénade du pavé », est un morceau d'anthologie. Mais *La Chienne* est davantage encore qu'une réussite dans un cinéma de genre. Le film annonce la richesse de vision de Renoir en jouant sans cesse sur le vrai et le faux, en sous-tendant l'apparente cruauté du thème d'un humour secret. Dans son prologue, dans une scène de Guignol, Renoir annonce la couleur : « La pièce que nous allons vous montrer n'est ni un drame, ni une comédie [...], les personnages n'en sont ni des héros ni des sombres traîtres. Ce sont de pauvres hommes comme moi, comme vous. » *La Chienne* est avant tout une extraordinaire foire aux illusions. L'histoire d'un bourgeois entraîné par une putain au vol, puis au crime et condamné à la clochardisation. Telle est

70

l'apparence. Mais que se cache-t-il derrière cette trame mélodramatique ? Un homme berné qui tue sa maîtresse et fait condamner à mort, à sa place, son souteneur ; qui voit sa peinture reconnue sous un autre nom, échappant ainsi aux contraintes de la vie d'artiste ; qui refile sa mégère d'épouse au premier mari de celle-ci, lui empruntant en échange son statut et la liberté, délibérément choisie, du vagabond. Sous couvert de romance réaliste, c'est à un anti-*Ange bleu* que nous avons affaire (le film de Sternberg date de 1930). La petite Lulu de *La Chienne* prolonge la *Nana* d'après Zola qui annonçait la *Loulou* de Wedekind (adaptée par Pabst en 1929). Michel Simon/Maurice Legrand se venge sur elle des humiliations qu'infligeaient Marlene Dietrich/Lola-Lola à Emil Jannings/Pr Rath. Jean Renoir est fondé à écrire de *La Chienne* : « Ce film devait marquer pour moi un tournant. Je pense m'y être approché d'un style que j'appelle "le réalisme poétique". » Au-delà, c'est aussi l'univers sans lois ni catégories de Jean Renoir qui, pour la première fois, déploie ses variations d'ombres et de lumière. La tragédie tourne à la bouffonnerie. Déjà Renoir détraque les règles du jeu...

Dans l'équipe de Renoir il faut signaler, outre la contribution de De Bretagne au son, la réussite de l'équipe image. Le chef opérateur, Théodore Sparkuhl, est un grand maître de la caméra. Allemand, collaborateur de Lubitsch et de Pabst, il émigre en France en 1929 avant de poursuivre sa carrière à Hollywood à partir de 1933. Pendant son passage en France, il contribuera à la formation de deux des futurs grands patrons français de l'image : Henri Alekan et Roger Hubert (qui est cameraman sur *La Chienne*). Mais la poutre maîtresse de *La Chienne*, c'est bien entendu Michel Simon, qui donne à son personnage ingrat, falot, invertébré, une richesse et une densité extraordinaires avec la plus grande retenue de moyens : sa force expressive semble en raison inverse du métier mis en œuvre. Renoir a connu Simon quand celui-ci travaillait dans la troupe de Jouvet avec son frère Pierre et il a déjà tourné avec lui *Tire-au-flanc* (1928) et *On purge bébé*. La collaboration dont *La Chienne* est l'occasion les comble tant qu'ils annoncent leur intention de former équipe pour tourner ensemble alternativement des films comiques et des films dramatiques. Ce programme ne connaît qu'une seule application. C'est, dès l'année suivante (sortie en novembre 1932), *Boudu sauvé des eaux*, adaptation d'une pièce de René Fauchois, aimable divertissement autour d'un libraire des quais de la Seine qui sauve un clochard de la noyade, le recueille et l'apprivoise, en dépit des habitudes peu policées et de l'esprit d'indépendance du rescapé. En reprenant à la scène le rôle de Boudu (créé par Marcel Vallée alors que l'auteur s'était réservé le rôle principal du libraire Lestingois), pour une vingtaine de représentations (en avril 1925), Michel Simon avait commencé à décentrer la pièce du libraire vers le clochard. Opération qui sera menée à son terme dans l'adaptation qu'a écrite Renoir (avec la collaboration d'Albert Valentin).

Il faut ici s'autoriser une parenthèse. La mise en ordre, la hiérarchisation des événements que suppose une histoire du cinéma impose de prendre comme axe le travail des réalisateurs : c'est le plus important, le plus opératoire, et le plus généralement admis. Mais, bien entendu, il est inexact que les initiatives et travaux des metteurs en scène soient les seules clés de cette histoire. Il leur arrive — et souvent — d'être tributaires d'autres décisionnaires, de subir des influences. Les années que nous sommes en train d'évoquer (1930-1934) sont certes portées par le vecteur Renoir. Mais tout autant, par exemple, par la diagonale Michel Simon. En 1929, Michel Simon tourne *Pivoine* pour l'avant-gardiste André Sauvage. C'est son premier film parlant. Clochard, on le voit arborer la barbe de Boudu et tirer sa charrette sur les quais de la Seine. Le film ne sera jamais terminé. En 1930, il déclenche l'adaptation à l'écran du *Jean de la Lune* de Marcel Achard qu'il a créé, sur scène, en avril 1929 en compagnie de Louis Jouvet, Pierre Renoir et Valentine Tessier. Il impose sa version de cet hurluberlu parasite, influence — si ce n'est davantage — la mise en scène de Jean Choux pour ce premier grand triomphe du théâtre filmé. Puis le voici dans *La Chienne*, qui devient, avec lui, le portrait d'un petit-bourgeois timoré qui se libère de la morale et des préjugés pour choisir la marginalité. Puis, non seulement il joue *Boudu sauvé des eaux*, mais il le produit et donne, par sa vision du rôle et du sujet, un sens résolument anarchiste à ce qui n'était qu'un aimable divertissement. L'année suivante, il sera le clodo marinier de *L'Atalante* et, toute sa vie, dira à quel point il s'engageait totalement dans la philosophie libertaire, antisociale qu'expriment les quatre héros des quatre films que nous venons d'évoquer. Du climat qui va régner sur le cinéma français des années 30, Michel Simon, par son talent prodigieux — et ses idées fixes —, constitue un élément qu'on ne peut sous-estimer.

Revenons à Jean Renoir. Michel Simon se plaindra parfois que son metteur en scène ait édulcoré le manifeste anarchiste que le comédien espérait tourner avec *Boudu*. C'est que Renoir, s'il partage la sensibilité écologique, le rejet des contraintes bourgeoises, l'indifférence à l'égard des règles sociales, le goût de la liberté de Boudu, n'est pas un extrémiste comme Simon. Il fait passer le message, mais dans les limites de la comédie. Son principal mérite est d'organiser autour de Boudu, sur qui tout repose, une mise en scène fluide, qui gomme tout effet et impose comme banalement quotidien l'extravagant personnage. C'est pour *Boudu* qu'il renoue avec un procédé utilisé par Abel Gance dans *La Roue* (1923) et qu'il introduit des éléments de décors en extérieurs naturels pour mieux truquer — et traquer — la réalité. Entre *La Chienne* et *Boudu*, il avait tourné avec *La Nuit du carrefour* un film policier, adapté de Simenon, où son frère incarnait Maigret (voir page 151). En 1933, il adapte une pièce de théâtre de Roger Ferdinand, *Chotard et Compagnie*, à titre d'exercice et, en 1934, se lance dans l'adaptation de *Madame Bovary*, produit par Gaston Gallimard qui vient d'adjoindre cette activité à la N.R.F. et qui a obtenu que Renoir engage, pour le rôle-titre, sa maîtresse, Valentine Tessier. L'entreprise, ambitieuse, ne sera qu'estimable, tout au moins pour ce qu'on en a pu voir : Renoir prétend qu'on l'obligea à en couper près d'un tiers, ce qui aurait dénaturé le film.

On touche là à un aspect curieux du travail de Jean Renoir, tout au moins à cette époque. Personne ne sait qui est vraiment responsable du montage définitif de *La Chienne*. Renoir eut des difficultés avec ses producteurs. Denise Tual et Paul Fejos interviennent sur le montage, hors du contrôle de Renoir, sans qu'on sache exactement qui eut le dernier mot. *Boudu sauvé des eaux* changea de durée entre l'achèvement du film et son exploitation. René Fauchois assure qu'il ne le reconnut pas quand il le vit en salle. Et le cinéaste Jean Devaivre a récemment révélé que, monteur à l'époque, il intervint sur le film terminé pour couper un bon quart d'heure. *La Nuit du carrefour* est un film qui reste ténébreux soit parce que Jean Renoir oublia de tourner dix-huit pages du scénario (témoignage de Pierre Braunberger), soit parce qu'on perdit deux bobines du négatif (témoignage de Jean Mitry). *Madame Bovary* aurait été mutilé parce qu'il dépassait une durée raisonnable pour l'exploitation.

A ces incidents étrangement cumulés et bizarrement identiques, Renoir fournit toujours la même explication : la bêtise, l'interventionnisme barbare, ou borné, des producteurs. Explication évidemment recevable, mais insuffisante. Pourquoi la stupidité supposée des producteurs mutile-t-elle Renoir plus que tout autre ? Pourquoi toujours de la même manière ? Pourquoi seulement (ou essentiellement) entre 1930 et 1934, alors qu'il disposait pour *La Chienne, La Nuit du carrefour*, et *Madame Bovary* de producteurs particulièrement compréhensifs ? Renoir a sans doute sa part de responsabilité dans ces difficultés à imposer le montage final. Ces années sont pour lui les années de la conquête de la maîtrise. Il tente des expériences, teste son instrument, explore telle ou telle voie annexe du scénario, développe de manière imprévue (c'est le cas de *Madame Bovary*) des scènes qui révèlent une richesse inattendue dans l'euphorie qu'il sait déclencher sur ses tournages. Le matériel ainsi rassemblé pose des problèmes de montage et de durée que réalisateur et producteur n'abordent sans doute pas de la même manière. Mais Renoir est en train de conquérir une discipline, une maîtrise de son scénario, qui lui permettra, à partir de *Toni*, de maintenir sa liberté de tournage en assurant un meilleur contrôle de son matériel.

En resserrant son équipe autour du noyau composé de Jacques Becker (assistant), Suzanne de Troye et Marguerite Houllé (monteuses), Jean Castanier puis Eugène Lourié aux décors, il va dépasser cette ultime phase de maturation. Voici venir *Toni, Le Crime de Monsieur Lange, La Grande Illusion*. Le grand Renoir va bientôt écrire la page peut-être la plus glorieuse du cinéma français.

Raymond Bernard et « Les Croix de bois » : l'équilibre maîtrisé

Le parlant surgit dix ans seulement après la fin de la Première Guerre mondiale. En Europe, en France surtout, la société reste très marquée par l'événement. Des livres, des films évoquent ce souvenir, exaltent l'héroïsme des Poilus, analysent le traumatisme des survivants qui condamnent la boucherie belliqueuse. A l'écran, le *J'accuse* d'Abel Gance (1919-1922) a ressuscité les morts pour appeler à la paix, tandis que *Verdun, vision d'histoire*, de Léon Poirier (1928, remake parlant en 1931 sous le titre *Verdun, souvenirs d'histoire*), reste une évocation commémorative. Un film étonnant de force, d'authenticité réussit aux premiers temps du parlant à conjuguer sans pathos le témoignage poignant et le message pacifiste en s'appuyant sur le roman de Roland Dorgelès qui, dès 1919, a transmis à des millions de lecteurs la peur, la souffrance, l'exaltation, la solidarité des combattants. Le film *Les Croix de bois*, de Raymond Bernard, ira plus loin encore que le livre dans sa force d'évocation, dans une recherche obsessionnelle de vérité. Tourné par des anciens combattants, sur des lieux de bataille qu'il fallait sonder chaque jour tant ils étaient truffés d'obus et de cadavres, interprété avec une sorte de conviction hallucinée par Pierre Blanchar, Charles Vanel, Gabriel Gabrio, Aimos, Raymond Cordy, Antonin Artaud, le film dit sans emphase la vie quotidienne de feu et de sang, de petites misères et de grandes douleurs, de trouille noire et d'héroïsme sans phrases des tranchées. Il raconte et — qu'il l'ait voulu ou non — il dénonce. Le film devient poétique à force de réalisme. C'est un documentaire sur un cauchemar. Parmi l'équipe hors pair constituée par Raymond Bernard (Jules Kruger à l'image, Jean Perrier aux décors), l'ingénieur du son Antoine Archimbaud, qui amorce sa prestigieuse carrière, doit beaucoup innover dans l'installation des micros pour obtenir des bruits de bataille qui restent vrais sans pour autant couvrir les dialogues. Il semble que ce soit sur *Les Croix de bois* que l'on ait procédé, en France, aux premiers mixages de plusieurs bandes-son permettant de ménager différents plans sonores qui devaient auparavant être enregistrés directement au moment du tournage.

Son sujet et sa réussite font des *Croix de bois* un événement artistique mais aussi politique. La Société des Nations, que préside, à Genève, Aristide Briand, parraine la première mondiale du film. C'est une date importante pour son maître d'œuvre Raymond Bernard (né en 1891), dont la carrière a des contours imprécis. Ancien assistant de Feyder, il a tourné une vingtaine de films muets dont plusieurs adaptations sans grand relief de pièces de son père, l'auteur dramatique Tristan Bernard. Mais il a aussi à son crédit deux œuvres notables, produites par Charles Dullin : *Le Miracle des loups* (1924) (où il révèle son talent pour les déplacements de foule dans de grands décors) et *Le Joueur d'échecs* (1927). *Les Croix de bois* est son second film parlant après *Faubourg Montmartre* (1931), œuvre populiste marquée par la performance du couple Charles Vanel-Gaby Morlay. A peine son film sorti, il entreprend, pour Pathé-Natan, la quatrième adaptation des *Misérables* (les précédentes datent de 1907, 1913 et 1925). L'œuvre clé de Victor Hugo sera encore adaptée deux fois, par Jean-Paul Le Chanois (1958) et par Robert Hossein (1982), avec Jean Gabin puis Lino Ventura dans le rôle de Jean Valjean. Les Américains ont produit trois *Misérables*, les Egyptiens deux, les Italiens, les Russes, les Japonais, les Mexicains ont produit chacun une version. Situé au carrefour de la grande littérature et du roman populaire, porteur d'un message universel de justice et de charité, bourré de personnages pittoresques et d'événements tumultueux, centré sur une chasse à l'homme, le roman de Hugo constitue en quelque sorte la matrice du scénario idéal, la synthèse aussi des ambitions parfois contradictoires, à la fois artistiques et populaires, du cinéma. Il est donc normal que *Les Misérables* aient intéressé bien des cinéastes en quête de sujet, bien des producteurs en quête de public et bien des comédiens en quête de grands rôles. De toutes les versions cinématographiques que nous avons pu voir, et en tout cas des six adaptations françaises, celle tournée par Raymond Bernard avec Harry Baur-Charles Vanel dans l'interprétation du tandem Valjean-Javert paraît la plus convaincante.

Après vingt mois de travail, le film sort en février 1934 en trois époques, qui durent cinq heures, présentées chacune dans une salle différente, mais avec des horaires permettant d'enchaîner les trois parties à la suite. Assez vite, le film est réduit à deux parties et à deux cents minutes. C'est toujours l'équipe Kruger-Perrier-Archimbaud qui entoure Raymond Bernard, avec, cette fois, l'adjonction d'Arthur Honegger pour la musique. Raymond Bernard impose un équilibre quasi miraculeux à ce fleuve romanesque tumultueux, filmant avec mesure et retenue les scènes d'émotion, mais ne reculant pas devant certaines jongleries techniques (cadrages penchés, caméra à la main) pour les grandes scènes d'action qu'il hisse à la dimension lyrique. La force (physique, morale, professionnelle) de Harry Baur sert de solide fondation à ce monument passionnant, émouvant, respectable. On ne réduit pas le mérite de Raymond Bernard en notant que ses deux grandes réussites de ces années-là s'appuient sur deux romans très « porteurs ». Le plus souvent, les cinéastes qui ont espéré dissimuler leur médiocrité sous le prestige des œuvres qu'ils adaptaient ont péri enfouis sous les décombres du désastre qu'ils avaient engendré. Raymond Bernard, qui fera encore de très bons films (par exemple *J'étais une aventurière*, 1938), ne trouvera malheureusement plus l'occasion ou les moyens d'entreprises aussi ambitieuses. Ces moyens, il les avait obtenus de M. Natan, le nouveau patron de Pathé, bientôt condamné pour escroquerie, souvent critiqué pour sa médiocrité, mais à qui le cinéma français doit pourtant la production de certains films parmi les plus ambitieux de son histoire...

Jacques Feyder et « Le Grand Jeu » : le classicisme instauré

Parmi les cinéastes qui marquent cette période, Feyder est le dernier à se manifester, bien qu'il ait acquis du temps du muet (de *L'Atlantide*, 1921, aux *Nouveaux Messieurs*, 1928) une grande notoriété. C'est que la révolution du parlant l'a surpris au moment où il était sous contrat à Hollywood. Nous avons vu comment il s'était initié là-bas aux nouvelles techniques. De retour en France, Feyder, non sans difficultés pour trouver des producteurs, réalise de 1933 à 1935 trois films importants dont l'achèvement formel contribue à établir les normes d'un nouveau classicisme. Ce qu'on appellera plus tard, pour le meilleur et pour le pire, la « qualité française », trouve ses premiers accomplissements dans l'œuvre de Feyder de cette période. Malheureusement, il ne s'agit pas pour lui d'un tremplin, mais plutôt d'une apothéose finale. Son dernier beau film, *La Loi du Nord*, date de 1940 : il n'a que cinquante-cinq ans.

A Hollywood la M.G.M. avait acheté les droits d'une pièce de Pirandello *Comme tu me veux*, destinée à Greta Garbo. Feyder a travaillé sur une adaptation qui a été refusée. Le film est tourné l'année suivante par Fitzmaurice au moment où Feyder rentre en France, toujours intéressé par ce thème d'une femme double, ou à personnalité dédoublée, et il a l'idée d'utiliser le son de manière originale en donnant deux voix différentes aux deux incarnations de son héroïne. Avec Charles Spaak, comme lui d'origine belge, qui a été son secrétaire et amorce sa féconde carrière de scénariste, il écrit *Le Grand Jeu*, qui se situe dans une base africaine de la Légion étrangère où un bel officier retrouve dans une boîte minable le double vulgaire de la belle mondaine qui l'a trahi. Feyder parvient à donner réalisme et crédibilité à cette trame ingrate. Son Maroc est expurgé de tout relent colonialiste et évoque la qualité exotique des films hollywoodiens. Le réalisme méticuleux de la réalisation, l'ingéniosité des décors à compléter par cent détails la psychologie des personnages, la perfection des rôles secondaires et de leur interprétation définissent ce qui marquera le style du nouveau Feyder, cinéaste « parlant ». On se souvient avec autant de force du tandem Françoise Rosay-Charles Vanel, dans des rôles épisodiques, que du couple central Marie Bell-Pierre Richard-Willm. Il est vrai que ce dernier sentait bon le sable chaud et le chagrin refroidi avec une déprimante lassitude. L'héroïne, jouée par Marie Bell, a tantôt la voix de la comédienne (quand elle joue la maîtresse parisienne), tantôt la voix de Claude Marcy (quand elle joue la chanteuse prostituée). Claude Marcy est l'un des personnages secrets dont l'activité dans les coulisses du cinéma français mérite d'être notée. Romancière et auteur de chansons, comédienne qui doubla Garbo à partir du parlant, elle fut successivement l'épouse et la collaboratrice de deux des principaux scénaristes français, Charles Spaak et Henri Jeanson.

Quand *Le Grand Jeu* sort, le 17 avril 1934, il est accueilli avec un enthousiasme qui va souvent à ce que le film a de moins convaincant : le support dramatique du scénario, qui véhicule bon nombre de clichés. La réussite du film se mesure justement à sa capacité à surmonter ses défauts. Feyder n'est sans doute pas un auteur porteur d'un univers. Mais son perfectionnisme dissout les scories de l'intrigue sous l'authenticité des images, la justesse du rythme, l'invention et l'aura des personnages secondaires. Ses deux films suivants vont confirmer ces qualités. *Pension Mimosas* (encore un scénario de Charles Spaak) vise surtout à offrir un grand rôle dramatique à Françoise Rosay, dont Jacques Feyder découvre sur le tard le talent exceptionnel. L'histoire de cette patronne de pension, prise d'une passion trouble pour le garçon jadis adopté et devenu petit voyou, n'est pas passionnante. Mais, une fois encore, le décor, l'interprétation, la lumière imposent un malaise, une tension, un drame. Le film sort en janvier 1935 et, en décembre de la même année, Jacques Feyder présente *La Kermesse héroïque*, film souvent considéré comme son chef-d'œuvre. Spaak et Feyder, se souvenant pour une fois de leurs origines, ont bâti une fresque populaire gaillarde qui se situe au début du XVIIe siècle, dans les Flandres envahies par les Espagnols. A la lâcheté des hommes, quand les Espagnols arrivent, s'oppose l'esprit de résistance des femmes, vite entamé quand l'envahisseur se révèle courtois, généreux, séduisant. Les auteurs, qui avaient davantage songé au spectacle qu'au message de philosophie politique, déclenchèrent des émeutes en Flandres, où une partie du public se considéra comme insultée. Plus tard (à partir de 1938), le film fut considéré comme munichois et, après 1940, comme collaborationniste.

Une fois encore, c'est au niveau du scénario qu'apparaissent des faiblesses ; sur le plan dramatique, le film reste statique. Mais le mouvement est dans la composition des images, le grouillement des belles Flamandes excitées par l'uniforme « ennemi », l'extraordinaire beauté des décors et des costumes, mis en valeur par une lumière et des cadrages inspirés par la peinture d'époque. Françoise Rosay est un meneur de jeu de grande autorité et, dans le contre-emploi absolu d'un moine inquiétant (le rôle était écrit pour Jules Berry), Jouvet est sublime. Bientôt c'est en évêque anglican qu'il retrouvera Françoise Rosay (dans *Drôle de drame*). Le dernier à y songer est Marcel Carné que Françoise Rosay a fait engager par Feyder comme assistant et qui fait ses classes sur *La Kermesse héroïque* comme sur les deux films précédents. Il observe respectueusement son maître et se prépare à voler de ses propres ailes. Le cas de Marcel Carné, qui sort de l'école Feyder pour entamer la carrière que l'on sait, avec, dans le court terme, dix années de créativité exceptionnelle, illustre bien le sens que nous donnons à ce chapitre. Médiocres, les années 1930-1935 ? On peut en débattre. Mais avec les premiers films parlants de Clair, Duvivier, Renoir, Bernard et Feyder, après *A nous la liberté, Quatorze Juillet, David Golder, La Chienne, Boudu sauvé des eaux, Les Croix de bois, Les Misérables, Le Grand Jeu, La Kermesse héroïque*, les repères sont en place, la maîtrise est conquise, une première tradition s'installe, sur laquelle va s'édifier le bel âge du réalisme français. Nourri, il est vrai, de bien d'autres apports.

Chapitre 3

HOMMES DE PAROLES

> « Les écrits s'envolent.
> Les paroles restent. »
> Jacques Prévert, *Paroles*.

« Maîtres d'images », puis maintenant « Hommes de paroles » : ce cloisonnement en chapitres aussi radicalement différenciés véhicule peut-être plus d'arbitraire que de clarté. Précisons donc : Clair, Duvivier, Renoir, Bernard, Feyder ont en commun, au minimum, d'avoir entamé leur carrière du temps du muet, et de l'image souveraine. S'ils sont les cinq cinéastes à offrir au parlant français ses premières œuvres marquantes, ils le font dans la continuité d'un travail, d'une recherche, d'un métier qu'ils approfondissent et enrichissent avec l'apport du son et de la parole. Une part notable du cinéma parlant viendra ainsi de continuateurs du cinématographe qui auront su réinventer leur moyen d'expression.

Mais il y a aussi les créateurs de rupture, que l'infirmité de l'image muette rebutait ou qu'elle tenait à distance. Les hommes de paroles, et de plume, auteurs dramatiques, écrivains, poètes, chansonniers, vont se laisser séduire par ce nouveau média. Certains en deviendront les fonctionnaires laborieux. D'autres vont y imposer leur verbe, y faire passer leur discours et approfondir ainsi la mutation du cinéma. Car le parlant, ce n'est pas simplement du cinéma muet qui parle. C'est aussi, par l'adjonction du son, de la parole, des bruits, de la musique, une autre façon de raconter les histoires, de jouer la comédie, d'enchaîner les images. Bref, c'est, en soi, un nouveau langage. En s'y ralliant, les plus inventifs des « hommes de paroles » vont contribuer à l'inventer. A travers les trois cas fort dissemblables de Marcel Pagnol, Sacha Guitry et Jacques Prévert, observons leur conversion au cinéma et les prémices des mutations qu'elle va entraîner.

Marcel Pagnol : un patron dans ses meubles

« J'ai vécu loin de Rome et ma gloire
est bien mince
Mais j'apporte mon cœur du fond
de ma province. »
Marcel Pagnol, *Catulle* [1].

9 octobre 1928 : *Topaze* au théâtre des Variétés. 9 mars 1929 : *Marius* au Théâtre de Paris. 5 décembre 1931 : *Fanny* au Théâtre de Paris.

En trois ans, et trois triomphes, Marcel Pagnol frappe les trois coups de sa carrière théâtrale en même temps qu'il en baisse le rideau. L'éclat du sacre masquera la brièveté du règne. Avant 1928, Marcel Pagnol (quatre pièces jouées dont trois écrites en collaboration avec Paul Nivoix) n'était pas grand-chose. Après 1931, il ne donnera plus que deux pièces sans succès, en 1955 et 1956. Mais, comme les chats, Marcel Pagnol a encore beaucoup de vies à consumer. Tout juste sacré roi du théâtre, il abandonne la scène pour s'approprier l'outil cinématographique.

1928-1931 : les années de l'avènement théâtral de Pagnol sont aussi, très exactement, les années de l'avènement du cinéma parlant. Dans un ordre un peu différent de celui du théâtre, ses trois pièces à succès deviennent des films en 1931 (*Marius*) et en 1932 (*Topaze* et *Fanny*), c'est-à-dire presque dans le même temps : sept mois seulement séparent la première de *Fanny* à la scène du premier tour de manivelle du film, le 15 juin 1932. De cette double expérience, quasi simultanée, Pagnol tire une leçon : son avenir, c'est le cinéma.

Nous avons vu plus haut comment Marcel Pagnol n'a cédé les droits de son *Marius* qu'à condition d'être associé, moralement et financièrement, à l'entreprise. Alexandre Korda a su écouter les avis de l'homme qui connaissait le mieux au monde sa pièce, et traduire en images simples, naturelles, sincères, sans pittoresque artificiel, cette comédie dramatique ancrée dans une terre, une expression, une sensibilité très particulières. Pendant le tournage, Pagnol, bricoleur inventif, passionné de technique, s'est initié aux métiers du studio. L'incroyable succès remporté lui a révélé le pactole que peut représenter un film. En même temps que ceux de *Marius*, il a cédé les droits de *Topaze* à la Paramount. Cette société, qui a mal supporté l'omniprésence de Pagnol sur *Marius*, désigne un cinéaste français revenu de Hollywood, Louis Gasnier, pour tourner *Topaze*, et un ami de Pagnol, Léopold Marchand, pour « adapter les dialogues ». Déconcerté et fâché, Pagnol se désintéresse de l'entreprise. Furieux, ou plus exactement

---

1. Tragédie en vers écrite par Pagnol à seize ans.

stupéfait, il le sera davantage encore quand la Paramount l'informe qu'elle renonce à produire *Fanny* dont elle possède les droits : l'expérience américaine leur aurait appris que « les suites de films ne font *jamais* de recettes... ». La décision paraît d'autant moins explicable qu'au théâtre, justement, c'était le triomphe de *Marius* qui avait incité Pagnol à lui donner une suite. Puisque dans *Marius*, celui-ci, fils d'un cafetier débonnaire et fort en gueule (César), partait pour une grande aventure maritime, abandonnant Fanny dont il ignore qu'elle est enceinte, pourquoi ne pas reprendre les mêmes personnages et raconter ce qui se passe ensuite : colère de César, arrangement de Fanny avec le généreux Panisse qui donne un père à l'enfant jusqu'au retour, revendicatif, de Marius...

Les Américains ne voulant pas de sa *Fanny*, Pagnol saute sur l'occasion pour récupérer ses droits. Le producteur Roger Richebé (par ailleurs associé à Pierre Braunberger) l'a aidé à recruter Raimu pour *Marius*. Les deux hommes s'entendent pour créer une société des « Films Marcel Pagnol » destinée à produire *Fanny*. Mais un problème les divise. Au théâtre, à la place de Raimu, c'est Harry Baur qui a repris le rôle de César. Richebé, qui a Raimu sous contrat et qui sait que le public attend celui-ci, refuse de produire un *Fanny* avec Harry Baur. Ce point de vue finira par triompher. Marc Allégret, qui a déjà prouvé sa capacité à maîtriser, ou à amadouer, les grandes orgues colériques de Raimu, est chargé de la mise en scène. Le film est tourné aux studios de Billancourt, plus une dizaine de jours à Marseille, en extérieur (avec la visite d'André Gide, dont on a prétendu, à tort, qu'il avait fait de la figuration), en présence et sous le contrôle attentif de Pagnol qui, d'une part, poursuit son stage de futur cinéaste, d'autre part, veille au respect de sa pièce.

Typique du mouvement de translation qui est en train de s'opérer entre la scène et l'écran, Léon Volterra, directeur du Théâtre de Paris, retire *Fanny* de l'affiche quelques jours avant la sortie du film, pour lancer celui-ci en exclusivité dans son cinéma le Marigny. Heureux de retrouver les personnages et les interprètes de *Marius*, car Raimu et Fresnay, créateurs des rôles de César et de Marius, ne faisaient pas partie de la distribution de *Fanny* au théâtre.

Le public assure au film un succès énorme (22 millions de recettes 1933 pour les Films Marcel Pagnol, soit 66 millions de francs 1990), succès qui déborde les frontières. D'autres *Fanny* seront tournés en Italie la même année, en Allemagne un an plus tard, aux Etats-Unis en 1938 (*Port of Seven Seas*, d'après *Marius* et *Fanny*, avec Wallace Beery) et en 1969 (*Fanny*, d'après la trilogie avec Charles Boyer, Maurice Chevalier et Leslie Caron, comédie musicale de Joshua Logan). Des *Topaze* sont tournés aux U.S.A. en 1933 (avec John Barrymore et Mirna Loy), en Egypte et en Chine en 1939, en Grande-Bretagne en 1961 (par Peter Sellers).

Nous sommes à l'automne 1932. Pagnol a proclamé sa foi dans le cinéma parlant et sa conviction que l'auteur dramatique est le cinéaste de l'avenir ; il a en deux films conforté son prestige, mais il ne s'est pas encore investi dans le cinéma. Pendant cette période incertaine, il se sépare de Richebé, récupère toutes les parts de la société les Films Marcel Pagnol, mais lui fournit, à titre de cadeau d'adieu en quelque sorte, les dialogues du film *L'Agonie des aigles*, que Richebé se propose de produire. Ne sachant à qui confier la mise en scène, Richebé demande conseil à Pagnol. « Tourne-le donc toi-même », conseille ce dernier, qui s'apprête de son côté à sauter le pas.

Un autre épisode va le faire réfléchir. Son ami Raymond Boulay, directeur de l'Alhambra de Lille où il a monté en 1926 une des premières pièces de Marcel Pagnol et Paul Nivoix, *Un direct au cœur*, décide de devenir producteur et de tirer un film de cette même pièce. Ce film est réalisé par Roger Lion, et Boulay en organise le tournage dans la propriété qu'il a acquise dans la Sarthe, le château de la Taronnière. Il dispose de tous les décors d'extérieurs, installe un plateau de tournage dans une grange, fait descendre ses machinistes du théâtre lillois, loue caméra et projecteurs. Le film n'est pas bon, mais sa réalisation a été menée à son terme sans difficultés majeures. Pagnol a été l'observateur attentif de cette production expérimentale.

En octobre 1932, il acquiert auprès des éditions Gallimard les droits de cinq œuvres de Jean Giono (*Un de Baumugnes, Colline, Regain, Le Serpent d'étoiles* et *Jean le Bleu*). Pagnol a découvert, en la lisant dans le train, la nouvelle « La femme du boulanger », parue dans le numéro de la *Nouvelle Revue française* d'août 1932 et, dans la foulée, il a acquis les droits d'un écrivain né, comme lui, en 1895 et qui, comme lui, s'est révélé entre 1929 et 1932, et qui, toujours comme lui, aime et chante la terre de Provence. Quatre films en effet, et parmi les meilleurs, témoigneront du lien qui unit deux œuvres à ce point convergentes.

Car l'heure a sonné pour Marcel Pagnol de franchir le pas décisif. En 1933, il prend en charge un film comme producteur, scénariste et réalisateur. *Le Gendre de Monsieur Poirier* est l'adaptation d'une comédie de mœurs d'Emile Augier et Jules Sandeau : l'histoire, sous la Restauration, d'un bourgeois borné, berné par un aristocrate indélicat. Très fidèle au texte, un peu tiré vers le style « Comédie-Française » par l'interprétation de Maurice Escande et Jean Debucourt, le film confirme davantage l'attachement du cinéaste au théâtre qu'il n'annonce l'originalité de son talent.

Deux points à retenir néanmoins. Pour les extérieurs, Pagnol a emmené son équipe dans sa propriété de la Sarthe : le besoin de se sentir chez lui, dans son élément, pour tourner, ne fera que grandir. Pour produire ce film, Pagnol a créé une nouvelle société, les Auteurs Associés. Après les Films Marcel Pagnol, il semble qu'il ait voulu réunir des auteurs dramatiques amis, tels Marcel Achard, Steve Passeur, Jean Sarment, Roger Ferdinand, dans une même entreprise destinée à développer l'implication des auteurs de théâtre dans le cinéma parlant. Ce type de collaboration était d'ailleurs recherché au même moment, et pour des raisons voisines, par d'autres groupes de créateurs : Gide, avec des amis écrivains, Jean Renoir qui s'associe à la N.R.F., Henry Bernstein qui cherche à regrouper d'autres auteurs de théâtre, etc.

La tentative des Auteurs Associés ne restera pas lettre morte. La société, outre *Le Gendre de Monsieur Poirier*, produit simultanément *Léopold le bien-aimé*, que réalise l'ami et complice marseillais de Pagnol, Arno-Charles Brun, d'après la pièce de Jean Sarment, lequel a lui-même veillé à l'adaptation. Elle distribuera ensuite le *Knock* que Louis Jouvet réalisera (et interprétera) d'après la pièce de Jules Romains (à ne pas confondre avec le *Knock* tourné en 1950 par Guy Lefranc et interprété également par Louis Jouvet).

Dans les derniers mois de 1933, en tout cas, Marcel Pagnol élargit son champ d'action cinématographique. Les Auteurs Associés lancent une revue en décembre, *Les Cahiers du film*, dont quatre numéros paraîtront jusqu'à sa disparition en septembre 1939. Les longs textes théoriques et polémiques de Marcel Pagnol y développent sa défense du cinéma parlant comme forme nouvelle, amplifiée, élargie de l'art dramatique, mêlant des vues neuves et incisives sur la mutation radicale que représente cet art nouveau à un grand mépris des capacités expressives de l'image et de la créativité des gens d'images.

Il faut noter que les écrits, comme les films de Pagnol, ont été l'objet de la part des critiques et des historiens de deux traitements contradictoires, également réducteurs, marqués par le scepticisme ou l'hostilité pendant les années 1930-1950, puis bénéficiant d'une sacralisation sans nuances à partir des années 1960. Si l'œuvre est aujourd'hui reconnue à sa vraie valeur, le bilan de l'apport théorique de Pagnol reste à faire.

Revenons à cette fin 1933, où Pagnol va prendre une initiative essentielle. Une fois *Le Gendre de Monsieur Poirier* terminé, le directeur de la distribution informe son patron qu'il faut lui procurer un film de trente à quarante minutes, qui permette, en complément du long-métrage, de fournir un programme complet aux exploitants. Pagnol décide de tourner lui-même ce film de complément, très vite, car la sortie est prévue pour janvier 1934. Il lit un livre de Giono dont il n'a pas les droits, *Solitude de la pitié*, s'intéresse à un chapitre sur Jofroi de La Maussan, téléphone à Giono pour obtenir son accord, écrit adaptation et dialogues en quatre jours, décide de réaliser le film à La Treille, sur les lieux de son enfance, cherche des gueules et des voix capables de restituer au naturel les paysans du coin et engage de bons compagnons dont aucun n'a jamais joué :

Vincent Scotto, auteur de cent chansons à succès, Henri Poupon, compositeur et parolier, Charles Blavette, fabricant de boîtes de conserve. En quatre semaines, le film, tourné entièrement en extérieur, est dans la boîte. A la sortie, le long-métrage laisse indifférent : c'est à *Jofroi* que vont l'intérêt et le succès. A juste titre. Pagnol n'a pas seulement réussi un bon film. Il a inventé son cinéma.

Jofroi dure cinquante minutes. Un vieux paysan (Jofroi) y vend son verger à un voisin (Fons) qui veut couper les arbres pour y cultiver du blé. Jofroi refuse la mort de ces arbres où s'enracinent sa vie et sa culture, et recourt à de démonstratives tentatives de suicide pour dissuader ou discréditer le nouveau propriétaire. A mi-chemin entre tragédie et galéjade, Pagnol construit, sur le maigre support écologique fourni par Giono, toute une architecture d'anecdotes, fait couler un torrent de discours, bourre ces brefs instants d'interpellations homériques, et maintient le tout dans un équilibre parfait où le paysage, les déplacements des personnages dans le cadre, la musique précieusement enregistrée de la nature et des accents imposent un ton original qu'il faudra bien, faute d'antécédent, se résoudre à qualifier de « pagnolesque ».

Les Auteurs Associés devaient ouvrir la voie royale du théâtre filmé. Le détour inespéré, marginal, par le verger de *Jofroi* ouvre plutôt une voie nouvelle au cinéma. Pagnol a pris plaisir à écrire pour Raimu une adaptation du roman d'Alphonse Daudet, *Tartarin de Tarascon*, réalisée, hors de son contrôle, par Raymond Bernard. Là encore, il manque un complément de programme. En quatrième vitesse, il tourne, d'après Courteline, et assez platement, *L'Article 330* : ce sera la dernière activité des Auteurs Associés.

A l'exception de *Topaze*, dont il n'a pas digéré la version Paramount, et qu'il tournera deux fois, avec Arnaudy en 1936 puis Fernandel en 1950, Marcel Pagnol ne fera plus appel au théâtre pour ses films. L'essentiel de son œuvre aura désormais pour lumière le ciel de Provence, pour musique le chant des cigales, et pour décor le pays de son enfance : un cinéma qui serait le contraire du théâtre s'il n'était rempli jusqu'à la gueule de répliques chantantes sorties de la bouche de Raimu ou de Fernandel.

Justement, nous sommes au printemps 1934 et Pagnol s'affaire. Fin avril, il va entreprendre le tournage de son premier long-métrage adapté de Giono : *Angèle*. Dans l'arrière-pays provençal, au lieu-dit Marcellin, au pied du pic de Garlaban, à dix kilomètres de la petite station thermale de Camoins-les-Bains, il a acheté un terrain, une colline, une vieille ferme et installé son monde alentour, traçant une route, creusant un puits, rectifiant ici ou là le paysage à la dynamite.

Pendant cinquante-six jours, dans un climat de pique-niques, de feux de camp et de parties de pétanque, Marcel Pagnol dirige une équipe, qui compte déjà quelques anciens et qui ne variera guère. Elle comprend son frère, René, à la direction de la production, à l'image William Faktorovitch, dit Willy, assisté et plus tard remplacé par son fils Willi-Gricha ; aux décors, tour à tour architecte et maçon, Marius Brouquier, au montage Suzanne de Troye, pour la musique Vincent Scotto ; et, dans les rôles principaux, Orane Demazis, compagne de Pagnol, créatrice du rôle de Fanny au théâtre et au cinéma, Poupon, Delmont, Blavette, Andrex, qui forment « la troupe ». Une innovation, toutefois, et de taille : l'entrée de Fernandel dans l'univers pagnolesque. Pagnol suit de loin la carrière de son concitoyen marseillais, devenu en cinq ans la supervedette du comique troupier. Pour le rôle, au départ secondaire, de Saturnin, il voulait Michel Simon, puis s'est rabattu sur Fernandel non sans quelques doutes sur ses qualités dramatiques. Au fil du tournage, impressionné par le sérieux, l'innocence pathétique de Fernandel, il développe le rôle (au détriment de celui d'Amédée joué par Delmont). Plutôt qu'Albin (Jean Servais) désigné par le titre de Giono *Un de Baumugnes*, ou qu'Angèle désignée par le titre choisi par Pagnol, c'est Saturnin qui tend à devenir le personnage central. C'est lui qui va reprendre Angèle à la ville où elle a suivi un musicien qui lui a fait un enfant et l'a mise sur le trottoir. C'est lui qui, bien qu'épris d'Angèle, lui permettra de rencontrer son amoureux et d'échapper à la claustration dans laquelle ses parents l'ont confinée. Le thème du martyre de la fille-mère hante décidément Pagnol. Notons qu'entre 1930 et 1936, tandis qu'il fait pleurer le monde entier sur les malheurs de Fanny et d'Angèle, Marcel Pagnol aura trois enfants hors mariage, dont aucun ne portera son nom : en 1931, de la danseuse de music-hall Kitty Murphy ; en 1933, de la comédienne Orane Demazis ; en 1936, de sa secrétaire Yvonne Pouperon. Mais le sort de ses compagnes n'eut, bien entendu, rien à voir avec celui de ses héroïnes.

Reste que dans le film qui porte son nom, Angèle hérite parfois des couleurs mélodramatiques de Fanny. Et si certains personnages sont fades ou dessinés à gros traits, la magie de la photogénie, la justesse de vision de la caméra, le réalisme attentif de l'atmosphère sonore étonnent et séduisent.

Où cet homme de théâtre va-t-il chercher une telle vérité humaine, une telle force cinématographique ? Dans son génie propre. Dans les profondeurs de son enracinement que l'on comprendra et mesurera mieux deux ou trois décennies plus tard, quand paraîtront *Le Château de ma mère* et *L'Eau des collines*. Tourné sur les lieux d'une enfance dont son inspiration restera largement tributaire, *Angèle*, c'est bien normal, connaît sa première mondiale au cinéma Odéon à Marseille en septembre 1934. C'est un triomphe. Triomphe pour Fernandel, qui n'avait joué jusqu'alors que des crétins, des « fadas », et dont on découvre l'étendue du registre et la force dramatique.

Triomphe pour Marcel Pagnol, consacré par les spectateurs bien que dédaigné par la critique, qui a engagé avec lui un vain duel de rodomontades polémiques.

Cette victoire, artistique et commerciale, renforce la résolution de Pagnol de se consacrer au cinéma et lui procure les moyens de le faire, à sa manière : en toute indépendance. A cette indépendance, il va fournir un instrument précieux. Pagnol a apprécié les bienfaits de la vie collective et le gain de temps obtenu par le tournage *in situ* d'*Angèle*. Parallèlement, il a retrouvé un ancien condisciple, Albert Assouad, excellent chimiste qui a installé à Marseille un laboratoire de tirage de films. Pagnol le charge de développer la pellicule d'*Angèle*, afin d'éviter l'aller-retour quotidien avec les laboratoires de Paris, puis achète une scierie abandonnée et charge Assouad d'y monter les « Laboratoires Marcel Pagnol ». Peu à peu, autour des quatre tireuses Debrie, qui fonctionnent dans un des bâtiments, c'est une petite cité du cinéma qui s'organise, avec deux plateaux de tournage, des bureaux, des salles de montage et une salle de projection. Pompeuse-ment baptisés les « Studios Marcel Pagnol », ces modestes installations vont abriter l'une des plus belles aventures du cinéma français en permettant une rare autonomie de création. Le hasard fournit aux studios l'occasion d'un départ historique. Terminés fin 1935, ils auront pour premiers occupants Jean Renoir et son équipe qui achèvent un film repère de notre histoire du cinéma : *Toni* (voir page 167). Copro-ducteur de *Toni*, Pagnol, désormais dans ses meubles, tournera toute son œuvre dans un rayon de cent kilomètres autour des studios de l'impasse des Peupliers. A ses dons artistiques exceptionnels, il joint une vive curiosité pour tous les problèmes techniques et d'incontesta-bles qualités de gestionnaire. C'est sans doute ce qui lui permet d'incarner la forme la plus aboutie du producteur-auteur-réalisateur tel que l'ont rêvé plusieurs générations de cinéastes français, et que fini-ront par approcher, beaucoup plus tard, Claude Lelouch, François Truffaut, Claude Berri, Eric Rohmer et quelques autres, sans jamais atteindre le degré d'autarcie quasi totale obtenu par Marcel Pagnol en 1935.

Indépendant, soit. Mais pour quoi faire ? Des expériences, bien sûr. Expériences techniques par exemple. Pour *Angèle*, Albert Assouad a préparé des bains qui permettent de teinter les séquences selon qu'elles sont de nuit ou ensoleillées, ou suivant leur tonalité dramatique (pro-cédé déjà employé par le cinéma muet). Il semble que ces séquences colorées n'aient été utilisées que lors des premières projections mar-seillaises. Jean Lecoq, responsable du son sur le film, fait par ailleurs état d'effets de « perspective sonore » sans qu'on sache exactement à quoi il se réfère.

Mais aussi expériences de production et de distribution. Agacé par la façon dont le succès d'*Angèle* a dérivé naturellement vers la plus grande gloire de Fernandel, Pagnol affirme qu'on peut atteindre le public sans recourir aux vedettes. Et que, d'autre part, la durée type de quatre-vingt-dix minutes, exigée par les exploitants pour les longs-métrages, est absurde : la durée optimale d'un film peut être beaucoup plus longue, ou plus courte. *Angèle* dure deux heures trente et tous les autres grands films de Pagnol, de *César* à *Manon des Sources*, dureront de deux heures quarante à trois heures dix. En attendant, c'est plus court qu'il veut faire, en composant un programme de deux moyens-métrages sans vedette. Ce seront, en décembre 1935, *Merlusse* et *Cigalon* (sur des scénarios et dialogues originaux de Marcel Pagnol), qui durent chacun une heure dix. Deux films tournés sur les lieux de l'action, le lycée Thiers de Marseille pour le premier, le restaurant de La Treille pour le second, avec pour interprètes la troupe de base des Films Marcel Pagnol : Henri Poupon, Charles Blavette, Arnaudy, Annie Toinon, André Robert. Pour *Merlusse*, Pagnol a recruté un semi-amateur, le pâtissier Bourrely, qui chante à ses heures perdues dans les music-halls de la région sous le nom de Rellys : ce sera pour lui le début d'une carrière cinématographique bien remplie.

Pagnol a écrit *Merlusse* du temps qu'il était répétiteur au lycée Condorcet. Merlusse, comme Topaze, est un pion mal intégré dans le système scolaire. Redouté et détesté de ses élèves, il va révéler, une nuit de Noël, une délicatesse d'âme imprévue. On frôle, comme souvent chez Pagnol, le mélo moralisateur, mais la justesse des situations et des comédiens surmonte ces périls. Une fois encore, Pagnol fait triompher une drôlerie émouvante et une sincère générosité. *Cigalon* est une fable filmée dont le héros est un cuisinier de talent qui a renoncé à son métier, écœuré qu'il était par l'inculture culinaire de ses clients. Les deux films une fois terminés, Pagnol décide de les refaire (l'indépendance, quel luxe !) : en ce qui concerne *Merlusse*, qui étrennait le camion de son, la bande-son présente de trop graves scories. Quant à *Cigalon*, Pagnol le trouve nul, sans autre explication. Dans sa version nouvelle, *Merlusse* plaira beaucoup, mais *Cigalon*, dont les principaux rôles ont changé de titulaire, laissera de marbre tout le monde, à l'exception de son auteur qui prétendra toujours que *Cigalon* est celui de ses films qui le fait le plus rire.

Expérience encore : le remake de *Topaze*, dont Pagnol avait mal accepté la version Paramount de 1932. Tourné dans les studios Pagnol au début 1936, le film ne connaîtra qu'une brève carrière. Il semble que la Paramount était en droit de poursuivre la diffusion de la version Gasnier-Jouvet, et que Pagnol décida, ou fut contraint, de retirer la sienne de la circulation.

Les expériences, c'est excitant, mais il arrive de les rater. L'indépendance, c'est formidable, mais ça se paie. Pagnol n'est pas homme à rester sur un échec. En 1935, il a signé un accord avec Raimu pour donner une suite à *Marius* et *Fanny*. Avec *César*, il va reprendre sa marche en avant. Pendant cinq ans, il va imposer au cinéma son artisanat magistral.

Sacha Guitry : *voyage de noces avant la noce*

> « Je n'aime pas le cinéma.
> C'est un art déplorable. »
> Sacha Guitry, 1933.

Après Pagnol, Guitry, bien sûr. L'enchaînement est presque mécanique. Il est, en tout cas, rituel. Ils ont en commun d'avoir régné sur le théâtre, d'être devenus des cinéastes productifs et inventifs sans renier leur art d'origine, d'avoir remporté d'énormes succès populaires. Et, en dépit de leur célébrité, d'avoir été ignorés par leurs contemporains en tant que créateurs cinématographiques. C'est suffisant en effet pour engendrer des réputations légitimement solidaires.

Pourtant, les différences ne manquent pas. Pagnol a tenu la scène trois ans, Guitry cinquante. Pagnol a fait jouer neuf pièces et réalisé dix films, Guitry a écrit (et pour la plupart monté et joué) environ cent vingt-cinq pièces et trente et un films. Pagnol arrête le théâtre (ou presque) au moment où il devient scénariste, ce qui n'est pas le cas de Guitry. Pagnol règne non seulement sur l'écriture et la réalisation de ses films, mais aussi sur la machinerie financière et technique : il a créé son usine, délimité un territoire géographique et humain, il règne sur la Pagnolie. Guitry joue l'indifférence aux contraintes matérielles du cinéma : il fait ses films comme en passant, poursuivant sur pellicule la conversation entamée sur scène. Les différences, bien entendu, ne feront que s'approfondir, quand, au-delà des carrières, on pourra comparer le contenu, la nature de leur œuvre cinématographique. Reste que l'un et l'autre, par des voies différentes, ont vécu avec plus d'intensité que d'autres la mutation radicale introduite par le parlant, que leur œuvre en a été profondément transformée, et qu'ils ont, tout en proclamant leur fidélité au théâtre, modifié et enrichi le langage cinématographique.

Guitry n'aimait pas le cinéma, et moins encore le cinéma parlant, rival caricatural et populacier du théâtre. Les témoignages à ce sujet abondent. Dès 1912, répondant à une enquête du *Figaro*, il déclare : « Son influence [du cinéma] a été déplorable — non pas sur le théâtre, bien entendu, mais sur le public. J'estime que le cinématographe a tenté de faire au théâtre une concurrence déloyale en truquant et en tronquant les œuvres dramatiques. » En 1923, il écrit une pièce en un acte (*Un phénomène*), jouée par Raimu à l'Alhambra et dans laquelle il brocarde l'« art muet » : Marcel L'Herbier et Jaque-Catelain viendront chahuter une représentation.

En 1930, dans la revue *Et vive le théâtre !*, il inclut un sketch d'affrontement entre un affichiste pour le cinéma et un autre pour le théâtre ; celui-ci, bien sûr, écrase celui-là. Dans *L'Illustration*, en 1931, il proclame : « Ceux qui prétendent que le cinéma va remplacer le théâtre, ceux-là font sourire... Le théâtre fait vivre le cinéma — le cinéma ne fait pas mourir le théâtre. Est-ce que la photographie a remplacé la peinture ? » Plus clair encore : fin 1932 et début 1933, Guitry fait une tournée de conférences sur le thème « Pour le théâtre et contre le cinéma » où il profère des amabilités du genre : « Je trouve la plupart des films français d'une médiocrité inconcevable. Je ne peux concevoir qu'une aussi prodigieuse invention soit mise au service de telles âneries. »

C'était déjà amorcer un virage, car c'était reconnaître la puissance potentielle du média. Le virage se confirme quand une interview dans *L'Intransigeant* (5 janvier 1935) lui fait dire : « J'adore le cinéma. » Il proteste et demande un rectificatif.

S.G. : « Ce que j'adore par-dessus tout, c'est le théâtre. »

L'Intran : « Le cinéma est pourtant un art... »

S.G. : « Je ne le crois pas. Un art doit avoir un passé... Et je n'ai pas l'impression que nous sommes en train d'assister à la naissance de son passé. »

L'Intran : « Mais vous allez en faire, dans quelques mois ! »

S.G. : « Oui, et c'est pourquoi je me dépêche d'en dire un peu de mal ! »

Ce rectificatif paraît le 12 janvier 1935. Il était temps. Quatre mois plus tard, Guitry a terminé deux longs-métrages. D'avril 1935 à décembre 1937, en trente-trois mois, il tourne dix films, dont plusieurs chefs-d'œuvre. Comment expliquer cette révolution ?

Pour comprendre le surgissement de ce nouveau cinéaste, il convient de mieux faire connaissance avec le Maître, puisque c'est ainsi qu'on l'appelle. Il est né en 1885, dix ans avant le cinéma (et Pagnol), pratiquement dans un théâtre : celui de Saint-Pétersbourg, dont son père est la figure de proue. Lucien Guitry a été, pour la fin du XIXᵉ siècle et le début du XXᵉ, un comédien hors pair dont la gloire égalait celle de Sarah Bernhardt, qui fut, à différentes reprises, sa partenaire. Sacha, rentré en France à cinq ans, n'a qu'une idée : être acteur. Ce cancre a tout lu, tout vu, tout digéré très vite du monde du spectacle. Sa carrière de comédien tarde à s'affirmer, mais quand est créée sa première comédie, transformée en opérette, il a seize ans. Et vingt ans pour son premier succès, *Nono*, en 1905. L'année précédente, autre succès : il arrache à son père Charlotte Lysès. Il épouse la comédienne avec qui il part en tournée et se fâche durablement avec

Lucien Guitry, figure centrale de son univers. Les cartes sont données : le théâtre, toujours, pour y monter ses pièces, et les jouer, et y transposer, sous forme de comédies de mœurs, sa vie sentimentale agitée, et y servir son père réconcilié ou le célébrer après sa mort en même temps que le métier de comédien et la gloire du théâtre. En 1936, Sacha Guitry fête sa 100e. Centième représentation d'une pièce ? Pas du tout : sa centième pièce ! Dans le même temps, il est devenu le prince de la vie parisienne. On le décore, on l'honore, on l'adore, on le brocarde aussi. Pas de gala de la Croix-Rouge, pas de bal des Petits Lits Blancs, pas de fête de bienfaisance, pas de vente de charité sans que Sacha n'y dépose un sketch, un poème, un ballet, une chanson. De passage à Paris, les chefs d'Etat font le détour par le 18, avenue Elisée-Reclus pour y saluer le Maître qui leur fait les honneurs d'un hôtel particulier où il a amassé des Renoir, des Degas, des Rodin, des lettres autographes et des manuscrits des plus grands noms de l'art et de la littérature.

Revenons à 1935 et à la « révolution culturelle » qui conduit Guitry dans les studios de cinéma. Trois explications circonstancielles se combinent. D'abord, Guitry apprend par la presse que la société américaine Warner Bros a l'intention de tourner un film sur la vie de Pasteur (ce sera le *Pasteur* de William Dieterle, avec Paul Muni, en 1936). Sacha ne s'est jamais pardonné de ne pas avoir fixé sur la pellicule son père jouant Pasteur. Il est révolté à l'idée que les Américains, soupçonnés par lui d'ignorance crasse, touchent à un personnage aussi représentatif de ce « génie français » dont il se veut le chantre. Ainsi aurait-il eu l'idée de tourner *Pasteur*.

Seconde explication. Pour célébrer le cinéma qui fête son quarantième anniversaire, et sa réconciliation avec un art dont elle cherchait jusqu'alors à se protéger, la Comédie-Française a décidé de faire tourner un film sur une pièce de son répertoire, jouée par sa troupe. La pièce choisie, *Les Deux Couverts*, créée en 1914, a pour auteur Sacha Guitry qui, consulté, ne peut guère que donner son accord au film que va réaliser Léonce Perret. D'où, peut-être, l'envie de s'y mettre lui-même.

Quoi qu'il en soit, le 22 février 1935, Guitry assiste à la Comédie-Française, où le cinéma pénètre pour la première fois, à la projection de gala des *Deux Couverts*, sous la présidence d'Albert Lebrun, président de la République, et de Louis Lumière. Ironie de l'histoire, c'est l'inventeur du cinéma en personne qui donne sa bénédiction à la future carrière d'un des adversaires déclarés du cinéma...

La troisième explication se résume dans la journée du 21 février, c'est-à-dire la veille du gala de la Comédie-Française. Ce jour-là, Guitry a convié ses amis à déjeuner au Ritz, à l'occasion de son anniversaire. Au dessert, il se lève, sourit à sa maîtresse, Jacqueline Delubac, et déclare : « Je fête aujourd'hui mes cinquante ans, Jacqueline en a vingt-cinq. Il était donc normal qu'elle devienne ma moitié. C'est fait. » Le matin, en effet, Guitry a épousé (c'est son troisième mariage, après celui avec Yvonne Printemps) cette jeune Lyonnaise mondaine, qu'il a engagée trois ans plus tôt, pour lui donner la réplique au théâtre et dans la vie, au moment où le Tout-Paris bruissait des rumeurs de liaison (réelle) entre Yvonne Printemps et Pierre Fresnay.

Cet âge qui avance (bientôt cent pièces) et cet amour qui rajeunit ont sans doute poussé Guitry à chercher le renouvellement par le cinéma. Jacqueline Delubac, elle, est formelle : « Quand je l'ai rencontré, il vivait dans une atmosphère de cour respectueuse, entouré de gens assez âgés... J'étais jeune et j'arrivais avec ma vie et mes idées, et je l'ai beaucoup changé... Il a lutté quelque temps contre cette idée de faire du cinéma... Il était assez buté. C'est vraiment moi qui l'ai décidé [1]. » Il convient de tempérer un témoignage recueilli soixante ans après les faits, mais tous ceux qui furent mêlés à la vie des Guitry confirment le « coup de jeune » de Sacha sous l'influence de Jacqueline Delubac. Accessoirement, celle-ci n'était, à la scène, qu'une assez bonne comédienne, alors que sa beauté, sa vivacité espiègle, sa modernité éclataient à l'écran.

Pasteur, la Comédie-Française et Jacqueline Delubac ont certainement contribué à des titres divers à convertir Sacha Guitry au cinéma. Mais le pas était-il si difficile à franchir ? Guitry détestait-il foncièrement le cinéma ? Certes, ses déclarations hostiles ne manquent pas. Mais qu'on les relise attentivement, toutes, et dans leur contexte. On découvre alors que c'est toujours par rapport au théâtre, et pour défendre celui-ci, que Guitry attaque le cinéma. Pour lui (et cette ligne demeure également celle de Pagnol), il y a un art noble au long passé chargé de chefs-d'œuvre, capable de tout dire de la condition humaine : le théâtre. Qu'on ne vienne pas comparer le cinéma, cette ingénieuse machine, si admirablement équipée pour nous faire découvrir les merveilles du monde et conserver l'image des grands hommes et des grands événements de notre temps, et si mal employée à filmer de vulgaires pitreries, dans une langue dégradée, en pillant et charcutant le patrimoine théâtral, permettant à des « cinéastes » de se prendre pour de vrais auteurs. Que le cinéma laisse le théâtre tranquille, et il redevient, aux yeux de Guitry, une très intéressante attraction de nature scientifique et à vocation essentiellement documentaire. Attitude bien différente de l'hostilité tous azimuts qu'on lui prête. D'ailleurs, si son rejet était si farouche, pourquoi se serait-il si souvent auparavant intéressé au cinéma ? En 1915, en tournant *Ceux de chez nous* où il nous présente au travail quelques génies de son temps (Rodin, Monet, Antoine, Saint-Saëns, Degas, Rostand, Auguste Renoir, Anatole France) ; en 1917, en écrivant et jouant un long-

1. Interview dans *Sacha Guitry cinéaste*, éditions Yellow Now, 1993.

métrage, *Un roman d'amour et d'aventures* ; en 1922, quand il vend à Warner les droits d'adaptation de *Deburau* (tourné en 1924 sous le titre *The Lover of Camille* par Harry Beaumont) ; en 1930, quand il cède en Angleterre les droits d'adaptation de *Faisons un rêve* (tourné sous le titre de *Sleeping Partners*). C'est dès 1930 également qu'il accorde au producteur Pierre Braunberger, sur une suggestion de Raimu qui avait créé la pièce en 1922, le droit d'adapter *Le Blanc et le Noir*. Il discute du film avec Marc Allégret (alors assistant de Robert Florey), convainc lui-même Fernandel d'accepter un petit rôle, assiste en curieux à quelques heures de tournage, intervient directement sur la direction d'acteurs... mais n'aime guère le film, persuadé — il en fera plus tard la démonstration — que ce n'est pas ainsi qu'on doit filmer une pièce.

En janvier 1933, ses amis n'ont pas l'air convaincus que Guitry est un ennemi irréductible du cinéma. En effet, des proches tels que Wille-metz, Trebor, Lehmann ont créé avec des auteurs dramatiques et des directeurs de théâtre une de ces associations de production de films que l'on voit proliférer à l'époque entre tous les nouveaux interlocu-teurs du cinéma (hommes de plume, de scène, de musique, de paroles). Ils pressent Sacha de porter à l'écran sa pièce *Béranger*. L'affaire ne se fera pas : nous ne sommes qu'au début de l'ère Delubac. Mais déjà Sacha Guitry est un créateur entre deux chaises. Comment pourrait-il en être autrement d'un homme de spectacle comme lui qui, outre l'écriture de ses pièces, met en scène, forme des comédiens, crée des spectacles musicaux, écrit des revues et des opérettes, règle des ballets de girls, organise le « transfert » de Cécile Sorel au Casino de Paris (« L'ai-je bien descendu ? », c'est du Sacha Guitry) ? A mi-chemin entre théâtre et cinéma, il y est déjà en 1922 quand il tourne lui-même un petit film projeté sur scène pendant le dernier acte de sa nouvelle pièce, *Une petite main qui se place*, ou en 1926, quand, dans la revue « A vol d'oiseau » qu'il a écrite avec Willemetz, la soirée commence par un film montrant les Dolly Sisters en train de chanter, et qu'ensuite l'écran disparaît, laissant les Dolly Sisters poursuivre en scène leur numéro.

Et surtout comment imaginer à l'écart du cinéma un homme qui se situe si résolument du côté de la modernité ? En dépit de ses foulards de soie, de ses chapeaux à la Bruant et du classicisme de son verbe, le pacha Sacha, comme Cocteau, mais dans un autre style, a été un champion de l'innovation. Pas celle des mots ni celle des sentiments. Mais celle des mœurs et des techniques. Plus précisément, il a été le héraut (et le premier héros) de l'ère audiovisuelle. Il participe en 1921 à la première émission radiophonique, en 1935 à la première émission de télévision, parraine le Poste Parisien, donne des chroni-ques régulières à Radio Paris, inaugure avec un sketch la radio en duplex, écrit une revue sur la publicité, organise la première mondiale de son premier film lors de la première traversée transatlantique du *Normandie*. Bien avant que le mot n'existe, il est une vedette médiatique. Comment pourrait-il négliger le plus récent, le plus tonitruant des haut-parleurs, le cinéma parlant ? Le jeudi 25 avril 1935, Sacha Guitry donne le premier tour de manivelle de *Pasteur*, et le dernier, neuf jours plus tard, le 3 mai. Le 25 mai, *Pasteur* est projeté.

Sa volte-face, son « passage à l'ennemi », il faut quand même qu'il s'en explique aux yeux de son public. Il s'en tire, comme souvent, par une pirouette. Le 18 août, pour la première publique, « à terre », au casino de Biarritz, du double programme constitué par *Pasteur* et *Bonne chance* qu'il a tourné dans la foulée, il a préparé un petit poème de circonstance. Il y dit notamment :

> Mesdames, Messieurs, voilà bientôt dix ans
> Que je parcours la France et l'Europe en disant
> Pis que pendre du cinéma..
> ... Et voilà que, sans crier gare,
> Sans réclamer votre indulgence,
> Je parais aujourd'hui sur l'écran !
> Serait-ce inconscience, ou bien ai-je du cran ?
> ... Je ne risque pas grand-chose en vérité
> Qu'ai-je dit du ciné ? J'ai dit que les acteurs,
> Même ceux possédant le plus d'habileté,
> Perdaient au cinéma de leur valeur.
> Je m'expose ce soir à la comparaison
> Mais je risque fort peu, je le répète encore
> Si vous me trouvez bien — je veux bien avoir tort...
> Si vous me trouvez mal — c'est que j'avais raison !

Le public, ravi, goba ces pétillants sophismes.

Pasteur et *Bonne chance* ne retiennent pas l'attention seulement parce qu'ils marquent les débuts d'un jeune cinéaste de cinquante ans ; curieusement (et sans doute pas par hasard), ces deux films représentent les deux directions que suivra Guitry au fil de ses trente et une réalisations — adaptations de ses pièces (treize) et scénarios originaux (dix-huit) —, ainsi que les deux genres qu'il illustrera — comédies de mœurs (dix-neuf) et films historiques et biographiques (douze).

Pasteur adapte une pièce créée en 1919. Pièce atypique puisque consacrée à un savant alors que Guitry, dans ses œuvres biographiques, s'intéresse essentiellement aux artistes, ou aux monarques, et pièce dramatique alors qu'il s'adonne à la comédie. C'est sans doute ces exceptions au ton habituel de Guitry qui font dire à Paul Léautaud, dans sa rubrique du *Mercure*, à l'époque de la création de la pièce, qu'avec celle-ci Sacha en arrive à « descendre au rayon d'un simple fabricant de film pour cinématographe [1] ». Seize ans plus tard, la remarque se révèle finalement juste.

S'il est abusif de prétendre retrouver Guitry tout entier dans son premier film, notons pourtant les pistes fournies par *Pasteur* et sur lesquelles le cinéaste ne cessera de cheminer :

— Le thème de la pièce, hommage à un de ces personnages clés du panthéon guitryste, un savant bienfaiteur de l'humanité, incarnation du génie national que l'auteur célèbre en toute occasion. Et ce savant réussit en transgressant toutes les règles imposées par les professionnels de la science, dont l'intervention comme celles des fonctionnaires de l'art bride la création.

— Le thème dédoublé du film, hommage à Lucien Guitry, pour qui Sacha avait écrit la pièce, et qui la créa en signe de réconciliation après leur longue brouille. Ainsi Sacha ne joue-t-il pas Pasteur, mais Lucien Guitry jouant Pasteur. Cette hantise du comédien et son double traverse nombre de ses pièces sur le théâtre (*Le Comédien, Deburau*, etc.) ou sur le passage du père au fils (*Mon père avait raison*), ou sur les jumeaux (*La Vie d'un honnête homme*). En fait, Guitry ne tourne pas des films représentant des personnages supposés vivre les sentiments et les événements du scénario, il tourne des documentaires sur des comédiens en train de jouer ces films-là.

— Le prologue, qui ne relève ni du théâtre ni du cinéma, mais de la causerie. Sacha Guitry est là, à l'image, il écrit et nous lit ce qu'il écrit, et nous présente l'homme auquel le film est consacré. Rondeur de la phrase, velouté musical de la voix, juste distance des effets : quoi qu'il se passe sur l'écran, c'est toujours Sacha qui nous raconte une histoire et nous instruit de l'histoire de France ou de l'histoire de Sacha. Entre deux pièces, ou deux films, Guitry faisait des conférences illustrées d'extraits de films ou de pièces. C'est d'ailleurs ainsi qu'il avait conçu *Ceux de chez nous*, en 1915 : comme l'illustration d'une causerie qu'il donnait avec Charlotte Lysès. Son talent fut d'inventer une forme cinématographique adaptée à cette approche.

Pasteur, personnage aimé, pièce connue, film réussi, monopolise toute l'attention, occultant complètement le film qui l'accompagne. Il faudra attendre les années quatre-vingt-dix, et l'édition des œuvres de Guitry en vidéocassettes (accompagnée d'une seconde vogue Guitry succédant à celle déclenchée par les études de Truffaut, Rohmer, Siclier et autres dans les années cinquante et soixante), pour découvrir le charme, la jeunesse, la virtuosité de *Bonne chance*. *Pasteur*, en dépit des fortes modifications apportées à la pièce, reste naturellement enraciné dans le théâtre. Si l'on parle d'expression proprement cinématographique, il n'est pas scandaleux de prétendre que *Bonne chance* est le vrai premier film de Guitry. C'est une réussite d'une incroyable allégresse.

1. Cité par Jacques Lourcelles dans son *Dictionnaire du cinéma*, « Bouquins », 1992.

Guitry part d'un événement réel, comme il le fera souvent par la suite pour ses scénarios originaux : événement judiciaire pour *La Poison*, loi sur les étrangers pour *Ils étaient neuf célibataires*. Ici, c'est la toute nouvelle Loterie nationale (créée en février 1933 alors que le scénario a été écrit pendant l'été 1934) qui déclenche l'intrigue. Claude (Guitry), l'artiste peintre, et Marie (Jacqueline Delubac), la lingère, décident de se partager les gains éventuels d'un billet. Celui-ci rapporte un million. Claude convainc Marie de dépenser ce million ensemble pendant les treize jours qui les séparent du mariage de celle-ci avec un autre : un « voyage de noces avant la noce », treize jours de voyage sentimental, de marivaudage subtil, de séduction réciproque, de générosité inventive et farceuse, de badinage sensuel et pseudo-incestueux (puisqu'ils sont supposés, aux yeux des tiers, être frère et sœur), nous entraînent dans une cavalcade pétillante de mots d'esprit et de travellings démystifiés, Guitry ayant le culot d'expliquer à l'écran à Delubac comment on tourne la scène de parcours automobile à laquelle nous sommes en train d'assister ! Alors au zénith de leur passion, les deux comédiens laissent percer dans chaque image leur joie d'être ensemble, leur complicité malicieuse et charnelle. Petits clins d'œil à Pagnol (ou hasard), la musique est de Vincent Scotto et Marie est accueillie dans son village natal par Paul Dullac, qui fut Escartefigue dans *Marius* et le sera dans *César*.

Pasteur et *Bonne chance* ont été produits par deux directeurs de théâtre qui ont encouragé Guitry à passer derrière la caméra : Maurice Lehmann, ancien acteur, directeur du Châtelet, futur directeur de l'Opéra qui produira et signera les films coréalisés avec Claude Autant-Lara après l'échec de *Ciboulette* ; et Fernand Rivers, également réalisateur et producteur de films. C'est ce qui lui vaut de participer directement à l'aventure, pour conseiller ou superviser le cinéaste débutant. C'est Rivers, d'ailleurs, qui signe *Bonne chance* : selon le générique le film a été « spécialement conçu et écrit pour l'écran par Sacha Guitry », mais réalisé sous la direction de Fernand Rivers. C'est une manière élégante de définir le rôle d'un conseiller technique. En tout cas, l'entente entre les deux hommes fut sans nuage. Le travail terminé, Guitry, badin, écrivit à son producteur-conseiller : « Du ciné, volontiers, je disais : c'est idiot / Mais je pense aujourd'hui l'inverse / Depuis qu'avec Fernand Rivers / J'ai vécu deux mois au studio /. » Voilà des vers de mirliton qui traduisent un incontestable état d'euphorie. Heureux de son nouveau jouet, Guitry ne parle que de recommencer.

Pourtant, les films, bien accueillis par la critique, n'ont pas grand succès. La carrière cinématographique de Guitry va-t-elle s'arrêter là ? Heureusement, si l'on ose dire, au même moment (automne 1935), Sacha affronte sur scène deux revers avec ses nouvelles pièces : *Quand jouons-nous la comédie ?*, qui connaît un échec total le soir même où *Pasteur* est présenté au Colisée, et *La Fin du monde*, qui aura une poussive carrière. Autant retourner s'amuser avec le cinéma. Le 2 octobre 1934, Guitry et Delubac avaient créé *Le Nouveau Testament* au casino de Monte-Carlo. Du 2 au 8 janvier 1936, ils tournent le film adapté de la pièce. *Le Nouveau Testament* sort à Paris le 15 février. Vite fait, bien fait, c'est un régal. Cinéma et théâtre mêlés, la carrière de Sacha Guitry a pris son nouveau rythme. Il va le tenir vingt ans.

Jacques Prévert : un chef de bande

« Mauvais esprit. A ne pas reprendre [1] »

Tous ces auteurs qui campent, s'excitent et créent aux marges du cinéma, ou qui envahissent résolument son territoire, nul n'émet de doute sur leur vocation, leur carrière, leur métier : ce sont en tout cas des professionnels du spectacle. Est-ce bien le moment de présenter Jacques Prévert, lui qui n'est justement professionnel de rien ? Impossible de raboter un tel personnage atypique aux normes d'un classement. Mais puisque sont rassemblés ici ces intervenants baptisés « Hommes de paroles » parce qu'ils donnent à dire aux acteurs, alors oui, sans doute, ce mauvais sujet hors série de Jacques Prévert peut entrer en scène. Car « homme de paroles », incontestablement, il le fut, ce bavard impénitent dont la vie fut un long monologue tendre, ironique, pétillant ; ce poète qui laissait traîner des bouts de papier où il griffonnait en vers, libres comme son inspiration, sa saga du quotidien ; ce rêveur en chapeau mou qui, le mégot au bec, donna aux meilleurs comédiens de l'écran leurs meilleures répliques ; cet écrivain qui publia à quarante-six ans son premier livre intitulé, forcément, *Paroles*. C'était en 1946. Sa traversée du cinéma allait s'achever. Mais, pendant quinze ans, il avait soufflé sur nos écrans la ferveur de ses fraternelles révoltes. Si un grand courant du cinéma français de cette époque a été baptisé « réalisme poétique », c'est que ce réalisme avait un poète. Ce poète s'appelle Jacques Prévert.

Né avec le siècle, six ans avant son frère Pierre dont l'histoire se mêlera intimement à la sienne, Jacques Prévert connaît une jeunesse aux frontières de la délinquance, fait son service militaire en occupation à Constantinople où Marcel Duhamel devient son compagnon d'aventure. La famille de Duhamel gère des hôtels, ce qui lui permet d'héberger les copains dans le besoin. En 1924 il loue, au n° 54 de la

---

1. Note de renvoi du chef de rayon de Jacques Prévert aux « Grands Magasins du Bon Marché », le 14 août 1916.

rue du Château, dans le 14ᵉ arrondissement, une boutique de chiffonniers, où s'installent Jacques Prévert et le peintre Yves Tanguy. Très vite, la rue du Château devient un des hauts lieux du surréalisme. On y rencontre Desnos, Benjamin Péret, Georges Sadoul, Queneau, Leiris, Bataille, Aragon, Eluard, Man Ray, Crevel, Artaud, Masson, Modigliani et bientôt André Breton lui-même. Bien qu'il n'ait rien publié, Prévert exerce une étrange autorité sur le groupe, par son verbe intarissable, sa virtuosité langagière, l'humour de ses coq-à-l'âne, le détonnant mélange d'élégance morale et d'anarchisme intégral qu'il incarne. Rebelle aux manifestes et oukases du mouvement surréaliste, Prévert s'associe à la scission de 1930 et publie, sous le titre *Mort d'un Monsieur*, le plus virulent réquisitoire contre André Breton. Des textes commencent à paraître dans des revues plus ou moins confidentielles, le plus souvent des poèmes qui dévoilent leur musique d'allitérations dès qu'on s'avise de les lire à voix haute : les chansons ne vont pas tarder à naître. Petit événement dans cette amorce de carrière littéraire : pendant l'été 1931, Saint-John Perse convainc Paul Valéry, directeur de la revue *Commerce*, de publier un long poème rageur de Prévert, « Tentative de description d'un dîner de têtes à *Paris-France* ». De tels textes paraîtront sans discontinuer de manière éparpillée, parfois sous des pseudonymes, sans donner le sentiment d'une œuvre en construction. Il faudra, à partir de 1946, la publication de *Paroles* et *Spectacles*, rassemblant tous ces matériaux, et l'immense popularité conquise par les chansons de Prévert, pour que son importance éclate. Mais dans les années trente, personne, et sûrement pas lui-même, n'aurait imaginé qu'un jour les enfants des écoles réciteraient des poèmes de Prévert dans des groupes scolaires qui porteraient son nom...

Et le cinéma dans tout cela ? Prévert, à cette époque, s'y baguenaude nonchalamment, comme il le fait avec la poésie, le théâtre, le dessin ou la photo. Depuis l'enfance, c'est un fidèle des salles obscures, amateur, comme beaucoup de surréalistes, de cinéma populaire : du côté de Feuillade plutôt que de Delluc. Son frère Pierre s'engage professionnellement dans le cinéma et sera, tour à tour ou à la fois, projectionniste, assistant, scénariste, comédien. Jacques l'accompagne, lui donne un coup de main, lui fournit quelques idées de scénarios. L'ami Marcel Duhamel, infatigable inventeur de combines ingénieuses pour distraire ses copains ou les faire manger, a monté une agence de vente de scénarios à Berlin. Jamais en panne d'imagination, Prévert fournit à la demande. Un jour, c'est le ténor Tito Schipa qui cherche un sujet de film le mettant en valeur : Prévert boucle le travail en quelques jours. Il se lie d'amitié avec le jeune premier Pierre Batcheff (l'interprète du *Chien andalou*) et écrit pour lui et avec lui *Emile-Emile, ou le Trèfle à quatre feuilles*. Le sujet est refusé, et Batcheff, vaincu par la drogue, se suicide.

Beaucoup d'idées sont ainsi jetées au vent, sans que Jacques Prévert s'installe vraiment dans la peau d'un scénariste. Mais, finalement, un film se tourne, puis un autre, et pour la première fois, à trente ans passés, Prévert reconnaît : « J'avais trouvé un métier, enfin quelque chose qui me plaisait. Un moyen d'existence qui était en même temps, pour moi, parfois, un moyen d'expression : le cinéma [1]. » Le mot important, dans cet aveu, c'est « parfois ». Prévert a collaboré, d'une manière ou d'une autre, à environ quarante films dont il a cosigné une vingtaine : ceux sans doute qui avaient été pour lui « un moyen d'expression ». Pour les autres, il sera, comme il le dit lui-même, sans état d'âme, un « rebouteux », ou un « rempailleur ».

Donc, enfin, des films. Pour les premiers, les inévitables Pierre Prévert et Marcel Duhamel sont les instruments décisifs. Ils réalisent en 1928, sur un script de Jacques et Pierre Prévert, *Paris-Express*, promenade sentimentale et attendrie à travers Paris où l'on peut apercevoir Jo Kessel, Kiki de Montparnasse, Marcel Duhamel et la famille Prévert au complet. Un plan mérite attention, celui où l'on aperçoit Jacques Prévert sur le pont de Crimée qui enjambe le canal de l'Ourcq. C'est sur ce pont qu'Albert Préjean et Lisette Lanvin découvriront leur amour en 1936 dans *Jenny*, le film écrit par Prévert pour les débuts de Marcel Carné. De ce pont, on aperçoit « Le Château Tremblant », un bistrot auquel Prévert avait déjà consacré un scénario. Nous sommes dans le type de paysage que, exactement la même année, Marcel Carné recherche pour son court-métrage *Nogent, eldorado du dimanche*, et auquel il consacrera un de ses films les plus célèbres, *Hôtel du Nord*. Ce plan annonce l'« atmosphère » où baigneront les films idéologiquement « populaires » et esthétiquement « populistes » qui domineront pendant les années trente et dont Jacques Prévert sera l'un des artisans privilégiés.

En 1931, Jean Mamy, assisté de Pierre Prévert, tourne *Baleydier*, scénario de Jacques Prévert sur une idée du grand affichiste André Girard (père de la future Danièle Delorme). Fernandel incarne un coiffeur engagé dans un film et qui fait rire en jouant sérieusement : on n'est pas loin du *Schpountz* que Pagnol tournera en 1937... à ceci près que *Baleydier* est raté.

Enfin, en 1932, Charles David, directeur des studios Pathé, propose aux Prévert de réaliser un film en sept jours dans un décor construit pour une autre production, *La Merveilleuse Journée*, dont le tournage s'achève. Ce sera *L'affaire est dans le sac*, un moyen-métrage de cinquante minutes, adapté par Jacques d'un scénario du Hongrois A. Rathony et réalisé par Pierre. Jacques dira toujours que c'est celui de ses films qu'il préfère, sans doute parce que c'est celui où s'exprime

---

1. Entretien avec André Pozner. Cité dans le catalogue de l'exposition « A la rencontre de Jacques Prévert », Fondation Maeght, 1987.

le plus complètement, sans même la servitude d'avoir à respecter la vraisemblance d'un scénario réaliste, son sens du burlesque et de la dérision. A travers une histoire-prétexte d'enlèvement d'un riche excentrique ravi d'une aventure qui le distrait, les Prévert parodiaient allégrement les clichés les plus éculés du cinéma traditionnel et caricaturaient férocement comportements et tics bourgeois. La scène du client qui veut à tout prix acheter un « béret français » est demeurée une scie de la cinéphilie depuis soixante ans.

L'Affaire est dans le sac permet de passer en revue, pour la première fois rassemblée dans un générique, la première vague du groupe humain qui s'est constitué autour de Jacques Prévert. On y trouve (à la caméra) le très bunuélien Eli Lotar, cinéaste de documentaires sociaux ; le compositeur Maurice Jaubert, Louis Chavance (au montage), futur scénariste ; Lou Bonin, architecte décorateur, comédien, homme à tout faire rebaptisé le plus souvent Tchimoukov pour faire plus révolutionnaire ; Jean-Paul Dreyfus (qui deviendra en 1940 Jean-Paul Le Chanois), scénariste, comédien, assistant, militant communiste, et bientôt cinéaste ; Etienne Decroux qui initiera Jean-Louis Barrault et Marcel Marceau au mime ; Jacques-Bernard Brunius, critique de cinéma, assistant, scénariste, formé par le surréalisme ; Ghislaine May, qui deviendra (sous le nom de Ghislaine Aubouin) l'épouse et la première collaboratrice de Claude Autant-Lara ; les acteurs Carette, Gildès, Guy Decomble, Lucien Raimbourg. Et, bien entendu, les piliers : Pierre Prévert et Marcel Duhamel. Ce générique constitue le premier noyau d'une société anonyme dont l'inaltérable humour et l'inébranlable solidarité traverseront les barrières corporatistes, société généralement connue sous le nom de « bande à Prévert » et dont il convient de présenter les éléments clés qui vont venir s'y agréger. Le comédien-violoncelliste Maurice Baquet, le décorateur Alexandre Trauner, l'assistant, scénariste, réalisateur, comédien Yves Allégret, le danseur et chorégraphe Pomiès, le réalisateur de dessins animés Paul Grimault, les compositeurs Louis Bessières et Joseph Kosma, la monteuse Denise Batcheff (épouse de Pierre Batcheff, elle se remariera avec le surréaliste Roland Tual et sera un actif agent de liaison des décideurs artistiques de l'époque), les comédiens Jean Dasté, Sylvain Itkine, Fabien Loris, Jean-Louis Barrault, Raymond Bussières, Roger Blin, Margot Capelier, Sylvia Bataille (épouse de l'écrivain Georges Bataille, avant d'épouser Jacques Lacan), et, plus tard, Pierre Brasseur, sorti lui aussi du compagnonnage surréaliste.

Farouchement hostile aux institutions et aux hiérarchies, Jacques Prévert n'a jamais couru après les titres, les prix, les disciples, les responsabilités. Mais son aura naturelle soudait autour de lui une collectivité d'esprits libertaires. Jean-Paul Dreyfus le dit clairement : « En 1932, nous sommes une équipe dont chaque membre a voué une amitié totale à Prévert pour toujours et sans détour, parce qu'il est

Jacques Prévert, notre aîné, notre raison d'être et, en quelque sorte, notre directeur de conscience [1]. » Au-delà de son œuvre proprement dite, Prévert influence, sans l'avoir cherché, tout un secteur du cinéma français par l'imprégnation exercée par son groupe. Sur sa fiche professionnelle, avant la mention « scénariste, dialoguiste », il convient d'insérer « chef de bande ».

Prévert déteste tous les chefs. Chef de bande, pourtant, il va l'être, littéralement, quand il se lance en 1932 dans l'aventure politico-artistique du groupe Octobre, dont les vibrations se répercuteront dans les profondeurs de notre théâtre et de notre cinéma. Le groupe Octobre est né de l'éclatement d'une troupe de théâtre populaire, Prémices, parrainée par la C.G.T. et le parti communiste, qui se séparera en 1932 en deux branches : l'une, plus artistique, appuyée par Gaston Baty, prend le nom de « Masses » ; l'autre, qui se veut groupe de choc politique, prend le nom d'« Octobre ». Les « chœurs parlés » sont le mode d'expression préféré de ce théâtre d'intervention. C'est le critique communiste Léon Moussinac qui présente Jacques Prévert et Jean-Paul Dreyfus à cette nouvelle troupe. La semaine suivante, Jacques Prévert amène un spectacle polémique contre les journaux réactionnaires, *Vive la presse*, qui est immédiatement mis en répétition et joué dans des soirées syndicales, des manifestations de plein air, des séances organisées pour ou par des grévistes.

En quatre ans, Prévert écrira, et le plus souvent jouera, en s'inspirant fréquemment de l'actualité, des dizaines de textes, sketches, chœurs parlés, chansons, spectacles où interviennent aussi bien le mime que la danse ou les scènes de cabaret. Lou (Bonin) Tchimoukov est le metteur en scène-décorateur et Jean-Paul Dreyfus, l'organisateur-comédien. Bussières, Decomble, Yves Allégret, Jean Lévy (le futur scénariste Jean Ferry) sont parmi les plus actifs. Parmi les spectacles mémorables, citons *L'Avènement d'Hitler* où Prévert joue un terrifiant Führer, ou *Le Tableau des merveilles*, que Prévert adapte de Cervantès et que Jean-Louis Barrault fait répéter dans son grenier du quai des Grands-Augustins — qui deviendra l'atelier où Picasso peindra *Guernica*. Sans oublier *La Bataille de Fontenoy*, satire des discours bellicistes présentée début 1933.

Mémorable, cette *Bataille* l'est au moins à deux titres. C'est en souvenir de ce spectacle que Marcel Carné, séduit notamment par la réplique : « Soldats tombés à Fontenoy, vous n'êtes pas tombés dans l'oreille d'un sourd », proposa Prévert comme scénariste de son premier film. C'est aussi ce spectacle qui fut choisi pour représenter la France à une Olympiade du Théâtre ouvrier à Moscou. L'expédition fut singulièrement pédagogique pour Prévert, Yves Allégret et la bande qui ramenèrent de Moscou le premier prix de l'Olympiade mais

---

1. Cité dans le catalogue de l'exposition « A la rencontre de Jacques Prévert », *op. cit.*

laissèrent sur place leurs illusions sur le paradis soviétique. Pour Prévert et les siens, l'expérience du groupe Octobre s'interrompt fin 1936, dans un contexte politique sur lequel nous reviendrons. Pendant un temps, cette expérience rapprocha l'inspiration de Prévert de celle de l'agit-prop pratiquée par Maïakowski et Bertolt Brecht.

Si prenante qu'ait été cette aventure, elle ne distend pas, au contraire, les liens de Prévert avec le cinéma. Entre 1932 et 1935, il figure avec ses copains (Allégret, Chavance) dans une scène de *L'Atalante*, écrit le commentaire d'un documentaire d'Yves Allégret et Eli Lotar, *Ténériffe*, puis le scénario d'un court-métrage à la Feydeau, *Comme une carpe*, interprété par Fernandel et réalisé par Claude Heymann. Comme Yves Allégret, ou Jean-Paul Dreyfus, Claude Heymann fait partie de ces cinéastes activistes toujours en avance d'une idée, d'une initiative, et dont le rôle dans la vitalité du cinéma français se mesure mal à l'importance de leur œuvre. En 1933 et 1934, Jacques Prévert adapte *Ciboulette* pour Claude Autant-Lara, puis *L'Hôtel du Libre-Echange* pour Marc Allégret, avant de faire le « rempailleur » sur les trois premiers films (*Si j'étais le patron*, *Fanfare d'amour* et *Un oiseau rare*) de Richard Pottier (né en Hongrie, il a vingt-huit ans en 1934). Prévert ne voit pas la nécessité de signer ces interventions. Pourtant, les trois films ont une sorte d'innocence blagueuse, d'inventivité burlesque, qui retiennent l'attention. C'est l'une des caractéristiques propres au travail de Prévert : on retrouve parfois sa trace là où il prétend n'être jamais passé. Un air d'étrangeté commun à des personnages venus d'ailleurs ; des télescopages de langage qui mettent à nu le vide des formules toutes faites ; une façon de tourner en dérision le bourgeois, le supérieur, le patron, le décoré ; une infinie attention à l'amour et à l'amitié ; le goût des métaphores animales.

Mais il ne s'agit que d'une phase de transition pendant laquelle Prévert sort du dilettantisme amusé pour s'engager à fond dans l'aventure du cinéma.

Fin 1935, Jean Renoir tourne *Le Crime de Monsieur Lange* (adaptation et dialogues de Jacques Prévert) : il ouvre le temps des chefs-d'œuvre.

Chapitre 4

LA TORTURE PAR L'ESPÉRANCE

> « Comme la vie est lente
> et comme l'Espérance est violente. »
> Guillaume Apollinaire,
> « Le pont Mirabeau ».

Les cinq cinéastes qui ont réalisé les premières œuvres marquantes du cinéma parlant français avaient entamé leur carrière du temps du muet. Ils ont assuré le passage. Mais la révolution technique, professionnelle du parlant brouille les pistes, décourage ou exclut les anciens du muet, déclenche des innovations, des vocations, une effervescence souvent brouillonne mais féconde où le futur grand cinéma va trouver de nouvelles munitions.

S'ils n'ont rien fait de décisif, on ne peut ignorer que les cinéastes qui feront la gloire des années quarante et cinquante vont s'initier au cinéma et tourner leurs premiers films pendant cette période trop dépréciée : Georges-Henri Clouzot, Jacques Becker, Robert Bresson, Jacques Tati, Claude Autant-Lara sont déjà, modestement, au générique de ces années dites médiocres. Marc Allégret y développe une bien étrange et bien intéressante carrière. Henri Decoin prépare ses « années Darrieux ». Christian-Jaque plante son décor. Pierre Chenal accumule des promesses qui ne seront pas toutes tenues. Edmond T. Greville joue les petits génies.

A travers ces essais en tous genres, c'est le « réalisme poétique » de demain qui explore ces territoires, ce sont les cinéastes d'après-demain qui tentent leur première chance. Une génération passe au banc d'essai. Ces années de désordre et de recherche constituent un laboratoire. Un instant habité par l'ample musique de Grémillon ou illuminé par la brève trajectoire de la fusée Vigo.

Répétition d'orchestre : Jean Grémillon

> « La musique est peut-être l'exemple
> unique de ce qu'aurait pu être — s'il n'y
> avait pas eu l'invention du langage, la
> formation des mots, l'analyse des
> idées — la communication des âmes. »
> Marcel Proust,
> *A la recherche du temps perdu,*
> *La Prisonnière.*

Il est paradoxal de classer Grémillon parmi les cinéastes au banc d'essai. Quand le son arrive, il a tourné dix-neuf courts-métrages, un moyen-métrage et deux longs-métrages remarqués : *Maldone* et *Gardiens de phare*, avec l'aide de Charles Dullin pour le premier et de Jacques Feyder pour le second. Mais son approche austère et ambitieuse l'a maintenu aux marges. Le cinéma sonore va-t-il être la chance de ce musicien, ancien élève de la *Schola Cantorum*, dont les amis sont compositeurs, chefs d'orchestre ou chanteurs et s'appellent Roger Desormières, Roland Manuel, Irène Joachim ? Va-t-il enfin pouvoir faire entendre ses grandes orgues, ce réalisateur qui a trouvé la voie des studios en jouant du violon pendant les séances, dans un cinéma dont le piano était tenu par l'épouse de Georges Périnal, projectionniste et opérateur ? On peut le penser quand, en mai 1930, Louis d'Hée, nommé directeur de la production chez Pathé (il le restera trois jours !), engage Grémillon pour tourner *La Petite Lise* sur un des premiers scénarios de Charles Spaak : un bagnard libéré retrouve sa fille acculée à une vie sordide et impliquée dans un meurtre. Il assumera le crime et retournera au bagne. De cette trame Grémillon fait sourdre les désirs, la colère, la douleur avec un tel sens concret des gestes, des expressions, des mots et des bruits que les excès du mélodrame semblent arrachés à la glaise du quotidien. Pour ce film noir (le retour au bagne résonne comme une libération, après l'horreur d'une journée de liberté), la lumière demeure pauvre, le dialogue bref, l'intrigue simple. Mais l'image est toujours savante : objectifs et cadrages situent et découpent les personnages en exprimant un point de vue, moral ou psychologique, et le montage, extrêmement contrôlé, manipule notre émotion. A cette image formellement très travaillée, répond, en contrepoint, un son épuré, parcimonieux, sélectif, « réaliste », qui équilibre le baroque visuel. Cet étonnant exercice de style n'est pas sans évoquer *La Chienne* (le film de Grémillon précède celui de Renoir de plusieurs mois), mais il avait de quoi effrayer ses financiers et dérouter le public. Sorti dans de mauvaises salles, sans publicité, le 15 décembre 1930, dans le climat familial et joyeux de Noël, *La Petite Lise* est un échec retentissant qui va condamner Grémillon à des tâches obscures pendant plusieurs années.

En 1931, *Dainah la métisse* est réduit par les producteurs de quatre-vingt-dix minutes à soixante pour sortir en complément de programme, tandis que Grémillon refuse de signer *Pour un sou d'amour*, besogne purement alimentaire. En 1934 et 1935, il tourne deux films en Espagne : l'un d'eux, *La Dolorosa*, dans lequel la musique et les bruits jouent un rôle important, lui permet d'approfondir ses recherches sur le son. Le film remporte un grand succès... en Espagne, mais est jugé trop espagnol pour être exploité en France. Raoul Ploquin, qui dirige la production française de la U.F.A., lui propose alors de venir travailler avec lui. C'est à Berlin que Grémillon, après beaucoup de temps gâché, verra le bout du purgatoire.

Réalisme et poésie : explorations documentaires

> « La culture du documentaire le
> purifiera [le cinéma] de ses éléments
> théâtraux et littéraires, lui donnera une
> meilleure conscience de lui-même. »
> Raymond Queneau [1].

Il n'y a qu'un seul cinéaste surréaliste accepté, homologué, certifié par toutes les obédiences. Il s'appelle Luis Buñuel et vient de donner (en 1928 et 1929) les deux films cultes où explose et s'épuise l'image surréaliste garantie d'origine : *Le Chien andalou* et *L'Age d'or*. Son surréalisme se manifestera à nouveau, plus tard, digéré, transmué, dans des films très personnels qu'il sera plus simple et plus juste de définir comme « bunuéliens ». Pour l'heure, que fait-il ? Dans un village espagnol perdu de la région déshéritée des Hurdes, il tourne *Terre sans pain*, un documentaire réquisitoire sur la misère, avec un bon coup de pouce aux images pour en accroître la cruauté.

De *L'Age d'or* à *Terre sans pain*, du rêve de l'amour fou à la réalité de la vraie vie, ce chemin, beaucoup vont le parcourir qui, venus de l'avant-garde ou passionnés de recherches formelles, partiront explorer le réel. Coïncidence ? C'est le moment (1930) où la revue *La Révolution surréaliste* change de titre et devient *Le Surréalisme*

---

1. « Le mythe du documentaire », *Labyrinthe*, n° 22-23, décembre 1946.

au service de la Révolution. Breton, Aragon, Eluard ont adhéré au parti communiste en 1927. Du rêve, la poésie est descendue dans la rue.

Le cinéma muet d'avant-garde avait sa muse. Germaine Dulac a tourné avec Artaud un de ces films-manifestes dont les projections s'achevaient dans le chahut et les coups de canne : *La Coquille et le Clergyman*. Le titre de sa dernière expérience (*Etudes cinématographiques sur une arabesque*) donne une idée de son abstraction. Or, en 1931, elle est devenue responsable du nouveau magazine d'actualités cinématographiques, *France-Actualités-Gaumont*. Est-ce une trahison de sa première vocation ? Elle le nie farouchement. Elle a toujours eu horreur de l'anecdote et du romanesque. La voilà débarrassée de la corvée d'une histoire à raconter. Elle aborde l'actualité comme « un morceau de la vie sincère de l'univers » et se collette avec « la matière vivante du réalisme ».

Il faut dire que, dans ce monde en crise, la réalité se fait explosive. Ce n'est sans doute pas un hasard si, parallèlement au processus que nous décrivons, le documentaire impose des formes ou des structures nouvelles un peu partout. Flaherty a fait triompher en 1931 *Tabou* (avec Murnau) et entreprend en 1932 *L'Homme d'Aran*. En 1933, Joris Ivens et Henri Storck tournent *Borinage* sur une grève de mineurs, tandis qu'à Londres Grierson crée le G.P.O. (*General Post Office Film Unit*) qui va développer l'école britannique du documentaire. En France, c'est par le documentaire que des jeunes talents prometteurs font leur entrée dans le métier. Ce fut le cas de Marc Allégret, qui marque ces années par son dynamisme, et qui a ramené un long-métrage de son *Voyage au Congo* avec André Gide (1927). C'est le cas de Georges Rouquier qui amorce sa traque du monde rural en tournant *Vendanges* (1930). C'est le cas de Georges Lacombe, auteur d'un moyen-métrage sur un univers marginal de clochards et de chiffonniers (*La Zone*, 1928, avec Périnal comme opérateur). C'est le cas de Marcel Carné, future vedette de notre épopée, qui tourne avec une caméra de reportage un film de vingt minutes *Nogent, eldorado du dimanche* (1929) qui fait un malheur au Studio des Ursulines entre un film scientifique de Jean Painlevé et un film surréaliste de Man Ray : quel symbole ! Ce sont Pierre Prévert et Marcel Duhamel qui tournent *Paris-Express*. C'est Pierre Chenal qui tourne *Les Petits Métiers de Paris*, Jean Gourguet qui tourne *L'Effet d'un rayon de soleil sur Paris* ; c'est Albert Préjean qui tourne *Aventure à Luna-Park*, c'est André Sauvage qui tourne avec raffinement ses cinq *Etudes sur Paris*. Les titres explicitent la communauté de thèmes de ces films réalisés sans concertation aucune, le plus confidentiellement du monde. Ils annoncent l'univers, dessinent le décor, préparent le populisme du cinéma de demain.

D'autres ateliers encore mettent la jeune classe du cinéma au contact de la réalité. Réalité commerciale et populaire de la publicité. Le futur scénariste Jean Aurenche, qui tourne en 1934 un étonnant petit film de cinéma-vérité, *Les Pirates du Rhône*, est impliqué dans les débuts du cinéma publicitaire et fait engager par la Publicité Damour ses amis Paul Grimault, Jacques Prévert, Marcel Duhamel qui utilisent comme opérateurs Marcel Carné, Yves Allégret, Pierre Chenal.

Réalité scientifique. Le docteur Commandon installe des caméras dans les laboratoires. Jean Painlevé, fils d'un grand mathématicien ancien président du Conseil, est une belle figure parisienne : jeune premier, pilote d'avion, coureur automobile, il tourne aussi des petits films surréalistes avec Antonin Artaud. Mais il est également assistant de laboratoire d'anatomie comparée à la faculté des sciences de Paris. Il tourne des films sur sa spécialité, crée en 1930 l'Institut du film scientifique, réalise en 1933 *L'Hippocampe* où se mêlent l'étude animale et la recherche poétique, approche double qui caractérisera son œuvre de poète savant.

La créativité brouillonne et passionnelle de ces divers laboratoires où se traquent l'insolite et le merveilleux de la vie n'est pas faite seulement de victoires. Elle est traversée, sur cette brève période, par deux drames. Celui, d'abord, d'André Sauvage, ce surdoué de la littérature comme de la peinture, qui est entré dans le cinéma en réalisant en 1923 le premier film de montagne, *La Traversée du Grépon*. Il vient de réaliser un film d'avant-garde, *Fugues*, ses *Études sur Paris* et un film publicitaire pour Michelin, *Bibendum*, quand on lui propose d'accompagner l'expédition automobile qu'organise Citroën pour relier Paris à Pékin et d'en réaliser le film. Sauvage et son équipe (remarquable travail de l'ingénieur du son William Sivel et de l'opérateur Georges Specht) ramènent de cette aventure de deux années des images superbes et passionnantes qui relatent les épisodes dramatiques du voyage, mais aussi analysent avec une grande intelligence le choc des cultures auquel il a donné lieu. Mais Sauvage a presque terminé son film quand le producteur Natan se fâche avec André Citroën ; celui-ci rachète la pellicule et la confie au cinéaste Léon Poirier qui avait tourné pour lui, en Afrique, *La Croisière noire*. Poirier remonte le film (qui demeure superbe), le signe et triomphe le 18 mars 1934, à la première officielle de *La Croisière jaune* à l'Opéra. Cinéastes, écrivains, syndicats protestent en vain contre ce vol. Écœuré, André Sauvage abandonne le cinéma et se consacre en Beauce à l'agriculture.

L'autre drame est plus funèbre, puisqu'il voit en quatre années naître et disparaître à jamais une figure emblématique de notre cinéma. La fusée Vigo traverse le ciel de France. Arrêt sur image.

Vers un cinéma social : la fusée Vigo

> « Maudits soient les énergumènes qui
> jettent des pavés dans les mares à pellicules.
> Maudits soient les films maudits. »
> Raymond Queneau [1].

Fin mai 1930, à l'ancien théâtre de Jacques Copeau, le Vieux-Colombier, transformé en 1924 en cinéma d'avant-garde par Jean Tedesco, Jean Vigo présente son premier film : *A propos de Nice. Point de vue documenté.* Seconde projection le 14 juin, accompagnée d'une causerie intitulée « Vers un cinéma social ». A la mi-septembre 1934, sort au Colisée *Le chaland qui passe*, titre « commercial » du dernier film de Vigo, *L'Atalante.* Quinze jours plus tard, il est retiré de l'affiche. Le 5 octobre, Vigo meurt, âgé de vingt-neuf ans. Il laisse une œuvre de deux cents minutes dont la trace ira s'élargissant. *Zéro de conduite* et *L'Atalante* sont les premiers films cultes du cinéma français. Il s'est bâti une légende Vigo, fondée en partie sur sa biographie : fils d'un anarchiste militant souvent arrêté par la police et trouvé mort dans sa cellule lors d'une de ses détentions, sans qu'on n'ait jamais su s'il y avait eu crime ou suicide, Vigo a été élevé sous des noms d'emprunt, avant de se consacrer à la réhabilitation de son père. La force poétique de son œuvre, sa révolte, sa fin prématurée invitent au parallèle avec Rimbaud et ont alimenté la passion des biographes et des hagiographes. Le fait que ses deux principaux films soient restés longtemps invisibles (interdit par la censure, *Zéro de conduite* ne fut autorisé qu'en 1945 ; retiré de l'affiche, *L'Atalante* eut une brève carrière en 1940 et ne commença d'être connu dans une version à peu près originale qu'à partir de 1945-1946) a permis à la légende de prospérer et de faire flotter sur cette œuvre, tour à tour ou simultanément, selon les souvenirs et les grilles d'interprétation, les drapeaux de l'anarchie, de la poésie, du surréalisme, de la revendication sociale, de la passion cinéphilique. « Saint Vigo, patron des ciné-clubs », dira justement Gilles Jacob, non pas pour ironiser sur le talent du cinéaste, mais pour indiquer combien l'œuvre est recouverte et masquée par le mythe qu'elle a engendré.

L'expression était d'autant mieux trouvée que Vigo, jeune cinéphile passionné, créa et dirigea le ciné-club Les Amis du cinéma qui fut inauguré à Nice le 19 septembre 1930 par Germaine Dulac, alors présidente de la Fédération française des ciné-clubs ; et que, pendant longtemps, ses films, interdits ou hors circuit, ne furent visibles que dans les chapelles ardentes de la cinéphilie que représentaient alors les ciné-clubs. François Truffaut évoque le choc, et l'« admiration éper-

1. « Malédictions du cinéma », *Cinéma 56*, nᵒ 8, décembre 1955.

due » que déclencha la projection des quatre films de Vigo au cours d'une séance du ciné-club de la Chambre Noire animé par André Bazin, un samedi après-midi de 1946 au Sèvres-Pathé. Si l'on ajoute les interdictions policières, les manipulations commerciales, la brièveté du trajet où le tragique semble inexorablement inscrit, avouons que nous tenons en Jean Vigo une figure emblématique où se mêlent la passion du cinéma poussée jusqu'à la création et l'engagement social d'un révolté. Le souvenir de Jean Vigo est perpétué chaque année depuis 1938 par le prix Jean Vigo, par une fédération de ciné-clubs de jeunes (aujourd'hui en sommeil) qui a pris son nom, et par l'Institut Jean Vigo créé à Perpignan par Marcel Oms, spécialisé dans l'histoire du cinéma en liaison avec l'histoire des sociétés.

Au-delà de la légende, n'oublions pas les films. Vigo s'est installé à Nice pour raisons de santé. Aidé par un réseau d'amis fidèles qui forcèrent le destin en sa faveur à diverses reprises (nous retrouvons là Germaine Dulac, le documentariste belge Henri Storck, le comédien René Lefèvre, Charles Goldblatt, etc.). Vigo fait un stage d'assistant à la Victorine, peut acheter d'occasion une caméra Debrie, prépare et tourne un reportage sur la ville de Nice, aux intentions critiques et polémiques de plus en plus affirmées. Dénonçant cette ville du jeu, cité de croupiers et de bourgeois jouisseurs qui ignore la misère de son peuple, le film illustre bien cette notion de « cinéma social » telle que Vigo la définit, au Vieux-Colombier, dans sa causerie de présentation : « un sujet qui mange de la viande », un documentaire « qui met les points sur les i » et qui « devra nous dessiller les yeux ». Sur le plan formel, la force des images est incontestable, et doit beaucoup à un montage choc qui fait naître le sens du rapprochement brutal des plans : de longs tubes seront, selon leur voisinage et leur disposition sur l'écran, cheminées d'usine, canons menaçants ou symboles sexuels. On est proche du « montage des attractions » d'Eisenstein, ou des pratiques de Dziga Vertov dans le « ciné-œil ». Justement, Vigo a recruté comme opérateur (il tournera les quatre films) Boris Kaufman, frère cadet de Dziga Vertov, qui vit en France depuis 1925. Son influence est probable mais limitée : les notes de préparation de Vigo montrent qu'il avait en tête le film qu'il a tourné. *A propos de Nice* a la violence et les maladresses d'un premier film. Le second, *Taris*, consacré à un champion de natation, n'est qu'un documentaire classique.

Dans les derniers jours de 1932 et en janvier 1933, Vigo tourne *Zéro de conduite*, moyen-métrage (quarante-sept minutes) sur les copinages, chahuts et humiliations de la vie de collège, centré sur un groupe de quatre garçons qui se marginalisent pour entrer finalement en révolte ouverte contre l'institution, le jour de la fête du collège. Vigo trouve un ton de dérision, notamment dans la façon dont les enfants rejettent les adultes en les imitant, qui donne au film sa dimension subversive. Le recours au ralenti ou à l'accéléré pour dilater les effets poétiques est pratiqué sans ménagement. La poussée libertaire engendrée par les révoltes enfantines n'a sans doute jamais été montrée avec autant de justesse et d'efficacité. On peut imaginer l'effet d'un tel film, quand il le vit, sur le futur réalisateur des *Mistons* et des *Quatre Cents Coups*. Présenté en séance corporative le 7 avril 1933, *Zéro de conduite* déroute profondément exploitants et critiques. Le film est totalement interdit par la commission de censure, moins, semble-t-il, pour des raisons de politique générale (sédition, appel à la révolte) que pour l'injure faite au personnel enseignant, passé il est vrai à la moulinette d'un humour rageur. Le film ne pourra donc pas sortir, comme prévu, en complément de programme de *La Maternelle* de Jean Benoit-Lévy. Il sortira, enfin autorisé, en 1945, en complément de l'*Espoir*. Avec douze ans de retard pour le premier film, et cinq pour le second. C'était, du même coup, « Vigo et Malraux au Panthéon », puisque c'est dans ce cinéma du Quartier latin que sortirent les deux films.

En dépit de la perte sèche entraînée par l'interdiction du film, Jacques Louis-Nounez et Gaumont, associés dans la production, sont d'accord pour proposer à Vigo un long-métrage dont ils auront contrôlé le scénario — qui sera relu et approuvé par Blaise Cendrars — et les interprètes. Ce sera *L'Atalante*, histoire assez plate de marinier que Vigo accepte sans enthousiasme, mais qu'il adapte sans ménagement pour en éliminer les poncifs et y introduire nuances et tensions. Nouveau venu dans l'équipe, Louis Chavance, monteur chez Paramount, terminera seul le montage, Vigo, malade, ne pouvant plus sortir. Il ne verra pas la version que Gaumont a imposée après une décevante projection pour les exploitants, et qui introduit dans la bande-de-son et la musique originale de Maurice Jaubert une rengaine très populaire à l'époque, « Le chaland qui passe », chantée par Lys Gauty. La chanson donne son nouveau titre au film, et sert de thème à l'affiche. Rassurée, la Gaumont sort dans une bonne salle, à une bonne date (le 13 septembre au Colisée) : c'est l'échec. En 1940 sortira avec un peu plus d'éclat une version améliorée, sous le titre *L'Atalante*. En 1950, nouvelle version plus complète. Gaumont, en 1982, procédera à une réédition parfaite d'un film qui a, entre-temps, acquis son statut de classique du cinéma français.

Aujourd'hui, *L'Atalante* demeure un ovni : un objet visible non identifié. L'histoire n'a aucun intérêt, le récit est mou et discontinu, les sentiments demeurent en pointillé, la psychologie est floue, des effets techniques trop voyants (ralentis) perturbent le naturalisme de l'image. Mais une magie règne, une fascination s'impose. Par la photogénie, bien sûr : le mariage initial, où la blancheur de la robe de mariée semble contaminer la sensibilité de la pellicule et irradier l'environnement, reste d'une stupéfiante poésie. Par la ruse pudique avec laquelle Vigo (à l'époque en pleine aventure passionnelle avec sa femme) décrit la difficulté de l'amour vrai de deux êtres frustes, incapables d'exprimer leurs sentiments, et dont chacun a besoin du corps de l'autre. Par une sorte de vérité qui suinte du décor, de l'image, de la maladresse justement dosée du couple Jean Dasté-Dita Parlo, de la pauvreté du son et du cadre refusant le pittoresque. Et enfin par la présence magique, clownesque, tragique, inquiétante, farceuse de Michel Simon, bourlingueur fidèle au rendez-vous des chefs-d'œuvre, avec ses tatouages et son accordéon, et qui perfectionne le personnage de Boudu en peaufinant l'extravagance, la vulgarité, la générosité. Insatiable et génial Gargantua, Michel Simon se glisse dans les seconds rôles et dévore les héros de ses films. Le vrai titre du *Chaland qui passe*, ce n'est pas *L'Atalante* : c'est *Le Père Jules*.

Avant l'heure, c'est pas l'heure : Clouzot, Becker, Bresson, Tati, Autant-Lara

Pendant ces années de chamboulement, tout bouge. Les plus entreprenants, les mieux préparés se jettent dans l'aventure de la réalisation. Ces quatre « années creuses », mais tout de même bien remplies, voient les débuts d'une nouvelle génération de cinéastes. Nous suivrons, tout à l'heure, ceux qui vont entamer une carrière suivie. Restons un instant avec ceux qui ne vont pas dépasser le banc d'essai, soit que les événements leur soient contraires, soit qu'ils ne soient pas mûrs pour s'installer vraiment dans la place. N'est-il pas extraordinaire de trouver parmi eux Becker, Clouzot, Bresson, Tati, Autant-Lara, c'est-à-dire ceux qui vont former la nouvelle génération des années quarante, alors qu'ils ont bien failli former l'avant-garde de la génération des années trente...

Clouzot, par exemple, tourne dès 1931 un court-métrage comique, *La Terreur des Batignolles*, sur un scénario de Jacques de Baroncelli. De 1931 à 1933, il collabore à onze longs-métrages, comme scénariste, dialoguiste ou adaptateur. Six de ces films sont tournés en Allemagne ou en Autriche, et trois fois il est réalisateur de la version française, fonction dont nous avons déjà indiqué les limites (ces trois films de 1933 sont *Caprice de princesse*, d'après une opérette de Louis Verneuil, *Château de rêve* avec Danielle Darrieux, et *Tout pour l'amour* avec Louis Verneuil comme coscénariste). Clouzot pourrait à chaque instant, à ce moment-là, entamer sa carrière. Parmi les obstacles rencontrés figure d'abord la maladie, qui l'obligera à un séjour en sanatorium de 1935 à 1937. L'aide morale et matérielle de Louis Jouvet, dont il a été le secrétaire, de Pierre Fresnay et du chansonnier René Dorin, avec qui il a collaboré, l'aideront à franchir cette passe périlleuse.

Clouzot tournera son vrai premier film en 1942 (*L'assassin habite au 21*). C'est le cas également de Jacques Becker (*Dernier atout*), qui est pourtant prêt à prendre le départ dès le début des années trente. Lié à la famille Renoir qu'il a connue à Marlotte par les Cézanne dès 1921, amateur de jazz et de mécanique automobile, Becker devient l'assistant et le chef d'équipe de Jean Renoir à partir de *La Nuit du carrefour*. Dans *Boudu*, il incarne le poète qui déclame à Michel Simon ébahi : « Poète, prends ton luth et me donne un baiser », mais surtout il participe à la mise en scène et invente le travelling de Boudu le long du quai, filmé par une caméra cachée sur une voiture. En 1934, son ami d'enfance, le producteur André Halley des Fontaines (avec qui il se retrouvera prisonnier de guerre en 1940), lui fait tourner deux moyens-métrages comiques : *Une tête qui rapporte*, écrit et joué par René Dorin et Paul Colline, et *Le commissaire est bon enfant*, adapté de Courteline et réalisé en commun avec Pierre Prévert. Les deux hommes s'amusent à jouer dans leur film deux saint-cyriens. Un autre projet, plus important, est promis à Becker. C'est *Sur la cour*, qui deviendra *Le Crime de Monsieur Lange*, réalisé finalement par Renoir, au prix d'une brève fâcherie entre les deux hommes. Les grands débuts sont remis à plus tard. Retenons, pour la petite histoire, qu'en ces années Jacques Becker va offrir trois enfants au cinéma français : Sophie (1932), future script-girl, épouse du grand opérateur Ghislain Cloquet et mère d'un autre opérateur, Arthur Cloquet ; Jean (1933), lui-même réalisateur (*L'Eté meurtrier*) ; et Etienne (1936), chef opérateur.

Comme pour Becker (né en 1906), comme pour Clouzot (né en 1907), c'est le moyen-métrage comique qui sera le banc d'essai de Robert Bresson (né en 1901). Il est peu probable que les trois hommes se soient fourvoyés sur leur vraie vocation. Mais, durant ces années, le court et le moyen-métrage comique étaient produits intensément pour fournir des compléments de programme copieux au grand film. Peu à peu, plus tard, se généralisera le système du double programme avec deux, et parfois trois longs-métrages, qui chassera les courts sujets.

Bresson se consacre à la peinture avant de s'orienter vers le cinéma. Il tourne *Les Affaires publiques* (ou *Beby inaugure*) en 1934. C'est un film de quarante minutes consacré à trois journées de cérémonies officielles d'un dictateur imaginaire, le chancelier de Crogandie, filmées par un reporter d'actualités fantaisiste. On parlerait de burlesque, si Bresson n'avait récusé le terme pour lui préférer l'expression « comique fou ». Ce comique mécanique et satirique, dont l'esprit se rapproche du *Dernier Milliardaire*, fable tournée par René Clair la même année, est centré sur le clown Beby (le dictateur), vedette du monde du cirque, auquel en 1946 Jean-Pierre Melville consacrera son premier film, *Vingt-quatre heures de la vie d'un clown*. Le film progresse par effets appuyés, à un rythme vif, sans souci de crédibilité. Nous sommes dans le théâtre de Guignol, mais avec une présence et une énergie incontestables. Dalio (qui interprétait beaucoup de rôles secondaires), Gilles Margaritis, les girls des Folies-Bergère et du théâtre Pigalle, les clowns du Cirque d'Hiver participent à cette parade insolite qui marque l'entrée en cinéma de Robert Bresson. Pour cet essai il bénéficie de l'assistance, pour le montage et la direction artistique, de Pierre Charbonnier, comme lui venu de la peinture et qui a réalisé plusieurs courts-métrages (et notamment coréalisé les deux documentaires de Jean Aurenche, *Pirates du Rhône* et *Bracos de Sologne*). De dix ans plus âgé que Bresson, Charbonnier formera avec celui-ci une équipe soudée et sera responsable des décors de ses films à partir du *Journal d'un curé de campagne* (1950).

Parmi les futures célébrités qui commencent à percer dans ces premières années trente, un jeune athlète dégingandé ne passe pas inaperçu. Jacques Tati (né en 1908), demi aile de l'équipe de rugby du Racing, amateur d'escrime, de tennis, de football et d'équitation, rode avec ses copains un numéro comique de mime qu'il présente au public au Gerny's, peu avant qu'y débute Edith Piaf et que le patron, Louis Leplée, soit assassiné. Colette saluera son art original « qui participe de la danse, du sport, de la satire et du tableau vivant ». Après un premier essai de transposition cinématographique inachevé (*Oscar, champion de tennis*, 1932), Tati abandonne la réalisation pour n'être plus que scénariste et personnage central de *On demande une brute* (1934), *Gai dimanche* (1935). En 1937, *Soigne ton gauche* marquera la première réussite à l'écran de Jacques Tati, dans une réalisation du jeune cinéaste René Clément.

Voici peut-être enfin le cinéaste qui va ouvrir au parlant de nouvelles voies. Après son stage à Hollywood, nous avons vu Claude Autant-Lara (né en 1901) rentrer à Paris début 1932 pour assurer la fermeture des studios Paramount avec cinq moyens-métrages adaptés de Courteline : *Monsieur le Duc, La Peur des coups, Invite Monsieur à dîner, Un client sérieux, Le gendarme est sans pitié*. Autant-Lara s'en tire en dépit de moyens dérisoires : interprètes de seconde classe, un seul jour de tournage pour les sketches les plus courts, trois jours pour les plus longs. Il promeut chef opérateur un jeune assistant, Michel Kelber, qui va devenir un grand patron de l'image. Est-ce parce qu'il avait failli tourner une opérette de Willemetz ? On lui propose une opérette de Reynaldo Hahn créée aux Variétés en 1923 : *Ciboulette*. Le cahier des charges est lourd. Produit par des industriels implantés au Maroc, le film, pour s'attirer les faveurs du Glaoui, doit avoir pour vedette la « protégée » de celui-ci, Simone Berriau, une mondaine active et intelligente (elle sera plus tard une très bonne directrice du théâtre Antoine) mais une comédienne limitée, qui a deux fois l'âge du personnage et dont la voix aiguë dérègle les appareils d'enregistrement. Pour compléter le tableau, le livret de *Ciboulette* est d'une gentille niaiserie et la musique sans grand relief. Mais Claude Autant-Lara ne veut pas rater cette chance de tourner son premier long-métrage français, convaincu qu'il parviendra à le détourner vers l'humour et la féerie dans l'esprit du *Songe d'une nuit d'été* de Shakespeare. Pour réussir cet exploit, Autant-Lara s'est assuré de concours rassurants. Jacques Prévert entreprend d'élaguer les platitudes et d'infiltrer dans le scénario une drôlerie insolente. Des personnages-animaux vont troubler, animer, caricaturer le spectacle, lui donner gaieté et mordant. L'inévitable Lazare Meerson aux décors, assisté de l'inséparable Alexandre Trauner, tout prêt à conquérir son autonomie, et, à l'image, Curt Courant, célèbre opérateur allemand qui vient d'émigrer en France, doivent, pour l'invention décorative et la somptuosité plastique, enchanter le regard des spectateurs. Pari fou, et pourtant, semble-t-il, presque réussi. Mais comment en juger ? Sitôt terminé, le film est arraché au cinéaste, réenregistré, coupé de près de trente minutes et remonté. Le *Ciboulette* qui sort en novembre 1933 (tournage du 15 décembre 1932 à mars 1933), violemment dénoncé par Autant-Lara comme un assassinat, souffre d'évidents défauts d'interprétation et de cohérence. Mais il a de beaux restes. S'il ne subsiste pas grand-chose des farces prévertiennes, une caméra agile et une lumière subtile animent à la perfection le carreau des Halles où se mêlent superbement maraîchers au boulot et noceurs en goguette. Le très long travelling initial développe ceux qui ouvraient *Sous les toits de Paris* et *Le Million*, avec passage sur les toits et descente dans les rues. Mais le travelling de *Ciboulette* se distingue par sa durée. Il faisait vingt minutes au tournage et Trauner assure que « c'est le plus long qu'on ait réalisé ». Il part des maraîchers arrivant d'Aubervilliers aux portes de Paris, survole Paris, passe sous les voûtes de Saint-Eustache, arrive aux Halles (de l'époque : second Empire), passe devant la fontaine des Innocents, traverse une rue, entre dans un cabaret, « Au Chien qui fume », et se mêle à un groupe d'officiers qui chantent. A mi-chemin, à l'ombre d'une colonne, le chariot-travelling s'arrêtait pour recharger la caméra qui ne disposait que de dix minutes d'autonomie de pellicule. La totalité des plateaux et du terrain des studios des Réservoirs à Saint-Maurice avaient été mobilisés pour ce décor où les variations d'échelle des différents éléments permettaient cette suite d'enchaînements. Exploit technique, maîtrise artistique, émotion réelle des images, où l'on aperçoit, dans un coin, Pierre Brasseur : dans les Halles d'Autant-Lara, c'est déjà, qui grouille et resplendit, le boulevard du crime des *Enfants du paradis*. Mais le film, compte tenu de ses handicaps, est un échec et déclenche un scandale. Pendant quatre ans, pour vivre, Autant-Lara va tourner des films alimentaires qu'un autre signera.

Premiers rendez-vous :
Gréville, Chenal, Christian-Jaque, Decoin, Marc Allégret

> « Trouvez-vous à midi à la petite fontaine... »
> Alfred de Musset,
> *On ne badine pas avec l'amour.*

Festival, donc, des occasions manquées, pour quelques cinéastes qui se rattraperont, à la décennie suivante, en y imposant leur marque. Mais, bien entendu, d'autres arrivent à percer. Approximativement vingt réalisateurs tournent leur premier long-métrage pendant les cinq années concernées.

Parmi ces cinéastes qui donnent leur premier rendez-vous au public, nous retiendrons cinq noms. Ceux de deux hommes dont la carrière a présenté maintes similitudes et qui, inclassables, ont été déclassés dans la hiérarchie des valeurs : Gréville et Chenal. Ceux de deux autres réalisateurs, au contraire trop mécaniquement étiquetés dans la catégorie des « grands professionnels sans personnalité » et qui méritent davantage d'attention : Christian-Jaque et Decoin. Celui, enfin, commun à deux frères, Marc et Yves Allégret, si dissemblables qu'il semble que seul leur patronyme les rassemble : il faut fureter un peu dans le mystère Allégret.

Inclassables déclassés : Gréville, Chenal

Né à Nice en 1906, d'un père pasteur protestant anglais, et d'une mère ardéchoise, Edmond-Thunder Gréville s'inscrit dans nos registres sous le nom d'Edmond T. Gréville : une manière déjà de cultiver sa différence. Cinéphile passionné dès le lycée, il se lie avec Becker, Jacques Brunius, le futur historien du cinéma Jean Mitry, le futur fondateur de *La Revue du cinéma* Jean-Georges Auriol, publie des textes avant-gardistes ou canulardesques (ou les deux à la fois), fait du journalisme, réalise des courts-métrages publicitaires pour l'agence Dorland, joue dans un petit film burlesque de son ami Pierre Chenal, *Un coup de dés*, puis un petit rôle dans *Sous les toits de Paris*, participe au tournage de *La Fin du monde* où sa femme a un rôle.

Tous ces préliminaires rassurent. Ils annoncent l'artiste cultivé, le cinéphile insatiable, l'humour et ce type d'ambitions nées dans le climat anarcho-farceur de l'époque. La réalité marque une dérive intrigante par rapport à ces prévisions. L'ambition, l'originalité sont bien au rendez-vous : il manque quelque chose à la réussite. De 1931 à 1935, Gréville tourne quatre films : *Le Train des suicidés*, production fauchée dont l'impécuniosité est compensée par un certain délire formel : utilisation de stock-shots de vieux films allemands, personnages ramenés à des morceaux de leur corps (bras, jambes), ce qui permettait de se passer des comédiens, *Marche funèbre* de Chopin jouée en fox-trot, bruits de poulailler sur un conseil d'administration. Le succès critique fut grand, l'accueil du public tumultueux : Gréville se retrouvait petite vedette à vingt-cinq ans, mais radicalement au chômage. Il faudra attendre 1934 pour le film suivant, son premier succès, *Remous*, fondé sur l'impuissance sexuelle du héros. Le drame de ce couple dont l'homme devient infirme immédiatement après le mariage semblait impossible à raconter au cinéma. Gréville en fait une tragédie de l'amour impossible, non sans recourir, bien sûr, à tout un arsenal de symboles propres à expliciter les conséquences immontrables de la situation.

L'année suivante, il contribue au lancement cinématographique de Joséphine Baker en tournant une sorte de parodie des « musicals » américains, *Princesse Tam-Tam*, mais surtout son film le plus original, *Marchands d'amour*. Il fallait un sacré culot pour écrire, et surtout pour réaliser un film racontant le règne d'un grand cinéaste admiré de tous qui abandonne sa vie érotico-luxueuse pour tourner un film génial et provocant destiné aux sifflets du public. Ni tout à fait génial ni tout à fait provocant, *Marchands d'amour* déclenche en effet les sifflets annoncés : Gréville était reparti pour quelques saisons de vaches maigres. Cadreur, monteur (image et son) et scénariste bourré d'idées, il lui manque la vision globale de ses films : le style s'éparpille, la cohérence est éclatée. Mais souvent, quel feu d'artifice !

S'ils se connaissent et ont travaillé ensemble sur un court-métrage, Gréville et Chenal se situent sur des voies esthétiques divergentes. C'est leur destin dans l'histoire du cinéma qui les rapproche. Né en 1904, Philippe Cohen, dit Pierre Chenal, fait les Beaux-Arts. Affichiste, dessinateur, décorateur, il collabore à une revue d'art. Il participe de cette mouvance avant-gardiste et cinéphilique qui conduit dans ces années-là beaucoup d'artistes à frôler et à tenter l'aventure cinématographique. Chenal passe par le court-métrage documentaire et de fiction lorsque, en 1932, la défaillance d'un cinéaste malade lui ouvre la possibilité d'un premier long-métrage. Ce sera *Le Martyre de l'obèse*, roman de Henri Béraud, brillant polémiste de droite, qui dix ans plus tôt avait obtenu le Goncourt pour ce livre, battant d'une voix *Ouvert la nuit* de Paul Morand. Sur les avatars diététiques d'un mari que sa femme feint de tromper avec un obèse pour le rendre jaloux, Chenal avait su trouver le juste ton de l'ironie. L'année suivante, *La Rue sans nom* mérite le détour. Chenal impose une atmosphère poisseuse à ce drame situé dans un quartier lépreux où rôdent les démolisseurs. On peut voir là les prémices de ce que l'on appellera bientôt le « fantastique social », impression accrue par la présence de Fréhel, le passage de Le Vigan, tandis que Pola Illery nous rappelle *Sous les toits de Paris* et *Quatorze Juillet*, films qui justement amorcèrent la « chanson du pavé » du cinéma. Plus important, Chenal adapte Marcel Aymé avec la collaboration de celui-ci. C'est la première intervention de cet écrivain majeur au cinéma. Il est vrai qu'il n'a que trente et un ans. Révélé par *La Table aux crevés* (prix Renaudot) en 1929, il connaît son premier grand succès cette même année 1933 avec la parution de *La Jument verte*. Son réalisme est « poétique ». Son « fantastique » est « social ». Autant sinon plus que Mac Orlan, Carco, Dabit, il doit être cité parmi les initiateurs du climat artistico-littéraire ayant fait éclore le « réalisme poétique cinématographique ». Pierre Chenal est l'organisateur de cette jonction qui se confirme en 1935 avec *Crime et châtiment* (dialogues de Marcel Aymé), couronné au festival de Venise, notamment pour le superbe duel verbal Harry Baur-Pierre Blanchar (Porphyre-Raskolnikov).

Dans *Paris-Midi* du 3 octobre 1935, Simone Dubreuilh est fondée à écrire : « Jean Vigo est mort, Edmond T. Gréville et Pierre Chenal sont les seuls à risquer quelque chose. » Nous ne manquerons pas de les retrouver plus tard.

Enlevez, c'est pesé : Christian-Jaque, Decoin

Le risque, c'est certain, n'est pas le signe sous lequel démarre la carrière de ces deux cinéastes dont les premières œuvres notables viendront plus tard. Leurs cent douze films (soixante-huit pour Christian-Jaque, quarante-quatre pour Decoin) se situent à tous les niveaux de qualité, de la pire à la meilleure. Ce ne sont pas des auteurs, au sens où on l'entend aujourd'hui. Mais il n'est pas dans nos intentions de négliger ces grands professionnels à qui le cinéma français a dû longtemps le fidèle attachement de son public, et quelques coups d'éclat scandaleusement gommés à l'heure des palmarès.

Aux Beaux-Arts où il est inscrit en architecture, Christian Maudet a pour ami Jacques Chabraison. Tous deux signent les affiches qu'il arrive qu'on leur commande d'un pseudonyme commun : Christian-Jaque. De l'affiche, ils passent aux décors de cinéma. Chabraison abandonne, Maudet (né en 1904) hérite seul du nom de Christian-Jaque. A l'exemple de Claude Autant-Lara qui fut, dix ans plus tôt, un décorateur très prometteur, Christian-Jaque développe ce travail puis devient assistant (notamment de Duvivier), en même temps qu'il est rédacteur en chef d'une estimable revue de cinéma *Cinégraph*. Petit clin d'œil à notre classement : son collaborateur le plus tonitruant signe Edmond T. Gréville... En 1932, André Hugon, qui mouline aisément ses quatre films par an, et dont Christian-Jaque a été l'assistant, produit le premier long-métrage de celui-ci : *Le Bidon d'or*. Christian-Jaque semble bien parti pour égaler la productivité de son ancien patron puisque, entre 1932 et 1935, il tourne en tout quinze films : c'est très exactement cela qu'on appelle démarrer sur les chapeaux de roue. Rien de notable dans cette production souvent tournée en moins de deux semaines, à deux exceptions près : en 1933, *Ça colle* amorce une collaboration qui fera bientôt des étincelles avec Fernandel et, en 1934, *Le Père Lampion* dont nous reparlerons en raison de son lien avec l'actualité politique. C'est en 1936, avec deux Fernandel, *Un de la Légion* et *François Ier*, que commenceront les choses sérieuses... si l'on peut dire.

Henri Decoin est plus âgé que la plupart des cinéastes dont nous venons de parler. Né en 1896, champion de natation à quatorze ans, c'est un héros de la guerre de 14-18 : blessé dans les hussards, il apprend à piloter, s'engage dans l'aviation et termine la guerre avec Légion d'honneur, croix de guerre et neuf citations. Il entre au journal *L'Auto*, écrit des romans et des scénarios sur le sport : *Quinze rounds* remporte le Grand Prix de la littérature sportive ; *Les Rois de la pédale* est tourné par Maurice Champreux. Il crée une opérette, *Normandie*, épouse la vedette montante, Blanche Montel, écrit pour Carmine Gallone le scénario de *Soir de rafle* avec Annabella et Albert Préjean dans un rôle de boxeur menacé par la vie de plaisir. Assistant sur les films qu'il écrit, il tourne son premier long-métrage, *Les Bleus du ciel* à trente-sept ans, en 1933. Ses deux premiers films sont, d'une certaine manière, des films d'auteur. *Les Bleus du ciel* portent sur la passion de l'aviation : c'est son copain Albert Préjean, lui-même as de l'aviation pendant la guerre, qui tient le rôle principal avec Maryse Hilsz, authentique championne d'aviation, jouant son propre personnage. Le second, *Toboggan* (1934), reprend la trame de *Soir de rafle*, mais nous sommes passés de l'opérette à la tranche de vie : c'est le champion de boxe (déchu) Georges Carpentier qui joue le rôle principal, et le film se termine mal. Decoin s'intéresse à des situations et à des personnages qu'il connaît bien et pousse la recherche d'authenticité jusqu'à préférer engager des comédiens amateurs ayant vraiment vécu les situations du film. Cette tendance autobiographique, cette ambition de cinéma-vérité n'apparaîtront qu'épisodiquement par la suite. En 1935, Decoin tourne en Allemagne la version française de *Domino vert*. La vedette en est Danielle Darrieux. A dix-sept ans, elle a déjà tourné quatorze films et commencé d'imposer son charme, sa pétulance, un type de féminité juvénile qui va régner pendant une décennie. Decoin, séduit, va enchaîner six films avec elle. C'est une belle aventure à suivre.

Le mystère Allégret

Dans leurs Mémoires, cinéastes et vedettes qui ont travaillé avec Marc Allégret manifestent leur perplexité. Tous emploient les mêmes mots, évoquent sa beauté, son charme, sa distinction, sa réserve (qualifiée, suivant le cas, de « parpaillote » ou d'« anglo-saxonne ») et avouent n'avoir jamais pénétré sa personnalité. Que cache donc ce beau ténébreux, né en 1900, fils, comme ses quatre frères (dont le cadet, Yves, sera également cinéaste) d'un pasteur protestant ? Il cache, il digère, il incube une étrange aventure intellectuelle et affective. Son père, Elie, s'est lié dans sa jeunesse avec André Gide, l'un des maîtres à penser de l'intelligentsia française pendant la première moitié du siècle. Gide reste très proche de la famille. En 1917, il a un coup de foudre pour Marc, va le chercher à son camp de vacances en Suisse, voyage avec lui ; plus tard, il l'emmènera en Angleterre, après avoir prévenu sa femme, ce qui déclenchera la crise majeure du couple Gide. Passé cette flambée de passion, une relation intime et affectueuse s'établit de manière durable entre « l'oncle André » et son prétendu neveu. En 1926, Gide publie une de ses œuvres maîtresses, *Les Faux-Monnayeurs*, dans laquelle le personnage d'Olivier est inspiré par Marc Allégret et celui de Robert de Passavant par Jean Cocteau (que Gide avait agressé pour avoir tenté de séduire Marc). Gide écrit dans son journal (9 juin 1928) : « C'est pour lui [Marc], pour conquérir son attention, son estime, que j'ai écrit *Les Faux-Monnayeurs*. » Les deux hommes ont effectué ensemble, à partir de juillet 1925, le long voyage au Congo, au Tchad et au Cameroun dont Gide rapportera deux livres et Allégret un reportage filmé. Allégret, jusqu'alors, a fait du cinéma en amateur éclairé. Pour mettre la dernière main au film *Voyage au Congo*, qui traîne, Gide fait appel à un jeune producteur (il a cinq ans de moins qu'Allégret) : Pierre Braunberger. *Voyage au Congo* est terminé en 1927. Deux fois, en juin 1928 et en janvier 1933, André Gide prépare une nouvelle expédition littéraire, politique et cinématographique avec Marc Allégret : en Nouvelle-Guinée pour la première, en Sibérie pour la seconde. Les deux fois, il y renonce. Il a pris conscience que leur vie commune exerçait un blocage sur la vie d'Allégret et note dans son journal : « Depuis notre retour [du Congo], il n'a presque rien fait. Je crains que *pour plus de facilité* [c'est Gide qui souligne], il ne renonce au meilleur de lui-même. »

Le contact avec Braunberger a mis Allégret sur les rails d'une activité professionnelle. Il tourne des documentaires, puis en 1929, un premier film de fiction d'une heure, *Papoul*, où il est question d'un breuvage magique qui permet à un timide de prendre sa revanche sur la vie. En 1930, Allégret repère Fernandel et le fait engager par l'association de producteurs Braunberger-Richebé pour jouer un petit rôle dans *Le Blanc et le Noir* que tourne Robert Florey, d'après une pièce de Sacha Guitry. Allégret dirige simultanément trois courts-métrages avec Fernandel et deux autres avec Carette et Dalio. Assistant du réalisateur, il termine *Le Blanc et le Noir* quand Florey l'abandonne. Il s'est très bien entendu avec Raimu, dont c'était le premier film et qui vient de révéler en même temps son écrasant talent et son caractère colérique. Il tournera donc les trois films suivants que Raimu a signés avec Richebé : *Mam'zelle Nitouche* (1931), *La Petite Chocolatière* et la seconde partie de la trilogie de Pagnol, *Fanny* (1932). Pas de trait marquant dans ces productions, ni de qualité exceptionnelle, mais une réelle capacité d'adaptation à des entreprises très diverses dans leur propos, et une attention extrême au jeu des comédiens. On voit se dessiner la touche d'Allégret : maîtrise globale, performance d'acteurs, révélation de nouveaux talents. Comme le dit justement Jean Tulard dans son *Dictionnaire du cinéma* [1], Marc Allégret illustre parfaitement ce « cinéma des monstres sacrés » qui caractérise les années trente. *Lac aux dames* (1934), fraîche adaptation d'un roman de Vicky Baum, concrétise et amplifie les pâles promesses précédentes. *Mam'zelle Nitouche* et *Fanny* avaient remporté un vif succès sur la réputation de l'opérette et de la pièce qu'ils adaptaient. *Lac aux dames* obtient un triomphe sur ses qualités propres de romantisme juvénile, sur la séduction fulgurante du couple Simone Simon-Jean-Pierre Aumont sacrés vedettes du jour au lendemain. Amours adolescentes, brio de l'interprétation, parfaite cohésion image-lumière-musique-décors : ce sera pour un temps la marque de Marc Allégret. Avec, bien entendu, une équipe de haut niveau : assistant à la production : Roland Malraux (le frère d'André) ; adaptation de Jean-Georges Auriol ; dialogues et chansons de Colette ; musique de Georges Auric ; décors de Meerson et Trauner ; débuts (elle fera mieux plus tard) d'Odette Joyeux ; script-girl : Françoise Gordji (plus tard Giroud). Pour Marc Allégret, qui n'est vraiment entré dans la carrière qu'à trente ans, et avait jusque-là manifesté un don particulier pour le farniente, c'est une période particulièrement féconde puisque, dans la seule année 1934, il tourne outre *Lac aux dames, Zouzou*, destiné au lancement cinématographique de Joséphine Baker (film très enlevé où celle-ci forme un couple très pittoresque avec Jean Gabin), *Sans famille, Les Beaux Jours* (pour réutiliser le couple Simon-Aumont, cette fois-ci dans le cadre du Quartier latin) et surtout le meilleur Allégret de cette époque, *L'Hôtel du Libre-Echange*, une des plus vives « écranisations » de Feydeau jamais tentées, sur une adaptation des frères Prévert et avec une distribution comiquissime : Fernandel, Raymond Cordy, Saturnin Fabre, Larquey, Alerme, Palau, et, dans de petits rôles, toute la bande à Prévert (Marcel Duhamel, Raymond Bussières, Lou Bonin, Paul Grimault, Jacques Prévert en personne et le décorateur Trauner). Cette capacité à découvrir de nouveaux talents et à réunir des équipes exceptionnelles par leur qualité ou leur cohésion demeurera la caractéristique la plus constante de Marc Allégret. Alliée à l'absence de personnalité et au refus de l'innovation, comme s'il restait muré dans le huis clos d'un hermétique quant-à-soi. Incapacité à se dépasser ? Ou bien difficulté à surmonter la dualité de sa situation ? Même si, grand séducteur d'hommes et de femmes, Marc Allégret mène une vie extrêmement libre, il

1. « Bouquins », 1992.

est resté très lié à André Gide : il vit dans une partie de son appartement de la rue Vaneau, lui monte tous les matins son plateau du petit
déjeuner, reçoit sa visite lors de ses tournages en Allemagne, en Autriche, l'aide dans ses travaux, dîne, discute, passe des vacances avec ses
amis qui ont pour nom Roger Martin du Gard, Jean Cocteau, André
Maurois, Jules Romains ou le publiciste Lucien Vogel dont il épousera
plus tard la fille Nadine. Jean-Pierre Aumont raconte drôlement comment, convoqué rue Vaneau pour le rôle de *Lac aux dames*, Allégret le
fit déshabiller pour vérifier sa musculature, en la présence, intéressée,
d'André Gide. Carlo Rim racontera comment, André Gide étant
absent, Allégret l'installa dans la chambre de l'écrivain pour qu'il termine les dialogues de *Zouzou*. Ce décalage, que Carlo Rim baptise
l'humour de la situation, n'était-il pas difficile à vivre quotidienne-
ment ? Le mystère Marc Allégret n'est pas élucidé. Nous parlerons
plus tard de la carrière de son frère Yves, qui ne tournera son premier
long-métrage qu'en 1940. Au début des années trente, il est tour à tour
assistant, scénariste, comédien, soit dans certains films de son frère,
soit surtout dans les activités de la bande à Prévert. Son activité à lui
est davantage marquée par la politique que celle de son frère. Si André
Gide est un des pôles de la vie de Marc, c'est Léon Trotski qui est le
repère idéologique d'Yves...

Troisième partie

LE CINOCHE

1930-1935

« Entre les rangées d'arbres de l'avenue
des Gobelins
Une statue de marbre me conduit par la
main
Aujourd'hui, c'est dimanche, les cinémas
sont pleins. »
Jacques Prévert, *Dimanche.*

« Ce n'est pas triste, la tragédie, malgré
toutes ses horreurs, c'est apaisant...
C'est au cinéma qu'on pleure. »
Jean Anouilh, *Tu étais si gentil quand tu
étais petit.*

Chapitre 1

LE BOULEVARD DU CRIME

« Ceci tuera cela »

Une fois assuré le règne du parlant, le premier des trois débats qui a marqué son apparition est clos. Oui, le cinéma sonore, musical et parlant est viable. C'est le cinéma muet qui disparaît. Deux thèmes de polémique demeurent ouverts : le parlant va-t-il tuer le spectacle vivant en lui volant son répertoire et son public ? Le théâtre va-t-il tuer le cinéma en le contaminant de telle sorte que la parole phagocyte l'image ? Le bilan de ce double défi reste aujourd'hui encore difficile à établir. Si l'on sait qu'aucun cadavre n'a finalement jonché le champ de bataille, bien des cicatrices sont encore visibles...

Le théâtre n'a pas littéralement tué le cinéma mais, en l'infiltrant, l'a transformé. Le parlant a tué un certain cinéma, le plus ambitieux, le plus exigeant, celui qui, de Delluc à Clair, de Gance à Epstein, tentait d'inventer un art autonome de l'image animée, où la forme et le rythme des images fourniraient à la fois le sens et la beauté. Durant les quelque années que nous examinons ici, le verbe, pour l'essentiel, va relayer l'image dans cette mission. C'est peu à peu que s'inventent les moyens d'un nouvel art composite où image, parole et son mêlés accéderont à une nouvelle dimension esthétique. Pour l'heure, la parole, les mots assument le rôle principal, leur rôle traditionnel de raconteur d'histoire, institué par des siècles de théâtre et de roman. Enrichie de cet envahissant allié, l'image se repose sur lui du soin de dire et de briller, et l'intrigue retrouve les sentiers connus du récit. Enfin, et surtout, la parole et le son donnent au cinéma un nouveau réalisme, alors que le silence poussait naturellement vers le symbolique, annonciateur du poétique et du fantastique. Dans son étude sur l'évolution du langage cinématographique [1], Noël Burch est fondé à saluer l'instauration du parlant comme « l'apothéose de l'impulsion vers la représentation analogique ». Il peut

---

1. *La Lucarne de l'infini*, Nathan, 1990.

déplorer la disparition du dernier grand art narratif occidental populaire, « le cinéma muet, sorte de spectacle lyrique où la voix figure en tant que gestuelle, la parole en tant que graphie ».

C'est cette déperdition, cet abandon que quelques grands enthousiastes du parlant décideront d'ignorer. Ce fut le cas de Marcel Pagnol qui, lui, du moins, apporta une contribution éminente à la maturation de l'art nouveau.

S'il n'y a pas mort, il y a mue du cinéma sous l'effet de cette révolution. De même, le spectacle vivant va survivre au parlant, en dépit des Cassandres de tout poil qui annonçaient à grands cris la désertification des théâtres. (« Dans un an, tous les théâtres de la capitale auront fermé leurs portes », écrit Pagnol en 1932.) Mais à chaque grande innovation n'a-t-on pas toujours prophétisé : « Ceci tuera cela » ? Finalement, même s'il envahit les écrans, le vaudeville résistera aussi bien au film que l'Eglise catholique à l'imprimerie de Gutenberg. Mais, là aussi, une mutation s'instaure. C'est l'aboutissement de plusieurs batailles.

Par exemple, la bataille géographique et immobilière pour accueillir un nouveau public. Déjà, le cinéma muet avait volé au théâtre quelques emplacements traditionnels de spectacles. Derniers en date, à Paris en 1927, le Paramount Palace, à deux pas du Grand Café où le cinématographe Lumière débuta en 1895, a remplacé le célèbre théâtre du Vaudeville ; et, en 1928, l'étudiant en médecine Jean-Paul Mauclaire a racheté le cabaret de chansonniers la Pétaudière pour en faire le Studio 28. Pendant les quatre premières années du parlant (1930-1933), une vingtaine de nouveaux cinémas se créent à Paris, dont cinq au moins prennent la place de music-halls ou de caf'conc' et six la place de théâtres.

Changement d'enseignes

A travers l'histoire de certaines salles qui existent encore aujourd'hui, on peut suivre l'évolution des modes et des types dominants de loisirs. Survivant, comme cinéma porno, l'Amsterdam-Pigalle fut d'abord une brasserie de la rue des Martyrs avant de devenir, en 1883, un caf'conc' fort leste où s'illustra Yvette Guilbert : le Divan Japonais, où naquit, la même année que le cinéma, le strip-tease. Devenu vers 1900 le théâtre de la Comédie Mondaine, la salle se transforme en 1932 en cinéma, la Nouvelle Comédie, spécialisée dans le film polisson... L'Elysée-Gaumont fut créé rue Quentin-Bauchart, sur l'emplacement d'un théâtre, en 1931, puis devint un music-hall avant de redevenir le cinéma le Biarritz et de s'agrandir en occupant l'espace du bal populaire Mimi Pinson. L'actuel Brooklyn, fondé en 1907 (le Palace), devint en 1924 le music-hall Boulevardia avant de redevenir un cinéma en 1933. Les cinq salles actuelles du Scala occupent l'espace d'une guinguette créée au XVIIIᵉ siècle, l'auberge du Cheval Blanc, remplacée en 1874 par le caf'conc' Scala, premier grand music-hall parisien, qui fera plusieurs aller retour entre le vaudeville et la chanson avant de passer au cinéma en 1931, de faire faillite en 1935 et de rouvrir en 1936. Le Mistral a remplacé en 1932 le théâtre des Fantaisies de Montrouge, où l'on donnait alternativement des opérettes, des vaudevilles, du music-hall et des séances de cinéma. L'actuelle Fauvette, aux Gobelins, fut d'abord le Bal du Siècle puis le caf'conc' Gaîté des Gobelins, avant qu'Ernest Pacra n'y crée la Fauvette, premier des Concerts Pacra. La République remplaça un cirque en 1912 pour devenir un cinéma, mais en 1922, se transforma en Temple Concert, avant de retrouver le cinéma en 1930 sous le nom de Templia.

Ce bref catalogue de transferts d'activités est révélateur de la portée la plus notable et la plus ignorée de l'avènement du parlant. Le cinéma muet était une nouvelle forme de spectacle qui venait prendre sa place sur le Boulevard du Crime, à côté du théâtre, du cirque, du caf'conc', du mime et du cabaret.

Le cinéma parlant hérite d'une partie des artifices, des séductions, de la magie des autres moyens d'expression, et notamment des deux plus populaires, le théâtre et la chanson. Il ne les concurrence pas : il tend à se substituer à eux. Il ne complète pas le Boulevard du Crime, il le déplace. Symbole de ce passage de témoin, le théâtre des Variétés, temple de la comédie légère et de la revue, où furent créés *L'Habit vert, Ciboulette, Topaze*, où Rip donne chaque année sa « Revue des Variétés », où Max Dearly, Raimu, André Lefaur, Harry Baur, Spinelly, Elvire Popesco, Victor Francen et Dalio, Albert Brasseur (puis son fils Pierre) ont créé les de Flers et Caillavet, les Berr et Verneuil, dont s'empare maintenant le cinéma, le théâtre des Variétés voit son répertoire naturel passer à l'ennemi. Il lui faut trouver autre chose. A partir de 1936, il se consacre à l'opérette marseillaise. Avec *Un de la Canebière, Les Gangsters du château d'If, Le Roi des galéjeurs*, Scotto efface le souvenir d'Offenbach. Une page est tournée.

Critiques et historiens s'étonnent, et souvent s'indignent, de voir la production des premières années du parlant submergée par le vaudeville et la chansonnette. Mais c'est que la nouvelle technique permettait au cinéma de s'acoquiner avec les distractions qui constituaient les bases mêmes de la culture populaire. Il retrouvait une légitimité du côté de Courteline et de l'opérette. Jouvet, qui s'intéressait peu au cinéma, fut épaté par *Le Million* de René Clair et déclara à ses amis : « René vient de nous prouver qu'au cinoche on peut faire aussi de la poésie et de la fantaisie. » Le mot important, ici, c'est « cinoche », qui est en effet la première forme originale du cinéma parlant. Nous reviendrons sur ce « cinoche ». Restons pour le moment avec Louis Jouvet, ou plus précisément avec le combat-étreinte qui oppose et associe cinéma et théâtre dans cette phase de notre histoire.

Vitalité du théâtre

Cette rencontre lie deux adversaires-partenaires aux statuts fort différents. En dépit de ses triomphes, le cinéma reste marqué par ses origines foraines. Populaire, il demeure une activité de saltimbanques. Le théâtre, lui, continue d'exercer une forte attraction populaire, mais il détient également un éclat mondain et un prestige intellectuel. Les grandes premières font l'objet de comptes rendus dans les journaux où la rubrique théâtrale tient une place enviée, auteurs et acteurs en vogue sont les têtes d'affiche de la vie parisienne, on prête aux plus jolies vedettes des liaisons peu discrètes avec ministres, têtes couronnées et banquiers.

Une pléiade d'auteurs ont conquis, pendant ce premier tiers de siècle, leur place sur les planches. Certains d'entre eux dirigent des théâtres, comme Bernstein (Gymnase, puis Ambassadeurs), Sacha Guitry (Edouard VII, puis la Madeleine avec André Brulé et Robert Trébor), Jean de Létraz (Palais-Royal, avec Robert Trébor). Des troupes ou des écoles se regroupent auprès d'animateurs qui, dans le sillage d'Antoine, de Gémier, de Copeau, redorent le blason du théâtre français. Ce sont au premier chef les quatre « patrons » qui se sont unis, en 1927, dans le Cartel, Georges Pitoëff, Gaston Baty, Charles Dullin et Louis Jouvet, sans oublier le tandem Marcel Herrand-Jean Marchat qui donnera sa chance à tant de comédiens, ou bien le grand directeur que fut Jacques Hébertot. Auteurs, animateurs, metteurs en scène, éducateurs, décorateurs, éclairagistes (on n'employait pas encore le mot, mais la technique des lumières se raffine) : le théâtre bouge, invente, excite. Certes le roman, la littérature demeurent le mode d'expression le plus valorisé. Mais pour les écrivains, le théâtre devient une tentation, une expérience à risquer, une consécration à conquérir. Un exemple. Dans les deux théâtres qu'il dirige à ce moment-là (Comédie des Champs-Elysées et Pigalle), Louis Jouvet va monter durant les huit mois qui vont de mai à décembre 1931 : *L'Eau fraîche* de Drieu La Rochelle, *Un taciturne* de Roger Martin du Gard, *Judith* de Jean Giraudoux, *Le Roi masqué* de Jules Romains. C'est-à-dire des pièces de quatre des plus grands écrivains de l'époque. Pendant les années trente, on jouera des pièces de Colette, Giono, Cocteau, Morand, Mauriac, Claudel, Gide, Montherlant, Aymé, Céline,

Romain Rolland et bien d'autres encore qui témoignent du prestige de la scène, même si, le plus souvent, les meilleurs spectacles auront été écrits par Achard, Pagnol, Guitry, Bourdet, Salacrou, Vitrac, Bernstein, Verneuil, Mirande, c'est-à-dire les professionnels de la profession. Il convient de planter ainsi brièvement le décor pour comprendre que même si le monde du théâtre redoute de voir le public déserter ses salles pour les films parlants, il n'affronte pas le cinéma avec un complexe d'infériorité. Les plus ambitieux savent qu'ils représentent un art en pleine vitalité, en train d'affiner ses techniques et sa capacité d'expression. Les plus populaires comprennent vite que le cinéma va faire appel à eux, a besoin d'eux. Des conflits s'élèveront, mais pour l'essentiel, c'est un système d'échanges intensifs qui va s'établir.

Des comédiens déchirés

Deux exemples de ces conflits localisés. La disponibilité des comédiens, d'abord. Le cinéma muet utilisait une proportion notable d'acteurs qui n'avaient aucune carrière théâtrale. Désormais, les deux carrières vont se mêler, et les studios vont recruter dans les coulisses des théâtres et des music-halls. Cela ne fait pas l'affaire de tous les directeurs. Certains, pour des raisons pratiques. Une pièce se gère à l'estime. Tandis qu'on en joue une, on en prépare une autre. Quand les recettes baissent, on change d'affiche le plus vite possible : que se passe-t-il si votre acteur vedette est parti un mois à Berlin pour tourner un de ces films en double ou triple version qui se multiplient durant les premières années du parlant ? Il faut peu à peu instaurer un autre rapport aux comédiens, un nouveau type de contrat.

D'autres refusent de voir « leurs » comédiens se partager entre théâtre et cinéma. Parce que ce sont deux médias différents qui impliquent des techniques dramatiques, des « jeux » différents. Parce qu'il est trop fatigant, déconcertant, démobilisant, contraire à la noblesse du théâtre et au respect qu'on lui doit, de se partager, la journée devant les caméras, la soirée sur les planches. Le règlement de la Comédie-Française accorde chichement le droit à trois interventions filmées dans l'année et le nombre de jours disponibles est strictement comptabilisé. Marie Bell aura les pires ennuis avec sa direction, pour avoir dissimulé des pans entiers de sa double et prolifique carrière. Edwige Feuillère débute au cinéma sous le pseudonyme de Cora Lynn, car le cinéma lui est interdit tant qu'elle est encore au Conservatoire, puis elle abandonne la Comédie-Française pour mener librement sa carrière cinématographique. C'est après avoir montré à l'écran, outre sa sculpturale académie, des dons de comique loufoque et de tragédienne, qu'elle se révélera au théâtre l'irremplaçable interprète de Giraudoux, Cocteau et Claudel.

Autre approche, moins réglementaire mais plus possessive : Henry Bernstein interdit par contrat aux interprètes engagés pour sa prochaine pièce de tourner un film tant que sa pièce est à l'affiche (et beaucoup y restent un an, ou davantage). Jean-Pierre Aumont raconte [1] comment il signa un tel engagement en 1935 pour *Cœur*, pièce qui n'était pas encore écrite, et qui, créée en 1936, ne lui réservait qu'un rôle infime. Ces précautions prises par Bernstein pour maintenir à son profit le total engagement de ses acteurs n'étaient pas sans inconvénient pour le cinéma, si l'on songe que les distributions des pièces de Bernstein étaient plus somptueuses que les génériques d'aucun film. Pour *Le Bonheur* par exemple (un anarchiste se livrant à un attentat contre une sorte de Greta Garbo), créé en avril 1933, on trouvait réunis à l'affiche Yvonne Printemps, Charles Boyer, Michel Simon et Paulette Dubost. Bernstein avait contribué à lancer Michel Simon en lui offrant un rôle en or dans *Jour* en décembre 1929, quelques mois après le triomphe du même Simon dans *Jean de la Lune* de Marcel Achard, monté par Louis Jouvet. Mais il avait profité de cette occasion pour tenter de convaincre Michel Simon (heureusement en vain) de renoncer définitivement au cinéma. Cette pièce, *Jour*, Bernstein en interrompt les représentations en mai 1930. Son succès pourtant ne s'épuise pas. Mais il se fâche avec Gaby Morlay (autre interprète avec Pierre Blanchar et Maurice Dorléac, futur père de Catherine Deneuve et Françoise Dorléac), parce que celle-ci va tourner *Faubourg Montmartre* et qu'il prétend le lui interdire.

Il ne s'agit guère là que d'incidents de frontières entre deux contrées voisines. On sait comment se terminera l'hostilité déclarée de Sacha Guitry : par une créativité également répartie entre les deux territoires. Henry Bernstein, qui règne sur le drame psychologique aussi souverainement que Guitry sur la comédie, manifeste, nous venons de le voir, sa répugnance à voir ses interprètes le « tromper » avec d'autres maîtres : en tant qu'auteur, ce sont ses personnages ; en tant que patron de droit divin, ce sont ses esclaves.

Le cas Henry Bernstein et le statut d'auteur

Un adversaire du cinéma, Henry Bernstein ? Ce n'est pas si simple. Son cas mérite d'être examiné de plus près : on y trouve un bon catalogue des diverses attitudes adoptées par les gens de théâtre à l'égard du cinéma.

1. Dans *Souvenirs provisoires*, Julliard, 1957.

Intelligent, brillant, cultivé, Bernstein connaît vraiment le cinéma comme spectateur. Grand admirateur de Murnau, et notamment de *L'Aurore*, il prend contact avec le cinéaste allemand et son scénariste Carl Meyer et leur annonce son intention d'écrire pour eux deux textes spécialement conçus pour le cinéma. En décembre 1931, il dépose à la Société des auteurs *Les Vieux Joujoux*, scénario de film parlant, fortement marqué par l'expressionnisme, qui se déroule en Allemagne de 1914 à 1920, destiné à Michel Simon pour l'interprétation et (semble-t-il) à Murnau pour la réalisation. Au même moment, il annonce qu'il écrit un autre film, *La Fameuse Janine Lacroix* (rôle destiné à Marie Bell), qu'il mettra lui-même en scène après trois semaines de répétitions dans son théâtre du Gymnase. Premier tour de manivelle prévu pour le 15 mai 1932. Plus tard, le projet de film change de titre, s'adjoint Pierre Richard-Willm, voit son tournage retardé, puis Bernstein renonce à la mise en scène. Genina lui succède... mais le film est tout simplement annulé. Fin de l'histoire ? Pas du tout. Le 29 avril 1934, Henry Bernstein lit dans *Le Jour* la critique du *Grand Jeu*, film de Jacques Feyder avec Marie Bell et Pierre Richard-Willm, croit reconnaître son scénario (et à coup sûr, ses interprètes) et porte plainte devant la Société des auteurs dont l'arbitrage lui sera défavorable : si Feyder a bien eu connaissance de son texte (comme il l'a reconnu tout de suite, se contentant d'ajouter qu'il ne s'en était pas servi parce qu'il était mauvais), les emprunts au *Grand Jeu* sont considérés comme insignifiants et ne peuvent être assimilés à un plagiat. Entre-temps, Bernstein avait soutenu deux procès pour faire saisir puis condamner la version de sa pièce *Mélo*, tournée en Allemagne par Paul Czinner en 1932. Les deux fois, il avait été débouté, les juges ayant constaté qu'il avait cédé par contrat tous les droits d'adaptation de sa pièce, sans aucune limitation.

En 1938, Bernstein, qui avait cédé également les droits de sa pièce *Le Venin* (créée en 1927), rejeta le film adapté par Marcel Achard et mis en scène par Marc Allégret, demanda et obtint qu'on retire son nom du générique et que le film n'utilise pas le titre de sa pièce. Il avait raison car le cinéma l'avait trahi. Mais il avait tort car Marcel Achard avait écrit un très bon scénario et *Orage* (nouveau titre de *Venin*) demeure un film très estimable. Au total, trente-deux films ont été adaptés des pièces de Henry Bernstein, dont seize au temps du muet, et six du seul *Mélo* (dernier en date, celui d'Alain Resnais en 1986). On peut déceler à travers ce parcours tumultueux les contradictions vécues par l'auteur dramatique dans ses relations avec le cinéma : méfiance de son emprise sur les comédiens, séduction du pactole de la vente des droits, tentation d'expérimenter un autre instrument d'expression dramatique, sentiment de frustration et de trahison devant l'adaptation de ses pièces qu'on a été heureux (ou obligé) de monnayer. Contradiction que Bernstein exprimait par cet aveu désabusé au critique André

Lang : « On nous demande nos pièces pour les adapter. Nous les donnons parce que nous ne refusons pas un bénéfice matériel, mais n'est-ce pas un non-sens absolu ? » Et il ajoutait : « Le cinéma, art de suggestion et de traduction, a failli à sa tâche. » « Art de traduction » : c'est ainsi que Pagnol et bien d'autres auteurs dramatiques voyaient le cinéma, lui déniant le statut d'art autonome, et refusant donc à ses réalisateurs le statut d'auteur. En 1924, Henry Bernstein avait été le principal procureur contre la demande d'admission des cinéastes à la Société des auteurs. Comment pourrait-elle accueillir « les manuels, les exécutants, les metteurs en scène ? Qu'on accueille les écrivains de cinéma ou cinégraphistes, mais pas les réalisateurs : n'admettez pas des gens qui n'exercent pas la même profession que des auteurs ! ». Un cinéaste restait pour lui un « tourneur de manivelle », mais les esprits allaient vite évoluer, et les réalisateurs de films furent admis à la Société des auteurs... au moment de l'explosion du parlant. Bernstein fut indirectement mêlé à l'évolution du droit en la matière. Quand il tourna une adaptation de la pièce de Bernstein, *Le Bonheur* (1935), L'Herbier fut blessé sur le plateau de tournage et obtint d'un tribunal des indemnités non pas au titre de *technicien*, mais en tant qu'*auteur*. Cet arrêt établit une nouvelle jurisprudence. La reconnaissance du réalisateur comme auteur de film s'est, depuis, généralisée en France.

Le cas Louis Jouvet

Le Bonheur introduisait dans le répertoire dramatique un nouveau personnage. La vedette de cinéma. En cette période d'installation du cinéma parlant si proche du théâtre, il y eut ainsi quelques aller et retour inattendus cinéma-théâtre. Louis Jouvet, par exemple, monta deux spectacles de ce type. Lorsque Philippe de Rothschild ouvre, en octobre 1929, un théâtre Pigalle, disposant des technologies les plus modernes, Antoine et Baty, metteurs en scène en titre, échouent et cèdent la place, en juin 1930, à Jouvet qui marque son arrivée par un spectacle impliquant une énorme machinerie. Or ce *Donogo-Tonka* est, à l'origine, un scénario écrit par Jules Romains en 1919 qui n'a jamais trouvé de producteur. A ce scénario, Jules Romains emprunte d'abord un personnage, M. Le Trouhadec, héros de deux de ses comédies montées en 1923 et 1925 (*M. Le Trouhadec saisi par la débauche* et *M. Le Trouhadec se marie*), puis finalement, il en tire une pièce à multiples changements de décors qui tombe à pic pour l'ultramoderne théâtre Pigalle. En 1936, la U.F.A. achètera non pas les droits du scénario, mais ceux de la pièce, pour en adapter un film, tourné à Berlin par Reinhold Schünzel (version française dirigée par Henri Chomette et supervisée par Raoul Ploquin).

Plus tard, en 1938, Jouvet montera une pièce de Marcel Achard, *Le Pirate*, qui raconte simultanément une histoire de pirates au xviiie siècle et le tournage d'un film sur cette histoire dans le Hollywood contemporain. Pièce brillante, saluée par un véritable triomphe, *Le Pirate* devait naturellement passer au cinéma. Mais, entre-temps, Jouvet s'était fâché avec Achard et il fut remplacé, dans le rôle principal, par Charles Boyer. La totalité des scènes d'intérieur étaient réalisées — par Marc Allégret — lorsqu'en septembre 1939, la guerre interrompit le tournage qui ne fut jamais repris.

La relation cinéma-théâtre, telle que la vit Jouvet, est pour le reste assez simple. Sa vie, c'est le théâtre, l'artisanat modeste et passionné, l'« affection ouvrière » qui le lie à sa troupe et à ses auteurs. Le cinéma, c'est pour lui un formidable instrument de divertissement populaire, dont l'existence doit être prise en compte, mais où il n'interviendra que pour « faire l'acteur », parfois pour répondre à la sollicitation d'un ami, mais surtout pour alimenter la caisse de son théâtre. Ce n'est qu'en 1935, c'est-à-dire après un long moment d'hésitation, qu'il se lancera dans cette seconde carrière, mais cette fois avec résolution : de 1937 à 1939, il tournera dans quinze films ! Avant cet engagement, deux expériences avaient ouvert et clos l'hypothèse d'une carrière à cheval sur le théâtre et le cinéma. En 1933, il accepte, sur l'insistance de Marcel Pagnol, de remplacer André Lefaur, créateur du rôle, dans l'adaptation de *Topaze* que doit tourner Louis Gasnier pour la Paramount. Il a quarante-six ans, cela fait vingt-cinq ans qu'il est comédien, dix ans qu'il est l'un des chefs de file du théâtre français ; il n'a pourtant jamais mis les pieds dans un studio de cinéma et décide de s'initier modestement à la nouvelle machine parlante. Mais simultanément naît un projet plus ambitieux. Avec le concours de Jules Romains et de Georges Neveux (ancien secrétaire de Jouvet, remplacé depuis deux ans par Jean Anouilh), Louis Jouvet adapte pour le cinéma *Knock*, la pièce fétiche qu'il a créée en 1923, qu'il reprend chaque fois que son théâtre est en perdition, et qui lui a offert son rôle le plus célèbre. Jouvet a choisi les interprètes, joue Knock et dirige les comédiens, assisté d'un technicien, le réalisateur Roger Goupillières. Dans son adaptation, Jouvet a veillé à étoffer le petit rôle de Mariette qu'il a confié à une jeune comédienne qu'il connaît à peine : Madeleine Ozeray. C'est le début d'un compagnonnage professionnel et sentimental de dix ans qui donnera une interprète exceptionnelle à *La guerre de Troie n'aura pas lieu*, *L'Ecole des femmes* et *Ondine*. Après *Topaze* et *Knock*, prolongements cinématographiques de sa vie au théâtre, Jouvet ne mélangera jamais plus les deux carrières. Il n'est pas indifférent que ce soit justement en 1935 que Jouvet devienne « acteur de cinéma » (avec *La Kermesse héroïque*) : c'est le moment où le parlant a terminé son apprentissage, institutionnalisé son statut, normalisé ses relations avec le théâtre.

Bernstein et Jouvet incarnent deux des pouvoirs dominants du théâtre de l'époque. Ils n'ignorent rien du cinéma, mais ils gardent leurs distances.

Ce n'est pas le cas de la grande majorité. Le vent est, au contraire, à la « collaboration ». L'argent y est pour beaucoup. Bien des auteurs de pièces de boulevard ou de vaudevilles sont d'extraordinaires pisse-copie. Certains d'entre eux ont en magasin vingt, cinquante pièces, cent pièces, et ils peuvent écrire un scénario nouveau dans la semaine. A son installation en France en 1931, la Paramount a mis la main, à prix d'or, sur une dizaine d'auteurs à succès : Yves Mirande assure avoir touché un salaire de 100 000 francs par mois (270 000 francs 1990). Cette prodigalité était exceptionnelle, mais la cession des droits fut, pendant cinq ans, un négoce très actif. C'est qu'une pièce résolvait le nouveau problème du cinéma : elle fournissait une intrigue, des personnages, mais surtout des dialogues. Peu à peu, le recours aux auteurs dramatiques pour adapter leurs pièces ou pour dialoguer des scénarios d'autre origine va se ralentir au fur et à mesure que se développe une nouvelle catégorie de collaborateurs de création : les scénaristes et dialoguistes professionnels.

Adaptations de pièces

Dans les premiers temps du parlant, l'attraction du cinéma pour les pièces de théâtre est manifeste. Il convient toutefois de marquer les limites du phénomène. On a toujours évoqué cette ruée vers le théâtre comme une innovation déclenchée par le parlant. C'était ignorer que le cinéma muet adaptait déjà des pièces de théâtre. Sur 1 055 films français de fiction tournés de 1919 à 1929 [1], environ 130 adaptent une pièce de théâtre, soit 12 %. Mais cette proportion est plus faible au début de la décennie et augmente au fil des années, comme si les mots poussaient à la porte et revendiquaient... de prendre la parole. Pendant les trois années qui précèdent l'avènement du parlant (1926-1928), 49 films sur 236 tournés adaptent des pièces, soit une moyenne de 20 %. Pendant les cinq années qui suivirent l'avènement du parlant (de 1930 à 1934 inclus), environ 260 films sur 687 tournés viennent du théâtre, soit 37 %. C'est l'année 1933 qui marque le sommet de la courbe, avec 67 adaptations pour 154 films, après quoi elle redescend. Durant toute cette période, les scénarios originaux égaleront à peu près en nombre les adaptations théâtrales, les films tirés de romans ou textes d'origines diverses. Schématiquement, on peut dire que le

1. Nous renvoyons au *Catalogue des films de fiction 1919-1929*, établi par Raymond Chirat et Roger Icart et édité par la Cinémathèque de Toulouse.

cinéma de fiction a emprunté, dans un premier temps, jusqu'à 10 % de ses sujets au théâtre, qu'il a doublé cette proportion dans les dernières années du muet, et qu'il a, à nouveau, doublé cette proportion dans les premières années du parlant. Ensuite, c'est la décrue. Le théâtre cesse d'être le réservoir de secours d'une machine en panne sèche de répliques pour redevenir un fournisseur naturel, parmi d'autres, de scénarios : les dialoguistes de cinéma s'installent à leur machine à écrire. C'est le moment où va s'amorcer au théâtre une crise d'auteurs. Seul maître après Dieu au début du siècle, l'auteur est peu à peu supplanté par le metteur en scène. Le cinéma a sa part dans cette évolution. Il a déjà tendance, dans sa hiérarchie professionnelle, à donner la priorité au faiseur d'images sur l'auteur de mots. Par ailleurs, il détourne de la scène bien des auteurs potentiels : si le parlant n'avait pas existé, nul doute qu'on aurait vu souvent à l'affiche des théâtres les noms de Jeanson et d'Audiard, d'Aurenche et de Bost, de Nina Companeez et de Danièle Thompson, de Jean-Claude Carrière et de Jean-Loup Dabadie, d'Eric Rohmer et de Michel Deville, de Francis Veber et de Gérard Oury. Devenu un art maîtrisé de l'image parlante, le cinéma a certainement arraché au théâtre une cohorte d'auteurs qui lui étaient destinés. A commencer, dès ces années trente, par le cas le plus célèbre, celui de Marcel Pagnol qui, nous l'avons vu, n'a jamais cumulé les deux activités : avec l'ardeur d'un nouveau converti, il est passé avec armes et bagages de la scène à l'écran.

Bizarrement, dans le recours aux auteurs de théâtre, le cinéma répugne à exploiter cette mine de diamants : le répertoire. L'exploitation par le cinéma en demeure infime. Une seule adaptation de Molière entre 1929 et 1939, aucune de Beaumarchais, Marivaux, Musset, Hugo ; même Dumas est ignoré, qu'il s'agisse du père ou du fils. Pour le cinéma, il semble que le théâtre commence vers la fin du XIXᵉ siècle. Les cadavres qui l'attirent sont encore chauds : Henry Bataille, mort en 1922, et Georges Feydeau, mort en 1921, de Flers, mort en 1927 ou Courteline, mort en 1929 avec quelque 175 pièces derrière lui. C'est vers ces quatre disparus que le cinéma se tourne de préférence quand il s'adresse au répertoire. Mais c'est avec les auteurs vivants que le cinéma fait surtout affaire, en privilégiant, bien entendu, les auteurs à succès, et parmi eux, très largement, le comique. Henry Bernstein, Henry-René Lenormand, Léopold Marchand sont à peu près les seuls auteurs « sérieux », tournés vers le drame ou la psychologie, qui trouvent preneur. Pour le reste, la comédie de boulevard et le vaudeville triomphent, même si ce répertoire inclut des pièces de Guitry, de Tristan Bernard, de Marcel Achard, ou de Marcel Pagnol, dont ni la psychologie ni l'émotion ne sont absentes. Mais aux génériques des films, ces noms-là sont battus — quantitativement en tout cas — par d'infatigables artisans du rire qui ont pour nom Armont et Gerbidon (*Coiffeur pour dames*), Roger Ferdinand (*Trois pour cent, Un homme*

en or), Félix Gandera (*Le Coucher de la mariée, Les Deux « Monsieur »
de Madame*), André Birabeau (*La Fleur d'oranger*), Pierre Veber (*Vous
n'avez rien à déclarer, Et moi j'te dis qu'elle t'a fait de l'œil*). Ce prolifique Pierre Veber mérite le détour. Il eut quatre pièces adaptées à
l'écran du temps du muet et neuf entre 1931 et 1938. Parfois, l'adaptation de ces pièces est signée de Pierre-Gilles Veber, romancier et
scénariste (notamment de *L'homme qui vendit son âme au diable*,
tourné en 1920 par Pierre Caron, avec Charles Dullin, et en 1943 par
J.-P. Paulin, avec Palau), et coadaptateur de plusieurs films avec Henri-Georges Clouzot. Pierre et Pierre-Gilles Veber sont respectivement
le grand-père et le père du scénariste et cinéaste Francis Veber, qui se
trouve être, par les femmes, le petit-neveu de Tristan Bernard...

La plupart des noms énumérés ici sont des inconnus aujourd'hui. Ils
faisaient courir le Tout-Paris dans les années vingt et trente. Manquent
trois personnages qui ont brillamment tenu leur rang dans la course à
l'écran. André Mouézy-Eon (quatorze adaptations entre 1930 et 1934)
fit une entrée en fanfare dans le cinéma parlant (il sévissait bien avant)
en proposant en 1930 *Le Tampon du Capiston*, adaptation de son
opérette militaire *Mam'zelle Culot*, déclencha un remake parlant de
son *Tire-au-flanc* qu'avait déjà tourné Renoir en 1928 et adapta allégrement outre ses pièces, Alphonse Allais et Georges de La Fouchardière. Il n'est pas indispensable de s'attarder sur *Bibi la Purée*, ou sur
Ah, quelle gare !, tiré de sa pièce *Il est cocu le chef de gare*. Nous
sommes là dans la vulgarité du vaudeville dégradé, qui fait florès dans
les tournées de théâtreux.

Louis Verneuil, Yves Mirande, Fernand Rivers

Louis Verneuil et Yves Mirande sont d'une tout autre dimension.
L'un et l'autre sont les lointains successeurs d'Eugène Scribe, dont
l'atelier produisit quelque trois cent cinquante drames, comédies et
livrets d'opéra, et qui donna ses lettres de noblesse au vaudeville en en
faisant une comédie de mœurs. C'est dans ce sillage, quantitatif et
qualitatif, que s'inscrivent nos deux auteurs. Louis Colin du Bocage,
dit Louis Verneuil (1893-1952), n'avait pas vingt ans quand il débuta
comme parolier pour les revues du Moulin Rouge. Auteur déjà à la
mode, il écrit des pièces qui lancèrent la jeune Gaby Morlay et c'est lui
qui a l'idée, en 1923, de faire venir de Roumanie l'actrice Elvire
Popesco pour interpréter sa comédie *Ma cousine de Varsovie* (il écrivit
dix pièces pour elle, dont la plupart furent des triomphes). Engagé très
tôt par Charles Pathé pour écrire pour le cinéma (*Il n'y a plus
d'enfants*, 1918), il intervint dans quinze films durant les quatre pre-

mières années du parlant (vingt-cinq films entre 1930 et 1939), soit pour adapter ses propres pièces (souvent écrites en collaboration avec Georges Berr, ancien sociétaire de la Comédie-Française, oncle de Jean-Pierre Aumont), soit pour adapter des pièces de ses confrères, par exemple *Le Roi* et *L'Habit vert* de De Flers et Caillavet, soit encore pour des scénarios originaux. Par exemple, le très intéressant *Dora Nelson* qui met en scène une star remplacée dans un film par une débutante qui lui ressemble, film qui reprenait le recours à la double voix pour la même comédienne (en l'occurrence Elvire Popesco), procédé utilisé l'année précédente par Jacques Feyder dans *Le Grand Jeu*. Les comédies de Verneuil séduisent par leur merveilleuse adaptation aux comédiens, leur attention aux personnages, leur décontraction. Mais sous la drôlerie se manifeste une causticité certaine. Anodins en apparence, nombre de ses sujets reposaient sur une critique sociale assez aiguë : *Mon Crime*, contre l'indulgence aux crimes passionnels ; *Sa meilleure cliente*, contre les cures de rajeunissement ; *La Banque Nemo*, contre les scandales financiers ; *L'Ecole des contribuables*, contre les fonctionnaires ; *Maître Balbec et son mari*, contre le droit au travail de la femme.

Poursuivi par le succès, Verneuil fut souvent comparé à son ami Feydeau dont il n'avait pas le génie mécanique, mais dont il partageait l'amertume. Il épousa la fille de Feydeau et, en 1939, partit avec elle pour New York où elle se suicida. Rentré en 1952 dans une France qu'il ne reconnaissait plus, il prit une chambre à l'hôtel Terminus de la gare Saint-Lazare où Feydeau avait vécu et s'était suicidé, et se suicida à son tour.

D'Anatole Le Querrec, dit Yves Mirande (1875-1957), on peut dire beaucoup de choses qui s'appliquaient déjà à Verneuil, et par exemple qu'à leur manière, mondaine et parfois complaisante pour leur univers, ils furent les héritiers de Feydeau. Mirande intervint sur quinze films les quatre premières années du parlant, sur huit films dans la seule année 1935, sur cinquante films entre 1930 et 1939, souvent, il est vrai, en collaboration. C'est une adaptation de Mirande, *Un trou dans le mur*, qui inaugure la production de la Paramount à Paris en 1931. Mirande venait de travailler deux ans à Hollywood sur les versions françaises des films de la M.G.M. (dont trois tournées par Feyder). Son premier triomphe dans le cinéma parlant fut son adaptation du *Chasseur de chez Maxim's* (1932), l'une des vingt pièces écrites avec Gustave Quinson qui fut un grand directeur du théâtre du Palais-Royal. Déjà adaptée en 1927, la pièce le fut à nouveau en 1939, toujours par Yves Mirande. Mais il a surtout écrit des scénarios originaux, parfois simplement taillés sur mesure pour Tino Rossi ou Fernandel et d'autres, où il se souvient de ses débuts comme journaliste à *L'Aurore* dreyfusard de Clemenceau, et où il jette sur la vie sociale qu'il partageait un regard lucide et désenchanté. Sa trilogie de l'immédiat avant-guerre (*Café de Paris, Derrière la façade, Paris-New York*), pour laquelle il a participé à la réalisation, atteint une force dramatique et critique inattendue chez un vaudevilliste. Déjà, en 1936, *Baccara* et *A nous deux, madame la vie* avaient haussé le ton et les exigences. Mais, comme souvent, parce qu'ils venaient d'un amuseur, ces films ne furent pas appréciés à leur vrai niveau.

L'imbrication théâtre-cinéma, pendant la période 1929-1935, avant que de nouvelles règles du jeu ne s'établissent, et que les nouvelles spécialisations ne compartimentent davantage les activités, était très poussée. Par exemple des auteurs et des acteurs, outre leur contribution au cinéma par leur travail, se décidèrent à partager les risques de la production de films, soit pour accroître leurs gains par une participation aux recettes, soit pour permettre que soit tourné un film auxquels ils étaient attachés. Ainsi les Films Michel Simon participent-ils à la production de *Boudu sauvé des eaux*, et les Films Gaby Morlay produisent-ils en 1934 deux films avec la vedette : *Jeanne* et *Nous ne sommes plus des enfants.* (En 1956, Georges Lacombe tournera *Mon coquin de père*, dans lequel le couple Gaby Morlay-Claude Dauphin évoquait les débuts de leurs amours, et il utilisa des séquences tournées avec ce même couple vingt-deux ans plus tôt pour *Nous ne sommes plus des enfants.*) Du côté des auteurs, Jacques Deval, Félix Gandera, Roger Ferdinand, entre autres, fondèrent leur maison de production qui disparut après 1935.

Le cas le plus pittoresque est peut-être celui de Fernand Rivers, né en 1879 ; il débuta au cinéma en 1902 comme figurant, devint une petite vedette comique sous le nom de Plouf, parcourut tous les emplois possibles sur les planches et dans les coulisses du music-hall et des théâtres, fut parolier de chansons, auteur de revues, bonimenteur de parade, comédien à tout faire, directeur de théâtre (la Renaissance, le théâtre Cluny, l'Ambigu), organisa des « secondes exclusivités » des pièces à succès en banlieue, jouant de temps en temps dans ses propres spectacles qu'il adaptait aux dimensions des scènes et de sa troupe. A partir de 1931, il s'associe avec un grand directeur de théâtre, Maurice Lehmann, pour faire de la production de films. Il engage Abel Gance, ce génie au chômage, pour tourner le vieux mélo de Georges Ohnet, *Le Maître de forges* (dont il assure l'adaptation), se fait descendre par la critique, et obtient un triomphe de plusieurs années. Nous l'avons vu accompagner Sacha Guitry pour ses débuts au cinéma. Comme producteur, ou comme réalisateur, il poursuit une carrière cinématographique sans talent original, mais fort avisée où le choix des sujets et des comédiens découle toujours de sa parfaite connaissance du monde du théâtre. Ironiquement, la carrière de ce saltimbanque sympathique se terminera par l'adaptation à l'écran d'une pièce de Jean-Paul Sartre, *Les Mains sales* (1951).

Ce genre de carrière ne constitue pas une exception dans le cinéma français : elle est représentative du climat, des pratiques de la profession ; c'est même ainsi que sont nés, dans cette première moitié des années trente, la grande majorité des films qui ont rempli les salles. Ce climat contribua aussi à l'éclosion de vrais talents : Clouzot, par exemple, fourbit la future perfection du *Corbeau* en adaptant des pièces de boulevard avec Pierre-Gilles Veber.

Chapitre 2

L'OPÉRA DU PAUVRE

> « Je chante,
> Je chante soir et matin
> Je chante sur mon chemin... »
> Charles Trenet, *Je chante.*

La chanson du film

On peut légitimement dater de mai 1930 la naissance d'un cinéma parlant français à ambition et cohérence artistiques, avec la sortie de *Sous les toits de Paris* de René Clair. Il faut saisir comme une coïncidence extraordinairement révélatrice le fait que ces premières images de l'art nouveau soient celles d'un chanteur des rues qui lance ses refrains sur le trottoir et vend les paroles à la foule attroupée. Ce chanteur des rues dont le cinéma, justement, allait prendre le relais, on le rencontre partout à l'époque. A ce moment précis, une môme de quinze ans commence à chanter dans les cours du côté de Montmartre : sa vie est plus noire que la plus noire des goualantes réalistes qu'elle chantera plus tard sur les plus grandes scènes du monde. Comme Edith Piaf, la chanson des rues va bientôt abandonner le trottoir, le cabaret et le caf' conc' pour conquérir une autre audience. Processus déjà engagé durant les années vingt grâce au développement de la radio et du disque, et auquel le nouveau cinéma va donner un puissant coup de pouce. Musique et chanson populaire renforceront pendant les années trente leur rôle, leur présence dans la mémoire affective du corps social.

En novembre 1993, le théâtre de la Huchette présente à dix-neuf heures la 11 600ᵉ séance de la soirée Ionesco, avec à l'affiche *La Cantatrice chauve* et *La Leçon*. La pérennité d'un tel programme étonne à juste titre. Elle est bien faible, pourtant, à côté de celle du spectacle de vingt et une heures trente, *Demandez la chanson du film*, où trois chanteurs des rues, à l'ancienne manière, font reprendre en chœur par un public qui ne se fait pas prier les chansons de vingt-cinq films, chansons signées Jacques Prévert ou Charles Trenet, Georges Van Parys ou Vincent Scotto, mais dont les paroles ont souvent pour auteur les metteurs en scène des films pour lesquels elles ont été écrites : Henri Decoin, Jean Boyer, Carlo Rim, Henri Colpi, René Clair, Julien Duvivier, Jean Renoir. A cinquante ou soixante ans de distance, c'est une époque entière qui resurgit, portée par ces airs qui en transmettent le parfum et la mémoire.

Films-opérettes, music-hall et cabaret

Evoquant l'imbrication cinéma-théâtre, nous n'avons traité que du théâtre parlé, très présent dans la culture grand public à travers le mélodrame, le vaudeville et la comédie de mœurs. Mais il faut étendre ce constat aux autres formes, si prospères à l'époque, du spectacle vivant : music-hall, cabaret, café-concert, opérette, revues, chansonniers, attractions comiques et chanson en tout genre. On explique souvent le nombre de chansons dans les films des années trente comme découlant d'une sorte de « marketing » : une façon de racoler le client. Cette idée était sans doute présente, témoignant de l'attraction du public pour la chanson. La démonstration par l'absurde fut fournie avec *L'Atalante*, quand, pour essayer de transformer ce film maudit en film commercial, on imposa le titre et la chanson « Le chaland qui passe ». Mais le marketing n'explique pas tout. En fait, à l'époque, introduire des chansons, de la musique dans un spectacle, et notamment dans une comédie, est une pratique absolument banale. Parmi les artistes que le cinéma parlant recrute et qui vont devenir des vedettes à part entière, des gens comme Raimu, Fernandel, Gabin ou Arletty ont déjà passé dix ans (ou plus) sur les planches, à tout faire : boy ou girl de revue, souffleur, présentateur de revue, diseur d'histoire, tourlourou, danseur et même... acteur. Tous les quatre, ils ont chanté (très bien) des dizaines de refrains, même si la musicalité de leurs cordes vocales n'est pas leur don principal. Pour eux, et pour toute une génération d'artistes, jouer c'est autant parler que chanter.

Arletty (Léonie Bathiat), née en 1898, est l'une des reines du théâtre de revue. Elle a débuté d'ailleurs dans une revue de Berthez en 1919 : « C.G.T. Roi », à laquelle répondait deux ans plus tard la revue de Rip, « Si que je serais Roi », dans laquelle elle jouait une star de cinéma et chantait : « Je connais la célébrité/ Depuis que j'ai joué/ Dans un film américain/ Tourné à Pantin », rimes pauvres mais riche assistance, aux Capucines et autres lieux où banquiers et princes d'Europe, du Moyen-Orient ou du Maghreb venaient pêcher (sur scène ou dans la salle) une compagne d'un soir, d'un séjour, et parfois d'une vie. Quand le cinéma s'empare d'Arletty, en 1931, elle continue néanmoins à jouer au théâtre : une opérette par an. Elle n'a jamais fait la différence entre spectacle avec et sans chansons.

L'imprégnation du cinéma par le music-hall, l'opérette et la chanson se fait tout naturellement, dans la mesure où ces types de divertissement sont trop envahissants pour ne pas contaminer toute autre forme de spectacle. Ramené à l'imitation de la vie par l'usage de la parole, le cinéma ne peut qu'être subverti par l'usage le plus populaire qui soit fait de la parole dans le spectacle. Nulle idée de marketing dans le fait que trois des premiers films parlants et trois des œuvres marquantes de René Clair (*Sous les toits de Paris, Le Million, A nous la liberté*) soient en fait des opérettes. C'est pour lui la voie naturelle d'un cinéma qui a conquis le son, et doit donc intégrer l'usage le plus artistique que le spectacle fasse du son, c'est-à-dire la musique. C'est aussi la façon la plus élégante de tenir à distance la menace la plus grave que la nouvelle invention fasse peser sur le cinéma : la reproduction réaliste de la vie. René Clair n'a pas oublié que, plus jeune, quand il était encore journaliste à *L'Intransigeant*, il a écrit des chansons pour Damia, la « tragédienne de la chanson ». Damia qu'on a recruté, bien entendu, pour les débuts du parlant. Elle chante une valse lente, « Tu m'oublieras », dans un premier film parlant qui porte le même titre, une chanson écrite par Jean Lenoir, qui remporte la même année (1931) le premier Grand Prix du disque pour « Parlez-moi d'amour », le « tube » de Suzy Solidor, chanson qui, à son tour déclenchera un film destiné surtout à exploiter son titre. La chaîne cinéma-chanson-cinéma se poursuit ainsi indéfiniment.

L'imprégnation musicale, chansonnière en quelque sorte, du cinéma, s'opère à tous les niveaux, sans stratégie définie, comme la continuation naturelle du caf'conc' et de l'opérette par d'autres moyens. Dans leur *Catalogue des films de fiction de première partie*, Raymond Chirat et Jean-Claude Romer répertorient 938 titres pour la période 1929-1939, marquée, disent-ils, par un « raz de marée de courtes comédies, chansonnettes, saynètes, sketches, monologues, exhibitions de music-hall, numéros de danseurs, de diseurs, de cantatrices, d'entrées de clowns ». Ces petits tiennent une grande place. Un cinéma des années 1930-1935 (avant que ne se généralise le double long-métrage) présente à chaque programme, outre le long-métrage annoncé, un journal d'actualités et de trois à six courts films, avec des sketches, des chansons, des dessins animés, des documentaires. Avant même l'entracte, le public a pu ainsi assister à une heure (ou plus) de complément de programme dont l'essentiel relève du music-hall ou de la revue.

La composition des programmes (ainsi que les changements de destination des salles de spectacle) porte témoignage de la transmissibilité des fonctions assumées par chacun d'entre eux. L'historien du music-hall Pierre Philippe a pu légitimement définir celui-ci comme l'« opéra du pauvre ». Avec moins de strass et un lyrisme populaire plus appuyé, le cinéma parlant des premières années peut partager avec lui cette définition. Et on peut tenir pour symbolique le fait qu'une des premières réussites du cinéma parlant porte comme titre *L'Opéra de quat'sous*. Le music-hall qui s'est épanoui vers 1900, c'était le cabaret qui, magnifié par la fée électricité, avait conquis le grand espace des palaces. Le cinéma parlant, nouvelle conquête des techniques électriques, prend le relais, dans d'autres palais, ou dans les mêmes.

Un art « en chanté »

Le cinéma hérite ou s'empare du pouvoir séducteur, émotionnel, distractif et mémoriel de la chanson. Mais tandis que la radio (dont se multiplient les stations émettrices et les postes de réception) et le disque (2 500 000 disques vendus en 1930, 10 millions en 1938) servent de simples haut-parleurs à la musique populaire, le cinéma, qui non seulement la diffuse, mais l'unit à des images elles-mêmes porteuses d'émotion, lui apporte une charge affective, une force d'appoint plus grandes. Leur union ne peut être considérée seulement comme une ruse commerciale, un hasard technologique, une coïncidence historique. Elle traduit leur vocation populaire commune, l'imbrication de leur apport à l'imaginaire collectif.

1930, c'est vraiment la naissance d'un art « en chanté », pour reprendre le mot heureux que trouvera plus tard Jacques Demy à propos de ses propres films. Cette association cinéma-chanson se manifeste de toutes les manières possibles. Le succès du parlant se traduit d'abord par le fait que toute la France chante « Avoir un bon copain », « J'ai ma combine », « Si l'on ne s'était pas connus », « En parlant un peu de Paris », « Le plus beau de tous les tangos du monde », « Quand on s'promène au bord de l'eau », après avoir vu *Le Chemin du paradis, Le Roi des resquilleurs, Soir de rafle, Il est charmant, Un de la Canebière, La Belle Equipe*. Aujourd'hui encore, dans un dîner de famille, une commission de travail ou un déjeuner d'anciens normaliens, on ne trouve personne qui se souvienne des images des premiers films de Fernandel, alors que la compétition est vive pour débiter les couplets d'« Ignace » (« C'est un petit, petit nom charmant/ Ignace, Ignace/ Qui me vient tout droit de mes parents ») ou de « Barnabé » (« Barnabé, Barnabé/ C'est assez facile à épeler/ Barnabé, Barnabé/ B-a-r-Bar-n-a-na-béé-bé »), les lauriers du vainqueur revenant à celui qui se souvient de ce refrain des « Cinq sous de Lavarède » : « Chez l'Roumain, y a le voïvode/ Chez l'Cubain, y a la Cucaracha/ Y a aussi la teinture d'iode/ Ben aux Indes, y a le Maharadjah !/ Par Brahma, par Brahma/ Oh quelle drôle de coutume/ Par Brahma, par Brahma/ C'est comme ça à Calcutta ! » Il n'était pas rare qu'au-delà d'un certain niveau de stupidité, la chanson retrouve, comme ici, une veine littéralement surréaliste. Consciemment ou non ? Laissons la question ouverte...

L'univers vaudevillesque ou mélodramatique de la chanson comique, réaliste ou sentimentale correspond exactement à l'univers cinématographique de l'époque. Dans son film *Le Coupable* (Grand Prix de la critique cinématographique, 1937), Raymond Bernard se permet de faire entendre la célèbre rengaine « L'hirondelle du faubourg » (« On m'appelle l'hirondelle du faubourg/ Je ne suis qu'une pauv'fille d'amour/ Née un jour de saison printanière/ D'une petite ouvrière/ Comme les aut' j'aurais p't'être bien tourné/ Si mon père au lieu d'm'abandonner/ Avait su protéger de son aile/ L'hirondelle »). Or, refrain et couplets de cette chanson résument très exactement le scénario du film adapté, il est vrai, d'un roman de François Coppée paru en 1898.

C'est un autre classique de la chanson populaire, « La sérénade du pavé », qui monte du trottoir, interprété par un chanteur des rues, dans la scène clé de *La Chienne*, quand Maurice Legrand (Michel Simon) assassine Lucienne (Janie Marèze). Jean Renoir, qui a beaucoup fréquenté le caf'conc' pendant sa jeunesse montmartroise, a choisi une chanson qui exprime l'essence même de la goualante. D'ailleurs, quand il reviendra en France, en 1955, après quinze ans d'absence, ce sera pour y tourner *French Cancan*, hommage au music-hall montmartrois, et il engagera — en attraction pourrait-on dire — Edith Piaf pour incarner, juste le temps de cette même chanson, Eugénie Buffet, créatrice de « La sérénade du pavé ».

Pendant les années trente, Edith Piaf, débutante qui instaure son règne, n'apparaît à l'écran qu'une fois, dans *La Garçonne*, où elle chante, en « invitée » en quelque sorte, « Quand même ». Mais on a pu l'entendre, bien plus souvent, dans les cinémas où elle est engagée comme attraction de première partie en province, où elle fait des tournées, et à Paris, où elle n'intervient qu'en matinée, retenue qu'elle est, le soir, au cabaret ou au music-hall. Par la concurrence qu'il exerce, le cinéma a réduit au chômage des artistes qui se retrouvent engagés dans des salles de cinéma en attraction de première partie pour les plus connus, ou d'entracte pour les autres.

Cette consanguinité du nouveau cinéma avec le théâtre et le café-concert ou le music-hall a bien entendu pour conséquence l'irruption à l'écran de comédiens et saltimbanques venus des planches. Parmi les seize acteurs (hommes) qui conquièrent la tête d'affiche pendant les années trente, et dont les participations sont les plus nombreuses (plus de vingt films, jusqu'à quarante-sept pour Armand Bernard), on ne trouve que deux exceptions à cette invasion. D'une part, Albert Préjean, vedette du muet sans être jamais passé par la scène ; d'autre part, Pierre Larquey, qui était un marchand de jouets, âgé de quarante-sept ans, quand Pagnol le retint pour un rôle dans *Topaze* : durant les huit années qui vont suivre, il jouera dans quarante-quatre films — le plus souvent, il est vrai, des rôles secondaires. Les quatorze autres viennent soit du théâtre noble, bourgeois ou populaire (Charles Vanel, Jules Berry, Harry Baur, Michel Simon, Victor Francen, André Luguet, Jean Murat, Pierre Richard-Willm), soit du music-hall (Jules Raimu, Fernandel, Jean Gabin et Henri Garat, qui ont été tous deux les « chouchoux » de Mistinguett au Casino de Paris). Le statut de Fernand Gravey, acteur de théâtre, bon chanteur d'opérette, est ambivalent, ce qui peut aussi s'appliquer à Raimu, passé à la comédie après ses débuts au caf'conc.

Nouveaux rôles pour nouvelles stars

Dans « Le cinéma du sam'di soir [1] », les auteurs indiquent à juste titre que les deux traditions, phrasé du théâtre, gouaille du music-hall, se mêlent et s'associent au cinéma pour faire régner un nouveau *naturel* de l'interprétation, qui développe largement le mouvement entamé au théâtre par Antoine, Firmin Gémier, Jacques Copeau (et ses disciples Dullin et Jouvet). Charles Vanel avait approfondi chez Lucien Guitry puis chez Firmin Gémier le sens inné de la mesure, de l'effet maîtrisé, du jeu épuré qui était le sien. Logiquement, il trouvait épouvantable et ridicule la grandiloquence d'une Sarah Bernhardt. Il n'y a pas si longtemps, la Comédie-Française, qui restera longtemps un bastion du conservatisme, avait remercié Emilie Lerou au bout de vingt ans de bons et loyaux services « parce qu'elle parlait au lieu de déclamer ». Si Gabin et Vanel dépouillent leur jeu à l'extrême, Harry Baur, Michel Simon et Raimu, capables de la plus extrême simplicité, ne répugnent pas aux explosions d'une démesure qui est le registre habituel de Jules Berry. Ces six comédiens sont de toute évidence des acteurs d'exception, des personnages hors série dont le talent et la personnalité imposent leur marque au cinéma de leur époque.

Epoque qui voit la place de l'interprète croître dans la perception du film et dans sa fabrication. Du temps du muet, l'acteur était un repère, un signal visuel, une trace lumineuse, pas vraiment un être humain. Le

1. *Cahiers de la cinémathèque*, n° 23-24, décembre 1977.

voilà devenu une personne qui nous parle familièrement. Quand il exprime les états d'âme de son personnage, comment ne pas entendre aussi l'homme-comédien qui incarne celui-ci. Surtout si le comédien — et il ne s'en prive pas — joue sur les spécificités de sa voix, accent, tonalité, tempo, pour manifester la permanence de son identité sous la diversité des rôles. Bien des comédiens vont assurer leur réussite et leur popularité en s'appuyant sur un phrasé atypique qui aurait pu, à la limite, passer pour un défaut de prononciation. N'est-ce pas le cas de Louis Jouvet, Saturnin Fabre, Carette, Dalio, pour ne citer que les exemples les plus évidents ?

Ce poids renforcé des comédiens, l'affirmation plus grande de leur personnalité varient bien sûr avec les années : l'« effet théâtre » est plus présent dans les premiers films de 1930, et tendra à se gommer assez vite grâce à l'évolution vers le naturel déjà évoquée. Jaque-Catelain et Marie Glory sont bien raides encore dans *L'Enfant de l'amour*, que L'Herbier adapte de Henry Bataille dès la fin 1929 ; Gaby Morlay et Henri Rollan ont la désinvolture du jeu moderne dans *Le Scandale*, que L'Herbier adapte de Bataille en 1934. Il est vrai que Gaby Morlay, déjà consacrée par le muet, impose sa formidable simplicité dès son premier film parlant, *Accusée, levez-vous* (Maurice Tourneur, 1930).

Gaby Morlay, dont le vedettariat va s'étaler sur les deux premières décennies du parlant, est peut-être la seule comédienne dont la puissance et la justesse de ton puissent être comparées à celle d'un Vanel pour les années 1929-1935. Mais il est difficile de procéder à un classement des comédiennes, non que le talent chez elles soit plus rare, mais parce que la diversité et le nombre des rôles sont très réduits par rapport à l'éventail des emplois proposés aux hommes. A l'exception de Josseline Gaël et d'Arletty, qui viennent du music-hall et de la revue davantage que de la comédie, les actrices qui s'imposent au premier plan au début du parlant sont toutes issues du théâtre. C'est vrai, bien entendu, pour Gaby Morlay elle-même, et aussi pour Marguerite Moreno, Marie Bell, Jeanne Boitel, Suzy Prim, Elvire Popesco, Meg Lemonnier (venue de l'opérette). Pendant cette période, Danielle Darrieux, qui a fait des débuts convaincants dans *Le Bal* en 1931, à l'âge de quatorze ans (sans passer par aucun apprentissage), modèle son personnage de « drôle de gosse » puis de jeune fille moderne ; elle connaîtra la célébrité à partir de 1936 avec *Kœnigsmark*, mais surtout avec les films de Henri Decoin. C'est la naissance, pour le parlant, de la star de cinéma chimiquement pure, dont, sur un autre mode, Michèle Morgan fournira, à peu près au même moment (*Gribouille*, 1937 ; *Orage* et *Le Quai des Brumes*, 1938), un autre exemple puis, peu après, Micheline Presle (*Paradis perdu* 1939).

Bien entendu, le jeu d'un acteur ne peut être défini comme s'il était constant et permanent à travers les différents personnages, et sans tenir compte des réalisateurs. Ceux-ci, plus que jamais, sont, pendant le tournage, des « directeurs d'acteurs ». Il y a une identité de talent, de force, de présence, mais une grande différence de moyens, de technique entre le Michel Simon dénudé, pathétique de *La Chienne* et, en cette même année 1931, le Michel Simon débridé de *Jean de la Lune*. Au-delà de la différence de personnage, on peut voir à l'écran que le premier film a un directeur d'acteurs et que le second n'en a pas. Prodigieux d'intériorité dans *David Golder* (Julien Duvivier), Harry Baur surjoue les différentes facettes du Jean Valjean des *Misérables* (Raymond Bernard) : même talent, mais deux types d'interprétation opposés pour deux dramaturgies différentes.

Impur et populaire

Insister sur la connivence profonde qu'entretient le cinéma parlant avec le spectacle vivant ne signifie pas que cette alliance objective, de fait, soit forcément bénéfique. Le théâtre comme la chanson sont bourrés de tics et de clichés. La vulgarité grasse, la polissonnerie de bas étage pullulent. Le répertoire est encombré de ces « vaudevilles égrillards » et de ces « fadeurs mondaines » que Gémier voulait bannir du théâtre. La chanson, sirupeuse ou mélodramatique, n'est que rarement digne des Villon et Verlaine dont elle est issue, ni des Mireille, Trenet et Prévert chez qui elle va bientôt se réfugier. Deux cas d'exclusion prouvent bien que l'idylle cinéma-chanson-théâtre tourne parfois au divorce.

Devenu temporairement secrétaire de Jouvet, un jeune auteur dramatique que Jean Aurenche a fait engager à l'agence publicitaire Damour travaille quatre ou cinq ans aux marges du cinéma sans réussir à s'y intégrer. C'est en travaillant sur les adaptations des *Dégourdis de la Onzième* et de *Vous n'avez rien à déclarer ?* que Jean Anouilh se prépare à la célébrité en écrivant *Le Voyageur sans bagage* et *La Sauvage* pour le théâtre, plus accueillant à l'originalité de son talent. Pendant qu'Anouilh bricole du Mouézy-Eon, aux studios Pathé de Joinville un accessoiriste et assistant-décorateur fantasme sur Marlene Dietrich qu'il a connue dans les studios de Berlin, compose des chansons pour le film *Bariole* qu'a écrit et que réalise son beau-père Benno Vigny (de son vrai nom Benoit-Wilfrid Weinfeld) et rêve de devenir metteur en scène. Mais le cinéma ne saura jamais quoi faire de Charles Trenet, qui va abandonner les studios et révolutionner la chanson. Deux exemples qui montrent que le cinéma de l'époque n'était guère ouvert aux novateurs.

Les sources nourricières du cinéma parlant, théâtre, chanson, spectacles vivants, sont des sources populaires. Aussi est-il difficile de suivre Noël Burch quand, analysant en profondeur l'évolution du langage cinématographique, il débouche soudain sur cette conclusion inattendue : « La musique [d'accompagnement, propre au cinéma muet] peut enfin s'interrompre et déléguer une part de son rôle à la noble parole, ce qui éloigne pour toujours le cinéma des caf'conc', du music-hall et du cirque... de ses origines en somme [1]. » Ce que Burch veut dire, c'est que le cinéma muet était devenu, ou était en train de devenir, un art populaire ayant son langage propre, qui, lui, méritait une place aux côtés du music-hall par exemple, mais que l'usage de la parole le détourne de cette spécificité, ne lui permet plus d'être comparé à d'autres formes autonomes de spectacle. Il est devenu, en quelque sorte, un métis.

Ce raisonnement est valable, mais la formulation prête à confusion. Car le cinéma muet, comparable au music-hall en tant que forme autonome de spectacle, en était à jamais séparé du fait de l'absence de son. Ayant récupéré la parole, le cinéma perd, un certain temps et en partie, sa capacité de création autonome, mais il se rapproche des spectacles vivants, théâtre, caf'conc', fondés sur la parole, la musique, le chant, spectacles qu'il peut désormais reproduire, imiter ou intégrer. Ce qu'il fait dans de très larges proportions durant les années 1930-1934 examinées ici, profitant de sa nouvelle capacité d'expression pour faire passer dans les films tout un arsenal de blagues, calembours, caricatures, gags, refrains, clichés satiriques, farces militaires, maris cocus, adultères bourgeois, drames mondains, romances sentimentales en tous genres : l'énorme patrimoine du divertissement populaire, que l'absence de son maintenait à la porte des cinémas. Cinéma impur, c'est certain, car il puise son répertoire dans la poche des autres, mais cinéma authentiquement populaire, car nourri d'affluents profondément populaires.

1. *La Lucarne de l'infini, op. cit.*

Chapitre 3

UN ART DE CONTREBANDE

> « Maigret n'était pas difficile en
> matière de film [...] ; enfoncé dans son
> fauteuil, il regardait défiler les images,
> sans se préoccuper de l'histoire... Plus le
> cinéma était populaire... plus il était
> content. »
> Georges Simenon [1].

> « Et la nuit m'envahit
> Tout est brume, tout est nuit... »
> Julien Duvivier [2].

Évolution du roman populaire

Cinéma populaire, nourri d'affluents populaires, disions-nous. Parmi ces affluents, le cinéma muet comptait au premier chef sur le roman populaire, cette forme de littérature où, « sous des apparences réalistes, les grands archétypes de l'imaginaire collectif se manifestent ». Ce ne sont pas les adaptations de Paul Féval, Eugène Sue ou Michel Zévaco qui ont manqué pendant les années dix et vingt. Cette source demeure en activité, mais est singulièrement ralentie avec le parlant : un *Bossu*, un *Mystères de Paris* pendant les années trente constitueront le seul recours à Féval et Sue. Zévaco est absent des génériques. C'est, nous l'avons vu, qu'il y a d'autres munitions. C'est aussi que le roman populaire se transforme. Il annonce, fût-ce au prix du scandale, déjà promotionnel, les mœurs nouvelles : *La Garçonne* de Victor Margueritte, parue en 1922, a inspiré un film dès 1924, une pièce de théâtre en

---

1. Cité Dans *Commissaire Maigret, qui êtes-vous ?*, par Gilles Henry, Plon, 1977.
2. Chanson chantée par Damia dans *La Tête d'un homme*, d'après Simenon.

1928 (cinq cents représentations avec Falconetti), et un nouveau film en 1936 (de Jean de Limur, avec Marie Bell et Arletty). Mais autour de ce modèle, tout un genre de films qu'on pourrait appeler « d'émancipation » se développe. S'y rattachent certaines adaptations des romans de Pierre Frondaie. (*Deux fois vingt ans*, 1930, *Inès perdue et retrouvée*, 1933, ou *L'Homme à l'Hispano*, déjà tourné en 1926 par Duvivier et que Jean Epstein adapte au parlant en 1933). Mais le cinéma se saisit surtout d'autres romans de Pierre Frondaie (*L'homme qui assassina*, 1930 ; *La Route impériale*, 1935 ; *Port-Arthur*, 1938), qui se rattachent au nouveau genre de romans populaires où s'imposent Maurice Dekobra et Pierre Benoit, romans exotiques parcourant le monde, du Brésil à l'Indochine en passant par Beyrouth et Moscou, où des officiers passionnés mais intègres sauvent des créatures sublimes du chantage d'odieux espions et livrent à la patrie reconnaissante quelques précieux secrets. Des films adaptés de Dekobra comme *La Gondole aux chimères* ou *Yoshiwara*, et de Pierre Benoit comme *L'Atlantide* (1932 par Pabst, remake d'un film de Feyder en 1921), *La Châtelaine du Liban* (Jean Epstein, 1933), *Nuits moscovites* (Granowsky, 1934), *Kœnigsmark* (Maurice Tourneur, 1935) développent cette saga militaro-cosmopolito-mondaine. Elle permet à Jean Murat de roder le personnage d'agent secret qui fera florès aux approches de la guerre de 1939. Ce ne sont plus les bas-fonds de la misère et du malheur qui font pleurer et rêver les foules, mais les passions, les exploits, les trahisons et les turpitudes d'une caste de diplomates, de militaires et d'aventuriers internationaux. Cette mutation sociologique et idéologique du roman populaire s'accompagne de nouvelles approches qui vont alimenter la diversification du cinéma de genre, au même titre que le rapprochement avec le théâtre a engendré un vaudeville et un comique troupier cinématographiques.

Le roman et le film policiers.
Apparition de Jean Gabin

Le phénomène le plus intéressant sur ce plan concerne l'évolution d'un genre difficile à exploiter pour le cinéma muet : le film policier. Si Arsène Lupin, Fantômas et Rouletabille sont apparus en librairie à peu près simultanément (respectivement en 1907, 1911 et 1907), les deux premiers relèvent davantage, à l'écran, du cinéma d'aventures, d'action, de mystère ou de poursuite que de l'enquête, caractéristique du cinéma policier. Le parlant s'empare dès sa naissance de Rouletabille, et c'est Marcel L'Herbier qui essuie les plâtres en tournant en 1930, assez maladroitement, *Le Mystère de la chambre jaune* et, de manière plus convaincante, *Le Parfum de la dame en noir* (adaptations de Maurice Leroux déjà tournées en 1913 et 1914). Au même moment, Jean Gabin fait ses débuts au cinéma. Tous les signes sont réunis pour faire de cet événement, passé à peu près inaperçu, le symbole du passage de relais d'une époque du cinéma à une autre.

Le 7 mai 1930, le théâtre des Bouffes Parisiens que dirige Albert Willemetz présente *Arsène Lupin banquier*, une opérette d'Yves Mirande et de Willemetz. A l'affiche, Jean Moncorgé, dit Gabin, entré à contrecœur dans la carrière en 1922, et son père, Gustave Gabin, sur les planches depuis plus de quarante ans, et qui jusqu'alors a toujours considéré son fils comme un bon à rien. C'est la dernière fois que le père et le fils jouent ensemble, et Gabin ne remettra plus les pieds sur une scène avant vingt ans. Pourtant, en décembre 1930, au moment où *Arsène Lupin* se termine et que commencent les répétitions des *Aventures du Roi Pausole* (ce qui permet à Gabin de remarquer deux débutantes prometteuses, Simone Simon et Cora Lynn, *alias* Edwige Feuillère), Henri Varna vient de proposer au jeune acteur un contrat de trois ans en or massif pour le Palace et le Casino de Paris. Il lui assure la vedette masculine de la prochaine revue du Casino aux côtés de Mistinguett. C'est qu'il y a une place à prendre : le triomphe de Chevalier dans ses premiers films américains le retient désormais loin de France. Il faut trouver un successeur au numéro un du music-hall français. Jean Gabin constitue la solution la plus évidente et il a commencé à négocier son départ des Bouffes, où il est sous contrat. Au même moment, la société Pathé le convoque pour des essais. Il ne croit pas du tout à une carrière au cinéma, s'est trouvé hideux lors d'une expérience précédente, est intimidé par la technique et obtempère par courtoisie. Il se trouve détestable. On le trouve bon. Il tourne un gentil petit film chantant, *Chacun sa chance*, avec Gaby Basset, sa première épouse, dont il vient de divorcer, mais qui est une partenaire à laquelle le lie une grande complicité. Ils sont excellents et Pathé propose un contrat de longue durée à Gabin. Puis les productions Osso lui demandent de jouer un policier dans *Méphisto*, un « serial » en quatre épisodes, système de production qui avait marqué l'âge d'or du cinéma muet mais qui est tombé en désuétude.

Ensuite, très vite, ce seront *Paris-Béguin* (son premier rôle de mauvais garçon au cœur tendre), *Tout ça n'vaut pas l'amour* (opérette de Willemetz et Pagnol), *Pour un soir, Cœurs légers* : films qui comportent tous au moins une chanson, ce qui est bien le moins pour un comédien qui est en train de renoncer à remplacer Maurice Chevalier pour se consacrer au cinéma. Du moins, pour trois ou quatre ans, de quoi acheter une ferme. Car Gabin ne croit pas à son avenir. Or, si ses films connaissent des destins divers, lui a été remarqué dès ses débuts pour son prodigieux naturel. Gabin a peur de la caméra, mais il lui fait confiance. Instinctivement, il a compris que l'image et le montage donnaient un sens à son jeu et a choisi d'« en faire le moins possible ». Son naturel va faire école. *Ciné-Magazine*, en 1932, parle de Gabin, « étonnant de naturel et de vérité dans le rôle d'un mécano sensible et gouailleur ». Le jeune critique qui signe l'article s'appelle Marcel Carné. Voilà Gabin lancé.

Naissance de Maigret.
La « semi-littérature » selon Simenon

Quand Gabin abandonne *Arsène Lupin* sur scène pour incarner dans *Méphisto* un flic chargé d'une enquête, c'est le moment où le film policier cherche sa nouvelle définition. Stanislas Steeman obtient en 1931 le Grand Prix du roman d'aventures avec un roman policier, *Six hommes morts*, qui lance l'inspecteur Wens que Pierre Fresnay incarnera plus tard à l'écran. En 1930, Pierre Véry avait obtenu le même prix pour un autre « polar », *Le Testament de Basil Crooks*, qui donne naissance au détective amateur Prosper Lepicq. Steeman et Véry seront surtout adaptés à l'écran à partir des années quarante. C'est aussi le cas du personnage dont l'apparition tonitruante va bouleverser le paysage du roman policier français, ce qui ne sera pas sans conséquence pour le cinéma et pour Jean Gabin. 1931 voit la naissance, à l'âge de quarante-cinq ans, de l'inspecteur principal Jules Maigret.

Cette naissance ne passe pas inaperçue. Pour lancer *Pietr le Letton*, le premier Maigret officiellement publié en librairie, Georges Simenon organise dans un cabaret de Montparnasse, « La Boule Blanche », une fête du Tout-Paris, un « Bal anthropométrique » dont les invitations revêtent la forme de citations à comparaître, et où il faut fournir ses empreintes digitales pour entrer. C'est qu'il joue très gros, l'écrivain gantois. A vingt-neuf ans, il a publié deux cent soixante-dix sept romans de littérature alimentaire et s'est fait une certaine réputation pour sa rapidité de production. Il n'est pas considéré comme un authentique écrivain. Il sait d'ailleurs très bien qu'il n'a pas encore réalisé son ambition : le « grand roman », le « roman pur », œuvre d'art qui échappe à toute règle. Avec la série des Maigret, il veut faire ce qu'il appelle de la semi-littérature, du roman policier qui, en feignant de respecter les lois du genre, lui permettrait de présenter des personnages vrais, au lieu des stéréotypes habituels. Bref, d'entrer en douce dans la vraie littérature.

Cette ambiguïté de la création coincée entre les contraintes de la diffusion grand public et la liberté de l'œuvre d'art est latente en littérature. Elle est la règle au cinéma, et la stratégie de la contrebande mise au point par Simenon semble répondre à ce fameux constat de René Clair en 1925 : « La principale tâche du réalisateur actuel consiste à introduire par une sorte de ruse le plus grand nombre de thèmes purement visuels dans un scénario fait pour contenter tout le monde [1]. » Dans une lettre à C.G. Paulding du 2 décembre 1931, Simenon lui-même reconnaîtra que son ambition est d'« écrire un roman capable d'intéresser tous les publics. C'est moins facile qu'on ne croit : ne pas rebuter les lettrés tout en restant compréhensible pour les simples [2] ».

Au moment où sort *Pietr le Letton*, Simenon dispose déjà de quatre autres Maigret prêts à paraître. Entre mars 1931 et janvier 1932, il en écrit dix autres. Il est vrai qu'il doit fournir : Fayard s'est engagé à en publier un par mois. Le succès vient, pas gigantesque, mais suffisant pour attirer les gens du cinéma. Trois Maigret vont être tournés en un an. Et puis, plus rien. Il faudra attendre dix ans pour que la série reprenne. Enquête sur cette disparition du commissaire Maigret.

« Le Chien jaune », « La Nuit du carrefour », « La Tête d'un homme »

Les premiers droits sont vendus directement par l'éditeur, Arthème Fayard, à un producteur, Pierre Calmann-Lévy, fils d'un autre éditeur. Il s'agit du *Chien jaune*. Simenon est supposé participer au scénario, au découpage et aux dialogues. On se met d'accord pour confier la mise en scène à Jean Tarride qui, à vingt-huit ans, a réalisé une version française de *L'homme qui assassina*, tourné en Allemagne, et un autre long-métrage, *Prisonnière de mon cœur*. Le rôle de Maigret ira à son père, le solide comédien Abel Tarride. Simenon bombarde son réalisateur de notes, observations, corrections au fur et à mesure qu'on lui communique le script, mais il n'intervient pas sur le tournage. Le film est à peu près fidèle à l'intrigue, il est vrai compliquée. Abel Tarride est un Maigret très convenable. Mais tout cela donne à Simenon (et au public) un sentiment de platitude intégrale. Quand *Le Chien jaune* sortira en juillet 1932, ce sera l'échec, mais ce ne sera pas le premier Maigret sur les écrans. Entre-temps, Jean Renoir a acquis les droits de *La Nuit du carrefour*, l'a tourné, monté très vite, et l'a sorti en avril 1932.

Sur ce film, les rapports écrivain-cinéaste ont été fort différents. Simenon a vendu directement les droits à Renoir, avec qui il a des relations amicales depuis près de dix ans. Les deux hommes ont tra-

---

1. *Cinéma d'hier et d'aujourd'hui*, Gallimard, Idées, 1970.
2. Cité par Pierre Assouline dans *Simenon*, Julliard, 1992.

vaillé ensemble, en confiance, avec plaisir, sur l'adaptation. L'affaire a été montée « en famille » avec, pour la production, le financement d'un groupe d'amis et, dans l'équipe du film, des intimes : Jacques Becker, l'assistant de confiance, est promu directeur de production, Marguerite Renoir est au montage, le neveu, Claude Renoir, est assistant-opérateur tandis que son père, Pierre Renoir, incarne Maigret. Parmi les petits rôles, on trouve le peintre Dignimont, le critique de cinéma Jean Mitry, l'auteur dramatique Michel Duran. Le tournage se déroule en février 1932, en banlieue nord, au carrefour de la Croix-Verte à Bouffémont, où la bande mène une de ces vies collectives de copains qui font le bonheur de Renoir. La pluie et le brouillard sont fidèles au rendez-vous assigné par le scénario. Visiteur assidu, Simenon est enchanté de ce qu'il voit — ravi, mais perplexe quand le film terminé lui est montré. Le film *Le Chien jaune* racontait l'enquête du livre, mais le climat Simenon avait disparu. Dans *La Nuit du carrefour*, l'« atmosphère » dévore tout le film, au détriment de l'intrigue. Pierre Renoir a le poids et la présence nécessaires pour incarner le commissaire : Simenon dira toujours que ce fut le Maigret idéal. L'image est inventive, noyée dans des gris balayés de lumière. C'est la force poétique qui l'emporte sur l'intérêt dramatique, desservi par une bande-son floue, et quelques trous dans le récit. Un débat s'est ouvert sur ces (relatives) incohérences. Jean Mitry a prétendu avoir égaré (ou utilisé deux fois et donc rendu inutilisable) une ou deux, voire trois bobines du film... Pierre Braunberger soutient que Jean Renoir a tourné le film avec un scénario auquel manquaient dix-sept pages, et que les scènes correspondantes n'ont jamais été tournées. Simenon (peu crédible à ce propos) assure que c'est le manque d'argent, et l'euphorie éthylique de certains jours qui ont engendré cette situation. Toujours est-il que le public boude. Maigret entre au cinéma par un échec. Bizarrement, à plusieurs reprises, Renoir, mais surtout Simenon, mettront cet échec sur le compte des difficultés créées par les producteurs et leur stupidité. Mais justement, *La Nuit du carrefour* est supposée avoir échappé à la production traditionnelle. Dans *Ma vie et mes films*, Jean Renoir affirme : « Je cédai de nouveau à la tentation de produire moi-même un film. L'argent me venait de sources privées. Rien à voir avec l'industrie cinématographique. » Dans ces conditions, qui a bien pu créer des problèmes ? Une hypothèse peut être émise, mais elle n'a pas été vérifiée. *La Nuit du carrefour* a été produite, juridiquement parlant, par une certaine société Europa Films. La seule société Europa connue à cette époque est celle créée justement en 1932 par un industriel entreprenant, Robert Boulay, ami de Marcel Pagnol, qui a décidé de faire réaliser, dans sa propriété de la Sarthe, un film d'après *Un direct au cœur*, pièce de Pagnol qu'il avait créée dans son théâtre de Lille (voir plus haut). S'il s'agit bien de la même société Europa, cela révélerait une connexion Renoir-Pagnol plus ancienne et plus profonde qu'on ne le croyait, et éclaircirait le chemin qui conduira Renoir à tourner *Toni* chez Pagnol. Mais nourrirait le scepticisme sur la difficulté de s'entendre avec de tels producteurs.

Revenons à Maigret. Simenon ne digère pas les deux échecs d'avril et juillet 1932. Il tempête contre les producteurs mais, en fait, n'aime guère les films. En 1936, il n'hésitait pas à déclarer à *Pour vous* : « On a tiré des films de trois de mes romans et je ne crois pas être injuste en disant qu'on en a tiré trois navets. » Des deux premières expériences, il a tiré une conclusion : désormais, pour l'adaptation de ses romans au cinéma, il sera seul responsable et seul intervenant : « Seul l'auteur est juge de la façon dont il faut réincarner son roman » (interview à *Paris-Midi*, 19 avril 1932). Un producteur vient d'acheter les droits d'un troisième Maigret, *La Tête d'un homme*. Simenon annonce que, non seulement il entend être seul maître du scénario, mais qu'il se charge de la réalisation. Et il choisit les deux interprètes principaux d'un film qui se résume à un duel d'intelligence entre le commissaire et l'assassin : pour Maigret, ce sera à nouveau Pierre Renoir. Pour Radek, le meurtrier, ce sera Valéry Inkijinoff, l'acteur russe aux traits bridés qui a enthousiasmé par son interprétation dans *Tempête sur l'Asie* de Poudovkine. Simenon travaille sur le script, invite Inkijinoff chez lui, en Charente, pour mettre au point les derniers détails. Entre-temps, les producteurs, qui l'ont payé avec des chèques en bois, se révèlent déficients. Ecœuré, Simenon abandonne, et quand un autre interlocuteur se présente pour prendre le relais, il cède ses droits sans plus rien vouloir savoir de cette entreprise. *La Tête d'un homme* sera produite par le Film d'Art, très sérieuse société de MM. Vandal et Delac qui, depuis 1925, ont financé douze films de Julien Duvivier et confient Maigret à leur cinéaste préféré. Duvivier garde Inkijinoff mais remplace Pierre Renoir par Harry Baur avec qui il vient de réussir trois films (*David Golder, Les Cinq Gentlemen maudits, Poil de carotte*). Il écrit lui-même une adaptation qui prend suffisamment de libertés avec le roman pour qu'au générique, au lieu de la formule habituelle « d'après », ou « tiré de », ou « adapté de », on ait : « inspiré du roman de Georges Simenon ».

Deux modifications radicales sont introduites. D'une part, Duvivier nous montre le crime avant que l'enquête ne commence. Tout ce que cherche la police, nous le savons, que nous l'ayons vu ou que nous l'ayons compris. Si le « suspense policier » n'est pas le ressort principal de la série des Maigret, il est ici réduit à zéro : l'intérêt, le drame du livre est ailleurs. Dans la personnalité étrange, orgueilleuse, intelligente d'un assassin si persuadé d'avoir réalisé un crime parfait qu'il prend plaisir à suivre de près l'enquête et à narguer le commissaire. On retrouvera les deux adversaires au cours d'une scène extraordinaire, réunis dans la chambre de Radek, assis devant une petite table où du lait chauffe sur un réchaud à alcool, s'affrontant avec une jubilation de champions d'échecs. C'est l'annonce, en plus primitif et plus

153

percutant, de la scène clé de *Crime et châtiment* que Pierre Chenal tournera en 1935 avec Harry Baur/Porphyre et Pierre Blanchar/Raskolnikov. Autre modification importante : le film entier est fondé sur une chanson qui court tout au long, écrite par Duvivier, chantée par Damia et dont le désespoir nourrit les obsessions du criminel : « Et la nuit/ M'envahit/ Tout est brume, tout est gris » ; on dirait le film-manifeste du « réalisme poétique ». Le film est une incontestable réussite. Il sort en février 1933. Une fois encore le public le refuse. Simenon, toujours prêt aux solutions radicales, change son fusil d'épaule. Décidément, il n'y a rien à faire avec cette engeance de producteurs de cinéma, malhonnêtes et stupides : il ne cédera plus aucun droit.

Il tiendra parole près de dix ans. Le prochain Simenon, *Dernier Refuge*, sera tourné en 1939 (et sera détruit par un bombardement). Le prochain Maigret, *Picpus*, en 1942.

Simenon : les raisons d'un échec

L'échec Simenon au cinéma comporte trois enseignements.

1) Cet échec est immérité : deux des trois films concernés (Renoir et Duvivier) sont aujourd'hui considérés comme valables, intéressants, voire remarquables. Jean-Luc Godard ira jusqu'à écrire, dans les Notes additives au *Jean Renoir* d'André Bazin : « *La Nuit du Carrefour* est le seul grand film policier français, que dis-je, le plus grand film français *d'aventures*. » Mais les films de la série Maigret paient toujours au prix fort l'ambiguïté de leur statut. Simenon propose des histoires qui font semblant d'être policières, et criminelles, dominées par l'angoisse d'une énigme à résoudre, mais son commissaire est un personnage neutre qui lui sert de guide pour peindre des problèmes sociaux et des situations psychologiques, professionnelles ou familiales très typées. Le public et le réalisateur auront toujours le plus grand mal à établir l'équilibre entre les deux versants de cette entreprise.

2) L'attitude de Simenon est caractéristique des états d'âme que l'arrivée du parlant inspire aux « hommes de paroles » (romanciers, auteurs dramatiques ou lyriques). Le cinéma est désormais plus proche d'eux. Ils s'y intéressent directement. Ils veulent s'en mêler, gagner de l'argent, être respectés et que le film ne trahisse pas l'écriture. D'où leur attraction-répulsion pour une activité qui ouvre tant de perspectives et le plus souvent fausse tant d'espoirs. D'où aussi l'apparition d'initiatives le plus souvent sans lendemain (avec Henry Bernstein, autour de Marc Allégret, André Gide, Roger Martin du Gard et Jules Romains, autour de Pagnol, Paul Nivoix, Steve Passeur, Roger Ferdi-

154

nand) pour s'installer dans le cinéma (comme producteur, comme réalisateur, ou les deux à la fois), pour bien en profiter et s'y faire respecter. Seuls Marcel Pagnol et Sacha Guitry réussirent cette greffe, ou cette transfusion.

3) Simenon est en avance sur son temps. Fidèles chacun à sa manière à l'esprit du roman de Simenon, *La Nuit du carrefour* et *La Tête d'un homme* préfigurent le « cinéma d'atmosphère », avec ses brumes et ses cafés enfumés, son destin impitoyable, qui va régner sur nos écrans pendant une décennie. Au moment d'établir le bilan de cette époque populiste, il ne faudra pas oublier le nom de Simenon parmi ses géniteurs.

Dans ces années encore balbutiantes du cinéma parlant, la percée prématurée que tente Maigret détourne en fait le genre policier de sa véritable identité. Cette identité est mieux préservée dans un film comme *Cœur de lilas* (Anatole Litvak, 1932), où Gabin est un maquereau, mais où le héros est le policier (joué par André Luguet). En fait, dès cette époque, le film policier compte déjà une réussite exemplaire. Dans *Au nom de la loi* (1931), Maurice Tourneur, qui, l'année précédente, a ouvert la voie aux procès filmés avec *Accusée, levez-vous*, fournit au « policier parlant » sa première référence sérieuse. Charles Vanel (qui aurait pu être un Maigret exceptionnel !) campe un policier courageux, intègre, amoureux d'une trafiquante de drogue qu'il tente de sauver sans trahir sa mission. Les indics, les filatures, les repas sur le pouce dans les salles de commissariat ont une incroyable odeur de vérité. *Au nom de la loi* fit partie de la sélection française au premier festival du cinéma de Venise, organisé en août 1932, où il accompagna, sans déparer la sélection, *A nous la liberté, David Golder*, et quelques autres. Maurice Tourneur devait rééditer cette réussite en 1934 avec *Justin de Marseille*, sur une guerre des gangs à la fois souriante et cruelle, qui illustre bien le film noir à la française. Ce cinéaste appartient à cette race d'artisans impeccables qui ne marquent pas leurs films d'une forte personnalité, mais contrôlent parfaitement leurs instruments, évitent la vulgarité, donnent une énergie constante à leurs interprètes. La quinzaine de films tournés par Maurice Tourneur ne descend jamais au-dessous de cette bonne moyenne, même pour les vaudevilles militaires. Ses *Gaietés de l'escadron* (1932) nous valent au moins la rencontre Raimu-Fernandel-Gabin. *Kœnigsmark* (1935), *Avec le sourire* (1936), *Volpone* (1940), *La Main du diable* (1942) confirment la constance de sa maîtrise tout-terrain.

Le film policier, auquel Simenon a fourni un héros exceptionnel, auquel Renoir, Duvivier et Tourneur ont fourni ses lettres de noblesse dans les premières années du parlant, s'étiole très vite. Maigret sera absent dix ans, l'ironique logique de l'inspecteur Wens ou les enquêtes poétiques à la Pierre Véry ne fleuriront qu'à partir de 1941, et Jouvet attendra 1947 pour nous faire passer Noël *Quai des Orfèvres*. Les flics n'étaient pas très populaires après le 6 février 1934 et pendant le Front populaire. Les héros, ce sont les beaux voyous sortis du peuple, et qui tuent parce que la société les y contraint ou que leur destin le leur impose. Les vrais coupables, souvent, ce sont leurs victimes. Carné, Gabin, Prévert, Renoir, Spaak, Duvivier, Grémillon, Chenal et bien d'autres vont nous offrir des assassins au cœur pur qui régleront d'une balle dans la tête leur dette envers une société cruelle aux malchanceux. Nul besoin d'ouvrir une enquête : le tribunal populaire a jugé. L'Occupation (et la collaboration), la Libération (et l'épuration) ramèneront des mœurs policées, des intrigues policières...

Chapitre 4

« J'AI MA COMBINE »

> « Si nous étions des Artistes,
> Nous ne dirions pas le cinéma,
> Nous dirions le ciné. »
> Guillaume Apollinaire, « Il y a... ».

Le cinéma de genre

L'arrivée du parlant a brisé pour un temps l'ambition du cinéma de se constituer en art autonome. Les meilleurs créateurs de l'époque, à commencer par Renoir, ne se battent pas pour un statut d'artiste mais pour plus de liberté (Renoir, digne fils de son père, non seulement ne se prétend pas « artiste » mais y répugne). Indépendance est le mot clé de leurs révoltes contre les producteurs, les règles techniques ou professionnelles, les censures sociales ou morales. Mais aucun secteur de la production ne se consacre à un cinéma élitiste destiné à une classe éduquée. Contaminé et revitalisé par les spectacles plébéiens par excellence que sont la revue, l'opérette, le vaudeville, le mélodrame, le caf'conc', le cinéma renforce sa vocation de spectacle populaire. Le dimanche, les cinémas sont pleins, nous dit Jacques Prévert qui considérait comme une injure d'être traité d'artiste. Sous l'apparente contradiction des mots, le « cinéma du dimanche » c'est aussi le « ciné du sam'di soir », ce cinoche dont parle Louis Jouvet et qu'exalte Raymond Queneau dans *Loin de Rueil*. En 1933 et 1934, Fernandel tourne douze films, dont six comédies militaires (*Le Coq du régiment, L'Ordonnance, La Garnison amoureuse, Le Train de 8 h 47, Les Bleus de la Marine, Le Cavalier Lafleur*) : quantitativement, c'est cela, d'abord, le cinéma à ce moment-là. Mais pas pour très longtemps. En quarante ans de carrière, Fernandel a interprété quatorze rôles de militaire, dont onze durant les années trente. Ensuite, le répertoire évoluera.

157

Maurice Tourneur, dont nous avons dit la capacité à maîtriser les différents types de films, représente l'aristocratie de ce cinéma de genre, parmi laquelle on compte des hommes comme Christian-Jaque, Henri Decoin ou Marc Allégret. D'autres connaîtront des réussites occasionnelles sans retenir l'attention. C'est le cas d'André Berthomieu, qui durant les années trente donnera au moins deux charmantes comédies, *Mon ami Victor* (1930) et *La Femme idéale* (1934), ou de René Guissard dont la trop abondante production (trente-cinq films pendant ces mêmes années) comporte des réussites indiscutables, comme *Dédé* (1934) avec Danielle Darrieux et Albert Préjean, adapté, avec un entrain communicatif, de l'opérette de Willemetz et Christiné créée en 1921 par Maurice Chevalier.

« Le Roi des resquilleurs ». Georges Milton

Pour illustrer ce « ciné du sam'di soir » si représentatif de l'époque et tant méprisé des critiques et des historiens, arrêtons-nous un instant sur le cas typique du premier triomphe remporté par le nouveau cinéma comique parlant, et sur les deux artisans de ce triomphe. Sorti le 12 novembre 1930, *Le Roi des resquilleurs*, réalisé par Pierre Colombier, avec Georges Milton pour vedette, est le premier grand succès populaire « normalisé » du parlant. Les quelques succès précédents allaient à l'invention, au fait que « ça parlait », qu'on entendait passer les trains ou gratter les allumettes. *Le Roi des resquilleurs* réussit parce qu'il fait rire, à sa manière à lui, parlante, chantante, très animée, vulgaire, parfois grivoise, parigote : le ton qui a été trouvé ravit un large public et va marquer le comique pour une décennie. *Le Roi des resquilleurs* est une sorte de revue bon enfant menée sur un rythme endiablé, un hymne au système D fort bien résumé par la chanson du film : « J'ai ma combine », qui devient la scie de l'année. Dans le rôle vedette de Bouboule, Georges Milton, spécialiste de la chanson vulgaire à double sens, ne fait pas dans la dentelle, mais assure et proclame la continuité avec le music-hall. Venu du caf'conc' où il a succédé à Dranem, le rondouillard Milton a conquis les galons de vedette au Casino de Paris aux côtés de son copain Maurice Chevalier dont il est le faire-valoir comique et qui lui a trouvé son nom de scène qui va devenir son nom de cinéma pour toute une série de Bouboule à l'écran.

Chevalier parti aux Etats-Unis, c'est à lui qu'on va demander de représenter l'esprit faubourien dans des films-opérettes dont *Le Roi des resquilleurs*, suivi du *Roi du cirage*, constitue l'étalon. Après quoi, Milton devient une vedette Gaumont et tourne, sous la direction du

cinéaste maison Léon Mathot, *La Bande à Bouboule*, et *Bouboule Ier,*
roi des nègres », puis *Prince Bouboule* qu'il produit lui-même aux studios Gaumont. En 1932, Milton crée au théâtre Mogador l'opérette
L'Auberge du Cheval Blanc qui fera chanter « Adieu, joyeux Tyrol ! »
par toute la France, comme elle avait chanté « La fille du Bédouin »
après la création de l'opérette *Le Comte Obligado* en 1927 et le film
que Léon Mathot en tira en 1934. Mais tout ne finit pas toujours avec
des chansons pour Georges Milton. Dans *Nu comme un ver* (Léon
Mathot, 1933) et dans d'autres films qu'il produit lui-même comme
Jérôme Perreau (Abel Gance, 1935), *Les Deux Combinards* (Jacques
Houssin, 1937) et *Prince Bouboule* (Houssin, 1938) se développe une
orientation politique nettement réactionnaire. Nous y reviendrons.

Pière Colombier. Déclinaison du mot « peuple »

Le Roi des resquilleurs a été écrit par l'inévitable parolier et auteur
d'opérettes René Pujol et par le réalisateur Pière Colombier. Né en
1896, celui-ci a mystérieusement orthographié son prénom Pière, avant
de revenir, en 1936, à l'orthographe usuelle. Il compte treize films
muets à son actif quand arrive le parlant. C'est lui qui réalise *Chiqué*
(1930) avec Charles Vanel, premier film parlant tourné entièrement en
France par une équipe française sans version étrangère. Compte tenu
de la lourdeur technique du son à ce moment-là, sa mise en scène du
Roi des resquilleurs anime l'action en extérieur avec une agilité rare.
Elle fait passer, grâce à sa vitalité, tout ce que le film charrie de
vulgarité. Parmi les dix-huit films parlants que tourne Colombier pendant les années trente, on peut distinguer *Théodore et Cie, Le Roi* et en
général ses adaptations de Mirande et Verneuil, *Ignace*, qui fournit
l'étalon-or du vaudeville fernandélien (stupidité incluse), mais par-
dessus tout *Ces Messieurs de la Santé* (1933), superbe adaptation d'une
pièce de Léopold Marchand consacrée aux turpitudes boursières et
manigances banquières : l'un des beaux rôles de Raimu. Tous les films
de Colombier bénéficient de la collaboration de son frère Jacques (né
en 1901), excellent décorateur, souvent associé aux films de Maurice
Tourneur, puis de Guitry, Becker, Cayatte. « Quand on voit ses
décors, c'est lui qu'on devrait décorer », dira de lui Sacha Guitry dans
le générique du *Destin fabuleux de Désirée Clary* (1941).
   Pour la critique de l'époque, *Le Roi des resquilleurs* n'est rien
d'autre que le symbole de la « camelote Pathé-Natan ». Ce « cinoche », pourtant, constitue le terreau et le vivier d'une forme de l'esprit
français et de l'activité cinématographique en général. Certes, le
« cinoche » n'est pas un label de qualité, il charrie beaucoup de médio-

crité. Mais il importe de le prendre en compte. Nous allons voir bientôt comment, de ses origines populacières, le cinéma va passer au populisme romantique des années du Front populaire. Avant de décliner ainsi le mot « peuple », il fallait le contempler à sa racine.

« Contre l'abomination d'être pauvre, il faut, avouons-le, c'est un devoir, tout essayer, se saouler avec n'importe quoi, du vin, du pas cher, de la masturbation, du cinéma. » Voilà comment on parle du cinéma en 1932. C'est Louis-Ferdinand Céline qui s'exprime. Et c'est Eugène Dabit, l'auteur d'*Hôtel du Nord* qui cite cette phrase dans sa critique du *Voyage au bout de la nuit* (N.R.F., décembre 1932). Céline, Dabit, deux des personnages clés — si différents soient-ils — du populisme qui s'infiltre partout dans le cinéma français. Pourtant, après cinq ans d'apprentissage de ses nouveaux instruments, le cinéma parlant sort de son inventive barbarie. Pendant les années qui viennent, suffisamment maître de ses techniques pour les oublier, secoué par une crise qui le handicape mais le galvanise, il va passer de l'expérience fruste et passionnante de *Toni* (1935) à la sophistication énigmatique de *La Règle du jeu* (1939). Les deux cinémas que nous avons suivis jusqu'alors, celui des chercheurs et celui des amuseurs, ont contribué à cette maturation. On ne l'avait pas vu venir : c'est une décennie prodigieuse qui s'annonce.

Livre deuxième

LE CINÉMA FRANÇAIS
PAR EXCELLENCE

1935-1945

PREMIÈRE PARTIE

DU FRONT POPULAIRE
AU FONDS POPULISTE

1935-1938

Introduction

DEUX FILMS POUR CHANGER DE DÉCOR

> « Après tout, c'est peut-être vrai que nous
> sommes tous frères ! Ah ! le peuple...
> on ne le connaît pas ! »
> Michel Simon dans *Circonstances*
> *atténuantes* [1].

La fin d'un cycle : « Le Dernier Milliardaire »

Entr'acte avait marqué, un soir de novembre 1924, au théâtre des Champs-Elysées, la tumultueuse entrée en scène d'un jeune cinéaste, René Clair, salué par le chahut rigolard ou furibard du snobisme parisien. A cent mètres de là, au cinéma Marignan, exactement dix ans plus tard, en novembre 1934, le tumulte est bien plus violent. L'atmosphère est à l'émeute, mais cette fois, c'est l'hostilité qui règne. La première du *Dernier Milliardaire* est un fiasco. Cet échec ne mériterait pas d'autres commentaires s'il n'était porteur de tant de signes.

Après *Quatorze Juillet,* son quatrième film de suite produit par la Tobis, filiale française d'une société allemande, René Clair est toujours sous contrat avec elle, et travaille tranquillement sur un nouveau projet. Parti de l'idée d'un chef d'entreprise devenu fou qui, par autoritarisme, entraîne son personnel dans sa démence, le scénario devient l'histoire d'un dictateur, Banco, qui réduit son petit pays imaginaire, Casinario, en esclavage. Redoutant sans doute que Banco ne passe pour un portrait satirique de Hitler, la Tobis, contrôlée depuis mars 1933 par Goebbels, fait savoir à René Clair que son *Dernier Milliardaire* paraît « inopportun ». Le cinéaste se lance dans

---

1. Dialogues d'Yves Mirande, réalisation : Jean Boyer (1939).

un autre scénario, *Le Diadème de Charlemagne,* qui lui résiste opiniâtrement, quand Pathé propose de reprendre le script refusé par les Allemands. Il tourne donc *Le Dernier Milliardaire,* sans son équipe habituelle : le décorateur Lazare Meerson est attaché à la Tobis, et l'opérateur Georges Périnal est parti retrouver Korda à Londres. Trop fantaisiste pour une vraie satire politique, trop sérieux pour un simple divertissement, le film sort à la fin d'une année de crise marquée par des émeutes, des scandales financiers, des assassinats politiques et tombe en complet porte-à-faux avec la sensibilité du moment. Alexandre Arnoux terminait son compte rendu avec ce constat : « J'irai le revoir dans quelques semaines... lorsque la réalité présente n'accablera plus si lourdement ses agréables et souvent assez amères folies. »

Déçu par son échec, perplexe devant le climat politique français, René Clair est invité à travailler à Londres, où ses derniers films ont eu un notable succès, y compris *Le Dernier Milliardaire.* Son hôte n'est autre qu'Alexandre Korda, juif hongrois qui a quitté son pays après y avoir tourné plusieurs films importants ; il a travaillé à Vienne, Berlin, Hollywood et Paris où il fut, on s'en souvient, le réalisateur avisé de *Marius* et aussi de quelques autres films typiquement français tels que *La Dame de chez Maxim's.* Installé à Londres, Korda y a tourné quelques succès triomphaux, tels que *La Vie privée d'Henri VIII* ; il a monté également une puissante société de production et relancé le cinéma britannique en s'assurant le concours de quelques grands réalisateurs. Il propose ainsi à René Clair un *Cyrano de Bergerac* (avec Charles Laughton), qui ne réussira pas à vaincre la méfiance du cinéaste à l'égard du théâtre filmé. Et c'est finalement un film où s'allieront l'ironie française et l'humour britannique qu'écriront René Clair et l'écrivain américain Robert Sherwood. *Fantôme à vendre* raconte l'odyssée d'un vieux château écossais qui émigre en Amérique, fantôme et traditions inclus. Drôle, charmant, léger, c'est du très bon René Clair, même si cette fantaisie sonne un peu creux. Le film sort, avec succès, le 17 décembre 1935, au Leicester Square Theatre, à l'occasion d'un gala de charité en présence de la reine.

Depuis *Le Dernier Milliardaire,* sont sortis en France *Le Grand Jeu, Angèle, Pension Mimosas, Toni, La Bandera,* films qui ont engagé le cinéma français dans la voie, féconde, du réalisme classique. Un fossé se creuse entre Clair et Paris. Pendant douze années, René Clair ne tournera plus sur le territoire national. Il réalise deux films en anglais, à Londres, quatre films en anglais à Hollywood. Certes, les causes et les circonstances de ces exils sont différentes selon les années et les événements. Il reste que le chef de file naturel de la création cinématographique française se trouve marginalisé au moment où le cinéma parlant trouve sa maturité, où le cinéma français s'engage avec une créativité extraordinaire dans la voie à la fois réaliste, poétique et populiste que toute l'œuvre de René Clair annonçait. Cette fracture contribuera à imposer à René Clair une place inconfortable, chichement mesurée, dans le gotha du film français. A l'heure où explose la maîtrise de l'école française, son initiateur et premier maître en est réduit, outre-mer, aux fantômes à vendre.

Une transfusion de sang : « Toni »

Le premier tour de manivelle de *Toni* est donné le 20 octobre 1934. Le film sort à Paris, au Ciné-Opéra et au Bonaparte, le 22 février 1935. Chronologiquement, il appartient à nos chapitres précédents. Mais ce film marque une rupture. Pour aborder l'ère qui va suivre, celle des chefs-d'œuvre du grand réalisme français, *Toni* constitue un repère utile. Un repère, mais pas une matrice. Car la démarche si particulière de *Toni* n'est pas celle qui va caractériser notre cinéma de la décennie suivante.

De *Toni*, François Truffaut disait dans *Les Films de ma vie* [1], en pensant à la carrière de Renoir, que c'est « un film pivot, un départ vers une tout autre direction ». *Toni* est en effet le tremplin où cette superbe page de l'aventure Renoir prend son élan.

L'originalité de l'entreprise, sur le plan dramatique aussi bien qu'artistique, consiste à bâtir le scénario en suivant au plus près la reconstitution d'un fait divers authentique, vieux de quelques années, et à tourner le film dans des lieux proches et semblables à ceux du fait divers, avec des seconds rôles non professionnels recrutés sur place et des comédiens se rapprochant des personnages d'origine. Ce fait divers situé dans les environs de Martigues avait été raconté à Jean Renoir par un copain, Jacques Mortier, ancien condisciple, devenu commissaire de police (et auteur d'un roman sous le nom de plume de Jacques Levert qui est celui figurant au générique du film). La doctrine du réalisme intégral qui sera formulée ultérieurement à propos de *Toni* n'est peut-être pas si claire quand le projet prend forme, puisque des vedettes comme Fernandel et Line Noro sont contactés pour les deux rôles principaux. Pour un tournage dans le Midi, Renoir trouve normal de prendre l'avis de Marcel Pagnol, dont il a salué avec intérêt et amitié l'entrée en cinéma et qui va devenir prestataire de services, puis coproducteur du film. Sans que Pagnol cherche à influencer Renoir ni à abuser de son rôle (il ne viendra jamais sur le tournage et ne surveillera pas les rushes), différentes étapes préparatoires du film portent sa marque. C'est vrai du repérage des extérieurs, où il est de bon

1. Flammarion, 1975.

conseil, et surtout de la distribution. C'est ainsi que le rôle-titre, finalement, n'ira ni à Fernandel ni à Georges Flamant (le maquereau de Lulu dans La *Chienne*), mais à Charles Blavette, ce fabricant de conserves et comédien d'occasion que Pagnol a fait débuter dans *Jofroi*. Les autres rôles principaux vont aussi à des comédiens de la troupe de Pagnol, comme Edouard Delmont, ou venus des planches marseillaises comme Andrex ou Jenny Hélia. Pour l'équipe technique, du décor au son, on retrouve le générique d'*Angèle* que Pagnol vient de terminer et dont Renoir verra une première projection vers le 20 septembre 1934. Cette projection le confirme dans son intention d'associer Pagnol à son entreprise et de s'inspirer du cinéma « régionaliste » de plein air qu'illustre son ami marseillais.

Toni est un ouvrier immigré italien qui vit dans une communauté assez misérable de travailleurs d'origines diverses menacés par le chômage. Toni a pour compagne Marie, mais il aime une Espagnole, Josefa, qu'un contremaître belge, Albert, viole puis épouse. Josefa tuera l'immonde Albert, puis ira se dénoncer. Mais entre-temps, Toni, pour la protéger, a avoué le meurtre, et s'est fait descendre tandis qu'il s'enfuyait. André Malraux, découvrant Faulkner, disait qu'il représentait « l'intrusion de la tragédie grecque dans le roman policier ». *Toni,* c'est l'intrusion de la tragédie grecque dans la banalité du quotidien. Car le vrai thème du film n'est pas le drame vécu par les personnages, mais le contraste entre ce matériau à haute tension passionnelle et la simplicité paisible d'un récit enfoui dans les détails triviaux de la vie ordinaire, le souci et la fatigue du travail, les besoins de nourriture, et l'amour que l'on quête ou que l'on exige, sans que le verbe jamais vienne broder ses arabesques, ni affiner l'évolution des sentiments. Une société fruste, que la caméra observe plutôt qu'elle ne la met en scène, où les passions explosent d'autant plus violemment qu'elles sont impossibles à verbaliser.

Le film souffre de certains de ces partis pris. Il y a des insuffisances d'interprétation ; l'image de Claude Renoir (le neveu de Jean, pour la première fois chef opérateur), à force de refuser le pittoresque d'une Provence ensoleillée, impose une lumière un peu morne. Attentif à la vérité du détail, des gestes, des joies et des peines du travail et des jours, le récit se soucie peu de la crédibilité des caractères. C'est même, d'une certaine manière, l'originalité majeure de Renoir : ce refus de la psychologie, carburant préféré de l'ensemble du cinéma français, et constitutif de son identité. Plus étonnant encore, *Toni,* précis, méticuleux sur les conditions de vie matérielle et sociale d'une communauté de travailleurs exactement définie, communauté d'immigrés directement concernée par la vague de xénophobie qui se développe à cette époque, film donc qui devrait constituer un brûlot, n'est jamais présenté comme un document social par Renoir, et à peine perçu comme témoignage par la critique. Certes, un « carton » annonce en tête du film qu'il se déroule

« dans le midi de la France, en pays latin, là où la nature, détruisant l'esprit de Babel, sait si bien opérer la fusion des races ». Mais cette fusion des races n'est pas celle des travailleurs contraints à l'exil et au brassage social. C'est celle de la civilisation méditerranéenne qui fait de ses personnages (dira Renoir dans un texte de 1956) « les héritiers les plus authentiques de cette civilisation gréco-romaine qui nous a faits ce que nous sommes ».

Rien de ce qui se dit sur le film, dans sa préparation ou son commentaire, ne le relie au grand mouvement politique qui agite la France depuis les événements du 6 février 1934. *A posteriori,* les observateurs ou les historiens auront tendance à classer dans une catégorie « cinéma du Front populaire » tout film à tendance ou contenu social des années 1934 à 1938. Mais un film comme *Toni* ne relève en rien d'un cinéma à proprement parler « engagé ». Cette distinction a son importance, s'agissant de l'évolution de Jean Renoir. Car dix-huit mois après *Toni,* il va tourner *La vie est à nous* pour le parti communiste. Il y a, bien sûr, une sorte de continuité entre les deux films : l'attachement de Renoir à la réalité, à une recherche de vérité cinématographique. Néanmoins, les deux démarches, sur le plan esthétique comme sur le plan idéologique, sont fortement contrastées. *Toni* reste un exercice de réalisme cinématographique appliqué non pas à un problème social mais à des forces morales antagonistes dont le conflit constitue le vrai sujet de Renoir. Si le recours au fait divers permet à Renoir de s'évader des conventions du théâtre et du roman, il lui fournit surtout un brevet d'authenticité qui vient légitimer le conflit qu'il évoque. Il obtient avec cet alibi l'effet de vérité que recherchaient les inventeurs du roman (et combien d'autres après eux), Cervantès et Daniel Defoe, en prétendant que *Don Quichotte* et *Robinson Crusoé* étaient des manuscrits retrouvés dans lesquels les héros avaient relaté leurs aventures. C'est donc bien par rapport à la question du *réalisme* cinématographique que *Toni* doit être pris en considération.

Important dans la démarche de Renoir, ce film l'est aussi pour l'histoire du cinéma, dans la mesure où il préfigure, dans ses méthodes de tournage, et dans ses ambitions, le néo-réalisme italien, surtout dans les formes qu'illustrera Rossellini et que théorisera Zavattini. Contrairement à ce que certains indices donnent à penser, il semble bien que Luchino Visconti n'ait pas été stagiaire sur *Toni,* comme il le sera sur *Partie de campagne,* mais il connaissait sûrement le film, et son amitié et son admiration pour Renoir ont évidemment influencé le futur cinéaste d'*Ossessione (Les Amants diaboliques)* et de *La terre tremble.*

Mais si *Toni* aura une riche descendance transalpine dix ans plus tard, celle qu'il aura en France sera plus tardive et surtout théorique. Léon Moussinac a raison de réunir *Toni* et *Pension Mimosas* de Feyder (sorti le 19 janvier 1934) dans la même estime, et d'ajouter : « Non point que ces deux films soient rapprochables — ils accusent une sensibilité et une technique toutes différentes —, mais ils révèlent une même vérité cinématographique » (*L'Humanité,* 8 mars 1935). Disons plus exactement : deux voies différentes vers une forme de vérité cinématographique. Ce que personne ne pouvait prévoir, c'est que c'est la voie *Pension Mimosas* qui ouvrira sur l'avenir et débouchera sur le « réalisme noir » : *Le Quai des Brumes* et *La Bête humaine* de 1938, et non celle de *Toni* dont la leçon, signale André Bazin dans son *Jean Renoir* [1], sera oubliée par Renoir lui-même.

En effet, l'important dans *Toni,* c'est l'exercice de plein air et de pleine terre, c'est l'aventure d'une caméra posée au ras du réel et nourrie de quotidien, et cette expérience, ne fut pas suivie, en tout cas pas dans les années suivantes, notamment par Renoir lui-même. Mais sommes-nous sûrs de bien comprendre Renoir ? Présentant son film, en 1935, il écrivait : « Les hommes qui me servirent de modèles pour *Toni* m'ont semblé traîner derrière eux cette atmosphère lourde, signe du destin fatal des héros de la tragédie, voire de la chanson populaire (*Comœdia,* 8 février 1935). Or cette phrase fournit l'exacte définition du « réalisme poétique » qui va marquer les années suivantes et que Renoir croit inaugurer avec *Toni,* alors que nous le considérons dans une autre perspective. Indice corroborant l'intuition de Renoir : lorsque son ancien assistant et disciple Luchino Visconti tourne son premier long-métrage, point de départ du néo-réalisme italien, ce film, *Ossessione (Les Amants diaboliques),* est plus proche du réalisme noir du *Quai des Brumes* et de *La Bête humaine* que de *Toni,* comme si Visconti avait retenu de *Toni* son tragique qui le rapproche du « réalisme poétique » plutôt que l'expérience de tournage *in situ* d'un morceau de vraie vie, qui deviendra plus tard la marque du néo-réalisme italien. En écoutant Renoir et Visconti, on peut comprendre qu'en dépit de sa spécificité, *Toni,* au-delà de sa recherche d'authenticité, a marqué un jalon dans l'élaboration du « réalisme français ».

Film exceptionnel dans les différents sens du terme, film d'une certaine manière expérimental, *Toni* enrichit la palette de Renoir. En novembre 1934, dans le numéro 5 des *Cahiers du film* (revue fondée et dirigée par Marcel Pagnol mais qui, depuis le numéro 4, paraît en supplément dans un autre journal *L'Effort cinématographique*), Jean Renoir commente ainsi le film qu'il est en train de tourner : « Peut-être, comme Marcel Pagnol l'a déjà magnifiquement réalisé avec son *Angèle,* va-t-il [*Toni*] me permettre d'apporter ma modeste part à l'espèce de renouvellement, de transfusion de sang, que le cinéma français cherche en se dirigeant vers le plein air et le travail sur nature. » Ces derniers mots montrent bien aussi comment Jean s'inspire de l'exemple d'Auguste, dont « le travail sur le motif » a participé à l'évolution artistique et à l'éclosion de l'impressionnisme. Littérale-

1. Champ Libre, 1971.

ment, nous l'avons dit, le pronostic se révélera erroné : le cinéma français ne se dirige pas vers le plein air, et ne se ressourcera pas dans son propre néo-réalisme. Pourtant, pris globalement, le souhait de Jean Renoir sera exaucé. Les cinémas de Renoir et de Pagnol vont ensemencer le futur, ils vont transfuser un sang nouveau à d'autres générations : non pas le sang du plein air, ou autres méthodes pratiques de tournage, mais celui de l'indépendance du créateur cinématographique hors des conventions dramatiques, techniques du cinéma industriel. Lorsque la Nouvelle Vague saluera en Renoir son parrain, le message sera ambigu, car le Renoir du moment, c'est celui de *French Cancan* (1954), *Elena et les hommes* (1956), *Le Testament du docteur Cordelier* (1959), *Le Caporal épinglé* (1962), dont les liens avec le cinéma d'hier sont plus apparents que ceux avec le cinéma de demain. La Nouvelle Vague, si elle puise ses racines chez Renoir, c'est surtout dans deux films que beaucoup de choses rapprochent : *Toni* et *La Règle du jeu* (1939). Cette même *Règle du jeu* où Dalio (Robert de La Chesnaye) déclare à Roland Toutain (André Jurieux) : « De temps en temps, je lis dans les journaux que, dans une lointaine banlieue, un terrassier italien a voulu enlever la femme de quelque manœuvre polonais et que ça s'est terminé par des coups de couteau. Je n'croyais pas ces choses possibles. Elles le sont, mon cher, elles le sont !... »

Le texte de Jean Renoir que nous avons cité, commentant le tournage de *Toni,* mérite qu'on s'y arrête, car, fût-ce au prix d'une fausse prédiction, il révèle à juste titre la communauté de cheminement, la fraternité professionnelle de Pagnol et Renoir. Les deux hommes ne s'intéressent pas aux mêmes choses, n'ont pas le même style ni le même regard, ne font pas le même cinéma. Mais ils ont en commun deux attitudes fondamentales. D'une part, ils s'intéressent à une vérité des personnages et des situations qui n'est en rien prédéterminée par la panoplie des caractères et le catalogue des situations : la vie, pour eux, est toujours plus importante que les règles. D'autre part, ils fuient (ou tentent de fuir) l'usinage, le conditionnement du cinéma institutionnel, commercial, normalisé, qui même dans les meilleurs cas, érode l'initiative du maître d'œuvre et arase l'innovation. D'où la naissance des « Films Marcel Pagnol », le studio et l'usine de Marseille, qui font de Pagnol, nous l'avons vu, un patron qui travaille dans ses meubles. D'où l'obsession de Renoir de s'intégrer dans une structure amicale qui assure le financement de ses films, en respectant sa création, ses choix (de sujet, de comédiens) et son montage final (si souvent mis en cause). D'où enfin, naturellement en quelque sorte, la rencontre sur *Toni* de ces deux « indépendantistes » dont l'un, Pagnol, s'est forgé son instrument de liberté, et dont l'autre, Renoir, tente, au coup par coup, d'inventer la structure productive adaptée à son besoin de liberté créatrice. Cette bataille, pour lui, n'est pas secondaire : elle est primordiale. C'est à elle qu'il pense lorsqu'il écrit, avec une sorte de solennité dont il n'est pas coutumier : « L'histoire du cinéma, et surtout du cinéma français, pendant ce dernier demi-siècle, est placée sous le signe de la lutte de l'auteur contre l'industrie. Je suis fier d'avoir participé à cette lutte victorieuse [1]. »

L'œuvre de Renoir jusqu'en 1939 mérite d'ailleurs d'être considérée sous cet angle spécifique de la recherche de la production indépendante. Faisons le tour de la question, pour n'y plus revenir. Pour quatre de ses films muets, Renoir est son propre producteur et finance ses films en vendant des toiles de son père. Ensuite, il travaille en collaboration avec son ami Pierre Braunberger qui cherchera à le protéger (efficacement, sauf pour le montage de *La Chienne*). Pour *La Nuit du carrefour*, Renoir mobilise l'argent d'amis et de relations. Pour *Boudu*, c'est son ami et interprète Michel Simon qui a monté la production. Pour *Madame Bovary,* il traite avec son ami Gaston Gallimard (pas si amical que cela quand, pendant le tournage, Pierre Renoir lui ravira sa maîtresse, Valentine Tessier). Bientôt, pour *Le Crime de Monsieur Lange,* c'est à nouveau un ami, André Halley des Fontaines, qui organisera la production. Après deux films produits par des organisations politiques, et un autre par l'ami Braunberger, Renoir tournera trois films dans des conditions de production traditionnelle avant de créer une nouvelle société de production avec des proches, la N.E.F. (Nouvelle Edition française), pour produire *La Règle du jeu*.

Ce bref résumé traduit la hantise de Renoir de n'être pas livré pieds et poings liés à la machine de production, de trouver des solutions amiables, de compromis, faute d'avoir pu installer une structure stable de production à sa dévotion. Or, à l'occasion de *Toni,* il peut imaginer qu'il touche au but. Il vient en effet de créer une société de production, les Films d'Aujourd'hui, avec son frère Pierre, son ami Karl Einstein, spécialiste de peinture abstraite et écrivain, le fidèle Pierre Braunberger et surtout un ami industriel, Pierre Gaut, qui a connu Renoir dans les années vingt chez des relations communes quand il était devenu familier de Braque, Picasso ou Matisse. Gaut a de l'argent, du crédit, et fait confiance à Renoir.

Pourtant, le 17 septembre 1934, quand elle est enregistrée, la société anonyme les Films d'Aujourd'hui ne compte plus que deux associés, Renoir et le financier Pierre Gaut, chacun détenteur de 50 % des parts. Elle est riche d'un vaste programme de production dont cinq films sont déjà chiffrés. Le devis de *Toni* se monte à 900 000 francs. Il coûtera à peu près un million — soit 3 250 000 francs 1990 —, investi pour moitié par Pierre Gaut, pour moitié par les Films Marcel Pagnol entrés entre-temps dans la production du film. Son échec met fin, une fois encore, à l'expérience de production indépendante tentée par Renoir, comme, en 1939, l'échec de *La Règle du jeu* mettra fin à la

1. Avant-propos à *Ma vie et mes films,* Flammarion, 1974.

N.E.F., créée pour la circonstance et, là encore, avec des familiers : son frère Claude, un ancien camarade d'école, Camille François, son collaborateur, André Zwobada. Où était-elle installée cette N.E.F. ? Au 18, rue de la Grange-Batelière, en sous-location des locaux des Films Marcel Pagnol. Il existe, c'est certain, un fil Renoir-Pagnol, plus fort, plus constant qu'on ne l'a dit. Tout donne à penser que c'est par l'intermédiaire de Pagnol que Renoir a pu trouver le financement de *La Nuit du Carrefour*. A l'occasion de leur association dans *Toni*, Renoir engage comme scripte et seconde monteuse Suzanne de Troye qui a été sa scripte ou sa monteuse sur quatre films précédents avant de devenir la monteuse de Pagnol, puis de rejoindre Renoir en 1938, pour *La Bête humaine*. Or, Suzanne de Troye est à la fois la camarade de travail et de militantisme et l'amie intime de Marguerite Renoir. Tout indique qu'elle a constitué un lien entre les deux équipes pendant les années 1932-1939. En juillet 1938, Renoir rend d'ailleurs visite à Pagnol sur le tournage de *La Femme du boulanger*. En 1938-1939, Renoir nourrit de nouveaux espoirs de production indépendante et de société coopérative, espoirs auxquels Pagnol est clairement associé. Dans *Paris-Soir* du 8 décembre 1938, Georges Cravenne, qui sera l'attaché de presse de *La Règle du jeu*, annonce : « Pagnol et Renoir seraient sur le point de sceller un accord fort intéressant [...] ; ne dit-on pas qu'ils acquerraient une grande salle d'exclusivité pour y projeter uniquement les films qu'ils signeront dorénavant. »

Outre ce même souci de préserver leur indépendance d'auteurs, Renoir et Pagnol ont en commun un gène difficile à isoler. Ce sont les plus « français » des cinéastes français, des créateurs solidement enracinés dans une culture et une sensibilité nationales, attentifs aux lumières et aux odeurs de leur terroir. Ecoutons Renoir : « Je ne savais pas encore qu'un Français vivant en France, buvant du vin rouge et mangeant du fromage de Brie devant la grisaille des perspectives parisiennes ne peut faire œuvre de qualité qu'en s'appuyant sur les traditions des gens qui ont vécu comme lui » (*Le Point*, décembre 1938). Qu'a dit et fait d'autre Pagnol, même si, avec lui, d'autres paysages et un autre soleil engendraient d'autres images ? Offerts au public à quelques mois de distance, *Angèle* et *Toni*, créés hors des circuits traditionnels, élargissent le sens du mot « populaire », qui s'appliquait jusqu'alors au cinéma de faubourgs et de banlieue, de guinguette et de bal musette. Sous le soleil provençal purgé de pittoresque, une nouvelle vérité s'invente. Pagnol et Renoir ont en commun un humanisme jovial, convivial et leur cinéma est avant tout centré sur la vérité des personnages. Mais, au-delà, Renoir et Pagnol (celui-ci surtout quand il s'inspire de Giono) ont une vision cosmique de l'univers : le réalisme minutieux de leurs films s'inscrit dans un discours sur l'humanité et l'éternité. Au moment d'*Angèle* et de *Toni*, deux créateurs fort différents, épisodiquement associés, mais secrètement convergents, inventent pour le cinéma français sa plus juste lumière. *Angèle* va conduire à *Regain,* à *La Femme du boulanger. Toni* prépare *Le Crime de Monsieur Lange* et, plus bizarrement, déclenche *La Grande Illusion.* En effet, pendant le tournage en extérieur de *Toni,* Renoir, toujours si soucieux de l'enregistrement du son direct, est perturbé assez fréquemment par des bruits d'avion. Renseignement pris, c'est un terrain d'aviation militaire dans le voisinage qui fait problème. Renoir s'y rend pour négocier un arrangement et y retrouve le général Pinsard qu'il a connu comme pilote de chasse pendant la guerre. Les deux hommes évoquent des souvenirs, notamment ceux de Pinsard, plusieurs fois prisonnier, plusieurs fois évadé. Renoir retourne à ses caméras sous un ciel devenu silencieux. Une idée chemine qui donnera *La Grande Illusion* deux ans plus tard. Entre-temps, Jean Renoir aura tourné quatre autres films...

I

LE TEMPS DES ÉPREUVES

« L'alternance n'est pas entre un
sérieux *classique* et la facilité, mais entre
les phases de mollesse et de négligence
et les secousses de la vie nationale qui
réveillent la vitalité et l'orgueil. »
André Chastel, Introduction
à l'*Histoire de l'art français*.

Chapitre 1

CRISE : LA RÉFORME INTROUVABLE

Montée du fascisme à nos frontières, crise politique et crise économique en France. Des années 1930, années d'apogée, sur lesquelles s'ouvrait notre histoire, nous avons glissé à la « crise ». Avant d'étudier celle du cinéma, qui nous concerne directement, nous ne pouvons faire l'économie d'un bref rappel historique. Non seulement l'économie et la politique du cinéma dépendent de ce contexte, mais, sur les écrans, fût-ce de manière indirecte, les films transmettent le reflet d'une histoire que nous ne pouvons ignorer.

La crise française

La crise économique qui ravageait l'Europe et l'Amérique a forcé le bastion de la prospérité française. Les prix s'effondrent sans que le pouvoir d'achat grimpe. Les faillites se succèdent en cascades. Le chômage se répand. L'immigration de la main-d'œuvre étrangère, jusqu'alors souhaitée et protégée, n'est plus viable, économiquement parlant (elle est stoppée en 1933), ni supportée socialement. Le slogan « La France aux Français » connaît une inquiétante popularité. Des corporations entières, comme celle des médecins ou des avocats, prennent des mesures de protection où se mêlent xénophobie et antisémitisme. Pour réduire le déficit public, les impôts augmentent, orientant contre l'Etat la colère des victimes de la crise.

Hors de nos frontières, tandis que Mussolini renforçait et durcissait l'autorité fasciste en Italie, Hitler est devenu chancelier d'Allemagne en janvier 1933, Führer en août 1934. Le régime nazi s'appuie sur la répression policière, les persécutions antisémites, un discours expansionniste et revanchard. On croyait cette menace conjurée : le fantôme de la guerre recommence à hanter l'Europe.

Sur le plan économique, la crise aiguise des revendications contradictoires. L'instabilité gouvernementale (cinq gouvernements en 1933) discrédite les institutions. Des « ligues » (Action française, Croix-de-Feu) organisées sur un modèle paramilitaire s'opposent, au nom d'un « ordre nouveau », aux partis traditionnels réduits à l'impuissance par leurs divisions. Des « affaires » d'escroqueries financières ayant bénéficié de la complicité de hauts fonctionnaires ou d'hommes politiques nourrissent un antiparlementarisme qui tourne à l'émeute et frôle le coup d'Etat, le 6 février 1934. C'est le « scandale Stavisky » qui a jeté le peuple dans la rue. Escroc roumain naturalisé français qui bénéficia longtemps de hautes protections, Stavisky a dévalisé les petits épargnants du Crédit municipal de Bayonne avec l'aide du député-maire de la ville. A peine l'affaire est-elle révélée que l'escroc est découvert, agonisant, par la police : son prétendu suicide était-il destiné à l'empêcher de compromettre le monde politique ? La fureur est grande, et vivement attisée par les ligues. Des milliers de manifestants d'origines politiques parfois opposées se retrouvent place de la Concorde, où une police débordée tire dans le tas, faisant dix-sept morts et mille cinq cents blessés. L'onde de choc de cette folle nuit amènera, en mai 1936, la victoire électorale d'une gauche ressoudée par les périls courus par la république : le 6 février 1934 ouvre la voie au Rassemblement populaire de 1935 et au gouvernement de Front populaire de 1936.

De grandes grèves nationales saluent cet événement et entraînent un train de mesures sociales très importantes qui concernent les salaires, l'organisation du travail, la protection sociale, la vie syndicale, les congés payés. Mais l'unité communistes-socialistes-radicaux est fragile et, pour la maintenir, Léon Blum est freiné dans son action et démissionne dès juin 1937. Le déclenchement de la guerre d'Espagne en juillet 1936, le bellicisme allemand (invasion de l'Autriche en mars 1938 et menaces sur la Tchécoslovaquie, puis sur la Pologne) font peser le risque d'une guerre mondiale. Le débat majeur de la fin des années trente oppose les partisans d'une ferme lutte antifasciste à ceux d'une paix à tout prix, avec pour issue les accords de Munich (septembre 1938), l'invasion de la Tchécoslovaquie (mars 1939) et celle de la Pologne qui déclenche la guerre (septembre 1939).

« Il faut sauver le cinéma »

C'est dans ce contexte de montée des tensions politiques et sociales que se développe la crise du cinéma proprement dit. « Il faut sauver le cinéma », titre le député Henri Clerc, dans *Paris-Soir*, le 13 août 1933. « Peuple français, sauve le cinéma de ton pays », adjurent les pancartes des techniciens manifestant en mai 1934. « Le cinéma français crève », déclare le scénariste et critique cinématographique de *Paris-Soir,* Pierre Wolf, en janvier 1937, devant le groupe inter-parlementaire pour la défense du cinématographe. Le ton est donné : la crise est là.

Soixante ans plus tard, le cinéma français, avec tous ses problèmes, est, de loin, le plus prospère des cinémas européens. Mais la crise est toujours là. Elle n'aura quitté la une des journaux qu'entre 1940 et 1944... pour cause de catastrophe généralisée. A tous les autres moments, les problèmes traversés par le cinéma français — et il y en a toujours — auront fait l'objet d'un débat national. C'est l'une des caractéristiques de l'« exception française » concernant le cinéma. Elle résulte peut-être d'une capacité de lobbying très perfectionné des corporations concernées. Mais l'essentiel est ailleurs. A la différence de ce qui se passe dans la plupart des pays comparables, le sort du cinéma, en France, a peu à peu concerné la classe politique, les médias, l'intelligentsia. Pour des raisons économiques, artistiques, culturelles et « nationales » : défense de la langue, de l'image, du prestige. A quoi s'ajoute un parfum d'anti-américanisme. Ce pays ami est aussi un redoutable concurrent. Ce n'est nulle part plus vrai que dans le cinéma. Contre cet envahisseur, on se mobilise aisément.

L'histoire du cinéma français parlant est aussi l'histoire de cette bataille, et de l'intégration progressive de la gestion du cinéma dans une stratégie nationale d'une part, dans une politique d'Etat de l'autre. Au commencement était l'anarchie. Quand surgit le parlant, les orga-nisations syndicales professionnelles sont faibles et désunies, l'Etat dis-perse le contrôle du cinéma entre huit ministères. En fait, la puissance publique ne s'est intéressée vraiment au cinéma que sur deux plans : le contrôle moral et politique des films par le biais de la censure (ratta-chée au ministère de l'Intérieur) et le rançonnement fiscal par le biais de lourdes taxes sur les spectacles. Les années trente vont voir un changement notable de paysage. Les organisations professionnelles vont se renforcer, se concerter, définir une stratégie. L'Etat va prendre en compte les problèmes du cinéma, mobiliser des commissions et des experts, étudier des rapports, élaborer des projets, faire voter des lois. En 1940, rien d'important n'aura vraiment changé. Même les lois adoptées n'auront pas bénéficié de leurs décrets d'application. La mutation — qui sera radicale — des rapports de l'Etat avec le cinéma aura lieu pendant les décennies suivantes. Mais la plupart des réformes des années quarante et cinquante sortiront des travaux, études et pro-jets des années trente, marquées à la fois par un grand bouillonnement d'idées et d'initiatives et par cette impuissance à agir qui contribuera à la disparition de la IIIe République.

Dès 1930, les professionnels avaient senti que l'irruption du parlant impliquait des investissements financiers énormes, modifiait la concurrence étrangère et le marché international, donnait à l'artisanat ciné-matographique une nouvelle complexité, semi-industrielle, qui impli-quait un renforcement de son organisation et de sa relation avec l'Etat. Le sous-secrétaire d'Etat aux Beaux-Arts, Maurice Petsche, allait dans ce sens en créant, le 30 août 1931, un Conseil supérieur du cinémato-graphe, chargé d'émettre des avis sur tous les problèmes relatifs à l'art et à l'industrie du cinéma, sur tous les projets de loi ou de règlements les concernant. Pour cette tâche énorme et floue, quatre-vingt-sept membres étaient désignés, dont seulement douze appartenaient à la profession. Lourd et ingouvernable, le premier Conseil du cinéma mourut de sa belle mort, par non-renouvellement des mandats, sans avoir servi. Essai manqué, mais l'élan était donné, la machine politique et administrative s'était mise en branle.

Il y avait bien eu déjà une première tentative lorsque, en 1926, une commission s'était saisie d'un projet de « statut du cinéma » qui déboucha, le 18 février 1928, sur le « décret Herriot » (signataire du décret en tant que ministre de l'Instruction publique et des Beaux-Arts), qui se contentait de réformer la censure en introduisant deux innovations. D'une part, la « Commission de contrôle cinématographi-que » n'était plus seulement composée de fonctionnaires, mais, à parité, de représentants des pouvoirs publics et de la profession (seize de chaque côté). D'autre part, parmi ses critères d'appréciation (inté-rêts nationaux, protection des mœurs et traditions), le décret introdui-sait la prise en considération « des facilités d'accession des films fran-çais dans les divers pays d'origine ». Autrement dit, sans s'occuper du contenu d'un film, la commission pouvait l'interdire parce que prove-nant d'un pays où la distribution des films français était entravée. Le décret précisait même que la sauvegarde des mœurs en France serait sérieusement compromise si le nombre de films étrangers diffusés en France croissait encore. Pour la première fois, la censure était mobi-lisée pour la défense des marchés, national et international, du cinéma français.

La naissance de ce décret est intéressante à un autre titre : elle initie aux problèmes du cinéma l'homme qui sera l'éminence grise, le père Joseph des dix années préréformistes. Edouard Herriot a en effet nommé président de la commission chargée de préparer le décret un éminent juriste, Paul Grunebaum-Ballin, maître de requêtes au Conseil d'Etat, spécialiste, entre autres, des problèmes artistiques et du droit d'auteur, expert juridique de l'administration des Beaux-Arts. En 1931, c'est à lui tout naturellement que Maurice Petsche confie le secrétariat général du Conseil supérieur du cinéma. Au même moment, Paul Grunebaum-Ballin inspire le plan de réorganisation de l'industrie ciné-matographique française, présenté par la Confédération des tra-vailleurs intellectuels dont il est un dirigeant, et qui sera débattu en 1936 par le Conseil national économique. En 1935, c'est Paul Grune-

180

baum-Ballin qui sera chargé de préparer (en vain) un « décret-loi portant code du cinéma », inspiré par un rapport de Maurice Petsche. En 1936, Léon Blum fait de lui, à la présidence du Conseil, son conseiller juridique permanent, et son homme des missions de confiance. Ainsi se met en place peu à peu — à travers Maurice Petsche, Paul Grunebaum-Ballin, bientôt Guy de Carmoy — la filière d'administrateurs, de juristes et d'experts qui, au-delà des virevoltes de la vie politique, vont assurer la permanence des dossiers et leur lente progression vers des décisions.

L'exigence d'une normalisation des rapports avec l'Etat est née en 1930 de la nouvelle dimension prise, avec le parlant, par l'activité cinématographique. Elle est d'ordre institutionnel. Mais la crise, qui n'était que pressentie, s'installe et se développe. L'exigence se fait pressante, les sonnettes d'alarme sont déclenchées, qui vont contraindre à accélérer le mouvement.

Les signes de crise s'additionnent, puis se multiplient. Les recettes des salles, qui étaient montées jusqu'à 938 millions de francs en 1931, redescendent jusqu'à 750 millions en 1935. Elles remontent ensuite, mais surtout à cause de l'inflation et sans vrai gain pour le cinéma. Du fait de la concurrence sauvage qui se déploie entre des salles dont le réseau ne cesse de croître abusivement, les exploitants recourent à la réduction du prix des places. Malgré une réglementation d'origine syndicale qui prévoit les prix planchers des différentes catégories de cinémas suivant l'ordre de vision des films dans les différentes catégories de salles, beaucoup d'initiatives entretiennent la périlleuse volatilité des prix des places. Des cinémas offrent l'« entrée gratuite aux dames accompagnées », ce qui revient à généraliser le demi-tarif. D'autres (dans les Vosges notamment) offrent en prime un bock et un casse-croûte (frites ou sandwich). Un important circuit de salles, le réseau Siritzky, décide la baisse de ses tarifs fin mars 1938, soulevant un vent de panique. Tandis que le prix du billet baisse, le programme, lui, rallonge. La France est le pays d'Europe où la durée moyenne des programmes est la plus longue (5 100 mètres, environ deux heures cinquante), alors qu'elle n'est que de 3 500 mètres en Allemagne (une heure cinquante-cinq). Le système du double programme s'est généralisé, entraînant l'invasion du film étranger, et la moindre rentabilité du film français, dont par contre le coût de production augmente de 85 % de 1935 à 1938.

Le nombre de films français produits, qui est monté de 94 à 158 de 1930 à 1933, chute à 115 en 1935 (dont 95 seulement tournés en France) et à 111 en 1937 (dont 99 tournés en France). Indication concordante et peut-être plus significative encore : la diminution du nombre des premiers films. Sur les quatre années 1931-1934, 97 réalisateurs ont pu tourner leur premier film, mais seulement 45, c'est-à-dire la moitié, pendant les années 1935-1938.

Le chômage se répand parmi ouvriers et techniciens de cinéma, découlant d'une part de la baisse d'activité, d'autre part de l'afflux de professionnels étrangers qui émigrent en France. Une mesure répressive, le décret du 23 avril 1933, a réglementé l'utilisation de la main-d'œuvre étrangère dans le spectacle, et fixé le pourcentage de travailleurs étrangers tolérés par catégorie (50 % des techniciens, chiffre à ramener à 25 % en dix-huit mois, 10 % des acteurs, etc.).

Traduisant l'inquiétude corporative, *La Cinématographie française* du 26 mai 1934 publie une enquête suivant laquelle un nombre notable d'étrangers seraient employés dans les studios alors que des professionnels français de même spécialité sont chômeurs. Les chiffres les plus alarmistes concernent les opérateurs dont 50 % (c'est-à-dire 47 opérateurs) sont au chômage, alors que 26 opérateurs étrangers auraient du travail. La même semaine, une manifestation spectaculaire voit défiler, de l'Etoile à l'Opéra puis à la République, près de cinq cents professionnels portant des pancartes « Les travailleurs français du cinéma crèvent de faim ».

Le marché international n'est pas plus favorable. Le déclenchement de la guerre civile espagnole, puis la victoire de Franco entraînant l'embargo des films français ferment le marché espagnol. Or, en 1933, l'Espagne était le premier client étranger du cinéma français.

L'Italie de Mussolini et l'Allemagne de Hitler freinent considérablement l'importation de films étrangers, à la fois par protectionnisme économique et par hygiène idéologique. Les autorités françaises signent d'un même cœur en 1933, 1936, et jusqu'en 1939 des accords d'échanges équilibrés avec l'Allemagne que celle-ci ne se souciera jamais de respecter. Ainsi, en 1935, les Allemands exportent en France 13 films français tournés en Allemagne, 25 films doublés et 34 en version originale, et en importent 15 français destinés à une circulation restreinte (8 en 1934). En 1936, les films français en Allemagne rapportent 700 000 francs et les films allemands en France, 12 millions. Du 1er janvier 1937 au 1er août 1938, cette balance prétendument équilibrée s'établissait ainsi : 5 millions pour les films français, 33 millions pour les films allemands. Le rapport est plus favorable dans les relations avec l'Italie, mais les sommes engendrées par les films exportés en Italie y restent bloquées.

Quant aux relations avec les Etats-Unis, elles sont ce qu'on connaît : marché américain fermé, marché français contingenté (140 films doublés sont autorisés chaque année jusqu'en juillet 1934, 188 après cette date), contingent généreux qui n'est de toute façon pas respecté. Sur les 430 films exploités en 1934, on ne compte que 103 films français tournés en France contre 31 films français tournés à l'étranger, 143 films étrangers doublés et 153 en version originale [1].

1. Francis Courtade, *La Malédiction du cinéma français,* 1978.

La grande faillite

Traduisant sèchement dans les faits cette dégradation, 58 sociétés de cinéma déposent leur bilan en 1933, 88 en 1934, 52 en 1935, 65 en 1936. Parmi celles-ci figurent certaines des sociétés les plus importantes, comme celles d'Adolphe Osso ou de Jacques Haïk, mais surtout les deux « majors », piliers historiques du cinéma français : Gaumont et Pathé. Gaumont est mis en liquidation judiciaire en juillet 1934, Pathé déclaré en faillite en février 1936. Il semble acquis que cette faillite était frauduleuse, Bernard Natan (propriétaire de la société devenue Pathé-Natan) s'étant livré à une gigantesque cavalerie financière, masquée par des artifices comptables. On prétendit aussi que, pour échapper à un passé douteux, tel que la production de films pornographiques, Natan avait puisé dans la caisse pour stopper des révélations de maîtres chanteurs. Cette affaire s'est développée dans une période d'antisémitisme virulent qui faisait du juif et du « métèque » Bernard Natan une cible de choix. La seule chose certaine, c'est que Natan est inculpé fin 1936, arrêté fin 1938, récupéré par les Allemands en 1940. Le 25 septembre 1942, dans un télégramme à Eichmann, le chef SS Rothke annonce le départ de Drancy pour Auschwitz du convoi 901-32 transportant mille juifs dont « le producteur de films à scandale Nathan Tanenzapf ». Natan ne reviendra pas [1].

L'affaire Pathé constitue un cas d'espèce. La liquidation de Gaumont est plus significative des difficultés de l'époque. Rappelons qu'en 1930, Gaumont est devenue Gaumont-Franco-Film-Aubert par la fusion de diverses sociétés. Le rêve d'une major à la mode hollywoodienne est alors dans toutes les têtes. Or les pertes financières de la nouvelle société seront de 430 000 francs dès 1931 et dépasseront 15 millions en 1932, puis en 1933, et 18 millions pendant les sept premiers mois de 1934. De 1930 à 1934, l'endettement bancaire de Gaumont est passé de 100 millions à 250 millions, tandis que l'action tombait en Bourse de 310 à 8 francs. Le passif en juillet 1934 est estimé à 330 millions (plus d'un milliard de francs 1990). Cette dégringolade a une explication qui vaut, au-delà de Gaumont, pour beaucoup de moyennes entreprises du cinéma et explique le marasme. Les années 1929 et 1930 ont été marquées par un engouement extraordinaire pour le parlant, qui a fait croire à tout le monde à une extension exponentielle du marché. Or, la première curiosité passée, le marché s'est stabilisé, alors que les investissements nécessaires se révélaient beaucoup plus importants que prévu. L'analyse des comptes des départements de la G.F.F.A., secteur par secteur, montre qu'à l'inverse de ce qui se passe généralement dans le cinéma, c'est le

---

1. « L'affaire Natan » par M. A. Robert *in Pathé, premier empire du cinéma*, Centre Georges-Pompidou, 1994.

secteur production qui reste le plus proche de l'équilibre et le secteur exploitation qui creuse le plus grand déficit à cause des investissements exigés par la transformation des salles [1].

La faillite de Gaumont est d'une dimension exceptionnelle, proportionnelle à l'importance de la société. Mais son processus est révélateur des causes majeures de la crise. La liquidation pose un problème qui va déclencher bien des tentations. En effet, la majorité des créances sur la G.F.F.A. sont détenues par une banque, la B.N.C. (Banque nationale de crédit), qui est elle-même en faillite et dont l'Etat assume la succession. Le sort de la G.F.F.A. est donc en fait entre les mains non pas des actionnaires ou des banquiers, mais de l'Etat. Au moment où une réformite aiguë se répand, un beau terrain d'expériences se trouve ainsi offert. Puisque l'Etat recueille la Gaumont en perdition, pourquoi n'en ferait-il pas le fer de lance d'un service public du cinéma, donnant chair à ce rêve qui hante le cinéma français depuis plusieurs années : celui d'une nationalisation globale du cinéma, ou au moins de l'étatisation d'un secteur réservé ?

La grande gamberge : le rapport Petsche

Déjà, au printemps 1932, une sous-commission du cinéma (une de plus !) recommandait la création (c'est la première apparition de ce concept) d'un « Centre national du cinéma », chargé de produire des films pour le compte des ministères. En avril 1933, Anatole de Monzie, ministre de l'Education nationale, précise l'implication gouvernementale dans la gestion du cinéma et invite la Chambre des députés à préparer avec lui « une décision qui portera non pas seulement sur le contrôle des films cinématographiques, mais peut-être aussi sur le contrôle des industries cinématographiques ». La phrase a le mérite de clairement expliciter l'extension du champ d'intérêt gouvernemental de la censure à une politique globale du cinéma.

Quelques mois plus tard, Henri Clerc, à la fois chef de service au ministère des Finances, auteur dramatique et député de la Haute-Savoie, publie dans *Paris-Soir* une série de neuf articles (du 14 au 29 août) qui dénonce les tares dont souffre le cinéma français. Plus intéressant, il propose des remèdes dont l'instrument principal serait un organisme financier, le « Crédit cinématographique », sorte de banque spécialisée qui ferait des avances aux producteurs à des taux réduits, bénéficierait, de la part de ces producteurs, d'une délégation sur les recettes, contrôlerait et récupérerait directement celles-ci dans

1. Cf. « La G.F.F.A. 1930-1938 », mémoire de maîtrise de Jacques Chankroun, université Paul-Valéry, UFR 1, Montpellier III, 1992.

les salles où les films aidés sont exploités. Le système met l'accent sur deux handicaps majeurs du commerce cinématographique : en amont, les producteurs, dépourvus de fonds propres suffisants, empruntent à des taux usuraires qui alourdissent les devis de frais financiers considérables ; et en aval, la recette des exploitants, base de l'amortissement des films, échappe à tout contrôle et permet toutes les manipulations. Un crédit spécialisé, un contrôle des recettes vont devenir deux des revendications majeures des professionnels. Mais ce « Crédit cinématographique » que propose Henri Clerc, qui le contrôlerait ? L'Etat ou les organisations professionnelles ? Ce sera l'un des débats clés des années suivantes. L'option de Henri Clerc ne fait pas de doute. Il écrit : « Pour sauver l'industrie cinématographique, faisons dans le cinéma la première application d'économie dirigée. »

En tout cas, l'idée du « Crédit cinématographique » fait son chemin. Henri Clerc y veille en personne en créant deux syndicats qu'il rassemble en une Fédération nationale des cinémas français, ce qui lui permet de devenir l'interlocuteur incontournable de la profession. Cette offensive éclair lui réussit assez bien puisqu'en juillet 1934, un Comité de défense unitaire est créé sous la direction d'un « triumvirat dictatorial » (c'est ainsi qu'il se désigne). En font partie Henri Clerc et Charles Delac, représentant des producteurs qui redoutent « l'Etat sauveteur », ainsi que Raymond Lussiez, représentant des exploitants, fort satisfaits, eux, de l'opacité de leurs recettes et opposés à tout contrôle...

Cette agitation reste bien confuse. Mais elle contribue à déclencher un événement vraiment important, un texte qui fera référence pendant les décennies suivantes. C'est encore d'une commission et d'un rapport qu'il s'agit. Mais cette fois, plus question de sourire.

La sous-commission du cinéma dont nous avons parlé à propos du projet de Centre national du cinéma dépend des ministères des Finances et de l'Instruction publique. Quand éclate l'affaire Gaumont, elle est chargée d'étudier comment l'Etat pourrait récupérer ses créances. Epluchant ce dossier, et se souvenant des études plus généralistes qu'elle a effectuées auparavant, c'est à un examen global de l'état du cinéma français qu'elle se livre dans un texte publié en juin 1935 et connu sous le nom de « rapport Petsche ». C'est en effet cet inspecteur des finances, sous-secrétaire d'Etat aux Beaux-Arts dans les gouvernements Laval du début des années trente, qui avait été nommé rapporteur de la commission. Après un bilan détaillé des ressources du cinéma et de ses principaux dysfonctionnements, le rapport Petsche propose un ensemble de solutions audacieuses. Gaumont devrait être récupéré au bénéfice de l'Etat et être utilisé par celui-ci comme instrument de redressement du cinéma français. Mais la pièce essentielle serait la création d'un « Fonds national du cinéma », organisme de financement et de crédit. Ses fonds découleraient d'un privilège d'importation et de distribution en France des films étrangers, d'une taxe sur les licences d'exploitation des salles, d'un certain pourcentage des taxes levées par l'Etat sur les salles de cinéma. Ce Fonds national pourrait financer en partie des films terminés, faire des avances sur projets de films. Les producteurs faisant l'objet de crédits devraient répondre à certains critères de professionnalisme et de solvabilité, et en particulier avoir déposé en banque une partie notable du devis pour pouvoir obtenir un crédit. Le producteur ferait cession des droits d'exploitation, et déléguerait les recettes des films aidés au Fonds national, qui serait habilité à vérifier ces recettes grâce à l'existence de billets uniformes et obligatoires délivrés par les contributions indirectes. Un « Fonds spécial de perfectionnement cinématographique » aiderait la recherche, la formation professionnelle, les films culturels, scientifiques, documentaires et d'enseignement. Un comité technique assurerait l'organisation et la gestion d'une cinémathèque nationale, étudierait la création d'une usine de pellicule vierge, contrôlerait l'hygiène des conditions de travail. Un visa spécial à l'exportation serait créé afin d'interdire la sortie à l'étranger de films français nuisibles aux intérêts de la France.

Bien d'autres mesures, parfois hétéroclites, le plus souvent avisées et opportunes, complétaient cette parfaite panoplie de toute réforme à venir. Le rapport Petsche fait l'effet d'une bombe dans les milieux professionnels. Soutenu par la Société des gens de lettres, les sociétés des auteurs et la C.G.T., il est combattu par tous ceux qui, pratiquement, ne veulent pas qu'on vienne regarder de trop près leurs trafics et, idéologiquement, refusent l'intervention de l'Etat dans les affaires du cinéma. Cela fait beaucoup de monde. Néanmoins, le gouvernement (quatrième gouvernement Laval qui durera de juin 1935 à janvier 1936) entreprend résolument de légiférer (sans débat parlementaire : il a obtenu les pleins pouvoirs) et confie la préparation d'un décret-loi à une commission présidée (bien entendu) par Paul Grunebaum-Ballin. Fin août, le projet de décret est prêt. Il n'a retenu qu'une partie des propositions du rapport, mais demeure fortement novateur. Il prévoit notamment : la création d'une agence nationale qui contrôle les recettes des salles et les répartitions entre les ayants droit, et finance le crédit aux producteurs ; l'instauration d'une carte de producteur ; l'obligation pour les salles de programmer au moins 20 % de films français ; le versement en banque d'au moins 60 % du devis d'un film avant d'être autorisé à le tourner. Il n'est pas question, pour les syndicats patronaux, de laisser promulguer un tel texte. Des pressions diverses réussissent à atténuer ou abroger certaines dispositions, mais surtout à gagner du temps : les pleins pouvoirs viennent à échéance et le projet tombe avec eux.

Les organisations professionnelles ont senti le vent du boulet. L'interventionnisme d'Etat qu'elles ressentent comme une menace a failli gagner une bataille décisive. Or la menace ne peut que se renforcer dans le climat politique de 1935 qui voit la naissance du Rassemblement populaire, moteur d'une possible victoire de la gauche (et donc des « interventionnistes », « étatistes » et autres « nationalisateurs ») aux prochaines élections de mai 1936. Menace qui se précisera encore quand le thème des nationalisations enflera pendant la campagne électorale et qu'un dirigeant du parti socialiste S.F.I.O., Paul Faure, déclarera, en avril 1936, à *Cinémonde* : « Qu'un jour notre parti détienne la totalité du pouvoir politique, il fera du cinéma une institution d'Etat. Car il est impossible qu'un gouvernement qui veut instaurer un ordre nouveau laisse un moyen de propagande aussi puissant aux mains de groupements qui peuvent avoir des intérêts opposés aux siens. » Notons que, pour justifier son projet, Paul Faure ne se réfère, comme on le fera en d'autres circonstances, ni à la rationalité économique, ni aux exigences culturelles, mais à la maîtrise d'un instrument de propagande. Si l'idée de « nationalisation » ou de « service public » du cinéma a été envisagée favorablement à l'époque, c'est en effet que beaucoup de gens, à gauche, suivent avec passion le modèle soviétique, et beaucoup, à droite, le modèle fasciste ou nazi. Or ces modèles ont en commun une intervention directe de l'Etat dans le cinéma, considéré par eux comme le plus important moyen d'entraîner les masses.

La contre-offensive : le rapport de Carmoy

Dès le rapport Petsche, pour lui faire barrage et verrouiller l'avenir, les organisations professionnelles se sont empressées d'allumer des contre-feux. D'une part, elles ont compris que, divisées, elles sont perdues. Il faut organiser un front commun de l'industrie cinématographique. Cela prendra un an, de l'été 1935 à l'été 1936, pour rassembler toutes les associations de producteurs, distributeurs, exploitants et industries techniques, d'abord dans deux fédérations : le Comité du film (dirigé par Félix Gandera, Georges Lourau et Raymond Lussiez) et la Fédération des chambres syndicales du cinéma français (dirigée par Marcel Vandal, Paul Ambiehl, et Roger Weil-Lorac). Elles adoptent en septembre 1936 les statuts de l'unitaire Confédération générale du cinéma.

D'autre part, elles ont obtenu que le Conseil économique national, où elles sont influentes, engage à son tour une enquête sur la situation du cinéma français. Cette enquête, dont elles seront le moteur, débouchera sur l'adoption à l'unanimité, en juillet 1936, du « rapport de Carmoy », du nom de son rapporteur, autre inspecteur des finances, Guy de Carmoy : c'est la seconde pièce maîtresse de cette saga de la réforme.

Le rapport Petsche et le rapport de Carmoy, tous deux d'une qualité d'information exceptionnelle, ont beaucoup de constats communs et de solutions convergentes. Deux différences fondamentales les opposent, traduisant leurs différences d'origine. Le rapport Petsche considère le cinéma de l'extérieur, comme une activité en crise grave, aux structures insuffisantes et inadaptées, livrée à des pratiques préjudiciables et malhonnêtes. A l'inverse le rapport de Carmoy reflète l'attitude des milieux professionnels et décrit le cinéma comme une activité saine dans son économie et ses structures, promise à la croissance, pour peu qu'on porte remède à quelques dysfonctionnements. Conséquence de cette différence de point de vue, le rapport Petsche ne peut trouver de solution que dans le recours à la puissance publique, tandis que le rapport de Carmoy fait confiance à une profession rassemblée et réformée pour gérer elle-même ses institutions régulatrices. Le rapport de Carmoy préconise en effet de confier à un organisme corporatif, issu de l'unification des chambres syndicales patronales, le pouvoir régulier de contrôler la mise en distribution des films, l'ouverture de nouvelles salles, la composition des programmes (interdiction du double programme dans les salles d'exclusivité), de contrôler les recettes dans les salles, de surveiller l'importation des films étrangers, de réglementer les professions de producteur et distributeur, d'organiser un système de crédit allégeant les charges du producteur et limitant les risques des banques. Ce système doit être fondé sur la publicité, par la tenue d'un registre public, de toutes les conventions passées dans le secteur du cinéma.

Au système d'économie mixte prévu par le rapport Petsche est substituée une structure corporative que l'Etat n'aura qu'à contrôler. A condition, bien sûr, que les professionnels fassent la preuve de leur capacité à monter leur propre organisation. Le rapport de Carmoy précise en effet que, s'il n'en était pas ainsi, le gouvernement devrait créer un « Comité central du cinéma » qui prendrait en charge les fonctions dévolues à l'organisme corporatif. Mais la naissance, parallèle, de la Confédération générale du cinéma français prend ici tout son sens. Elle vient témoigner que le patronat est en mesure d'exercer les responsabilités que le rapport propose de lui confier.

Conquêtes sociales et vie syndicale

Il y est d'autant plus résolu que, pendant ce printemps-été 1936 (rapport de Carmoy et apparition de la Confédération), le paysage politique et social s'est largement modifié. Le Rassemblement populaire a gagné les élections de mai (396 sièges à la gauche contre 231 à la droite) et, le 4 juin, Léon Blum est devenu président d'un gouvernement de Front populaire dans une France en grève. Ces grèves n'ont pas épargné le cinéma, secteur jusqu'alors paisible sur le plan social, en raison de l'extrême éparpillement des entreprises et des activités, mais qui connaît depuis un an une vague importante de syndicalisation. Au point qu'il n'y a pas moins de deux syndicats du cinéma à la C.G.T. : une branche « ouvriériste » pure et dure, appelée Syndicat Jarville parce que animée par le monteur Robert Jarville et la monteuse Claude Iberia, affiliée au Syndicat des industries chimiques car elle émane des employés de laboratoire ; et une Fédération du spectacle, réunie autour de l'opérateur Jules Kruger, et qui rassemble le « gratin », comme le dit justement Jeanne Witta (script-girl, syndicaliste, agent de liaison, cheville ouvrière de quarante ans de cinéma français) dans son précieux témoignage, *La Lanterne magique* [1]. Ce syndicat, plus « corporatiste » que « syndicaliste », a été rejoint par des metteurs en scène qui, statutairement, sont des techniciens et non des auteurs. Leurs principaux dirigeants, le gratin du gratin, sont André Berthomieu, Léon Poirier et Marcel L'Herbier.

La négociation des nouvelles conventions collectives décidée par le gouvernement oblige à désigner un seul syndicat ouvrier comme interlocuteur d'un syndicat patronal : elle pousse donc à l'unification syndicale, qui sera acquise, non sans remous. Les nouvelles lois modifient substantiellement la vie des studios. La reconnaissance du droit syndical, les augmentations de salaires, la semaine de quarante heures, les congés payés constituent, comme partout ailleurs, les principales innovations. Mais elles prennent une importance amplifiée, d'une part, du fait du retard social d'une activité trop éclatée pour revendiquer, d'autre part, en raison des conditions particulières de travail sur un film. Pendant un tournage, le problème essentiel est d'en limiter le coût en résorbant au maximum sa durée. Si un film nécessite deux cent quatre-vingts heures de travail, tourner quatorze heures par jour (ou par nuit) vingt jours de suite coûte beaucoup moins cher que de tourner sept semaines à raison de quarante heures par semaine. Il faut inventer des dispositions particulières autorisant des horaires prolongés ou des tournages de nuit au prix d'heures de récupération, ou de suppléments de salaire. Les nouvelles mesures sont appliquées assez scrupuleusement dans les studios où la force syndicale des travailleurs permanents est décisive ; de manière beaucoup plus irrégulière pour les tournages en extérieur où la solidarité professionnelle des équipes isolées joue davantage que la solidarité syndicale des salariés. Jeanne Witta raconte comment, sur le tournage en extérieur du *Quai des Brumes,* le directeur de production Simon Schiffrin négocia avec elle, déléguée syndicale, le « rachat » du

1. Calmann-Lévy, 1980.

samedi, théoriquement chômé, à tarif double. Or, nous sommes déjà en 1938, mais les règles du jeu restent soumises à l'exercice des rapports de force. Il faudra plusieurs années pour que se rode l'application au cinéma des mesures sociales du Front populaire. Leur négociation, comme leur résultat, a délimité une ligne de fracture jusqu'alors imprécise, entre patrons d'une part, techniciens, artistes, employés et ouvriers de l'autre. Ces derniers saluent les améliorations de leur condition. Les premiers constatent que les mesures sociales, par augmentation des charges et réduction de productivité, accroissent le coût de production des films, augmentent leurs risques, diminuent la faible rentabilité de leurs produits. Un fossé s'est creusé.

La loi avortée

Ce fossé se manifeste aussi dans les projets de réforme générale. Tandis que le patronat tente d'imposer son dispositif corporatif, les syndicats de techniciens avancent d'autres solutions, notamment à l'occasion de leur audition par une nouvelle commission Chambre-Sénat chargée d'enquêter sur le cinéma et présidée par Jean-Michel Renaitour, député-maire d'Auxerre. La Fédération du spectacle propose la création d'un secteur public s'appuyant au départ sur le patrimoine de Pathé ou de Gaumont, toutes deux en faillite. Différentes associations reprennent la proposition d'utiliser Gaumont comme champ d'expérience d'un cinéma de service public. Robert Jarville déclenche une vive émotion en réclamant à nouveau la nationalisation du cinéma français et en déclarant : « C'est en soustrayant l'industrie du film des mains de ses maîtres actuels, qu'on le sauvera. » N'est-il pas le leader d'un des syndicats de la puissante C.G.T. ? Mais Jarville n'était mandaté par personne : Léon Jouhaux en personne dément rapidement que Jarville représente le point de vue de la C.G.T. Celui-ci sera défini par le congrès de la Fédération du spectacle de mai 1937, et sera centré sur la création d'un Haut-Commissariat du cinéma, rattaché aux Beaux-Arts. En coulisse, on murmure même déjà le nom du futur haut-commissaire. Ce serait bien entendu Paul Grunebaum-Ballin, bientôt libéré de ses fonctions auprès de Léon Blum : celui-ci chute le 21 juin 1937. Entre-temps, la belle unité patronale destinée à permettre l'application du rapport de Carmoy s'est effritée, puis fissurée. Il n'y a pas d'accord entre producteurs et exploitants sur les programmes (que les exploitants refusent de raccourcir), sur le prix des places (que les exploitants refusent d'augmenter). Il n'y a pas d'accord pour limiter l'extension déraisonnable du réseau de salles qui menace la rentabilité de l'ensemble. A Paris, par exemple, le nombre de salles passe de 174 en 1929 à 198 en 1931, de 228 en 1933 à 284 en 1935, de 320 en 1937 à 353 en 1939. Même un problème aussi simple que le changement du jour de sortie des films, qui passera du vendredi au mercredi, le 11 août 1937, donnera lieu à des guerres de tranchées. La crédibilité d'une gestion corporative se dissout à vue d'œil. En parfaite connaissance des utiles rapports Petsche et Carmoy, c'est la politique de Jean Zay, ministre de l'Education nationale à trente et un ans, qui s'édifie. Un homme est chargé de mettre cette politique en musique, plus précisément d'élaborer enfin ce fameux « statut du cinéma » attendu depuis vingt-cinq ans, et cet homme incontournable, c'est Paul Grunebaum-Ballin. Un mystérieux projet de statut du cinéma est examiné en Conseil des ministres en octobre 1937. Quelques rumeurs filtrent. Il s'agirait d'un compromis entre les propositions Petsche et Carmoy qui confierait la responsabilité d'un vaste organisme de régularisation et de crédit à un comité où se retrouveraient représentants des patrons, des salariés et deux commissaires du gouvernement possédant droit d'initiative et de veto. Ce serait l'échec de l'initiative patronale... mais on n'entend plus parler de rien jusqu'à la fin 1938. Entre-temps, quatre gouvernements se sont succédé (mais Jean Zay est toujours là), Hitler a envahi l'Autriche, le Front populaire a éclaté, Daladier a signé les accords de Munich. En juillet 1938, l'Etat a cédé Gaumont à un groupe de repreneurs. Le président de Havas, Léon Renier, devient président de la S.N.E.G. (Société nouvelle des Etablissements Gaumont) et nomme son petit-fils, Alain Poiré, secrétaire général de la société. Gaumont cesse d'être un champ d'expériences potentiel pour une nationalisation. Nous verrons plus tard comment s'achèvera (en queue de poisson) la révolution impossible de la loi introuvable.

Les ciseaux et la sébile

Censure et fiscalité, disions-nous, sont les deux seuls vrais terrains d'intervention de l'Etat dans le cinéma. Nous les avons négligés tout au long de ce chapitre consacré à l'approche globale d'une réforme du cinéma. Ces dossiers ne sont pas restés clos pour autant. Dans sa précieuse *Histoire de la politique du cinéma français* [1], Paul Léglise évoque les problèmes de taxation pendant cette période sous ce titre de western : « Un grand film à épisodes : la chevauchée fiscale ». C'est beaucoup dire. Le scénario de ce film est strictement répétitif de 1930 à 1938 et fonctionne suivant le mécanisme suivant, parfaitement typique des comportements politiques et professionnels. Phase 1 : les

1. Filméditions, 1969.

exploitants réclament une diminution de leurs lourdes charges fiscales (taxe d'Etat plus taxe municipale sur les spectacles, plus vieil impôt sur les spectacles connu sous le nom de « droit des pauvres »). Phase 2 : sourde oreille des politiques. Phase 3 : surenchère des exploitants, campagne de presse. Phase 4 : un ministre annonce la réduction d'une taxe. Phase 5 : protestation d'un secteur des exploitants (les petits contre les gros, ou les gros contre les petits) qui s'estime défavorisé par la réforme envisagée. Phase 6 : le ministre abandonne son projet. Phase 7 : les revendications reprennent. Phase 8 : une grève avec fermeture des salles est décidée. Phase 9 : deux jours avant la grève, un ministre dépose un nouveau projet. La grève est annulée. Phase 10 : il ne se passe rien. Phase 11 : tout recommence.

La seule modification significative intervenue sur le terrain de la fiscalité, c'est l'initiative de Georges Mandel, ministre des P.T.T. de novembre 1934 à mai 1936, instituant une taxe sur la publicité radiophonique dont le produit viendra en réduction du « droit des pauvres » et de la taxe municipale supportée par les entreprises de spectacle. Cette loi devient applicable en vertu d'un décret d'application du 31 mai 1936, le dernier peut-être du gouvernement démissionnaire : vainqueur le 3 mai, le Front populaire ne commencera à gouverner que le 4 juin.

Cette mesure ne soulage que bien modestement les exploitants. Elle est intéressante parce qu'elle introduit dans le paysage un interlocuteur dont l'importance ne cesse de croître, la radio, et parce qu'elle préfigure avec cinquante ans d'avance l'une des voies par lesquelles la télévision sera appelée à secourir le cinéma. Or, justement, la télévision, c'est la grande affaire de Georges Mandel. C'est lui qui, en France, la fait sortir de son stade expérimental et la fait entrer dans le cadre du service public. Le 26 avril 1935, une démonstration officielle animée par Béatrice Bretty, sociétaire de la Comédie-Française et maîtresse du ministre, est présentée sur le petit écran à une foule d'invités. Le 8 décembre débute une série d'émissions hebdomadaires : sur des postes récepteurs disséminés sur les Champs-Elysées, à la mairie du 5e arrondissement, à la Maison de la chimie, on peut suivre en direct Lys Gauty chantant « Le chaland qui passe ». Le studio est situé rue de Grenelle, dans l'amphithéâtre de l'Ecole supérieure des P.T.T., et l'image est dirigée vers l'antenne émettrice située dans le pilier nord de la tour Eiffel, puis diffusée sur la région par un émetteur situé au sommet de la tour.

Quand Mandel quitte son ministère, non seulement Télé-Paris émet toujours, mais il vient d'autoriser la création d'une seconde télévision, une chaîne privée, financée par le groupe Petit-Parisien-Poste Parisien. Un pylône de soixante-dix mètres a déjà été construit sur le toit du studio, au 52, Champs-Elysées, pour recueillir l'antenne de Télé-Poste Parisien. Elle y est toujours. Elle n'a jamais servi. Le gouvernement

Blum a tout de suite annulé l'autorisation d'une « télévision capitaliste ». Pourtant, rien n'arrêtera plus l'essor de la télévision. Mais le cinéma n'a pas encore lieu de s'en inquiéter.

Le seul allégement apporté à la fiscalité, en 1936, est discrètement laissé en héritage, nous l'avons vu, par le gouvernement qui précède le Front populaire. Le même scénario se reproduit pour le contrôle des films. Mais cette fois, ce n'est pas d'un allégement qu'il s'agit, mais d'un alourdissement. Par une méchante ironie de l'histoire, le Front populaire, porteur des promesses de liberté (beaucoup de ses militants attendent une suppression pure et simple de toute censure), découvre dans ses cadeaux de bienvenue un décret du 7 mai 1936 et un arrêté du 26 mai qui modifient le fonctionnement de la Commission de contrôle cinématographique en vue de renforcer son efficacité. Le nombre des membres de la commission est ramené de trente-deux à vingt, dont dix représentent des ministères et dix autres sont désignés par le ministère de l'Education nationale hors des professions du cinéma. Mais surtout, l'avis de la commission, s'il est obligatoire, n'est que consultatif : le ministre en charge (celui de l'Education nationale) demeure libre de sa décision. Autrement dit, et c'est bien le sens de la réforme, libre d'interdire quand la commission propose d'autoriser. Autre innovation : la création d'un visa spécial à l'exportation, décision qui ne sera d'ailleurs jamais appliquée. Cette réforme déclenche la vaine fureur des professionnels qui se trouvent exclus du contrôle des films. Elle reste ignorée du public qui attend paisiblement des mesures de libéralisation qui ne viendront jamais. Sauf que Jean Zay veille à une application « en douceur » du nouveau dispositif. Il évitera de prendre des décisions plus contraignantes que celles que lui recommande la commission, et apporte une solution libérale à quelques anciens dossiers. Ainsi fera-t-il annuler en Conseil des ministres la décision, prise antérieurement, d'interdire le remake, par Jean de Limur, de *La Garçonne,* adaptation fort convenable du roman de Victor Margueritte, avec une remarquable Marie Bell, une troublante Arletty, une belle chanson, par Suzy Solidor, et la première apparition à l'écran de « la môme Piaff » (avec deux *f*). Sur un plan plus politique, Jean Zay veille à ce que soient libérés des films soviétiques très souvent interdits entre 1928 et 1936. *Pierre le Grand, Tchapaïev, Le Député de la Baltique, Les Marins de Cronstadt* ont ainsi accès aux écrans en 1936 et 1937. En dépit de ces quelques signaux, c'est le *statu quo* qui règne. Les films de production communiste, tels que *La vie est à nous,* de Jean Renoir, restent exclus de l'exploitation commerciale. Deux fois présenté en censure, *Zéro de conduite,* de Jean Vigo, voit deux fois son interdiction confirmée, sous la pression de l'Education nationale qui rejette une œuvre « attentatoire au prestige du corps enseignant français ». Du côté des éducateurs, inquiets de voir les enfants fréquenter davantage un cinéma jugé malsain et gangrené par la violence, la tendance serait plutôt à un renforcement de la censure, ou à la création de nouvelles catégories d'interdictions pour différentes tranches d'âge. Cette revendication posée par Germaine Dulac et des associations dès 1933 va maintenant s'épanouir. C'est en 1939 que la naissance du « Code de la famille » affirmera le principe de la protection morale de la jeunesse, d'où découlera une réglementation spéciale d'accès aux films pour les mineurs. Cette tendance au durcissement de la censure se voit aussi encouragée par une circulaire du ministère de l'Intérieur Max Dormoy aux préfets, dont le président de la Commission de contrôle des films, Edmond Sée, tire les leçons dans une circulaire à la profession du 25 octobre 1937. Cette circulaire annonce que les visas seront désormais refusés aux films tendant à ridiculiser l'armée ou susceptibles d'amoindrir son prestige, à ceux qui peuvent provoquer des incidents diplomatiques, à ceux reproduisant des attaques à main armée, cambriolages avec effraction et tous actes criminels pouvant avoir une influence pernicieuse sur les jeunes gens. Plus grave que ces rodomontades destinées à l'« effet d'annonce », Edmond Sée conseille fortement aux producteurs de prendre l'avis de la commission en lui soumettant un scénario avant le tournage d'un film. Cet avis, qui connut au moins un début d'application, vise à rétablir dans les faits, sans base légale, une pré-censure.

Sans qu'aucun document précis vienne le confirmer, il semble bien que la ligne de conduite de Jean Zay et des autorités publiques de 1936 à 1938 ait été : « pas de vagues », c'est-à-dire rassurer les tenants de l'ordre par quelques textes énergiques, appliquer les règles en douceur, éviter surtout quelque affaire fracassante qui vienne briser le fragile consensus observé en ce domaine. On peut dire que cet objectif fut atteint, y compris sur le terrain le plus sensible pour les professionnels : celui des interventions des maires ou autres autorités locales procédant à leurs propres interdictions sur leur territoire communal ou départemental. Si, du côté des auteurs, comme d'une partie du public, on restait opposé à toute censure au nom de la liberté d'expression, producteurs, distributeurs et exploitants étaient surtout en guerre contre ces interventions ponctuelles, diversifiées, imprévisibles, sans jurisprudence établie ni interlocuteurs constants, qui pouvaient désorganiser la diffusion des films. Ils voulaient bien d'une censure centrale, organisée, dont on connaissait à la fois les personnes qui l'exerçaient et les règles qu'elles appliquaient, ils s'accommodaient d'une « bonne » censure nationale, en quelque sorte, à condition qu'elle les libère, justement, de tout autre contrôle. De 1928 à 1936, les exemples n'avaient pas manqué de ces arrêts municipaux ou préfectoraux pris pour interdire un film sous la pression d'associations diverses ou sur l'initiative personnelle d'un élu. Le maire de Valenciennes ne s'était pas contenté d'interdire en 1932 *Le Rosier de Madame Husson,* il avait fait traduire en justice l'exploitant qui en avait poursuivi la projection. Le maire de

La Rochelle s'était distingué en soumettant toute projection de film et toute affiche à l'obtention de son visa personnel. En 1935, le maire de Marseille interdit à Marseille la projection de *Justin de Marseille* sous prétexte que la population de la ville y était représentée d'une manière injurieuse. A partir de 1936, heureuse coïncidence, ou résultat d'une intervention modératrice des préfets, ces incidents de parcours se raréfient. Mais le maire du Havre mérite quand même d'être cité au florilège d'Anastasie pour avoir interdit en décembre 1936 le film *Tout va très bien, madame la marquise*, parce qu'il tournait en dérision « les habitants de Bretagne dont sont originaires un grand nombre de nos concitoyens » !

Chapitre 2

CINÉMA SANS FRONTIÈRES

Aller et retour

Crise de l'Europe et crise du cinéma fragilisent les carrières, mettent en péril le métier, ou parfois la vie de diverses collectivités (professionnelle, nationale, ethnique) entraînant des migrations individuelles ou collectives, provisoires ou définitives, qui vont chambouler le cinéma européen et perturber le cinéma français.

Au niveau le plus banal, la crise de financement et de production limite les moyens et la liberté des cinéastes. Les meilleurs reçoivent de l'étranger des propositions auxquelles ils deviennent attentifs. C'est ainsi que, répondant à la sollicitation d'Alexandre Korda, René Clair s'installe en Angleterre, où il tourne *Fantôme à vendre* en 1935 et *Fausses nouvelles* en 1937. Jacques Feyder s'y rend, en 1937, pour y tourner *Le Chevalier sans armure*. De 1936 à 1939, Gréville tourne en Angleterre et en Hollande. Julien Duvivier, lui, cède aux sirènes de Hollywood, où il tourne en 1938 un film à sketches, *Toute la ville danse*. Danielle Darrieux se trouve également à Hollywood, où elle tourne pour Henry Koster. Henri Decoin l'accompagne et s'initie au fonctionnement des studios américains.

Dans ce contexte d'économie en péril, il n'est pas question, d'abandonner coproductions et tournages à l'étranger, qui maintiennent une activité dont l'industrie proprement nationale est incapable.

Le catalogue des films français établi par Raymond Chirat comptabilise 144 films français pour l'année 1936, alors que l'hebdomadaire corporatif *La Cinématographie française* n'en retient que 116. A part quelques approximations sur le choix de l'année de référence (année de production-année de diffusion), la différence vient, pour l'essentiel, de ce que *La Cinématographie* ne tient pas compte des films français produits ou coproduits à l'étranger. On en compte 24 pour l'année 1936, soit 17 % de la production. C'est dire l'importance de ce secteur.

196

Sur ces 24 films, 4 ont été produits en Grande-Bretagne, 3 en Italie et en Tchécoslovaquie, et 1 en Pologne. Un titre au moins mérite qu'on s'y arrête, c'est *L'Homme de nulle part*, adapté par Pierre Chenal du roman de Luigi Pirandello *Feu Mathias Pascal*, déjà porté à l'écran par Marcel L'Herbier en 1925. Le célébrissime auteur italien, qui s'intéresse personnellement au cinéma, se rend sur le tournage du film mais ne le verra jamais terminé, car il meurt entre-temps. Chenal y joue à fond le jeu du baroque, accuse les ruptures de ton et les dissonances du drame de cet homme qui change de personnalité en changeant d'identité. Il nous donne un film d'une étrange liberté, d'une totale originalité, qui force l'adhésion, y compris par ses défauts. Avec son air d'être toujours tombé d'une autre planète, Pierre Blanchar était l'homme de la situation pour le rôle de Mathias Pascal.

Les treize autres « films français de l'étranger », pour 1936, viennent tous d'Allemagne, tous produits, à une exception près, par le consortium national U.F.A.-A.C.E., avec pour directeurs de production, selon les cas, l'Allemand Alfred Greven ou le Français Raoul Ploquin, qui seront, respectivement, sous l'Occupation, les patrons allemand et français de la production cinématographique en France. Six de ces films ont été tournés en double version, allemande et française, survivance du système des versions multiples instauré au début du parlant, avant l'invention du doublage. Les sept autres sont tournés uniquement en français. Ce sont tout simplement des films français, tournés en partie par des Français (réalisation, scénario, dialogues, comédiens) mais produits par les Allemands, tournés dans les studios de Berlin (avec parfois des extérieurs en Hongrie, Tchécoslovaquie ou Autriche), avec des techniciens et figurants allemands. Ce qui n'empêche pas certains de ces films d'être perçus comme les plus représentatifs de l'esprit français du moment. C'est le cas, par exemple, en 1936, de *Prends la route*, charmant film chantant avec les duettistes Pills et Tabet, considéré comme la meilleure illustration de la conquête des congés payés par le Front populaire. Rien de plus français, assurément, que *Noix de coco*, tourné à Berlin par Jean Boyer, d'après une pièce de Marcel Achard avec Raimu, Michel Simon et Marie Bell, ou *L'Entraîneuse*, dirigée par Albert Valentin (assisté de Louis Daquin), sur un scénario de Charles Spaak, avec une remarquable interprétation de Michèle Morgan. On ne peut oublier non plus que c'est grâce à trois films « made in Germany », *Pattes de mouche* en 1936, *Gueule d'amour* en 1937 et *L'Etrange Monsieur Victor* en 1938, qu'un cinéaste ignoré des producteurs français comme Jean Grémillon va être distingué et reconnu à sa vraie place. Notons pour la petite histoire que si Louis Daquin est réputé avoir tourné son premier film, *Nous les gosses*, en 1941, il signe, dès 1938, à Berlin, la version française du *Joueur* adaptée de Dostoïevski, dont Gerhard Lamprecht réalise la version allemande. Ainsi la filière allemande du cinéma français fournit-elle un complément à la production traditionnelle, tout en servant de base d'essai ou de champ d'expérience à des talents qui ne trouvent pas à s'exprimer en France. Aucun de ces films, il faut le noter pour s'en étonner, ne laisse percer la moindre complaisance envers l'idéologie nazie. Mais aucun non plus ne semble embarrassé d'être produit par un cinéma dont, depuis 1933, le vrai patron est le Dr Goebbels, ministre de la Propagande.

Voyages sans retour

Impossible pourtant d'oublier le régime nazi. Au début de 1934, au restaurant « Le Select », rue de Saigon, près de l'Etoile, les ronds de serviette posés dans les cases des habitués portent des noms germaniques parmi lesquels on reconnaît ceux de Fritz Lang, de Billy Wilder, de Peter Lorre ou du compositeur Franz Waxman. Pendant que cinéastes et comédiens français prennent leurs billets aller et retour pour Berlin afin d'honorer leurs contrats, des professionnels allemands quittent Berlin pour un voyage sans retour afin de poursuivre leur métier, préserver leur liberté, sauver leur peau. Gestapo et SS font la chasse aux antinazis et aux juifs, qui, quand ils le peuvent, tentent d'émigrer. La France, avec son industrie cinématographique importante qui entretient des liens étroits avec l'Allemagne depuis longtemps, est l'une des destinations privilégiées de cette migration commencée dès avant 1933 et l'accession au pouvoir de Hitler. Elle concerne surtout des Allemands (producteurs, réalisateurs, opérateurs, décorateurs, musiciens), mais aussi des professionnels qui, dans les décennies précédentes, avaient fui les troubles politiques, les crises économiques ou les pogroms de leur pays. Soudain, pour eux, leur refuge se révèle un piège. Ainsi, arrivant de Berlin, Anatole Litvak, Victor Trivas, Alexis Granowsky, Fedor Ozep, pour nous en tenir aux réalisateurs, font-ils partie de l'immigration « allemande » bien qu'ils soient tous d'origine russe. Richard Pottier est d'origine hongroise, même s'il débarque de Berlin. Alexandre Esway est également originaire de Budapest, mais nous arrive de Londres, à l'occasion d'un film en double version. Ce sont enfin huit cinéastes allemands qui viendront s'installer à Paris, le plus souvent dans la plus grande précipitation, et sans idée précise sur leur avenir : Fritz Lang, Georg Wilhelm Pabst, Robert Siodmak, Max Ophuls, Kurt Bernhardt, Ludwig Berger, Robert Wiene, Billy Wilder. Le destin qui les attend sera fort différent. Granowsky et Wiene meurent en France en 1937 et 1938. Richard Pottier (né Ernst Deutsch), qui, à Berlin, a été l'assistant de Sternberg, réalise son premier film en France, *Si j'étais le patron*, à vingt-huit ans, en 1934. Il obtient la nationalité française et poursuit en France une carrière française traditionnelle.

C'est le cas également de Léonide Moguy, venu directement d'U.R.S.S., où il était opérateur d'actualités. Il devient monteur (notamment d'Yves Mirande) et signera sa première réalisation en supervisant *Baccara* (1935) du même Mirande, avant d'entamer sa carrière parisienne (*Le Mioche*, 1936). Telle est aussi la situation de Max Ophuls, sur l'œuvre de qui nous reviendrons plus longuement. Lang, Trivas, Berger ne tourneront qu'un seul film en France avant de rejoindre les Etats-Unis. C'est le cas aussi de Billy Wilder, que nous avons trop mécaniquement classé comme « cinéaste allemand », puisque, lorsqu'il arrive en France, il est toujours citoyen autrichien et que, jusqu'alors, son seul rapport avec le cinéma a été la fourniture intensive de scénarios. Même si *Mauvaise graine,* film fauché avec beaucoup de poursuites de voitures tournées en extérieur, et une Danielle Darrieux encore peu expérimentée, ne mérite pas une attention considérable, il faut bien s'arrêter une seconde sur ce hasard historique qui a fait débuter en France l'un des cinéastes les plus géniaux du siècle et qui va devenir le plus européen des cinéastes américains. Par ses qualités et par ses défauts, le modeste *Mauvaise graine* ressemble à un film français : vif, naturel, aéré. Mais on n'eut pas le temps de vérifier davantage les possibilités d'adaptation de Billy Wilder...

Par ses qualités (bien plus grandes) et ses défauts, *Liliom,* le film français de Fritz Lang, ressemble, lui, à un film allemand ou américain, avec son scénario littéraire et moralisateur (rédemption d'un mauvais garçon suite à une visite au paradis) et le rôle important des décors. On peut regretter que le cinéaste de *Metropolis, Mabuse, M. le Maudit,* le plus grand cinéaste en activité à ce moment-là, n'ait pas trouvé une meilleure opportunité de s'implanter en France. Mais si huit de nos émigrés se sont bientôt retrouvés travaillant à Hollywood, ce n'est pas seulement parce qu'ils avaient plus ou moins vite compris (le dernier, Siodmak, le 31 août 1939) qu'ils seraient un jour rattrapés par les armées nazies. Plusieurs d'entre eux ont manifesté leur désarroi et leur déception devant l'état de la production et le travail des techniciens dans le cinéma français : organisation émiettée, discipline incertaine, improvisation tardive des solutions techniques. Il est clair que les studios de la U.F.A. à Babelsberg et le fonctionnement de son semi-monopole de production ressemblaient beaucoup plus aux studios et bureaux d'une major de Hollywood qu'à l'éparpillement des structures et à l'esprit de débrouillardise régnant dans le cinéma français. Deux ans après le décevant *Liliom,* Fritz Lang ouvrait en fanfare sa carrière américaine avec un *Furie* qui prouvait que l'exil n'avait en rien entamé sa créativité ni son énergie.

En mettant à part les cas d'Ophuls, de Pottier ou de Moguy, que nous considérerons désormais comme des cinéastes français, les cinéastes venus de Berlin ont tourné environ quarante films en France entre 1933 et 1939. Alexandre Esway devait manifester la même élégante versatilité que son compatriote Alexandre Korda, quand il avait réussi *Marius* : il tourne des Fernandel (*Hercule, Barnabé*) et un Raimu (*Monsieur Brotonneau*, une pièce de De Flers et Caillavet adaptée par Pagnol) qui paraissent de purs produits du terroir. Après quoi, il poursuit principalement sa carrière en Grande-Bretagne. Trois exilés prennent le temps d'un vrai parcours français : Litvak, Pabst et Siodmak. Premier arrivé en France, Litvak tourne en 1931 le premier Gabin important, *Cœur de lilas,* avant de forcer les portes de Hollywood avec les triomphes de *L'Equipage* et de *Mayerling.* Pabst a entamé sa carrière française en Allemagne même en réalisant les versions allemande et française de *L'Opéra de quat'sous* (1930) et de *L'Atlantide* (1932) qui ont remporté un vif succès. Il hérite, peut-être à cause de cette réputation, du projet étrange d'un banquier grec de Londres qui cherche à faire réaliser un *Don Quichotte* par Charlie Chaplin. L'opération est montée en France, dans un grand désordre, changeant de scénaristes, de compositeur et de metteur en scène, pour être finalement tournée par Pabst, avec, pour interprète principal, le chanteur mondialement célèbre, mais cinématographiquement inexpérimenté, Fedor Chaliapine. Le budget est réduit en cours de route, ce qui élimine un cinquième des scènes prévues. Il en résulte un film plus ou moins incohérent ou relâché sur le plan dramatique, où l'essentiel de la mise en scène porte sur la composition d'images plastiquement superbes, et où le délicieux « théâtre d'ombres » de Lotte Reiniger permet de suppléer les scènes non tournées. Après cet opéra (c'était l'esprit du film) mutilé par les circonstances, Pabst prend une direction opposée avec *Du haut en bas (1937),* film réaliste et social sur la vie des habitants d'un pâté de maisons à Vienne et qui reste à mi-chemin entre lumière et décors allemands et atmosphère française. Ce ne sont ni *Salonique nid d'espions*, ni *Le Drame de Shanghai (1938)* ni *Jeunes filles en détresse* (1939) qui allaient permettre à Pabst de rétablir sa réputation. En 1940, il retourne piteusement en Autriche, qui, depuis l'Anschluss, est en fait une province allemande.

Le seul cinéaste dont le passage en France se révélera vraiment positif est Robert Siodmak, que nous avons abusivement incorporé au groupe des réalisateurs allemands. Américain de naissance, Siodmak s'était installé en Allemagne avant d'en être chassé en 1933. Son premier film français adapte la pièce d'Edouard Bourdet *Le Sexe faible,* en renforçant l'amertume de sa charge critique. Le voilà prêt à mettre en images le cynisme d'Yves Mirande, ce qu'il fera avec efficacité en 1936 avec *Le Grand Refrain.* Un petit film musical, *La crise est finie* (1934), ne prouve pas grand-chose mais son adaptation de *La Vie parisienne* d'Offenbach (1935) est réussie ; en 1936, il donne une comédie policière endiablée avec *Mister Flow,* où étincelle le jeu d'un couple peu ordinaire : Edwige Feuillère et Louis Jouvet.

Le « grand secret »

On ne peut répertorier ici toutes les interventions de professionnels étrangers réfugiés en France à cette époque. Quelques producteurs furent très actifs, dont le plus important producteur allemand, Erich Pommer, qui produisit le *Liliom* de Lang et le premier Ophuls français, *On a volé un homme,* avant de rejoindre Hollywood et d'y inviter certains de ses compatriotes ; ou encore Seymour Nebenzahl, qui produisit par exemple *Mayerling* ou *Le Roman de Werther* d'Ophuls, dans le cadre de la Nero Film, société indépendante allemande qui regroupait des antinazis et avait produit des films importants comme *Le Testament du docteur Mabuse* ou *La Tragédie de la mine,* avant de se transporter à Paris. Mais il est une catégorie d'intervenants sur qui il est nécessaire de s'arrêter : ce sont les opérateurs. Si le cinéma allemand des années vingt et du début des années trente a exercé une réelle influence sur les cinéastes des autres pays, notamment en France, il le doit au talent de ses cinéastes et aux innovations de l'expressionnisme, marquées avant tout par une utilisation originale et frappante des éclairages. Des opérateurs allemands Georges Franju dira plus tard qu'ils étaient « les dépositaires du grand secret ». C'est à peine forcer le trait que de prétendre que le cinéma européen a vécu sous le signe de la prestigieuse lumière allemande. Lumière déjà bien connue et imitée puisque, à l'occasion des films français tournés en Allemagne, des opérateurs allemands s'intégraient à des équipes françaises. Ces contacts se trouvent amplifiés par l'immigration en France d'un certain nombre d'opérateurs, parmi les plus prestigieux. Le mouvement a été anticipé par Rudolf Maté, d'origine polonaise, enlevé à l'Allemagne par l'infatigable recruteur de talents Alexandre Korda, et qui fut l'opérateur des deux films de Dreyer en France, *La Passion de Jeanne d'Arc* (1928) et *Vampyr* (1932) avant de tourner *Liliom* de Lang et *Le Dernier Milliardaire* de Clair, puis de partir aux Etats-Unis où il éclaira entre autres *To Be or Not To Be* et *Gilda,* avant de devenir réalisateur. Quatre autres opérateurs allemands jouent un rôle important lors de leur passage en France. Deux d'entre eux sont tchèques d'origine. Otto Heller vient travailler directement en France (*La Vierge folle,* 1938 ; *L'Enfer des anges, Menaces,* 1939), avant de s'installer en Grande-Bretagne. Franz Planer a été l'opérateur de Murnau, puis du *Liebelei* d'Ophuls, avant de devenir en France celui de Granowsky pour ses orgies russes (*Nuits moscovites, Tarass Boulba*), puis de partir aux Etats-Unis où il sera l'opérateur des films américains d'Ophuls. Restent deux artistes de la lumière qui ont joué un rôle direct dans l'esthétique du cinéma français ; Curt Courant et Eugen Schüfftan. Le premier est un opérateur virtuose qui rehausse la qualité de la lumière partout où il intervient. Après avoir travaillé sur des versions françaises de films allemands, il s'installe en France et collabore aux films de nombreux immigrés (Ozep, Tourjansky, Litvak, Pabst, Ophuls, Bernhardt, Pottier), éclaire « à la française » des films aussi divers que *Ciboulette* ou *Ces messieurs de la Santé*, et contribue par ses lumières au climat prenant de films comme *La Bête humaine, La Maison du Maltais, Le Puritain* ou *Le jour se lève*. Le rôle d'Eugen Schüfftan est plus important encore. Sa présence prolongée en France (de 1933 à 1939 et de 1951 à 1961) lui permet de former des cameramen devenus de grands chefs opérateurs par la suite, et notamment l'un des plus grands d'entre eux, Henri Alekan, qui n'a cessé de célébrer ce qu'il doit à son enseignement. Architecte, décorateur, peintre, théoricien et bricoleur, Schüfftan a laissé sa marque sur quelques films importants dont *Le Quai des Brumes*. Nous reviendrons sur le travail de Courant et de Schüfftan lorsque nous évoquerons la place de la « lumière allemande » dans l'école réaliste française.

« *Le camp de concentration du Bon Dieu* »

Nous avons jusqu'alors évoqué cette migration des cinéastes venus de l'Est sur un plan professionnel et artistique, en suivant la trajectoire des personnalités marquantes dont le passage a laissé une trace dans le cinéma français. Mais il faut aussi considérer le phénomène sur un plan plus général, social et politique. En effet, l'afflux des réfugiés survient à un moment de marasme, de tensions politiques, de chômage, et entraîne des phénomènes de rejet encouragés par les extrémismes de droite, et parfois de gauche, dénonçant les « métèques » et les « youpins » comme responsables des maux endurés. Ainsi en est-il dans le domaine du cinéma.

Le ton le plus modéré, pour exprimer ce rejet, on le trouve dans des revues de cinéma comme *Pour vous*, où Serge Veber écrit, le 29 mars 1938, sous le titre : « Le cinéma français aux Français [1] » : « Entrez, entrez, envahissez-nous, il y a de la place pour tout le monde. Je sais très bien qu'il est humain d'accueillir ces pauvres diables d'émigrés, et qu'on ne peut leur en vouloir de chercher à se caser. Mais, bon sang, casons d'abord les Français. Nous avons nos pauvres, ne l'oublions

---

1. Cité par Raymond Chirat, *Le Cinéma français des années trente*, Hatier, 1983.

202

pas. » Trois mois plus tard, on trouve sous la plume du cinéaste Maurice Cloche, à propos de son film *Ces dames aux chapeaux verts* : « Notre ambition, c'est de faire des films qui touchent le cœur des Français. Aussi est-ce avec des éléments nationaux, du directeur aux figurants, que nous nous efforcerons de faire partager au public de chez nous la foi, l'enthousiasme qui nous animent [1]. »

Mais le plus souvent, xénophobie et antisémitisme se déchaînent sans masque. Ces campagnes se nourrissent de trois types de griefs. Le premier concerne l'emploi. Le chômage s'est répandu à partir de 1932 et se développe ensuite. Des mesures ont été prises, sans grand effet, pour limiter le recrutement de main-d'œuvre étrangère sur les tournages, dans les studios et dans les laboratoires, ainsi que nous l'avons vu au chapitre précédent. En mai 1934, Chéron, ministre de la Justice, donne des instructions pour que soient rejetées les interventions en faveur de la naturalisation de cinéastes et Adrien Marquet, ministre du Travail, annonce qu'on ne délivrera plus de carte de travail aux cinéastes étrangers. En fait, l'afflux d'immigrés dans le cinéma souffre surtout d'une grande visibilité, mais, statistiquement parlant, ne représente pas un fléau social. Le « métèque », comme souvent, sert de bouc émissaire. Le climat malsain créé par les campagnes xénophobes fondées sur le problème du chômage contribue à accélérer le départ vers l'Amérique des meilleurs cinéastes allemands qui ne trouvent pas en France l'accueil qu'ils pouvaient légitimement attendre. Rarissimes auront été ceux qui, comme Cocteau (*Ce soir*, juin 1938), appellent à « une France ouverte qui sache ouvrir un asile aux exilés de l'univers ».

Le deuxième grief relève de la sécurité et de l'ordre public. Différents scandales, et d'abord l'affaire Stavisky qui a engendré une véritable paranoïa, ont engendré des appels à la répression contre les juifs et les étrangers (même naturalisés, ce qui était le cas de Stavisky). Ce comportement, s'il a pour base quelques affaires crapuleuses, est amplifié et exacerbé par des raisons idéologiques. Il trouve dans le cinéma matière à se développer, car l'organisation de la production est si floue et si éparpillée qu'elle permet beaucoup de magouilles. La faillite de Bernard Natan accrédite la mauvaise réputation du cinéma en général, et en particulier de ses intervenants étrangers, naturalisés, juifs, effectivement nombreux. En novembre 1934, dans *Le Jour*, Simenon fait une description du cinéma français typique de cette suspicion, globale à l'égard des filouteries du cinéma, spécifique concernant le rôle privilégié des immigrés dans ces pratiques, et, parlant d'eux, conclut : « Qu'ils sautent et nous verrons sans doute naître le véritable cinéma français, dont ils n'ont fait qu'une parodie. Ils ont fait du cinéma-papier, du cinéma-traite, du cinéma bancaire, du cinéma spé-

1. *Ibid.*

culation. » Au même moment, un écrivain aussi pondéré qu'Emmanuel Berl écrit : « L'émigration est devenue une véritable catastrophe. Je voudrais au moins que les profiteurs soient dénoncés et qu'un contrôle plus sérieux soit exercé. » En 1936, c'est le comédien René Lefèvre qui parle de « ce cinéma, français à l'origine, mais étrangement colonisé depuis quelques années », où l'on parle « un langage international qui doit être le desesperanto ». En 1938, Jean Giraudoux, parlant des réfugiés d'Europe centrale, ose écrire : « Nous les trouvons grouillant sur chacun de nos arts et de nos industries nouvelles et anciennes, dans une génération spontanée qui rappelle celle des puces sur le chien à peine né. » La vérité oblige à dire que la vie économique du cinéma français, autour des années 1933-1936, est un sacré panier de crabes. Lorsque le nouveau ministre du Front populaire, un parfait démocrate, Jean Zay déclare à la Chambre des députés en juin 1936 : « Il faut épurer le cinéma français », il ne vise pas les exilés mais bien le fonctionnement général, franco-français, de notre cinéma. Il faut d'ailleurs remarquer que les commissions qui se réunissent, les rapports qui sont publiés, les projets qui s'élaborent entre 1933 et 1939 prennent tous en compte les insuffisances structurelles et les désordres financiers de notre cinéma, sans jamais se référer au rôle spécifique, et encore moins moteur, qu'auraient joué les étrangers dans cette crise.

Le troisième grief, enfin, relevé contre l'« invasion étrangère » est d'ordre moral et culturel. On s'indigne qu'une activité qui diffuse la création, la langue, les idées, les mœurs, les valeurs, la sensibilité d'une nation passe aux mains de gens qui ne relèvent pas de ce patrimoine, ne partagent pas le même héritage. C'est sur ce terrain que se situe Marcel L'Herbier lorsque, dans son livre de souvenirs, *La tête qui tourne* (1979), il déplore qu'un « courant judéo-balkanique » occupe « le terrain de la création des films que nos compatriotes démobilisés leur avaient cédées bien volontiers ». C'est la position, plus violente, de Lucien Rebatet quand, saluant la sortie de *Trois valses* de Ludwig Berger, il écrit, dans *L'Action française* du 23 décembre 1938 : « On distinguera désormais M. Berger de la séquelle de ses horribles congénères indésirables à tous les titres. Le cas de *Trois valses* ne nous empêchera pas de déplorer, une fois de plus l'organisation juive du cinéma français qui donne leur chance à cent margoulins d'Israël pour un Berger [1]. » De manière plus précise, Maurice Bardèche et Robert Brasillach, dans leur *Histoire du cinéma* (édition de 1942), ne se priveront pas d'écrire à propos de Marcel Carné : « Son talent n'était pas niable, mais il demeurait, en ces années sans grandeur, trop largement associé à une esthétique judaïsante dont les plus indulgents commençaient à se fatiguer. Les souteneurs, les filles, les sordides amours

---

1. Cité par Jean-Pierre Jeancolas dans *Quinze ans d'années trente, op. cit.*

formaient une bien curieuse matière... semblable en partie à l'écran germanique d'avant 1933, et, pour les mêmes causes, soumise à un esthétisme frelaté. » Ils ajoutent, plus loin, recommandant la lecture du pamphlet antisémite de Lucien Rebatet *Les Tribus du cinéma* : « On ne s'étonnera pas, après cela, que le cinéma français perdit peu à peu tout caractère national, et que ses œuvres les plus connues, entre 1936 et 1940 ressortissent à une esthétique morbide, analogue à celle qui avait sévi sur l'Allemagne d'après guerre. » Ici et là, on vitupère un art « cosmopolite » opposé à « national ».

Appliqués au cinéma français des années trente, ces réquisitoires paraissent singulièrement abusifs. Il y a eu beaucoup de navets, cosmopolites ou nationaux, pendant ces années : la médiocrité franchouillarde y tient largement sa place. Parmi eux, certains films mélangent en effet radicalement des nationalités, des cultures. La vogue des « films russes » (style *Tarass Boulba* ou *Nuits moscovites*) doit quelque chose à la présence d'une émigration russe notable. Certains sujets « internationaux », du genre *Guerre des valses, Les Trois Valses, Valse éternelle* ou *Valse royale*, ont prospéré abusivement. L'origine de ce phénomène se situe dans le développement des productions internationales et des versions multiples déclenchées par le parlant et pas du tout dans l'émigration vers la France des réfugiés venus de l'Est. Il est d'ailleurs significatif que la plupart des films importants de cette époque, ceux sur qui nous nous penchons dans cette histoire soixante ans plus tard, aient été produits par les Rabinovitch, les Lucachevitch, les Pinkevitch contre lesquels Marcel L'Herbier ou Marcel Carné (dans son livre *La Vie à belles dents*) exercent un humour douteux. Jean Renoir a rendu hommage dans *Cinémonde* (18 mars 1937), puis dans son livre *Ma vie et mes films*, à l'association Albert Pinkevitch-Frank Rollmer qui produisit *Jenny* (le premier film de Carné) et *La Grande Illusion,* refusée par l'ensemble des producteurs français. Ce qui ne l'empêche pas, dans un entretien avec le journal *Le Renouveau de Vichy* (21 septembre 1940), de dénoncer « le précédent gouvernement qui préférait laisser le financement [des films] à des producteurs en majorité étrangers et israélites [1] »...

Il est piquant de noter que Bardèche et Brasillach, évoquant *La Grande Illusion* dans leur *Histoire du cinéma*, s'inquiètent qu'on y ait pour la première fois osé montrer un juif sympathique (Rosenthal-Dalio) à l'écran. Céline, ajoutent-ils, « y voit avec raison le bout de l'oreille ». Renchérissons sur Céline : pas le bout de l'oreille, l'oreille tout entière. Car comment expliquer, quand *Les Tribus du cinéma* prétendent démontrer que les juifs tiennent 90 % des responsabilités du cinéma, qu'il ait fallu attendre le cas tardif et quasi unique de Rosen-

---

1. Cité par Ginette Guitard-Auviste dans son *Paul Morand*, première édition Hachette ; réed. augmentée, Balland, 1992.

thal pour trouver un film français présentant un juif sympathique ? Pis
encore, comment expliquer que, dans un cinéma supposé aux mains de
l'étranger, les personnages d'étrangers et de juifs soient systématiquement négatifs et souvent odieux ? La carrière cinématographique de
Dalio, à elle seule, en fournit la démonstration. C'est au théâtre, dans
la pièce de Steve Passeur *Les Tricheurs*, à l'Atelier en 1932, qu'il
obtient un triomphe dans le rôle du journaliste financier Samuel Lach-
man et devient l'incarnation du juif, ou de l'apatride, ou de l'étranger
louche, du traître errant de tous les scénarios (à l'exception des deux
films avec Renoir). Son éblouissant La Chesnaye de *La Règle du jeu*
n'attendrira pas Robert Brasillach, qui le retrouve là « plus juif que
jamais... Une autre odeur monte de lui du fond des âges, une autre
race qui ne chasse pas, qui n'a pas de château, pour qui la Sologne
n'est rien... Jamais peut-être l'étrangeté du juif n'avait été aussi fortement, aussi brutalement montrée [1] ».

Mais Dalio, bien sûr, n'a pas le monopole des figures de repoussoir
juives ou étrangères : il n'y suffirait pas. Jules Berry s'y emploie parfois, par exemple dans le rôle de Sadoc Torner, l'escroc du *Voleur de
femmes* (Abel Gance, 1937), ou von Stroheim (en émigré, jamais en
juif), par exemple dans *Derrière la façade*, où il présente à un commissaire soupçonneux sa carte d'identité française : il a été naturalisé le
jour même. Ou bien dans *Les Disparus de Saint-Agil* où il se révélera
finalement un personnage positif, mais où il fait dire à Michel Simon :
« Moi, les étrangers, je ne les aime pas », ce qui déclenche cette
sublime réplique : « Bons ou mauvais, c'est toujours avec les étrangers
que nous aurons la guerre ! » Inkijinoff, Sokolow, Sessue Hayakawa,
Hughes de Bagratide, Marcel Lupovici sont les autres comédiens prio-
ritairement désignés pour incarner à l'écran les méchants venus
d'ailleurs. Mais tout le monde peut être amené à jouer, un jour, l'un
des rôles clés du cinéma français de cette époque, celui du banquier,
presque toujours juif (et désigné comme tel) et presque toujours
véreux. C'est le cas de la banque Samuel et Duguesclin dans *Ces
messieurs de la Santé*, du banquier Gundermann dans *L'Argent*, de la
banque Abel et Caïn dans *La Banque Nemo*, du banquier Walther dans
La Fusée, etc.

On ne sait trop où classer (humour, parodie, satire) la série des *Lévy*
entamée en 1930 par André Hugon (*Lévy et Cie, Les Galeries Lévy et
Cie,* 1931 ; *Moïse et Salomon parfumeurs,* 1935 ; *Les Mariages de
Mademoiselle Lévy,* 1936), entreprise caricaturale difficilement suppor-
table aujourd'hui, mais qui à l'époque représentait un « comique juif »
pas plus raciste que les « histoires belges » ou les « opérettes marseillaises ».

---

1. Cité par Claude Gauteur dans son *Jean Renoir*. Ces phrases ont été coupées dans l'édition
de 1964 en Livre de Poche des *Sept Couleurs* où elles se trouvaient.

Ce cinéma français, livré aux « hordes étrangères », Marcel Pagnol en effleure la satire avec drôlerie mais une certaine pesanteur dans *Le Schpountz,* où l'on voit un *Napoléon* tourné en pleine folie par Bogidor Glazounov ainsi défini : « C'est un Allemand ou un Turc... enfin, il a un nom russe et il parle avec un accent italien. Ça lui a permis de devenir un grand cinéaste français. » Ce *Napoléon* est produit par la société « Studios de France de Messieurs Yaourt et Meryerboom » (interprété par Léon Délières, le Salomon de la série des *Lévy*), ce dernier se révélant d'ailleurs plutôt avisé et généreux. Pagnol a la main lourde, mais la caricature a ses droits.

C'est dans un tout autre registre que se situe Paul Morand, quand il publie *France La Doulce,* en 1934. Il s'agit d'une évocation supposée humoristique de la jungle cinématographique où les bons et braves Français sont mis en coupe réglée par une horde arméno-slavo-germanique dont la malhonnêteté n'a d'égale que l'inculture. Le livre s'achève sur le lancement d'une production Mammouth : *France la Doulce,* tournée par des étrangers de tout bord. Le président du Conseil vient assister à la fête. Il est accueilli par l'un des producteurs moldo-valaques, M. Kron, qui, pour finir (c'est la dernière réplique du livre), lui fait ce compliment en forme de coup de pied de l'âne : « La France, Monsieur le Président, c'est vraiment le camp de concentration du Bon Dieu ! » Cette fine plaisanterie parut assez significative pour que le livre sorte en Allemagne sous ce titre (*Das Konzentrationslager des lieben Gottes*). Morand essaie de prévenir l'accusation d'antisémitisme dans une préface qui se termine ainsi : « Je demande seulement, pour nos compatriotes une place, une toute petite place, dans le cinéma national. En défendant les Français, je revendique simplement pour eux le droit des minorités. » Ce n'était pas vraiment rassurant. On mesure la confusion des esprits à l'époque quand on sait que *France la Doulce,* dont la lecture soulève le cœur aujourd'hui, fut publié en feuilleton en novembre et décembre 1933 dans l'hebdomadaire de gauche *Marianne,* publié par Gallimard et dirigé par Emmanuel Berl, écrivain israélite et grand ami de Drieu La Rochelle...

Le livre de Paul Morand répond, chez l'écrivain, à deux motivations. L'une d'ordre anecdotique, mais qui nous concerne directement. En 1932, il est engagé pour écrire une adaptation cinématographique du *Don Quichotte* de Cervantès. Il participe aux préparatifs du film à Nice. Tandis que s'évanouit le commanditaire initial, il assiste à la recherche d'un metteur en scène dont le nom permettrait de rassembler de nouveaux capitaux, jusqu'au jour où la soudaine apparition de G.W. Pabst permet de trouver dans la nuit trois millions d'argent frais (lettre de Paul Morand à Charlotte Fabre-Luce du 2 août 1932) [1]. Plus tard il constate que son adaptation est remaniée par un collaborateur

1. Citée par Ginette Guitard-Auviste, *op. cit.*

de Pabst, Rudolf Leenhardt, et que la musique commandée à son ami Maurice Ravel l'a été en même temps à Marcel Delannoy, Manuel de Falla, Darius Milhaud et Jacques Ibert (c'est cette dernière qui fut choisie). Cette expérience a révolté l'écrivain, même si elle lui a apporté quelques compensations : il a fait la connaissance, en tout début de tournage, d'une jeune et superbe comédienne, Josette Day, qui sera sa maîtresse jusqu'à ce qu'elle vogue vers une nouvelle aventure qui aura pour nom... Marcel Pagnol.

L'autre motivation qui anime l'écrivain est d'ordre idéologique. Paul Morand fait partie de ces intellectuels qu'exaspère l'évolution des mœurs en France, qu'il ressent comme une décomposition de la morale et des valeurs nationales. En 1937, Jean Benoit-Lévy et Marie Epstein, deux cinéastes israélites, tireront un très beau film, *La Mort du cygne,* d'une nouvelle de Paul Morand. Ce dernier, nous le retrouverons en 1942 : Pierre Laval vient de nommer président de la Commission de censure cinématographique celui qui écrivait en 1933 : « En ce moment, tous les pays exterminent leur vermine, sauf le nôtre. » Cet enragé d'extermination n'avait plus longtemps à attendre.

II

LE TEMPS DES NOYAUX

« C'est fini, les trois mousquetaires
Voici venu le temps des égoutiers. »
Jacques Prévert, *Paroles,*
« Le temps des noyaux ».

« Batala : ... Le monde est rempli de
fripouilles... d'escrocs...
Le prêtre : Hélas !... on peut dire que
nous traversons une époque... une époque... enfin, une époque...
Batala : Vous l'avez dit, monsieur
l'abbé... une époque... »
Jacques Prévert et Jean Renoir,
Le Crime de Monsieur Lange.

Chapitre 1

CACOPHONIE STATISTIQUE

Avant d'analyser les thèmes majeurs qui donnent leur ton au cinéma du moment, il convient d'écouter la cacophonie de l'ensemble, d'observer la diversité des pôles, la multiplicité des trajectoires des hommes et des genres. Nous le ferons en nous appuyant sur des données statistiques, celles qui concernent le classement quantitatif des films par genre, celles qui concernent le succès public des films, tel qu'il apparaît à travers les référendums organisés pour 1936, 1937 et 1938 par l'hebdomadaire corporatif *La Cinématographie française*. Ce journal demandait aux quatre cents principaux exploitants de salle en France de désigner les films ayant obtenu le plus grand succès dans leurs salles (et accessoirement les acteurs qui étaient les plus populaires dans le public). Il faudra attendre 1950 et le système du billet unique pour disposer, avec les statistiques du Centre national du cinéma, de données scientifiquement valables. Mais l'étendue des consultations de *La Cinématographie française* et la concordance des résultats obtenus permettent d'accorder à ceux-ci la valeur d'informations sérieuses. (Ces tableaux sont reproduits en annexe, pages 660 et suivantes.)

Nationalités, genres, répertoire

Ce qui frappe d'abord, quand on considère la masse des quelque trois cent soixante films français des années 1936-1938, c'est la constance des répertoires de base. Qui se manifeste d'abord par l'incroyable nombre de remakes. Pour la seule année 1936, on en compte vingt et un. La quasi-totalité d'entre eux sont de bons vieux mélos adaptés par exemple de Feuillade *(Les Deux Gamines)*, de Pierre Decourcelles *(Les Deux Gosses, Gigolette)*, d'Adolphe Dennery *(Les Deux Orphelines)*, de Charles Méré *(La Flamme)*, d'Aristide Bruant

(La Loupiote). Le fond du mélodrame fait couple, comme toujours, avec celui du vaudeville, du comique troupier et de la comédie traditionnelle, de *Prête-moi ta femme* et *La Brigade en jupons* jusqu'à *Bach détective* et *La Petite Dame des wagons-lits,* sans oublier les classiques du genre, *Ces dames aux chapeaux verts* et *Mon curé chez les riches.* Ce cinéma, qu'on pourrait presque appeler de répertoire tant sa permanence est assurée, ménage parfois quelques bonnes surprises : la férocité avec laquelle Yves Mirande adapte Courteline *(Messieurs les ronds-de-cuir),* Suzanne Dehelly en laveuse de voitures *(La Reine des resquilleuses),* Fernand Gravey et Julien Carette dans deux rôles féminins sur un scénario qui annonce *Certains l'aiment chaud (Fanfare d'amour* de Richard Pottier), ou le triple rôle de Raimu dans *Les Jumeaux de Brighton* de Claude Heymann. Celui-ci est un véritable Frégoli de notre cinéma, tout à tour assistant, scénariste, producteur, réalisateur, tournant en France, en Allemagne, en Angleterre, en Italie, collaborateur de Renoir, Feyder, Allégret, Prévert, Spaak. Si aucun de ses films n'est exceptionnel, son dynamisme et sa polyvalence ont beaucoup mieux servi le cinéma que certaines carrières bien rangées. Le cinéma français ne serait pas ce qu'il est sans ces inépuisables hommes à tout faire que furent Claude Heymann, Jean-Paul Dreyfus-Le Chanois, Yves Allégret, Roland Tual, Raoul Ploquin, Roger Richebé, Albert Valentin, et beaucoup d'autres auxquels les histoires du cinéma — celle-ci incluse — ne rendent pas justice.

Quand on examine le classement des films à succès sur ces trois années, un premier enseignement se dégage : la priorité absolue accordée par le public aux films français. Par exemple, le classement portant sur les quatre cent cinquante titres sortis en 1936 *(Cinématographie* du 26 mars 1937) comporte cinquante-six films français parmi les soixante-quinze arrivés en tête. Un seul film américain se glisse dans les dix premiers, et c'est *Les Temps modernes* ! C'est seulement aux 23e et 25e places qu'on trouve deux autres films américains et ce sont des œuvres aussi exceptionnelles que *Les Révoltés du Bounty* et *La Charge de la brigade légère.* Pour 1937, un seul film américain, *Le Roman de Marguerite Gautier* (avec Garbo), réussit à se placer dans les trente premiers. Il faut attendre *Blanche-Neige et les sept nains,* en 1938, pour qu'un film américain s'empare de la première place. Mais dans les quarante places suivantes, deux autres films américains seulement parviennent à s'insérer : *Les Aventures de Robin des Bois* et *Marie Walewska.* Même si la méthode du référendum et la position du journal qui l'organise ont probablement favorisé les films français, l'avantage pris par ceux-ci est trop considérable pour ne pas traduire une réalité. Les films américains se situent au-delà de la 30e ou 40e place, ils constituent la seconde vague, le renfort du spectacle, du commerce cinématographique : ils n'en constituent pas l'attrait majeur. Par

212

contre, déjà, le monopole américain s'exerce parmi les films d'importation : seul un nombre infime de cas spéciaux de films anglais, ou italiens, ou apatrides, parviennent à se glisser dans un palmarès en fait franco-américain.

Un autre enseignement de ces classements est que le fossé ne s'est pas encore creusé entre cinéma artistique (ou « ambitieux » ou « de qualité ») et cinéma populaire (ou « commercial » ou « grand public »), alors que, vingt-cinq ans plus tard, ces catégories dont nous reprenons à dessein les futures étiquettes apparaîtront comme antagonistes. Ainsi voit-on figurer en bonne place dans ces classements Marcel Pagnol (1er, 15e et 4e avec *César*, *Regain* et *La Femme du boulanger*), Sacha Guitry (17e, 4e, 30e et 32e, avec *Le Roman d'un tricheur*, *Les Perles de la Couronne*, *Quadrille* et *Remontons les Champs-Elysées*), Jean Renoir (8e et 1er avec *Les Bas-Fonds* et *La Grande Illusion*), Marcel Carné (29e et 2e avec *Jenny* et *Le Quai des Brumes*), Jean Grémillon pour *Gueule d'amour* et *L'Etrange Monsieur Victor*, Julien Duvivier pour *Carnet de bal* et *Pépé le Moko*. Ne sont pas passées inaperçues les réussites de Marc Allégret (*Gribouille*, *Entrée des artistes* et *Orage*), ni le beau film de Jean Benoit-Lévy *La Mort du cygne,* ni les réussites de Pierre Chenal (*La Maison du Maltais*, *L'Alibi*), ni l'émergence d'Henri Decoin avec *Abus de confiance* (5e en 1937). Bien que présents en bonne place, certains cinéastes apparaissent — légitimement — en recul, comme Raymond Bernard, médiocrement cité pour deux films mineurs (*Marthe Richard* et *Le Coupable*), ou comme Jacques de Baroncelli, présent grâce à la version française de *Michel Strogoff* et à son remake de *Nitchevo*. Occupent, non les strapontins mais les fauteuils qui leur reviennent les cinéastes de spectacle et de divertissement parmi lesquels on n'est pas surpris de retrouver, au premier rang, l'infatigable Pierre Colombier (*Le Roi, Ignace, Les Rois du sport, Tricoche et Cacolet*), l'efficace Anatole Litvak qui, entre sa Russie d'origine et sa future Amérique d'adoption, obtient, sur des scénarios de Kessel, deux triomphes avec *Mayerling* puis *L'Equipage*, dont il va se hâter d'entreprendre le remake, aussitôt débarqué à Hollywood. Léonide Moguy, avec *Le Mioche* et *Prison sans barreaux*, affirme son habileté à traiter de manière émotionnelle des dossiers sociaux.

Si l'on considère ces palmarès sous l'angle thématique, le phénomène le plus frappant est l'omniprésence de films à ambiance militaro-patriotique. C'est l'époque où Victor Francen conquiert ses galons d'officier le plus souvent cocu de l'armée française : les principales batailles qui se livrent dans ces films, c'est dans les cœurs et dans les lits qu'elles se déroulent. Dans *Nitchevo*, il faudra couler le sous-marin de Harry Baur pour le rassurer sur la fidélité de sa femme. *Veille d'armes* évoque une bataille navale et le conseil de guerre infligé au commandant Victor Francen : mais pour ce film résolument militaire, c'est Annabella qui obtient la coupe Volpi au Festival de Venise 1936 ! Quand ils ne sont pas dans la marine, les héros de nos films sont dans la Légion, les spahis (Gabin dans *Gueule d'amour*) ou dans la coloniale (Gabin, il est vrai, déserteur, dans *Le Quai des Brumes*). Depuis *Le Grand Jeu* et *La Bandera*, l'aventure sent bon le sable chaud. Mais la tradition est en fait plus ancienne, comme en témoignent les remakes du *Roman d'un spahi* ou des *Hommes nouveaux* : Pierre Loti et Claude Farrère étaient déjà à la mode dans les années vingt. Le climat colonial permet parfois d'évoquer la mission civilisatrice des colonisateurs, jamais la phase, dépassée, de la conquête. Le plus souvent, il intervient pour dépayser et fournir un décor exotique à une aventure où l'on ne s'oppose jamais à des partisans de l'indépendance, mais à des « salopards », tribus « rebelles » ou « trafiquants » du désert.

Il ne faut pas oublier qu'en 1936 un film qui remporte un grand succès et un prix important a été réalisé grâce à une souscription nationale. Non, ce n'est pas de *La Marseillaise* qu'il s'agit (1938) mais de *L'Appel du silence,* consacré par Léon Poirier à la vie de Charles de Foucauld, missionnaire au Sahara, tué par des « rebelles » à Tamanrasset. Cent mille Français ont contribué à la souscription de *L'Appel du silence*, qui obtient le Grand Prix du cinéma français 1936 et se classe en seconde position dans les succès de l'année. Quand on considère le palmarès de cette grande année du Front populaire, où la France, démocratique et populaire est censée communier dans un grand élan d'exaltation politique, on ne trouve qu'un seul film, *Les Bas-Fonds*, de Jean Renoir, qui manifeste un certain intérêt pour la condition et la misère des pauvres. Tous les autres titres relèvent du théâtre de boulevard (*César, Le Roi, Bichon*) ; des drames dans les cours princières *(Kœnigsmark, Mayerling),* et surtout des aventures militaires que nous avons déjà évoquées et qui s'enrichissent, à cette époque, d'une nouvelle variante : le film d'espionnage. Entamée avec *Deuxième Bureau*, l'épopée du capitaine Benoît, imaginée par le romancier Charles-Robert Dumas, se poursuit avec *Les Loups entre eux*, où Roger Duchesne reprend le rôle tenu par Jean Murat dans le film précédent, et avec *L'Homme à abattre*, où Jean Murat retrouve le contre-espionnage, et conquiert une place inattendue au hit-parade. Mais, outre le capitaine Benoît, les espions sont partout. *Port-Arthur* (adapté de Pierre Frondaie) évoque l'espionnage pendant la guerre russo-japonaise du début du siècle, *La Mystérieuse Lady* se situe pendant la guerre des Indes, *Le Secret de l'émeraude* met en scène l'Intelligence Service. *Salonique nid d'espions* évoque les exploits d'une espionne allemande excusable puisqu'elle succombe aux charmes d'un agent français ! Surprise, le film le plus cocardier de l'année, c'est peut-être *Un de la Légion,* où Fernandel, engagé malgré lui, se révèle un héros du bled dans un rôle supposé de parodie joué avec une étonnante conviction.

Sur les quarante titres en tête du palmarès 1937, douze ont un lien avec l'armée, la guerre, l'espionnage — fût-ce, il est vrai, par le détour du vaudeville (*Trois artilleurs au pensionnat, J'arrose mes galons*). Trois films sur les femmes héroïnes dans les services de renseignement pendant la guerre de 14-18 (*Marthe Richard, Sœurs d'armes, Passeurs d'hommes*) viennent prendre place dans ce classement, sans oublier la poursuite des aventures du capitaine Benoît *(Double crime sur la ligne Maginot)* et des films sur des conflits plus localisés ou plus pittoresques : intervention du Deuxième Bureau dans l'Orient-Express (*La Bataille silencieuse*) ou trafics d'armes avec des « rebelles » marocains (*Feu*). La présence en tête de ce palmarès d'un chef-d'œuvre aussi indiscuté que *La Grande Illusion* prend soudain une nouvelle coloration. Au-delà de ses qualités artistiques, dramatiques, émotionnelles, *La Grande Illusion* s'inscrit aussi dans le climat d'inquiétude sur la paix qui règne alors, plus présent sur les écrans que le combat social qui est supposé caractériser cette période. N'est-il pas paradoxal que le cinéaste qui sort vainqueur de ces palmarès soit Marcel L'Herbier, réalisateur estimable, mais sans doute pour la partie la plus plate de sa carrière. Six de ses films figurent parmi les trente mieux classés de ces trois années et l'énumération de leurs titres fournit l'exact parfum du cinéma grand public de l'époque : *Veille d'armes, La Porte du large, Les Hommes nouveaux, La Citadelle du silence, Adrienne Lecouvreur* et *Tragédie impériale*. Officiers au grand cœur, drame chez les tsars, colons à l'œuvre et intrigues de cour : le catalogue est complet. Or, pendant ces années, Marcel L'Herbier, ardent militant cinéphile, est l'un des animateurs de la lutte syndicale et l'un des promoteurs de l'unification syndicale au sein du Syndicat des techniciens rattaché à la C.G.T. Caricaturalement, il apparaît comme un professionnel de gauche faisant un cinéma de droite (à l'image du public qui vote à gauche aux élections et à droite quand il va au cinéma). Marcel L'Herbier s'est expliqué sur cette apparente contradiction dans une lettre à Geneviève Guillaume-Grimaud [1]. « Le cinéma est ma passion, explique L'Herbier, et le cinéma, art fait en commun pour la communauté des hommes, ne peut être qu'un art populaire, et donc un art de gauche. » D'où le comportement social de L'Herbier dans sa vie professionnelle. Mais, art de gauche, le cinéma peut véhiculer des idées de droite. Or, en 1936-1937, L'Herbier s'inquiète de la paix menacée, de la diminution des crédits militaires, de la menace allemande, du « climat de dissolution morale et d'abdication nationale » et mène une croisade pour le réveil patriotique et moral de la nation. Tel est en tout cas son plaidoyer. Son intérêt, c'est qu'il vaut aussi sans doute pour le public qui, dans l'élan unitaire du Front populaire, avait investi du patriotisme (ce à quoi invitait symboliquement le retour de *La Marseillaise* et

---

1. Lettre citée dans *Le Cinéma du Front populaire*, Lherminier, 1986.

du drapeau tricolore) dans les rites du parti communiste et donnait peu à peu à la prise en compte de la menace de guerre la priorité sur les autres aspects de la situation politique.

Les comédiens

Ces classements de comédiens indiquent d'abord que la popularité du cinéma américain a pour fondement l'attachement du public à ses vedettes, car le nombre de comédiens américains bien placés dans le palmarès est largement supérieur au nombre des films distingués. Clark Gable, Gary Cooper, Errol Flynn, William Powell, chez les hommes, Greta Garbo, Shirley Temple, Marlene Dietrich, chez les femmes, tiennent la tête de ce peloton de la séduction hollywoodienne.

Du côté des actrices françaises, une jeune première s'est solidement installée en tête du classement pour ses vingt ans. Née en 1917, Danielle Darrieux, fraîche, pimpante, insolente, tendre, vulnérable, et chantant à ravir, semble partie pour une belle et longue carrière. C'est peu de dire qu'elle tiendra ses promesses. Trois jeunes comédiennes rivalisent avec elle : Simone Simon (née en 1914), superbe dans *La Bête humaine,* nous est enlevée par Hollywood sans avoir trouvé les rôles dont on la croyait digne ; Viviane Romance (née en 1912), au talent plus fruste, plus sauvage, qui va incarner la vamp française et infuser sa sensualité à ses rôles ; et la petite benjamine, Michèle Morgan, née en 1920, qui connaît une progression fulgurante, et se serait sans doute placée en tête du classement 1939 s'il avait eu lieu. Outre sa beauté, son talent, et sa voix troublante, elle apporte une lumière intérieure, une aura, un mystère qui semblaient le privilège des grandes stars hollywoodiennes. Autour de cette jeune troupe, Annabella (née en 1909) apporte les derniers éclats de sa beauté gracile avant d'émigrer aux Etats-Unis ; Véra Korène (née en 1901), venue de la Comédie-Française, anime pendant quelques années les films à ambiance russe, ou royale, et se retire du spectacle ; Edwige Feuillère (née en 1907) a déjà beaucoup de triomphes derrière elle, grâce à son allure sculpturale, agréablement dévoilée dans *Lucrèce Borgia,* et sa voix de reine dont elle tire le meilleur dans l'humour ou la comédie, comme on le découvre avec *Mister Flow* et *J'étais une aventurière* (1938). On ignore à ce moment-là qu'elle a encore bien des cordes cachées à son arc. Enfin, un peu plus âgées, trois indéboulonnables font un parcours professionnel tout à fait exceptionnel : Françoise Rosay (née en 1891) dans un cinéma ambitieux digne de son mari Jacques Feyder, Elvire Popesco (née en 1896) qui règne sur les rôles d'étrangères trépidantes, mais dont le talent est loin de se limiter à la musique de son accent roumain ; Gaby Morlay (née en 1897) qui s'use à jouer tout

216

et n'importe quoi, mais qui introduit un naturel et une vérité incroyables dans ses meilleurs films de l'époque comme *Le Roi, Un déjeuner de soleil* ou *Quadrille.*

Chez les hommes, c'est, comme souvent (Louis de Funès renouvellera le phénomène à partir des années soixante), un comique qui règne. Sans tenir compte de ses courts-métrages ni du temps passé dans des tournées de music-hall, de théâtre et d'opérettes, Fernandel a réussi à tourner quarante-quatre longs-métrages, de 1930 à 1939. Sur les trois années 1936, 1937 et 1938, il en a tourné quatorze, dont neuf se retrouvent dans les trente premiers du box-office. Une production souvent indigente, avec parfois des éclairs de loufoquerie géniale, quelques vraies réussites dans le burlesque (*François Ier, Fric-Frac*) et la confirmation d'un talent dramatique incontestable dans ses films avec Pagnol : *Regain* et *Le Schpountz* en 1937 (après *Angèle* en 1935). Début 1939, dans *Le Journal* du 30 mars, il reconnaît avoir reçu cinquante-huit propositions de films pour l'année : il est la star absolue. En dépit de l'affirmation de ses dons de comédien, il a choisi en parfaite connaissance de cause de privilégier la « rigolade ». Par goût, par routine, pour l'argent, pour ne pas troubler « son » public. Mais aussi au nom d'une sorte d'éthique professionnelle : il considère que celui qui jouit du don de faire rire a le devoir de le mettre au service du public, qui a besoin de cet oxygène mental. Le moins qu'on puisse dire, c'est que Fernand Joseph Désiré Contandin, dit Fernandel, né en 1903, ne s'est jamais dérobé à ce devoir jusqu'à sa mort en 1971 : il venait de tourner son cent vingt-quatrième film.

En dehors du cas Fernandel, trois vedettes dominent le tableau des comédiens : Boyer, Gabin et Raimu. Charles Boyer fête ses quarante ans en 1937. Se partageant entre le théâtre et le cinéma, ce licencié en philosophie est aussi célèbre en Amérique qu'en France. Sa séduction distinguée règne, pour ses films français des années trente, sur le répertoire qui a le plus vieilli, le drame psychologique, bourgeois ou mondain, style Henry Bernstein ou Claude Farrère. C'est dommage car son jeu, subtil et profond, lui ouvrait les emplois les plus variés. En 1936, il tourne *Mayerling* avec Litvak en France, puis, à Hollywood, toujours avec Litvak, un remake de *Tovaritch* avec sa compatriote Claudette Colbert ; puis il est Napoléon, aux côtés de Garbo, dans *Marie Walewska* avant de revenir en France tourner l'excellent *Orage* avec Michèle Morgan, sous la direction de Marc Allégret. La guerre l'immobilisera à Hollywood : il ne reviendra qu'en 1953 pour le superbe *Madame de...* de Max Ophuls.

Si son talent est intact au moment de ce palmarès, le cinéma et les personnages qu'incarne Charles Boyer sont en train de prendre un coup de vieux. Jean Gabin (né en 1904), sa virilité, sa gouaille faubourienne, la nostalgie et les révoltes de son regard fournissent au romantisme noir et populaire qui s'épanouit alors un héros de substitution.

Boyer et Gabin, ce ne sont pas seulement deux confrères ou deux rivaux, ce sont aussi deux univers et deux modes de représentation qui s'affrontent. Nous reviendrons sur Jean Gabin en étudiant le courant majeur du moment, dont il constitue l'une des sources d'énergie et d'inspiration.

Raimu se situe hors histoire et hors génération. Il emplit les studios et les écrans des grandes orgues de sa voix tonitruante et de sa majestueuse prestance, des orages de ses colères et du scintillement de son génie. Superbe dans les films les plus nuls qu'il s'obstine à tourner avec un extraordinaire manque de discernement, il est inquiétant, désopilant, féroce, bouleversant, dans des films maîtrisés comme *Le Roi, Gribouille, La Femme du boulanger, L'Etrange Monsieur Victor* pour nous en tenir aux années 1936-1938. La fameuse scène du retour de Ginette Leclerc au foyer dans *La Femme du boulanger* demeure un exemple rare de perfection absolue de présence, de diction, d'émotion, de simplicité. Le talent et la réussite de Fernandel et de Raimu (né en 1883 à Toulon), tous deux issus des planches marseillaises, nous rappellent ce que doit le spectacle français (cinéma, théâtre, chanson, opérette) à ce foyer méridional.

Autour de ce carré majeur, on trouve quelques noms un peu marginaux comme ceux de Tino Rossi, qui ne fut jamais au cinéma autre chose qu'un chanteur qui tourne des films, ou Sacha Guitry, dont la célébrité de comédien est complémentaire de celle de l'auteur. Suit la cohorte des grands comédiens dont la cote varie chaque année en fonction des résultats de leurs films, mais qui donnent tous ses lettres de noblesse au cinéma français de l'époque. Pierre Richard-Willm (qui arrêtera le cinéma dès 1945 pour se consacrer au théâtre populaire) ; Victor Francen, dont on brocarde la solennité mais qui pétillait d'humour dans la comédie ; ces deux grands interprètes universels qu'étaient Harry Baur et Charles Vanel ; la légèreté ironique de Fernand Gravey ; l'autorité de Pierre Fresnay, plus à l'aise dans la révolte que dans la tendresse ; le jeu appuyé de Pierre Blanchar, qui donne un ton halluciné à ses compositions ; et Louis Jouvet, dont le prestige théâtral est si grand qu'on en oublie presque, à l'époque, de juger sa présence à l'écran. C'est beaucoup plus tard, quand ses films repasseront à la télévision, qu'il sera authentifié vedette de cinéma.

Si nous avons omis de citer Jules Berry, toujours bien placé (8e, 12e et 11e), c'est qu'il incarne un des personnages emblématiques de l'époque sur lequel nous allons revenir. Reste un mystère : la place effacée de Michel Simon, que beaucoup considèrent comme le plus grand de sa génération. Sur ces trois années, il n'est classé qu'une fois (10e en 1938). Il est vrai qu'il n'est, quel que soit l'intérêt de ses prestations, que second rôle dans *Le Quai des Brumes, Les Disparus de Saint-Agil* ou *Le Dernier Tournant* ; que *Drôle de drame*, où il est extraordinaire, ait été un échec complet, et qu'il ait beaucoup donné à la comédie où son image s'est brouillée n'exclut pas que l'on ne retrouve pas, pour les années 1936-1939, une ligne Michel Simon comme nous avions pu la définir pour les années 1930-1935. Heureusement, s'il est moins repérable, Michel Simon est toujours fidèle au poste.

Les classements n'autorisent qu'un rapide tour d'horizon du groupe leader des comédiens français. Des volumes entiers se sont chargés de recenser leur vaste troupe. Tel n'est pas ici notre propos.

Chapitre 2

LE ROMAN DES TRICHEURS

La grande désillusion

Cette décennie des années trente, et plus encore sa seconde moitié, s'est déroulée sous le signe de trois événements matriciels : le Front populaire, avec son vent d'enthousiasme et les déceptions qu'engendrent ses échecs, la montée du péril de la guerre, dont nous avons vu qu'elle nourrit un imaginaire militaro-patriotique, et les scandales politico-financiers qui ont ouvert en fanfare cette période. Au moment où on jugeait les trafics de « la Banquière », Marthe Hanau, éclatait l'affaire Oustric, qui compromet députés, ministres, directeurs de journaux, avocats, entraîne la démission du garde des Sceaux, fait tomber le gouvernement Tardieu le 3 décembre 1930. Trois ans plus tard, le retentissement de l'affaire Stavisky, avec les conséquences politiques que l'on sait, confirme la suspicion de l'opinion sur la valeur morale de ses élites. Le franc, la paix, la confiance semblaient les valeurs sûres des années vingt. Le franc chute, le mythe de la « der des der » s'évapore, la confiance est en ruine : malgré les flambées d'espérance et de joie, voici venu le temps de la « grande désillusion ». Si nous choisissons délibérément cette expression qui évoque et provoque le titre phare de Jean Renoir, c'est à la fois pour rappeler la place à part qu'occupe ce cinéaste dans le cinéma de l'époque, et pour signifier que ce cinéma, à son meilleur, est un cinéma de désenchantement. Ce désenchantement se traduit à l'écran par deux courants fort différenciés. D'abord celui, bien connu et identifié, qui se rassemble autour des films de Renoir, Carné, Duvivier, celui dont *La Grande Illusion, La Belle Équipe*, et *Le Quai des Brumes* sont les films étendards, et qui trouve une place notable et légitime dans toutes les histoires du cinéma, car il s'appuie sur une recherche esthétique et engendre un épanouissement formel. Se référant à ses convergences esthétiques, Georges Sadoul a baptisé ce courant l'« école réaliste française », expression qui nous convient, en raison même du flou qu'elle implique, nous réservant de faire plus tard le ménage dans ce « réalisme ». L'autre courant, moins repérable, plus indifférencié sur le plan esthétique (il n'a pas son Renoir !), mais dynamique et cohérent, se rassemble autour de la dénonciation des vices sociaux, dont l'argent est à la fois le but et l'instrument. Le premier courant est romantique et populiste, il évoque le feuilleton le plus souvent tragique du quotidien, avec pour héros des rêveurs nostalgiques aux mains calleuses de mécanicien, dont Jean Gabin, taciturne et marmoréen, constitue la figure emblématique. Le second courant, que nous analysons maintenant, est cynique et mondain, directement dérivé du théâtre de boulevard, bourgeois par excellence, traquant ou magnifiant les duplicités de l'arrivisme roi. Il trouve sa figure emblématique chez Jules Berry, volatil et virevoltant, dont la faconde et l'agilité de prestidigitateur révèlent le double fond d'une société truquée.

Du désenchantement au cynisme

En 1936, Marcel Pagnol meurt d'envie de tourner un nouveau *Topaze,* sentant sans doute combien sa pièce, qui date de 1929, se trouve en accord avec l'air du temps. Car ce cinéma du mensonge et du cynisme est apparu dès le début du parlant, quand Louis Jouvet, par exemple, consent à abandonner sa troupe pour jouer *Topaze* (réalisé par Gasnier en 1932) puis met en scène lui-même *Knock* (1933) : au cœur de ces deux pièces, de ces deux films qui annoncent la crise morale qui vient, on trouve le même thème, qui ne fera qu'enfler : la manipulation des citoyens par l'appât de l'argent. Dans *La Fusée,* en 1933, un patron moderne et social (rôle tenu par Firmin Gémier, un des piliers du théâtre moderne, qui meurt la même année) doit quitter son poste à cause de la rapacité de ses actionnaires. On y entend le patron de choc grommeler : « Je commence à comprendre Lénine, moi ! » et apostropher ses banquiers : « Vous à qui le travail des ouvriers et le mien a payé châteaux et belle vie, vous êtes des parasites ! » Dans *Aux urnes, citoyens !* (1932), Jean Hémard décrit les magouilles d'un riche industriel pour remporter les élections et constitue une sorte de vaudeville parlementaire. Antiparlementaire, dans l'esprit du temps, le sera bien davantage *Le Père Lampion,* tourné par Christian-Jaque fin 1934, écrit et joué par Léon Bélières et Jean Kolb. Le scénario, prudemment situé dans un pays imaginaire, la Carvolie, évoque un complot politique qui permet de substituer au président du Conseil, qu'on fait passer pour fou, un égoutier qui est son sosie et dont le bon sens et l'honnêteté vont mettre en déroute les ministres véreux et les magouilles du parti affairiste, le parti mo-dé-ré (*mo*narchique-*dé*mocrate-*ré*volutionnaire). La charge est assez malicieuse, et en même temps inquiétante. Car le triomphe du *Père Lampion*, ce n'est pas celui de la droiture sur les combines, c'est celui du pouvoir d'un homme seul, bien préférable à l'impuissance des assemblées démocratiques...

On retrouve le même appel à un homme fort, à un sauveur, dans le discours final de *Jérôme Perreau* (Abel Gance, 1935), fantaisie historique se déroulant sous Mazarin, produit et interprété par Georges Milton. S'adressant à Anne d'Autriche, Jérôme Perreau, incarnation gouailleuse du bon peuple de Paris, achève ainsi sa harangue : « On dit que le Français ne peut pas supporter la poigne d'un chef... Mais qu'il en vienne un qui nous aide à sortir le char du bourbier, qui nous prenne par la main et nous conduise sur le chemin du travail, de la paix et de la justice, et toute la France le suivra, en chantant, corneguidouille. » Jean-Pierre Jeancolas, à qui nous empruntons cette citation [1], est fondé à rapprocher cette scène de la campagne menée à cette époque par une partie de la droite sur le thème « C'est Pétain qu'il nous faut ». Mais pour le reste, le film est bien anodin.

En 1936, *L'Assaut* (Pierre-Jean Ducis, d'après une pièce de Bernstein) évoque le cas d'un leader politique poursuivi par un maître chanteur : il précède de quelques mois le suicide de Roger Salengro, ministre de l'Intérieur, poussé au désespoir dans les mêmes conditions.

Ces Messieurs de la banque, avec le sourire

Ces films s'inscrivent dans la frange politique du courant que nous analysons. Mais à ce courant du cynisme, et de l'arrivisme, Pière Colombier a donné une sorte de chef-d'œuvre en hors-d'œuvre, dès 1933, avec *Ces Messieurs de la Santé*. C'est une comédie amère très réussie, sur les trafics louches d'un escroc évadé de prison qui, planqué dans une mercerie dont il devient l'homme de confiance, écume la petite épargne, organise un trafic d'armes, monte une banque et une opération minière frauduleuse, fait trembler le « Palais Bourbeux » en menaçant de révéler les soutiens officiels dont il a bénéficié, et choisit finalement de regagner la Santé, lieu stratégique d'où il pourra tranquillement poursuivre ses magouilles. D'une manière générale, à propos de l'automobile, du cinéma parlant, de la publicité, du progrès technique, de l'esprit d'entreprise ou des relations amoureuses, le film marque le passage d'une société stable, morale et hypocrite, « corsetée » (c'est un magasin de corsets qui sert de planque à notre héros),

---

1. Cf. *Quinze ans d'années trente, op. cit.*

à une sorte de modernité de l'aventure boursière, du bluff mirobolant et du cynisme intégral. Cauteleux, féroce, répugnant, admirable, Raimu trouve, en « machine à faire de l'argent en vendant du vent » l'un de ses plus beaux rôles. Dix détails du scénario donnent à penser que *Ces Messieurs de la Santé* s'inspire de l'affaire Stavisky. Mais celle-ci a éclaté en décembre 1933, alors que le film était déjà sorti. Il adapte d'ailleurs une pièce de théâtre de Paul Armont et Léopold Marchand, créée dès 1931. Anticipant sur l'avenir, il dénonce la cavalerie financière qui, un an plus tard, mènera à la faillite Bernard Natan, son producteur.

Cette façon de coller à l'actualité au point de la devancer n'est pas due au hasard. Les auteurs de boulevard écrivent vite, dans un rythme de revue de chansonnier, des comédies de mœurs inspirées directement par la rubrique judiciaire ou la chronique mondaine des journaux. Rien d'étonnant à ce que l'on retrouve, en tête de cette course à l'actualité, les deux champions du boulevard, Louis Verneuil et Yves Mirande. Pendant le premier trimestre 1934, la presse est remplie de révélations sur l'affaire Stavisky. Au même moment, Marguerite Viel (une des rares femmes, avec Marie-Louise Iribe et Solange Bussi-Térac, qui marquera de sa présence le cinéma des années trente) tourne *La Banque Nemo*, adaptée d'une pièce de Louis Verneuil, écrite elle aussi en 1931, c'est-à-dire au lendemain des scandales Hanau et Oustric. Or, cette histoire d'un arriviste sans scrupule qui de garçon de bureau, devient directeur de banque, en écrasant tout sur son passage, et dont les escroqueries sont couvertes par des amitiés au Parlement et dans les ministères, évoque si précisément le scandale en cours que la censure s'émeut quand le film lui est présenté en avril 1934. Elle exigera plusieurs coupures dont celle de la scène (de plus d'un quart d'heure) montrant une réunion du Conseil des ministres, où est organisé le silence autour des affaires de la Banque Nemo.... Ce sont ces épisodes politiciens qui frappaient le plus dans les bourrasques antiparlementaires du moment. Dans *Le Roi* (Pière Colombier, 1936), pétillante comédie adaptée par Louis Verneuil d'après de Flers et Caillavet, avec deux beaux duels de comédiens, Raimu-Francen et Morlay-Popesco, Raimu peaufine l'arrivisme retors de *Ces Messieurs de la Santé*. Il devient ministre du Commerce d'un gouvernement stupide et corrompu, promotion qui l'aidera à oublier les faveurs accordées par sa femme à un roi allié, qui, reconnaissant, a signé un traité favorable à nos couleurs.

Elles sont bien loin les coopératives généreuses, euphoriques ou utopiques, du *Crime de Monsieur Lange* et de *La Belle Équipe*. Ici, c'est l'affairisme éhonté qui triomphe. Le plus terrible exemple en est fourni sans doute dans un film réalisé modestement en 1936 par Maurice Tourneur, sur un autre scénario de Louis Verneuil, toujours sur le même schéma. *Avec le sourire* n'est en apparence qu'une bonne occasion de montrer l'efficacité de la sympathique bonhomie de Maurice Chevalier et de lui permettre de chanter : « Y a du bonheur pour tout le monde/Il suffit de sourire pour gagner. » Mais l'escalade sociale du héros, clochard qui devient chasseur, puis vendeur de programmes, puis secrétaire de direction d'un grand music-hall, avant de remplacer le directeur, puis de prendre en main l'Opéra, le tout à coups de combines, système D, franches malhonnêtetés et finalement chantage, est évoquée avec une complaisance qui ne paraîtra satirique qu'aux âmes innocentes. Il est bien évident que le film est du côté d'un héros qui nous enseigne benoîtement qu'« il ne suffit pas d'être canaille pour réussir, sinon tout le monde serait millionnaire ». C'est la sympathie perverse que nous inspire le personnage du salaud qui donne son étrangeté, son acuité, éventuellement sa nocivité sociale ou morale à ce type de cinéma. Lucidement, *La Petite Illustration* écrivait déjà en juillet 1931 (à propos de la pièce *Ces Messieurs de la Santé*) : « Les moralistes ne manqueront pas de considérer comme un signe des temps qu'un écumeur de l'épargne ou un requin de la finance, dont la fortune est toujours bâtie sur les ruines des pauvres gens qu'il a dupés, nous escroque par surcroît notre sympathie et notre admiration. » *Avec le sourire* n'évoque la politique que brièvement, mais avec férocité. Pour obtenir d'un secrétaire d'Etat la charge de l'Opéra, Chevalier se contente de lui faire passer sa carte avec ces mots : « Je sais tout. » Bien entendu, il ne sait rien. Mais puisqu'il s'agit d'un homme politique, celui-ci a forcément un scandale caché, un délit secret, un dossier nauséabond, sur lequel il peut trébucher. Donc, il est à la merci de celui qui « sait tout ». Ou le prétend. Parallèlement à l'ascension de Chevalier, on assiste à la chute d'André Lefaur, pauvre imbécile qui fait profession d'honnêteté, et se retrouve seul, ruiné, à la rue...

Un auteur : Yves Mirande

On aura reconnu la morale qui règne sur ce chassé-croisé des destins. C'est celle qu'au même moment (1936) Guitry met en œuvre dans le film qui fait dire que Sacha a découvert le cinéma et qui nous a fourni le titre de ce chapitre. Dans *Le Roman d'un tricheur*, un enfant est privé de dîner pour avoir volé huit sous et devient le seul survivant d'une famille de douze personnes : les onze autres ont mangé des champignons empoisonnés. Vivant parce qu'il a volé, il en conclut que, si les autres sont morts, c'est parce qu'ils étaient honnêtes. Au long de son existence, ce sont ses mauvaises actions qui lui portent bonheur, ses repentirs qui le pénalisent... Ferons-nous de Sacha Guitry pour autant le grand manitou du cinéma du cynisme ? Non, car *Le Roman d'un tricheur,* sur lequel nous reviendrons, a la fantaisie légère d'une fable morale et rien de l'amertume sociale du cinéma dont nous traitons ici. S'il faut désigner un auteur majeur à ce cinéma, nous opterons pour une autre vedette du théâtre parisien, le grand rival de Louis Verneuil, c'est-à-dire Yves Mirande. Lui aussi, bien entendu, met en scène le thème du « bien mal acquis profite toujours », mais plus légèrement que Verneuil, en écrivant et en réalisant *A nous deux, madame la vie* (1937), dans lequel les « emprunts » de deux employés à la caisse de leur banque conduiront le plus honnête (Jean-Louis Barrault) en prison, et le plus malhonnête (André Luguet) à la direction de l'établissement. Mais auparavant, Mirande a écrit et tourné une œuvre clé de l'époque. Le film *Baccara* reprend le titre d'une pièce qu'a jouée Jules Berry, avec laquelle il n'a rien à voir, et spécule sur la réputation de joueur impénitent de Berry, bien qu'il n'y soit guère question de jeu. Elsa Barienzi (Marcelle Chantal), étrangère vivant en France depuis dix-huit ans, est la maîtresse d'un escroc étranger qui a spéculé contre le franc, et que la justice veut aider à fuir pour ne pas compromettre ses complices du monde politique. Elle risque d'être expulsée et demande à un ami avocat de lui organiser un mariage blanc qui lui procure la nationalité française. Jules Berry, qui vit une sorte de bohème superbe et impécunieuse, en compagnie d'un copain avec lequel il a fait Verdun, consent, pour l'argent et pour rendre service, à donner son nom à cette dame dont il a le malheur de tomber amoureux lors de leur bref passage à la mairie. Il la sauvera du déshonneur, et de l'expulsion grâce à son intervention devant le tribunal où on la juge et où il est écouté avec respect quand on découvre qu'il est revenu de la guerre avec sept blessures et sept citations (notons au passage que les journaux ont toujours parlé de la passion de Berry pour les casinos, mais jamais de sa croix de guerre de 14-18). Un an après le 6 février 1934, on pouvait trouver un écho Croix-de-Feu à la conclusion de *Baccara,* quand un ancien de Verdun déplore la perte des valeurs anciennes à l'occasion du procès d'un escroc étranger soutenu par la classe politique. Même si le personnage de Jules Berry est trop chatoyant, trop naturel, trop primesautier, pour imposer une leçon idéologique, il faut reconnaître que ce cinéma du cynisme est globalement de droite, aussi clairement que le cinéma populiste auquel nous l'avons opposé a la tripe à gauche.

Mirande, en tout cas, terminera la décennie avec une trilogie, *Café de Paris* (1938), *Derrière la façade* et *Paris-New York* (1939), qui, s'appuyant sur Jules Berry, mais aussi sur une vaste cohorte de comédiens renommés (Morlay, Popesco, Moreno, Brasseur, Carette, Simon, von Stroheim, Baroux, Lefaur, Baumer), passe en revue les secrets, les délits, les vices d'une petite communauté (un restaurant, un immeuble, un paquebot) soumise à enquête. C'est pour Mirande l'occasion d'une revue caustique du demi-monde politique, journalistique, diplomatique et de ce que l'on n'appelait pas encore le show-business : un député en goguette, un ministrable discrètement protégé par la police, un leader politique surpris avec un trafiquant d'armes sont quelques-unes des attractions de ce défilé de stars, de ce carnaval sinistre et pourtant pétillant de l'hypocrisie et de la corruption. Outre Jacques Baumer, Jules Berry est le seul comédien à jouer un rôle important dans les trois films. Souplesse de danseur mondain, regard d'oiseau de proie, séduction canaille, il est le meneur de jeu chez Mirande, comme il l'est, à cette époque, à travers le cinéma du cynisme tout entier. Il tourne trente et un films en 1936-1938, dont la moitié au moins relève de notre thème.

Les martingales de Jules Berry

Né en 1883, Jules Paufichet, dit Berry, est à la fois pianiste et danseur mondain, enfant du caf'conc', de l'opérette et du théâtre de boulevard : ses mains dansent, parlent et mentent comme sa bouche, qui, au lieu des répliques prévues par l'auteur, que l'acteur a oubliées ou n'a pas lues, débite un texte inventif, généreux, dont les réalisateurs font leur miel. Jules Berry, prince du cinéma du cynisme ? Le répertoire d'Yves Mirande en a fait déjà la démonstration, et pourtant on n'a encore rien vu. Berry (c'est de ses rôles qu'il s'agit ici) est inimitable dans son art de gruger ses amis : on a envie de lui dire merci d'être aussi inventif dans l'escroquerie aux sentiments, comme il l'est dans *Touche-à-tout* (Jean Dreville, 1935), où il vit aux crochets de Fernand Gravey, ou dans *Eusèbe député* (André Berthomieu, 1938), où, sous le superbe nom de Félix Jacassar, il manipule Eusèbe-Michel Simon. Escroc imprévisible, il crée un improbable musée d'objets volés dans *Le Club des aristocrates* (Pière Colombier, 1937) et invente avec cinquante ans d'avance l'escroquerie à l'Assedic quand, dans *Rendez-vous aux Champs-Elysées* (Jacques Houssin, 1937), fêtard ruiné, il cherche à tout prix du travail pour pouvoir devenir chômeur. Banquier véreux dans *Les Deux Combinards* (Jacques Houssin, 1937), Berry n'est pas plus recommandable dans *Hercule* dans lequel il joue le chef de publicité parfaitement corrompu du journal *L'Incorruptible* qui voit ses ambitions mises en déroute par un innocent débarqué de sa province, interprété par Fernandel... (Tourné par Esway recruté en catastrophe, *Hercule* avait été commencé par Jean Grémillon, qui comprit que le sujet ne l'intéressait pas après quelques jours d'extérieurs.)

Deux autres films de la même époque ramènent Jules Berry à la situation de base de *Baccara*. Dans *Aventure à Paris* (Marc Allégret, 1936), Berry séduit Danièle Parola pour le compte du richissime

Lucien Baroux, avant de s'apercevoir qu'il est amoureux de la femme qu'il a séduite en service commandé. Dans *Un déjeuner de soleil* (1937), supervisé par Roger Richebé d'après une pièce d'André Birabeau, Berry accepte de jouer à la ville l'amant de paille d'une femme riche (Gaby Morlay), qui souhaite écarter ainsi séducteurs et prétendants. Victime d'un financier véreux, elle sera sauvée par Berry qui en est tombé amoureux. *Un déjeuner de soleil* est le premier film mis en scène (avec beaucoup d'élégance) par Marcel Cohen, un des trois frères Cohen (plus tard Cravenne), qui joueront tous trois un rôle notable dans le cinéma français : Marcel comme réalisateur de cinéma, puis de télévision ; Robert comme délégué général d'Unifrance-Film, l'organisme chargé de la diffusion du film français à l'étranger, de 1950 à 1975 ; Georges, enfin, journaliste à *Paris-Soir,* puis à *L'Intransigeant,* principal publicitaire du cinéma, organisateur des grandes manifestations professionnelles.

Dans tous ces exemples de « cinéma des tricheurs », nous avons privilégié les films situés dans le contexte politique, financier et mondain évoquant les scandales qui secouent à ce moment-là la nation. Mais il est d'autres formes de tricheries, dont l'une est fort nouvelle et liée à l'esprit du temps : c'est celle qui découle de l'essor médiatique. Le tirage de *Paris-Soir* passe de 318 000 exemplaires en 1931 à 1 million en 1933, et à 2 millions en 1938. *Marie-Claire* atteint 900 000 exemplaires en 1937, *Match* 1 400 000. Le nombre de récepteurs de radio passe de 500 000 en 1930 à 1 900 000 en 1935, puis à 4 millions en 1937 et à 5 500 000 en septembre 1939. Outre Radio Paris et la radio d'Etat, s'est développée la radio privée, avec Radio Cité de Marcel Bleustein, le Poste Parisien de Maurice Diamant-Berger et Radio 37 de Jean Prouvost. La photo envahit les journaux, les musées. La publicité conquiert de nouveaux espaces et un nouveau statut. La société de communication est en marche. Elle engendre déjà ses abus, ses tricheurs. Dans *L'Homme du jour* (Julien Duvivier, 1936), Maurice Chevalier va connaître une célébrité soudaine et illusoire pour avoir donné son sang à une vedette en perdition, après quoi il sera jeté sans ménagement aux poubelles de l'oubli. Dans *Le Grand Refrain* (1936), on retrouve Yves Mirande qui dénonce un nouveau tricheur : un compositeur méconnu (Fernand Gravey) fait circuler l'annonce de son suicide pour conquérir la célébrité. C'était aussi l'idée de départ du premier scénario du *Crime de Monsieur Lange* : sauver l'entreprise menacée de faillite en attirant l'attention des journaux sur elle par l'assassinat simulé de Monsieur Lange. Idée abandonnée mais brillamment reprise par la meilleure comédie de 1936, *Le Mort en fuite.* Pour sortir de l'anonymat et conquérir enfin la notoriété, deux minables comédiens simulent l'assassinat de l'un par l'autre... après quoi tout dérape. Ce scénario astucieux se trouve valorisé par une idée brillante : engager pour jouer un couple d'acteurs ringards ces deux natures d'exception que sont Michel Simon et Jules Berry. L'ironie de l'histoire, c'est que René Clair, qui, intéressé par l'idée de base, en avait fait acheter les droits par Korda, fut plus ou moins contraint de tourner lui-même, en Angleterre, une autre adaptation de ce scénario, et que son film *Break the News* (*Fausses nouvelles,* 1938), réalisé dans des conditions difficiles, avec un Maurice Chevalier hors de son emploi, se révéla moins bon que *Le Mort en fuite,* tourné par le producteur-cinéaste André Berthomieu, de faible réputation. Fort satisfait de cette expérience, celui-ci la renouvela en tournant en 1955, sur le même scénario, *Les deux font la paire,* avec Jean Richard et Jean-Marc Thibault. Il est vrai que le thème de la tromperie médiatique n'en était qu'à ses débuts et connaîtrait bientôt une extraordinaire faveur.

Est-ce du cinéma ?

Ce cinéma du mensonge et de la tricherie dont nous avons vérifié souvent l'actualité, le brio, la férocité, mais qui dédaigne toute recherche artistique, tout recours à une expression cinématographique spécifique, est-ce vraiment du cinéma ? Oui, bien sûr, puisqu'il engendre des films dont l'intérêt social et l'efficacité dramatique sont évidents. Ce sont même souvent des films d'auteurs : quand Mirande écrit et dirige ses films, il en est l'auteur au sens le plus plein du terme. Mais ces auteurs, bien souvent, ne sont pas des cinéastes. Ce sont des auteurs dramatiques ou des journalistes, ou les deux à la fois. Ce cinéma n'est pas pensé par rapport à la caméra et à la pellicule. Il sort des salles de rédaction, des coulisses de théâtre, c'est une super-revue de chansonniers qui introduit dans les situations et les caractères répertoriés du théâtre de boulevard les nouveaux éléments de drame, de conflits, de psychologie qu'engendre l'actualité. Sa mise en scène vise essentiellement à mettre en place au mieux répliques, mimiques, déplacement des acteurs, à veiller à la clarté d'exposition du récit, à s'en tenir à la plus grande économie de moyens. Sur la vingtaine de films auxquels Yves Mirande est associé durant ces années, il n'en dirige tout seul qu'un (*Messieurs les ronds-de-cuir*) ; pour les autres, soit il bénéficie d'un conseiller technique (Lacombe, Guissard, Siodmak, Moguy, Robert Wyler), soit il se contente d'écrire le scénario et de gérer le choix des acteurs : il n'est pas sûr qu'il fasse une grande différence entre tous ces différents types d'intervention...

C'est donc d'un cinéma fruste, primaire dont il s'agit ; la rigueur dans les tempos, la progression très maîtrisée du rythme du récit, la capacité à raconter vite et intelligiblement des histoires d'une confusion extrême qui retiennent l'attention. Dépourvu de prétentions, il l'est aussi d'académisme. Subtil ou roublard dans ses intentions, il est d'une simplicité exemplaire dans la forme. Ce n'est pas rien. Rappelons enfin, mais nous l'avons longuement évoqué, qu'il a procuré quelques grands rôles à quelques grands comédiens, au premier rang desquels Raimu, Michel Simon et, bien entendu, Jules Berry.

Pour les facilités de l'exposé, nous avons isolé dans une éprouvette ce cinéma mondain de dénonciation, ou d'exploitation, de la dégradation sociale des élites. Mais il circule en liberté dans l'ensemble de la production, il se mêle aux autres genres, il rencontre et parfois s'associe avec le cinéma populiste auquel nous l'avons opposé. Jules Berry, une fois encore, nous servira d'exemple. Impressionnant aristo décavé dans les salons mondains d'Yves Mirande, il trouvera ses plus grandes scènes de cynisme dans deux films populistes, *Le Crime de Monsieur Lange* et *Le jour se lève*. La cruauté de tels rôles montre à quel point le climat social a changé. Le cinéma parlant s'est ouvert sur *L'Opéra de quat'sous*. Voici venu le temps d'Arturo Ui...

Chapitre 3

FRONT POPULAIRE :
LE POINT D'INTERROGATION

Les historiens emploient l'expression « cinéma du Front populaire » pour désigner l'activité cinématographique pendant cette période. Appellation légitime, si l'on veut seulement signifier qu'il se situe dans le contexte de cette époque, ce qui va de soi, et qu'il est amené à en rendre compte, consciemment ou inconsciemment. Nous avons déjà vérifié en effet que, parfois en toute connaissance de cause, parfois par dérive naturelle du cinéma-spectacle, les films de cette période rendaient compte de deux traumatismes de l'époque : la hantise de la guerre et le rejet des scandales. Mais l'expression « cinéma du Front populaire » implique aussi que ce cinéma rend compte du phénomène dont il porte le nom, ce Front populaire qui a soudé dans l'enthousiasme des millions de Français, imposé un virage politique important et des réformes sociales de grande ampleur, avant de se fissurer. Or ce cinéma spécifique est loin d'imposer sa marque aux films de ces années, même si les commentateurs, dans leurs analyses, tentent de faire correspondre ce qu'ils voient sur l'écran et ce qu'ils savent du moment. Dans une thèse soutenue devant l'université de Provence, l'universitaire Geneviève Guillaume-Grimaud a fait le tour du problème. Quand elle publie le résultat de ses travaux, le titre du livre annonce l'intention initiale : *Le Cinéma du Front populaire*. Honnêtement, le chapitre de conclusion se fait dubitatif sous le titre : « Un cinéma de Front populaire ? ». Ce point d'interrogation ne fait que grossir quand on poursuit ses travaux : plutôt qu'un « cinéma du Front populaire », il y a une « lecture Front populaire » du cinéma de cette époque, lecture souvent contestable ; et souvent basée sur des apparences ou des malentendus. Apparences, par exemple, dans les cas souvent cités de *Grisou* et de *Vacances payées*. *Grisou* dut d'être réalisé (Maurice de Canonge, 1938) au fait qu'il adaptait une pièce fort peu sociale signée Pierre Brasseur et Marcel Dalio, dont la principale caractéristique était de faire descendre les problèmes conjugaux au fond de la mine. *Vacances payées* (Maurice Cammage, 1938), dont le titre évoque l'une des grandes réformes du gouvernement Blum, les congés payés, raconte quelques jours de congé à Monte-Carlo d'un individu qui gagne au casino une fortune (d'où ces vacances « payées »), qu'il se fait ensuite subtiliser. Il est possible qu'en choisissant leur titre les producteurs aient souhaité « surfer » sur une expression en vogue : ce serait bien le seul apport du Front populaire à cette production.

Le malentendu est plus grave quand des films comme *La Belle Equipe* ou *Le jour se lève* sont cités comme exemplaires du cinéma du Front populaire (même s'ils en ont subi une certaine influence). *Le jour se lève* date de 1939, donc après le Front populaire, et c'est un film d'un absolu désespoir qui témoigne de la faillite des valeurs (progrès social, solidarité ouvrière, humanisme fraternel) dont le Front populaire se voulait porteur. *La Belle Equipe* constitue en quelque sorte un cas d'école qui mérite qu'on s'y arrête. Il s'agit de ce film de Duvivier où cinq copains ayant gagné à la loterie achètent une guinguette qu'ils entendent gérer ensemble. Deux fins avaient été tournées, impliquant l'échec ou la réussite de l'entreprise. C'est finalement la fin optimiste qui fut choisie, celle qui fait de *La Belle Equipe* un exemple de solidarité victorieuse des gens du peuple. Pascal Ory [1] prend argument du choix de cette version par un jury populaire (305 voix contre 61, le 27 octobre 1936, au cinéma le Dôme à La Varenne) et du fait qu'elle fut le plus largement diffusée, pour la prendre seule en considération. C'est tout à fait défendable. Mais l'inverse aussi. *La Belle Equipe*, que Charles Spaak a écrite, et que Julien Duvivier a tournée, raconte l'histoire de cinq associés dont le premier part au Canada, le second est expulsé par la police, le troisième meurt dans un accident et le quatrième tue le cinquième. Tel était leur film, tel ils le voulaient, et tel il sortit, le 19 septembre 1936. C'est seulement au bout de six semaines, devant son échec complet, que le producteur obtint des auteurs d'organiser une projection publique où les deux fins seraient montrées, avec l'issue que l'on sait, mais sans que la fréquentation en ait été améliorée pour autant. Il est difficile dans ces conditions de citer *La Belle Equipe* comme un film du Front populaire, ni pour les intentions de ses auteurs, ni pour son contenu, ni pour l'adhésion qu'il aurait entraînée.

Si l'on excepte les films de Jean Renoir, qui constituent à nos yeux un territoire à part, et qui répondent à cette définition, peu de films sont suffisamment proches de l'événement Front populaire et de la défense de ses valeurs pour prétendre appartenir à un « cinéma du Front populaire ».

Tous ces préalables semblent mener vers une conclusion radicale :

1. Pascal Ory, *La Belle Illusion, culture et politique*, Plon, 1994.

hors Renoir, le cinéma du Front populaire n'existe pas. Il faut résister à cette pente. L'élan du Front populaire, événement fort, qui jouit d'une mythologie plus forte encore, n'a pas engendré un important mouvement cinématographique. Mais il s'est réellement manifesté dans le cinéma, et cela de trois manières : par l'agitation culturelle, par la production militante, par l'impulsion donnée à certains courants du cinéma (jeunesse, réalisme, populisme).

Agit'prop

Créé par Louis Delluc (« Il y a le Touring-Club, il faut aussi le Ciné-Club », écrit-il en janvier 1920), le mouvement ciné-club s'est surtout lié, dans les années vingt, au mouvement de l'« avant-garde française ». Mais cette avant-garde a dépéri au moment où se développait une autre avant-garde, à la fois esthétique et politique, celle du cinéma soviétique, en butte à une sévère répression de la part de la censure. Le mouvement ciné-club, du même coup, pour des raisons culturelles, sincères chez les uns, alibis chez les autres, se consacre essentiellement, au début des années trente, à la diffusion en séances privées des films d'Eisenstein, de Poudovkine, Dovjenko et autres interdits par la censure. Marcel Aymé donnera dans *Travellingue* un compte rendu d'une joyeuse férocité de la découverte de l'écrémeuse stakhanoviste (dans *La Ligne générale* d'Eisenstein) par un club de snobs. Séance qui n'avait rien à voir avec l'activité réelle des principaux clubs d'alors, plus populaires que les ciné-clubs d'origine, et dont les noms (« Les Amis de Spartacus », fondé par Léon Moussinac, « Les Amis de la Bellevilloise », dirigé, entre autres par Jean-Paul Dreyfus, et surtout les clubs de l'Association France-U.R.S.S.) disent assez clairement la vocation. Ces clubs, lieux de rencontre, unitaires de longue date, jouent un rôle dans la montée du Front populaire, tandis qu'apparaissent de nouveaux types d'associations qui vont rapprocher public et monde du cinéma. Ce fut le cas de l'A.E.A.R. (Association des écrivains et artistes révolutionnaires), créée en mars 1932, avec comme secrétaire général le leader communiste Paul Vaillant-Couturier, et qui publie, à partir de 1933, la revue culturelle *Commune* où Georges Sadoul fera ses débuts de critique cinématographique en 1936. La section cinéma de l'A.E.A.R. (où l'on retrouve Jean-Paul Dreyfus) se contente de compléter l'action des ciné-clubs en organisant quelques projections de films interdits dans un cercle d'intellectuels et de professionnels du cinéma. En octobre 1935, une nouvelle association, l'A.C.I. (Association du cinéma indépendant), où l'on retrouve le critique communiste Léon Moussinac, la cinéaste Germaine Dulac,

232

présidente de la Fédération des ciné-clubs, et le cinéaste scientifique Jean Painlevé, marque un élargissement politique. La mainmise communiste est moins visible, et peut-être moins ferme, bien que la principale activité de l'A.C.I. ait été d'aider à la production et à la diffusion du film de propagande du P.C.F., *La vie est à nous*. Dans cette voie de l'ouverture apparaît, début 1936, une nouvelle organisation, Ciné-Liberté, qui se propose de produire, en coopérative, des documentaires et des films romancés, de promouvoir les films populaires, et de mener des batailles professionnelles comme la lutte contre la censure ou l'assainissement économique du cinéma. Les moyens d'action sont, pour l'essentiel, des séances de cinéma, des conférences avec débats et un journal, *Ciné-Liberté*. Jean Renoir (qui en est président) et Henri Jeanson apparaissent comme les activistes majeurs d'une association où se distinguent aussi Jacques Becker, Charles Dullin, Jacques Feyder, Jean-Paul Dreyfus. *Ciné-Liberté* lance effectivement un pont entre public et monde du cinéma, et jouera un rôle notable dans la production des films militants dont nous parlons plus loin.

Ces années du Front populaire ont donc été marquées par une vive activité culturelle autour du cinéma, activité dont l'agitation militante était souvent le moteur. C'est dans ce contexte historique, mais hors politique, que se situe un événement discret aux conséquences lourdes : le dépôt, le 2 septembre 1936, des statuts d'une nouvelle association, la Cinémathèque française, par deux jeunes cinéphiles, Henri Langlois, vingt-deux ans, et Georges Franju, vingt-quatre ans. Langlois a déjà commencé à collectionner les copies de films muets menacées de disparition et, depuis un an, les deux jeunes gens animent un ciné-club, le Cercle du cinéma, consacré au cinéma muet, dans une petite salle de projection, 33, avenue des Champs-Elysées. Ils ont reçu le soutien, fort efficace, de Paul-Auguste Harlé, directeur de l'hebdomadaire *La Cinématographie française,* qui devient président de la Cinémathèque. Langlois et Franju en sont secrétaires généraux, Jean Mitry, archiviste. Ce sont la passion et la trajectoire personnelle de Langlois qui débouchent sur cet événement. Le contexte politique n'a pu qu'en favoriser, et peut-être en hâter l'éclosion.

Cinéma militant

En pleine bataille politique, l'important est de convaincre les adhérents, de recruter des partisans, de rassembler des électeurs. Le cinéma est un formidable instrument de propagande, comme en font la démonstration, à leur manière, les pays totalitaires, Allemagne, Italie et Union soviétique. Cet « exemple », pour inquiétant qu'il soit, contribue à expliquer la pugnacité exceptionnelle manifestée par les partis, syndicats et associations dans l'utilisation du cinéma entre 1935 et 1938. Pour la première fois en France, le cinéma entre en politique. Pour la première fois, et on serait tenté de dire pour la dernière, car, Jean Renoir n'ayant pas été remplacé, nul combat politique n'engendrera plus de films militants de l'importance cinématographique de *La vie est à nous* ou de *La Marseillaise*. Nous devons reconnaître pour ce chapitre notre dette à l'égard de Pascal Ory, le meilleur spécialiste des problèmes culturels de la France du XXe siècle, auteur, notamment, d'une somme sur le sujet qui nous occupe ici, *La Belle Illusion* [1]. Son livre apporte sur le cinéma militant des informations inédites dont nous ne pouvions que nous faire l'écho.

L'essentiel de la production cinématographique militante se fait à ce moment sous l'égide du parti socialiste, ou du parti communiste, ou d'associations liées à l'un de ces deux partis. Au parti socialiste, la situation est très particulière, car le principal animateur de l'activité cinéma, Marceau Pivert, est, d'une part, un ponte du parti, que Léon Blum a pris à ses côtés, à Matignon, comme chargé de mission pour la presse, la radio et le cinéma, et, d'autre part, le chef d'un courant d'extrême gauche, déjà tenu aux marges du parti et qui sera exclu en 1938. Ces détails ont leur importance, puisque, à ce moment, Marceau Pivert créera un nouveau « Parti socialiste ouvrier et paysan » et utilisera ses archives cinématographiques pour réaliser *Contre le courant,* film polémique dont on peut dire qu'il marque la fin du cinéma de Front populaire. Auparavant, il avait animé le Service cinématographique de la Fédération socialiste de la Seine, qui en tout cas, de début 1935 à début 1937, réussit à fournir à peu près régulièrement un *Journal d'actualités,* mensuel diffusé à l'occasion des séances de cinéma des sections. Mais le film d'influence socialiste le plus important sera celui produit par le Syndicat national des instituteurs et la Ligue de l'enseignement pour exalter le dévouement des enseignants et les vertus de l'école laïque. Le financement en est obtenu par une souscription des organisations d'enseignement de la Côte-d'Or, région où le projet est né, a été écrit et tourné. *Jeannette Bourgogne* raconte la vie exemplaire d'une jeune enseignante dans le Morvan. Réalisé par Jean Gourguet, dont c'est le second film, il est interprété par une comédienne professionnelle, Blanchette Brunoy, qui venait d'être révélée par son rôle principal dans *Claudine à l'école* et qui tournera ensuite un film d'esprit « loisirs populaires », *Altitude 3 200.*

L'essentiel de la production militante émane du parti communiste, qui a initié des films dès la fin des années vingt. Il importe peu d'établir si les films dont nous allons parler sont d'intiative A.E.A.R.,

---

1. Pascal Ory, *La Belle Illusion, op. cit.*

A.C.I., Ciné-Liberté ou C.G.T. Il suffit de savoir l'essentiel : ils étaient sous contrôle politique et financier du P.C.F. L'origine du premier de ces films est d'ailleurs sans ambiguïté, puisqu'il s'agit de *La Vie d'un homme,* consacré à Paul Vaillant-Couturier, fondateur de l'Association républicaine des anciens combattants, député-maire de Villejuif, rédacteur en chef de *L'Humanité,* responsable de la politique culturelle du P.C.F. et, par ailleurs, écrivain, peintre, compositeur et auteur dramatique. *La Vie d'un homme* est la première réalisation de Jean-Paul Dreyfus, décidément incontournable et qui, outre les activités militantes où nous le rencontrons, remplissait, en 1936, la fonction de chef de plateau aux studios Pathé. Marginal au parti, Jean-Marie Daniel réalise fin 1935 *La Marche de la faim* sur les difficultés d'existence d'un chômeur. C'est ce thème qu'on retrouve au cœur de la principale production du P.C.F., début 1936 : *La vie est à nous* (soixante-cinq minutes), partiellement financé par une collecte qui rapporte cinquante kilos de pièces de monnaie, est entrepris en vue de la campagne électorale. C'est du moins la théorie acceptée par tous. Même si, décidé en janvier 1936, tourné précipitamment en février-mars, le film sort le 9 avril et ne peut évidemment servir à grand-chose pour des élections dont le premier tour a lieu le 26 avril. Ce qui importe peu, vu que le film appelle moins à voter Front populaire qu'à rejoindre les rangs du parti communiste, ce qui reste valable après les élections. Il semble que ce soit Aragon qui proposa au parti d'en confier la réalisation à Jean Renoir, bien que celui-ci ne soit pas adhérent. Il sera d'ailleurs entouré d'assistants qui, eux, le sont (Jacques Becker, Jean-Paul Dreyfus, Henri Cartier-Bresson, Pierre Unik, André Zwobada) et supervisé par Paul Vaillant-Couturier et Aragon. Le film évoque dans un prologue la lutte des classes en France, avec un montage de documents d'actualités, et pour finir la marche au bonheur d'un peuple réconcilié, dans un montage de type cinéma soviétique. L'essentiel du film est consacré à trois sketches évoquant trois malheurs : ceux de l'ouvrier menacé de licenciement, du paysan saisi pour cause de dettes et du travailleur intellectuel désespéré par le chômage. Dans les trois cas, la lutte apporte sinon la solution, en tout cas l'espoir. Outre les dirigeants du parti communiste, on découvre à l'écran un certain nombre d'acteurs connus comme Jean Dasté, Blavette, Gaston Modot, Nadia Sibirskaïa, Julien Bertheau, la plupart des membres du groupe Octobre (mais pas Prévert), et les collaborateurs du film, à commencer par Renoir lui-même.

Il y a, dans *La vie est à nous,* un contraste évident entre le caractère simpliste et mécanique de l'expression du message politique, et le naturel, le sentiment d'authenticité, la vérité humaine des sketches joués. Ces qualités sont trop évidemment celles de Jean Renoir pour qu'on n'y reconnaisse pas sa marque. Il y a pourtant débat autour de la nature réelle de l'intervention personnelle de Renoir sur le film. Il est établi, par exemple, que la scène (très réussie) de la vente aux enchères, à la campagne, fut tournée par Jacques Becker, un jour où Renoir était pris ailleurs. Renoir lui-même devait déclarer (mais près de quarante ans plus tard, alors qu'il avait pris beaucoup de recul) : « *La vie est à nous,* que je supervisais, fut en grande partie tourné par mes jeunes assistants et techniciens. J'en dirigeai quelques passages et n'en assurai pas le montage [1]. » Quoi qu'il en dise, sa présence dans les images est trop forte pour qu'on gomme *La vie est à nous* de sa filmographie. Présenté à la Commission de contrôle, le film est interdit (nous sommes en avril), et l'interdiction est confirmée quand il est à nouveau présenté après les élections, ce qui déclenche une polémique entre presse socialiste et presse communiste. Finalement, *La vie est à nous* sera autorisé pour les séances privées et pourra donc être utilisé dans les meetings et manifestations du P.C.F.

Dans le public, au moins un sympathisant reste insatisfait. Cet assistant de Feyder a fourni au P.C.F., qui le lui a demandé, un reportage filmé sur le grand défilé unitaire du Rassemblement populaire, le 14 juillet 1935 et, plus tard, il a été contacté en vue de se voir confier la réalisation de *La vie est à nous.* Mais il venait de signer son premier contrat de réalisateur et a dû refuser la proposition. Dans *La vie est à nous,* il retrouve ses images du 14 juillet, ce dont personne ne lui donnera jamais acte. Mais qu'importe, Marcel Carné est heureux : il vient de donner le premier tour de manivelle de son premier film, *Jenny.*

Au P.C.F., des collectifs divers profitent de l'élan du Front populaire pour tourner des documentaires sur le travail et la vie des ouvriers (*Les Bâtisseurs* de Jean Epstein, *Sur les rails d'acier* de Blaise Peskine). Bientôt sera mis en route un autre long-métrage, *Le Temps des cerises* (quatre-vingts minutes), réalisé par l'infatigable Jean-Paul Dreyfus, qui fait écho à la campagne de Thorez en faveur de la retraite des vieux et qui sortira en exploitation normale (après quelques coupures), le 22 novembre 1937. Le scénario, signé Dreyfus et Pierre Unik, reste d'une inspiration très proche de celle de *La vie est à nous* (le commanditaire est le même). Centré sur un ouvrier, on y voyait aussi les difficultés des paysans, artisans et intellectuels, en parallèle avec l'aisance d'une égoïste famille bourgeoise. Gaston Modot, Jean Dasté, Roger Blin, Kosma à la musique, Wakhewitch aux décors, sont fidèles au poste. Mais Jean-Paul Dreyfus, c'est bien clair, n'est pas Jean Renoir.

Renoir, on le retrouve tout de suite pour la réalisation du projet le plus grandiose de ce cinéma militant, *La Marseillaise.* Certes, ce film aura une distribution commerciale en salles et se présente finalement comme une production grand public « normale ». Il convient néan-

---

1. *Ma vie et mes films,* Flammarion, 1974.

236

moins de le rattacher au cinéma militant, car la décision et l'intention de le produire sont politiques, le financement est en partie politique, le scénario, le choix des collaborateurs sont politiques et le tournage s'appuie sur une assistance d'ordre politique.

La décision date de la fin 1936. C'est celle du parti communiste : faire un film sur la Révolution française, dont le Front populaire se veut l'héritier, en l'axant sur La Marseillaise, afin de mettre au premier plan la dynamique nationale et unitaire. Renoir, ce cinéaste « de grand talent, qui venait de tourner un film pour notre parti, apparaissait comme le plus apte à fournir un grand film sur le thème de La Marseillaise », note Jacques Duclos dans ses Mémoires. Maurice Thorez en personne, qui s'était lié avec Renoir, semble lui en avoir parlé. Renoir se met au travail en partant d'un livre sur le bataillon des Marseillais de 1792 que lui a signalé une jeune et séduisante polyglotte, Noemi Martel, qui est aussi l'épouse de Jean-Paul Dreyfus. Pendant que s'élabore le scénario, s'organisent soutien politique et financement. Le comité de patronage rassemble des représentants radicaux, socialistes, communistes, des intellectuels et des leaders syndicaux. On y trouve plusieurs ministres dont Léon Blum, président du Conseil, et Jean Zay, ministre de l'Education nationale. C'est qu'à ce moment-là le soutien du gouvernement paraît acquis et la presse parle de La Marseillaise comme d'une affaire d'Etat, pour s'en féliciter ou s'en indigner. Dans l'interview qu'il donne à Georges Cravenne (Paris-Soir, 2 février 1937), Renoir déclare que le film va recevoir « l'appui total, complet, absolu du gouvernement ». Cette illusion se dissipe vite. Onze jours plus tard, Léon Blum annonce la « pause » des réformes et démissionne le 21 juin. Le Front populaire est à l'agonie quand sort La Marseillaise, le 9 février 1938 : ce contexte, qui contraste radicalement avec le climat d'enthousiasme qui régnait au moment de sa conception, explique ses difficultés de production, l'accueil mitigé qu'il reçut et son échec public.

Donc, il faut trouver l'argent pour produire et distribuer ce film, ce dont se chargeront deux coopératives distinctes créées à cette occasion. Un grand meeting unitaire, salle Huygens, le 12 mars 1937, lance un système original de souscription. Un tract est diffusé à des millions d'exemplaires. Il annonce : « Le film de l'Union de la Nation française contre une minorité d'exploiteurs, le film des Droits de l'Homme et du Citoyen. Pour la première fois, un film sera commandité par le peuple lui-même, par une vaste souscription populaire. 2 francs la part de commandite ! 2 francs le billet de souscription ! 2 francs qui viendront en déduction du prix des places dans les salles où le film sera projeté. Souscrivez ! » Dans cette phase d'exaltation où rien ne paraît impossible, le projet est vraiment grandiose. Les sept plus grands compositeurs doivent créer la musique, les dialogues doivent être écrits par Henri Jeanson pour les Parisiens, Marcel Pagnol pour les Marseillais,

Marcel Achard pour les émigrés. Parmi les rôles principaux, on compte sur Louis Jouvet pour Robespierre, von Stroheim en officier autrichien, Gabin en menuisier du Faubourg-Saint-Antoine, Chevalier chantant La Marseillaise.

Il faudra déchanter. Financièrement, la souscription n'a pas rapporté plus de 500 000 bons à deux francs. C'est tout à fait insuffisant, en dépit des apports syndicaux (70 000 francs de la C.G.T. et de l'Union des syndicats). Il faudra insuffler discrètement de l'argent « politique ». Pascal Ory cite le témoignage de Giulio Ceretti, intermédiaire financier du Komintern, qui se présente comme le pourvoyeur de fonds pour 18 millions (56 millions F.C.). Tournée quelques mois plus tôt, *La Grande Illusion* avait coûté 15 millions. Les chiffres de Ceretti ont donc une certaine crédibilité. Outre l'aspect financier, la production et la distribution du film s'avèrent trop complexes pour les coopératives et sont cédées à la R.A.C. (Réalisation d'art cinématographique) de MM. Rollmer et Pinkevitch qui viennent de produire *La Grande Illusion* en plein triomphe, au moment où commence le tournage de *La Marseillaise* (fin août 1937).

Finalement, on s'est passé des grands dialoguistes prévus et d'un certain nombre de « stars » : le générique ne comporte que des acteurs et techniciens ayant participé activement au mouvement politique. Beaucoup de rôles ont changé de titulaire, et certains, comme celui de Robespierre, ont tout simplement disparu : pas assez consensuel, Robespierre... Reste que l'entreprise se développe avec une fougue extraordinaire, sous la direction d'un Renoir jubilant, entouré des fidèles Becker et Dreyfus, flanqué d'un administrateur, Louis Joly, ancien machiniste que le P.C. a soustrait au journal *La Vie ouvrière* pour servir de « courroie de transmission » avec les organisations politiques. Des centaines de figurants bénévoles, recrutés par la C.G.T., se déplacent, dès les premiers jours, à Fontainebleau, où l'on tourne l'assaut des Tuileries. Certes, on a raboté les ailes immenses de l'utopie initiale. Néanmoins, l'utopie est en marche. Bientôt, il y aura un vrai, grand film sur les écrans, encombré de défauts, porteur des ambiguïtés de son enfantement, mais qui demeure, par les conditions de sa création, par la nature de ses ambitions, par la réussite de certains épisodes, une œuvre d'exception dans le cinéma français. Nous reprendrons son examen critique dans le chapitre sur Renoir.

Ce cinéma militant du Front populaire, s'il s'est développé pour l'essentiel en marge du fonctionnement traditionnel du cinéma, n'est pas sans répercussions sur lui. Il réveille et alimente un militantisme cinéphilique qui s'était quelque peu assoupi. Il déclenche des articles, des réunions, des interventions, des débats qui rapprochent le public des gens et des problèmes du cinéma. Il donne des responsabilités et une expérience à une jeune classe qui va s'affirmer, et parmi eux, à Jean-Paul Dreyfus et à Jacques Becker, bien sûr, mais aussi à Marc

Maurette, stagiaire sur *La vie est à nous,* documentaliste et scripte sur *La Marseillaise* ; à l'opérateur Claude Renoir, neveu de Jean, assistant sur *La Marseillaise,* aux opérateurs Alain Douarinou et Jean-Serge Bourgoin, au compositeur Joseph Kosma, etc. La fièvre de ces expériences passionnées, leur souvenir souderont ensemble un groupe important de professionnels qui auront d'autres occasions d'affirmer leur solidarité au cours des décennies suivantes.

Accélérateur de courants

Le Front populaire se manifeste aussi dans la production professionnelle. Pas au point d'engendrer une catégorie de films dynamiques et sociaux qui répondent aux films pessimistes et dénonciateurs du cinéma de cynisme : les exemples en resteront isolés et peu significatifs. Mais le contexte politique imprègne le climat de création. Il fonctionne comme un accélérateur de particules ou, en l'occurrence, de courants. On doit mettre par exemple au crédit du Front populaire le surgissement d'un nombre exceptionnellement élevé de films consacrés à la jeunesse (et, du même coup révélant toute une génération de jeunes comédiens) : une trentaine de titres de 1935 à 1939. Ainsi sommes-nous souvent introduits au Quartier latin avec, par exemple, *Les Beaux Jours* de Marc Allégret, 1935 (avec Simone Simon, Corinne Luchaire, Jean-Pierre Aumont, Raymond Rouleau, Jean-Louis Barrault, Roland Toutain, Maurice Baquet), *Orage,* toujours de Marc Allégret (1937), où Charles Boyer arrache Michèle Morgan à ses études, *Abus de confiance* (Henri Decoin, 1937), où Danielle Darrieux abandonne le Quartier latin pour trouver le moyen de poursuivre ses études de droit, *La Cité des lumières* (Jean de Limur, 1938, avec Madeleine Robinson), ou *Quartier latin* (Pière Colombier, 1939, avec Blanchette Brunoy, Junie Astor, Sylvia Bataille, Bernard Lancret), sur des idylles estudiantines. Beaucoup d'autres films se déroulent dans un milieu étudiant, comme *Hélène* (Jean Benoit-Lévy, 1936), avec Madeleine Renaud, Jean-Louis Barrault, Maurice Baquet, qui a pour cadre l'université de Grenoble ; *La Mort du Cygne* (Jean Benoit-Lévy, 1937), situé à l'école de danse de l'Opéra ; *Entrée des artistes* (Marc Allégret, 1938), qui se déroule au Conservatoire d'art dramatique et dont les élèves s'appellent Odette Joyeux, Janine Darcey, Dora Doll, Claude Dauphin, Bernard Blier, Roger Blin ; ou *Accord final* (J. Rosenkrantz, 1938), situé au Conservatoire de musique de Genève, avec Josette Day, Georges Rollin, Maurice Baquet, Bernard Blier, Michel Vitold. Sans oublier ceux qui ont pour cadre des écoles ou des lycées, comme *Les Grands* (Félix Gandera, 1936, avec Gilbert Gil et Serge Grave), ou

Les Disparus de Saint-Agil (Christian-Jaque, 1938, avec Marcel et André Mouloudji et Serge Grave), catégorie à laquelle on peut rattacher *La Guerre des gosses* (première adaptation de *La Guerre des boutons*) de Jacques Daroy (1936), où l'on trouve déjà les frères Mouloudji et Serge Grave.

C'est aussi à ce moment-là que deux figures du cinéma du Front populaire, Gaston Modot et Maurice Hilero, conçoivent le scénario de *Nous les gosses,* qui ne sera finalement tourné qu'en 1941 par Louis Daquin. Nous sommes encore dans cette fontaine de jouvence, mais cette fois du côté sports, loisirs, plein air, avec des films d'esprit « auberges de jeunesse », comme *La vie est magnifique* (Maurice Cloche, 1938), sur les idylles de quatre campeurs dans les Landes, ou *Le Grand Elan* (Christian-Jaque, 1939), dans une station de sports d'hiver, avec Maurice Baquet et Marcel Mouloudji. Mais le film pilote de cet ensemble reste *Altitude 3 200* (1938), réalisé par Jean Benoit-Lévy et Marie Epstein, d'après une pièce de Julien Luchaire (le grand-père de Corinne Luchaire), montée par Raymond Rouleau, qui venait de remporter un triomphe et de révéler quelques jeunes comédiens dont Bernard Blier et Odette Joyeux. On les retrouve dans le film, avec Jacqueline Porel, Blanchette Brunoy, Jean-Louis Barrault et Maurice Baquet. *Altitude 3 200* met en scène un groupe de jeunes gens réfugiés dans un chalet de montagne où ils forment une sorte de république de la jeunesse traversée de passions. C'est ce film qui traduit sans doute le mieux le vent de jeunesse qui traverse la France durant cette période.

On remarquera qu'au long de cette énumération deux noms de cinéastes sont revenus plus fréquemment que d'autres. Celui de Marc Allégret, qui avait ouvert son « cinéma de la jeunesse », dès 1934, avec *Lac aux dames* (révélation de Simone Simon et de Jean-Pierre Aumont), et à qui l'on doit *Les Beaux Jours, Orage* et *Entrée des artistes*. Rien d'étonnant à cela : nous avons dit déjà que Marc Allégret resterait tout au long de sa carrière un étonnant découvreur de talents. L'autre nom, c'est celui de Jean Benoit-Lévy, cité pour *Hélène* et pour ces deux réussites que sont *La Mort du Cygne* et *Altitude 3 200*. Son cas est plus intéressant, car il incarne vraiment l'esprit Front populaire. Fils d'Edmond Benoit-Lévy, avocat, homme d'affaires important, créateur du journal *Ciné-Gazette* en 1906, et de multiples associations pour défendre les arts, les artistes et notamment le cinéma, Jean Benoit-Lévy, né en 1888, s'affirme dans le cinéma documentaire et éducatif. Il réalise et cosigne la plupart de ses films avec Marie Epstein, sœur du cinéaste et théoricien d'origine polonaise Jean Epstein, dont il avait facilité l'insertion française en commanditant son *Pasteur* (1922). Il réussit un joli film faubourien avec *La Maternelle* (1933), se lie avec les associations d'enseignement laïque et fonde la Société coopérative des artisans d'art du cinéma dont le titre même définit tout un programme. Ami du conseiller de Léon Blum Paul Grunebaum-Ballin et de Jean Zay, Jean Benoit-Lévy reçoit d'ailleurs diverses commandes de documentaires pour présenter la France à l'Exposition internationale de New York en 1939. C'est à New York justement qu'il se réfugiera après l'invasion et qu'il enseignera le cinéma, avant de devenir, après la guerre, directeur de l'Information audiovisuelle, puis du cinéma à l'O.N.U. De tempérament radical-socialiste, on comprend, en voyant ses films, qu'il s'est senti particulièrement en accord avec son temps, pendant le Front populaire.

La jeunesse, on la trouve encore le plus souvent au cœur de films sur la délinquance juvénile, la prévention sociale ou la protection des jeunes, souvent inspirés par les reportages et campagnes de presse du journaliste Alexis Danan. C'est le cas, par exemple, de *Club de femmes* (Jacques Deval, 1936), avec Danielle Darrieux et Josette Day, ou de *Prison sans barreaux* (1937), triomphal succès de Léonide Moguy, avec Ginette Leclerc et la révélation de Corinne Luchaire, ou de *L'Enfer des anges* (Christian-Jaque, 1939), plaidoyer mélodramatique en faveur des enfants miséreux livrés à la rue, où l'on retrouve quatre comédiens souvent réunis dès qu'il s'agit de jeunesse : Louise Carletti, Sylvia Bataille, Marcel Mouloudji, Serge Grave.

On ne compte pas vraiment de chefs-d'œuvre dans cette nomenclature. Mais il s'en est fallu de peu. Car trois projets durent être abandonnés qui promettaient beaucoup. C'est le cas d'*Air pur*, sur l'enfance malheureuse et les colonies de vacances, film que René Clair devra interrompre à la mobilisation et qui ne sera jamais repris (voir plus loin). C'est le cas d'*Ecole communale,* que Marcel Carné prépare en 1939, sur un scénario d'Henri Jeanson, autour des difficultés scolaires du petit garçon d'une marchande de quatre-saisons de la rue Mouffetard (Arletty) et qui ne sera pas tourné. C'est surtout le cas, plus édifiant, d'un projet sur lequel Prévert et Carné se sont battus avec acharnement, mais en vain, contre l'administration et le gouvernement, et dont André Heinrich a raconté l'odyssée quand il publia le scénario de Jacques Prévert, *La Fleur de l'âge* (Gallimard, 1988). Le point de départ en est une révolte qui éclate en août 1934 à la maison de redressement de Belle-Ile-en-Mer, et qui donne lieu à une incroyable chasse aux jeunes détenus évadés, à laquelle se mêlent allègrement les vacanciers. Cette affaire déclenche un grand débat public et politique sur les bagnes d'enfants et inspire à Jacques Prévert un poème, « La chasse à l'enfant », et un scénario, *L'Ile des enfants perdus.*

En août 1936, deux mois après la formation du gouvernement Léon Blum, un producteur s'engage à tourner ce scénario avec Marcel Carné comme réalisateur, à condition d'obtenir un feu vert préalable des administrations concernées. Prévert et Carné interviennent auprès des ministères de la Santé publique et de la Justice et obtiennent, le 19 septembre, l'appui de Marceau Pivert, responsable du cinéma à la présidence du Conseil. Mais une semaine plus tard, une autre affaire se déclenche dans une maison de redressement de Boulogne, et les rebelles se réclament du Front populaire, ce qui vient fausser l'exploitation médiatique de l'incident. Le projet de film semble enterré, puis resurgit en avril 1937 avec la participation de Danielle Darrieux ; Prévert annonce qu'un haut fonctionnaire a promis qu'il ferait interdire le film, mais qu'il va néanmoins être tourné. Une nouvelle série de démarches, fin mai 1938, aboutit à un avis d'interdiction par la précensure. Prévert et Carné, attachés à ce projet, ne renoncent toujours pas. On en reparlera en 1946, quand *L'Île des enfants perdus* deviendra, sans plus de succès, *La Fleur de l'âge...*

III

LE TEMPS DES CERISES

« J'aimerai toujours le temps des cerises :
C'est de ce temps-là que je garde au cœur
Une plaie ouverte.
J'aimerai toujours le temps des cerises
Et le souvenir que je garde au cœur. »
Jean-Baptiste Clément, 1866.

Chapitre 1

LE POPULISME TRAGIQUE

> « C'était une belle idée... une belle
> idée... trop belle pour réussir... »
> Jean Gabin dans *La Belle Equipe*[1].

> « Alors, toujours contente... ? Dans la
> vie, c'est pas drôle tout le temps d'être
> blanchisseuse... »
> Jules Berry à Florelle dans *Le Crime de
> Monsieur Lange*.

Du réalisme au populisme

Les blanchisseuses du *Crime de Monsieur Lange*, les cheminots de *La Bête humaine*, les chômeurs de *La Belle Equipe*, le bal du 14 Juillet d'*Hôtel du Nord* sont passés plusieurs fois à l'arrière-plan dans ce récit, sans que jamais la caméra s'arrête sur eux. Le moment est venu de les mettre en pleine lumière. Le climat sociopolitique du Front populaire n'a pu que favoriser leur règne à l'écran. Mais cette influence, pour évidente qu'elle soit, apparaît secondaire par rapport à d'autres facteurs prioritaires : la tradition réaliste et populiste du cinéma français, la mutation culturelle et artistique de cette période, le tempérament personnel des créateurs concernés. Voici le temps venu de l'explosion de cette fameuse « école réaliste française » dont parle Sadoul.

Moment important par sa fécondité créatrice et sa cohérence esthétique. Moment grave puisque s'y cherche, s'y manifeste, s'y respire ce qui constitue l'essence du cinéma français de cette époque, peut-être l'essence de l'époque elle-même, peut-être l'essence même du cinéma français dans sa permanence.

1. Version pessimiste.

245

Dans une brochure de 1955 où il présente une rétrospective de la Cinémathèque française, Henri Langlois, en général peu porté sur le dithyrambe, évoque en ces termes la période 1935-1939 : « Jamais le cinéma français depuis 1914 n'avait été si haut aux yeux des spectateurs, n'avait trouvé de tels accents, n'était allé si loin dans l'humain, n'avait produit des œuvres si populaires, n'avait répondu à ce point aux inquiétudes, aux besoins, aux problèmes de leur temps. » Il cite ensuite les titres des treize films qui lui paraissent le mieux justifier ce certificat d'excellence. C'est une liste à peine différente qui peut servir de corpus à l'analyse de l'« école réaliste française », tant la plus grande créativité de l'époque se confond avec ce courant. Treize titres majeurs peuvent servir de base à cette étude. Ce sont *La Bandera, La Belle Equipe, Pépé le Moko, Le Crime de Monsieur Lange, Partie de campagne, Les Bas-Fonds, La Grande Illusion, La Marseillaise, La Bête humaine, Le Quai des Brumes, Hôtel du Nord, Le jour se lève, L'Etrange Monsieur Victor.* Il n'est pas question de ramener un échantillon d'une telle variété à un modèle unique, robotisé, dont ils seraient tous la déclinaison. Encore faut-il, avant de distinguer leurs différences, définir ce qui les relie et justifie qu'on les rassemble.

Quelques évidences fournissent les pistes à suivre, les clés d'accès au phénomène. Communauté d'auteurs, qu'il s'agisse du réalisateur (3 films de Duvivier, 6 de Renoir, 3 de Carné, 1 de Grémillon), ou du scénariste ou dialoguiste (5 films de Spaak, 3 de Prévert, 2 de Jeanson). Un acteur pilote : dans neuf films sur treize Jean Gabin tient le rôle principal. Une influence allemande sur la lumière et trois films éclairés par Eugen Shüfftan et Curt Courant.

Si l'on considère non plus les génériques, mais les films eux-mêmes, quelques convergences s'imposent. Présence envahissante, et parfois exclusive, de personnages du peuple, de condition modeste, ou marginaux. Pas de vie mondaine, aucun de ces grands patrons ou politiciens qui grouillaient dans le cinéma du cynisme. Et faible représentation du crime organisé et du grand banditisme : nous sommes chez les petits, les « gens de peu », y compris dans la délinquance. Dans six films sur treize, on trouve un ou plusieurs personnages d'ouvriers (*La Belle Equipe, Le jour se lève, Hôtel du Nord, La Grande Illusion, La Bête humaine*). Plus généralement, la plupart des protagonistes ont une profession et celle-ci joue un rôle dans le film, ainsi que le problème de l'emploi. Comme dit Batala dans *Le Crime de Monsieur Lange* : « Alors, toujours contente ?... Dans la vie, c'est pas drôle tout le temps d'être blanchisseuse... » Les mots pèsent lourd dans cette réplique : « dans la vie », c'est-à-dire dans la réalité. Ce n'est pas comme dans le cinéma traditionnel, où les blanchisseuses n'apportent d'ordinaire que leur sourire, leur frais minois et une sensualité de draps frais. Tandis que le cinéma réaliste, lui, n'oublie pas la sueur du labeur.

Ces films, dont la diversité apparaîtra, ont en commun l'ambition esthétique ou la visée sociale de montrer sinon la vraie vie, en tout cas le cinéma comme s'il représentait la vie, loin du théâtre, celui du boulevard, celui des institutions et de la vie mondaine, en rompant avec les clichés du théâtre bourgeois et du roman populaire, unis dans une commune aspiration à fabriquer des mythes sociaux (ce qui ne veut pas dire que le cinéma n'en fabrique pas d'autres, à son tour). L'adjectif « réaliste » ne va pas tarder à exhiber ses lacunes, mais le concept reste encore opérationnel. « Réaliste », il l'est, ce cinéma, au sens où l'on parle de « chanson réaliste », et le rapprochement n'est pas formel. Il évoque (pour la dernière fois : la relation ne va cesser de s'estomper) le cordon ombilical qui relie encore le cinéma à sa vocation et à ses origines populaires. La « chanson réaliste », c'est celle qui est restée le plus proche de la rue, ce lieu où on la diffusait et l'enseignait avant l'invention des procédés mécaniques. Chanson de la rue, elle est chanson du fait divers, complainte des filles perdues, des caïds nostalgiques, des enfants tristes de l'amour et de la misère. Le réalisme de la « chanson réaliste », c'est le crime, le ruisseau, la fatalité, c'est-à-dire le climat de *Pépé le Moko,* des *Bas-Fonds,* du *Quai des Brumes.* Renoir a toujours cherché à retrouver la vérité, la simplicité, l'émotion primitive de la chanson des rues, et nous avons eu l'occasion de citer déjà sa réflexion à propos de *Toni,* film qui annonce ce mouvement et dont Renoir dit qu'il « semble traîner derrière lui l'atmosphère lourde, signe du destin fatal des héros de la tragédie, venus de la chanson populaire ».

Si *La Belle Equipe* est un échec commercial, Duvivier fait néanmoins passer son message car la chanson qu'il écrit pour son film, sur une musique de Maurice Yvain, est un triomphe. Et ce n'est pas par hasard si l'un des moments les plus intenses de *Pépé le Moko* est celui où Pépé/Gabin écoute un disque de Fréhel, elle-même présente à l'image, chantant la nostalgie, le mal du pays qui ronge Pépé et imprègne le film :

> Où est-il mon moulin de la place Blanche
> Mon tabac, mon bistrot du coin
> Tous les jours, pour nous c'était dimanche
> Où sont-ils, nos amis, nos copains
> Où sont-ils tous nos bals musettes
> Leur java au son de l'accordéon
> Où sont-ils donc ?

C'est toute une atmosphère qui est définie et émotionnellement imposée, cette fameuse atmosphère qui est un des personnages principaux, la texture vibrante de la plupart de ces films, atmosphère dont participent le décalage poétique des répliques de Prévert, les reflets de fête foraine sur les pavés mouillés, le décor de Trauner — si « réaliste » qu'à lui seul déjà il exprime toute l'histoire —, les sonorités de Wiener, la musique populaire et savante de Jaubert, qui donnent sa tendresse au regard noyé de Gabin.

« Réaliste », il l'est, ce cinéma, car il se définit comme le descendant d'une tradition inaugurée par les cameramen des frères Lumière et qui a solidement implanté les images françaises sur le territoire du réel — que cette tradition soit naturaliste comme chez Zecca, fantastique comme chez Feuillade, critique ou poétique comme chez Antoine ou Vigo, ou bien documentaire comme dans *Cœur fidèle* ou *La Belle Nivernaise* d'Epstein. Dans *Crainquebille* (1923), le juste équilibre des lumières et des émotions affirme, chez Jacques Feyder, « ce réalisme psychologique étayé sur une croyance obstinée dans la réalité du monde extérieur » dont parle Jean Grémillon. Leur succède le petit peuple, fredonnant des couplets gouailleurs, héros délicat des opérettes urbaines de René Clair. On le voit, le « réalisme français » devient moins flou quand on esquisse son arbre généalogique et que se dressent derrière l'imprécision des définitions trente années d'une tradition fermement maintenue.

Continuité donc. Mais ce n'est pas assez de rappeler le fil d'or du réalisme qui court à travers l'histoire du cinéma français. Ce fil lui-même est issu d'une autre tradition, qui prend tout son sens quand le cinéma, devenu parlant, peut « délabyrinther » les données élémentaires de sa conscience culturelle. Ce réalisme, il est l'héritier direct, comme tout ce qui se passe d'important dans le cinéma français jusqu'à 1960, d'une tradition littéraire issue du fantastique social de Balzac, de Hugo, de Dumas, de Sue, ainsi que du naturalisme de Zola (qui inspirait déjà les premiers films de Méliès et de Zecca vers 1900) et plus encore de Maupassant, dont le tragique concret, quotidien, a été l'un des ferments secrets. Ce n'est pas par hasard que, dans l'échantillon des treize films que nous avons retenus, se trouvent une adaptation de Zola (*La Bête humaine*), une adaptation de Maupassant (*Partie de campagne*), et une de Gorki (*Les Bas-Fonds*) qui se rattache directement à ce courant.

Mais sur cette tradition se greffent de nouvelles influences. La forme moderne du réalisme s'exprime par un nouvel « isme », le « populisme », qui, pour confus qu'il soit, nous fournira pourtant une étiquette plus précise et plus juste pour désigner le réalisme du moment. Le « populisme », qui a fait l'objet d'un manifeste de Léon Lemonnier dans le journal *L'Œuvre* en 1929, porte son intérêt sur les petites gens et le petit peuple ; il délaisse la psychologie bourgeoise supposée porteuse d'artifices, tout en refusant aussi le pittoresque du sordide prolétarien. Un prix populiste est créé en 1930, et le premier lauréat en est Eugène Dabit pour le récit qu'il a consacré à l'hôtel du Nord, endroit où il a vécu, et que gèrent ses parents ; ce livre a été écrit l'année où Marcel Carné tourne *Nogent, eldorado du dimanche* qui aurait pu remporter le prix populiste du cinéma s'il avait existé. Carné tournera *Hôtel du Nord* huit ans plus tard...

Si Dabit, écrivain modeste et scrupuleux, est une parfaite illustration du populisme, beaucoup d'autres auteurs, qu'ils se proclament populistes ou non, participent incontestablement, de manières diverses, à ce retour au peuple et au quotidien.

C'est le cas par exemple de Céline et de Simenon, et, à bien des égards, de Colette et de Giono ; c'est le cas de Marcel Aymé, qui inspirera nombre de films et collaborera à plusieurs d'entre eux ; c'est le cas de Pierre Mac Orlan dont l'apport est considérable : non seulement par ses scénarios et ses romans qui seront adaptés, mais aussi par sa réflexion théorique sur la relation cinéma-littérature. Pour lui, le film — autant, voire mieux, que le livre — est le média adapté à la nouvelle civilisation, celle des mégalopoles, de l'électricité, de la vitesse, du jazz et de la nouvelle sensualité, l'art privilégié de ce « fantastique social » dont la cité moderne est le théâtre. Pierre Mac Orlan (dont les livres fournissent deux films à notre liste, *La Bandera* et *Le Quai des Brumes*) croit à l'« ère électrique », à ces « soleils noirs » que sont les disques, à la boxe, à l'automobile, à la photographie, à ce nouvel « art des signes » qu'est la publicité. Il croit — d'où sa passion pour le cinéma — à l'avènement des arts de masse que l'écrivain berlinois Walter Benjamin, réfugié à Paris, analyse dans *L'Œuvre d'art à l'époque de sa reproduction mécanisée* (1936).

C'est le moment où le critique d'art Elie Faure publie *Défense et illustration de la machine* et *Introduction à la mystique du cinéma*. C'est une véritable révolution copernicienne qui ébranle la théorisation du cinéma. Les avant-gardes des années dix et des années vingt avaient pour ambition de hausser la représentation cinématographique jusqu'au niveau d'un de ces arts sacrés reconnus par les élites : c'est ce que voulait exprimer Ricciotto Canudo en lançant en 1919 l'expression « septième art ». Les nouveaux théoriciens de l'art de masse (c'est-à-dire démocratique) ne veulent pas d'art avec une majuscule, à production et consommation individuelle, mais un art désacralisé, mécanique (quant à sa reproduction) et populaire, dont le cinéma fournit le modèle.

En liaison directe avec le mouvement du Front populaire, l'écrivain communisant Jean-Richard Bloch publie en 1936 un véritable manifeste sous le titre *Naissance d'une culture,* dans lequel il proclame : « Nous sommes au commencement de tout. » L'année suivante, Michel Leiris, à propos de la guerre d'Espagne et de *Guernica* qu'il découvre à l'Exposition universelle de Paris, écrit dans les *Cahiers d'art* : « Picasso nous envoie notre lettre de deuil : tout ce que nous aimons va mourir. » Nous sommes ici au cœur du tragique qui va remplir les écrans. Il vient du télescopage entre ces deux émotions si intensément vécues et si violemment contradictoires : l'espérance du

« tout commence » et le désespoir du « tout s'achève ». Sur le plan du cinéma, en tout cas, il est vrai que tout commence à nouveau et que beaucoup de choses vont mourir.

Cette culture qui naît, c'est celle des mass media, des nouvelles industries de l'imaginaire, dont le cinéma sera le phare artistique, commercial, mythologique, avant de n'en être plus, la télévision venue, que l'associé, et, plus tard, la succursale...

Ce que propose Pierre Mac Orlan avec son « fantastique social », c'est d'installer la thématique romanesque et romantique dans les nouveaux rythmes et les nouvelles lumières de la cité moderne, pour en observer les décalages et les déchirements.

Mais ces lumières et ces rythmes, ce ne sont pas seulement, comme pourrait le faire croire le cinéma d'Yves Mirande, la publicité lumineuse Citroën sur la tour Eiffel ou les nouvelles attractions du bal des Petits Lits blancs. C'est la mutation immobilière des faubourgs, chère à Feyder et à René Clair, c'est l'irrépressible montée, au-delà des « fortifs » de la « zone », des nouvelles banlieues où se mêlent, dans une nouvelle mixité qui n'a plus rien de montmartroise, ces « classes laborieuses » et « classes dangereuses » dont le professeur Louis Chevalier a étudié si brillamment l'imbrication sociologique, littéraire et mythologique. Ce populisme-là, fait de nouveaux rapports sociaux et de vieilles nostalgies, constitue la pile énergétique du cinéma que nous examinons : fidèle au populisme traditionnel, mais adapté à une réalité différente. C'est une évolution qu'un jeune journaliste annonçait et réclamait très tôt avec une grande perspicacité. En novembre 1933, *Cinémagazine* publiait un article aux apparences révolutionnaires puisqu'il était titré « Quand le cinéma descendra-t-il dans la rue ? ». L'auteur s'inquiétait de voir le cinéma « se confiner en vase clos, fuir la vie, pour se complaire parmi le décor et l'artifice » ; il rappelait la tradition réaliste illustrée récemment par Feyder et Clair, la rattachait à l'activité littéraire, citant Mac Orlan, Jules Romains, André Thérive, Eugène Dabit, et surtout *Hôtel du Nord* où s'agite tout le monde pittoresque et inquiétant des abords du canal Saint-Martin. Et il concluait : « Populisme, direz-vous. Et après ? Le mot, pas plus que la chose, ne nous effraie. Décrire la vie simple des petites gens, rendre l'atmosphère laborieuse qui est la leur, cela ne vaut-il pas mieux que de reconstituer l'atmosphère trouble et surchauffée des dancings, de la noblesse irréelle des boîtes de nuit dont le cinéma a fait jusqu'alors si abondamment profit ? Paris, ville à double visage. Est-il un autre nom capable de susciter mieux que celui-là une multitude d'images à base de sentimentalité populaire ? » L'intérêt de ce texte, outre la pertinence du diagnostic quand on connaît ce qui va suivre, c'est le nom de l'auteur : Marcel Carné. Notons au passage qu'accepté du bout des lèvres par les historiens du cinéma Carné ne se voit jamais crédité de sa lucidité critique. Ses articles, durant les trois années où il collabora à des journaux de cinéma, méritent pourtant un meilleur sort.

Revenons une dernière fois sur ce réalisme qui serait la marque de notre école française. Ce réalisme, nous l'avons décrit comme l'héritier du naturalisme, nous l'avons vu se muer en populisme. Pour en faire le tour, il nous reste à expertiser l'une de ses étiquettes, trop employée pour qu'on évite ce détour : le « réalisme poétique ». C'est cette dénomination qui deviendra dominante, après la guerre, pour désigner le cinéma des années trente. Plus tard, Jean Renoir dira de *La Chienne* : « Je pense m'y être approché du style que j'intitule "le réalisme poétique". » Mais c'est en 1974 qu'il écrit cela (dans *Ma vie et mes films*) [1] : jamais il n'aurait employé ces mots à l'époque de *La Chienne*.

Cette formule est née en effet au début des années trente chez les critiques littéraires, justement pour distinguer des œuvres telles que les premiers livres de Marcel Aymé du populisme intégral à la Dabit. Et c'est à propos d'un film adapté de Marcel Aymé — *La Rue sans nom* (Pierre Chenal, 1933) — qu'elle sera appliquée au cinéma et qu'inspiré par ce film Marcel Carné écrira l'article que nous avons cité. En octobre 1933, en effet, un jeune critique, Michel Gorel, membre d'une bande de militants cinéphiles qui comprend entre autres Marcel Carné, Edmond T. Gréville, Pierre Chenal et le futur historien Jean Mitry, rend compte de La *Rue sans nom* dans *Cinémonde*. Il y définit l'intérêt sociologique du film et conclut : « J'ai dit "réalisme", mais j'ai dit aussi "poétique". Car même en traitant ce sujet dur, brutal, Pierre Chenal ne renonce pas à la joie. Et les scènes les plus belles de son film sont peut-être celles où les personnages veulent s'évader, les uns par l'amour, les autres par le vin, par l'aventure ou encore... par un long rêve extasié. » S'évader, par l'aventure et le rêve, c'est le destin en effet des héros de *Pépé le Moko* et du *Quai des Brumes* par exemple, guettant le navire providentiel qui les emmènera vers le paradis perdu des anciennes amours, ou le paradis futur d'une vie nouvelle. La contradiction implicite des deux termes, « réalisme » et « poétique », explique la fortune de la locution, puisqu'elle assume le contexte populiste, urbain, dramatique et éventuellement crapuleux de l'intrigue, et en même temps sa dimension onirique ou lyrique qui la décale du quotidien.

Mais cette souplesse est une forme de vide. Un réalisme qui serait poétique : c'est à René Clair plus qu'à quiconque que ces mots s'appliquent... Ils masquent, entre autres, ceci : que le « réalisme poétique » est un cinéma du désenchantement. Ses personnages sont saisis dans une fuite, le plus souvent entravée. Mac Orlan l'annonçait quand il écrivait : « Tous les hommes sensibles cherchent des spectacles qui leur

---

1. *Op. cit.*

infligent la blessure qu'ils espèrent... La mélancolie est la forme la plus populaire de la poésie sociale. » Ce rêve des ailleurs, cette nostalgie des jours anciens où « tous les jours, pour moi, c'était dimanche », cette fatalité tragique des destins brisés engendrent le pessimisme foncier de ce cinéma dont l'historien Pierre Leprohon dira justement qu'il développe une mythologie de l'échec. Gabin en résume la philosophie à la fin de *La Belle Equipe* (première version), quand il dit : « C'était une belle idée, une belle idée qu'on avait eue... C'était trop bien pour réussir. » Rares sont les moments de plaisir et de plénitude, et quand on les frôle, comme dans *Partie de campagne,* c'est pour justifier ce pénétrant jugement d'André Chastel : « Les moments les plus justes et les plus nobles de l'art français sont sans doute ceux où le registre choisi est celui de la fugacité du bonheur, l'instant poignant où la joie qui envahissait le cœur et les sens est ou va être perdue [1]. » La plupart des héros du « réalisme poétique » sont condamnés à tuer ou à être tués (ou à se tuer). Ce sera le cas de Gabin dans *La Bandera, La Belle Equipe, Pépé le Moko, Le Quai des Brumes, Le jour se lève, Les Bas-Fonds, La Bête humaine, Gueule d'amour.* Pour toutes ces raisons, nous substituerons le concept plus opérationnel de « populisme tragique » à la coquille creuse du « réalisme poétique ».

En septembre 1936, au moment où explose ce courant du « populisme tragique », André Malraux affirme dans un article de *Commune* que ce que les hommes entendent par le mot « culture » tient en une seule idée : « transformer le destin en conscience ». C'est un appel plus qu'un constat. Bientôt, en effet, Sartre (*La Nausée*), Camus (*L'Etranger*), Grémillon (*Le ciel est à vous*), Bresson (*Les Dames du bois de Boulogne*) vont réinventer la liberté de la conscience. A l'heure du populisme tragique, c'est le destin qui dicte sa loi.

Les scénaristes : Prévert, Spaak, Jeanson et les autres

La profession de scénariste n'existe pas du temps du muet. C'est le metteur en scène qui adapte, pour la mettre en images, l'histoire, le livre, la pièce de théâtre qu'il a écrite ou choisie. Le parlant pose d'abord le problème spécifique du dialogue, puis des raffinements des modes de récit que permet le recours à la parole. Les auteurs dramatiques, dans un premier temps, sont requis d'office, ou s'imposent d'autorité pour être les écrivains paroliers du cinéma. Peu à peu, naissent les fonctions spécifiques — tantôt séparées, tantôt rassemblées chez une même personne — de scénariste (histoire, adaptation) et de dialoguiste.

1. *Introduction à l'histoire de l'art français*, André Chastel, Flammarion, 1993.

Phénomène concomitant, le recul des adaptations et la montée des scénarios originaux renforcent le rôle des scénaristes. Quelques chiffres confirment cette progression. De 1925 à 1936, Julien Duvivier tourne dix-huit films dont quatorze sont des adaptations ; mais, de 1936 à 1939, il en tourne cinq dont quatre sont des scénarios originaux. De 1926 à 1934, Renoir tourne neuf films, dont huit adaptations ; de 1934 à 1939, neuf films dont six scénarios originaux.

N'oublions pas que, sur un plan juridique, ces nouveaux écrivains de cinéma, comme les auteurs dramatiques qui adaptent ou qu'on adapte, sont les seuls *auteurs cinématographiques*. Le réalisateur n'est reconnu que comme technicien du cinéma. Héritiers des moyens d'expression traditionnels (littérature et musique), seuls les auteurs de l'œuvre adaptée, et ceux qui l'ont adaptée, ainsi que les compositeurs de musique de films, ont accès, financièrement, aux droits d'auteur et, moralement, au droit de porter ce nom. Et ils ne s'en privent pas, s'emparant du flambeau brandi par Pagnol dans ses premiers articles sur le parlant, dans lesquels il revendiquait le titre d'auteur de films pour les auteurs dramatiques dont on adaptait les pièces.

Cette nouvelle querelle de l'auteur, dans laquelle le scénariste-dialoguiste, ce nouveau venu, prend la place du plaignant, se trouve clairement explicitée dans un article de Henri Jeanson du 24 juin 1938, à propos de *L'Etrange Monsieur Victor* dont il dit : « Il a au moins un mérite, ce navet, celui de nous faire assister par ses défauts, à la lutte sournoise que les metteurs en scène livrent aux auteurs de films... M. Grémillon appartient à cette catégorie de réalisateurs démodés qui obéissent encore aux absurdes lois du cinéma muet. M. Grémillon fait de l'image pour l'image, M. Grémillon abandonne ses personnages dès qu'ils prennent la parole... M. Grémillon ne se doute pas qu'une réplique de Marcel Achard a infiniment plus de force de suggestion qu'un panoramique omnibus ou qu'un travelling tortillard... » Ce texte est d'abord un bon exemple de la verve rageuse de Henri Jeanson, fort capable de se contredire avec le même emportement. Il témoigne en même temps de la permanence du conflit écriture-réalisation/image-parole. Réactivé, dès les années cinquante, par la « politique des auteurs », ce conflit sera apparemment résolu par la victoire de la Nouvelle Vague et la reconnaissance de la primauté du réalisateur, puis partiellement réactivé à partir des années quatre-vingt par la « crise du scénario ».

Dans ces années 1935-1938, les scénaristes-dialoguistes creusent leur trou et leur apport est largement reconnu. S'ils sont rejetés dans l'ombre par le « cinéma des tricheurs », où les hommes de théâtre règnent en maîtres, ils sont au contraire les chefs d'écriture de l'école réaliste et plus généralement du cinéma artistiquement ambitieux qui cherche à cultiver sa spécificité. Quelques personnalités de grand talent vont imposer leur marque aux films qu'ils écrivent. Le cinéma va subir l'influence de ces esprits actifs, cultivés, souvent ouverts sur le monde, journalistes ou hommes de lettres, mêlés aux débats de leur temps, parfois engagés dans le combat politique. Dans les meilleurs cas, ils forment avec certains réalisateurs des équipes qui vont contribuer à éloigner le cinéma de la théâtralisation qui le menaçait, pour explorer des formes plus audacieuses de récit dramatique. Certains des futurs cinéastes notables des années quarante et cinquante s'initient, pendant les années trente, au monde des images en écrivant scénarios et dialogues : André Cayatte et Henri-Georges Clouzot constituent les cas les plus marquants. Nous avons déjà fait connaissance avec Jacques Prévert [1], dont le rôle s'affirme avec son intervention sur le scénario du *Crime de Monsieur Lange.*

Nous sommes en juillet 1935. Jean Renoir a travaillé avec son décorateur Jean Castanier, auteur de l'idée première du film. Les deux hommes en sont à leur septième mouture du script quand ils font appel à Prévert. Il taille, invente, peaufine, structure, écrit les dialogues, et, à la demande de Renoir, assiste au tournage pour modifier scénario et répliques en fonction de la marge d'improvisation que le metteur en scène se réserve. Apparemment, tout se passe pour le mieux entre les deux hommes et le film issu de cette collaboration a tout lieu de les satisfaire. Pourtant, ils ne retravailleront plus jamais ensemble. Avaient-ils, l'un et l'autre, une trop forte personnalité pour s'accommoder d'un tel compagnonnage ? On peut le penser. Quelle que soit la capacité d'adaptation de Prévert aux sujets les plus divers, il impose toujours sa marque à ses scénarios, et, à un moment ou à un autre, ses personnages parlent Prévert. Renoir, quant à lui, attend de ses scénaristes des solutions ponctuelles à la construction d'un personnage, au dénouement d'une situation, et une structure dramatique globale, mais Prévert infuse aussi sa propre humanité, dans le matériau qu'on lui propose. Si ouvert au dialogue qu'il soit, ses scénarios sont achevés. Même quand ceux-ci ne font qu'adapter des livres ou des textes antérieurs, ce qui est généralement le cas, ils deviennent prévertiens. Pour *Monsieur Lange,* le scénario de Prévert s'ouvrait sur une voiture qui fait une embardée pour éviter un chien. La scène ne fut pas tournée. Cependant pour Prévert, ce souvenir d'enfance avait une vraie nécessité dramatique et on retrouvera cet épisode dans la séquence initiale du *Quai des Brumes,* témoignage de la permanence de son univers personnel. Renoir a peut-être ressenti cette force comme une entrave à sa propre liberté. A cette difficulté radicale s'ajoutent des divergences circonstancielles. La principale est politique. Renoir est séduit par le mouvement chaleureux du Rassemblement populaire et vit, en 1936, une grande année politique, avec le tournage de *La vie est à nous* pour le parti communiste, des *Bas-Fonds,* d'après

1. Voir première partie, « Hommes de paroles », p. 79.

Gorki, et la mise en route du projet *La Marseillaise*. Il expliquera plus tard à la télévision, dans l'émission « Gros Plan » : « Pendant ce grand moment, nous avons pu croire qu'en France les querelles étaient terminées. Nous avons pu croire que nous arriverions à une sorte d'union... de tous les Français appartenant aux classes les plus différentes. »

C'est exactement pour ces raisons que Jacques Prévert, engagé à fond dans l'action politique avec le groupe Octobre, s'en détache. Fondamentalement anarchiste ou libertaire, échaudé par son voyage en U.R.S.S. en 1933, refusant la main tendue aux catholiques et le retour du parti communiste au drapeau tricolore et à *La Marseillaise* (les notations anticléricales et antimilitaristes du *Crime de Monsieur Lange* sont signées Prévert), il s'éloigne du rassemblement unitaire. En 1936, le début de la guerre d'Espagne et la politique de non-intervention de Léon Blum accentuent sa rupture avec le Front populaire. Elle se manifeste par deux gestes radicaux : l'abandon du groupe Octobre et la publication d'un énorme poème rageur, « La crosse en l'air », qui conchie le pape, l'armée et tous les symboles unitaires et nationaux dont le Front populaire se réclame. Au même moment, Prévert et Carné se battent pour obtenir l'autorisation de tourner leur film *L'Ile des enfants perdus* sur la révolte du bagne d'enfants de Belle-Ile-en-Mer, et leur adversaire, c'est le gouvernement du Front populaire, qui ne se laissera pas attendrir. De cette bataille, il restera, de Prévert, le beau poème « Chasse à l'enfant », que mettra en musique Joseph Kosma et que chanteront Marianne Oswald et Agnès Capri. Poème qui frappera la jeune Simone de Beauvoir et Jean-Paul Sartre au point que celui-ci le placera plus tard en exergue de son livre *Saint Genet, comédien et martyr*. Ainsi s'est mise en route la chaîne étrange de connivences, de révoltes et de mots partagés qui a fait de Prévert un poète dont des milliers de gens citent des répliques, ou fredonnent des chansons, avant même qu'il ait publié un seul livre.

La bataille autour de *L'Ile des enfants perdus* a beaucoup marqué Prévert. Il l'évoque dans le scénario de *Jenny* où Albert Préjean, mauvais garçon repenti, avoue avoir passé onze ans au pénitencier de Belle-Ile. Car, en mars 1936, au moment où Renoir tourne *La vie est à nous*, Carné tourne *Jenny* : quand s'achève la brève (mais bénéfique) rencontre Prévert-Renoir, s'ouvre la longue (et féconde) collaboration Prévert-Carné. A l'occasion des deux expériences communes de *Jenny* (1936) et de *Drôle de drame* (1937), les deux hommes mesurent sans doute leur complémentarité. Ils ont en commun le même goût du paysage urbain, la même passion des rues et du petit peuple de Paris, de la photographie, le même accent de populisme gouailleur de vrais enfants des faubourgs. Sur un plateau, Carné, jeune (trente ans en 1936), petit et timide, impose une autorité d'acier par son extrême compétence technique. Le « môme », comme le surnomme Gabin, se fait respecter. Prévert lui apporte des personnages, un ton, un univers, un humour, une tendresse, une férocité critique, auxquels Carné adhère mais qu'il ne peut inventer. Adapté d'un livre de Mac Orlan, *Le Quai des Brumes,* permet au réalisme poétique ou fantastique social de sortir du débat théorique pour offrir leurs images magistrales.

Mais l'apport de Prévert ne se réduit pas à son travail avec Carné. Entre 1936 et 1938, il écrit pour Joannon une adaptation de *Vous n'avez rien à déclarer,* que refuse Raimu, les dialogues de *L'Affaire du courrier de Lyon* dont Jean Aurenche a écrit l'adaptation et que tourne Autant-Lara, les dialogues des *Disparus de Saint-Agil* (Christian-Jaque), le scénario et les dialogues d'*Ernest le Rebelle* (Christian-Jaque avec Fernandel). Cette liste de films fort différents nous rappelle que Prévert, grand parolier du cinéma français, est aussi un professionnel consciencieux, qui prête la main à des entreprises en tout genre, au gré de ses amitiés ou de ses besoins...

Si le cinéma a trouvé son poète avec Prévert, on peut dire, en forçant le trait, qu'il a trouvé son dramaturge avec Charles Spaak. De 1935 à 1938, celui-ci collabore aux scénarios de vingt-quatre films dont *Pension Mimosas, La Bandera, La Kermesse héroïque, La Belle Equipe, Les Bas-Fonds, La Grande Illusion, L'Etrange Monsieur Victor* : il est extravagant (et pourtant courant) d'évoquer cette période du cinéma français sans s'arrêter sur le travail d'un tel intervenant.

Né en 1903 à Bruxelles, Charles Spaak est issu d'une grande famille d'écrivains, notables, hommes politiques belges. Sa mère sera le premier sénateur belge de sexe féminin. Son frère, Charles-Henri Spaak, deviendra Premier ministre belge et sera l'un des pionniers de l'Union européenne. Passionné de cinéma et de littérature, Charles abandonne ses études de droit et rejoint, à Paris, son déjà célèbre compatriote Jacques Feyder, qui le fait travailler sur son dernier film muet, *Les Nouveaux Messieurs,* et plus tard sur *Le Grand Jeu* et *Pension Mimosas,* deux films sur lesquels Marcel Carné est assistant. Entre-temps, Spaak a écrit deux films pour Georges Lacombe, ancien assistant de René Clair (comme Carné), et un autre pour Jean Grémillon. En 1935, Spaak adapte *La Bandera* pour Duvivier, en 1936, *Les Bas-Fonds* pour Renoir. On retrouve ici l'arbre généalogique du cinéma réaliste français, avec deux inspirateurs, Feyder et Clair, et, comme réalisateurs majeurs, Carné, Renoir, Duvivier et Grémillon. Spaak sera l'écrivain de ces trois derniers sur nombre de films essentiels. Il apporte à ces cinéastes son exceptionnelle attention aux êtres et aux événements, ainsi qu'un sens très sûr de la construction de l'intrigue. Son pessimisme foncier peut s'épanouir avec Duvivier, qui le bat sur ce terrain, tandis que la souplesse de son imagination lui permet de répondre à l'attente de Renoir, qui trouve chez Spaak le matériau à la fois solide et poreux dont il a besoin pour y infuser sa propre sensibilité. Mais c'est sans doute avec Grémillon, artiste ambitieux, humaniste cultivé, que Spaak a trouvé l'harmonie créatrice la plus grande, comme en témoignera, plus tard, la perfection scénaristique du *Ciel est à vous.*

Des collaborateurs du niveau de Spaak, capables d'inventer des histoires originales, de travailler sur des œuvres existantes, de reprendre des scénarios en panne, de réécrire une histoire parce que la distribution a changé entre-temps, et qui peuvent faire tout cela vite et bien, sont précieux et rares. Producteurs et réalisateurs font la queue à leur porte. Ces scénaristes ne sont pas des saints. Ils acceptent plus d'ouvrage qu'ils n'en peuvent fournir, dictent à leur secrétaire un dialogue de film de gangsters, tout en découpant *La Chartreuse de Parme* en morceaux et en écrivant de la main gauche un drame de la jalousie inspiré des dernières aventures d'un ami de régiment. Spaak, comme Henri Jeanson, Michel Audiard, et bien d'autres, ont vécu à ce rythme infernal délibérément accepté (d'autres, comme Prévert ou Aurenche, le refuseront), qui entraîne baisse de qualité, routine d'écriture, recours aux clichés et paillettes caractéristiques de la fabrication en série.

La filmographie de ces scénaristes doit donc être examinée avec circonspection : la pire banalité peut voisiner avec le meilleur. La remarque vaut pour Charles Spaak, dont nous n'avons cité que les collaborations prestigieuses. Elle vaut aussi pour Henri Jeanson, qui éparpille à tout vent répliques percutantes et mots d'auteur, qu'il affûte dans ses chroniques du *Canard enchaîné* et dont la férocité lui procure beaucoup d'ennemis.

Né comme Prévert à Paris en 1900, Henri Jeanson illustre parfaitement la passion française pour le verbe à panache. Cet homme qui se proclamait lâche était capable d'héroïsme, prêt à courir tous les dangers si c'était le prix d'un bon mot. On lui doit l'intense mélancolie qui règne sur *Pépé le Moko,* les mémorables duels verbaux Jouvet-Arletty d'*Hôtel du Nord,* la justesse de ton des scènes du Conservatoire d'*Entrée des artistes.* Plutôt que scénariste, il est reconnu comme un dialoguiste efficace dont quatre répliques particulièrement ajustées peuvent sauver un film de la banalité : don remarquable, mais aussi facilité dont il n'hésite pas à abuser.

Prévert, Spaak, Jeanson sont les figures les plus intéressantes de cette forme nouvelle d'expression qui s'est développée avec le cinéma parlant. Et ce sont eux qui, dans leur emploi, ont exercé une influence notable sur le cinéma populiste de la fin des années trente. Mais beaucoup d'autres scénaristes se révèlent et s'imposent pendant cette période. Nous les évoquerons à propos des films importants auxquels ils ont collaboré. Citons tout de suite, pour prendre date, Jean Aurenche (né en 1903), proche du surréalisme et de la bande à Prévert, et coscénariste d'*Hôtel du Nord* avec Jeanson ; Albert Valentin (né en Belgique en 1908), ancien assistant de René Clair, scénariste entre autres de *L'Etrange Monsieur Victor* (avec Spaak), de temps à autre réalisateur (*L'Entraîneuse*), au talent discret mal reconnu ; Carlo Rim, Nîmois de la bande à Pagnol, excellent journaliste qui fut rédacteur en chef ou directeur à *L'Intransigeant, Vu, Jazz*, conteur, dessinateur, humoriste, à qui l'on doit surtout, pour les années trente, *Justin de Marseille* et *Le Mort en fuite* ; ou bien Pierre Véry (né en 1900), célèbre pour les adaptations de ses romans poético-policiers (*Les Disparus de Saint-Agil*), mais aussi auteur de scénarios originaux comme *L'Enfer des anges* (Christian-Jaque, 1939), sans oublier Jacques Companeez, né en Russie en 1906, ingénieur devenu scénariste en Allemagne, et qui écrira en France notamment des films à ambiance russe (dont *Les Bas-Fonds*).

Ce nécessaire détour du côté des gens de plume ne doit pas faire oublier que la plupart des cinéastes importants participent avec leur scénariste au moins à la mise au point finale du script, et que certains d'entre eux sont leur propre scénariste, ou adaptateur. C'est le cas de Renoir, par exemple, pour *La Bête humaine* et *La Règle du jeu*. D'autres, comme Pagnol et Guitry, ne tourneront jamais rien qu'ils n'aient eux-mêmes écrit.

Atmosphère. Décors et lumières : de Trauner à Schüfftan

« Atmosphère... Atmosphère... Est-ce que j'ai une gueule d'atmosphère ? » Raymonde-Arletty est fondée à poser la question dans la fameuse scène d'*Hôtel du Nord*. Pour le cinéma populiste, par contre, pas de doute : il a vraiment « une gueule d'atmosphère ». Sa cohérence thématique est relativement limitée (milieux populaires et pessimisme généralisé), ses voies esthétiques sont différenciées, et pourtant le je-ne-sais-quoi d'une atmosphère commune crée un fort trait d'union entre les fêtes foraines et les guinguettes de ce petit monde en casquette, ouvriers et apaches mélangés, qui partage les mêmes nostalgies et les mêmes rêves désespérés. Là encore, l'héritage du courant réaliste se confirme. De *Fièvre* de Louis Delluc (1921), Georges Sadoul pouvait déjà légitimement écrire : « Il s'agit moins de développer une intrigue que de peindre une atmosphère... Le décor [...] un bouge marseillais, est peut-être le personnage principal du drame. » Les réalisateurs français, ajoutait-il, tirent parti « d'un grand port, d'une fête foraine, d'un faubourg, d'un bistrot, d'un bouge... Comme les romanciers et les peintres [...] ils savent leur conférer instinctivement une poésie, une signification, une valeur plastique ».

Cette « atmosphère » n'est pas un vernis pittoresque destiné à faire briller la marchandise. Elle est l'un des éléments constitutifs du cinéma populiste. Sa présence, sa prégnance sont inscrites dans le code génétique du projet. Avant même qu'il ne s'y passe quelque chose, le film est d'abord cela : un ton, un paysage, dont la familiarité est sans ambiguïté. Immédiatement, son univers est identifié. Deux artisanats spécifiques apportent une contribution notable à cette mise en valeur de l'atmosphère : les décors et la lumière.

Les décors

Ce carrefour, avec ses rails de tramway, son haut pylône métallique, et, dominant de modestes échoppes, le sinistre immeuble où Gabin va mourir : est-ce que cette photo du *Jour se lève* ne contient pas tout le film à elle seule ? Comme celle de la baraque de Panama qui surgit de la brume, en bordure du port du Havre ? Comme celle de ces ruelles labyrinthiques, si évidemment, dans leur configuration même, refuge et piège de Pépé le Moko ? L'absurde initiative du ministère de la Culture de faire classer la morne façade de l'hôtel du Nord, quai de Jemmapes, orpheline de tout souvenir, ne rend-elle pas un extraordinaire hommage au décor construit aux studios de Billancourt, pour le tournage du film, décor réaliste et poétique à la fois puisqu'il transfigure le réel et lui procure la dimension esthétique qui lui manquait ! Il est significatif que les deux pères du cinéma populiste, René Clair et Jacques Feyder, aient eu tous deux le même créateur de décors : Lazare Meerson, parti en Grande-Bretagne en 1935 et qui meurt, à trente-huit ans, en 1938, après avoir encore réalisé les décors d'un film anglais de René Clair (*Fausses nouvelles*) et d'un autre de Feyder (*Le Chevalier sans armure*).

Ce grand maître du décor de cinéma a su transmettre son enseignement. Trois au moins des grands de la nouvelle génération ont été ses assistants : Georges Wakhevitch (qui signe, avec Léon Barsacq, les décors de *La Marseillaise*), Eugène Lourié (qui devient le collaborateur régulier de Renoir) et Alexandre Trauner dont nous avons fait la connaissance sur le plateau de *Sous les toits de Paris*. A l'intention de ceux qui gémissent sur l'invasion du cinéma français par des techniciens étrangers, il n'est pas inutile de rappeler que Meerson, Wakhevitch, Barsacq et Lourié sont nés en Russie, Trauner en Hongrie, et qu'ils figurent parmi les plus grands décorateurs que le cinéma mondial ait jamais connus.

Meerson fut arraché à la France par Korda, au temps de la splendeur de celui-ci, Lourié terminera sa carrière en décorateur et cinéaste hollywoodien, et Trauner refusera les invitations pressantes à s'installer à Hollywood, ce qui ne l'empêchera pas de collaborer avec Orson Welles, Howard Hawks, John Huston, Stanley Donen et Billy Wilder, avec qui il conquiert un oscar pour *La Garçonnière*. Ce qui ne signifie pas que les « étrangers » règnent sans partage sur les studios français, où les différences d'origine se sont vite fondues dans une maîtrise universellement respectée. Cette maîtrise a ses fleurons bien français, à commencer par le grand innovateur Jean Perrier, qui, aux studios Pathé, formera des artistes d'exception comme Jacques Colombier (frère de Pierre), Lucien Aguettand (*Poil de carotte* de Duvivier, *Le Dernier Milliardaire* de René Clair), Guy de Gastine, ou encore Jacques Krauss, devenu le collaborateur permanent de Julien Duvivier pour la période que nous étudions, tandis qu'avec Max Douy pointe déjà la génération suivante.

Une partie de l'éclat du cinéma français de cette époque découle du haut niveau de la production des ateliers de décors, des concepteurs aux ouvriers, peintres, staffeurs et charpentiers. Niveau dû au talent exceptionnel de quelques grands artistes, mais aussi au système d'organisation, si décrié par ailleurs, de notre cinéma, qui fait vivre des studios de taille moyenne, beaucoup plus petits que ceux de Hollywood, de Babelsberg, de Cinecittà (1937) ou de Barendov (1936) ; studios qui emploient à l'année des équipes de haute qualification, soudées, performantes, sans gigantisme et qui permettent les réussites partout respectées de cet artisanat. Dans une note du 11 mars 1939, David O. Selznick, le producteur d'*Autant en emporte le vent,* écrit : « Ces temps-ci, on a beaucoup parlé de la différence entre les grands films étrangers, surtout les films français, et les films américains, en affirmant que les meilleurs films étrangers semblent avoir le don de saisir la réalité par la photographie, les décors et les costumes, ce qui manque, même dans les meilleurs films américains. J'ai personnellement l'impression que c'est une critique justifiée. » On imagine la jubilation avec laquelle Max Douy (né en 1914), fils spirituel de cette génération, et son frère Jacques, né en 1924, reprennent cette citation dans leur livre *Décors de cinéma* (1993) [1] à la gloire de la belle tradition des studios français en cours de liquidation au moment où leur livre paraît...

Pour le cinéma du « populisme tragique », l'apport d'Alexandre Trauner est d'une importance exceptionnelle. Peintre, architecte, dessinateur et ingénieur, il compose les justes paysages de cette saga urbaine avec le même œil, la même sensibilité que ses compatriotes Kertész et Brassaï mettent à traduire les mêmes thèmes dans des photos qui, avec eux, conquièrent le statut d'œuvres d'art. Mais Kertész et Brassaï (comme Cartier-Bresson, Izis et bientôt Doisneau) photographient de vraies rues. Trauner, lui, en fabrique de fausses qui, parce qu'elles sont fausses, c'est-à-dire artistiquement conçues, sont plus vraies que les autres. Il faudra bien des témoignages, des reportages et quasiment une campagne de presse pour que le public prenne conscience que les rues du *Quai des Brumes,* le quai d'*Hôtel du Nord,* la

---

1. Max et Jacques Douy, *Décors de cinéma,* Ed. du Collectionneur, 1993.

place et l'usine du *Jour se lève* et, plus tard, le métro des *Portes de la nuit* sont entièrement construits en studio. Le producteur d'*Hôtel du Nord*, Lucachevitch, accepta d'ailleurs cette solution quand il comprit que la dépense engagée faisait du décor la vedette du film, et donc qu'il fallait le traiter comme une vedette : en plein tournage, il organisa une fête gigantesque autour du faux canal Saint-Martin de Trauner, et récupéra en promotion son investissement en décors.

Ces rues reconstruites en studio font penser à ce qu'écrivait le jeune critique Marcel Carné quand il demandait : « Quand le cinéma descendra-t-il dans la rue ? ». Finalement, c'était la rue qui se rendait au studio. Contradiction ? Pas vraiment. Carné, dans son fameux article, n'avait pas manqué de noter que la rue était déjà présente par exemple dans les films de René Clair, mais entièrement recréée en studio, et il concluait : « L'impasse aux chanteurs, la ruelle obscure qui borde le chemin de fer de la Petite Ceinture de *Sous les toits de Paris*, la rue des escaliers, la petite place du bal de *Quatorze Juillet*, quoique nous les sachions fabriquées de toutes pièces, nous émeuvent par leur criante authenticité, peut-être davantage que si Clair et sa troupe s'étaient transportés sur les lieux mêmes de l'action. » Avec cinq ans d'avance sur *Le Quai des Brumes*, le cinéaste, on le voit, voulait déjà construire lui-même sa vérité. Il ne savait pas qu'il disposerait, pour le faire, des décors de Trauner, « architecture imaginaire de rêves, de plâtras, de lumière et de vent », comme les définit Jacques Prévert.

Les lumières

Quand il s'initie aux métiers du cinéma, dans l'atelier de Lazare Meerson, Alexandre Trauner découvre l'un des secrets du climat si particulier des films de René Clair : l'effort des différentes équipes pour adoucir l'image, rejeter les contrastes durs, alléger et sublimer la réalité. Meerson peint les décors de couleurs très claires, l'opérateur adoucit l'image avec des tulles : la légèreté de la comédie s'inscrit déjà dans les lumières de l'opérateur Georges Périnal. Il s'agit d'éclairer en harmonie avec le ton du film. C'est-à-dire, concrètement, de rejeter le nouvel apport post-expressionniste allemand qui met en valeur les grandes ombres jetées, les contrastes violents, les points lumineux qui percent la nuit. Le « populisme tragique », lui, va retourner aux lumières allemandes.

Au « réalisme blanc » de René Clair, il va répondre par le « réalisme noir » particulièrement présent dans *Le Quai des Brumes* et *La Bête humaine*. On ne peut mettre sur le compte du hasard le fait que deux chefs d'école de la lumière allemande soient les chefs opérateurs de ces deux films : Eugen Schüfftan pour le premier, Curt Courant pour le second. Les studios français ont longtemps privilégié une

261

lumière rationnelle, naturaliste, tendant à valoriser les comédiens et l'action centrale en concentrant sur eux l'éclairage. Les Allemands, à l'inverse, multiplient ce que l'opérateur Henri Alekan appelle les « effets esthétisants, qui visent à briser la banalité des surfaces par la soudaine apparition d'éléments subversifs [1] ». Ailleurs, Alekan parle du « passage d'une lumière physique à une lumière psychologique ou métaphysique ». Ainsi, dans le cinéma français du réalisme noir, l'historien Freddy Buache voit apparaître « des espaces parcourus de lumières frisantes sur des effets d'aube, de luisance, de zones sombres, héritage direct des studios allemands ». Il conclut en constatant que le réalisme poétique « doit beaucoup de sa grâce plastique à la manière superbement élaborée de l'image allemande [2] ». Sur le tournage de ces sorciers des effets spéciaux de la lumière, on introduit de nouveaux matériels (projecteurs à focalisation munis de miroirs paraboliques), on multiplie les caches, les filtres, les trames, les sources lumineuses ponctuelles orchestrées pour leur effet esthétique, sans relation avec les contraintes directionnelles imposées par la nature (heure du jour, position du soleil, etc.). Baptisé « Papa Fiume » à cause de sa prédilection pour les fumigènes, Schüfftan peut se déchaîner dans *Le Quai des Brumes* où règnent ses deux instruments privilégiés : la nuit et le brouillard.

L'« atmosphère », si présente dans *Le Quai des Brumes,* résulte notamment du bon accord des deux autorités techniques de Trauner et Schüfftan. Dans son livre *Décors de cinéma* [3], Trauner explique comment leur collaboration a assuré la vérité du paysage en toc, réalisé en studio. Pour les scènes de la fête foraine, par exemple, seuls sont construits le manège au premier plan, le reverbère et les auvents d'une boutique. Figurent, en « découverte » peinte sur du contreplaqué, d'autres manèges, la grande roue, des boutiques, la rue et, plus loin encore, le port et les bateaux. La continuité de ces deux éléments disparates est assurée en interposant d'énormes tulles tendus entre eux. Dispositif qui ne peut fonctionner qu'en assurant deux éclairages différents dans la partie construite et dans la partie peinte, éclairages qui donnent l'impression que la seconde constitue la perspective embrumée de la première. Trauner est aussi admiratif de la façon dont Schüfftan résout le problème qu'il est fier des pavés en plâtre moulé recouverts de vernis qu'il fournit à l'opérateur, pour lui permettre les beaux reflets de la rue mouillée.

Une telle mise en scène de la lumière implique une préparation et une méticulosité parfois mal acceptées par les réalisateurs. Sur le tournage de *La Bête humaine,* Renoir qui sent la concentration des comédiens lui échapper devant les exigences de Curt Courant, se

1. *Des lumières et des ombres,* Le Sycomore, 1984.
2. *Le Cinéma allemand 1918-1933,* Hatier, 1984.
3. *Op. cit.*

serait écrié : « Arrêtez de faire chier les acteurs avec votre photo U.F.A. [1] » Nous avons déjà évoqué [2] l'importance de ces hommes du « grand secret » et de la lumière allemande dans les films français. Si l'exemple de l'intervention en France de Schüfftan ou de Courant est particulièrement significatif, cela ne veut pas dire qu'il faut être allemand pour fournir cette lumière à laquelle des opérateurs français se sont adaptés depuis les débuts de l'expressionnisme. Claude Renoir, second de Courant sur *La Bête humaine,* fournit une belle lumière « noire » pour *Le Dernier Tournant* de Pierre Chenal et Jules Kruger fait varier ses éclairages à volonté pour répondre à la demande de Julien Duvivier. Ce rapport entre le cinéma populiste et un certain type de lumière n'est pas lié à un critère de nationalité, mais à une influence esthétique. L'expressionnisme allemand a beaucoup marqué les esprits des cinéastes français, mais leur admiration et leur réflexion se sont relativement peu traduites sur l'écran. L'« atmosphère » du cinéma populiste est sans doute la marque la plus nette qu'ait laissée cette école dans le cinéma français.

Un héros, un mythe : Jean Gabin

Si « populisme tragique » il y a, il faut que ce tragique s'incarne en un héros. Il existe en effet, ce héros omniprésent, et il s'appelle Jean Gabin. Héros du populisme tragique, il l'est sur trois plans : comme comédien, comme mythe et comme star.

Nous avons évoqué dans la première partie de cet ouvrage l'émergence de Jean Gabin jusqu'à sa consécration avec *Maria Chapdelaine,* de Julien Duvivier (1934). Toujours avec Julien Duvivier, l'année suivante, il tourne son vingtième film, *La Bandera,* qui confirme son vedettariat et le fait accéder au statut mythique que nous analysons ici. De 1935 à 1939, de *La Bandera* au *Jour se lève,* Gabin tourne douze films dont neuf relèvent de notre catégorie. Extraordinaire fidélité d'un acteur à un type de rôle et de cinéma, entraînant un effet cumulatif où le personnage, peu à peu, occulte la perception de l'homme qui l'incarne. Ce sont pourtant le don et le travail d'un comédien qui sont à la base du règne de Gabin. Le don, c'est celui d'un « naturel » vite conquis et qui ne se démentira jamais. C'est aussi la capacité à exprimer beaucoup en en faisant peu : Gabin est en quelque sorte l'anti-Raimu ; aux énormes tempêtes de la voix et du geste que celui-ci déchaîne, celui-là répond d'un frémissement de visage, d'un battement de cils avec une comparable efficacité. « Cet immense acteur obtenait les plus grands effets avec les plus petits

1. Cité par Pierre Bleys, *Positif,* n° 323.
2. Voir chapitre « Cinéma sans frontières » p. 196.

moyens », s'étonne Jean Renoir qui précise : « Gabin a dans son physique, dans son jeu, une force étonnante, une puissance de moyens d'expression qui lui permettent de jouer "facile", presque toujours "dedans". Moyens énormes dont il ne met seulement qu'une petite partie dans l'action et c'est ce qui, à mon sens, caractérise sa façon de jouer "réel", de jouer "vrai" [1]. » Ses traits, sa silhouette, sa présence physique ont quelque chose de naturellement populaire qui correspond aussi bien à ses origines qu'à sa sensibilité.

Il aura l'intelligence d'en prendre conscience et de fuir les rôles qui le mettraient en rupture avec cette typologie. On en trouve un exemple *a contrario* quand, avant *La Bandera,* il finit par céder aux pressions de Duvivier et accepte de jouer Ponce Pilate dans un film sur le Christ, *Golgotha.* Il étudie alors son personnage et fait publier un communiqué qui définit Ponce Pilate comme un soldat sorti du peuple et devenu haut fonctionnaire par son courage militaire : il lui fallait absolument rattacher le proconsul romain à ses racines populaires pour y être à l'aise et crédible. Il tirera de cette expérience la certitude qu'il n'est pas fait pour le film historique, « en costumes », et qu'il ne doit pas sortir de son temps : un homme du peuple et d'aujourd'hui, ce qu'il sera dans tous ses films, en tout cas jusqu'en 1940. Un homme plus fait pour l'action que pour le discours, qui parle peu et agit : c'est l'anti-Jules Berry du cinéma du cynisme, et dans plusieurs films on le verra défier, affronter, voire corriger des hâbleurs volubiles (comme Pierre Brasseur dans *Le Quai des Brumes*) ; mais qui apporte aussi sa part de rêve : ce rêve qui gît dans son regard de brume (ses yeux bleus de vrai blond donnaient à Gabin un regard pâle où pouvaient se lire la tendresse et le songe des ailleurs). Voilà pour l'instrument. Le succès de *La Bandera* dessine un destin modèle qui correspond aux influences dominantes que nous avons déjà évoquées. Plusieurs données dramatiques de *La Bandera* se retrouvent dans certains films suivants :

— Il tue, mais ce n'est pas un assassin. Il l'a fait pour éliminer un salaud qui le méritait bien et il répugne à le faire à nouveau (*Les Bas-Fonds, La Belle Equipe, Gueule d'amour, Le Quai des Brumes, Le jour se lève*).

— Il est tué, ou il se tue (*Pépé le Moko, Le Quai des Brumes, La Bête humaine, Le jour se lève*).

— Il est intégré à une collectivité qu'il incarne, mais dont en même temps il se distingue et qu'il ne songe qu'à fuir (*Les Bas-Fonds, Pépé le Moko, La Grande Illusion, La Bête humaine*).

Le personnage de Gabin est toujours un être moral, installé dans une vie sociale, ou souhaitant l'être, ou le redevenir, et poussé au crime, à la solitude, à la mort par les saloperies de la société et une chiennerie de la vie, forme moderne du destin tragique. Comme comé-

---

1. André Brunelin, *Gabin,* Laffont, 1987.

dien, Gabin excelle dans les scènes de colère où se déchaîne soudain une violence de voix, de gestes, d'expressions qu'il tenait jusqu'alors en laisse. Comme mythe, Gabin a besoin de ces moments de colère pour sombrer dans une folie qui le pousse au crime mais l'innocente en même temps de tout projet meurtrier (mort de Zabel dans *Le Quai des Brumes,* de Kostylev dans *Les Bas-Fonds,* de Séverine dans *La Bête humaine,* de Valentin dans *Le jour se lève*). Est-ce qu'il ne pourrait pas reprendre, après chacun de ces crimes, la réplique écrite près de vingt-cinq siècles plus tôt par Sophocle et prononcée par Œdipe quand il découvre que le charretier qu'il a tué sur la route de Thèbes dans une crise de colère n'est autre que Laïus, son père : « Mes actes, je les ai subis et non commis... C'est sans rien savoir que j'en suis venu où j'en suis venu. » Ainsi Gabin — le mythe — porte-t-il le drame par la gravité des actes qu'il déclenche ou commet, et qui se mue en tragédie quand la fatalité se fait moteur de l'action et dicte le verdict final. Cette fatalité dont Zola avait fourni une explication scientifique et sociale en la justifiant par l'alcoolisme et l'hérédité. Il poursuit sur un mode moderne le discours de Sophocle quand il définit Lantier, le héros de *La Bête humaine,* comme « un homme poussé à des actes où sa volonté n'était pour rien et dont la cause, en lui, avait disparu... ».

A l'inverse de toutes les traditions qui veulent que le public attende une fin heureuse, et qu'en tout cas la vedette sorte vivante et victorieuse de l'intrigue, Gabin n'assume sa réussite comme acteur et comme mythe qu'en sortant le plus souvent vaincu et mort des épreuves qu'il a subies. André Bazin est habilité à conclure : « Gabin est le héros tragique du cinéma contemporain. Le cinéma, à chaque nouveau film, remonte la machine infernale de son destin comme l'ouvrier du *Jour se lève* remonte, ce soir-là comme tous les autres, son réveille-matin dont le timbre ironique et cruel sonnera à l'aube l'heure de la mort [1]. »

Son statut d'exception, Gabin l'assume aussi comme star, c'est-à-dire en jouant sur les pouvoirs que lui donne son vedettariat. Renoir, Carné, Prévert, Spaak, Grémillon, Duvivier témoigneront à de multiples reprises de l'aide que Gabin leur a apportée pour obtenir que se fassent, et dans des conditions acceptables, des films dont personne ne voulait. C'est que Gabin est décidé à ne travailler qu'avec des gens dont la tête, le talent, la mentalité lui conviennent et sur des sujets auxquels il adhère. Bien qu'il reçoive plus de trente propositions de films par an, il lui arrivera de rester trois mois sans travailler, parce qu'il a choisi d'attendre qu'un film auquel il tient ait trouvé un producteur. Mais, par ailleurs, il a ses idées sur le genre d'histoire où son type de personnage et de destin cinématographique pourrait se sentir à l'aise. Il s'est lié avec Pierre Mac Orlan à qui il rend visite à Saint-Cyr-

1. « Jean Gabin et son destin », *Radio-Cinéma-Télévision,* 1er octobre 1950.

sur-Morin et qui lui apprendra à jouer de l'accordéon : peut-on trouver plus belle image de la veine populiste ? Il a senti également l'intérêt des romans de l'écrivain pour le cinéma et il a acheté avec Duvivier les droits de *La Bandera* et pris, seul, une option sur *Le Quai des Brumes*. Pour le tourner après avoir vu et aimé *Drôle de drame*, il imposera le tandem Carné-Prévert qui paraissait condamné au chômage compte tenu de l'échec radical de ce film. Gabin a essayé de monter un film d'après *Le Coup de grâce* de Joseph Kessel, un autre avec Renoir, puis avec Carné d'après *Le facteur sonne toujours deux fois* que tournera Pierre Chenal avec Fernand Gravey ; un autre encore, autour de *Casque d'or*, que tournera Becker en 1952. De même a-t-il soutenu le projet *François Villon*, sur un texte de Mac Orlan, que devait produire Jean Renoir et que tournera André Zwobada en 1950 avec Serge Reggiani. Ainsi encore tente-t-il de mettre en route une adaptation du *Voyage au bout de la nuit*, de Céline, et une autre de *La Terre*, de Zola. Il achète les droits d'un roman, *Martin Roumagnac*, que Carné et Prévert refuseront d'adapter... et qu'il réussira à monter en 1946, déclenchant, pour son retour en France, son premier échec...

C'est l'attachement de Gabin à l'équipe Carné-Prévert qui permettra au film, qui devait être produit par la U.F.A. à Berlin, *Le Quai des Brumes,* de trouver un nouveau producteur français en conservant tous ses partenaires. C'est la détermination et la patience de Gabin qui permettront à Renoir de tourner *La Grande Illusion* que tous les producteurs importants de la place de Paris avaient refusée. Si Grémillon réussit à décoller de son modeste statut, c'est grâce aux contrats berlinois que lui signe Raoul Ploquin, mais c'est aussi grâce à l'aide de Gabin qui accepte de tourner *Gueule d'amour* (qui sera un succès) et un scénario ferroviaire de Grémillon (*Train d'enfer*), qui passera ensuite à Renoir, puis à Carné, et qui finalement cédera la place à l'adaptation de Zola, *La Bête humaine,* que Renoir tournera avec Gabin.

Tout cela semble trop idyllique pour être vrai. Pourtant, il ne s'agit pas là de ragots d'attachés de presse. Son talent et son succès ont fait de Gabin un décisionnaire du cinéma. Ce pouvoir, il l'utilise à soutenir des gens de qualité dont il lui semble qu'ils sont les plus aptes au meilleur emploi possible de Jean Gabin. Il choisit et est choisi par l'élite du cinéma français du moment : Dudu, Le Gros et Le Môme, c'est-à-dire Duvivier, Renoir et Carné. Hasard, flair, lucidité ? Un peu de tout cela sans doute. Mais aussi la traduction de ce phénomène dont nous n'avons cessé de décliner les différentes phases dans ce chapitre : la convergence autour de thèmes populistes et dramatiques de créateurs (cinéastes et écrivains) de tempérament populiste et leur rencontre avec un acteur d'exception d'origine, de sensibilité, de culture (ou d'inculture) populistes.

Chapitre 2

LES CINÉASTES DU GRAND RÉCIT

A suivre les pistes linéaires des œuvres des cinéastes, on perd de vue la perspective globale du paysage, la cohérence et la signification des phénomènes artistiques, culturels, professionnels qui font bouger l'ensemble. L'histoire du cinéma, ce n'est pas seulement un catalogue de films, une collection de filmographies. C'est aussi la perception d'une vie collective, dont ces films et ces filmographies sont le sang et les nerfs.

Pour ce grand moment du réalisme français, c'est à cette vision collective que nous avons voulu donner la priorité en passant d'abord en revue ses agents d'influence et ses éléments constitutifs. Ainsi avons-nous pu identifier le terreau culturel et littéraire dans lequel se sont enfoncées les racines romantiques et naturalistes du courant réaliste, étudier l'influence de l'environnement politique du moment, observer l'importance d'un climat populiste fondé sur l'évolution sociale aussi bien que sur les influences du mélodrame et de la chanson populaire. Ainsi avons-nous salué les nouveaux artisans, scénaristes, opérateurs, décorateurs, qui viennent fournir à la créativité des réalisateurs de nouveaux outils. Ainsi avons-nous vu surgir un nouveau héros qui, au-delà même du talent de l'acteur qui l'incarne, contribue à donner à ses films la dimension du mythe. Ainsi avons-nous vu naître dans le cinéma parlant, désormais maître de sa technique, passé les verbeuses fièvres de jeunesse, une grande forme cinématographique, ce que nous appellerons le « cinéma du Grand Récit », ces récits fondateurs où des communautés retrouvent les représentations légendaires de leurs origines, de leur histoire ou de leurs rêves.

S'il nous est souvent arrivé, dans ces pages, d'utiliser les mots « mythe » ou « archétype », c'est que, dans les plus grands films, c'est tout l'imaginaire d'un pays et d'une époque qui s'exprime. A son meilleur, le cinéma, parvenu désormais à l'âge classique et qui atteint sa maturité avec *La Kermesse héroïque,* sera le « grand récit » de la société française : de *La Belle Equipe,* du *Quai des Brumes* et de *La Grande Illusion* aux *Vacances de Monsieur Hulot,* à *Lola Montès* et à *French*

267

Cancan, en passant par *Le jour se lève, Le Corbeau, Le ciel est à vous, Les Enfants du paradis*. Ce « cinéma du Grand Récit » ne relève pas forcément de la superproduction. Ce qui le fait grand, ce ne sont pas ses moyens matériels, c'est sa capacité à raconter une histoire, à imposer des personnages, à déclencher des émotions, à ouvrir une réflexion dont la portée, l'impact prennent un sens collectif fort et cohérent.

Nous pouvons en venir maintenant aux films et à leurs réalisateurs, sans oublier que nous avons déjà, au fil de ces pages, fourni nombre d'indications sur lesquelles nous ne reviendrons pas.

Nous retiendrons d'abord les trois cinéastes — Duvivier, Carné, Grémillon — qui illustrent plus précisément ce « populisme tragique » que nous avons substitué, pour plus de précision, au « réalisme poétique » trop flou. Nous terminerons par Jean Renoir, qui appartient sans doute possible à cette veine réaliste des années trente, mais se distingue de tout mouvement constitué aussi bien par l'ampleur de son apport que par la marque personnelle qu'il lui impose. Mais ce chapitre serait incomplet sans un mot d'explication sur deux cinéastes dont nous avons affirmé à diverses reprises qu'ils étaient les initiateurs, ou plutôt les « passeurs » de la tradition populiste au cinéma : René Clair et Jacques Feyder. S'ils sont absents de ces pages, c'est que cette période euphorique du cinéma français correspond chez eux à une phase en demi-teintes. Nous avons déjà évoqué l'étape anglaise de René Clair et l'échec de ses nouveaux projets français. De son côté, Jacques Feyder, après l'impressionnant tiercé *Le Grand Jeu - Pension Mimosas - La Kermesse héroïque* (1933-1935), tourne en Angleterre *Le Chevalier sans armure* (1936) assez académique, ou plutôt hollywoodien, phagocyté par Marlene Dietrich, avant d'aller tourner en Allemagne (en double version, française et allemande) un film sur le cirque, écrit par Jacques Viot, *Les Gens du voyage*. C'est une remarquable évocation de l'atmosphère foraine où la maîtrise du cinéaste tourne un peu à vide. Les épisodes dramatiques qui s'entremêlent sont assez convenus, et la réussite artistique manque de terre solide où s'implanter : les coproductions internationales sont peu favorables au populisme cinématographique. La carrière cinématographique de Jacques Feyder s'achève (il mourra en 1948). Mais il lui reste encore un grand film à nous donner, d'un vrai niveau international, où se mêlent l'aventure des grands espaces à l'américaine et la subtilité psychologique à la française. Nous reparlerons de *La Loi du Nord*...

Julien Duvivier

Le « populisme tragique » trouve sa forme accomplie dans *Le Quai des Brumes* et son chef-d'œuvre dans *Le jour se lève*. Mais il apparaît, se développe, s'installe dans la perception critique et la reconnaissance populaire avec trois films de Julien Duvivier de 1935 et 1936, dont nous avons déjà beaucoup parlé : *La Bandera, La Belle Equipe* et *Pépé le Moko.*

La Bandera se déroule dans la Légion étrangère espagnole (et fut tourné avec l'aide du général Franco, à qui il est dédié et qui allait s'illustrer d'une autre façon l'année suivante). Le film se situe dans un climat de romantisme exotique fait d'héroïsme du désert et d'aventurisme nostalgique propres à plusieurs films de cette époque (films sur la Légion comme *Le Grand Jeu, Le Prince Jean, Légions d'honneur,* ou sur les spahis comme *Baroud,* et *Le Roman d'un spahi*), et qui règne sur la chanson populaire (« Mon légionnaire », « Le fanion de la Légion »). Mac Orlan avait écrit son livre après un long reportage en Espagne et au Maroc, et Duvivier est resté fidèle à ce climat en imposant un rude tournage dans le Rif marocain. L'image restitue la dureté du paysage, la chaleur, l'effort, et compense par une authenticité sèche ce que l'intrigue charrie de conventions héroïco-coloniales. Autour de Gabin, Le Vigan (première grande prestation extravagante dont il ne sera pas avare), Aimos, Pierre Renoir, Granval, Modot forment une *bandera* à la fois pittoresque et crédible. *La Bandera* raconte l'aventure de Pierre Gilieth qui tue, à Montmartre (« c'était un salaud qui méritait pas de vivre »), se réfugie dans une collectivité très fermée et exposée (la Légion) où règne la nostalgie de Paname et qui, poursuivi par un flic obstiné, conquiert l'amitié de celui-ci avant de se racheter en héros. L'intrigue présente déjà les épisodes et la morale qui vont marquer les films du « populisme tragique ».

Pépé le Moko, sur les mêmes pistes, se situe à un plus haut niveau de cohérence artistique. Pour une fois (c'est la seule), Gabin y interprète un mauvais garçon, un gangster qui s'est réfugié dans la Casbah d'Alger, dont les contours labyrinthiques, les terrasses en escalier et les complicités du milieu local le protègent de la police. L'amour d'une belle Française le fera sortir de sa tanière en un geste suicidaire. Si le destin de « Pépé » constitue la ligne de tension de l'intrigue, l'intérêt est ailleurs, et ce n'est pas un cliché que de dire que l'« atmosphère » du film en est la vraie vedette : atmosphère d'un quartier arabe, superbement reconstitué en studio, atmosphère d'un milieu local avec ses indics, ses souteneurs, ses filles, son code de l'honneur et ses traîtres, atmosphère d'une petite collectivité de marginaux parigots devenus caïds de la pègre algérienne et qui crèvent d'ennui loin de la Butte. Duvivier réussit à caractériser et faire vivre simultanément sur l'écran une douzaine de personnages dont les désirs, les calculs, les passions se croisent, s'unissent et se télescopent sans que jamais le récit s'emmêle ni qu'on perde l'intrigue centrale. La bande-son est aussi riche que la bande-image, avec des moments d'émotion très dense, par exemple dans la scène de nostalgie sur la chanson de Fréhel ou celle de la liquidation de Charpin dans le tintamarre du piano mécanique. Lucas Gridoux en policier amoureux de sa proie, Saturnin Fabre en receleur grandiloquent, Dalio en traître minable fournissent de remarquables prestations. Les femmes (Mireille Balin, Line Noro, Fréhel) se situent hors psychologie, hors réalisme ; elles incarnent des absolus : le désir, le bonheur, les paradis perdus. Le temps a démodé cette typologie et ces univers, qu'il n'est pas scandaleux de qualifier de « carte postale ». Mais ils trouvent leur légitimité dans la vitalité romanesque de l'époque. En tout cas, ils n'ont jamais été portés à l'écran avec une telle perfection.

Entre ces deux films exotiques, Duvivier a réalisé *La Belle Equipe,* qui avec sa banlieue, ses bords de Marne, sa guinguette, son bal, ses accordéons, ses chômeurs, sa solidarité, sa coopérative, présente la panoplie complète du film populiste et du cinéma dit « de Front populaire ». Nous avons dit déjà comment, par son pessimisme foncier et son issue fatale, *La Belle Equipe* se rattachait davantage au populisme tragique qu'aux espérances du courant politique dans lequel il baignait. Le débat autour de la conclusion heureuse ou malheureuse, pour intéressant qu'il soit, ne doit pas monopoliser l'attention. Populaire, *La Belle Equipe* l'est formidablement, par l'accord si totalement harmonieux du dialogue, des interprètes, du décor, de la musique, accord où s'exprime l'essence même du populisme, avec sa gouaille, sa sentimentalité, sa mélancolie profonde illuminée de projets auxquels on ne croit jamais tout à fait, sa solidarité menacée par le désir des garces qui rôdent toujours autour de l'amitié des hommes. Tout ce qui deviendra poncif retrouve ici une sorte de verdeur originelle ; c'est là sans doute qu'a joué le climat de l'époque pour redonner fraîcheur et inspiration à une déjà ancienne tradition. La mise en scène de Duvivier a pu contribuer aussi à masquer le pessimisme foncier du scénario. Très à l'aise dans les scènes d'action et dans les moments de grande tension, Duvivier est peut-être le cinéaste français le plus proche de l'efficacité dramatique du cinéma américain. Mais dans un film comme *La Belle Equipe,* où il monte sec et court les moments de drame et de violence et flâne tranquillement sur les moments de plaisir, c'est le climat de liesse qui tend à prendre le pas sur celui de l'échec. On lui doit une très jolie fête, d'une vraie chaleur humaine, reliée au cadre champêtre des bords de Marne, par un long travelling qui part du bal pour courir dans l'herbe et les feuillages jusqu'aux reflets du rivage. Réussite exceptionnelle ou trahison inconsciente : l'image, à ce moment-là, dit le contraire du scénario. Mais malgré, ou à cause de ses contradictions, *La Belle Equipe* laisse une forte trace affective chez tout spectateur attentif.

En 1937, après *Pépé le Moko* (tourné en 1936, comme *La Belle Equipe,* et sorti en janvier 1937), Julien Duvivier aborde un genre nouveau, le film à sketches. *Carnet de bal* est une sorte de consécration professionnelle de la reconnaissance de son talent, puisqu'il a pu obtenir, pour le même film, la participation de Marie Bell, Françoise

Rosay, Harry Baur, Pierre Blanchar, Fernandel, Louis Jouvet, Raimu, Pierre Richard-Willm, dont chacun constitue à lui seul une tête d'affiche. On peut imaginer qu'il était plus difficile de les rassembler qu'il ne l'était, pour les majors américaines, la M.G.M. ou la Paramount, d'enrôler leurs vedettes sous contrat dans des films-revues d'effectifs comme *Grand Hôtel* ou *Si j'avais un million,* qui ont lancé le genre en 1932.

Ces sketches, unis par le prétexte de la visite qu'une jeune veuve rend à six anciens soupirants inscrits sur le carnet de son premier bal, sont d'un intérêt fort disparate, mais on retrouve le pessimisme viscéral et l'efficacité dramatique de Duvivier dans quatre d'entre eux, ceux avec Fernandel, Raimu, Louis Jouvet et Pierre Blanchar. Ce dernier sketch, sordide, poisseux, inquiétant, marque peut-être le zénith du talent du cinéaste. Le film bénéficie d'une musique originale et remarquable de Maurice Jaubert. C'est sa première contribution importante à un long-métrage du nouveau courant (à part son intervention sur *L'Atalante,* qui ne durait que treize minutes). Elle sera suivie par les réussites musicales majeures du *Quai des Brumes,* d'*Hôtel du Nord* et du *Jour se lève.* Pour *Carnet de bal,* Jaubert compose « La valse grise » qui sert de leitmotiv au film et qu'il eut l'idée originale d'enregistrer en prenant la partition à l'envers, puis en retournant la bande-son au montage, ce qui engendre un décalage sonore et comme une aspiration des notes. *Carnet de bal* remporte un grand succès populaire, et la Coupe Mussolini du meilleur film étranger au Festival de Venise 1937 (de préférence à *La Grande Illusion*...). Surtout, il vaut à Duvivier une invitation à Hollywood où il tourne *The Great Waltz* (*Toute la ville danse*), un film consacré au compositeur viennois Johann Strauss, si brillamment réalisé qu'il ressemble exactement à ce qu'il est : une excellente production du studio M.G.M. On admire le tour de force professionnel. On s'interroge sur la vraie personnalité du cinéaste.

Les films qui vont suivre vont, davantage encore, brouiller les pistes, phénomène largement amplifié par les événements, la guerre, l'exil. C'est au retour des Etats-Unis, la guerre terminée, qu'on pourra suivre, avec Julien Duvivier, la mutation du populisme dans un pays et un cinéma qui auront beaucoup changé.

Marcel Carné

L'écoulement du temps entraîne des déformations de perspective. Aux personnages illustres, chefs d'Etat, savants, artistes, sur qui on va se pencher des décennies ou des siècles plus tard, nous donnons à tous le même âge « historique », celui de la maturité acquise et de la célébrité conquise, un âge alourdi par le temps qui a passé depuis. Mais Julien Duvivier, par exemple, présent depuis les premières pages de ce livre, n'avait que vingt-trois ans quand il a tourné son premier film muet, en 1919. En 1936, il fait figure d'ancien alors qu'il n'a que quarante ans quand il tourne *Pépé le Moko.* Marcel Carné a été évoqué à plusieurs reprises dans ces pages (comme assistant de Feyder et de Clair, comme réalisateur du court-métrage *Nogent, eldorado du dimanche,* comme journaliste de cinéma, à propos de *La vie est à nous* et du cinéma militant, ou du groupe Octobre), mais il n'a été jusqu'alors qu'un compagnon de route de cette aventure. Il fallait lui laisser le temps de grandir : il a trente ans quand il tourne son premier long-métrage, *Jenny,* trente-deux quand il termine *Le Quai des Brumes.* Il manifeste en cette occasion une impressionnante autorité, et au studio, en dépit de son âge, il ne se laisse impressionner par personne. Par qui le serait-il d'ailleurs ? Gabin n'a que trente-quatre ans, Brasseur trente-trois, Trauner trente-deux, Michèle Morgan dix-huit ; les ancêtres, sur le film, sont Prévert et Jaubert qui atteignent trente-huit ans ! Insister sur le rôle de la tradition et des filières génétiques a pu donner au réalisme une image de « vieux cinéma ». Mais le populisme a aussi son « jeune cinéma » et des films comme *Drôle de drame* et *Le Quai des Brumes* sont reçus, en bien ou en mal, comme des innovations. L'arrivée de Marcel Carné marque l'éclosion d'un talent personnel et attire l'attention sur les nouveaux noms dont s'enrichit le cinéma français.

Né en 1906, pur produit des Batignolles (comme Pierre Brasseur), brûlé, adolescent, par la passion du cinéma, Carné a donc été l'assistant de deux maîtres du réalisme français, Clair et Feyder. Il a manifesté, par ses travaux personnels de cinéaste amateur, une curiosité populiste et des sympathies gauchisantes, il a témoigné d'une vraie culture et de lucidité critique dans ses écrits. Françoise Rosay, qui a fait engager Carné par son mari Jacques Feyder, et qui l'a apprécié dans le travail, lui promet que, s'il trouve un producteur, elle tournera pour lui son premier film gratuitement. Un producteur, en effet, se manifeste et un sujet est retenu dans un genre « mauvais garçon » qui lui est cher.

Prison de velours raconte l'histoire d'une jeune fille qui devient, sans le savoir, la maîtresse de l'amant de sa mère, laquelle lui a caché qu'elle dirigeait une maison close. Carné demande à Prévert, dont il a aimé un spectacle du groupe Octobre, d'adapter ce morne script. Prévert le lit et déclare paisiblement : « On va essayer de se démerder. » Ainsi débutent dix années d'une collaboration étroite où toutes les décisions de sujet, d'écriture, de choix des comédiens seront prises d'un commun accord. Sous le titre *Jenny* (rôle de la mère, tenu par Françoise Rosay), le film sort le 18 septembre 1936 au cinéma Madeleine. Rien ne trahit le premier film. Notamment pas le générique. Il s'agit d'une production importante avec des vedettes aussi affirmées que Françoise Rosay, Charles Vanel et Albert Préjean et quelques-uns des meilleurs techniciens comme Roger Hubert à l'image, Joseph de Bretagne au son et Jean d'Eaubonne aux décors. Comme souvent, Prévert a glissé quelques membres de sa bande dans la distribution et on peut lui attribuer le recrutement de Sylvia Bataille, Jean-Louis Barrault, Roger Blin et du jeune Marcel Mouloudji (quatorze ans) dont c'est le premier vrai rôle. Le thème central du film présente l'inconvénient (ou l'avantage, pour aider aux comparaisons) d'être très proche de celui de *Pension Mimosas*. Mais les deux films sont très différents. Celui de Feyder était clos, étouffant. Celui de Carné est mobile, ouvert, toujours prêt, dirait-on, à descendre dans la rue. Pas pour y faire la révolution, certes, mais pour y prendre l'air, s'y balader, s'évader des miasmes des lieux clos (cabaret, dancing, tripot, maison close) où Jenny dissimule son négoce et avec lesquels Lucien (Préjean) cherche à rompre. *Pension Mimosas* restait braqué sur les personnages centraux. *Jenny* est riche en personnages secondaires dont le pittoresque, la bizarrerie ou le vice masquent les conventions de l'intrigue. Déjà Carné marque son territoire, la zone frontière d'une marginalité qui n'est ni vraiment intégrée à la société ni vraiment retranchée dans la délinquance organisée, une sorte de demi-monde où le réalisme cru de l'image se nimbe du fantastique social que charrient les rôles secondaires. L'accueil de la critique témoigne d'un mélange d'estime et de désarroi : on perçoit un ton décalé, dont on ne sait trop quoi penser. Personne ne peut prévoir que la scène d'amour au bord du canal de l'Ourcq, dans la lumière grise du petit matin, annonce d'autres quais, d'autres brumes, d'autres jours qui se lèvent, d'autres glorieuses portes de la nuit...

Prévert n'avait pas trop pris au sérieux l'essai de *Jenny*. Visionnant le film au retour des Baléares où il a emmené sa nouvelle compagne, la toute jeune comédienne Jacqueline Laurent, il est épaté par ce que Carné a réussi à faire avec le mélo qu'il s'était amusé à « rempailler ». Il s'ouvre à Carné de son désir d'un film autour du bagne d'enfants de Belle-Ile-en-Mer. Ainsi naissent le projet, le scénario et les obstacles mis par la censure à *L'Ile des enfants perdus* que les deux hommes cherchent à faire aboutir [1]. Au milieu de ces difficultés, surgit l'intérêt pour un livre britannique policier et plein d'humour, *His First Offence* de Storer Clouston. Un producteur (Charles David ou Edouard Corniglion-Molinier), ou bien l'agence Synops créée par l'ancienne monteuse Denise Tual, propose ce film à Jacques Prévert, qui fait appel à Carné, à moins que ce ne soit Marcel Carné qui fasse appel à Prévert. Le doute est intéressant à noter, puisque le film qui en résultera, *Drôle de drame,* sera un échec total, et que Denise Tual et Marcel Carné dans leurs souvenirs, et André Heinrich, dépositaire de la mémoire de

1. Voir p. 241.

Jacques Prévert, proposent sur la genèse de ce film trois versions radicalement contradictoires. Cette bataille pour s'approprier l'idée du film s'explique car, entre-temps, *Drôle de drame* est devenu un classique du cinéma.

L'essentiel, c'est l'accord des deux hommes pour poursuivre leur collaboration autour de ce projet, et la distribution époustouflante qu'ils concoctent en commun : on y retrouve Françoise Rosay et Jean-Louis Barrault, avec Michel Simon, Louis Jouvet et Jean-Pierre Aumont dans les rôles principaux. Pour les rôles secondaires, que Prévert a tant de plaisir à multiplier et à confier à ses copains, ont été retenus Agnès Capri, Marcel Duhamel, Yves Deniaud, Fabien Loris, Guy Decomble, Frederic O'Brady, Francis Korb (futur Lemarque), ainsi que Pierre Prévert comme assistant et Tchimoukov aux costumes : si le groupe Octobre a vécu, la bande à Prévert continue à sévir, et son don pour l'ironie désinvolte se révélera communicatif. Petit détail de distribution : c'est pour *Drôle de drame* que Marcel Carné arrache Jean Marais à l'ombrageuse protection de Marcel L'Herbier. Jean Cocteau n'est pas loin. Maurice Jaubert, Alexandre Trauner et Eugen Schüfftan sont intégrés à l'équipe, et le tournage se déroule dans de tels rires et un climat si euphorique que nul ne s'inquiète de l'accueil du public. Pourtant, c'est la catastrophe. Il faudra une quinzaine d'années pour que la folle cocasserie du scénario, l'efficacité comique du dialogue, la férocité de la caricature et le rythme endiablé de cette chevauchée humoristique trouvent grâce auprès du public et que, remontant la pente, *Drôle de drame* soit reconnu pour le chef-d'œuvre qu'il est.

Pas de doute que Jacques Prévert n'ait trouvé dans le roman d'origine un matériau adéquat sur lequel greffer son art de la digression loufoque et sa méthodique logique de l'absurde. La parenté avec *L'affaire est dans le sac* est évidente, mais la comparaison n'est pas à l'avantage du film tourné par Pierre Prévert. C'est l'apport de Carné qui fait la différence. Un apport particulièrement sensible dans la direction d'acteurs : Carné réussit à pousser chacun à l'excès caricatural maximum, tout en maîtrisant une unité de ton qui incorpore chaque performance individuelle dans une performance collective. Le jeu de Barrault, avec sa bicyclette, relève de la danse et du mime, Simon est proche des entrées de clown, Jouvet parodie le théâtre de boulevard, et tout cela fait un film harmonieux qui fonce à toute allure vers notre plaisir stupéfait au son d'une complainte à la Bertolt Brecht-Kurt Weill. Depuis l'origine du parlant, le cinéma français est hanté par le modèle de *L'Opéra de quat'sous*. *Drôle de drame* lui réplique avec un canular parodique fidèle aux meurtriers londoniens.

Réussite totale. Echec absolu. L'association Carné-Prévert va mourir de sa belle mort quand, nous l'avons évoqué, surgit Gabin qui propose *Le Quai des Brumes*. (Il s'agit d'un contrat de film produit par la U.F.A., à tourner à Berlin, avec des techniciens allemands.) Cela n'enchante guère Carné, Prévert et Gabin, quand arrivent une mauvaise et une bonne nouvelle. La mauvaise est que les services de Goebbels refusent un scénario jugé immoral et gênant sur le plan diplomatique : comment les Français accueilleraient-ils un film d'origine allemande dont le héros est un soldat assassin et déserteur ? La bonne nouvelle est que la U.F.A. est disposée à céder ses droits à un repreneur en France, Gregor Rabinovitch (qui a fui l'Allemagne et ses persécutions raciales). Le film se fera donc, et en France, avec l'équipe choisie par les auteurs. Les rôles masculins sont distribués sans problème. Il y a hésitation pour le rôle féminin. Remarquée dans *Gribouille* de Marc Allégret, son premier vrai rôle, Michèle Morgan confirme, à l'occasion d'un essai, qu'elle est la Nelly espérée. Le tournage commence au Havre le 6 janvier 1938.

Le Quai des Brumes sort le 17 mai au Marivaux. Rabinovitch, qui n'y croit pas, a fait retirer son nom du générique. Le lendemain, il le fait remettre. C'est un triomphe. Parmi les spectateurs les plus enthousiastes, on remarque Pierre Mac Orlan, ce qui n'est pas sans mérite, car les décors, les personnages et les épisodes du film n'ont plus qu'un rapport lointain avec ceux de son roman. Mais, non sans raison, il reconnaît dans le film le climat de solitude morale, de désert affectif, de désespérance qu'il avait voulu peindre, et que le populisme poétique de Prévert a préservé en transposant l'intrigue de Montmartre au Havre, et de 1900 à 1938. Mac Orlan a retrouvé à l'écran la nuit et les brumes qui règnent non seulement sur le paysage mais dans les yeux et le cerveau des protagonistes. Panama, bistrotier philosophe installé dans une cabane de cauchemar en bordure du monde, fait d'ailleurs passer pour la première fois dans le film cette fièvre embrumée du Tonkin qui hantera les dialogues du cinéma français jusqu'à *Un singe en hiver,* en passant par *Goupi Mains Rouges.* C'est chez Panama que chacun rencontre son destin, que le peintre hanté par les choses qui sont derrière les choses préfère se suicider, que l'assassin amateur d'orgue vient cacher la tête de sa dernière victime, que Nelly, petit diamant de pureté parmi la pourriture, rencontre Jean le déserteur qui fuit à enjambées éperdues le poids d'un crime justicier. Certes, on peut dire qu'il y a du lyrisme de pacotille, un délire d'abstraction, un maniérisme du dialogue, un tragique poussé au mélo dans cet enchevêtrement de sang, de lâcheté, de lassitude, de malheur, chez ce « bataillon de la mauvaise chance », dont parle Mac Orlan (mais c'est à propos de *La Bandera...*).

Ce constat critique, on répugne pourtant à le formuler, envoûté qu'on est par la magie noire de l'image, l'équilibre obtenu entre le réalisme stylisé des décors, la poésie dramatique des lumières, l'évidence impérieuse des comédiens. La fluidité naturelle de l'image et du montage nous fait parcourir sans heurt cette sordide apocalypse et nous communique la rage et la tendresse qui habitent chaque séquence. C'est cette combinaison exceptionnelle d'abstraction et de réalisme, d'artifice et de vérité qui confère à certaines répliques (« T'as de beaux yeux, tu sais »), à certaines scènes (les gifles de Gabin à Brasseur) et au film dans son ensemble leur fonction d'archétype : ils sont devenus davantage que ce qu'ils sont, épurés de leur littérature, transmués en valeurs symboles, comme peuvent l'être des moments de *L'Anneau des Niebelungen,* dont la grandeur sublime le potentiel ridicule. Mais c'est surtout le miracle d'un couple d'acteurs qui annihile toute tentation critique. Pour Jean Gabin, le personnage du *Quai des Brumes* se situe exactement à la confluence de son talent, de son parcours, de sa personnalité réelle et du personnage mythique qu'il a commencé d'endosser. Il surgit de la nuit, aux premières images, pour s'écrouler sur le pavé, aux dernières, et traverse tout le film avec une vérité inspirée, comme la représentation naturelle et charnelle de la fatalité du malheur. A ses côtés, l'apparition de Michèle Morgan révèle la profondeur de son regard immense où passent tous les rêves du monde, la musicalité étrange d'une voix à la fois fière et langoureuse, la grâce d'un corps qui, sous son petit ciré noir mouillé de pluie, bouge avec une innocence suspecte prometteuse de folles étreintes. Ange noir, chu de quelque mystérieuse galaxie, Nelly/Michèle Morgan accompagne un instant la mortelle destinée humaine du Jean du *Quai des Brumes,* et les spectateurs conquis implorent déjà : « Dieux du cinéma, rendez-nous-la bientôt ! » C'est la prestation commune Gabin-Morgan qui donne au *Quai des Brumes* son climat de féerie noire. où une situation concrète clairement définie, est décalée en plein climat onirique. Une musique aussi parfaite, on l'entendra, une fois encore, dans une scène inoubliable de *Remorques* : Gabin-Morgan, paroles de Prévert, images de Grémillon.

Pour toutes ces raisons, l'impression produite est forte. Elle explique l'influence que le film exerce, le statut qui sera le sien dans le livre d'or du cinéma français, et, dans l'immédiat, les récompenses qu'il glane : prix Delluc, prix Méliès (ex aequo avec *La Bête humaine*), prix de la meilleure qualité artistique au Festival de Venise, Prix du meilleur film étranger aux Etats-Unis en 1939, Grand Prix national du cinéma français. Notons que ce prix très officiel a été créée en 1938 par Jean Zay qui préside lui-même le jury, pour contrer le Grand Prix du cinéma français, décerné depuis 1933 par un jury mondain à des films généralement marqués à droite. Attribué, pour la première fois, au *Quai des Brumes,* il ne sera plus décerné par la suite.

L'accumulation de médailles qui récompensent *Le Quai des Brumes* témoigne de l'engouement dont ce film est l'objet à sa sortie, confirmé par l'accueil du public. Ce ne sont pas seulement des qualités artistiques qui sont ainsi saluées mais une concordance de sensibilité. Noir, cruel, désespéré, *Le Quai des Brumes* exprime le climat d'une époque qui ne se savait pas si déboussolée. C'est bien cela le procès que lui intentent ses nombreux adversaires, à gauche et à droite : de révéler et d'encourager une crise morale avec un film « morose et veule », au « naturalisme avili » (*Je suis partout*), de manquer « à un point extraordinaire de toute notion sociale autre que celle du déclassement » (*Cahiers du bolchevisme*), d'exalter des marginaux, délinquants ou ratés : « C'est dans de telles catégories sociales que se recrutent les hommes de main de Doriot... Ce n'est pas une peinture de la société, mais une rafle de la police [1]. »

On retrouvera tout au long de la collaboration Carné-Prévert, et même au-delà, une certaine réticence des intellectuels d'obédience communiste à accepter la morale ou le langage des héros « populaires » de leurs films. On en trouvera un exemple particulièrement pittoresque lorsqu'un collaborateur de la revue *Esprit,* en janvier 1955, à propos de *L'Air de Paris,* film de Carné avec lequel Prévert n'a rien à voir, se lance dans une diatribe rétrospective contre les dialogues poétiques de Prévert et lui reproche de prêter à des personnages, dont tout l'aspect désigne une origine populaire des sentiments et des émotions fondamentalement étrangers à la psychologie et au comportement populaires. L'article est signé Hélène Legotien, nom adopté sous l'Occupation par celle qui deviendra l'épouse de Louis Althusser. En 1938, au moment où l'on tournait *Le Quai des Brumes,* elle s'appelait Hélène Rytmann. Elle avait collaboré à *La vie est à nous* et avait été secrétaire de coordination à la production de *La Marseillaise* qui venait de sortir. Ce n'est qu'un écho lointain, un incident de frontière à retardement dans l'incompréhension (c'est une litote) qui marquera les relations de Carné-Prévert avec le P.C.

Le Quai des Brumes est sorti en mai 1938. *Hôtel du Nord* sort le 17 décembre de la même année. Marcel Carné aura encore le temps de réaliser *Le jour se lève* avant de fêter ses trente-trois ans. En dépit des polémiques qu'il a suscitées, *Le Quai des Brumes* a connu un triomphe. *Hôtel du Nord* va subir le choc en retour : il plaît moins aux admirateurs de Carné mais déplaît toujours autant à ses détracteurs. Le public, lui, reste fidèle.

Hôtel du Nord est né d'une proposition de producteur : tourner un film avec Annabella ; et d'un souhait de Marcel Carné : adapter le livre (le terme de roman n'a pas de sens pour désigner ces croquis saisis sur le vif) d'Eugène Dabit. Parti pour Hollywood retrouver Jacqueline Laurent qui y tourne un film, Jacques Prévert n'est pas de la partie. Carné s'associe avec Jean Aurenche, qu'il a connu dans une agence de cinéma publicitaire, pour bâtir une ligne dramatique dans le reportage de Dabit. *Hôtel du Nord* sera centré sur les amours d'Annabella avec un beau marinier suédois. Engagé comme dialoguiste, Henri Jeanson

---

1. Georges Sadoul, *Regards,* mai 1938. Cité par Pascal Ory, *op. cit.*

perturbe cette intrigue et donne une importance imprévue à un autre couple, une prostituée et son protecteur, qui, interprétés par Arletty et Louis Jouvet, va davantage retenir l'attention.

Ces derniers aléas handicapent le film mais tournent aussi à son avantage. L'éclatement de l'intrigue permet à Carné d'être plus fidèle à l'esprit de Dabit, de respecter une construction unanimiste plus difficile et plus intéressante qu'un récit linéaire. L'absence de Prévert permet de dégager ce que vaut Carné sans Prévert, problème oiseux qui va constituer le pont aux ânes de l'histoire du cinéma français. Or, dans *Hôtel du Nord,* si on veut bien examiner les choses honnêtement, on voit que sans Prévert, mais avec Jeanson, Carné garde son perfectionnisme technique et sa maîtrise formelle, et que sa manière se fait moins tragique, plus faubourienne, plus proche — c'est un peu une surprise — de l'héritage Clair que de la succession Feyder : nous sommes entre cinéastes du « 14 Juillet ». Le foisonnement de personnages secondaires, que l'on croyait être un apport de Prévert, reste très important, mais l'étrange, le pittoresque, le poétique cèdent du terrain devant une humanité plus simple et plus vraie. Le repas de première communion qui ouvre le film a un naturel sans artifice et constitue un superbe cadre pour l'entrée d'un couple d'amoureux cherchant une chambre pour se suicider. Quand, au bout du long bras d'une énorme grue, la caméra explore le bal du 14 Juillet au bord du canal Saint-Martin, avec une sorte de grâce enchantée, défilent à l'écran quelques-unes des plus belles images que le cinéma français ait jamais engendrées. Dans les moindres détails, on découvre des perles. Lorsque par exemple Edmond, le souteneur (Louis Jouvet), joue les caïds au comptoir et qu'un client lui dit fermement, traçant la frontière sur laquelle se situe toute cette veine de notre cinéma : « Restez dans votre milieu, Monsieur Edmond, vous mêlez pas au nôtre. » Ou dès que le contexte de l'époque glisse ses épines dans les interstices de la fiction : cet enfant adopté dont on comprend que c'est un orphelin de la guerre d'Espagne, les nouvelles interrogations autour des donneurs de sang, les aléas de la vie syndicale (« On a reçu l'ordre de débrayer : on fait grève »). Ou quand Carné s'aventure sur un terrain que Prévert, semble-t-il, veillait à lui interdire : celui de l'homosexualité. Le rôle primitivement écrit pour un beau marinier blond annonçait sans doute ces blonds androgynes qu'on aperçoit dans *Nogent, eldorado du dimanche* et qu'on retrouvera dans *La Merveilleuse Visite.* Le discret homosexuel, interprété tout en nuances par François Perier dans un de ses tout premiers rôles, ajoute une notation d'authenticité à cette fresque. S'il existe vraiment un courant populiste cherchant à approcher les petites gens des grandes villes dans leur vie ordinaire, c'est sans doute dans *Hôtel du Nord* qu'il trouve sa manifestation la plus accomplie.

Patron de la section française de la U.F.A., à Berlin, Raoul Ploquin cherche à aider et à encourager les jeunes talents. Henri-Georges Clouzot, Louis Daquin, Albert Valentin, entre autres, lui devront beaucoup. Ploquin connaît le talent exigeant et le caractère breton de Jean Grémillon [1] et, après les deux films en Espagne de celui-ci, convainc sa société de l'engager. Grémillon sera responsable de la version française de l'opérette *Valse royale,* après quoi on lui confie l'adaptation d'un vaudeville de Victorien Sardou, *Pattes de mouche,* dans un temps et avec des moyens dérisoires. Le résultat n'est pas fameux. Les recettes non plus.

En juillet 1936, pourtant, Ploquin lui obtient un nouveau contrat, cette fois pour un film important, et cher, puisque la distribution comporte Raimu, Pierre Blanchar, Andrex, Madeleine Renaud et Viviane Romance. Mais les résultats de *Pattes de mouche,* sorti fin mai, inquiètent les producteurs. Le tournage est retardé. D'ailleurs Raimu n'est pas disponible (entre le contrat de Grémillon et la réalisation de *L'Etrange Monsieur Victor,* Raimu tournera dix films...). Ploquin, encore une fois, trouve une issue. La U.F.A. dispose d'un contrat avec la nouvelle star française, Jean Gabin, pour une adaptation d'un roman d'André Beucler, *Gueule d'amour.* Ploquin organise une rencontre Grémillon-Gabin, obtient le soutien de celui-ci pour demander que Grémillon soit le réalisateur du film, et engage comme scénariste Charles Spaak, celui-là même qui collabora avec Grémillon à la belle aventure de *La Petite Lise.* Si *Gueule d'amour* est une réussite, ce sera le feu vert pour *Monsieur Victor...* Grémillon décidément n'en a toujours pas fini avec les examens de passage. Gabin aidant (son nom sur l'affiche garantit un certain public), *Gueule d'amour* sera un succès. La tentation est grande d'enchaîner tout de suite pour s'intéresser au vrai film important, celui avec Raimu. Il faut toutefois s'arrêter un instant sur *Gueule d'amour.* Outre qu'il marque le vrai départ de la carrière de Grémillon, il constitue un des films charnières de notre typologie.

En traçant, pour une meilleure perception de ses lignes de force, une frontière entre le cinéma des riches, des puissants, des banquiers, que nous avons baptisé cinéma du cynisme, ou des tricheurs, et l'école réaliste du quotidien, des petites gens, de la marginalité, le cinéma du réalisme poétique et du populisme tragique, nous n'ignorions pas que ces deux univers, comme ces deux cinémas, pouvaient cohabiter, se mélanger ou se télescoper. *Gueule d'amour* est l'occasion d'une de ces rencontres. Grémillon, doué d'une intelligence et d'une culture hors du commun, en est conscient, et son film s'organise autour de ce conflit :

1. Voir première partie, « La torture par l'espérance », p. 103.

à l'épilogue, le monde de Jean Gabin tord le cou (littéralement) à celui de Jules Berry. Plus exactement, en l'occurrence, à celui de Mireille Balin, demi-mondaine entretenue, qui affole Gabin de désir, comme dans *Pépé le Moko*. Mais cette fois, au lieu que Gabin quitte la Casbah pour venir se tuer sous ses yeux, c'est elle qui le rejoint dans un bistrot minable de la banlieue d'Orange pour s'y faire étrangler par l'ancien spahi, de nouveau condamné par la fatalité à jouer les justiciers. Tout au long de *Gueule d'amour*, dont le titre peut annoncer des intentions parodiques, Grémillon joue avec les stéréotypes des cinémas de genre : prestige militaire des films naturalistes (Mireille Balin vient de terminer *Le Roman d'un spahi*), scène de bistrot des comédies marseillaises, vie mondaine du drame bourgeois, épisode ouvriériste (Gabin typographe), amitié virile (avec René Lefèvre) et déchéance sociale du populisme. De la djellaba brodée du spahi à la casquette et au tablier du bistrotier, Gabin dérive d'un univers à l'autre. Univers cinématographique dont Grémillon accumule à plaisir les symboles. Et pour que tout soit bien clair, c'est au cinéma qu'il fait se retrouver Lucien et Madeleine (Gabin-Balin). Univers bien réel, néanmoins. Il y a longtemps déjà, Grémillon écrivait dans *Comœdia* (27 novembre 1925) : « Tout film peut se ramener à un film documentaire. Documentaires d'états psychologiques, dans la plupart des cas, documentaires du subconscient, dans certains cas particuliers. » Il n'a sûrement pas changé d'avis. Son *Gueule d'amour*, variation sur des stéréotypes, il le plante solidement dans le réalisme minutieux de chaque élément de sa réalisation. Et, pour dissiper toute ambiguïté, il introduit les séquences clés du film par un court montage de plans strictement documentaires : Orange, la Côte d'Azur, Paris, des paysages de rue, des maisons, l'évidence et la présence du monde réel, pour équilibrer le poids de convention sur lequel il joue. Le public, sans se soucier du second degré, marchera, heureux de retrouver Gabin conforté dans sa toute nouvelle mythologie. *La Bandera* et *Pépé le Moko* ont précédé *Gueule d'amour*. Mais quand, aux images finales, Gabin attend son train pour fuir en Afrique, on se demande si ce n'est pas pour s'engager dans la Légion et mourir dans le Rif marocain, ou pour se réfugier dans la Casbah d'Alger et y attendre Mireille Balin, ressuscitée... Décidément, les stéréotypes ne meurent jamais.

Finalement, le succès de *Gueule d'amour* a rassuré la U.F.A., et Raimu est enfin libre : le tournage de *L'Etrange Monsieur Victor* peut commencer. Encore un film que l'on peut situer à la frontière tricheurs-populisme. Cette fois, il ne s'agit plus de jouer avec ironie et distance sur des stéréotypes. Mais, tout au contraire, d'explorer l'étrange mécanique d'une dualité bien réelle, d'en découvrir les multiples facettes et, périlleuse audace, de ne jamais démêler, dans cette mise en scène du « double », qui sont les bons et qui sont les méchants. Nous sommes d'autant plus évidemment aux frontières du cinéma du cynisme que le rôle-titre n'est pas loin de rappeler celui du même Raimu dans *Ces Messieurs de la Santé*. Nous le retrouvons en effet, avec sa joviale rondeur, accueillant les chalands, dans un magasin encore plus paisible que le précédent : un bazar du vieux Toulon. Et, comme dans *Ces Messieurs de la Santé*, ce brave commerçant est à double personnalité, double activité, double casquette, oserait-on dire, si le melon n'était son couvre-chef naturel. Tout est double dans ce film. Et d'abord le décor. La maison de Victor a deux issues, deux fonctions. Sur le devant, sur le quai animé, c'est le magasin, accueillant. Sur le derrière, dans une rue déserte, une entrée discrète et peu avenante. Durant le jour, des clients entrent et sortent du magasin. La nuit, des ombres se glissent furtivement par la porte de derrière, cambrioleurs venus déposer leurs marchandises chez Victor, receleur et chef de bande. En face de Victor, gras, volubile, flanqué d'une charmante épouse (Madeleine Renaud), épanoui, respecté, vit et travaille le cordonnier Bastien (Pierre Blanchar), maigre, taciturne, inquiet, flanqué d'une épouse insatisfaite (Viviane Romance). Victor tue un de ses complices. C'est Bastien qui est soupçonné et condamné au bagne. Evadé, de retour, Bastien est recueilli et caché par Victor et il tombe amoureux de sa femme. Le responsable du malheur de Bastien lui apparaît comme son bienfaiteur et c'est lui qui se sent coupable de le tromper sur les lieux mêmes où le « brave » commerçant lui a donné asile. Finalement Victor, à la stupeur générale, sera démasqué et partira en prison avec une inaltérable bonne humeur : où est le bien, où est le mal dans cette subtilité dialectique des doubles et des contrastes où les sympathies du spectateur se dédoublent à leur tour, au fil des épisodes ? Les instruments formels de Grémillon sont d'un grand raffinement pour exprimer l'« étrangeté » de Monsieur Victor : jeux des lumières, avec de forts contrastes entre le noir, les ombres et la lumière crue du soleil varois, selon, par exemple, que l'on ouvre et ferme les persiennes pour manifester la pureté des intentions ou dissimuler des désirs coupables ; ou alternance des plans fixes dans le temps de repos et d'agilité de la caméra dans les moments de tension ou de décision qui dédoublent le temps comme l'espace l'était déjà. Raimu est souverain dans le double jeu de l'autorité mafieuse, de l'honnêteté conjugale, de la jovialité marchande, indéchiffrable dans ses mutations, y compris aux yeux du spectateur, qui n'ignore rien de ses méfaits. Nous reparlerons plus tard de Madeleine Renaud. Pendant quatre films, de *L'Etrange Monsieur Victor* au *Ciel est à vous*, Grémillon va l'utiliser pour dresser un portrait de femme unique de richesse dans le cinéma français. Le scénario d'Albert Valentin, adapté par Charles Spaak, dialogué par Spaak et Marcel Achard, comportait à l'origine une caractérisation beaucoup plus schématique des personnages. Geneviève Sellier a étudié, dans son livre *Jean Grémillon. Le cinéma est à vous* [1], les trois versions successives de ce scénario qui, sous l'influence de Grémillon, se débarrasse de ses clichés, pour mieux embrouiller les pistes, et soustraire les personnages à une typologie de convention. Le premier titre du film, *Expiation*, se référait au remords qui devait envahir Victor et le conduire au rachat. Il ne reste rien de cette vocation moralisatrice dans le film tourné. Aux lisières du populisme, mais dégagé des mythes et archétypes, Grémillon s'affirme comme le grand cinéaste des ambiguïtés.

Jean Renoir

En février 1939, la *Nouvelle Revue française* publie un article de Jean-Paul Sartre, « Monsieur François Mauriac et la liberté », qui fait du bruit dans le landernau intellectuel. Sartre y défend la liberté des personnages romanesques qui ne vivent que s'ils sont libres et imprévisibles. Il accuse Mauriac (à propos de *Thérèse Desqueyroux* et de la suite, qui vient de paraître, *La Fin de la nuit*) d'user de toute son autorité de créateur pour transformer ses créatures en choses. Sa conclusion assassine plongera l'écrivain dans un douloureux examen de conscience : « A la relativité qui s'impose, M. Mauriac s'est préféré. Il a choisi la toute-connaissance et la toute-puissance divine. Au regard de Dieu, qui perce les apparences sans s'y arrêter, il n'est pas de roman, il n'est point d'art, puisque l'art vit d'apparences. Dieu n'est pas un artiste. M. Mauriac non plus. »

Ce débat sur la liberté des formes et des personnages, sur le rejet des règles et des conventions, sur la maîtrise radicale qu'exerce un auteur sur le façonnement prédéterminé d'une intrigue et des caractères sera, vingt ans plus tard, un élément important des batailles du jeune cinéma. Ce jeune cinéma qui aura reconnu en Renoir le grand précurseur. Au moment d'aborder la production de Renoir pour les fécondes années 1935-1938, c'est cette liberté — liberté des personnages, liberté des intrigues, liberté de l'inspiration — qui en effet marque la différence avec les œuvres et les cinéastes majeurs que nous avons examinés.

Tout ce que nous avons dit du réalisme, du populisme, du romantisme ou du fantastique social de l'école française de cinéma est cohérent, globalement, avec la démarche de Renoir. A ceci près que, chez Renoir, les conventions tombent, les déterminismes s'atténuent, les clichés, les stéréotypes, les archétypes disparaissent ou rentrent dans l'ombre : la liberté fait échec à la fatalité. Renoir est si peu le Dieu absolu de ses films qu'il ne cesse de remettre en question les person-

---

1. Klincksieck, 1989.

nages, les intrigues, au gré des suggestions ou des événements. Non qu'il les laisse dériver n'importe où : il les laisse s'enrichir de leur liberté et les oriente vers leur plus productive pente. Et puisqu'il n'y a plus fatalité, pourquoi y aurait-il toujours la mort, l'échec au bout du chemin ? Seule *La Bête humaine* respectera pleinement la règle. Dans ce cas, Renoir est victime d'une fatalité nommée Emile Zola.

Nous avons croisé Renoir à diverses reprises dans les derniers chapitres [1], mais nous l'avons abandonné quand il venait de terminer *Toni,* ce film pivot, sorti le 22 février 1935. Son calendrier pour les quatre années suivantes apporte des enseignements instructifs pour l'examen de son œuvre. On peut le reconstituer ainsi :

1935   19 septembre-16 octobre : Tournage du *Crime de Monsieur Lange.*
Décembre : Accord avec le parti communiste pour tourner un film pour lui.

1936   24 janvier : Sortie du *Crime de Monsieur Lange.*
Janvier-février : Voyage en U.R.S.S. Travail sur un scénario d'après *La Séquestrée de Poitiers* d'André Gide.
Février-mars : Tournage de *La vie est à nous.*
7 avril : Sortie de *La vie est à nous.*
Juillet-août : Tournage (inachevé) de *Partie de campagne*
Septembre-octobre : Tournage des *Bas-Fonds.*
10 décembre : Sortie des *Bas-Fonds.*
Novembre-décembre : Préparation de *La Grande Illusion.*

1937   Janvier-avril : Tournage de *La Grande Illusion.*
4 juin : Sortie de *La Grande Illusion.*
Août-novembre : Tournage de *La Marseillaise.*

1938   9 février : Sortie de *La Marseillaise.*
Février : Dépôt du projet *Les Sauveteurs.*
Août-Septembre : Tournage de *La Bête humaine.*
23 décembre : Sortie de *La Bête humaine.*

1939   22 février-19 mai : Tournage de *La Règle du jeu.*
Mai : Dépôt des projets *Amphitryon* et *Roméo et Juliette.*
7 juillet : Sortie de *La Règle du jeu.*

Ce tableau est impressionnant : par la productivité du cinéaste comme par l'excellence de l'œuvre réalisée. Ce calendrier en prend des allures de palmarès. C'est à un statut entièrement nouveau qu'accède Renoir. Jusqu'alors, il avait le plus grand mal à enchaîner ses films, ceux-ci ne faisaient guère d'éclats, on était bien en peine d'en définir la cohérence. Et voilà qu'en quarante-quatre mois il tourne huit films exceptionnels dont l'homogénéité d'inspiration est évidente. *Toni* a

---

1. Voir première partie, p. 167 à 171.

bien été le film pivot que nous avons dit, et d'abord pour Renoir lui-même. Neuf mois se sont écoulés entre *Toni* et *Le Crime de Monsieur Lange* : ce temps mort sert de tremplin au nouvel élan. A vrai dire, l'échec de *Toni,* dont la première conséquence est de mettre fin à la société de production constituée avec Pierre Gaut, pose à Renoir un problème de fond : doit-il poursuivre une carrière de cinéaste ? Après tout, il y a d'autres occupations dans la vie. Renoir, qui lit beaucoup et aime écrire, envisage de se convertir au roman (comme il le fera, sur le tard de son existence), bien que le cinéma, cet étrange artisanat où l'on crée de la vie avec de la lumière et des êtres humains, continue de le fasciner.

Un ange, ou plutôt un Lange, veille. Tandis qu'il travaille sur des projets dont il ne sait pas s'il les développera un jour en livre ou en film, et notamment un *Roméo et Juliette* moderne situé chez des promoteurs immobiliers en banlieue, un de ses amis, Jean Castanier, peintre catalan lié au groupe Octobre, a convaincu un autre de ses amis, André Halley des Fontaines, de produire un film sur un scénario qu'il a écrit. Ils envisagent d'en confier la réalisation à Jacques Becker, dont ce serait le premier long-métrage. Renoir se tient informé, donne des indications pour nourrir le scénario, y travaille sérieusement avec Castanier, puis accepte d'en assumer la mise en scène. Fureur de Becker, qui n'accepte pas la trahison du « patron » : ce sera leur seule brouille, et elle durera le temps d'un film. Le scénario est encore insatisfaisant, et l'on fait appel à Prévert pour l'améliorer et le dialoguer. C'est une décision aux multiples conséquences. Car, avec Castanier et Prévert, c'est le groupe Octobre, sa bande, son esprit, qui s'empare du film. D'autant plus que Renoir a demandé à Prévert d'assister au tournage, afin de pouvoir intervenir sur les dialogues, ou même sur l'histoire, au gré du déroulement d'un tournage sur lequel Renoir entend bien garder une marge d'improvisation.

Ce tournage se déroule, pour l'essentiel, dans un grand décor unique. Des semaines de vie commune avec Prévert, Castanier, Roger Blin, Marguerite Renoir, René Lefèvre, Maurice Baquet, Jacques Brunius, Marcel Duhamel, Jean Dasté, Paul Grimault, Fabien Loris, Sylvain Itkine, Nadia Sibirskaïa, Sylvia Bataille, des semaines à mettre en scène la vie d'une collectivité de travailleurs menacée par les magouilles de leur patron et qui découvre la solidarité, tandis que, dehors, les manifestations, les idées, les slogans du Front populaire font leur chemin, ont certainement transmis à Renoir, dont la conscience politique est peu développée, un enthousiasme, une résolution qui le mettront sur la voie des films suivants. En dehors de ses qualités propres, *Le Crime de Monsieur Lange* constitue pour Renoir un passage de ligne. Parti de ses vagues sympathies humanistes et de son anarchisme bohème qui lui a toujours fait détester « le bourgeois », il s'est intégré à un mouvement politique national, émotionnel, à une activité sociale qui sera déterminante pour son œuvre pendant trois ans.

La dynamique du *Crime de Monsieur Lange* et du compagnonnage avec la bande à Prévert constitue une clé de cette mutation amorcée avec l'expérience de *Toni.* Paradoxalement, c'est exactement au moment où Renoir abandonne sa création dilettante pour servir la justice sociale, et l'union nationale des travailleurs, au chant d'une *Marseillaise* désormais revendiquée par le Front populaire, que Prévert, lui, rompt avec ce mouvement dont l'œcuménisme l'écœure. Petit symbole de cette fracture entre l'attitude politique des deux hommes : avant *Le Crime de Monsieur Lange,* Jacques Prévert a fait son voyage en U.R.S.S. dont il est revenu édifié et effrayé. A la fin du tournage du *Crime de Monsieur Lange,* Jean Renoir se rend en U.R.S.S. d'où il revient satisfait d'avoir vu de beaux films (et rien d'autre)... L'importance du rôle du *Crime de Monsieur Lange* dans l'évolution de Renoir constitue un début de réponse à une question essentielle quoique jamais posée : qu'est-ce qui fait qu'un artiste aussi apolitique que Jean Renoir va tout à coup consacrer trois ans de sa vie et cinq films à un engagement politique et social déterminé et cohérent ? Qu'est-ce qui fait que les dirigeants du parti communiste, à la recherche d'un cinéaste pour tourner un film de propagande électorale, décident de s'adresser à ce réalisateur indépendant et marginal ? Les mois passés avec Castanier et Prévert, les semaines de tournage dans la jovialité dynamique et militante du groupe Octobre n'ont pu que chauffer les nouveaux enthousiasmes de Renoir et attirer l'attention des observateurs du parti sur le « bon esprit » et la bonne volonté du cinéaste.

Reste à considérer le film lui-même, qui n'a nul besoin de ces interrogations historiques pour retenir l'attention. Le premier scénario de Renoir et Castanier porte un titre à résonance brechtienne : « L'ascension de Monsieur Lange ». Brecht n'écrira *Arturo Ui* que six ans plus tard, mais il y a quelque chose de brechtien dans la férocité caricaturale du film. Or, Brecht était à Paris à cette époque, et Renoir évoque les visites que lui faisait le dramaturge allemand dans sa maison de Meudon. En 1946, Renoir demandera qu'on lui envoie aux États-Unis une copie du *Crime de Monsieur Lange* : il prépare une pièce de théâtre, dans l'esprit de *L'Opéra de quat'sous,* adaptée du *Crime,* avec la collaboration de Hans Eisler pour la musique...

Ce scénario original (avant intervention de Prévert) définit la ligne dramatique qui restera celle du film. A un poste frontière, Lange, recherché par la police, est reconnu par des paysans. Il raconte son histoire. Petit employé timide d'une maison d'édition dirigée par un escroc, il est amené à en prendre la direction quand ce patron, Batala, disparaît pour échapper à ses créanciers. Une coopérative, en effet, a été créée pour sauver la société de la faillite. Elle permet à Lange de révéler ses talents d'organisateur et de créateur d'histoires et de journaux. Mais le patron revient, pour tout récupérer ou tout détruire. Lange le tue. A la fin de son récit, on le laisse passer la frontière. L'apport de Prévert, outre le dialogue, drôle, efficace, percutant, mais dont tout effet « poétique » ou « littéraire » a été éliminé (par Renoir ?), porte sur deux points essentiels. D'une part, l'apparition de nombreux personnages secondaires dont les démêlés ou les interventions viennent vivifier le déroulement linéaire de l'intrigue principale ; parmi ces personnages, deux blanchisseuses dont les aventures amoureuses avec Lange, d'une part, avec Batala, de l'autre, vont étoffer le récit de leur sentimentalité et de leur sensualité. Par ailleurs, Prévert crée un lieu géométrique autour duquel gravitent action et personnages : une cour (le film, au début du tournage, a pris pour titre « Sur la cour ») ; la loge de la concierge (important personnage caricatural) et de son fils (amoureux d'une blanchisseuse) ; la blanchisserie, lieu de labeur et d'excitation sexuelle, surtout quand y règnent Florelle et Nadia Sibirskaïa ; les bureaux de Batala (Jules Berry) et de sa secrétaire privée (Sylvia Bataille) ; la salle de rédaction où, parmi les typographes, Lange (René Lefèvre) rêve à sa bande dessinée *Arizona Jim*.

Cette idée de lieu central devenu le cercle où s'inscrit l'histoire se traduit, au niveau du décor, par la construction, aux studios de Billancourt, d'un complexe d'un seul tenant, regroupé autour de la cour centrale et qui permet la communication directe et la visibilité permanente entre tous les lieux de l'action. Elle se traduit au niveau de la mise en scène par une mobilité de la caméra et un recours à la profondeur de champ qui assurent une unité de lieu constante et mettent toujours en relation le personnage ou la scène filmés avec l'environnement de la cour et des autres.

Film collectif (par l'atmosphère de bande de copains qui règne sur le tournage), film consacré à l'aventure d'une collectivité (sur un plan humain, le groupe de gens réunis autour de la cour ; sur un plan social, l'entreprise menacée, la coopérative créée), *Le Crime de Monsieur Lange* devient collectif sur le plan visuel par cette utilisation du décor et de la caméra qui relie toujours l'épisode individuel qu'on est en train de montrer à l'histoire collective de « ceux de la cour ». C'est dans ce contexte qu'il faut considérer le justement célèbre plan de la mort de Batala. Pour ce moment clé, la caméra se trouve symboliquement et nécessairement au milieu de la cour. Elle suit, à travers les vitres, le trajet de Lange, qui traverse tous les bureaux pour atteindre l'escalier et descendre dans la cour. A ce moment, Lange part vers la droite, à la poursuite de Batala, et la caméra commence à tourner vers la gauche en faisant un tour complet sur elle-même, qui lui permet de balayer, de récapituler tous les lieux de l'histoire, et d'associer, en quelque sorte, tous les protagonistes au geste devenu collectif qui va se commettre. Elle rattrape Lange, qui court dans l'autre sens, au moment où il atteint Batala et le tue. Dans l'analyse qu'il fait de ce plan, André Bazin [1] observe justement que ce mouvement de la caméra, à contresens de l'action, est comme guidé par la disposition concentrique des pavés dans la cour et par la scène précédente où l'on a vu le concierge, ivre, traîner la poubelle en rond, tout autour de la cour, amorçant cette ronde qui prend, à la fin, tout son sens.

Si *Le Crime de Monsieur Lange* est incontestablement un film populiste, on voit qu'il se distingue du « populisme tragique » par évacuation de la fatalité : nul n'est prisonnier de son destin. Lange est innocenté par les braves gens à qui il raconte son histoire, comme il l'est par le public : il sera donc sauvé. Mais le Gabin de *La Bandera,* du *Quai des Brumes,* du *Jour se lève* est lui aussi innocenté de son crime par ses copains — ou ses témoins — et le public. Mais il doit mourir : c'est, pourrait-on dire, la règle du jeu. Pour Renoir, et nous n'avons pas tout vu, la règle du jeu, c'est la liberté.

Le Crime de Monsieur Lange est terminé, mais pas encore sorti, quand Aragon, qui dirige la Maison de la Culture créée par le parti communiste, poursuit son entreprise de séduction de Renoir et lui transmet l'invitation du parti à diriger *La vie est à nous.* Renoir accepte : il se sent en harmonie globale avec la nouvelle politique définie par le rapport de Maurice Thorez au VIIIe congrès du P.C.F. à Villeurbanne sur l'« Union de la nation française ». Et il est las de sa solitude de créateur. Il a besoin de gens qui adhèrent à son cinéma, il a besoin d'un public, pas seulement pour des raisons économiques, mais pour des raisons morales et affectives. Renoir déteste les élites. Il veut plaire. Il est resté marqué par son initiation au spectacle, par les après-midi passés dans son enfance au théâtre de Montmartre (futur théâtre de l'Atelier), héritier du Boulevard du Crime, et dédié à la religion du mélodrame. Il écrit : « Je crois qu'il faut travailler normalement avec l'idée que le film sera présenté au public, plaira au public, et fera des bénéfices. S'il n'en fait pas, tant pis. Mais il faut partir avec l'idée très avancée de faire un travail populaire. »

Le producteur Pierre Braunberger le pousse à accepter la proposition du P.C. Lui a-t-il vraiment déclaré : « Tu n'as pas de vrai public, du jour au lendemain, tu vas en avoir un. Tous les militants te suivront après ça », comme le dit Celia Bertin [2] ? Un tel raisonnement, en tout cas, participe de sa motivation, et se trouvera partiellement justifié, car Renoir va devenir une figure populaire de la presse de gauche, le chouchou de la presse communiste. Roger Leenhardt pourra désigner Renoir, avec une amicale ironie, comme « le metteur en scène de génie des gauches » (*Esprit,* février 1937). Renoir, donc, dit oui au P.C. et organise, centralise, supervise, et en grande partie dirige *La vie est à*

1. Voir *Jean Renoir, op. cit.*
2. *Jean Renoir*, Perrin, 1986.

nous. Nous avons parlé, dans le chapitre « Front populaire [1]... », de ce film sur lequel Renoir ne sera pas enclin à s'étendre. En 1969, à Roger Viry-Babel, il osera même déclarer : « C'est un tout petit film, un court-métrage pour lequel je n'ai travaillé que peu de temps et dont je ne suis responsable que de cinq minutes à peine [2]. » Le silence de Renoir est toutefois explicable. A partir de janvier 1941, il est exilé, réfugié aux Etats-Unis, candidat à la naturalisation, puis fraîchement naturalisé dans une nation fortement anticommuniste, en pleine guerre froide. On peut comprendre que, pendant toute cette longue période, il ait préféré oublier ses années d'engagement politique, si prudent qu'ait été celui-ci.

Revenons au printemps 1936. En même temps que se tourne *La vie est à nous,* Renoir remue bien d'autres idées, met en route d'autres projets, peu désireux de retomber dans les temps morts qu'il a connus. Ainsi transmet-il à Charles Spaak le récit des évasions du général Pinsard comme premier matériau de la future *Grande Illusion.* Il charge aussi Charles Spaak de travailler à une adaptation, sous son contrôle, des *Bas-Fonds* de Gorki que lui a demandé de diriger Alexandre Kamenka, gentleman cultivé, patron de la société de production des Russes émigrés, Albatros. Par ailleurs, Renoir travaille sur une adaptation de *La Séquestrée de Poitiers* dont il écrit trois ébauches. Il s'agit d'un texte d'André Gide publié en 1930, fournissant les pièces d'un procès de 1901 autour d'une sordide histoire de séquestration de fille-mère par une famille de la bonne société. Ce projet sera repris par Jean Aurenche et Yves Allégret sans jamais aboutir. Notons l'ironique hasard qui fait se rencontrer (intellectuellement) Gide et Renoir en ce début 1936. Au moment où Renoir devient compagnon de route du communisme, le célébrissime Gide, membre du parti communiste, s'apprête à partir pour Moscou. Il arrivera juste à temps pour prononcer un discours aux funérailles de Maxime Gorki. A l'automne, Gide publiera *Retour d'U.R.S.S.* qui dénonce le double visage du communisme, pendant que Renoir reçoit Maurice Thorez dans sa maison des Collettes, dans le midi de la France. Quelques semaines plus tard, Gide va voir *Les Bas-Fonds* de Renoir au cinéma et déteste le film... Ces chassés-croisés idéologiques et passionnels aident à une plus exacte perception du climat de l'époque.

A propos de passion, justement, un autre projet encore est né : celui de *Partie de campagne,* d'après deux nouvelles de Maupassant. Les exégètes débattent gravement de savoir si ce film est né du désir de Renoir de rendre hommage à Maupassant, aux toiles de son père, ou à la nature. Ces motivations ont joué, mais ne sont pas décisives. Les histoires du cinéma (celle-ci comprise) sont d'une extraordinaire

---

1. Voir p. 230.
2. Roger Viry-Babel, *Jean Renoir. Le jeu et les règles,* Presses Universitaires de Nancy, 1986.

pudeur. Elles réussissent à raconter la naissance des films sans jamais évoquer les deux moteurs principaux : l'argent et le sexe. *Partie de campagne* est né de l'« intérêt » que deux amis, le producteur Pierre Braunberger et le cinéaste Jean Renoir, portent à la très jolie, très intelligente Sylvia Maklès, épouse de l'écrivain Georges Bataille, de leur désir de lui offrir un film qui la lancera comme vedette, et de leur désir tout court. Il s'ensuit un tournage délicieux, tortueux, orageux, abruptement terminé sur une fâcherie entre Renoir et Sylvia Bataille. Certes, l'abondance des pluies d'été n'a rien arrangé. Mais Renoir est si réticent envers toutes les tentatives ultérieures pour terminer le film interrompu qu'on peut douter qu'il ait vraiment souhaité trouver une solution. Ainsi, à la fin de l'année, refuse-t-il abruptement un scénario bricolé par Prévert, à la demande de Braunberger, et qui offre, paraît-il, une solution habile et simple. Dans *Ma vie, mes films* [1], Renoir n'aura pas une phrase pour ce film, né infirme dans une version montée par Marguerite Renoir en 1946.

Incomplet, *Partie de campagne* demeure une œuvre d'exception, dont la grâce fragile frôle la perfection. C'est à se demander si cette fable secrètement cruelle sur la fugacité du bonheur et les blessures du temps ne trouve pas, dans son inachèvement même, un surcroît de lyrisme. Nous sommes en 1860. Un quincaillier parisien (Gabriello) débarque un dimanche dans une guinguette en bord de rivière, avec sa belle-mère, sa femme (Jane Marken), sa fille Henriette (Sylvia Bataille) et le fiancé de celle-ci. Le pique-nique s'organise, servi par le patron (Jean Renoir) et sa servante (Marguerite Renoir), sous l'œil intéressé de deux canotiers qui dressent leur plan de conquête. Rodolphe (Jacques Brunius) emmène dans les fourrés une Madame Dufour ravie de l'aubaine, tandis que Henri (Georges Darnoux) emmène Henriette sur son île préférée et vainc sa résistance. Mais déjà c'est le vent, la pluie, il est tard, il faut rentrer, à bientôt, on se reverra. Des années plus tard, pour une brève rencontre chargée de tous leurs regrets, Henri retrouvera Henriette en compagnie du crétin qu'elle a épousé.

La chute est rapide : le film terminé l'aurait sans doute explicitée. Mais le sens profond de *Partie de campagne* est là : le bonheur est dans l'instant, la durée est porteuse de chagrin et de médiocrité. Tout le reste est un hymne à la sensualité. A la simple gourmandise d'abord, avec les débats sur les apéros, les menus, les recettes, menés par Renoir en personne. A l'éclat de la nature, dans la chaleur de l'été, avec ses odeurs qui tournent la tête, ses reflets du soleil dans l'eau, l'ombre tentatrice des bosquets. Au désir et au plaisir de l'amour, enfin, avec une scène d'un érotisme délicieux entre les deux femmes étendues dans l'herbe pour la sieste, Henriette qui décrit le trouble qui la saisit et Mme Dufour tout attendrie d'identifier un appétit sexuel

---

1. *Op. cit.*

qu'elle partage. Sylvia Bataille incarne à la perfection un objet de désir, particulièrement dans la scène de l'escarpolette, où elle se balance lentement, voluptueusement, les yeux clos, sous le regard ébloui de trois enfants juchés en haut d'un mur, et qui annoncent les enfants excités par la jupe de Bernadette Lafont jouant au tennis dans *Les Mistons* de François Truffaut. Bien des images font penser à Auguste Renoir, dont trois tableaux au moins sont évoqués directement : *La Grenouillère, Le Déjeuner des canotiers* et *La Balançoire.* Il est vrai que le film est tourné sur les bords du Loing, aux environs de Marlotte, qui fut aussi célèbre que Barbizon pour avoir accueilli Cézanne, Diaz, Monet, Sisley et Auguste Renoir. Jean Renoir avait acheté la villa Saint-El à Marlotte en 1922 pour retrouver ce sanctuaire familial et son copain Paul Cézanne (fils de son père...). La guinguette du film est aménagée dans l'ancienne maison forestière de Montigny, près du pont de la Gravine, sur le Loing, et ce paysage restitue à peu près, en 1936, dans sa pureté préservée, les bords de Seine ou de Marne de la moitié du XIXᵉ siècle. Le jeune garçon qui pêche au début du film est Alain Renoir, le fils de Jean, qui tient la claquette sur le film. Claude Renoir (le neveu) est à la caméra. Quand deux prêtres passent dans le champ, le plus jeune est l'écrivain Georges Bataille (le mari de Sylvia), l'autre, Pierre Lestringuez, ami d'enfance de Jean Renoir. Le dialogue qui commente leur passage (la belle-mère les prend pour les frères Prévert) est un amical clin d'œil et atteste que les rapports Renoir-Prévert, à cette époque, sont toujours bons. Parmi les assistants, Jacques Becker a repris sa place, Cartier-Bresson hésite encore entre le cinéma et la photo, Claude Heymann n'est pas loin, le jeune Luchino Visconti fait un stage profitable.

Dix autres détails témoignent de la décontraction, de la familiarité de ton, de la partie de campagne que fut *Partie de campagne,* jusqu'à ce qu'une pluie persistante et des désaccords graves viennent retarder un film qui n'est pas terminé le 15 août, alors que Renoir doit impérativement commencer le tournage des *Bas-Fonds* le 5 septembre et que le scénario est à mettre au point. Le travail sur *Partie de campagne* est arrêté. Il ne sera jamais repris.

Renoir est déjà saisi par le film suivant. En quinze jours, avec Spaak, il transforme le scénario, modifiant radicalement l'adaptation qu'Eugène Zamiatine et Jacques Companeez avaient fait approuver par Gorki. Celle de Renoir ne risque pas de l'être : Gorki est mort en juin. Est-ce cet événement, l'attention universelle qui s'est portée vers l'écrivain russe, les funérailles solennelles organisées par un régime qui a proclamé Gorki héros national : il semble bien qu'au parti communiste on se soit inquiété de la décision de Renoir de « franciser » complètement *Les Bas-Fonds* en en faisant une histoire de « chez nous ». On intervient amicalement auprès de lui pour que Pepel, Kostileff et les autres restent russes, peut-être pour ne pas avoir de problèmes avec le grand frère de Moscou, facilement ombrageux. En tout cas, adapté « à la française », le film retrouve *in extremis* des noms russes, des touches russes dans le costume ou quelques accessoires, et s'installe dans un *no man's land* social et culturel plus pittoresque que crédible. Jean Gabin évoque sa surprise, quand il a lu le scénario : « Je m'appelais Jean et j'étais amoureux d'une certaine Marie. Tout était français là-dedans. Au moment où on a tourné, je m'appelais à nouveau Pepel, on disait "kopecks" ou "roubles" pour parler d'argent, et il y avait des samovars partout. Je n'y comprenais plus rien, mais je faisais confiance à Renoir [1]. » Charles Spaak confirme cet épisode dans ses souvenirs, *Mes trente et un mariages* [2]. Bizarrement, Roger Viry-Babel, dans son *Jean Renoir* [3], fait état de déclarations de Charles Spaak selon lesquelles, au contraire, Aragon serait intervenu pour que le film soit « dérussifié » afin d'éviter que l'on ne prenne l'U.R.S.S., pays du communisme, pour le pays de la misère (argument singulier si l'on se souvient que la pièce de Gorki date de 1902).

Ce qui ressort de toutes ces confidences, c'est d'une part que des influences diverses s'exercent sur le film, et contribuent sans doute à certaines incohérences de tonalité ; d'autre part — tous les témoins sont au moins d'accord là-dessus — que Renoir ne résiste guère aux pressions dont il est l'objet et que sa versatilité désarçonne souvent ses collaborateurs les plus proches. Différents épisodes confirment que Renoir n'était pas spécialement résolu. Mais, au fil des mutations diverses de ses projets, il réussit finalement à imposer un ton, une humanité, un rapport au monde, un éclairage sur les êtres et les choses qui lui ressemblent si totalement qu'on ne peut imaginer qu'il n'ait pas eu la maîtrise totale de sa création. Plutôt que de combattre les obstacles qu'il rencontre, il les digère, et s'en fortifie. Adaptés d'une pièce encombrée de clichés, *Les Bas-Fonds* de Renoir retrouvent une certaine vitalité, même si le film ne surmonte pas totalement les ambiguïtés de sa naissance. Renoir fait à nouveau caracoler sa caméra avec une intelligence remarquable de l'espace : par exemple, dans les plans d'ouverture, où la caméra tourne autour du baron (Louis Jouvet) ; dans le mouvement du personnage qui parle et se déplace, le comte (Camille Bert), qu'on ne voit pas, jusqu'à ce qu'on en découvre le reflet dans un miroir et qu'on passe à un autre plan où on le retrouve en pied. C'est le début d'une sarabande technique et formelle où Renoir déploie une virtuosité pour une fois visible, car ni l'intérêt dramatique, ni la thèse sociale, ni les moments d'émotion du film ne mobilisent vraiment l'attention, même si l'on est captivé par le formidable duo, non pas du baron et de Pepel, personnages de moyen intérêt, mais de Jouvet-Gabin, deux comédiens au sommet de leur art, et qui, radicalement opposés dans leur façon de composer, aboutissent

1. André Brunelin, *Jean Gabin*, Laffont, 1987.
2. *Paris Cinéma*, 31 octobre 1945.
3. *Op. cit.*

tous deux à un prodigieux naturel. *Les Bas-Fonds* nous intéressent aussi parce qu'ils permettent un rapprochement avec les autres films du « populisme tragique ». Le Vigan est, déjà ici, un peintre exalté qui se suicide, comme dans *Le Quai des Brumes*. L'asile pouilleux du sinistre Kostileff, où se rencontrent des destins misérables est une sorte d'hôtel du Nord ayant descendu plusieurs degrés du malheur et de la déchéance. Autre coïncidence, Eugène Dabit est mort en août 1936, en U.R.S.S., où il était parti avec Gide. Ni Gorki ni Dabit n'auront vu, adaptés de leurs œuvres clés, les deux films, nés en France du courant populiste qui règne dans le cinéma français.

En fin d'année, *Les Bas-Fonds* obtiennent le prix Delluc. C'est davantage la consécration d'un cinéaste que celle d'un film. D'ailleurs, quelques voix se portent sur *Le Crime de Monsieur Lange* qui est aussi sorti en 1936, et qui aurait été un choix plus judicieux. Le prix Delluc est un prix « de gauche » : voilà Renoir confirmé dans son statut de « génie des gauches ». Ce prix est important pour lui. A quarante-deux ans, après dix-huit films, c'est le premier témoignage d'estime qu'il reçoit de la critique, la première fois qu'une institution, si modeste soit-elle, lui signifie qu'elle le reconnaît comme cinéaste important. Et voici que le gouvernement le fait chevalier de la Légion d'honneur, en même temps que René Clair (notons qu'en décembre 1975 les insignes d'officier de la Légion d'honneur lui seront remis par le secrétaire d'Etat à la Culture, Françoise Giroud, qui avait été sa script-girl sur *La Grande Illusion*). De marginal Jean Renoir est en train de devenir le cinéaste officiel du Front populaire, et d'être reconnu pour ce qu'il est, un grand cinéaste, et pour ce qu'il n'est pas, un cinéaste politique.

Renoir n'a pas le temps de méditer sur cette évolution. Les deux films qui vont occuper son année 1937 sont déjà en préparation. *La Grande Illusion* et *La Marseillaise* vont encore renforcer la célébrité de son nom et l'ambiguïté de son image. Renoir a gagné avec *Les Bas-Fonds* mieux qu'un prix de la critique : l'amitié et le respect de Jean Gabin.

Le projet de *La Grande Illusion* faisait déjà depuis un an le tour des sociétés de production. Informé, fin 1935, de l'idée de *La Belle Equipe* dont il a feuilleté le scénario chez Spaak, Renoir a d'ailleurs proposé à Duvivier d'échanger leurs sujets : il abandonnerait *La Grande Illusion* et tournerait *La Belle Equipe*. Mais Duvivier refuse en décrétant : « Les histoires de poilus, ça n'intéresse plus personne. » Alexandre Kamenka s'est intéressé à *La Grande Illusion* mais n'a pas pu trouver le financement. Avec Gabin dans le rôle principal, et l'appui que l'acteur apporte au cinéaste dans ses démarches, une solution est trouvée. La société R.A.C. (Réalisations d'art cinématographique), de Frank Rollmer et Albert Pinkevitch, dont nous avons déjà parlé, donne son accord.

Tourné de janvier à avril 1937, le film sort le 4 juin au Marivaux.

292

Tout de suite, il sera salué comme un événement exceptionnel, de dimensions internationales. *Cinémonde* peut parler, sans ridicule, d'une « union sacrée cinématographique » qui règne autour du film. Plutôt que d'accumuler les témoignages critiques, un seul exemple suffira, venant de François Vinneuil (Lucien Rebatet), adversaire politique, antisémite déclaré, qui écrit dans *Je suis partout* (12 juin 1937) : « M. Jean Renoir est le metteur en scène officiel du Front populaire... C'est dire dans quel esprit les "fascistes" attendaient son dernier film, que l'on savait consacré à la guerre. Je viens donc de voir, armé jusqu'aux dents, prêt à tirer à mitraille, *La Grande Illusion*. Eh bien ! mon attirail belliqueux ne m'a pas servi... Quel est ce miracle ?... C'est qu'à l'humanitarisme qui a tant servi dans les récits de guerre M. Renoir oppose un film humain — ce qui est bien différent. A la sentimentalité larmoyante, aux boursouflures du cinéma judéo-parisien [il oppose] un ton simple et viril... L'interprétation est portée par ce texte, par le ferme mouvement du film. M. Gabin, M. Fresnay, M. Dalio, le célèbre et infortuné von Stroheim, enfin employé d'une façon digne de lui, Mme Dita Parlo, et beaucoup d'autres, vivent devant vous avec une émouvante simplicité. » Le film embarrasse fort le jury du Festival de Venise qui ne peut se permettre d'accorder le Grand Prix qu'il mérite à un film pacifiste, et crée à son intention exclusive le Prix du meilleur ensemble artistique. *La Grande Illusion* remportera, en 1938 à New York, le Prix du meilleur film étranger après une campagne de lancement appuyée par une déclaration du président Roosevelt : « Tous les démocrates du monde doivent voir ce film. » En 1958, un jury mondial de cent dix-huit critiques et historiens du cinéma, invité par la Cinémathèque de Belgique à désigner les meilleurs films de tous les temps place *La Grande Illusion* en cinquième position, derrière *Le Cuirassé Potemkine, La Ruée vers l'or, Le Voleur de bicyclette* et *La Passion de Jeanne d'Arc* (on trouve ensuite 19e, 20e et 24e : *Sous les toits de Paris, Le Million* et *Les Enfants du paradis*). Humour involontaire de ce classement : en sixième position, derrière *La Grande Illusion,* on trouve *Greed (Les Rapaces),* le film qui avait décidé Renoir à faire du cinéma, puis à écrire le rôle du commandant von Rauffenstein pour *La Grande Illusion*.

Anecdote que tout cela ? Si l'on veut. Mais ces prix, ce palmarès, cette réputation, encore aujourd'hui considérable et universelle, ce film phare, il est indispensable, pour bien l'identifier, de connaître les aléas multiples qui ont marqué sa naissance, et de savoir, par exemple, que ce personnage du commandant du camp-forteresse de la fin du film n'avait, à quelques jours du début de tournage, que quelques répliques utilitaires prévues dans le scénario. Soudain, on informe Renoir qu'on a fait un contrat à un certain von Stroheim, vous savez, cet Allemand qui était si bon dans un rôle d'officier prussien dans le *Marthe Richard* de Raymond Bernard, qui vient de sortir... Panique de Renoir qui se charge de prévenir en personne von Stroheim, le glorieux et maudit cinéaste autrichien (chassé des studios de Hollywood après des œuvres aussi fortes que *Folies de femmes,* ou *Les Rapaces*) qu'on a fait erreur, qu'il n'y a pas de rôle pour lui. Emu de se retrouver devant l'homme qui lui a révélé la grandeur du cinéma, Renoir se précipite vers lui, le prend dans ses bras et lui promet un superbe rôle. Deux jours plus tard, le tournage commence à Colmar. Tous les matins, von Stroheim se présente sur le plateau : on l'informe qu'il ne figure pas sur la feuille de service et qu'il ne tourne pas ce jour-là. Tous les soirs, Renoir s'enferme avec Becker, Françoise Giroud qui fait office de secrétaire, puis Spaak qu'on a rappelé d'urgence, pour écrire un rôle digne du cinéaste des *Rapaces.* Ainsi naît l'idée de faire du chef d'escadrille allemand qui abat l'avion de Maréchal et de Bœldieu au début du film, puis les accueille à son mess, le même officier qui, à la suite de blessures, est devenu le chef de garnison de la forteresse où échouent les prisonniers. Ainsi naît l'idée d'une relation de classe von Rauffenstein-de Boëldieu, qui crée un lien à certains égards plus fort que le lien des nationalités. Relation qui va enrichir celle à laquelle le film devait se consacrer, entre Maréchal et de Boëldieu et donner une force nouvelle au thème central du film, axé sur ce qui rassemble et sépare une collectivité d'êtres humains réunie par le hasard. De même, n'était pas prévu un autre personnage clé, celui de Rosenthal que Renoir taille sur mesure pour Dalio empruntant son modèle à l'observation de son producteur, Albert Pinkevitch. Aux différences de classe et de nationalité vient se joindre la différence de race qui enrichit la thématique. Nous avons bien affaire au Renoir qui dira un jour drôlement (*Le Monde,* 14 septembre 1974) : « J'ai l'impression d'être un gros oiseau... qui picore au hasard les fruits des vergers les plus disparates. » Ainsi voit-on Renoir puiser dans le réel pour retrouver la vérité du monde et appliquer cette démarche créatrice magnifiquement définie par André Bazin : « La connaissance, chez Renoir, passe par l'amour, et l'amour par l'épiderme du monde. La souplesse, la mobilité, le modèle vivant de sa mise en scène, c'est son souci de draper [...] la robe sans couture de la réalité [1]. »

Une fois encore, Renoir plie devant l'événement. Mais c'est pour s'en repaître et, de son apparente défaite, faire un instrument de conquête. Une fois encore, un cinéaste en liberté saisit, parmi les cent incidents qui marquent son travail, ceux qui vont hisser son œuvre au-dessus de ce que lui-même avait imaginé. Une fois encore, un film va naître dont la liberté de conception entraîne la liberté du spectateur. Personne ne voit la même *Grande Illusion,* personne ne lui donne le même sens, sauf à s'en tenir à de vagues généralités comme le pacifisme et l'humanisme. La variété et la justesse des multiples personna-

1. *Jean Renoir, op. cit.,* 1971.

ges explorent avec lucidité, avec tendresse, avec malice la diversité des Français, Français des villes et des champs, Français de l'école et de l'Eglise, Français des livres et de la bouffe, Français de haute tradition ou de récente naturalisation. La « star », Gabin, autour de qui le film s'est monté, et qui devait incarner le rôle-titre (*Les Evasions du capitaine Maréchal*), n'est plus qu'un membre important de l'équipe appelée à partager cette *Grande Illusion* que personne ne s'avisera de définir. Dans un film sur la fraternité et l'égalité humaine, la vedette est ramenée à son rang de personnage humain (mais tout de même *primus inter pares*). Gabin endurera assez paisiblement cette réduction de sa fonction, même s'il s'agace des attentions démonstratives de Renoir à l'égard de von Stroheim et qu'il n'y en ait « que pour le Schleu ». Mais, fidèle à sa règle de faire confiance aux réalisateurs qu'il a choisis, il sera l'instrument discipliné et solidaire de cette *Illusion* à transformations.

La plus grande illusion, ici, la seule indiscutable, c'est cette « robe sans couture de la réalité » que Renoir drape, en domptant les hasards et en disciplinant les artifices. Car ce film, sans cesse ponctué de moments forts et de scènes dramatiques, coule comme un fleuve tranquille : où sont les raccords de montage, les effets de lumière, les décors expressifs, les panoramiques à trois cent soixante degrés où se trahit la présence du réalisateur et se traduit sa créativité ? Pas un bijou sur cette robe sans couture, simple comme la vie. Au prix d'une inventivité permanente, sans cesse orientée vers le « naturel ». Naturel des comédiens, bien sûr, naturel de ce qu'on leur fait dire et faire. Les colis de Rosenthal, le bain de pied de Maréchal, *La Marseillaise* entonnée au mépris de toute solennité par un officier anglais déguisé en girl de music-hall, le jeu subtil tout au long du film sur les gants blancs, accessoires de caste, annonciateurs de mort, le jeu émouvant sur ce « Petit Navire », air de ralliement intrépide quand le camp tout entier, en rébellion, le joue à la flûte, air de dérision désespérée, puis de bouleversantes retrouvailles quand Maréchal lâche Rosenthal épuisé et fait demi-tour, jeu bouleversant de simplicité et de véracité dans la brève et improbable idylle entre Elsa et Maréchal : tout sonne juste dans cette musique si méticuleusement improvisée, si librement concertée.

Comme dans *Le Crime de Monsieur Lange,* le film s'achèvera sur deux personnages, évadés de la fatalité, qui franchissent une frontière, belge ici, suisse là ; dans les deux cas, frontière de liberté. C'est pourtant, plus généralement, un cinéma sans frontières que nous propose Jean Renoir, ou qui ne reconnaît les frontières que pour nous aider à les franchir. Sans frontières, la relation entre soldats ennemis, entre geôliers et prisonniers, entre Allemands et Français dans un film où les signes de connivence entre les deux camps sont permanents. Sans frontières, surtout, la relation entre les êtres humains, sujet de chaque plan des films de Renoir, toujours préoccupé de nous rappeler que, quand il s'occupe d'un personnage, les autres existent, à côté, et d'autres encore, dans la rue ; et que, quand il nous raconte une histoire, d'autres histoires se déroulent en même temps, ailleurs. L'élément de décor qui compte, chez Renoir, c'est la fenêtre, par laquelle ses héros se rattachent au monde, par laquelle on découvre les voisins, les périls, le paysage, par laquelle on saute pour rejoindre son amour, son projet, par laquelle s'infiltre l'objectif de la caméra, dans de constants panoramiques ou travellings qui unissent le dedans et le dehors.

Nous sommes là au cœur, non pas de la technique de Renoir, mais de l'humanisme de Renoir, au point crucial de son appréhension du monde. Cela mérite qu'on s'y arrête un instant. Pour se souvenir par exemple de *La Chienne* et de Legrand/Michel Simon qui se rase en observant par la fenêtre, de l'autre côté de la cour, la leçon de piano de sa petite voisine ; ou qui découvre Lulu au lit avec Dédé de l'extérieur, à travers la fenêtre mouillée de pluie ; et dont nous découvrirons le crime, par la fenêtre, à l'issue d'un long travelling qui remonte le long de l'immeuble accompagnant la chanson qui dit :

> Si je chante sous ta fenêtre,
> Ainsi qu'un galant troubadour...

Pour se souvenir de Boudu et du magasin de M. Lestingois qui, à l'aide d'une fausse vitrine, plantée sur les quais, mettait sans arrêt la librairie en liaison directe avec la rue. Ou du décor circulaire et communautaire de *Monsieur Lange* où chaque partie était constamment en relation avec le tout. Ou des éléments de décor apportés à Rouen pendant le tournage de *Madame Bovary* pour pouvoir faire communiquer la chambre d'Emma avec la vraie rue où passent de vraies calèches, et relier le huis clos des amours clandestines à la vie des autres, qui continue. Pour revoir cette scène de *La Grande Illusion* où, pour faire converser Carette, qui est dans le camp, et Modot, qui est dans la chambrée, Renoir utilise la solution technique la plus compliquée, le travelling de l'un à l'autre comme si une paroi et, en tout cas, une fenêtre, même ouverte, ne les séparait pas. Simple gadget technique ? Pas du tout. C'est dans un camp de prisonniers que la relation, la continuité dehors-dedans a le plus d'importance : on est dedans, on ne parle que du dehors ; les événements ce sont les colis, le courrier ; les journaux, les objets et les émotions de l'extérieur qui entrent à l'intérieur ; l'évasion, la seule chose qui compte vraiment, c'est le passage du dedans au dehors, et toute *La Grande Illusion* (notamment les décors et l'usage des optiques des objectifs) est construite autour de cette notion sans cesse renouvelée d'un dehors et d'un dedans qui s'opposent (c'est cela l'enfermement) mais qui communiquent (c'est cela l'évasion).

296

D'autres fenêtres encore nous attendent, qui ouvrent les films de Renoir sur l'aventure du monde. C'est très exactement la situation de cette scène, dans *La Marseillaise* où Ardisson/Bomier montre à sa mère, par la fenêtre, le paysage de toits et de morosité auquel il va être condamné, puisqu'il ne peut pas partir pour Paris avec les Marseillais, fenêtre par laquelle, quelques instants plus tard, quand il aura réglé ses problèmes, nous le verrons partir en courant vers l'enrôlement et la Révolution. Dans *La Bête humaine*, Renoir a de nouveau demandé à Eugène Lourié d'installer sur les voies ferrées d'une gare des éléments du décor de l'appartement de Séverine/Simone Simon, pour que le mouvement des trains, la fumée des locomotives, le contexte ferroviaire, qui constituent un agent dramatique du film, demeurent visuellement présents dans les scènes d'intérieur : n'est-ce pas le dehors, ici, qui conditionne le dedans ?

Cette accumulation d'exemples peut donner à penser qu'il y a une rhétorique Renoir, un répertoire de procédés. Alors qu'aucune de ces figures de style n'est jamais détectable à la première vision. Elles se découvrent après enquête. Elles témoignent non pas d'une maîtrise technique, mais d'une vision du monde. « Ce qui me préoccupait beaucoup, c'était l'unité, dira plus tard Renoir dans *Ma vie et mes films* [1]. Je voulais qu'on ait l'impression qu'il y ait un seul plan suivant les gens, et qu'il n'y ait pas de découpage. » Et il précise plus loin cette vision du monde : « J'ai une manie [...] c'est d'essayer de faire penser aux spectateurs que les personnages principaux que je montre à l'écran ne sont pas tout seuls dans la vie, qu'il y a d'autres personnes qui vivent aussi, qui aiment, qui souffrent, qui se saoulent la figure et qui ont des joies et des peines. J'ai horreur de l'idée de l'isolement des personnages principaux. » Dans le grand faux débat « cinéma : miroir ou fenêtre ? », la réponse de Renoir est limpide. Son cinéma est fenêtre sur la vie. C'est une première manière, physique, géographique, spatiale, d'amener la phrase clé qui ne sera prononcée que dans *La Règle du Jeu* : « Sur cette terre, il y a une chose effroyable, c'est que tout le monde a ses raisons. »

Effroyable, peut-être, mais passionnant et vivant, sûrement.

Nous n'avons fait qu'effleurer *La Grande Illusion* et nous devons renoncer à approfondir ici tous les secrets de sa perfection. Par exemple, cet instinct de Renoir qui lui permet de se promener dans toutes les classses sociales, comme il le fait de *Toni* à *La Règle du jeu*, en passant par *Le Crime de Monsieur Lange, La Grande Illusion, La Marseillaise, La Bête humaine* où vivent avec authenticité les types sociaux les plus variés : Renoir a hérité de Balzac cette vocation de faire concurrence à l'état civil.

Avant d'abandonner *La Grande Illusion*, il faut dire un mot de

1. *Op. cit.*

l'histoire du film après sa sortie. Récompensé (chichement) en Italie, le film y est, au même moment, interdit, comme il l'est en Allemagne, où Goebbels le décrète « ennemi cinématographique numéro un ». Pendant l'Occupation, les Allemands emportent le négatif qui s'égare à l'occasion d'un bombardement — les Américains et finalement les Français le récupéreront. Mais la nouvelle sortie du film, en 1946, tombe dans un climat défavorable et le film prend aux yeux de certains une tonalité « collabo », voire antisémite (on retrouve là le problème du nouveau regard sur tout personnage juif après la Shoah) [1], qui contraint à des coupures et nuit au succès. C'est seulement dix ans plus tard que *La Grande Illusion* retrouvera son statut naturel de chef-d'œuvre.

Mais ce film immense est loin d'avoir monopolisé toute l'activité de Renoir. En mars 1937 (trois mois avant la sortie de *La Grande Illusion*), il a commencé à donner une rubrique hebdomadaire au journal *Ce soir*, d'obédience communiste, dirigé par Aragon. Cinquante-quatre articles paraîtront (jusqu'en octobre 1938). Le premier (le 4 mars 1937) est un « Eloge de la paresse ». Une paresse à laquelle ne s'abandonne guère Renoir, puisque alors qu'il procède aux finitions de *La Grande Illusion*, dont le tournage se poursuit aux studios d'Epinay (reportage dans *Ce soir* du 2 mars), un article de Jean-Paul Dreyfus (dans *Ce soir* du 6 mars) annonce : « Un tournant du cinéma français : un film de Jean Renoir sur la Révolution française [2]. »

Ces articles de Renoir et sur Renoir, dans la presse communiste, témoignent que l'engagement politique de Renoir demeure constant à cette époque, même si, entre les deux films « militants » (en tout cas directement politiques par leur origine et leur mode de financement), *La Vie est à nous* et *La Marseillaise*, Renoir en tourne trois autres où cet engagement est ou discret (*Les Bas-Fonds*), ou totalement absent (*Partie de campagne* et *La Grande Illusion*). Nous ne reviendrons pas sur la naissance et les conditions de réalisation de *La Marseillaise* [3]. Reste à regarder et à juger le film terminé. « Militant », il l'est bien peu, compte tenu de ses origines. De celles-ci, il hérite certes d'une certaine confusion dans la construction : le film mêle des points de vue, des événements, des personnages, des lieux fort divers, dont l'enchaînement historique n'a pas pour règle la progression dramatique. Il s'agit bien là, comme l'annonce modestement et lucidement le générique, d'une « Chronique de quelques faits ayant contribué à la chute de la monarchie ». Et cette chronique a son désordre et ses points faibles. Nous sommes loin de l'épopée révolutionnaire dont avaient sans doute rêvé les militants du Front populaire invités à sous-

1. Voir p. 67 et 206.
2. Cité par Claude Gauteur dans *Jean Renoir. La double méprise*, Les Editeurs Français réunis, 1980.
3. Voir chapitre « Le Front populaire », p. 230.

crire à l'entreprise. Si le peuple, et plus spécialement le bataillon des fédérés marseillais qui le représente, incarne bien dans le film la force motrice, porteuse d'une dynamique libératrice, il manifeste une modération, une volonté d'œcuménisme, une aspiration à l'unité nationale qui traduisent davantage la stratégie du Front populaire que l'esprit révolutionnaire. Cette modération amène la disparition de nombre de scènes prévues au scénario (par exemple celle du personnage de Robespierre). Si elle correspond à la ligne politique des initiateurs (et plus spécialement du parti communiste), elle répond aussi à l'attitude de Renoir, persuadé déjà que « tout le monde a ses raisons... ». Aussi le film fait-il des émigrés une peinture plus ironique que féroce, et présente-t-il de Louis XVI/Pierre Renoir un portrait dépourvu de caricature et étonnamment compatissant. Presque tout le monde est gentil dans cette « grande vadrouille » de la nation rassemblée pour lutter contre l'envahisseur et chantant sa liberté nouvelle sur les routes : demain, ce sera Valmy. Nous sommes plus près de Pagnol que d'Abel Gance. Mais nous sommes toujours près de Renoir, parfois un peu dépassé par l'énorme machine qu'il a mise en branle, mais que l'on retrouve en forme dès que l'on entre dans une scène précise et que se mettent à vivre des êtres vrais avec des appétits, des métiers, des tics, des maladies, des opinions, un passé, et que, de chacun d'eux à l'Histoire de France, avec toutes les majuscules requises, le sang circule librement.

Quand le film sort, en février 1938, le Front populaire proprement dit a cessé d'exister, mais Renoir est toujours sur sa lancée sociale. C'est tout naturellement qu'on le retrouve, en plein cinéma prolétarien, avec une adaptation de Zola et Jean Gabin, noirci par le charbon et le cambouis de sa locomotive. Tout naturellement ? Pas tout à fait. D'abord, les retrouvailles entre les deux hommes obligent à une mise au point. C'est qu'en mai est sorti *Le Quai des Brumes*. Renoir, non content de détester le film, en a fait des gorges chaudes, l'a rebaptisé, en une douteuse contrepèterie, « Le cul des brèmes » et l'a traité de film fasciste. Prévert l'a fermement prié de la boucler. Gabin confirme à Renoir qu'il n'accepte pas ce petit jeu. Renoir se le tiendra pour dit.

Moins anecdotique est le projet *La Bête humaine*, qui est d'une singulière complication. La version généralement admise est que Grémillon aurait fait lire à Gabin, pendant le tournage de *Gueule d'amour*, un scénario « ferroviaire », *Train d'enfer*. Or, Gabin, qui a vécu son enfance près d'une gare, a toujours rêvé de conduire une locomotive et s'est promis de tourner un film où il pourrait le faire. Le scénario de Grémillon lui en donne l'occasion. Il donne donc son accord et commence avec des cheminots — et l'aval de la direction des Chemins de fer — à s'initier à la vie du rail. Mais Grémillon se fâche avec le producteur, renonce au projet, dont héritent les frères Hakim, qui le proposent à Carné, lequel refuse par solidarité avec Grémillon mais leur suggère de remplacer *Train d'enfer* par *La Bête humaine*, avec Simone Simon et Jean Gabin, solution qu'ils reprennent et proposent à Renoir, qui accepte.

Cette histoire est plus ou moins exacte. Il y manque un élément essentiel. Le projet de *La Bête humaine* date de 1933. Après ses trois premiers films pour Braunberger-Richebé, Marc Allégret tente de prendre son envol dans le cinéma et mobilise toutes ses relations, avec l'appui de ses deux gentils parrains, André Gide et Roger Martin du Gard. Il convertit à la production un riche investisseur, Philippe de Rothschild, et deux projets sont mis en route. L'un, *Lac aux dames*, sera mené à son terme. L'autre, *La Bête humaine*, est confié à Roger Martin du Gard aux fins d'adaptation. Pour ce faire, en mars 1933, Martin du Gard abandonne l'adaptation de *Madame Bovary*, sur lequel il travaillait, à la demande de Jacques Feyder (film que Renoir reprendra quelques mois plus tard, sans avoir à connaître le travail de Martin du Gard). Le 18 juillet, Martin du Gard envoie à Rothschild son adaptation de *La Bête humaine*, un paquet de trois kilos huit cents, et laisse éclater sa fureur : « Jamais ! Jamais plus ! Même pour une fortune ! Je ne me console pas d'avoir accepté cette besogne. Elle allait contre toutes mes convictions. J'estime absurde d'aller dépecer des œuvres achevées et complètes, pour les porter à l'écran, absurde et criminel. » En juin 1934, Philippe de Rothschild abandonne donc le projet et revend l'adaptation de Martin du Gard. En novembre, Gide écrit à Martin du Gard qu'à la suite d'une nouvelle défection du producteur, Marc Allégret va pouvoir récupérer les droits du scénario. A partir de 1936, le centre de cette histoire se déplace vers Denise (ex-Batcheff) Tual. Elle a suivi de près l'opération Philippe de Rothschild et été la monteuse de *Lac aux dames*. Elle crée avec Gallimard (dont Gide et Martin du Gard sont les fleurons) une agence de droits cinématographiques, Synops, dans le cadre de laquelle, comme on l'a vu [1], elle a réalisé la vente des droits de *Drôle de drame* et favorisé la rencontre de Prévert et Carné avec Jean Gabin qui l'a chargée de lire des scénarios pour lui. C'est chez Synops que s'est négocié le contrat Grémillon-Gabin pour *Train d'enfer*, puis la cession de ce scénario aux frères Hakim. Dès lors que ce *Train d'enfer* a déraillé, Synops n'a besoin du conseil de personne pour sortir de ses tiroirs l'adaptation de Martin du Gard qui, depuis quatre ans, passe de main en main. C'est donc sur ce scénario que se base la proposition faite à Renoir, avec, cela va de soi, Gabin, et probablement Simone Simon (qui faisait déjà partie du premier projet Allégret en 1933). Renoir accepte la proposition et les comédiens, mais il rejette le scénario, à la grande satisfaction de Martin du Gard, qui ne veut plus rien avoir à faire avec cette histoire. Roland Tual, le mari de Denise, devient directeur de produc-

---

1. Voir p. 273.

tion du film. Ultime détail, pour boucler la boucle. Renoir veut absolument trouver une grande courbe de voie ferrée d'où un train pourrait surgir de manière menaçante, pour le plan où Lantier tente d'assassiner Flore (Blanchette Brunoy). Un long repérage sur la ligne retenue, Paris-Le Havre, ne permet pas de trouver ce site. Renoir et les Tual se rendent à Cuverville, dans la maison normande d'André Gide, qui leur indique le lieu adéquat, à La Ferté-Beuzeville. Ultime point d'orgue : le très beau plan, tourné dans ce virage, sera coupé au montage. Sa force visuelle détournait des acteurs l'attention du public...

Renoir s'est expliqué sur son rejet du scénario, qu'il trouve admirable, de Roger Martin du Gard, qui vient d'obtenir le prix Nobel de littérature en 1937. Ce texte reprend l'intégralité du livre, entraînant un film trop long et trop touffu, et il est situé en 1914, ce qui en augmente le coût. Renoir élague et fait de Lantier un cheminot de 1938. Ce qui installe le film dans le contexte des travailleurs de l'époque, dont on suivra la vie quotidienne et les vraies conditions de travail avec une attention qu'aucun autre grand film de fiction n'apporte à cette catégorie de la population. Par contre, l'intrigue proprement dite, les ressorts dramatiques du film n'auront rien à voir avec les conflits sociaux, ni avec le statut des Chemins de fer (qui deviennent, en 1938, entreprise publique), ni avec les luttes syndicales de l'époque. Fidèle à Zola, Renoir est conscient d'atteindre ainsi une dimension tragique, éternelle en quelque sorte, plutôt que d'explorer les problèmes ponctuels de l'actualité. Il s'explique d'ailleurs là-dessus, avant même la sortie du film, dans un article de *Ce soir* (4 novembre 1938) : « [La] fatalité joue puissamment dans le livre, et j'espère qu'elle sera visible dans le film. *La Bête humaine* de Zola rejoint par ce côté-là les grandes œuvres des tragiques grecs. Jacques Lantier, simple mécanicien de chemin de fer, pourrait être de la famille des Atrides. »

C'est en effet ce qui frappe dans *La Bête humaine* et singularise le film : sinon sa familiarité avec les Atrides, qui reste à démontrer, mais sa familiarité avec le « populisme tragique » dont Renoir assumait jusqu'alors davantage le populisme que le tragique. Gabin en héros du peuple et du monde ouvrier, condamné à tuer et à se tuer, victime de l'hérédité alcoolique et de ces femmes justement dites « fatales », est bien le frère des héros de *Pépé le Moko*, de *Gueule d'amour*, ou du *Quai des Brumes*. Renoir s'est refusé à contourner les fatalités biologique et sociale chères à Zola. Au moins veille-t-il à brouiller les pistes, à tuer les clichés. En constituant autour de Lantier/Gabin une chaîne de compagnons de travail qui donne à penser que la solidarité pourrait briser les chaînes du destin. En faisant incarner la femme fatale par une anti-Mireille Balin, une douce et rassurante chatte (Simone Simon), dont la fatidique perversité fait longtemps patte de velours. A ceux qui renâclent néanmoins devant l'évidence désespérée de la progression dramatique du film, Renoir offre de beaux éléments de consolation, avec des séquences paradocumentaires pendant lesquelles Gabin, le mécanicien, satisfaisant avec gourmandise ses désirs d'enfant, et son chauffeur, Carette, pilotent une expédition ferroviaire d'une extraordinaire virtuosité visuelle. Il en résulte un grand film dont on se surprend à admirer telle performance d'acteur, tel effet photographique (sur l'utilisation des noirs), telle pièce de décor, alors que, jusque-là, la beauté des films de Renoir se fondait dans une transparente fluidité.

Cette rencontre emblématique Renoir-Gabin-Zola va-t-elle être le tremplin d'un nouveau départ ? On peut le croire. On se trompe. *La Bête humaine* marque, personne ne le sait encore, une fin. Ici s'achève le « grand récit » de la France populaire, composé en images par Jean Renoir. Ici s'achève l'étape extraordinaire annoncée par *Toni*, ouverte par *Le Crime de Monsieur Lange*, pendant laquelle, en trois ans et sept films, Renoir a hissé à son zénith cet art réaliste qui est la marque originelle du cinéma français.

Le 30 septembre 1938, Daladier signe les accords de Munich, qui font reculer la guerre et la promettent plus sûrement. L'heure n'est plus aux grandes espérances, mais aux grands périls. Le 7 octobre, Renoir a donné sa dernière chronique à *Ce soir*. *La Bête humaine* n'est pas encore sur les écrans, mais il a commencé à penser à *La Règle du jeu*. C'est déjà un autre cinéma, le cinéma d'un autre monde.

Chapitre 3

CEUX D'À CÔTÉ

Il est aisé de montrer les limites, voire l'absurdité de toute classification. Pourquoi ne pas traiter d'Ophuls dans le chapitre sur le « cinéma sans frontières », quelle que soit la date à laquelle il a changé de passeport ? Bien sûr que Guitry trouverait sa place dans le « cinéma des tricheurs » : il a déjà poussé l'obligeance jusqu'à nous fournir, justement, cette étiquette. Quant à Pagnol, réaliste, il l'est certainement ; populiste, bien davantage encore ; et s'il y a un réalisateur qui a participé au « cinéma du Grand Récit », et peint à fresque la saga de la France profonde, c'est bien lui. Ecrire l'Histoire, et non un dictionnaire, c'est précisément cela : organiser, regrouper pour expliquer et clarifier. En prenant des risques. Prenons-les.

Il nous apparaît que les cinéastes dont il sera question ici se distinguent des grands courants du cinéma français par le territoire spécifique qu'ils ont marqué. Ces « cinéastes d'à côté » sont des seigneurs de la marge. Ils règnent sur des principautés autonomes. Régionaliste, Pagnol l'est, non seulement parce qu'il filme aux herbes de Provence, mais surtout parce que studios et laboratoires garantissent son autarcie, hors système. A sa manière, Guitry ne l'est pas moins, régionaliste, lui qui ne cultive que son jardin, enfermé à vie en un lieu clos, studio ou théâtre suivant l'heure et l'envie, dont il ordonne, en liberté, les rituels. Régionaliste, Max Ophuls l'est également, mais d'une tout autre manière. Venu lui aussi du théâtre, il penche encore, par sa superbe culture littéraire et cinématographique, du côté de Berlin et de Vienne et, s'il nous initie à Goethe et à Schnitzler, c'est lui qui, bientôt, nous fera redécouvrir Maupassant. Par tempérament, par calcul, par nécessité, ces hommes ne travaillent pas vraiment *dans* le cinéma français. Ce sont « ceux d'à côté ».

Marcel Pagnol

Nous avons quitté le patron des studios Marcel Pagnol et des Films Marcel Pagnol au moment où il vient de tourner un *Topaze* dont la diffusion est rapidement interrompue [1]. Un *Topaze* ? En 1936 ? Il en est encore là, le grand cinéaste : à filmer ses propres pièces ?

Non, bien sûr, et ce film n'avait pour ambition que de gommer le mauvais souvenir du premier *Topaze* tourné par Louis Gasnier pour Paramount en 1932. Mais le théâtre, pour Pagnol, c'est fini. Il va en fournir une démonstration paradoxale en donnant une suite à *Marius* et à *Fanny*, et en complétant avec *César* sa trilogie marseillaise. Le triomphe de ses pièces avait déjà donné cette idée à tout le monde, à commencer par le public qui réclamait, par courrier, une troisième pièce. Le 3 mars 1935, attablé avec Pagnol à la Brasserie de Verdun, rue du Paradis, à Marseille, Raimu signe une feuille de papier à en-tête de la maison, par laquelle il s'engage « à créer le rôle de César [pièce de théâtre] dans la pièce que tu feras et que tu me promets aujourd'hui [2] ». Seulement, voilà : si par une chance extraordinaire les comédiens qui ont participé aux deux premiers spectacles et films sont encore tous vivants, en activité, et prêts à reprendre du service (bien que la création de *Marius* remonte à 1929), le statut de certains d'entre eux a changé. Raimu et Fresnay, notamment, sont devenus d'énormes vedettes, retenus à l'avance par des contrats de théâtre et de cinéma. Pas question de les réunir avant longtemps, et encore : pour quelques semaines seulement. N'est-il pas plus simple, alors, d'utiliser ces semaines pour tourner tout de suite le film ? Pour le théâtre, on verra plus tard. Ainsi en est-il décidé. Singulière révolution, puisque, inversant la procédure qui était à l'origine de son intérêt pour le cinéma, c'est à partir du cinéma, désormais, que s'enclenchera la démarche créatrice de Pagnol. Lorsque *César* sera créé, en 1946, au théâtre des Variétés, ce sera la première adaptation d'un film sur une scène. Après la mort de Pagnol, deux autres pièces seront tirées de ses films *La Femme du boulanger* et *Angèle*.

César, outre ses origines, ne manque pas de signes distinctifs. C'est le seul film, à notre connaissance, qui, pour sa sortie en exclusivité, donne son nom au cinéma qui le projette. Plus tard, après la mort de l'acteur, le « César » deviendra le « Raimu ». C'est aussi le seul film qui, sans doute à cause de son statut intermédiaire entre théâtre et cinéma, aura son scénario publié en librairie en huit éditions différentes. Il n'est pas inutile de comparer ces éditions, car le film comporte des versions de longueurs diverses, et certaines versions du scénario comptent des scènes qui ne figurent dans aucune version du film.

---

1. Voir première partie, p. 87.
2. Raymond Castans, *Biographie de Marcel Pagnol*, Lattès, 1987.

D'après Jacques Lourcelles [1], *César* durait cent soixante-cinq minutes à sa sortie en 1938, mais seulement cent trente-cinq dans les copies diffusées depuis la fin de la guerre. Dans cette version raccourcie, on a retiré cinquante minutes de la première version et rajouté vingt minutes de scènes inédites. Au total, c'est un film d'au moins trois heures trente qu'avait écrit Pagnol. Cette durée, ces variations dans le montage traduisent certaines hésitations. Pagnol a du mal à trouver la ligne dramatique porteuse de la phase finale de son triptyque. Les grands moments du film tournent autour de la confession, de la mort et de l'enterrement de Panisse, avec des scènes d'une bouleversante drôlerie où Pagnol est inimitable. Il reste à Césariot (André Fouché en est le très fade interprète) à découvrir que Marius est son vrai père, qu'il n'est pas le mauvais garçon que l'on dit, et à lui faire épouser Fanny, événements trop prévisibles pour que leur attente engendre une grande émotion.

Le film garde cependant la qualité de cette saga tribale où se mêlent, s'aiment et surtout s'apostrophent des personnages qui sont à la fois les membres d'un pittoresque folklore régionaliste, et des types humains de valeur universelle. A travers d'homériques discussions de bistrot, ils évoquent le rêve des paradis lointains, le fossé des générations, les exigences du devoir moral au-delà des tricheries du quotidien. *César* conclut dignement le plus grand feuilleton populaire que le cinéma parlant ait apporté à cette époque. Il faut pourtant reconnaître qu'en dépit du talent intact du cinéaste Pagnol, *César*, le seul film de la trilogie qu'il ait réalisé, n'est pas le meilleur des trois. *Marius* possède une force d'impact, de rire et d'émotion plus grande. Ce n'est pas que Korda soit meilleur cinéaste que Pagnol. En tout cas, la démonstration n'est pas faite. Mais le théâtre prend sa revanche : *Marius* est une bien meilleure pièce que *César*.

Qu'importe : *César* sort au César, en novembre 1936, et le public est fidèle au rendez-vous. Après les expériences plus ou moins satisfaisantes de *Merlusse*, *Cigalon* et *Topaze*, voilà Pagnol relancé. Ce ne sont pas les projets qui manquent. Le cinéaste mène deux projets de front.

Après la réussite d'*Angèle* qui a laissé les deux hommes fort satisfaits l'un de l'autre, Fernandel a écrit à Pagnol pour lui dire qu'il espérait retrouver son équipe un jour, mais qu'il était bloqué par contrat pour les deux années à venir. En février 1936, Pagnol rend visite à Fernandel, qui joue l'opérette *Ignace* au théâtre de la Porte-Saint-Martin, pour lui rappeler sa promesse et il lui demande de se tenir prêt à tourner *Le Schpountz* en mars 1937. Fernandel donne son accord. Il connaît le sujet, inspiré d'un incident qui s'est déroulé pendant le tournage d'*Angèle*. Les techniciens du film avaient monté un canular et signé un faux contrat à un grand naïf qui se prenait pour Charles

1. *Dictionnaire du cinéma*, « Bouquins », 1992.

Boyer. Quelques mois plus tard, Pagnol confirme le rendez-vous de mars à Fernandel, mais ce n'est plus pour tourner *Le Schpountz* : il a décidé de donner la priorité à l'un des textes de Giono dont il a acheté les droits en 1932, et de tourner d'abord *Regain*.

C'est l'histoire d'un village qui meurt, Aubignane, abandonné par ses habitants. Il n'en reste plus que trois : une sorcière, la Mamèche (Marguerite Moreno), un paysan et chevrier, l'herculéen Panturle (Gabriel Gabrio) et Gaubert (Delmont), le vieux forgeron qui doit descendre à la ville vivre chez son fils. Panturle ne supporte pas la solitude. Il arrache au minable et sordide rémouleur Gédémus (Fernandel) l'esclave qui l'accompagne, cette Arsule (Orane Demazis) ex-théâtreuse exploitée et violée par une bande de journaliers avant que Gédémus se l'attache. L'amour de ces deux simples, Arsule et Panturle, va ranimer le village. La charrue à nouveau trace son sillon. Le grain féconde la terre. Le blé se lève. Un enfant va naître. La vie a gagné sur la mort.

Pour filmer une telle aventure à la fois rurale et cosmique dont la vedette incontestable est la nature, le premier problème à résoudre est celui du décor. Pagnol en est bien conscient. Au mois d'août 1936, avec son opérateur, Willy, son architecte Marius Brouquier et quelques collaborateurs, il se rend au village de Redortiers dont Giono s'est inspiré pour écrire son roman. Une route étroite les mène au fond d'un vallon. Le village est là, mais perché sur une colline abrupte que seul un chemin de muletier en lacet permet d'atteindre. Il offre par contre un superbe (pour une caméra) paysage d'abandon où le drame de *Regain* s'inscrit en relief sur les murs en ruine. On étudie la possibilité de construire une route, mais impossible d'amener chaque jour et de faire vivre cinquante personnes pendant un mois ou deux en un endroit aussi isolé. Pagnol a vite pris sa décision, qui donne une suite épique à la déjà si belle histoire du tournage d'*Angèle*. Près du site et de la ferme d'*Angèle*, lieu pratique et déjà familier de travail, de rassemblement, de campement, se dresse la sauvage colline de Saint-Esprit. On va rebâtir sur cette colline le village en ruine de Redortiers-Aubignane. La ferme d'*Angèle* servira de camp de base. Quand les conditions atmosphériques seront défavorables, on se repliera sur le studio, qui est à vingt minutes en voiture, et l'on tournera des scènes d'intérieur dans des décors préparés à l'avance.

Ainsi fut fait. Le 4 octobre 1936, une cinquantaine de maçons carriers, plâtreurs, staffeurs et manœuvres s'installe sur la colline de Saint-Esprit, pour y installer les plus belles ruines qu'on ait jamais construites sous le ciel de Provence. En février 1937, le tournage est en cours, Arthur Honegger reste quinze jours sur place pour écrire la musique du film (et apporter l'assistance de sa puissante musculature aux travailleurs de force). Giono rend deux visites à l'équipe au travail. Le tournage ne prendra fin qu'à la fin mai. Mais début mai, on a commencé, parallèlement, avec la même équipe technique et plusieurs acteurs communs, le tournage du *Schpountz*, selon les moments de liberté des uns et des autres. « Certains jours, raconte Fernandel, le matin, je me collais les petites moustaches ridicules et je me faisais la raie au milieu pour incarner Irénée du *Schpountz* ; l'après-midi, je quittais les moustaches, je troquais le chapeau mou pour le melon et j'étais ainsi Gédémus [1]. » Tandis que se poursuit le tournage du *Schpountz*, *Regain* arrive au stade des finitions et sort le 28 octobre à l'occasion d'un gala de bienfaisance au profit de la Fondation Lyautey, présidé par Albert Lebrun, président de la République. Cet apparat, ces parrainages officiels vont contribuer à la réputation politiquement ambiguë du film, sorti à un moment où l'intégrisme pacifiste de Giono l'isole de l'intelligentsia et où le thème du « retour à la terre » est en train de prendre sa réputation réactionnaire qui s'accentuera quand Vichy en aura fait un mot d'ordre national.

Cependant ce ne sont pas des raisons politiques qui tempèrent l'accueil favorable fait à *Regain*. Pagnol s'est assez bien tiré du penchant marqué de Giono pour les métaphores littéraires, du lyrisme bucolique du texte et de sa vocation symbolique : l'incroyable force et la beauté des images remplacent la littérature supprimée, équilibrent la littérature maintenue. Mais la distribution entraîne une double gêne. Gabrio a le physique et le talent de l'emploi. Mais il lui est impossible d'articuler de manière crédible le texte poético-primitif qu'on lui a écrit (plutôt Giono que Pagnol, d'ailleurs, car aux trois quarts, les dialogues du film viennent directement du livre). Fernandel, de son côté, dans un rôle de salaud franchement répugnant, se trouve dans un si radical contre-emploi qu'on admire qu'il réussisse à lui insuffler quelque pathétique. Les autres comédiens sont extraordinaires, notamment Delmont et Orane Demazis. Celle-ci aura d'ailleurs été excellente dans tous les grands rôles qu'elle a interprétés pour Pagnol, sauf celui de Fanny qui a fait sa célébrité et où elle ne se libère jamais d'une sorte de contrainte. Avec ses insuffisances, *Regain* demeure une œuvre exceptionnelle dans le cinéma français par son éclat photographique, plastique, musical, et son exploration audacieuse d'une veine bucolique si peu exploitée : avec *Regain*, notre cinéma possède désormais ses *Géorgiques*.

Revenons au *Schpountz*. Le tournage est interrompu fin mai, le temps pour Fernandel de tourner *Les Rois du sport*, puis, en deux jours, son sketch de *Carnet de bal* : le tournage peut reprendre en juillet. Entre-temps, le film a mûri dans l'esprit de Pagnol, les caractères ont évolué. Quand *Le Schpountz* sort, en avril 1938, on est frappé, et le public parfois troublé, par l'ambiguïté des situations et des caractères. Jusqu'alors, qu'il soit au départ du scénario ou qu'il adapte

---

1. Jacques Lorcey, *Fernandel*, P.A.C., 1981.

Giono, Pagnol manifestait un penchant pour l'universel : il créait des types humains, des caractères. Dans *Le Schpountz*, tout le monde est tour à tour drôle et émouvant, sympathique et antipathique, manipulateur et manipulé. Au début, Irénée est un inapte jeune épicier nourrissant des rêves de gloriole cinématographique, avec une assurance et une emphase parfaitement ridicules, et l'équipe de cinéma venue tourner dans le coin l'entraîne sans vergogne dans une cruelle mésaventure. Mais, peu à peu, ces gens de Paris si arrogants manifestent une certaine compréhension ; le producteur, Meyerboom, caricaturé comme juif, apparaîtra subtil et généreux. Irénée, humble dans l'épreuve, et nourri par l'expérience, deviendra un maître du jeu rayonnant jusqu'à l'insolence. Charpin fait une création magistrale d'épicier méridional et Fernandel surmonte avec simplicité tous les pièges d'un rôle complexe. La scène célèbre où il joue sur tous les tons possibles la phrase du Code civil : « Tout condamné à mort aura la tête tranchée » constitue le détour trois étoiles de toute expédition cinéphilique, en revanche le comédien résout des problèmes plus complexes dans les vraies scènes dramatiques du film. A l'occasion d'un film sur le cinéma, Pagnol en profite pour dépeindre le mépris dans lequel sont tenus les comiques du spectacle, et pour exalter la beauté de la mission de ceux qui font rire. Cet émouvant plaidoyer en sa propre faveur est prononcé par Orane Demazis : c'est l'ultime apparition dans ses films et dans sa vie de celle qui, depuis douze ans, est la compagne et l'interprète de Marcel Pagnol.

A peine *Le Schpountz* sorti, d'autres échéances, d'autres émotions attendent Marcel Pagnol. Il y a quelques mois, on lui a proposé, à Marseille, rue Jean-Mermoz, dans le quartier du Prado, une maison à vendre, entourée de vastes entrepôts à louer. Il achète et loue. Ce qu'on appelait pompeusement les « studios Marcel Pagnol » n'étaient jamais que des espaces de plateaux minuscules récupérés sur le territoire du laboratoire. Désormais, le laboratoire de l'impasse des Peupliers va pouvoir s'agrandir. Les vrais « studios Marcel Pagnol » vont s'installer rue Jean-Mermoz, avec trois plateaux de quatre cent cinquante mètres carrés chacun, un atelier de décor et de peinture, des salles de montage, une centrale électrique, un auditorium, des bureaux et une cantine. En mai 1938, les travaux d'aménagement sont à peu près terminés. Parallèlement, Pagnol a acheté un cinéma marseillais le Châtelet, avec l'intention d'y pratiquer la méthode hollywoodienne de la « preview ». Il va bientôt en acheter un second qu'il appellera le César (comme la salle des Champs-Elysées où est sorti *César*). La galaxie Pagnol, capitale Marseille, est prête à fonctionner en parfaite autarcie. Au premier film de la nouvelle étape seront attachées deux figures totémiques de la tribu : Giono et Raimu. L'heure a sonné pour *La Femme du boulanger*.

Des cinq textes de Giono dont il a acquis les droits, Pagnol n'a encore adapté que deux : *Un de Baumugnes* (pour le film *Angèle*) et *Regain*. Est-ce *Regain* avec son blé qui lève qui lui a fait penser au pain (nourriture et symbole) ? Il travaille sur une nouvelle, *Le Boulanger Amable*, mais se souvient de ce récit vaguement surtitré « Le boulanger, le berger, Aurélie » qui occupe environ quatorze des cent quatre-vingts pages de *Jean le Bleu*. Cette nouvelle évoque à grands traits les initiatives de villageois pour récupérer la femme du boulanger quand celle-ci fait une fugue avec un berger et que son mari cesse de fabriquer le pain. Le boulanger est pratiquement absent du texte, et sa femme bien davantage encore. Pagnol a trouvé chez Giono un point de départ et une situation, un ou deux personnages (notamment Maillefer, le pêcheur intarissable dont le discours ne peut être interrompu sous peine de ne jamais savoir ce qu'il voulait révéler). C'est déjà beaucoup. Sur ce matériau, Pagnol bâtit deux tragi-comédies qui, sans cesse, échangent leur substance, leur verve, leur émotion, pour se fondre dans cette « chose » indéfinissable et miraculeuse qui va devenir *La Femme du boulanger*. D'une part, la collectivité d'un village, éclatée en une dizaine de personnages extraordinairement typés, fidèles à leurs obsessions personnelles mais unis dans un complot commun pour récupérer la boulangère et remettre le boulanger à son fournil. D'autre part, la tragédie planétaire d'un mari cocu qui s'offre, pour oublier, une saoulerie d'anthologie et qui s'inquiète de savoir si sa petite femme ne va pas prendre froid, vu qu'elle passe la nuit avec un berger sans avoir pris sa petite laine. Quand sa femme rentre au foyer, en même temps que la chatte Pomponnette, Amable/Raimu tire la morale de l'histoire avec des accents qui ont fait pleurer le monde entier et saluer l'acteur comme un génie par quelques connaisseurs nommés, notamment, Orson Welles et Charlie Chaplin. Le public est bien d'accord. Il a retrouvé son Pagnol et lui fait fête. Début septembre 1938, Marcel Pagnol procède à l'inauguration de ses nouveaux studios et du cinéma le César à Marseille à l'occasion de la première mondiale de *La Femme du Boulanger*. C'est le sacre du roi Pagnol.

Nourri de lettres latines, Pagnol n'ignore pas que le Capitole est proche de la roche Tarpéienne. Les nuages se sont amoncelés en cette année 1938, avec l'Anschluss et la menace allemande sur la Tchécoslovaquie qui, dans quelques jours, va obliger Chamberlain et Daladier à négocier à Munich. Cette conjoncture s'avère néfaste pour le pdg-producteur-scénariste-dialoguiste-réalisateur Marcel Pagnol. Pour l'heure, il n'en est pas aux gros soucis mais aux petits désagréments. Fâcherie avec Raimu, qu'il a eu le plus grand mal à convaincre de tourner *La Femme du boulanger* et qui refuse de tourner avec Pagnol le film suivant. Fâcherie avec Giono, qui n'a aimé ni *Angèle* ni *Regain* ni *La Femme du boulanger*, où il ne retrouve pas sa patte, son esprit (à juste titre, car, incontestablement, Pagnol s'est approprié ses histoires), et qui reproche à Pagnol quelques indélicatesses. Par exemple, ce programme réalisé pour la soirée de *Regain*, sur la couverture duquel ont été imprimées dix lignes écrites de la main de Pagnol, suivies de la signature de Pagnol et qui reprennent dix lignes de dialogues qui sont intégralement de la main de Giono.

Plus sérieux, un épisode étrange et jamais vraiment éclairci s'est déroulé à la fin du tournage de *Regain*. D'après la correspondance de Giono avec ses amis, il apparaît que Pagnol, après avoir monté son film, aurait fait cadeau des rushes inemployés à ses opérateurs qui seraient venus les apporter à Giono pour qu'il les monte. Or, à cette époque, Giono parle d'un film de quelques minutes baptisé *Solitude*, qu'il aurait réalisé et qui a disparu : s'agissait-il du montage des plans de *Regain* ? On n'a jamais eu de réponse. Les fâcheries Pagnol-Giono iront jusqu'au procès mais les deux hommes ne rompront pas, pas plus que Pagnol ne rompra jamais avec Raimu, en dépit de leurs différends.

Sacha Guitry

Après Pagnol, Guitry. Comment échapper à cette fatalité ? Nous n'avons cessé de dire tout ce qui sépare les deux hommes et, plus encore, les deux cinéastes. Au stade où nous sommes arrivés, ce qui les rapproche, ce n'est plus leur réaction d'hommes de théâtre devant le cinéma qui prend la parole, c'est leur marginalité. Tous deux sont à côté du système, de l'industrie, de la corporation. Pagnol en fait la démonstration par l'éloignement géographique et l'autarcie économique. Guitry, lui, est installé au cœur de Paris, dans l'œil du cyclone des pouvoirs, des honneurs, des mondanités. C'est une autre manière de s'exiler, par le haut et le trop-plein. Jamais il ne se mêlera aux professionnels du cinéma (syndicats, associations, etc.). Sa corporation à lui, c'est le théâtre. Il ne lui viendrait pas à l'idée de se faire producteur. Son indépendance, il l'assure par la viabilité économique de son travail : il est le maître d'œuvre complet, et fiable, de l'entreprise, dispose d'une troupe de comédiens à sa dévotion, à des prix compétitifs, tourne en des temps records des films préparés au millimètre et qui ne sont jamais des catastrophes. Produire un Guitry, c'est un honneur, garanti contre les gros risques : il n'est jamais en peine de trouver des financiers. Mais là, il va trouver mieux : il va trouver un ami. Serge Sandberg est un petit colosse tonitruant qui a réussi dans les affaires du spectacle, à la fois businessman et mécène. Il a possédé des studios, il est amateur de peinture moderne, il a fait renaître les Concerts Pasdeloup : il va produire huit films avec Guitry dans un climat de parfaite entente.

Nous avons beaucoup évoqué le Front populaire à propos du

« cinéma des tricheurs » ou de l'essor de l'école réaliste. Nous n'en avons pas fait mention à propos des années Pagnol. Que le premier tour de manivelle de *César* ait été donné quelques jours après la victoire électorale du Front populaire n'est qu'une coïncidence dépourvue de signification. Nous n'en parlerons pas davantage à propos de Guitry. L'événement ne semble avoir affecté en rien ni sa vie ni son travail. Vous voyez bien que ce sont des gens d'à côté... A moins de considérer que c'est pour fêter la victoire du Front populaire que Sacha Guitry ne tourne pas moins de cinq films en 1936 : *Le Nouveau Testament*, tourné du 2 au 8 janvier, sorti le 15 février ; *Le Roman d'un tricheur*, tourné en juin et jusqu'au 10 juillet, sorti le 19 septembre ; *Mon père avait raison*, tourné du 22 au 30 juin, sorti le 27 novembre ; *Faisons un rêve*, tourné du 10 au 18 octobre, sorti le 31 décembre ; *Le Mot de Cambronne*, tourné en novembre, sorti le 26 mars 1937. Dans l'année, le cinéaste néophyte aura livré six heures trente de spectacle à l'écran. Sacha Guitry tournera encore trois autres films en 1937, un en 1938, un en 1939. Le rythme s'est ralenti. Il est vrai qu'en cours de route Sacha a perdu un de ses moteurs : Jacqueline Delubac.

Sur les neufs films tournés de 1936 à 1938, trois proviennent d'un scénario original (*Le Roman d'un tricheur, Les Perles de la Couronne*, et *Remontons les Champs-Elysées*) ; les six autres adaptent des pièces de Guitry dont trois ont été filmées aussitôt après leur création à la scène (*Le Nouveau Testament, Le Mot de Cambronne*, et *Quadrille*). Tandis que les trois autres relèvent d'un répertoire plus ancien : *Faisons un rêve* (1916), *Mon père avait raison* (1919) et *Désiré* (1927). Pour réhabiliter Guitry cinéaste, on a cherché plus tard à nier purement et simplement l'accusation infamante, sous laquelle l'auteur avait succombé, de ne faire que du « théâtre filmé », en tentant de démontrer que Guitry ne fait *jamais* de théâtre filmé. C'est contraire au bon sens et à la volonté clairement exprimée de Sacha d'utiliser d'abord le cinéma pour enregistrer ses pièces sur pellicule et les mettre en conserve pour l'avenir. Ainsi veillera-t-il à ce que la distribution de ses films soit la plus proche possible de celle de ses pièces de théâtre à leur création. Et il demandera, par exemple, aux directeurs de théâtre qui souhaitent monter *Le Nouveau Testament* de commencer par visionner le film et de respecter la mise en scène et le jeu des comédiens voulus par l'auteur. Quand il tourne *Mon père avait raison*, la sobriété de la réalisation, l'utilisation intégrale d'un espace scénique, à quelques plans d'extérieurs près, le respect quasi religieux de la pièce montrent bien que nous sommes là dans un rituel sur lequel règne la loi du théâtre. Il est vrai que c'est un cas d'espèce. C'est une pièce sur un homme qui supporte aisément le départ de sa femme et refuse son retour vingt ans plus tard : il a retrouvé son intime relation avec son fils dès que sa femme a disparu, mais risque de la perdre quand celui-ci lui présente sa fiancée. Cette pièce amère et misogyne, Guitry l'avait créée quand il jouait le fils et Lucien Guitry, son père. La reprendre à l'écran en y jouant le rôle du père lui confère une portée affective et mémorielle intense qui explique la retenue cinématographique. C'est davantage qu'un film : un pèlerinage. Il y en aura d'autres.

La caméra est beaucoup plus active dans *Faisons un rêve*. Il faut dire que Guitry, extraordinaire publicitaire, a inventé pour le film un prologue original. La pièce commence par l'arrivée d'un couple chez Guitry, qui leur a fixé rendez-vous la veille, à l'occasion d'une réception où ils se sont rencontrés. Guitry n'est pas là. Le mari (Raimu) s'impatiente ; il a autre chose à faire et part. Surgit Guitry qui n'attendait que cela et qui déclare son amour, ou plutôt son désir, à la femme (Jacqueline Delubac). C'est une pièce à trois personnages (plus, comme souvent chez Guitry, trois serviteurs). Pour le film, Guitry nous montre la réception, sans intérêt particulier, sauf que c'est là qu'il fixe rendez-vous aux deux autres. Pour la filmer, il a demandé à quelques-uns des plus grands comédiens du moment, ses amis, de venir passer un après-midi au studio, et les a filmés se rencontrant et échangeant quelques répliques. Ce qui lui permet d'annoncer à l'affiche un film avec Arletty, Pierre Bertin, Victor Boucher, Claude Dauphin, André Lefaur, Marguerite Moreno, Yvette Guilbert, Gabriel Signoret, Michel Simon. Filmée en plans courts et toujours en mouvement, cette entrée en matière annonce un film beaucoup plus découpé que *Mon père avait raison*, peut-être pour mieux mettre en évidence la performance du second acte rempli par le long coup de téléphone que donne Guitry à Delubac, pour la convaincre de venir le rejoindre, long et brillant monologue pendant lequel elle a fait le chemin qui les sépare pour surgir quand on ne l'attendait plus. La grande intelligence de la mise en images ne doit pas faire oublier que l'essentiel est ailleurs : dans la spirituelle incantation du texte, la perfection du rythme, la drôlerie efficace avec laquelle est démontée la dialectique du désir où la violence de cet état d'urgence se mêle à la jouissance de devoir attendre. Il faut ajouter, pour n'y pas revenir, le raffinement du jeu des comédiens qui permet d'entendre une musique vocale exceptionnelle.

Désiré nous propose le même spectacle : Guitry entreprenant de séduire Delubac, sauf que cette fois, délicieuse complication, il est le valet de chambre de Madame, ce qui ne peut que redoubler ses ardeurs. Non qu'il néglige ses devoirs pour autant. C'est d'ailleurs à l'office que nous passerons les moments les plus drôles. Il faut dire que le personnel de maison, outre Sacha/Désiré, compte aussi Arletty et Pauline Carton. Mais aussi que le rôle des domestiques est toujours important, et parfois décisif dans l'œuvre de Guitry. D'ailleurs, à part lui-même, la comédienne qui compte le plus de présence dans ses spectacles, c'est Pauline Carton. C'est que les pièces, et davantage encore les films de Guitry, sont secrètement des conférences ou des confessions de l'auteur, dans lesquelles il évoque pêle-mêle des histoires, sa vie et sa vision de la société. Tirades et monologues ne lui suffisent pas : il lui faut parfois des interlocuteurs hors de l'action qui lui permettent de rendre plus vivant son commentaire. C'est cette fonction de confident, remplie par bien des valets de la comédie classique, à commencer par Sganarelle, que l'on retrouve chez Guitry. Dans *Désiré*, pour une fois, c'est le valet qui est le maître du jeu.

Parmi les pièces récentes, c'est *Le Mot de Cambronne* qui donnera lieu à la transposition la plus rapide. En découvrant que la pièce qu'il va créer, *Geneviève*, est sa 99e Guitry décide d'écrire tout de suite la 100e.

> Oui, cent déjà. Qu'on ne m'en garde pas rancune
> Oh ! Que j'eusse préféré cent fois n'en faire qu'une
> Et que ce soit *Le Misanthrope*...

Cette centième pièce, lever de rideau en vers dédié à Edmond Rostand, il décide de l'adapter au cinéma, pendant qu'elle est encore à l'affiche. Le décor est donc reconstitué en studio. Le matin du 19 novembre 1936, un camion passe au théâtre de la Madeleine prendre meubles, accessoires et costumes et les transporte aux studios de Boulogne-Billancourt. A midi, le tournage commence. A sept heures, le film (trente-deux minutes dans son montage final) est dans la boîte : accessoires et comédiens repartent pour le théâtre où ils jouent à neuf heures. Assistant-opérateur sur le film, Philippe Agostini constate : c'était « une émission de télévision avant la lettre, l'équivalent de "Au théâtre ce soir", si on veut » (*Cinématographe*, février 1983). En dépit de cette précipitation, Guitry a utilisé différents angles de prises de vue, et différentes focales qui contribuent à une meilleure lisibilité et une plus grande efficacité de cette jolie attraction essentiellement verbale. La prouesse du 19 novembre est d'ordre économique et technique. Guitry en réalise d'autres, d'une autre nature avec *Le Nouveau Testament* et *Quadrille*. Il rejette aussi bien l'immobilisme frontal de la caméra fixe qui se contente d'enregistrer les pièces, que la danse gratuite de la caméra pour donner du mouvement, de l'air, faire « du cinéma » et se promener dans les rues à la moindre occasion. Guitry maintient un espace scénique, mais à quatre murs, et se sert du cinéma non pour faire oublier le théâtre, mais pour le hisser à une dimension que la scène ne permet pas en ne livrant dans chaque plan que l'espace, les comédiens, les gestes, l'expression, le phrasé qui permettent la meilleure perception de la situation, la meilleure intelligence et donc la plus grande émotion.

Reste à le juger sur des scénarios originaux. Une première démonstration a été faite, parfaitement convaincante, avec *Bonne chance* (1935) [1]. La confirmation vient vite avec *Le Roman d'un tricheur*.

1. Voir première partie, p. 93-94.

Le premier (et unique) roman de Sacha Guitry, *Les Mémoires d'un tricheur*, est paru en feuilleton dans *Marianne* en novembre 1935. C'est ce livre que Guitry adapte à l'écran, avec une légère modification du titre. Film exceptionnel, bien qu'on y retrouve Guitry fidèle à lui-même : poursuivant l'utilisation du cinéma pour commenter des images, comme il avait commencé de le faire dès 1914 avec *Ceux de chez nous*. Mais cette fois, son commentaire hors image d'un conte moral sur l'intérêt de la tricherie et l'utilité des mauvaises actions lui permet un jeu de virtuose avec les moyens d'expression cinématographiques. Jeu d'un cinéaste qui s'amuse avec ses outils. Jeu d'un auteur qui exhibe ses tricheries artistiques en séducteur et manipulateur qu'il est. Aussi voit-on des scènes repartir en arrière et le temps remonter son cours, des trucages animer un défilé de soldats, des personnages improbables se succéder sur les balcons ou dans les portes à tambour des hôtels monégasques, et d'une manière générale, le fil des images, c'est-à-dire la vie, le destin, jouer avec le verbe de Guitry, l'illustrer, le suivre, le précéder, le contredire avec une étonnante liberté. L'évolution du cinéma moderne se jouera notamment sur la distance de la bande-son par rapport à l'image. *Le Roman d'un tricheur*, bien que peu soucieux d'avant-gardisme, ouvre là un chantier plein d'avenir.

Après le fougueux marathon cinématographique de 1936, Guitry se sent en pleine possession de son instrument et Sandberg est prêt à le suivre dans de nouvelles aventures. Avec l'expérience de l'avant-propos de *Faisons un rêve*, Guitry a constaté qu'il pouvait obtenir à bon compte la participation des plus grandes vedettes que cela amuse de venir tourner une journée avec lui. La France à ce moment est entrée dans une de ses périodes d'anglomanie et s'apprête à célébrer l'Entente cordiale à l'occasion du sacre de George VI. Un thème et une recette que Guitry et Sandberg vont utiliser pour monter *Les Perles de la Couronne* qui vont ouvrir à Sacha un nouveau territoire où il va se délecter, celui de la superproduction historique. L'idée du film part de ce fait historique : le pape Clément VII a remis en cadeau de mariage à sa nièce Catherine de Médicis sept perles fines dont quatre se trouvent sur la couronne britannique. Guitry imagine trois personnes qui se rencontrent au cours de l'enquête qu'elles mènent pour découvrir ce que sont devenues les trois perles qui manquent. C'est un prétexte à un vagabondage à travers les pays et les siècles qui enchaîne librement des reconstitutions historiques, des saynètes comiques dans l'esprit chansonnier, des moments tragiques traités comme tels (l'exécution de Marie Stuart) et des moments de pur vaudeville, telle l'odyssée de Raimu en cocu éternel. Au départ, trois enquêteurs, donc trois conteurs : le jeu se complique. Mais cette fois, au récit hors image viennent se mêler des scènes dialoguées avec des comédiens. Une fois encore, c'est le son qui commande à l'image, ou plutôt c'est leur relation qui constitue le moteur du film. Joué par des acteurs français, anglais et italiens (incarnant des personnages de ces nationalités), le film est parlé dans les trois langues des protagonistes, et en tire un étrange effet d'authenticité dans ce grand bazar de tricheries en tous genres. On remarque que, tourné au même moment, un film très différent, *La Grande Illusion*, tirera un fort effet de véracité du fait que Allemands et Anglais y parlent chacun leur langue. Le cinéma n'entendra guère cette leçon. Dans *Les Perles de la Couronne*, le jeu sur les langues ira jusqu'à créer une langue nouvelle pour Arletty en reine d'Abyssinie, langage obtenu en montant la bande-son à l'envers. L'imbroglio, réglé de main de maître, de scènes historiques et de scènes modernes, s'enrichit d'un nouvel artifice : des personnages modernes abandonnent leur rôle pour incarner un ou plusieurs personnages historiques (Guitry joue François Ier, Barras et Napoléon III, ainsi qu'un des enquêteurs d'aujourd'hui). Ce mélange de fiction picaresque et de reconstitution à grand spectacle est tourné avec un rythme juste et très contrasté, une intelligente économie de moyens où un simple jeu d'ombres permet parfois une opportune ellipse.

Si la réussite d'une entreprise aussi complexe, comportant l'intervention de cent comédiens identifiés (outre les figurants), tourné et monté en onze semaines (premier tour de manivelle le 15 février ; première projection le 10 mai), revient d'abord à son maître-d'œuvre, Sacha Guitry, il convient d'y associer Christian-Jaque, cosignataire de la réalisation avec Guitry, et l'opérateur de Duvivier, Jules Kruger, dont Guitry reconnaîtra qu'ils l'ont libéré des problèmes techniques. Un énorme succès accueille le film dont l'auteur ne sous-estime pas l'originalité, puisqu'il dit, dans son texte de présentation au gala de première : « Ce film est d'une espèce particulière. J'ai tenté d'apporter au cinéma une formule nouvelle. »

Ce gala a lieu en présence du président de la République. A vrai dire, on ne va cesser de les voir ensemble, ces deux-là. Guitry, qui a été élevé au grade de commandeur dans l'ordre de la Légion d'honneur dans la promotion du 14 juillet 1936 du premier gouvernement Blum, est de toutes les grandes manifestations officielles et mondaines. Deux mois après avoir accueilli Albert Lebrun à sa première, il dîne avec lui aux Ambassadeurs pour la soirée de gala de l'Exposition universelle. C'est cela aussi la France du Front populaire : une monarchie républicaine sur laquelle règnent Albert Lebrun et Sacha Guitry.

« Une formule nouvelle pour le cinéma » : l'essai des *Perles de la Couronne* s'est transformé en triomphe public. Guitry va tenter de développer l'expérience. Mais cette fois, plus besoin de conseiller technique. C'est seul, en s'appuyant sur le financement et l'organisation de Serge Sandberg, qu'il entreprend *Remontons les Champs-Elysées*. Un instituteur interrompt sa leçon de calcul et amorce une digression ; il sera le meneur de jeu de cette nouvelle expédition historique. Les figures vont encore se diversifier, la cavalcade s'accélérer, le gigantisme s'amplifier. Au fil des séquences, on découvre que ce maître d'école est un descendant à la fois de Louis XV, de Napoléon Ier et de Marat, bref le confluent de la France monarchique, impériale et révolutionnaire, l'incarnation d'une union nationale que le film effectivement tend à exalter. Non sans tomber dans une xénophobie en phase avec les campagnes de la presse de droite, comme en témoigne cette réplique : « Nous avons toujours une fâcheuse tendance à accueillir chez nous des étrangers qui ne nous étaient pas absolument nécessaires. » L'unité nationale que prône *Remontons les Champs-Elysées* témoigne de beaucoup plus de tendresse pour les fastes versaillais et les amours royales que pour les ferveurs républicaines. Réalisé la même année que *La Marseillaise, Remontons les Champs-Elysées* en partage certaines préoccupations. Devant la montée des périls, les deux films constituent le double versant, contrasté plutôt que contradictoire, d'un appel commun à l'union en s'appuyant sur l'Histoire. Mais l'un de ces films est un appel de droite, l'autre un appel de gauche.

Guitry s'est offert le plaisir de jouer cinq rôles, dont celui de Louis XV dont il filme une superbe mort : c'est la seule fois qu'il s'autorisera à jouer la mort. Dans une autre scène, le Bien-Aimé dévore toute crue une jeune biche : la comédienne qui fait ses débuts à l'écran dans ce rôle s'appelle Geneviève de Séréville, elle a déjà pris la place de Jacqueline Delubac dans le lit du maître et elle s'appellera bientôt Geneviève Guitry.

Le ressort du cinéma de Sacha, dans ses grandes fresques historiques, c'est sa liberté. Là où d'autres sont dominés par le souci d'une harmonieuse structure d'ensemble (et accessoirement d'une bonne gestion des impedimenta techniques, matériels, financiers de ce genre d'opération), Guitry les traite avec la simplicité inventive d'une conversation tour à tour sérieuse, pédagogique, émue, rigolarde ou libertine. Ce qu'il appelle « le scénario » et qui paraît en feuilleton du 30 mars au 6 avril 1938 dans *L'Intransigeant* a d'ailleurs exactement le discontinu de cette conversation. A l'écran, le tricotage du texte et des séquences donne une fluidité tout à fait naturelle à cette hasardeuse architecture. A sa manière bien à lui, qui peut douter désormais que Sacha Guitry soit entré dans l'Histoire. Celle du cinéma en tout cas.

Max Ophuls

S'il faut trouver des points communs entre les cinéastes rassemblés dans ce chapitre « Ceux d'à côté », notons que Pagnol, Guitry et Ophuls viennent tous les trois du théâtre et qu'ils ont tous trois mis vingt ans et plus à voir leur talent reconnu : ce sont des rescapés du purgatoire.

Max Ophuls est « d'à côté » d'une autre manière. Il est né de l'autre côté de la frontière, de l'autre côté du Rhin, à Sarrebruck (en 1902). Ce n'est ni un Berlinois ni un Viennois, mais un Allemand frontalier, même s'il s'inspire parfois du patrimoine littéraire ou dramatique germanique. C'est ce statut de Sarrois (la Sarre a été placée sous mandat de la Société des Nations par le traité de Versailles) qui lui permet de quitter sans encombre Berlin quand le travail et la vie y deviennent impossibles pour les juifs. Un jour d'avril 1933, Ophuls part de chez lui, passe trois fois devant le cinéma Atrium où son film *Liebelei* connaît un triomphe, et va à la gare prendre le train pour Paris, avec sa femme et son fils, le futur cinéaste Marcel Ophuls, alors âgé de cinq ans. Quelques semaines plus tard, on lui tend, sur les Champs-Elysées, un prospectus qui annonce la sortie de *Liebelei* au Studio de l'Etoile. Triomphalement accueilli, le film reste vingt-cinq semaines à l'affiche et Ophuls obtient son premier contrat français pour réaliser une version française de *Liebelei*. Il se contente de tourner les gros plans et les scènes d'intimité, gardant pour le reste les images du film allemand, mais cette solution hybride n'est satisfaisante pour personne, et la version française de *Liebelei* n'intéresse personne. Cette anecdote est un peu symbolique du statut de Max Ophuls pendant ces quelques années : il lui faut travailler pour vivre, s'implanter dans un nouveau contexte, en saisissant au passage les occasions qui s'offrent ; et souvent il va se trouver coincé entre deux cultures, ou deux systèmes de production, au détriment, bien entendu, du produit final. Il faut attendre *La Tendre Ennemie* (1936) et *Werther* (1938) pour que se confirment les promesses de *Liebelei*.

Max Oppenheimer, dit Ophuls, a une vocation, le théâtre. Il commence à jouer la comédie à dix-sept ans, réalise sa première mise en scène à vingt et un ans et, pendant dix ans, jusqu'à trente ans, monte tous les répertoires, classique et moderne, comique et tragique, y compris des opéras, sur les grandes scènes de Vienne, Francfort, Breslau et Berlin. Mais le cinéma l'a saisi, qui ne le quittera plus. En 1932, son second film, *La Fiancée vendue*, d'après l'opéra-comique de Smetana, attire l'attention sur lui (ce film sortira en France la même semaine que *Liebelei*, au début mai 1933, peu de temps après l'arrivée d'Ophuls à Paris). Tourné en 1932, *Liebelei* (*Une histoire d'amour* pour la version française) adapte une pièce d'Arthur Schnitzler sur les amours brèves, passionnées, interdites d'un bel officier et d'une modiste pauvre. Ils mourront tous deux : lui, dans un duel, pour les beaux yeux de la maîtresse qu'il a plaquée, elle en se suicidant. En montant la pièce la même année au Vieux-Colombier, les Pitoëff ont bien mis en valeur la dimension populiste de critique sociale qui est la sienne. Ophuls, qui rencontre avec ce film un grand succès international, occulte cet aspect de l'œuvre pour surtout développer sa vision romantique dans un art d'arabesques subtiles, fondé sur la composition raffinée des images. C'est ce film qui lance la carrière cinématographique de la jeune chanteuse et danseuse Magda Schneider, à qui nous sommes surtout reconnaissants de nous avoir donné, quinze ans plus tard, Romy Schneider. Laquelle Romy eut la malencontreuse idée, en 1958, à peine rescapée des personnages de Sissi, d'accepter de reprendre le rôle de sa mère dans un remake honteux de *Liebelei* baptisé *Christine* et emprunté à Ophuls, sans reconnaître sa dette, par Pierre Gaspard-Huit.

Ophuls tourne ensuite un film à la fois policier et sentimental, *On a volé un homme* (1934), puis, en Italie, *La Signora de Tutti* (1934), sur la carrière d'une star du cinéma, et, à nouveau en France, un film écrit par Colette, d'après son livre *L'Envers du music-hall* (1935), dont on se souviendra quand, vingt ans plus tard, Ophuls tournera *Lola Montès*. Il faudra attendre 1936 pour qu'un nouveau film d'Ophuls trouve des conditions favorables de réalisation. Ce sera *La Tendre Ennemie*, adaptation de la pièce d'André-Paul Antoine, *L'Ennemie*, qu'Ophuls avait montée à Breslau en 1929.

Comme Litvak l'avait fait deux ans plus tôt avec *Liliom*, le sujet nous emmène au ciel où trois hommes, après leur mort, échangent souvenirs et récriminations à propos de leurs aventures amoureuses et décident d'intervenir dans l'existence des vivants pour sauver d'un triste mariage de raison la fille de la femme qui les a tous trompés. Avec charme et malice, le film se détourne de l'esprit boulevardier pour entrer dans le monde de la fantaisie nostalgique. Après une adaptation inaboutie d'un roman de Dekobra, *Yoshiwara* (1938), Ophuls peut réaliser un *Werther* d'après Goethe où il a le réconfort de trouver un matériau culturel qui lui est familier et un tournage sur les bords du Rhin (mais du côté français, car les menaces de guerre se précisent) qui lui rend un paysage auquel il est attaché. Le vrai titre du roman de Goethe, *Les Souffrances du jeune Werther*, rend mieux compte du climat du film. C'est une œuvre tout en délicatesse, où l'amour contrarié de Werther pour Charlotte, fiancée à son supérieur hiérarchique, est traduit avec une violence retenue, une gravité désespérée, et où Pierre Richard-Willm se révèle l'interprète idéal. Eugen Schüfftan (chef opérateur de la plupart des films français d'Ophuls jusqu'en 1940) est aussi inspiré pour les belles lumières blanches de *La Tendre Ennemie* et de *Werther* qu'il l'est, la même année, pour les lumières noires du *Quai des Brumes*. A ceci près que, à la sortie du film, la plupart des scènes d'extérieurs sont teintées en bleu, enluminure dont on se passerait volontiers. Entre-temps, Ophuls a obtenu sa naturalisation française (le même jour que Stravinski). Tout s'annonce pour le mieux. La paix ne vient-elle pas d'être consolidée à Munich...

Deuxième partie

L'ÉPREUVE DU FEU

(1938-1946)

Chapitre 1

DRÔLE DE PAIX, DRÔLE DE GUERRE

(1938-1940)

La paix ne vient-elle pas d'être consolidée à Munich... C'est sur cette phrase que nous nous sommes quittés. En vérité, l'inquiétude règne. Dans *Cavalcade d'amour,* tourné en 1938 par Raymond Bernard, Michel Simon fait ce constat largement dépassé : « L'après-guerre est terminé. » Plus exactement, la France a une vague conscience que l'avant-guerre a commencé.

En septembre 1938, Marcel Carné est si concentré sur son tournage d'*Hôtel du Nord* que Jeanson s'exclame : « Carné... la guerre éclaterait qu'il ne s'en apercevrait même pas. » C'est faux. La guerre n'éclate pas, mais Carné s'en aperçoit. Devant la montée de la crise, le gouvernement procède à des mobilisations partielles, classe par classe. Un jour, Carné perd deux électriciens, puis deux machinistes, puis un assistant-opérateur, puis c'est Jean-Pierre Aumont qui est rappelé. L'étape suivante, il faudra arrêter le film. L'étape suivante, ce sont les accords de Munich, et la chute de la tension. Sur le plateau d'*Hôtel du Nord,* c'est le « lâche soulagement ».

Sur les autres plateaux aussi. Françoise Rosay raconte que, sur le tournage où elle se trouvait, l'annonce de la signature des accords de Munich fut célébrée par une minute de silence. Il est vrai que le film s'appelait *Paix sur le Rhin.* Une paix qui ne devait plus durer que onze mois.

Pourquoi ouvrir ces chapitres consacrés aux années de guerre par la dernière année de paix ? Parce que la guerre prochaine, deux fois refoulée en 1938, mais de plus en plus généralement pressentie, marque déjà ce moment trouble de l'histoire. Si le rideau hésite à se lever, on devine que la tragédie ne reculera plus. Dans l'arbitraire qu'implique cette découpe du temps qui passe en sections homogènes, il nous apparaît que, pour les phases essentielles de la vie cinématographique, la période été 1938-été 1939 se situe davantage du côté de la guerre annoncée que de la paix maintenue. Ou qu'en tout cas c'est cette lumière-là, celle de la montée des périls, qui donne à ce moment son éclairage le plus révélateur. Car si les huit mois qui suivent le début des hostilités constitueront ce qu'on a appelé la « drôle de guerre », les onze mois qui les ont précédées furent vécus comme une drôle de paix.

Montée des périls : les signes n'en manquent pas jusqu'à la guerre elle-même. Rappelons brièvement :

— 12 mars 1938 : Anschluss. Invasion de l'Autriche par Hitler.

— Printemps-été : tension montante en raison de la menace nazie sur la Tchécoslovaquie. Mesures de mobilisation.

— 20 septembre 1938 : fin temporaire de la crise des Sudètes par l'accord de Munich, supposé protéger la Tchécoslovaquie.

— 9 novembre 1938 : massacre nazi de la « nuit de cristal ».

— 15 mars 1939 : invasion de la Tchécoslovaquie.

— 29 mars 1939 : Franco occupe Madrid et Barcelone. Fin de la guerre d'Espagne.

— 29 août 1939 : pacte germano-soviétique.

— 1er septembre 1939 : l'Allemagne envahit la Pologne.

— 3 septembre 1939 : la France et la Grande-Bretagne déclarent la guerre à l'Allemagne.

Si Ray Ventura lance : « Qu'est-ce qu'on attend pour être heureux ? », si Charles Trenet explose à l'A.B.C. en chantant « Y a d'la joie », si François Perier connaît son premier triomphe théâtral avec *Les Jours heureux* et répète déjà *Les souris dansent,* c'est sur un volcan que cette fête s'éclate. Céline publie *Bagatelles pour un massacre,* Mauriac *Le Nœud de vipères,* Nizan *La Conspiration,* Bernanos lance comme un cri *Les Grands cimetières sous la lune.* Tandis que Camus commence à écrire *L'Etranger,* Sartre publie *La Nausée* et *Le Mur* : deux œuvres s'ébranlent qui modifient le rapport de l'homme à la création et au monde. Au théâtre, Cocteau fait scandale avec *Les Parents terribles,* huis clos incestueux d'une famille en désordre. Pour les années qui viennent, nous n'en avons fini ni avec les huis clos, ni avec le désordre.

Le cinéma, bien sûr, ressentira les secousses de ce cyclone littéraire. Qu'accompagnent d'autres courants plus discrets. C'est le moment, par exemple, où Giraudoux écrit *Ondine* (que Jouvet montera en 1939), inspiré de légendes germaniques. C'est en 1938 que Julien Gracq publie *Au château d'Argol,* œuvre maîtresse inspirée du cycle arthurien réfracté par le romantisme allemand. Caillois dans *Le Mythe et l'Homme,* Dumézil avec *Mythes et dieux des Germains,* Eliade avec *Le Mythe de l'Eternel retour* fournissent les fondements idéologiques d'un retour au tragique sous le confus parrainage de Nietzsche. Le cinéma des années quarante s'imprégnera de ce climat.

« Menaces » ou « Paix sur le Rhin » ?

Pour le moment, sur les écrans, dans les studios, la sarabande habituelle des films de genre continue : comique troupier, adultères mondains, mélos naturalistes, conquêtes militaires (femmes et colonies), films policiers ou d'espionnage, divertissements musicaux, opérettes marseillaises. Au hasard de la chance qui passe, observons une occasion gâchée, une occasion brisée, une occasion exploitée à fond.

Consacré par sa présentation à l'A.B.C. en première partie de Lys Gauty, le 25 mars 1938, Charles Trenet se voit immédiatement proposer sa chance au cinéma. En quarante-huit heures, il écrit le scénario – très inventif – de *La Route enchantée* en s'inspirant de *La Bonne Planète,* roman inédit qu'il avait écrit en 1933. Malheureusement, c'est le médiocre Pierre Caron qui réalise le script sans réussir à mettre en valeur le chanteur. Quelques mois plus tard, Christian Stengel, pour son premier film, fort maladroit, *Je chante,* donne une pauvre seconde chance à Trenet : le cinéma n'aura pas su utiliser la verve poétique de l'ancien accessoiriste devenu « le fou chantant ».

Occasion brisée pour Jacques Becker qui, en 1939, à trente-trois ans, peut enfin abandonner la fonction de premier collaborateur de Jean Renoir pour tourner son premier long-métrage, *L'Or du Cristobal.* Renoir accorde son parrainage et participe aux dialogues de cette adaptation d'un roman d'aventures de T'Serstevens. Albert Préjean, Charles Vanel, Dita Parlo font partie de la distribution, mais la vraie vedette, c'est un cargo grec loué par la production à Cannes. L'argent vient à manquer. Furieux de n'être pas payés, les Grecs partent dans la nuit avec les projecteurs et le matériel du film. On les récupère plus tard, mais le film est arrêté. Les comédiens jurent qu'ils ne reprendront pas le tournage. Albert Valentin propose à Becker d'être son assistant pour *L'Héritier des Mondésir,* qu'il va tourner à Berlin. Becker accepte. Mais Préjean accepte de reprendre le tournage de *L'Or du Cristobal* avec Jean Stelli. Les autres suivent. Stelli tourne les scènes finales et notamment un long récit à fond de cale où les scènes tournées par Becker sont insérées en flash-back.

L'explosion, c'est celle d'Arletty, certes déjà appréciée depuis *Pension Mimosas* de Feyder et ses films avec Guitry, qui lui a proposé de l'épouser et le lui demandera encore pendant les dix années qui viennent. Mais, en 1938-1939, elle déploie sa verve, sa truculence, sa gouaille altière dans *Fric-Frac* et *Circonstances atténuantes* (face à Michel Simon), dans *Hôtel du Nord* (face à Louis Jouvet) et dans *Le jour se lève* (face à Jules Berry) : le cinéma français, ou plus exactement parigot, s'est inventé une reine des faubourgs, une Lady Paname, dont il saura faire un bel usage...

Dans un pays placé sous la menace et dans l'imminence d'une guerre avec l'Allemagne, notre cinéma doit être examiné sous ces deux rapports privilégiés : avec la guerre et avec l'Allemagne. Sur le premier point, ce qui caractérise l'époque, c'est la présence des militaires en première ligne des rôles vedettes : officiers, soldats et anciens combattants. S'agit-il de préparer la France au combat ? On peut en douter, car la tonalité de ces films est très largement pacifiste — « munichoise », commence-t-on à dire. Certes, quelques films exaltent faits d'armes et exploits guerriers, comme *Légions d'honneur* et surtout *Trois de Saint-Cyr*. Mais il s'agit plutôt d'hymnes patriotiques, si totalement déconnectés des perspectives de guerre européenne (le premier se déroule dans le Maghreb, le second en Syrie) qu'il est impossible de les rapporter à un quelconque combat antinazi. Il en est de même de quelques documentaires d'inspiration gouvernementale qui surgissent soudain : ce n'est pas la combativité qui les étouffe. *Unité française* a été monté à partir des images tournées par les six firmes d'actualités pendant le voyage qu'effectue Edouard Daladier en janvier 1939 en Corse, Tunisie et Algérie. Il montre un pays sûr de sa force, et qui n'aura pas à s'en servir. Même attitude chez Jean Loubignac, directeur des Actualités Pathé, qui conclut son long-métrage, *Sommes-nous défendus ?*, par cette rassurante invitation : « Vous pouvez dormir tranquilles, nous sommes défendus. » Dans un film de montage commandé à l'occasion du vingtième anniversaire de l'armistice de la Première Guerre mondiale (11 novembre 1938), *Le Soldat Inconnu nous parle*, c'est aussi l'appel à la paix qui domine, soutenu par l'ombre des Poilus de 1914.

Cet appel, il est lancé à une tout autre échelle, à sa manière lyrique, grandiose, mais aussi grandiloquente, par Abel Gance, dans un de ces poèmes à la fois épiques et mélodramatiques dont il a le secret, avec son nouveau *J'accuse* (commencé en 1937 et sorti en 1938). Gance avait déjà tourné un *J'accuse* en 1918, dont la vindicte était surtout tournée contre le militarisme allemand. Le second *J'accuse,* qui n'est pas un remake, ne garde du premier que cette idée, il est vrai essentielle, de l'appel, à la fin du film, aux morts de 14-18, qui sortent de leur tombe par milliers et s'avancent, mutilés, blessés, agonisant pour imposer la paix à ces fous de vivants qui préparent une nouvelle guerre. Des Etats généraux de la Paix universelle répondent à leur appel. Plus proche de l'esprit de *La Fin du monde* (dont il reprend certains plans) que du premier *J'accuse,* ce film de près de trois heures, inquiétant, bien qu'il s'achève dans un optimisme de conte de fées, désarçonne le public. Une fois encore, Gance, inspiré, a vu trop grand : pour les moyens dont il dispose, pour la capacité d'écoute du public. Une version raccourcie connaîtra un meilleur sort après la guerre. Avant, on ne voulait pas voir cela. Les épreuves ont littéralement ouvert les yeux des spectateurs.

Mais le message que *J'accuse* ne parvient pas à faire passer à sa sortie, en dépit, ou à cause même de sa grandeur, Abel Gance le transmet avec une incroyable efficacité émotionnelle dans un mélo superbe (avec Fernand Gravey et Micheline Presle dans le double rôle de la mère et de la fille). Dans *Paradis perdu,* un soldat apprend, dans les tranchées de la guerre de 14-18 la mort de sa femme, morte en accouchant d'une petite fille. François Truffaut a raconté dans *Le Cinéma selon François Truffaut* [1] comment il découvrit le cinéma avec ce film, dans une salle en sanglots. Il avouait que, chaque fois qu'il revoyait *Paradis perdu,* il pleurait, « car c'est un mélodrame irrésistible, génial vraiment ».

Comme dans la toute récente *Grande Illusion,* de Jean Renoir, tous ces soldats qui envahissent l'écran sont porteurs d'un message pacifiste : Raimu en ancien combattant devenu aveugle dans les tranchées pour *Héros de la Marne* (André Hugon), Jean-Pierre Aumont dans *Le Déserteur* (Léonide Moguy), rebaptisé *Je t'attendrai* à la demande de la censure, ou même *Les Otages* de Raymond Bernard. C'est un des nombreux films sur le scénario desquels Jean Anouilh travaille à l'époque, mais le scénario original est du cinéaste allemand émigré Victor Trivas, cinéaste pacifiste à qui l'on doit *No Man's Land* (1931), cinéaste populiste, auteur du film français *Dans les rues* (1933). La société de production « progressiste » Nero-Films, émigrée d'Allemagne, produit ces *Otages* sur l'histoire de cinq notables menacés d'exécution après la mort d'un officier allemand au début de la guerre. Ce sont donc des Allemands qui prennent l'initiative du seul film « anti-allemand », très bien réalisé par Raymond Bernard.

Par contre, *Paix sur le Rhin,* que nous avons déjà évoqué, réalisé par Jean Choux, est à sa façon munichois sans le savoir. C'est l'histoire d'une famille alsacienne préoccupée de faire la paix entre deux frères de retour de la guerre, l'un dans l'armée allemande, l'autre dans l'armée française... Il est d'autres façons de faire passer le message pacifiste. Dans *Alerte en Méditerranée,* trois commandants de navires de guerre allemand, français et anglais s'entendent pour arraisonner un navire chargé de gaz toxiques. Petite bizarrerie : le seul acte d'héroïsme du film est à mettre au compte du commandant allemand, la seule petite lâcheté au compte du commandant anglais... Heureusement, Marcel L'Herbier veille à la bonne santé des alliances et du moral national. « J'avais l'intuition qu'il nous fallait un film qui puisse provoquer l'union générale des Français », avoue-t-il modestement. Ce sera *Entente cordiale,* une grande production élégante et mondaine, sur l'idylle franco-britannique du temps d'Edouard VII et du président Loubet.

Peu ou pas de films, on le voit, qui soient en prise directe sur l'actualité. Principale exception — et elle est de taille, car l'œuvre est de bonne qualité : *Menaces* d'Edmond T. Gréville, porte un témoignage

---

1. Ed. Flammarion, 1988.

direct sur l'époque par son contenu comme par sa propre histoire. Tourné sous le titre *La Grande Alerte,* le film observe la dérive de plusieurs émigrés étrangers, réunis dans une pension de famille de la rive gauche, et dont l'angoisse monte avec la crise des Sudètes et Munich. Une fois terminé, le film est détruit par un incendie de laboratoire. Gréville entreprend le 21 août 1939 de le tourner à nouveau, en y introduisant de nouvelles scènes, avec les récents discours de Hitler puis le début des hostilités. Rebaptisé *Menaces,* il sort début 1940. Sous l'Occupation, il est détruit par les Allemands. Après la guerre, Gréville le reconstituera à partir d'une copie retrouvée, rétablissant la scène qui avait été coupée, où von Stroheim se suicidait devant le Panthéon, et introduira une fin optimiste avec des scènes de la Libération de Paris.

Dans son rapport à la guerre, le cinéma de cette année décisive prépare mal les Français aux épreuves qui les attendent. Qu'en est-il de son rapport à l'ennemi probable ou supposé, l'Allemagne ? La situation est aussi claire que paradoxale. L'heure n'est pas aux hostilités mais à l'idylle. C'est que les accords franco-allemands qui favorisent les coproductions, non seulement continuent de fonctionner, mais sont renouvelés et renforcés par un nouvel accord de coopération cinématographique, signé le 26 décembre 1938 par l'ambassadeur d'Allemagne, von Welczek, et le ministre français des Affaires étrangères, Georges Bonnet. Accord bilatéral qui aide surtout les Allemands en leur fournissant un cadre juridique favorable pour développer la politique intense de production étrangère (parfois en double version), dans leurs studios berlinois. C'est le sens de l'article 1 du nouvel accord qui prévoit : « Les films en langue française ou allemande réalisés en Allemagne pourront, quels que soit leur nature ou leur métrage, être librement introduits en France. »

Tout le cinéma français ou presque défile à Berlin, de Baroncelli à Ploquin, qui y réside, de Grémillon à Daquin, de Fernandel à Gabin. Michèle Morgan enchaîne *Le Récif de corail* sur *L'Entraîneuse* et découvre avec effroi au matin de la « nuit de cristal », le 10 novembre 1938, les magasins juifs éventrés et pillés, les synagogues incendiées. Françoise Rosay, qui participera activement à la propagande antinazie en France d'abord, puis en Angleterre, après avoir tourné à Munich *Les Gens du voyage* avec son mari Jacques Feyder, part pour Berlin pour un film purement allemand *Voyage de noces,* du réalisateur nazi Karl Ritter. Marcel L'Herbier tourne à Berlin *Adrienne Lecouvreur.* Il est très content des conditions de travail et de l'indépendance dont il jouit et s'en félicite dans un article publié en France sous le titre « Merci ». Jeanson relève férocement cette incongruité et s'étonne que ce cinéaste qui, en France, réclame davantage de liberté, l'ait trouvée en terre nazie ! La satisfaction de Marcel L'Herbier n'aura d'ailleurs qu'un temps. Car si *Adrienne Lecouvreur* connaît une bonne carrière en France, il ne sera jamais, malgré les accords, diffusé en Allemagne. On lui reproche la place trop importante occupée par Maurice de Saxe (Pierre Fresnay), l'amant de la jolie comédienne, peu apprécié des Allemands, puisque ce Saxon devint sous Louis XV maréchal de France et gagna, pour les Français, contre ses compatriotes, la bataille de Fontenoy.

En 1938 et 1939, la France aura encore tourné dix-huit films à l'étranger, dont neuf en Allemagne. Plus un en Hongrie, *Retour à l'aube* de Henri Decoin, un en Espagne, *Espoir* d'André Malraux, six en Italie dont *Terre de feu*, tourné en double version par L'Herbier, et *Dernière jeunesse*, où Jeff Musso adapte à nouveau O'Flaherty, avec un couple Raimu-Jacqueline Delubac tout à fait saisissant. Sorti en pleine mobilisation, *Dernière jeunesse*, qui confirmait les promesses du *Puritain*, passera inaperçu.

Quand, dans un article du 26 juin 1938, à propos de *L'Etrange Monsieur Victor* que nous avons déjà cité [1], Henri Jeanson regrette que Grémillon travaille pour cette U.F.A. « qui permet à l'Allemagne de se procurer en France des devises étrangères indispensables à l'exploitation intensive de ses usines de guerre », on est gêné qu'il s'en prenne à un homme aussi talentueux et intègre que Grémillon, mais, fondamentalement, il touche à quelque chose de vrai. Il est étrange qu'au moment où le courant antifasciste se développe dans l'opinion, la collaboration cinématographique franco-allemande d'avant-guerre n'ait pas soulevé davantage de réserves.

C'est seulement le 1er juillet 1939, à deux mois de la déclaration de guerre, que Fernandel, Elvire Popesco, Jules Berry quittent Berlin après y avoir tourné, sous la direction d'Albert Valentin *L'Héritier des Mondésir*. Nous avons vu que ce film a bénéficié de la collaboration de dernière heure de Jacques Becker, qui n'apparaît pas plus au générique de *L'Héritier des Mondésir* qu'à celui de *L'Or du Cristobal*. Mais le film de Valentin, pour médiocre qu'il soit, mérite cependant d'entrer dans l'Histoire, car avec lui s'achèvent les dix années de collaboration intensive des cinémas français et allemand entamées en 1929, avec *La nuit est à nous*. Après une année de rupture, la « collaboration » va changer de nature...

Tandis que techniciens, cinéastes et comédiens français travaillent dans l'efficace machine de production mise en place par les autorités allemandes, en France des films continuent à être tournés avec le concours des cinéastes et techniciens qui ont fui l'Allemagne ou l'Autriche. Pour la seule période considérée, Pabst tourne *Le Drame de Shanghai*, puis *Jeunes filles en détresse* (il retournera en Allemagne en 1941) ; Ludwig Berger tourne *Les Trois Valses* ; Kurt Bernhardt tourne *Carrefour*. Le cinéaste de *Caligari*, Robert Wiene, a presque

1. Voir p. 253.

327

terminé *Ultimatum* quand il meurt d'un cancer. Le germano-américain Robert Siodmak finira le film avant de tourner l'excellent *Pièges*, évocation du criminel Weidmann, dernier condamné à mort à avoir été guillotiné en public. Cette enquête dans les milieux de la haute-couture et des boîtes de nuit dépasse en noirceur ce que Mirande et Duvivier conjugués auraient pu imaginer de plus pervers. Pierre Renoir, Erich von Stroheim, Varennes, Temerson font d'étonnantes créations de détraqués. Maurice Chevalier est un suspect improbable : ses derniers films ont été des échecs, sa carrière cinématographique est au bas de la courbe. Aussitôt *Pièges* terminé, le 31 août 1939, Robert Siodmak s'embarque sur le *Champlain* à destination des Etats-Unis. Il connaîtra une brillante carrière sur sa terre natale, mais reviendra parfois, dans les années cinquante et soixante, tourner en France (notamment un remake du *Grand Jeu* de Feyder) et en Allemagne...

Rappelons l'éminente contribution de techniciens allemands émigrés. Trois chefs-d'œuvre sortis ou tournés en 1938-1939 ont pour chefs opérateurs deux maîtres allemands, Curt Courant (*La Bête humaine*, *Le jour se lève*) et Eugen Schüfftan (*Le Quai des Brumes*).

Bref, tout est calme sur le front de la vie professionnelle. Un non-événement éclatant en fait la démonstration par l'absurde. Le 17 mars 1939, le *Journal officiel* publie un décret du président de la République Albert Lebrun présentant à la Chambre des députés un « projet de loi sur la cinématographie » signé, entre autres, d'Edouard Daladier, président du Conseil, ministre de la Défense et de la Guerre, Paul Reynaud, ministre des Finances, Albert Sarraut, ministre de l'Intérieur, Georges Bonnet, ministre des Affaires étrangères et surtout de son véritable instigateur, Jean Zay, ministre de l'Education nationale. Acte significatif et spectaculaire, car il tire les conclusions d'une décennie d'enquêtes, de débats, de réunions, de commissions, de luttes syndicales, de rapports parlementaires et ministériels et qu'il fixe les bases d'un statut juridique d'une activité désormais consacrée comme spécifique et importante : le cinéma [1]. Ses principales dispositions concernent l'assainissement moral de la profession, l'encouragement au crédit et son meilleur contrôle, et surtout la création d'un « Registre central de la cinématographie » où seront déclarés tous les éléments constitutifs de l'état civil du film (scénario, collaborateurs, financement). Sortant de sa jungle, le cinéma va enfin exister en droit...

Pas vraiment. Car nous sommes en 1939, au moment où les pouvoirs s'étiolent au rythme même où les dangers s'accroissent. Le projet de loi reste projet. Il ne sera jamais débattu. Sous Pétain, d'autres hommes, mais aussi les mêmes, chargés des mêmes dossiers, seront plus expéditifs. Ils imposeront en moins d'un an la réforme que la République a mis dix ans à ne pas faire.

---

1. Voir première partie, p. 178 et/ou 184.

La bataille de Venise

Rien à signaler ? Ce n'est pas tout à fait exact. En fait, déjà, une guerre a éclaté. Une guerre, certes, picrocholine. Mais comme elle concerne le cinéma, elle nous intéresse. C'est d'une affaire de prestige qu'il s'agit. Elle est donc, comme c'est le cas quand des nations sont en jeu, économique et politique. Elle a pour déclencheur les jeux Olympiques et pour champ de bataille le Festival de Venise. Petit retour en arrière.

En août 1932 la Biennale d'art de Venise a créé une section ouverte à cet art moderne : le cinéma ; à partir de 1934 que le Festival de cinéma de Venise est devenu annuel. C'est la première et la seule manifestation internationale consacrée au cinéma. Elle bénéficie de l'aura de la Biennale d'art qui jouit d'un grand prestige dans le domaine des arts plastiques. La sélection des films présentés, effectuée à l'époque par des officiels italiens avec le concours des institutions nationales des pays concernés, est plus éclectique qu'artistique : le Festival des années trente n'a pas grand-chose à voir avec ce qu'il est devenu, notamment depuis les années quatre-vingt. Mais il constitue une bonne vitrine des cinématographies étrangères, à une époque où les échanges sont rares (sauf pour les films américains), et une aide à l'exportation des films révélés, surtout quand ils obtiennent un prix. Des prix qui sont, de ce fait, très prisés. Bien qu'apparu dans l'Italie mussolinienne, le Festival de Venise n'est à ses débuts qu'artistique, commercial et mondain. La politique apparaît avec le durcissement du régime fasciste, le développement de l'esprit militaire et de conquête, la prise de pouvoir en Allemagne par les nazis et le rapprochement entre les deux dictateurs. Des signes avant-coureurs font grommeler les représentants de pays démocratiques, ce qui n'est pas rien car films américains, britanniques et français, entre autres, forment le fonds de la programmation du Festival, même si films italiens et films allemands prennent de plus en plus de place dans les programmes et dans le palmarès. En 1937, les Français ont reçu le Prix du meilleur film étranger pour *Carnet de bal*, du meilleur scénario pour *Les Perles de la Couronne*, mais sont néanmoins furieux que *La Grande Illusion* ne se soit vu attribuer qu'un prix de consolation, le Grand Prix lui ayant été refusé à cause de son message pacifiste. Les Etats-Unis, avec onze longs-métrages en compétition, n'obtiennent qu'un Prix d'interprétation pour Bette Davis, alors que les quatre films italiens ont chacun un prix. La grogne monte. En 1938, le cinéma français est dix fois présent : par sept films français, ainsi que par *Break the News* (René Clair en Grande-Bretagne), *Les Gens du voyage* (Jacques Feyder, présenté par l'Allemagne, dans la sélection allemande), et par *The Rage of Paris* (Henry Koster, U.S.A.) dont Danielle Darrieux joue le rôle principal pour lequel elle sera récompensée. Parmi les sept films français retenus, outre *Le Quai des Brumes*, figurent quelques excellentes productions comme *Entrée des artistes*, (de Marc Allégret sur les passions professionnelles et sentimentales d'élèves du Conservatoire, formés par un merveilleux Louis Jouvet) ; *La Mort du cygne*, qui marque la troisième présence justifiée de Jean Benoit-Lévy et Marie Epstein à Venise (après les réussites de *Itto* en 1935 et *Hélène* en 1937) ; *Prison sans barreaux*, film réquisitoire de Léonide Moguy contre les maisons de redressement pour femmes avec la révélation de la jeune Corinne Luchaire ; *Le Joueur d'échecs*, nouvelle version, par Jean Dréville, d'un sujet historico-fantastique déjà traité par Raymond Bernard en 1926 ; *L'Innocent*, comédie écrite et jouée par Noël-Noël, et *Ramuntcho*, adapté de Pierre Loti. Là encore, quelques lots de consolation récompensent les Français, mais le Grand Prix échappe au *Quai des Brumes* pour des raisons qui n'ont rien d'artistique. Les Américains sont tout aussi furieux de voir les grands prix leur passer sous le nez. Mais, surtout, les représentants des pays démocratiques ne supportent pas que, pour des raisons politiques, le Grand Prix ait été partagé entre deux films aux orientations fascistes évidentes : *Luciano Sera, pilote*, de Goffredo Alessandrini et Vittorio Mussolini (le fils du Duce), et *Les Dieux du stade* de Leni Riefenstahl, qui exalte les aspects idéologiquement les plus contestables des jeux Olympiques qui se sont tenus à Berlin en 1936. Les membres anglais et américains du jury démissionnent pour protester contre la politisation du Festival. Dans la délégation française naît l'idée, approuvée par les représentants de bien d'autres pays, de créer un autre festival, un festival politiquement indépendant, un festival du monde libre. Ce projet a l'approbation du ministre de l'Education nationale, Jean Zay. Philippe Erlanger, responsable de l'action culturelle à l'étranger est chargé des enquêtes préliminaires.

Bientôt, c'est décidé : le nouveau festival aura lieu à Cannes du 3 au 20 septembre 1939, il sera indépendant et apolitique. La sélection française devrait comprendre *L'Enfer des anges* de Christian-Jaque, *La Loi du Nord* de Jacques Feyder, *La Charrette fantôme* de Julien Duvivier et *L'Homme du Niger* de Jacques de Baroncelli. Pour mieux marquer l'apolitisme du Festival, les responsables retirent de la sélection *Entente cordiale* de L'Herbier, qui peut passer pour de la propagande en faveur de l'alliance franco-britannique.

A partir du 15 août, on rencontre sur la Côte d'Azur George Raft, Paul Muni, Annabella, Charles Boyer, Gary Cooper, Douglas Fairbanks : les vedettes du futur festival convergent vers Cannes. Les vedettes américaines surtout. On aperçoit beaucoup moins de Français. C'est que les Américains ont joué le jeu à fond. Ils ont rompu avec le Festival de Venise et n'y ont envoyé ni sélection ni délégation officielle. Les Français eux, pendant qu'on prépare le Festival de Cannes, sont à Venise (du 8 août au 1er septembre) où ils présentent six longs-métrages : *La Bête humaine* de Renoir, *Le jour se lève* de Carné, *Derrière la façade* d'Yves Mirande et Georges Lacombe, *La Fin du jour* consacré par Julien Duvivier à une maison de retraite pour comédiens, véritable hymne au théâtre, où l'on assiste à de superbes numéros de cabotinage au premier, second ou troisième degré, dus à ces monstres sacrés que sont Louis Jouvet, Victor Francen et Michel Simon. Les deux autres films de la sélection « française » témoignent de l'imbrication des cinématographies européennes. *Dernière jeunesse*, de Jeff Musso, est une coproduction franco-italienne tournée en Italie et présentée conjointement par les deux pays. *Jeunes filles en détresse* (film contre le divorce) est dû à l'Allemand Georg Pabst, émigré en France et qui reviendra tourner en Allemagne en 1941. Le fleuron de la sélection allemande est l'adaptation par Willi Forst du *Bel-Ami* de Maupassant. Le Prix de la Biennale sera partagé en 1939 entre *La Fin du jour* (Duvivier-France), *Les Quatres Plumes blanches* (Zoltan Korda, Grande-Bretagne) et *La Vie du Dr Koch* (Hans Steinhoff, Allemagne).

Un palmarès très diplomatique destiné à calmer le jeu. Mais c'est trop tard. Car tandis que les préparatifs de Cannes se poursuivent activement, et que le monde du cinéma commence à s'y rassembler, l'annonce, le 23 août 1939, du pacte germano-soviétique fait l'effet d'une douche froide, et tout de suite on enregistre les premiers abandons. Les menaces sur la Pologne se précisent. La mobilisation générale est décrétée. S'agit-il d'une simple précaution, qui, prise l'année dernière, se révéla heureusement inutile ? On veut encore le croire : officiellement le premier Festival international du cinéma de Cannes est reporté du 3 septembre au 10 septembre. Mais le 3, c'est la guerre. Le Festival est annulé, ou plus exactement il est reporté — mais personne ne peut le savoir — à 1946. C'est reculer pour mieux sauter. Il deviendra la plus importante des manifestations cinématographiques mondiales.

Dernières éclaircies

De Munich à l'invasion de la France, de septembre 1938 à mai 1940, l'imminence, puis le déclenchement de la guerre pèsent de manière fort différente sur les films, suivant les cas. Compte tenu de la lenteur et de la lourdeur du processus de production, des films continuent de naître en pleine tourmente qui avaient été élaborés en toute (ou relative) quiétude, et cette production compte des œuvres de qualité, même si parfois elles semblent un peu déphasées et situées hors du temps. C'est l'impression que nous donnent tout spécialement les comédies, pourtant plus nécessaires encore dans les temps difficiles. Parmi les comédies, deux d'entre elles demeurent en mémoire et sont toujours associées : *Fric-Frac* d'après une pièce de Maurice Bourdet, adaptée par Maurice Lehmann et Claude Autant-Lara, et *Circonstances atténuantes* dialogué par Yves Mirande et réalisé par Jean Boyer. Ces deux films ont en commun leur drôlerie langagière et une performance exceptionnelle du pittoresque couple Michel Simon-Arletty. A l'occasion d'intrigues improbables, des honnêtes gens se mêlent à des voyous du milieu, s'initient à leur argot et à leurs mœurs et leur enseignent leurs valeurs. De *Boudu* à Jo-les-bras-coupés (par la paresse) de *Fric-Frac*, Michel Simon aura maintenu une invention et une liberté d'expression incroyables, aux bords de la folie. D'ailleurs la plupart de ses tournages se passent mal, car Simon n'est guère coopératif avec ses partenaires pendant les répétitions, et les surprend tellement pendant les prises qu'ils en perdent leur concentration... Des acteurs aussi différents mais aussi confirmés que Louis Jouvet et Fernandel eurent le plus grand mal à lui donner la réplique. D'une autre manière, Jules Berry obtient le même résultat...

Du côté de la comédie sentimentale, Henri Decoin poursuit triomphalement sa mise en valeur des talents de Danielle Darrieux, et après les deux réussites dramatiques (*Abus de confiance*, 1937, et *Retour à l'aube*, 1938) fait fredonner à la France entière la chanson de *Battement de cœur*.

Cependant la réussite la plus marquante, c'est à Sacha Guitry qu'on la doit avec *Ils étaient neuf célibataires*. Depuis que nous l'avons quitté, Sacha n'est pas resté inactif. Il a divorcé, il s'est remarié, il a été élu à l'Académie Goncourt, il a écrit et tourné un divertissement endiablé mais qui trouve son point de départ dans un problème actuel. La première séquence se déroule dans un restaurant. A une table, Guitry explique à un ami son métier d'« intermédiaire ». Tenté par une carrière d'homme honnête, il n'a jamais trouvé l'occasion de réaliser ses ambitions : le roman d'un tricheur continue. A une table voisine, une comtesse roumaine (Elvire Popesco) vient s'asseoir. Guitry en tombe fou amoureux. Un marchand de journaux surgit : un nouveau décret-loi oblige tous les étrangers à quitter la France. Panique chez la comtesse. Amusement de Sacha. Une idée a surgi : vendre à de riches étrangères qui veulent rester en France, pour des mariages blancs, de vieux et pauvres célibataires français recrutés par petites annonces. Neuf clientes achètent les neuf célibataires de Sacha qui s'évadent de leur retraite et se présentent chez leurs épouses. Sur ce thème, toutes les variations sont possibles et Guitry s'en donne à cœur joie. Avec en prime, pour dire un texte savoureux et pétillant, ces virtuoses que sont Popesco, Marguerite Moreno, Pauline Carton, André Lefaur, Victor Boucher, Saturnin Fabre, Aimos : un festival. Bagatelles avant le massacre : la première de ce feu d'artifice a lieu à Vittel, le 30 août 1939.

Du côté des films dramatiques, Christian-Jaque, qui a tourné en 1937-1938 trois Fernandel, révèle des qualités jusqu'alors peu discernables avec *Les Disparus de Saint-Agil* qui obtient le prix Jean Vigo en 1938. L'intrigue — une enquête du genre policier dans le cadre d'un collège — vaut moins par son suspense que par son atmosphère fantastique (et une remarquable interprétation, notamment d'Erich von Stroheim). C'est le premier film notable tiré d'un roman de Pierre Véry, qui va s'affirmer comme un scénariste à suivre. Les dialogues de Jacques Prévert contribuent à un climat poétique très particulier qui anticipe une forme de cinéma qui va se développer pendant la période de l'Occupation. En 1939, dans une direction encore différente, en héritage direct du cinéma populiste, Christian-Jaque réalise aussi *L'Enfer des anges*, film social assez violent sur le malheur des enfants pauvres jetés à la rue par leurs parents. Mais le film le plus proche de la récente tradition du « populisme tragique », on le doit à Pierre Chenal, avec l'impressionnante adaptation qu'il réussit (sous le titre *Le Dernier Tournant*) du roman américain de James Cain, *Le facteur sonne toujours deux fois*. Chenal trouve le ton juste où se mélangent passion torride, calculs sordides et fatalité pour traduire à la fois la banalité criminelle et le mystère aussi bien social que psychologique de ce couple innocenté pour l'assassinat qu'il a commis, séparé par une mort accidentelle, où l'homme, cette fois, paiera un crime qui n'a pas eu lieu. Fernand Gravey est le jouet fragile de la fatalité, et mène à la mort le couple étrange qui l'a recueilli, Corinne Luchaire et Michel Simon. Sorti peu de temps avant l'invasion, en 1940, *Le Dernier Tournant* passe inaperçu. Il est retiré de la circulation sous l'Occupation, car signé d'un juif, qui a émigré, puis remis discrètement en circulation avec un générique expurgé du nom du cinéaste interdit. A la Libération, le nom de Pierre Chenal retrouve sa place, mais des interdits pesèrent sur Robert Le Vigan (pour activités de collaboration, notamment à la radio) et sur Corinne Luchaire (fille d'un grand patron de la presse « collabo »). *Le Dernier Tournant* n'a pratiquement jamais connu de carrière normale sur les écrans français.

Les trois coups : « *Espoir* », « *La Règle du jeu* », « *Le jour se lève* »

On ne peut guère trouver le reflet de l'époque dans tous ces films que nous venons d'évoquer. Ce reflet, tamisé ou réfracté, éclatant ou secret, on l'isole plus clairement dans les trois chefs-d'œuvre que vont engendrer les vingt mois qui précèdent la tourmente. Avec *Espoir, La Règle du jeu* et *Le jour se lève*, le cinéma français frappe les trois coups de la tragédie.

« Espoir »

Chef-d'œuvre, c'est vite dit. Tout le contraire aussi bien, si l'on songe à ce que le mot implique de perfection formelle et d'application artisanale. *Espoir* est, dans notre cinéma, une météorite chue d'une autre planète, film unique, dans tous les sens du terme, enfanté par le génie d'un homme et le chaos de l'Histoire, mutilé, inachevé, inabouti au regard de son auteur même et qui scintille pourtant de son éclat de diamant. *Espoir* est davantage qu'une œuvre : un épisode dans la trajectoire d'un aventurier. Ecrivain engagé, romancier du tragique révolutionnaire et de ses illusions lyriques, André Malraux (prix Goncourt en 1933 avec *La Condition humaine*) s'engage à fond dès 1936 aux côtés de la République espagnole menacée par Franco, organise une escadrille, participe lui-même à des combats aériens, s'appuie sur sa célébrité pour ameuter l'opinion internationale, tire de son expérience espagnole un grand roman *L'Espoir* (fin novembre 1937). D'un voyage aux Etats-Unis, Malraux tire la conviction qu'un film ferait davantage pour la cause espagnole qu'un livre : il le tournera donc. Cinéphile ardent, passionné d'expressionnisme allemand et d'Eisenstein, mais parfait amateur, il se lance dans le tournage d'un film de fiction, rebaptisé *Sierra de Teruel* pour bien signifier qu'il ne s'agit pas d'une adaptation de son roman. L'épisode principal du film (le bombardement d'un champ d'aviation franquiste, la chute de l'avion dans la montagne, le retour de l'équipage) est bien extrait de la dernière partie de *L'Espoir*, ainsi que deux autres scènes. Mais les séquences ne représentent plus qu'un tiers du scénario original. A l'arrivée, compte tenu de l'inachèvement du film, elles en représentent plus de la moitié. En revanche les différences sont considérables. Le roman dure d'août 1936 à juillet 1937. Le film dure deux jours, en 1938, et la guerre n'est plus du tout la même. Le livre s'appelle *L'Espoir*. Un jour de tournage, fin 1938, peu avant la chute, en janvier 1939 de Barcelone, que Malraux avait quitté l'avant-veille, l'écrivain laisse tomber : « Ce film devrait s'appeler "Chant funèbre pour les morts de la Guerre d'Espagne". » Malraux a reçu pour son projet l'aide et la bénédiction du gouvernement républicain. Il s'installe aux studios de Montjuich à cinq kilomètres de Barcelone. Tout fait problème : le déblocage de l'argent, le matériel, la pellicule, les projecteurs, la nullité du système d'enregistrement sonore, les coupures d'électricité pendant les alertes, la léthargie des officiels, le bureaucratisme des syndicats, les difficultés de communications postales, téléphoniques et aériennes. L'équipe est formée du chef opérateur Louis Page et de sa femme Paule Boutault qui sera script-girl, de l'opérateur André Thomas, du journaliste d'origine belge Denis Marion, du scénariste Boris Peskin, de l'écrivain Max Aub : seule l'équipe image est professionnelle, aucun des autres n'a jamais travaillé sur un film. La pellicule filmée met trois semaines pour parvenir à Paris, et revenir développée. En cas d'urgence (c'est-à-dire souvent) il faut aller à Port-Bouc, ou à Perpignan, ou à Paris même pour faire avancer les travaux. La situation militaire ne cesse de se détériorer, et le moral de la population civile de faiblir. Le sens même de l'entreprise est remis en cause par les événements. Le film avait pour ambition d'appeler à l'aide pour une Espagne républicaine agressée, en lutte pour sa liberté. Plus le temps passe, plus l'issue de cette lutte semble fatale et imminente. La première victoire, la plus impressionnante peut-être de Malraux, c'est de croire si fort à son film qu'il parvient à rapatrier son équipe et quelques bouts de décors nécessaires à des raccords, à trouver à Paris un nouveau producteur, son ami Corniglion-Molinier, à reconstruire une sorte de récit avec la pellicule utilisable (la moitié du scénario a été tournée), à refaire entièrement la bande-son avec de nouvelles voix, tant celle d'origine est mauvaise. D'une production totalement sinistrée, il tire ces ruines superbes qu'il peut montrer en juillet 1939, dans la petite salle du 44 Champs-Elysées, au président du Conseil des ministres de la République espagnole en exil, Negrin, et à quelques officiels. *Sierra de Teruel* est un document lyrique, passionné, un peu incohérent, d'une vérité bouleversante, où chacun, acteurs de second plan, recrutés à la diable et paysans du coin interprétant leur propre personnage, semble jouer sa vie devant la caméra. Quelques scènes sont inoubliables : le paysan qui, de l'avion, cherche à reconnaître son champ, l'écrasement de l'appareil dans la montagne, la descente vers la vallée du lent cortège funèbre. Grand admirateur de *Nosferatu*, Malraux, dans son film unique, annonce plutôt le Rossellini de *Rome ville ouverte* et de *Païsa*. *Sierra de Teruel* doit sortir en septembre 1939. Mais c'est la guerre. Malraux qui, dans les années 1934-1936 a tenu quelques meetings du Front populaire, aux côtés d'Edouard Daladier, voit son film interdit par le gouvernement Daladier : la situation est trop tendue pour que la France se mette Franco à dos. Pendant la guerre, les Allemands ordonnent la destruction du film. Mais (par erreur ?) c'est un négatif de *Drôle de drame* qui est brûlé à sa place. En 1945, tandis que le colonel Malraux se bat avec la brigade Alsace-Lorraine, le distributeur de *Sierra de Teruel* change le titre et choisit *Espoir* qui rappelle le titre du livre, en lui ôtant, avec l'article, l'optimisme qu'il promettait. Avec quelques nouvelles coupures, le film sort en juin 1945. Il remporte le prix Louis Delluc, mais c'est un échec. Il faut dire qu'en 1945 la guerre d'Espagne a reculé loin dans les mémoires. D'autres combats, d'autres espoirs ont gommé ceux de la Sierra de Teruel.

« Le jour se lève »

Comme souvent, les origines du film sont un peu nébuleuses. Après *Le Quai des Brumes*, Carné a signé un contrat pour un autre film avec

Gabin. De retour d'Amérique où il se trouve pendant que Carné tourne *Hôtel du Nord*, Prévert a une idée de scénario qui prend le titre de « Rue des Vertus ». Des rôles sont prévus pour Jean Gabin, Jules Berry et Arletty. Le film commencerait dans une sorte d'auberge où un crime a jadis été commis et qui a été transformée en musée du crime. Un gangster blessé vient s'y réfugier. Il revient d'Amérique et veut remplacer les activités illégales et dangereuses de la criminalité par les activités légales et plus rentables encore de la politique. S'ensuit une guerre des bandes entre tenants de la nouvelle Mafia affairiste et partisans du gangstérisme de papa. Le film doit se terminer par un règlement de comptes, la nuit de Noël, dans l'église des Baux-de-Provence. Prévert, Trauner, Carné s'y rendent en repérage, mais le film ne se fera pas. (Carné raconte que Prévert n'est pas arrivé à terminer le scénario. Trauner prétend que Carné, ou le producteur, aurait reculé devant les implications politiques du film.) A cette époque, nous dit toujours Carné dans son livre *La Vie à belles dents* [1], son voisin de palier vient le voir pour lui proposer trois pages exposant le thème, et le mode de récit du *Jour se lève*. L'étrange dans ce récit, c'est que Carné dit qu'il a entendu parler de ce voisin comme d'un aventurier spécialiste de peinture naïve, mais a l'air d'ignorer que Jacques Viot est un scénariste déjà connu, qui a signé quelques films non négligeables comme *Les Beaux Jours* et *Sous les yeux d'Occident* de Marc Allégret, et *Les Gens du voyage* de Jacques Feyder. En tout cas, *Le jour se lève*, et plus spécialement l'idée d'un film se déroulant en une nuit, par flash-back, l'emballe. Il obtient l'accord de Gabin, puis celui de Prévert pour l'adaptation et les dialogues. On garde les trois comédiens prévus pour *La Rue des Vertus* à qui s'ajoute l'amie de Prévert, Jacqueline Laurent. Carné, Viot, Prévert, Gabin, Arletty, Berry : tout est en place ? Non. Il manque encore une vedette essentielle : le décor. Carné et Trauner se battent avec le producteur pour obtenir l'élément dramatique nécessaire à leur récit : la construction, en studio, d'une petite place sur laquelle s'élève un immeuble très haut et isolé, au dernier étage duquel se trouve la chambre de Jean (Gabin), expression physique de sa totale solitude. Trauner a photographié la maison qui lui sert de modèle, pendant le tournage d'*Hôtel du Nord*, en haut de la rue La Fayette. Le décor du *Jour se lève* remplace bientôt celui du canal Saint-Martin construit pour *Hôtel du Nord*, aux studios de Billancourt. Par-dessus le toit, il faut installer une passerelle où loger la caméra pour tourner la scène où Gabin, de sa fenêtre, harangue la foule dans la rue. En bas, en studio, cette chambre reconstituée pose aussi des problèmes, car elle doit être close, avec ses quatre murs entre lesquels Gabin tourne comme un lion en cage. La situation se complique quand des coups de feu ont démantibulé la fenêtre et la porte

---

1. Belfond, 1989.

auxquelles on ne peut plus toucher : acteurs, réalisateurs, techniciens, pénètrent dans ce huis clos, le matin, en utilisant des échelles d'électricien qu'on retire ensuite. Ils sont prisonniers du décor jusqu'à l'interruption du travail. Ce ne sont pas des détails mineurs. La réussite du *Jour se lève* est d'abord là : dans cet artisanat inventif et passionné où les problèmes de fond, le drame, la solitude, le désespoir se résolvent par le maniement des outils, le trucage des constructions, le jeu des lumières.

Le jour se lève nous ramène au « populisme tragique » pour nous en fournir l'archétype. Le genre est né avec *Le Crime de Monsieur Lange*, il s'éteint en beauté avec ce film qui en est la réplique désespérée : de janvier 1935 à juin 1939, l'espoir de Malraux est mutilé, les règles du jeu ont sauté, et quand le jour se lève, là-haut, dans la chambre du métallo Gabin, le réveil sonne pour l'appeler au boulot, mais il n'y a plus qu'un cadavre pour l'entendre. Au début du film, Jean tue Valentin (Jules Berry). Bientôt, la police l'assiège. Il se défend, bouche les issues, choisit une forme de résistance résignée et méditative, met de l'ordre dans ses affaires, fume cigarette sur cigarette, car il n'a plus d'allumettes, rêve sur un ours en peluche qui a reçu une balle, sur le mouvement de bateaux dont parle un journal, sur une broche, sur un jeu de photos. Dans son bastion dérisoire, les souvenirs se ressassent à la pelle. Au cours de cette dernière nuit solitaire, trois retours en arrière évoquent les étapes qui ont conduit au crime. Valentin est un dresseur de chiens un peu escroc, un peu maître chanteur, qui a été l'amant de la jeune femme que Jean aime (Françoise/Jacqueline Laurent) et qu'il cherche à récupérer. C'est un compliqué, un venimeux, un baratineur, un mythomane et, surtout, un salaud. Jean est simple, honnête, direct, incapable d'endiguer les petites manœuvres et les grands discours de Valentin. Celui-ci le provoque pour déclencher sa colère et se faire tuer. « Tu es bien avancé maintenant », lui lance Jean, après avoir tiré. « Et toi ? » lui répond Valentin qui est arrivé à ses fins, avant de s'écrouler. Au terme du parcours, les deux personnages symboliques du « cinéma des tricheurs » et du « populisme tragique », interprétés respectivement par Jules Berry et Jean Gabin, se retrouvent face à face et s'anéantissent dans un double suicide. Mais celui du « tricheur » est raffiné : il réussit à se faire tuer, et à condamner ainsi son assassin à mort. Lange aussi, ouvrier typographe comme Jean est ouvrier métallo, était amené à tuer un salaud (le même) en quelque sorte par contrainte morale : il était acquitté par la voix du peuple. Mais Jean tue dans une affaire sentimentale tordue, sans avoir à défendre son boulot, celui de ses copains, l'idée de la coopérative. Et si quelques camarades viennent dans la foule lui donner des signes de solidarité, l'indifférence domine, mêlée d'hostilité, sinon de peur. Souvenons-nous du poème de Prévert : « C'est fini, les trois mousquetaires. Voici venu le temps des égoutiers... »

Marcel Carné, incontestable maître d'œuvre de cette entreprise où chaque seconde pèse, chaque objet compte, a conduit avec sûreté l'innovation (en France en tout cas) d'un récit où le « maintenant » et l'« autrefois » se développent, à égalité de temps et d'importance, et s'entrelacent jusqu'à la mort du héros. Au niveau de maîtrise qui est le sien, *Le jour se lève* ne proclame pas seulement la qualité artistique de notre cinéma. Il constate la fin d'un monde. La mort suicidaire du héros aux yeux clairs, interprété par Jean Gabin, statue vivante de la vitalité populaire, dénonce l'impasse où bute la société. Le réveil qui sonne quand le jour se lève annonce l'heure venue des grands changements.

« La Règle du jeu »

Le 7 octobre 1938, un billet du quotidien *Ce soir* stigmatise Munich : « à la place de Daladier et de Chamberlain, humbles représentants de nos soi-disant démocraties dans cette baraque foraine, je me serais senti humilié », dit l'auteur. Ce journaliste, c'est le cinéaste Jean Renoir, qui met fin, avec cet article, à sa collaboration à *Ce soir*. Il termine, cette semaine-là, *La Bête humaine*, qui sortira avec succès (treize semaines d'exclusivité) en décembre. Mais le trouble déjà s'est installé chez Renoir et une révision déchirante s'est amorcée. C'est ce trouble, cette remise en cause des valeurs, en prise directe sur la prise de conscience que traversent alors les sociétés démocratiques, qui va donner, quelques mois plus tard, *La Règle du jeu*. Tourné en Sologne, à partir de la mi-février 1939, le film sort le 7 juillet (*Le jour se lève* est sorti le 17 juin). C'est une catastrophe. Le public siffle, plaisante, proteste. En cinq jours, Renoir ramène le film de cent minutes à quatre-vingt-dix, puis quatre-vingt-cinq minutes. En vain : le film quitte l'affiche le 3 août. A René Clair, qui lui demande ce qu'il a voulu faire, Renoir avoue : « Je ne sais plus. » C'est ce même film dont François Truffaut pourra légitimement dire, trente ans plus tard : « C'est le credo des cinéphiles, le film des films, le plus haï à sa sortie, le plus apprécié ensuite. » Et ailleurs : « C'est le film qui a suscité le plus de vocations de cinéastes auprès de jeunes qui avaient d'abord envisagé de s'exprimer par le roman. »

Nourri, c'est sa nouvelle phase, de Rameau et de Musset, Renoir a voulu, en partant d'une variation sur *Les Caprices de Marianne*, montrer une société qui danse sur un volcan : une sarabande de plaisirs et d'aventures, ponctuée de mort, où l'humour et le cynisme sont l'ultime politesse de ceux qui savent que le gouffre les attend. Nulle analyse psychologique, nulle progression dramatique dans ce film, d'une telle modernité qu'on comprend que les spectateurs de 1939 aient rejeté un aussi insolite faire-part de décès. C'est leur mort (comme société) qu'on leur annonce, dans cette peu héroïque kermesse, où les parties de chasse ont la sèche cruauté de scènes de guerre. Comme maître de ballet, un exquis marquis de La Chesnaye (Marcel Dalio), également défini comme juif et métèque, donne des leçons de civilisation à sa horde d'invités et à ses domestiques : on est loin de *La Grande Illusion*, comme du Front populaire. Ici se télescopent le « cinéma des tricheurs » et le « populisme tragique », l'univers du mensonge mondain et celui de la fatalité sociale. Quelles que soient les catégories (esthétiques, sociales, morales) auxquelles se réfèrent, fût-ce implicitement, le public et les critiques, toutes ces catégories sont ici dynamitées. Dans son *Dictionnaire du cinéma* [1], Jacques Lourcelles, à l'article « *La Règle du jeu* », résume l'action en une cinquantaine de courtes phrases, précises, exactes, relatant l'enchaînement des scènes. Le lecteur qui ne connaît pas le film peut comprendre qu'il s'agit d'un film burlesque, d'une sorte de *Nuit à l'Opéra*, solognote. Il aurait d'ailleurs raison, car *La Règle du jeu*, c'est aussi cela. Lorsque au bal masqué du château de La Colinière, en pleine *Danse macabre* de Saint-Saëns dansée par des squelettes, surgit Schumacher en justicier, brandissant son arme, tirant dans les salons, tandis que Marceau fuit en dérapages contrôlés à la Charlot, c'est Zola poursuivant Feydeau dans une fête de Choderlos de Laclos. Faut-il rire, faut-il pleurer, au « drame gai » que voulait Renoir et qu'il a si parfaitement réussi que personne n'y trouve plus ses repères ? Si l'auteur peut légitimement invoquer l'influence de Marivaux, c'est bien la trame de Musset qui est respectée, ce qui est déjà très différent. Mais le film ne ressemble en rien à une « comédie » (genre théâtral bien défini), classique ou moderne, mais plutôt aux films à sketches ou mieux à intrigues multiples qui se sont développés depuis quelques années comme *Les Perles de la Couronne*, de Guitry, *Café de Paris* d'Yves Mirande (Jacques Lourcelles cite comme source possible *Sept hommes, une femme* de Mirande). Mais évoquer ces précédents, c'est tout de suite faire éclater les différences. Dans ces films, les éléments variés qui les composent sont justement présentés comme « différents ». C'est l'addition de leur différence qui renouvelle le spectacle. Dans *La Règle du jeu*, le miracle c'est que les éléments hétérogènes (genres de spectacle, classes sociales, valeurs morales, attractions sentimentales ou sexuelles) se fondent peu à peu dans un même ballet, un seul univers où des êtres, tous différents, tous solitaires, mais tous humains, se retrouvent inextricablement impliqués dans la même mêlée. « Il n'y a pas un personnage de *La Règle du jeu* qui mérite d'être sauvé », aurait dit Jean Renoir. Il aurait pu tout aussi bien dire, ou même plutôt mieux : « Il n'y a pas un personnage du film qui mérite d'être condamné. » Car, comme le dit Octave dans le film : « Il y a une chose effroyable, c'est que tout le monde a ses raisons. » Et qui peut douter de ce que dit Octave ?

Parmi les mystères de la perfection de *La Règle du jeu*, Octave est peut-être le plus profond. Il a d'ailleurs troublé tous les partenaires du

1. *Op. cit.*

film, à commencer par Renoir lui-même. Au vu des rushes du film, le directeur de Gaumont, Jean Jay, qui a investi deux millions d'à-valoir (le film coûtera cinq millions — onze millions 1990 —, ce qui en fait le film français le plus cher produit alors), est très intéressé par tout ce qu'il voit, mais effrayé par le jeu rudimentaire, jugé ridicule de Jean Renoir, et le lui dit. Renoir propose qu'on recommence le film, avec Michel Simon à sa place. Mais trop de temps a passé, trop d'argent a été investi : on continue avec Octave/Renoir. Au moment de la sortie, on coupe cinq minutes, surtout dans les scènes de Renoir. Devant les réactions du public, Marguerite Renoir note les scènes sifflées pour faire de nouvelles coupures : elles concernent en priorité les scènes avec Jean Renoir. Or Octave est le personnage clé (comme il l'est dans *Les Caprices de Marianne*) de l'intrigue centrale, celui qui va trahir la confiance de son ami Jurieu (Roland Toutain), auprès de Christine de La Chesnaye (Nora Gregor), puis provoquer involontairement sa mort au moment où il vient de lui abandonner le terrain. Et cet Octave, interprété par un Jean Renoir pataud, bégayant, perplexe, effaré, a toujours l'air d'un ludion ballotté par les événements et bien incapable de jouer un rôle dans quelque drame que ce soit. C'est que Renoir, servi par sa maladresse même, et probablement lucide sur ce qu'apportent ses naïvetés de comédien, réussit à incarner à la fois Octave et Jean Renoir, auteur d'un spectacle qui le dépasse, et qui erre parmi ses personnages, séduit et décontenancé par l'étrange ménagerie qu'il a rassemblée. Au cœur du film, deux sociétés sont en train de s'écrouler sous leurs masques, leurs mensonges et leurs farces. Dans cette tourmente, le metteur en scène, hagard, supplie chacun de lui ôter sa peau d'ours... Faut-il rire ? Faut-il pleurer ? Les deux, bien sûr.

Autre innovation de *La Règle du jeu*, qui contribue certainement à désarçonner les premiers spectateurs, c'est que *La Règle du jeu* n'est pas une « histoire » que l'on photographie. La forme et le fond, le scénario et la mise en scène ne font qu'un. Il n'est écrit nulle part dans le scénario que se mêlent et se fissurent des sociétés hiérarchisées dont les fondations s'écroulent. Un certain nombre d'événements surviennent : c'est la façon de les montrer qui le donne à penser. *La Règle du jeu* est un film d'une virtuosité technique ahurissante — et parfaitement discernable. Renoir a choisi la mobilité de la caméra, les plans longs, la profondeur de champ avec des objectifs à courte focale. Il enchaîne des travellings et des panoramiques avec une telle discrétion qu'on ne repère pas les raccords de plans. De longues scènes ont l'air d'avoir été tournées en continuité, tant est grande la fluidité des images. Cette mobilité et la profondeur de champ permettent un montage long : *La Règle du jeu* ne compte que trois cent trente-six plans, dont cinquante-sept pour le seul montage court de la chasse, ce qui est dans la moyenne basse et devrait annoncer un film statique, alors que *La Règle du jeu* est en mouvement constant. C'est que de même que « tout le monde a ses raisons », la caméra a tous les points de vue et pas seulement celui d'un auteur devenu Dieu créateur. La caméra de *La Règle du jeu* n'est pas placée d'autorité à l'endroit où il va se passer quelque chose d'essentiel : cela lui est d'autant plus impossible qu'on ne sait pas ce qui est essentiel. Elle circule, la caméra, dans le parc, dans les couloirs du château, dans les salons, dans les chambres, s'arrête pour un moment de conversation dans le hall, surprend un *a parte* qui ne lui était pas destiné, suit Schumacher traquant Marceau, s'apitoie sur Octave prisonnier de sa peau d'ours, se plante, épatée, devant le merveilleux limonaire de La Chesnaye.

Comme toujours avec Renoir, il faut bien en arriver au mot clé de « liberté » : liberté de l'inspiration, liberté de la caméra, liberté du spectateur, si grande cette fois qu'elle lui en donne le tournis. C'est cette liberté qui a sans doute le plus troublé les premiers spectateurs, et le plus séduit les générations suivantes. Par une sorte de représentation symbolique cachée sous les images, *La Règle du jeu* participe encore aux représentations mythiques du Grand Récit : elle peut même être considérée comme le « grand récit » par excellence de cette époque. Mais, en même temps, le cinéma de Renoir fait éclater les règles et le jeu, les repères, la continuité dramatique, le point de vue privilégié, les catégories, les idées générales : sa liberté tue le mythe de la représentation, comme déjà, dans les films précédents, sa liberté tuait la fatalité de la tragédie. Renoir entre dans le cinéma de la modernité avec vingt ans d'avance.

Pour cette avant-première du cinéma d'auteur, Renoir inaugure aussi le statut de réalisateur-producteur en fondant sa société avec quatre amis[1]. Qu'il s'agisse du témoignage sur la société, de l'expression cinématographique ou des formes de production, *La Règle du jeu* se révélera prémonitoire. Renoir lui-même ne peut, sur le moment, soupçonner à quel point. Mais il s'est investi à fond dans son film. Son échec le bouleverse. Le 14 juillet 1939, à la stupeur générale, il annonce qu'il part en Italie, à l'invitation de Mussolini.

« *Le dormeur du val* »

> « Il dort dans le soleil la main sur sa
>   poitrine
> Tranquille. Il a deux trous rouges au
>   côté droit. »
>   Arthur Rimbaud.

Trois œuvres phares, pour 1939, avons-nous dit : à ceci près que *La Règle du jeu* et *Le jour se lève*, sortis en juin et juillet, rencontrent

---

1. Voir le chapitre sur *Toni*, p. 167.

l'incompréhension du public, et qu'*Espoir*, annoncé pour septembre, reste dans ses boîtes. Le 1er septembre, Hitler envahit la Pologne. Le 3 septembre, la guerre est déclarée. La censure est renforcée. Des films sont interdits. En tête de la liste, ces trois chefs-d'œuvre. Certes, la censure annulera progressivement ses interdictions (*La Règle du jeu* sera autorisée à nouveau le 5 mars 1940). Mais leur diffusion ne sera pas reprise pour autant. Il faudra plusieurs décennies pour que ces films soient reconnus, trouvent leur public, et la consécration qu'ils méritent. Ce grave accident de parcours symbolise parfaitement la place qu'occupe cette année de guerre dans l'histoire du cinéma français : elle introduit une césure, marque une coupure, annonce une rupture. La thèse de certains historiens [1] sur la continuité idéologique et la permanence esthétique du cinéma français met à juste titre l'accent sur la constance de certains thèmes et certaines formes. Mais il est des fractures qui ne peuvent être réduites : après 39-40 beaucoup de choses ne seront jamais plus comme avant.

C'est d'un nouvel organisme, le Commissariat général à l'information, créé par un décret du 30 juillet 1939, que vont dépendre, pendant cette période, les décisions des pouvoirs publics concernant le cinéma. Jean Giraudoux est commissaire général. Yves Chataigneau, qui vient du Quai d'Orsay, dirige le service cinéma-photo. Mobilisé, il sera remplacé par l'avocat Henry Torrès, avec toujours pour adjointe Suzanne Borel (la future Mme Georges Bidault). Dès les premiers jours de guerre, des dispositions sont prises pour réglementer les projections. Par exemple, à Paris, les salles de spectacle voient l'heure limite d'activité fixée à minuit trente puis à minuit à partir de Noël. Désorganisées par la mobilisation, bien des salles doivent fermer, le temps en tout cas de résoudre leurs problèmes. Au 1er octobre, 159 cinémas sont ouverts à Paris, sur 353. Un mois plus tard, ce chiffre monte à 243. A l'échelle nationale, 25 % des salles sont fermées en septembre 1939, chiffre ramené à 5 % en janvier 1940. Les enseignes lumineuses sont réglementées. Le nombre de spectateurs admis ne doit pas dépasser le nombre de places disponibles dans les abris voisins.

Toutes ces restrictions, aggravées par un climat morose, entraînent une baisse sensible de la fréquentation. A Paris, par exemple, les recettes de cinéma, qui s'étaient élevées à 452 millions en 1938, tombent à 375 millions en 1939 (à cause d'un second semestre catastrophique), pour atteindre les basses eaux de 257 millions en 1940. Sur le plan national les recettes de septembre 1939 représentent 19 % des recettes de septembre 1938. En février, la remontée se confirme, mais les recettes ne s'élèvent qu'à 70 % de celles de février 1939.

L'intervention de la censure n'arrange pas les choses. Un décret du 27 août a institué un contrôle préventif des moyens d'information qui

---

1. Voir Jean-Pierre Jeancolas, *Quinze ans d'années trente, op. cit.*

vise les films comme toutes les formes d'imprimés. Principale conséquence : l'interdiction de 51 films « déprimants, morbides, immoraux, et fâcheux pour la jeunesse ». Parmi ces films, *La Bête humaine, Les Bas-Fonds, Hôtel du Nord, Ignace, J'accuse, La Maison du Maltais, Le Quai des Brumes, Prisons de femmes, Tire-au-flanc, La Règle du jeu.* D'abord interdit, *Le jour se lève* est finalement autorisé après coupure d'un plan où l'on voyait Arletty nue. En novembre, neuf autres films sont interdits, dont quatre films pacifistes, allemands (*Quatre de l'infanterie, La Tragédie de la mine*) ou américains (*A l'ouest rien de nouveau, On lui donna un fusil*). Ces décisions, dans l'immédiat, bloquent la carrière des films concernés. Mais elles vont plus loin. Elles ont valeur indicative pour la production en cours ou en projet. Dans le journal corporatif *La Cinématographie française*, Marcel Colin-Reval a vite fait d'en tirer la leçon : « ... à l'heure actuelle, il ne faut plus faire de films débilitants, écrit-il. Il faut faire des films sains, optimistes, des œuvres constructives. Carné, Renoir et Chenal doivent changer de genre. Producteurs et metteurs en scène français sauront suivre nos dirigeants dans cette voie de redressement. Ils nous donneront des films de lumière, de courage, et de bonheur ». Un sermon qui annonce déjà la révolution morale de l'Etat pétainiste.

Pour le moment, ce discours est peu écouté. Les producteurs ont d'autres soucis que de délivrer des messages à la nation. Leur priorité : terminer les films mis en chantier et bloqués par les conséquences de l'état de guerre. Deux des studios parisiens, ceux de Joinville et de Saint-Maurice, ont été réquisitionnés par l'armée. Mais les blocages découlent en priorité de la mobilisation générale. Ses effets sont immédiats et catastrophiques sur les films en tournage. Un exemple. En 1914, la Première Guerre mondiale avait été déclenchée par l'assassinat de l'archiduc François-Ferdinand. Le 1er septembre 1939, Max Ophuls est justement en train de tourner, à Romans, la reconstitution de cette scène pour son film *De Mayerling à Saravejo*, lorsque le chef accessoiriste surgit dans le décor, en annonçant la mobilisation générale. Il doit emmener sur-le-champ Gilbert Gil (interprète de l'assassin de l'archiduc), mobilisable prioritaire, à la gare : plus tard, pour terminer le film, c'est son assistant, Jean-Paul Dreyfus, dont on utilisera le dos et la silhouette pour remplacer le comédien sous les drapeaux. De retour de la gare, Max Ophuls retrouve une partie de ses figurants en train de faire leurs valises. L'ingénieur du son a déjà emballé son matériel. Le chef maquilleur a casé ses flacons dans le camion du son et est parti pour Metz, l'opérateur fait des adieux précipités à son metteur en scène : en trois heures, l'équipe est dispersée.

La situation est la même, au même moment, sur la vingtaine de films en chantier. Tous vont subir une interruption, plus ou moins longue. Certains ne reprendront jamais : ce sont les premières victimes de la guerre. Parmi eux, *Le Corsaire* que Marc Allégret adapte de la jolie pièce de Marcel Achard sur le cinéma (créée l'année précédente à l'Athénée dans une mise en scène de Jouvet), avec Michèle Alfa et Charles Boyer dans les rôles principaux. C'est le cas également de *Tourelle 3* que tourne Christian-Jaque en rade de Toulon, sur le croiseur *Emile-Bertin*, soudain requis pour d'autres tâches. Dommage pour Bernard Blier, qui devait jouer là son premier grand rôle. Son année cependant laissera des traces : le voilà père d'un autre B.B., Bertrand Blier, qui, quarante ans plus tard, secouera énergiquement le cinéma français. Mais le cas le plus marquant, quant à ses conséquences, est celui du film *Air pur*. René Clair en a donné le premier tour de manivelle le 15 juillet 1939. Il ne donnera jamais le dernier... Le scénario de René Clair (avec le concours de Georges Neveux et d'Albert Valentin et des dialogues de Pierre Bost) a été écrit après une enquête menée avec l'aide de la Direction de la santé publique dans les centres sociaux, les sanatoriums et les taudis de Belleville et de la Mouffe. Il tourne autour des aventures, en colonie de vacances, de dix-sept petits parigots de Belleville et Ménilmontant. Le film doit être réalisé principalement en extérieur, dans un style qui aurait — on peut le présumer — anticipé le néo-réalisme. Interrompue par la mobilisation des principaux techniciens, la production tombe dans des difficultés financières dont elle ne se relèvera pas. René Clair travaille alors avec Charles Spaak et Albert Valentin sur un autre projet : *Rue de la Gaîté*. Le studio est loué... pour juin 1940 ! La chance est passée. René Clair avait tourné pour la dernière fois en France en 1934. Il n'y travaillera plus avant 1946 : ce trou de douze ans pénalise le bilan du cinéma français.

Quand elle fête ses vingt ans, le 29 février 1940 (le soir où, à Hollywood, *Autant en emporte le vent* remporte huit oscars), Michèle Morgan n'a-t-elle pas toutes les raisons de voir la vie en rose ? En quatre années, elle a atteint le faîte de la célébrité et elle termine deux films remarquables qui ne peuvent qu'exalter sa jeune gloire : *Remorques* et *La Loi du Nord*. Elle ne peut deviner que, lorsque sortiront ces deux films, respectivement en novembre 1941 et mars 1942, elle sera loin et hors d'état d'en tirer les légitimes bénéfices.

Erich von Stroheim, qui mène depuis 1936 une carrière française florissante, et dont les sentiments antinazis sont sincères, cherche à s'engager dans la Légion étrangère. Mais, à cinquante-quatre ans, c'est impossible. En mars 1940, il quitte la France pour retourner à Hollywood, sur invitation de Darryl Zanuck.

Marcel Carné, lui, mobilisé, perdra tout simplement son année, cinq mois à creuser des trous en Lorraine, avant d'aller ouvrir le courrier d'un état-major, à La Ferté-sous-Jouarre, poursuivi par une réputation d'objecteur de conscience qu'il doit au courrier enflammé (et malicieux) qu'il reçoit de Henri Jeanson, le scénariste-dialoguiste d'*Hôtel du Nord*, alors incarcéré à la Santé pour pacifisme et défaitisme.

Max Ophuls, en France depuis 1933, naturalisé depuis 1938, est vite mobilisé. Il obtiendra les permissions nécessaires à la finition de *De Mayerling à Saravejo* qui sortira le 1er mai 1940, huit jours avant l'offensive allemande. La retraite est déjà entamée quand Max Ophuls reçoit l'ordre de rejoindre la frontière espagnole pour réaliser un film de propagande sur la Légion étrangère. Ophuls n'en tournera qu'une scène avant que la débâcle l'ait rejoint, mais ce détour lui sauvera probablement la vie, car on peut imaginer quel sort les Allemands auraient réservé à Max Oppenheimer, dit Ophuls, juif allemand émigré à qui Radio Berlin promettait le peloton d'exécution pour lui faire payer les petits billets antinazis qu'il diffusait tous les soirs à onze heures quarante-cinq sur les ondes courtes françaises à destination de l'Allemagne.

Autre forme de rupture, et ce n'est pas la moins radicale, celle que vit Jean Renoir et qui fait que sa vie et son œuvre resteront marquées par cette ligne frontière de 39-40. *La Règle du jeu* exprimait le désarroi existentiel de l'auteur et de l'époque. Pour l'auteur, ce désarroi devient déprime pure et simple devant l'échec de son film. Il décide alors de donner suite à une proposition italienne qu'il avait gardée secrète. Pour rencontrer les producteurs de cette *Tosca* en projet, il part pour Rome le 10 août 1939. La volonté de couper avec sa carrière française est évidente. Et la coupure sera d'une imprévisible violence. Coupure sur le plan politique. Depuis six ans, Renoir est un compagnon de route fidèle et actif du parti communiste, un antifascite militant. En 1937, il a refusé de mettre les pieds à Venise pour y recevoir le prix décerné à *La Grande Illusion*. Et le voilà qui part pour l'Italie pour y travailler. Emotion et incompréhension se cumulent chez ses amis et dans la profession. Le 12 août, Aragon consacre, dans *Ce soir*, un article enthousiaste à *Espoir* de Malraux, qui se termine ainsi : « J'écris ceci aussi pour toi, Jean Renoir, qui as quitté Paris sans vouloir me dire adieu... pour ceux qui sont faibles ou lâches... pour ceux qui ont désespéré trop tôt de la France et que peut-être je ne pourrai plus regarder calmement après ce film, et cette guerre, et cette grande Passion du peuple d'Espagne, mon frère. » Renoir est en position d'accusé de trahison. Mais treize jours plus tard c'est le pacte germano-soviétique, suivi de l'interdiction du parti communiste et de la désertion de Maurice Thorez : cette fois, c'est entre la France et les communistes que le fossé s'est creusé.

Cependant la coupure dépasse le terrain politique : elle se situe aussi sur le plan culturel et social. Car Jean Renoir ne tournera plus en France pendant quinze ans. Et c'est seulement après six films américains, un film indien et un film italien qu'on l'entendra à nouveau dire « Moteur », le 4 octobre 1954, aux studios Francœur : le cinéaste, qui ce jour-là démarre le tournage de *French Cancan*, a en poche un passeport américain. Coupure encore dans le domaine privé, d'une manière qui a valeur de symbole. En 1927, Jean Renoir tourne, comme acteur, dans un film de Cavalcanti, *La Petite Lili*. Vedette du film : Catherine Hessling. Monteuse du film : Marguerite Houllé. Silhouette dans le film : Dido Freire. Elles furent les trois Mme Renoir. Catherine Hessling, ce sont les racines de Jean Renoir. De son vrai nom Andrée Heuschling, elle a été, les trois dernières années de la vie du peintre, le modèle préféré d'Auguste Renoir. Jean l'a épousée en janvier 1920, six semaines après la mort de son père. Marguerite Houllé, excellente monteuse, ardente syndicaliste, c'est le cinéma français dans sa tradition la plus profonde de qualité professionnelle et de corporatisme. Compagne de Renoir pendant une dizaine d'années, le cinéaste l'a autorisée à porter son nom. Ainsi avec Jean, Pierre le comédien et les deux Claude opérateurs (le frère et le neveu), y aura-t-il, avec Marguerite, cinq Renoir dans l'histoire du cinéma. Mais en 1939, rupture : c'est avec Dido Freire (trente et un ans) que Renoir part en Italie. Vers 1925, Alberto Cavalcanti a introduit dans la famille Renoir cette jeune Brésilienne qui s'est vite attachée à Alain, le tout jeune enfant du cinéaste qui la considère comme sa mère. Restée proche des Renoir, Dido est devenue script-girl sur *La Règle du jeu*. Dorénavant, elle ne quittera plus Renoir (qu'elle épousera en 1945) jusqu'à sa mort. Elle incarne l'ouverture au monde, le lien entre les continents européen et américain, et l'humanisme cosmique, moins « gaulois », plus universel, qui marquera la seconde vie de Jean Renoir. Elle sera aussi, à la fois, témoin et artisan de la consécration internationale de Renoir.

Les voilà donc à Rome en août 1939, guidés par Luchino Visconti, l'ancien assistant retrouvé avec un plaisir réciproque. Mais, en quelques jours, le climat international se dégrade, la menace de guerre se fait pressante, Renoir rentre en France. Lieutenant de réserve, il est mobilisé dans le Service cinématographique des armées, tandis que son fils, Alain, dix-huit ans, s'engage. Ce n'est pas le moindre paradoxe de la famille, que de voir les pacifistes Renoir, si fidèles à l'uniforme : Auguste a fait la guerre de 1870, Jean a été deux fois blessé (comme chasseur alpin et comme pilote) et a obtenu la croix de guerre pour la guerre de 14-18. Alain Renoir s'engage, en 1939, dans la cavalerie. Ayant rejoint son père en Amérique, en 1941, il s'engage à nouveau dans l'armée américaine et ne reviendra des opérations d'Extrême-Orient qu'en 1945. Les Renoir continuent d'être français par excellence, toujours prêts à clamer « Quelle connerie la guerre » et à suivre au combat d'Artagnan et Cyrano...

Au S.C.A., Renoir fournit des idées de films de propagande, tourne, en Alsace, un court-métrage d'instruction militaire et travaille sur ses propres projets. Ainsi reprend-il l'idée d'un Roméo et Juliette contemporain opposant deux familles propriétaires de compagnies d'autocars dans une bourgade d'Algérie. La N.E.F., société qu'il a créée avec des amis pour produire *La Règle du jeu*, annonce la production de *Frères d'Afrique* que doit tourner en Algérie Aimée Navarra et André Zwobada. Le tournage sera effectivement commencé (et jamais terminé) en janvier 1940, mais la N.E.F., en liquidation, n'est plus dans le coup. Les porteurs de traites souscrites en garantie de *La Règle du jeu* se sont regroupés en association de défense, et la société croule sous les dettes.

Pendant ce temps, André François-Poncet, ambassadeur de France à Rome, se démène pour dissuader l'Italie d'entrer en guerre aux côtés de l'Allemagne. Ancien ambassadeur à Berlin, il a rencontré bien des cinéastes français venus y travailler et il tente de nouer des relations actives entre les cinémas français et italien. Un projet avec Duvivier est sur le point d'aboutir. Un autre, avec Marcel L'Herbier, déclenchera le très intéressant *Comédie du bonheur*[1]. François-Poncet insiste pour que Renoir revienne à Rome tourner *La Tosca*. Mussolini, lui-même, qui admire beaucoup *La Grande Illusion*, bien que le film soit interdit en Italie, aurait émis ce vœu et souhaité que Renoir fasse des conférences au Centre expérimental du cinéma créé par lui. Jean Giraudoux, qui fut lié à Renoir, le convainc d'accepter : l'armée met le cinéaste à la disposition du Quai d'Orsay qui le charge de mission à Rome. Arrivé à la fin janvier, il se met au travail, avec son ami et collaborateur Karl Koch, et l'indispensable Luchino Visconti à qui il a offert *Le facteur sonne toujours deux fois*, roman de James Cain, que Pierre Chenal vient d'adapter au cinéma sous le titre *Le Dernier Tournant* et dont Visconti tirera son premier long-métrage, *Ossessione*. Le tournage de *La Tosca* débute dans la nuit du 6 mai et se poursuit la nuit du 9 : en tout, cinq plans de cavaliers traversant le Tibre pour aller du palais Farnèse au château Saint-Ange, tous deux illuminés. Des images mobiles, superbes, baroques, que l'on retrouve au début du film que tournera finalement Karl Koch. Car, le 10 mai, la guerre éclair est déclenchée. Renoir rentre précipitamment à Paris.

En dépit de la violente césure de la guerre sur laquelle nous avons insisté (et nous aurions pu multiplier les exemples), les signes de continuité n'ont pas manqué non plus, comme si la catastrophe, elle-même, générait ses antidotes. Exemple caricatural : Jacques de Baroncelli a commencé de tourner fin 1938 *Volpone*, adaptation par Jules Romains d'une pièce de Ben Jonson. Très vite, le film est interrompu, faute d'argent. Miracle : le tournage reprend le 23 mars 1940, Maurice Tourneur prenant la place de Baroncelli. C'est un film théâtral, un peu figé, mais plastiquement superbe avec un somptueux affrontement entre Harry Baur, Louis Jouvet et Charles Dullin.

A côté de ce *Volpone* rescapé, c'est toute une production qui surgit des événements. Par exemple, des films antinazis : ce seront *De Lénine*

---

1. Voir plus loin, p. 413.

à *Hitler* de Georges Romy, à la fois anti-hitlérien et anti-stalinien, qui réapparaîtra en 1949, sous le titre *La Tour de Babel*, et *Après Mein Kampf, mes crimes* d'Alexandre Ryder, qui mêle documents d'actualités et scènes jouées par Line Noro, Alain Cuny, Roger Karl et retrace la conquête du pouvoir par Hitler jusqu'à l'attaque de la Pologne en septembre 1939. Mais la production « de circonstance » est surtout composée de comédies, tournées à la diable, exploitant, pour en rire, les petites misères de la drôle de guerre.

Sacha Guitry, chez qui le chansonnier ne dort jamais que d'un œil, a écrit en vitesse, pour le Gala des ambulances qui se déroule le 24 octobre 1939, une courte comédie d'actualité sous le titre *Fausse alerte*. Jacques de Baroncelli reprend l'idée, le titre, mais pas le texte, pour tourner une *Fausse alerte* écrite par Michel Duran, avec abris, chefs d'îlots, masques à gaz et toute la panoplie des alertes parisiennes devenues prétextes à réconciliation dans la cave des familles ennemies de Lucien Baroux, Saturnin Fabre et Jean Tissier. Baroncelli tournera également une autre comédie, à cheval sur l'exode, commencée en 1940, terminée en 1941, sortie en juillet 1942, sur le bouleversement des hiérarchies sociales du fait de la mobilisation, de la guerre et de la vie communautaire entraînée par l'afflux des réfugiés. Yves Mirande en a écrit le scénario, mais seulement après avoir fourni à Georges Lacombe scénario et dialogues d'*Elles étaient douze femmes*, ultime revue féroce d'une société en voie de disparition, menée dans les caves parisiennes, masques à gaz en bandoulière, ou sur le museau — ce qui est dommage — de Mmes Gaby Morlay, Micheline Presle, Blanchette Brunoy, Simone Renant, Mila Parély, Françoise Rosay et Betty Stockfeld.

Ces films, nés de l'actualité, comportent aussi des productions lourdes. C'est le cas, notamment, de *La Relève*, film de propagande française, destiné à exalter « les qualités, les défauts, l'héroïsme de notre race », commandé par le Commissariat général à l'information. Jean Giraudoux en confie la réalisation à Julien Duvivier, le scénario à Duvivier, Marcel Achard et Charles Spaak. Le film, qui prendra finalement le titre d'*Untel père et fils*, est fait sur le modèle de *Cavalcade* (film anglais tiré par Frank Lloyd d'une pièce de Noel Coward) et évoque trois générations d'une même famille qui auront dû chacune affronter les Allemands (1870, 1914, 1939). Commencé aux studios de la Victorine, à Nice le 10 décembre 1939, le film s'achève pendant la débâcle. Duvivier parvient à emporter une copie aux Etats-Unis où il aménage une version actualisée (plans tournés à Hollywood de Michèle Morgan faisant la queue devant une boulangerie, pendant l'Occupation, images d'actualités du général de Gaulle), et comportant un commentaire dit par Charles Boyer. Cette version est diffusée en Amérique pendant la guerre sous le titre *Heart of a Nation*. Les Français ne découvriront *Untel père et fils* qu'en 1945, précédé d'un avertissement dit — en français cette fois — par l'incontournable Charles Boyer. Un film qui reste de toute façon plus intéressant par son origine et son destin que pour ses mérites cinématographiques.

Il en va autrement d'une autre œuvre, née de la guerre, la seule à exprimer à vif le désarroi ambigu et l'humiliation de la défaite, *La Fille du puisatier* de Marcel Pagnol. Un film digne d'attention, tant par ce qu'il apporte, qu'en raison des mauvais procès qu'il suscita. L'idée en naît au début 1940 lors de conversations entre Pagnol et Raimu : il serait intéressant de plonger le petit monde de Pagnol dans le tourbillon des événements. Pagnol reprend une trame classique de mélodrame : l'histoire d'une fille séduite et abandonnée, le conflit de deux familles autour d'un problème d'honneur et d'intérêt. Mais ce mélo, auquel son talent fournit un incontestable grouillement d'authenticité, Pagnol l'inscrit minutieusement dans une réalité historique, datée avec précision. C'est autour de la réalité de la guerre et de la défaite que s'enroule le conflit sentimental et familial. Commencé de tourner le 20 mai 1940, dès que Pagnol a obtenu une permission exceptionnelle pour Fernandel, interrompu au bout d'un mois, à cause de l'exode, repris le 13 août, le film se déroule de février à août 1940, c'est-à-dire qu'il est pratiquement synchrone aux événements qu'il évoque et qui le ponctuent. *Naïs, Angèle* ou *La Femme du boulanger* imposaient une typologie à la fois régionaliste, psychologique et morale. Ils se situaient dans le champ de l'universel. *La Fille du puisatier* est fidèle (ne serait-ce que par son titre) à cette approche. Mais le mythe est entré dans le siècle. Ce n'est plus seulement à la Provence des sources et des puits, de l'éternité des saisons que nous avons affaire. La vie contemporaine pénètre dans le film par l'autoroute de la modernité. On cancane au bazar, les vrombissements de l'aérodrome sont tout proches, la guerre des hommes sème l'angoisse et la discorde, le malheur de la nation racommode les familles divisées. Cette scène fameuse de réconciliation autour d'un poste de radio installé dans une boutique, et diffusant le discours du 17 juin du maréchal Pétain reconnaissant la défaite, a fait pleurer la France entière. Non par son pétainisme, comme on l'a cru, la paix revenue. Mais parce que toutes les répliques des personnages expriment avec une justesse exceptionnelle la tristesse, la révolte et l'humiliation ressenties alors. Dans un ouvrage remarquable[1], Claude Beylie fait un sort aux interprétations biaisées, de même qu'il a prouvé la fausseté des allégations, largement répandues pendant les années cinquante, selon lesquelles Pagnol aurait, à la Libération, substitué dans son film le discours du général de Gaulle du 18 juin 1940 à celui de Pétain. Cette substitution n'a jamais eu lieu, et aurait été impossible, car c'est toute la scène qu'il aurait fallu refaire. Le poids de calomnies que le film dut supporter l'a sans doute empêché

1. *Marcel Pagnol ou le cinéma en liberté*, Atlas Lhermunier, 1986.

d'être classé à son véritable rang. Et comme, au cinéma, vie professionnelle et vie privée sont souvent intimement mêlées, il faut noter, pour la petite histoire, qu'entre la période Orane Demazis (des débuts à 1938) et la période Jacqueline Bouvier-Pagnol (1944 jusqu'à sa mort), *La Fille du puisatier* ouvre, dans l'œuvre de Pagnol, la période Josette Day, la plus brève et la moins féconde des trois.

Les films que nous avons évoqués jusqu'alors, dans ce chapitre, ont à voir directement avec la guerre, soit pour en naître, soit pour en être blessés ou en mourir. D'autres films ont suivi leur petit bonhomme de chemin, en surmontant, plus ou moins aisément, les difficultés nées des circonstances. Trois d'entre eux méritent une attention particulière, non pas pour leur histoire, mais pour leurs qualités : *La Loi du Nord*, de Jacques Feyder, *La Comédie du bonheur* de Marcel L'Herbier, et *Remorques* de Jean Grémillon.

La Loi du Nord marque la véritable fin de la glorieuse carrière de Jacques Feyder (même s'il tournera encore un film en Suisse et en coréalisera un autre avec Marcel Blistène). Partie tourner en Laponie suédoise, avec l'assistance de l'explorateur Paul-Emile Victor, l'équipe est rapatriée d'urgence, par wagons blindés, à quelques jours de la déclaration de guerre. Terminé tant bien que mal (il manque quelques plans), en 1940 le film est retenu par les Allemands qui n'apprécient ni le rôle important de la police canadienne, ni la présence de Michèle Morgan, partie entre-temps aux Etats-Unis. Il ne sortira qu'en mars 1942, avec des coupures, sous le titre *La Piste du Nord*, et ne retrouvera son vrai titre et sa durée d'origine que lors de sa nouvelle exploitation en mai 1945. Cette diffusion chaotique explique que *La Loi du Nord* ne soit pas mis à la place qu'il mérite dans la hiérarchie de notre production. Son introduction — une évasion à l'occasion d'un procès — a le brio et la virtuosité du cinéma américain à son meilleur. Ensuite, dans le Grand Nord canadien, une course-poursuite commence, un groupe humain se forme où trois hommes que tout oppose s'accordent à protéger la femme qu'ils aiment tous trois et qui mourra. Aux côtés de Pierre Richard-Willm et Jacques Terrane, Charles Vanel et Michèle Morgan donnaient une rare dimension émotionnelle et poétique à ce film d'action.

C'est en 1930 que Marcel L'Herbier a signé le contrat de *La Comédie du bonheur*, adaptation d'une pièce de Nicolas Evreinov, que Dullin a jouée huit cents fois à l'Atelier. Le projet resurgit en 1940 et L'Herbier a juste le temps d'en tourner l'essentiel à Rome, entre mars et mai, avant l'entrée en guerre de l'Italie. En 1941, il réussit à rapatrier le matériel à Paris, tourne discrètement quelques raccords indispensables et sort le film en juillet 1942. Si on l'avait vu en 1940, on aurait sans doute mieux perçu ce qui le rapproche de *La Règle du jeu*. Car c'est bien un drame gai, une fête de mort et de désespoir que propose L'Herbier, avec l'histoire de ce banquier échappé d'un asile qui se met en tête de faire le bonheur des gens en leur donnant le spectacle et l'illusion du bonheur. Michel Simon règne en maître sur cet étrange ballet. Pour la première fois (c'est le début d'une autre carrière), Jean Cocteau collabore aux dialogues. Il fait la connaissance du producteur du film, André Paulvé, qu'il retrouvera pour *La Belle et la Bête* et *Orphée*.

L'histoire de *Remorques* n'est pas simple non plus. C'est avec la U.F.A. allemande que Jean Grémillon s'est engagé à tourner une adaptation du roman de Roger Vercel (prix Goncourt en 1934 avec *Capitaine Conan*). Mais la U.F.A. refuse un scénario de Spaak, puis un autre de Cayatte et cède ses droits à Lucachevitch. Jacques Prévert va écrire un nouveau scénario et les dialogues, avec des apports de Spaak et Cayatte. Entrepris en juillet 1939, le tournage est arrêté par la guerre, début septembre. Il reprend pendant une permission exceptionnelle de Grémillon et Gabin, fin avril 1940. Début 1941, Grémillon tournera, en studio et sur maquettes, les plans de bateaux dans la tempête qui lui manquent. Le film pourra sortir en novembre 1941 alors que Gabin et Morgan sont déjà aux Etats-Unis depuis un an. Si le film garde quelques cicatrices de ces mésaventures, il n'en demeure pas moins un chef-d'œuvre. Prévert a introduit sa thématique personnelle dans le sujet de Vercel. Quand Catherine (Michèle Morgan) surgit de la tempête, dans l'univers du capitaine André Laurent (Jean Gabin), mari et marin exemplaires, c'est bien d'une femme littéralement « fatale » qu'il s'agit, c'est-à-dire porteuse d'un destin qui ne peut conduire qu'à la mort. A cette trajectoire dramatique, Grémillon apporte sa puissance et sa richesse musicales. Il nous donne un oratorio, où la mer, le vent et la nuit jouent leurs partitions et impose les chœurs majestueux qui ponctuent, *in fine*, l'envolée symphonique de la musique de Roland Manuel. Les scènes où Gabin découvre son amour pour cette douce déesse tombée de l'orage, et s'annonce à lui-même : « Ma femme, c'est fini », la promenade, sur la plage déserte, de ce couple naissant et déjà condamné, la visite de la maison vide où guette le piège de la chambre blanche, quel beau retour de flamme du fameux « réalisme poétique », il n'a jamais été aussi convaincant. Il trouve, en passant du quai des Brumes à la plage de *Remorques*, sa plus éclatante lumière.

Franchissant les frontières du désastre, ainsi, le cinéma continue à vivre. C'est très bien ainsi. Mais n'oublions pas le Dormeur du Val.

Le 16 juin 1940, le maréchal Pétain remplace Paul Reynaud à la tête du gouvernement et demande l'armistice. Il s'adresse au pays par radio le 17. Le 18 juin, le général de Gaulle lance son appel à la résistance. Le 19 juin, en Lorraine, vers midi, dans les bois d'Azerailles, près de Baccarat, une compagnie du génie est fauchée par un tir ennemi. Leur capitaine se relève. Une rafale de mitrailleuse le couche au sol. Cet officier s'appelle Maurice Jaubert. Ce compositeur a quarante ans. A la fois classique et populaire, il n'a jamais fait de différence entre sa musique de concert et sa « musique de cinéma », souvent méprisée par ses collègues. Il a marqué le cinéma des années trente de sa personnalité et de son intégrité artistique. Quelques mois plus tard, en octobre 1940, le Studio des Ursulines va ressortir une copie de *L'Atalante* à laquelle on a restitué sa musique. On lui doit entre autres les partitions de *Quatorze Juillet* et du *Dernier Milliardaire,* de René Clair, de *Drôle de drame,* du *Quai des Brumes* et du *Jour se lève* de Marcel Carné, d'un *Carnet de bal* et de *La Fin du jour* de Julien Duvivier. Avec le temps, la musique de Maurice Jaubert n'a rien perdu de son originalité ni de son impact émotionnel. François Truffaut en fera la démonstration en la reprenant dans certains de ses films comme *L'Histoire d'Adèle H.* et *La Chambre verte.* Au moment de sa mobilisation, Maurice Jaubert venait de terminer, en vain, la musique d'*Air pur.* C'est la guerre...

Chapitre 2

AU BOUT DE LA NUIT
(1940-1944)

> « Je suis entré dans la nuit française,
> mais je sens bien qu'en allant courageu-
> sement jusqu'au bout de la nuit, on ren-
> contre une autre aurore. »
> Bernanos, 20 décembre 1940.

> « Me comprendra-t-on si je dis à la
> fois qu'elle [l'occupation allemande] était
> intolérable et que nous nous en accom-
> modions fort bien. »
> Jean-Paul Sartre, *Situations III*.

Le 14 juin, l'armée allemande tient Paris, déserté. Tous les cinémas sont fermés. Le 15, réouverture du cinéma Pigalle. Le 23, Hitler visite l'Opéra. Le 25 juin, l'armistice est signé. Soixante cinémas sont ouverts à Paris, dont quatre *Soldatenkino* réservés aux troupes alle- mandes : le Rex, le Marignan, l'Empire et la salle du Palais de Chaillot. Cent salles sont ouvertes en juillet en banlieue. Trois cents le 15 août. Le 13 août, Pagnol a repris le tournage, à Marseille, de *La Fille du puisatier*. Le 14 août, André Hugon donne le premier tour de manivelle, toujours à Marseille, d'un nouveau film, *Chambre 13,* avec Jules Berry. La défaite n'aura-t-elle été qu'un entracte avant que le spectacle reprenne comme si de rien n'était ?

C'est impossible. La secousse a été trop forte. La mobilisation, la guerre, l'exode, le million et demi de prisonniers, les millions de réfu- giés : les familles ont éclaté, les équipes sont disséminées. Les Français ne s'y retrouvent plus dans une France qui n'est plus la même, avec cet Etat français, capitale Vichy, chef d'Etat Pétain, institution en gesta- tion, qui remplace la défunte IIIe République, et cette nouvelle fron- tière, qui coupe le pays par le milieu, avec cette « zone occupée » où règne l'envahisseur. Les motifs d'angoisse ne manquent pas : l'issue définitive d'une guerre mondiale qui continue, la menace — bientôt effective — de lois raciales antisémites, la pénurie d'aliments et matières premières qui mine la vie quotidienne et bloque l'économie. En outre le cinéma français a besoin d'équipes d'artistes et de techniciens cohérentes et soudées. Il consomme avec voracité quantité de produits de luxe. Il a pour oxygène la liberté de circulation des personnes, des idées et du matériel. Il est plus ou moins cosmopolite par nature. Une proportion notable de ses animateurs est d'origine juive. Va-t-il survivre à l'épreuve ? Pour le pouvoir installé à Paris, il est une proie à saisir. Pour le pouvoir de Vichy, il est un adversaire à mater : dans le climat de repentir national installé par le pétainisme, le cinéma français d'avant guerre est dénoncé comme l'un des principaux responsables de l'« avilissement moral de la France ». Scénario et décors sont prêts pour un film-catastrophe à l'échelle nationale. Nous devrions entamer ici la chronique d'une mort annoncée. Or, non seulement le cinéma français va survivre à cette terrible épreuve, mais il va y approfondir sa personnalité, y développer sa spécificité. Pendant quatre ans, le cinéma français sera très occupé en effet : à se défendre, se définir, se réformer et créer. Le plus juste compliment que l'on puisse faire au cinéma français de cette époque fut imaginé avec humour et lucidité par Sacha Guitry. Dans son film *Donne-moi tes yeux* (1943), il nous fait visiter une exposition de chefs-d'œuvre de la peinture française, peints peu après 1870, et fait dire à un personnage : « Voilà ce que faisaient des hommes de génie, à l'heure où la France venait de perdre la guerre... On a bien le droit de considérer que des œuvres pareilles, cela tient lieu de victoires... La France continue. » Regardons un peu comment, malgré Hitler et Pétain, la France du cinéma continue.

Le grand foutoir

En cet été 1940, personne ne sait plus où il en est. Sous la poussée de l'invasion, la France a basculé, soldats démobilisés et civils réfugiés, dans sa moitié sud. Pour le monde du spectacle, le rassemblement se concentre bientôt entre Marseille et Monaco, espace qui offre, avec ses théâtres, ses radios, ses boîtes, ses casinos, des possibilités de travail. Pour le cinéma, les studios Marcel Pagnol, à Marseille, et ceux de la Victorine à Nice sont les principaux pôles d'attraction. Sans oublier les consulats américain ou espagnol et portugais qui peuvent ouvrir une porte de sortie à ceux qui doivent absolument partir, les juifs en général et d'abord les réfugiés juifs allemands, et ceux qui peuvent espérer faire carrière à Hollywood, en attendant d'y voir plus clair. Car personne ne sait quelle vie, personnelle et professionnelle, l'attend. Exemple : René Clair. En mai 1940, Giraudoux l'a chargé de réfléchir à l'avenir du cinéma face à l'offensive allemande. Clair propose de concentrer les forces et moyens de production entre Nice et Marseille, et de créer un Centre français de réalisation aux Etats-Unis. Le projet est approuvé et on demande à René Clair, Julien Duvivier et au producteur Jean Lévy-Strauss de partir aux U.S.A. en étudier la réalisation. Survient l'armistice. Le projet tombe à l'eau. Mais pas le voyage. Meurtri par l'interruption de son film *Air pur*, René Clair rejoint Duvivier et Lévy-Strauss à Lisbonne dès la fin juin : il leur faudra six semaines de démarches pour obtenir leur visa. D'une certaine manière, c'est bien une antenne du cinéma français qu'ils vont implanter aux Etats-Unis. Mais dans un contexte radicalement différent du projet initial.

Bizarrement, en cette période de chaos absolu, de vastes projets prennent forme. Jean Renoir, toujours fluctuant, écrit au cinéaste américain Robert Flaherty : « L'avenir nous préoccupe. Nous nous demandons ce que va devenir l'industrie cinématographique en Europe avec tout ce qui arrive. » Et il rappelle à son ami qu'il lui a demandé, dès 1939, de lui obtenir une invitation, avec contrat, à Hollywood.

En même temps, il travaille sur deux scénarios, dont l'un, très ambitieux, *Magnificat*, concerne les aventures de missionnaires français chez les Indiens de la forêt amazonienne. Il en parle avec enthousiasme à Gérard Oury qui cachetonne à Marseille, et à Jean Gabin (qui s'interroge sur son avenir à Antibes, en jouant au football avec l'Olympique niçois). Renoir dépose *Magnificat* à la Société des auteurs le 12 septembre 1940. Il n'a guère l'air fixé sur son avenir, mais, en octobre, il remet aux autorités un rapport (cosigné par son frère Claude) sur la création d'une cité du cinéma qui rivaliserait avec Cinecittà et ambitionnerait de devenir un Hollywood européen. Document étonnant qui semble contaminé par la doctrine vichyssoise, avec son village du cinéma rassemblé autour d'une église, l'accent mis sur la défense des valeurs spirituelles et morales, et la formation d'une « élite d'une grande dignité »... Ce projet grandiose, Jean Renoir en a longuement débattu avec Marcel L'Herbier, qui nourrit un dessein voisin. Il a le soutien de Henri Gendre (propriétaire du Grand Hôtel, à Cannes, et père de l'acteur Louis Jourdan), qui possède des terrains à Valbonne, au-dessus de Cannes, et est en train de monter une société de cinéma avec la participation de Jean Prouvost (patron de *Paris-Soir*, replié à Lyon) et de quelques associés d'origine israélite, (notamment Emile Natan, le frère de l'ancien patron de Pathé, Bernard Natan), ce qui lui vaut d'être dénoncé à Vichy comme « le chef d'un Groupe de Youpins ». Mais ce vaste centre où le cinéma français va se regrouper, se ressourcer, pour partir à la conquête de l'Europe et du monde, pourquoi chercher à le créer, à l'implanter : il existe déjà. C'est bien l'opinion, en tout cas, de Marcel Pagnol. Si les studios de la Victorine restent fermés, les studios du Prado sont pris d'assaut. Il y aura six films tournés en France dans les six derniers mois de l'année 1940, et tous les six chez Marcel Pagnol. On revoit, rue Jean-Mermoz, Jules Berry, Fernandel, Edith Piaf, Maurice Chevalier, Raimu, Charles Vanel, Charles Trenet et le nouveau couple Tino Rossi-Mireille Balin. *La Fille du puisatier* est un triomphe. Marcel Pagnol publie à nouveau son journal les *Cahiers du Film*. Il fait construire un troisième cinéma sur la Canebière, le Français. Et surtout il rêve, lui aussi, d'un Cinecittà français, c'est-à-dire marseillais. Le Crédit foncier met en vente un domaine de quarante hectares près d'Aubagne, avec parc, villa, château, fermes, écuries, forêt. Pagnol visite La Buzine, reconnaît un décor de son enfance, l'achète. A nous deux, Hollywood !

Dépassons l'anecdote : l'affaire mérite que l'on s'arrête un instant. La France est abattue, défaite, divisée. Partout s'installe la pénurie : de biens matériels comme de ressources spirituelles. A quoi rêvent René Clair, Jean Renoir, Marcel L'Herbier, Marcel Pagnol, quatre chefs de file incontestables du cinéma français, et beaucoup d'autres avec eux : à manifester, asseoir, exalter la vitalité de notre cinéma, à conquérir un leadership européen, à concurrencer le rival par excellence, le cinéma américain. On perçoit là, en un raccourci caricatural mais significatif, l'un des traits caractéristiques du cinéma français, que l'on retrouve tout au long de son histoire. Est-ce dû à l'éminence et à l'antériorité de la participation française à l'invention du cinéma, à la suprématie artistique et commerciale conquise puis perdue par nos films, à l'importance des innovations artistiques et techniques venues de France ? Le fait est que le cinéma français, même au cœur de la pire crise, se vit, plus ou moins inconsciemment, comme le premier du monde, convaincu de sa valeur d'exception, cherchant à faire admettre sa fonction de modèle à l'échelle européenne, reconnaître son excellence par son rival admiré et abhorré : Hollywood. Il n'est pas de période de son histoire où le cinéma français n'apparaisse pas tributaire de ce code génétique. Il n'en est pas où la démonstration soit plus éclatante que pendant les années noires de la défaite et de l'Occupation.

Mais les rêves d'expansion — revenons à 1940 — se conjuguent — c'est toute l'ambiguïté de l'époque — avec des désirs d'évasion. Michèle Morgan a vingt ans. L'horizon français est bouché. Un contrat R.K.O. l'attend à Hollywood. Elle décide de partir, comme ses amis l'en pressent, et embarque à Lisbonne sur l'*Exhocorda*. Jean Gabin est peu tenté par l'exil. Néanmoins il ne tarde pas à comprendre que, vedette française numéro un, il sera vite confronté à une invitation à tourner pour les Allemands. Et cela, c'est tout bête, il n'en a pas envie. Début octobre, il se rend à Vichy, exhibe un contrat de la Fox pour un film et obtient une autorisation de sortie pour huit mois. C'est seulement début 1941 qu'il embarquera pour New York avec — indécrottable frenchie — son accordéon et son vélo de course.

La plus belle évasion de cet étrange camp de prisonniers aux portes entrouvertes qu'est la France de cette fin 1940, Jouvet la réussit, en s'aidant du cinéma. Figure de proue du théâtre parisien, il est vite l'objet, de la part des Allemands, de respectueuses sollicitations auxquelles il redoute de ne pouvoir toujours résister. Il refuse la direction de la Comédie-Française, comme de monter Kleist à l'Athénée, et annonce une tournée en zone sud, précédée d'une étape à Genève où Madeleine Ozeray (vedette féminine de la troupe et maîtresse de Jouvet) l'a convaincu de monter son *Ecole des femmes* pour les caméras de Max Ophuls. Grâce à cet alibi, Jouvet déménage tout le matériel de l'Athénée qu'il se propose d'embarquer plus tard pour une grande tournée en Amérique du Sud. Mais le tournage de *L'Ecole des femmes* tourne court. Jouvet supporte mal l'idylle que Madeleine Ozeray a nouée avec Ophuls. Par ailleurs, soumettre sa mise en scène, sa vision du théâtre à une mise en scène et à une vision cinématographiques est insupportable à un homme qui a toujours établi une frontière infranchissable entre les deux moyens d'expression. Par décision de Jouvet, le film est arrêté, alors que vingt minutes du spectacle ont déjà été tournées. Bientôt, Jouvet va s'embarquer pour Rio, et une tournée mouvementée de quatre ans, et Ophuls pour New York, où l'attendent les vaches maigres de l'exil.

Reste le cas du plus inattendu des émigrants. S'il propose des scénarios et des plans de cité du cinéma français, Jean Renoir n'en a pas moins continué à préparer son départ. *Via* Alger, Tanger, il rejoint Lisbonne et s'embarque, le 20 décembre, sur le *Siboney,* pour arriver en rade de New York le 31 décembre. Se souvient-il, pendant ce voyage, qu'il effectue avec l'écrivain Saint-Exupéry comme compagnon de cabine, de l'appel qu'il lançait dans le journal communiste *Ce soir,* le 17 février 1938, « à nos grands camarades qui, écœurés de la situation ici, sont allés travailler ailleurs, René Clair en Angleterre, Feyder en Allemagne, Duvivier en Amérique. Ont-ils trouvé là-bas ce qu'ils cherchaient ? J'en doute. S'ils peuvent, qu'ils reviennent près de nous. Le cinéma français a besoin d'eux ». En 1940, il est vrai, la situation a changé. Jean Renoir aussi. Mais le cinéma français a toujours besoin des partants. Il ne manquera pas de le leur rappeler à leur retour...

La confusion du moment, jusqu'aux premiers mois de 1941, se manifeste à mille signes. Henri Jeanson, incarcéré aux premiers mois de la guerre pour pacifisme, a été libéré à condition de s'engager. Devenu soldat, le voilà prisonnier. Mais les Allemands le libèrent et confient à l'ancien pilier du *Canard enchaîné* une rédaction en chef au nouveau quotidien *Aujourd'hui.* Fort de la promesse de pouvoir écrire librement, Jeanson s'en donne à cœur joie, et se retrouve en prison, dès novembre. Son procès a lieu fin décembre. Condamné à cinq ans de prison, il est libéré au bout de huit mois, et écrit, pendant sa détention, des dialogues de films (par exemple *La Nuit fantastique*), qu'il ne pourra pas signer.

Fait prisonnier dans la vallée de la Loire, Henri Langlois s'évade et se fixe une mission qui lui vaudra d'apparaître, à la Libération, comme une véritable incarnation de la providence : récupérer les copies de films avant que les Allemands ne mettent la main dessus. Sa mère lui annonce un jour la visite d'un officier allemand qui est reparti en lui laissant sa carte de visite. Henri Langlois découvre alors que l'homme qui est chargé des relations entre les autorités allemandes et Vichy sur le plan cinéma n'est autre que le major Hensel, directeur de la Cinémathèque de Berlin, dont Langlois a facilité l'accès à la présidence de la Fédération internationale des archives du film. Hensel se révélera un parfait « collabo » de Langlois, allant jusqu'à lui confier l'accès exclusif aux caves du Palais de Chaillot, où le dragon pourra emmagasiner bien des trésors. La folie de l'époque se manifeste aussi, le temps que les nouvelles réglementations s'imposent, par le désordre sur les écrans. En zone sud (zone dite libre, dépendant de Vichy), l'exploitation des films se poursuit comme avant, avec une censure renforcée et l'application des lois raciales qui interdisent aux juifs les principales responsabilités cinématographiques. En zone nord (zone occupée), on a interdit d'un coup tous les films anglo-saxons, tous les films touchés par les lois raciales de Vichy et un certain nombre d'autres, y compris des films de propagande allemands *(Mein Kampf)* dont le ton radical risquerait d'indisposer le spectateur français. Au 2 janvier 1941, 346 films sont interdits, dont 173 français et 105 américains, 1 583 films sont autorisés, dont 289 allemands et 1 247 français.

Mais que faire avec des films comportant des collaborateurs juifs ? C'est là que la plus grande pagaille règne. Dans un certain nombre de cas, on se contente d'occulter la présence du nom interdit au générique et sur les affiches. *Le Dernier Tournant* peut ressortir, mais sans qu'on sache qu'il est signé Pierre Chenal (Pierre Cohen), qui entre-temps est parti pour l'Argentine. On continue de voir *Prison sans barreaux* de Léonide Moguy ou *Pièges* de Robert Siodmak, mais ce sont devenus des films anonymes : le nom du réalisateur a disparu. Quand c'est un comédien qui est en cause, et que son rôle n'est pas très important, on le coupe, purement et simplement. C'est ce qui arrive à Erich von Stroheim (interdit comme antinazi) dans des sketches de *Pièges* et de *Derrière la façade*. Mais, dans *Macao, l'enfer du jeu,* son rôle est trop important pour qu'on puisse le couper. Delannoy accepte de retourner le film (en tout cas les scènes concernées) avec Pierre Renoir à la place de von Stroheim, à condition que cette version de substitution, baptisée *L'Enfer du jeu,* soit détruite à la fin de la guerre. On trouve toujours une solution aux problèmes. Certes, Roger Blin refuse de tourner à nouveau certaines scènes d'*Entrée des artistes* pour remplacer Dalio. Un autre s'en chargera...

Pour finir avec cette phase de confusion, retrouvons Marcel Pagnol. Nous l'avons laissé en pleine expansion. L'été 1941, il commence le tournage de son film le plus ambitieux, *La Prière aux étoiles,* écrit avec et pour Josette Day. Mais les obstacles se multiplient. On manque de tissu, de bois, de clous. L'électricité est rationnée. La pellicule est rare et de mauvaise qualité. Une scène doit être tournée à Paris, où Pagnol redoute de devenir l'otage des Allemands. Passant d'un extrême à l'autre, Pagnol arrête le film, détruit le négatif, vend ses studios à Gaumont, achète de nouveaux terrains et, avant son Ugolin de *Manon des Sources,* se reconvertit dans la culture intensive de l'œillet. En un an, le conquérant s'est fait déserteur. Toute l'époque tient dans de tels parcours en épingle à cheveux.

Les règles du jeu

Cette grande pagaille des hommes et des esprits, les autorités vont y mettre bon ordre. A Paris, la Wehrmacht et l'appareil nazi ont commencé à publier des ordonnances concernant le cinéma dès fin 1940. A Vichy, l'Ordre nouveau ne sera pas avare de lois, décrets et règlements. Sans suivre dans le détail cette inflation de textes se modifiant sans cesse les uns les autres, il faut y être attentif. Car pendant ces quatre années vont être prises des décisions qui, après la Libération, continueront de dessiner le visage du cinéma français jusqu'à aujourd'hui. Nous ferons la même constatation plus tard, quand nous examinerons la production de cette période : les années d'Occupation ont fonctionné, pour le cinéma, comme une phase laboratoire : sur le plan esthétique et sur le plan réglementaire.

La race d'abord

Mais si les nouvelles structures ainsi élaborées peuvent être prometteuses, on ne doit pas oublier de quel poids de souffrances, de brimades, d'injustices, de persécution elles furent souvent payées. C'est ainsi que les premières décisions prises, tant à Paris qu'à Vichy, visent la présence des juifs dans le cinéma. La loi du 3 octobre 1940 interdit aux juifs de travailler comme « directeur, administrateur, gérant d'entreprises ayant pour objet la fabrication, l'impression, la distribution, la présentation de films cinématographiques ; metteur en scène et directeur de prises de vues, compositeur de scénarios, directeur administrateur ou gérant de salle de théâtre ou de cinématographe, entrepreneur de spectacles... ». En fait, la loi sera appliquée avec une sévérité particulière, puisque tous les techniciens ou collaborateurs divers (tels que décorateurs, opérateurs, monteurs) se verront également interdits d'exercer leur profession, quand ils seront juifs, alors qu'ils ne sont pas visés par la loi. Il faut constater que, parmi les lois raciales de Vichy, celle concernant le cinéma est particulièrement lourde et qu'elle est appliquée avec une rigueur incroyable sans déclencher grand trouble dans la profession. Sans doute ne devient-elle effective en zone libre que sept mois après sa promulgation, ce qui laissa à certains le temps de s'organiser. Mais probablement faut-il aussi admettre que le milieu du cinéma français, traumatisé par la crise qui sévit depuis plusieurs années et par les débats suscités et la propagande déclenchée par l'immigration d'un grand nombre de réfugiés, ne répugne pas à une sorte d'« épuration » de la profession. On retrouve là l'influence de campagnes xénophobes et antisémites de la presse de droite. Campagne qui redouble quand Lucien Rebatet publie, en avril 1941, *Les Tribus du cinéma,* libelle d'une extraordinaire violence.

Ce climat de rejet, de suspicion qui régnait alors, on peut en trouver l'attestation dans cette lettre d'Autant-Lara à Jean-Pierre Bertin-Maghit [1] : « Pendant l'Occupation, nous avons été débarrassés d'un certain nombre de parasites, c'est à cette époque que le cinéma a pu s'épanouir... Des Français travaillaient pour des Français, de cela est née une école française du cinéma. » Encore s'agit-il là du témoignage d'un homme devenu un antisémite forcené. Mais que penser de ces phrases de Marcel Carné (dans *Aujourd'hui,* 30 septembre 1940) : retrouvant sur la Côte d'Azur son vieux frère le cinéma, auquel il s'adresse, il s'indigne de rencontrer « des vieux messieurs en *er* ou en *itch,* qui hier vivaient honteusement de toi, et qui, aujourd'hui, parlent d'aller te relancer jusqu'en Amérique et voudraient bien qu'on les y suivît ». Carné rejoint là la manière dont, dans ses souvenirs *La tête qui tourne,* Marcel L'Herbier évoque l'invasion de la « production balkanique » dont fut victime le cinéma français dans les années trente.

Or, Carné et L'Herbier sont deux grands cinéastes qui ne se sont jamais compromis sous l'Occupation et qui traduisent sans doute ici les sentiments des plus raisonnables et des plus paisibles. Si les dures lois raciales de Vichy ont trouvé une telle complicité dans la population du cinéma, c'est bien que l'antisémitisme, à cette époque, y était largement répandu. Tempérons ce jugement d'un constat : nombreux seront les professionnels juifs du cinéma qui, officiellement interdits, continueront d'être employés en sous-main, en parfaite connaissance de cause, par des cinéastes et des producteurs qui apprécient leur compétence et veulent manifester leur solidarité. Nous en rencontrerons quelques-uns dans d'autres pages de notre histoire.

1. Auteur du *Cinéma sous l'Occupation*, Orban, 1989, dont nous utilisons dans ces pages la remarquable documentation.

Sur le plan du racisme, Vichy et Paris sont en harmonie. Il n'en est pas toujours de même ailleurs, et la « collaboration » franco-allemande n'est le plus souvent qu'une guérilla ininterrompue. (Il s'agit ici de cinéma, bien entendu).

L'ordre allemand

Côté allemand, le pouvoir se concentre, pour l'essentiel, entre deux pôles. D'une part, la *Propaganda Abteilung* du Dr Dietrich, organisme rattaché à la Wehrmacht et dépendant des services de Goebbels à Berlin. La *Propaganda Abteilung* s'occupe de la censure, de l'organisation professionnelle, de la répartition des matières premières, des confiscations de biens juifs, de la négociation avec les pouvoirs publics français. C'est l'organisme cinématographique officiel de l'occupant. D'autre part, une éminence grise, un pouvoir de l'ombre : celui du Dr Alfred Greven. Pilote de chasse blessé pendant la guerre de 14-18, ami et protégé de Goering, Greven est devenu un des patrons de la production de la U.F.A. à Berlin, où nous l'avons déjà rencontré dans les chapitres précédents, avant d'être envoyé à Paris. Il y crée et y dirige une société intégrée, avec la Continental pour la production, l'Alliance cinématographique européenne (A.C.E.) pour la distribution, la S.O.G.E.C. pour l'exploitation, et le Paris Studio Cinéma de Billancourt. La Continental mettra cinq films en chantier pendant les cinq premiers mois de 1941 avant que la première autorisation de tournage soit accordée à un film français en zone occupée. Elle en produira trente en quatre ans. Les films français qui espèrent être vendus à l'étranger sont obligés de passer par l'A.C.E., qui a le monopole de l'exportation, comme elle l'a de la distribution des films allemands en France. La S.O.G.E.C. a été constituée en achetant des circuits de salles appartenant à des israélites et mis sous contrôle judiciaire. Contrairement à la légende, ces salles ne sont pas réquisitionnées ni prises de force, mais payées par les Allemands, très au-dessus de leur estimation ; les autorités vichyssoises qui tentent de s'opposer à la constitution de ce réseau allemand en France, en achetant elles-mêmes ces salles, n'ont pas les moyens de suivre les enchères. Le circuit de la S.O.G.E.C. se constitue autour du circuit de salles de Leon Siritzky (plus de vingt cinémas dont cinq salles d'exclusivité à Paris), achetées 20 millions alors que les estimations des experts allaient de 6 à 10 millions. A la Libération, le gouvernement saisira les biens allemands et se trouvera détenteur d'un circuit, base d'un secteur public du cinéma, qui suivra un cours étrange, que nous examinerons le moment venu. La famille Siritzki plaidera la spoliation et tentera de récupérer ses biens, mais sera déboutée, après quinze ans de procès.

A la tête de cet ensemble, Greven dirige donc un groupe surpuissant, riche, protégé par l'armée allemande, bénéficiant de passe-droits en attribution de pellicule, matériel, matières premières. Autoritaire, colérique, efficace, il gère son empire un peu comme un Zanuck ou un Zukor, à la tête d'un grand studio américain. C'est-à-dire avec un grand souci du prestige de ses sociétés, de leur rentabilité, de l'aide qu'elles pourraient apporter à la diffusion du cinéma allemand, mais sans grand intérêt pour la propagande ni les considérations politiques. Le Dr Dietrich n'est pas loin de ce point de vue. Certes, il fera respecter sans ménagement toute les contraintes imposées par l'occupant. Mais il partage avec l'armée un souci prioritaire : maintenir la paix civile. Son problème n'est pas de transformer les Français en nazis, mais de contribuer à la distraction et à l'apaisement de la population. Il lui faut donc des cinémas qui fonctionnent et des films français à montrer.

Cette position Greven-Dietrich n'est pas approuvée par Goebbels, propagandiste dans l'âme, qui s'inquiète de voir resurgir un cinéma français inventif et conquérant, alors que c'est l'Allemagne qui devrait être le phare du cinéma européen. Le 19 mai 1942 il a convoqué Greven à Berlin et note le soir, dans son journal : « En matière de cinéma, nous devons adopter la même attitude que celle que les Américains ont observée à l'égard des continents nord et sud-américains. Dans le domaine du film, nous devons absolument devenir la puissance dominante en Europe. Pour autant que d'autres Etats produisent encore des films, ceux-ci ne doivent avoir qu'un caractère local et limité. Aussi devons-nous empêcher dans la mesure du possible la création de toute nouvelle industrie cinématographique nationale, et, éventuellement, attirer et engager, à Berlin, Vienne, ou Munich, tous ceux qui seraient en situation de le faire. » Déjà, il notait dans son journal, le 15 mai 1942 : « Il nous faut engager autant que possible pour la production de films allemands tous les Français particulièrement doués en matière d'art cinématographique... » Cette idée fixe (Goebbels ne cesse de la marteler), émise par le numéro deux du régime nazi, n'aura bizarrement aucune suite. Alors que pendant les années trente, tout le cinéma français a défilé à Berlin, pas un seul Français ne travaillera dans les studios allemands entre 1940 et 1945. Ou plus exactement un seul, Harry Baur, et il en mourra. A la fin du tournage de *La Symphonie d'une vie,* à Berlin, il fut arrêté par la Gestapo, accusé d'être juif et en relation avec l'Intelligence Service. Torturé, relâché dans un état pitoyable, il mourut peu après des suites de sa détention (1943).

L'activité de Dietrich et de Greven, chacun à son niveau, se définit ainsi :

— Contribuer à l'ordre public en fournissant au public français de bons spectacles divertissants, éviter d'exciter son nationalisme et de le choquer. La censure allemande veillait à couper tout ce qui pouvait nourrir le chauvinisme national, ou entretenir anglophilie ou Américanophilie, ou évoquer des victoires militaires françaises, ou des combats contre les Allemands. Le principal problème d'ordre public fut posé par les actualités allemandes accueillies par des manifestations d'hostilité, ce qui entraîna la décision de les projeter dans des salles éclairées. Et encouragea le Dr Dietrich à conclure avec Vichy un accord pour qu'un seul journal d'actualités, de responsabilité française sous contrôle allemand, soit diffusé sur l'ensemble du territoire, avec l'espoir, partiellement fondé, que les Français sauraient mieux s'adresser à leurs compatriotes que les Allemands.

— Aider le cinéma allemand à conquérir de nouvelles positions. D'abord en étendant son marché en France même. Ce qui fut accompli dans des proportions raisonnables puisque le nombre de films allemands distribués en France passa de 20 en 1937 et 17 en 1938 à 55 en 1941 (année de plus forte invasion, en raison notamment de la pénurie de films français nouveaux), 39 en 1942, 28 en 1943, 8 dans la première moitié de 1944. Par ailleurs, Alfred Greven se servait de la qualité et de la réputation des films français qu'il exportait pour vendre des films allemands dans leur sillage (notamment en Suisse, Suède, Hongrie, Portugal).

— Racketter les entreprises françaises. En dehors des mesures antijuives, la première décision des Allemands en France concernant le cinéma consista à interdire l'usage, pour le format réduit, des standards habituels de 17,5 mm et 9,5 mm. Seuls les standards allemands de 16 mm et 8 mm furent autorisés. D'où la nécessité de fabriquer un nouveau matériel que les Allemands commandèrent à des entreprises françaises, en leur imposant des contraintes draconiennes de délai et de prix. Les Allemands exigeront la fermeture de plus de trente entreprises de matériel cinématographique au titre des « économies d'énergie ». La société Kodak-France ne peut livrer que 30 % de sa production de pellicule à la France : tout le reste part en Allemagne. Les Allemands tentent de prendre le contrôle de la plus prestigieuse société française, celle d'André Debrie, détentrice de 437 brevets, spécialiste mondial des problèmes d'optique. Ils échoueront, mais obligeront la société Debrie à fabriquer des instruments pour l'armée allemande, et perquisitionneront dans les bureaux de la société, à Paris et à Amboise, pour voler les brevets et les plans de fabrication de ce matériel exceptionnel. Studios et laboratoires sont rançonnés. Chaque fois que l'Occupation est évoquée comme un âge d'or du cinéma français, il faut rappeler le coût terrible de cet essor : les vies humaines en péril et bouleversées, l'iniquité des lois raciales, le pillage de notre industrie.

La Révolution française

Parler des années d'Occupation comme s'il s'agissait d'une période homogène n'a pas de sens. En 1940, la victoire allemande est assurée ;

à Vichy, Pétain semble défendre la survie de la nation. En 1943, la défaite allemande est assurée, Pétain n'est plus que le cache-pot de Laval, valet des Allemands. En décembre 1940, Laval, chef du gouvernement, est arrêté. En novembre 1942, il a tous les pouvoirs, tandis que les Allemands occupent la zone libre. Des changements d'hommes et d'orientation traduisent ces mutations sur le plan politique. Nous ne suivrons pas toutes ces fluctuations sur le plan du cinéma, pour nous en tenir à l'essentiel : l'esprit des réformes et les résultats acquis en août 1944.

Pendant ces quatre années, les structures du cinéma vont beaucoup changer, très vite, et pour très longtemps. Le germe de cette révolution se trouve inclus dans deux des premières décisions du nouveau pouvoir. La première consiste à donner au nouveau Service du cinéma (qui plus tard deviendra une Direction du cinéma) au Secrétariat général à l'information (qui remplace le Commissariat de Giraudoux) autorité sur tout ce qui relève de la législation et de l'organisation cinématographique. A petite cause, grands effets, car cette décision (qui marque l'intérêt du nouveau pouvoir pour la propagande) remédie à la principale cause de paralysie des gouvernements antérieurs : l'éparpillement des pouvoirs de décision sur le cinéma entre sept ministères différents. Désormais le pouvoir peut vraiment agir. Il va le faire.

La seconde décision, c'est la loi-cadre du 16 août 1940, qui prévoit l'organisation de la production industrielle autour de structures administratives composées de professionnels, les « comités d'organisation ». C'est le système des « corporations », cher notamment aux fascistes italiens, et l'une des bases du nouveau régime. Le cinéma est considéré comme une industrie. Il aura donc son Comité d'organisation de l'industrie cinématographique (C.O.I.C.). Il faut mettre en place ce nouvel organisme, et vite, car déjà, en zone occupée, les Allemands ont créé des « groupements corporatifs » de professionnels avec qui ils tentent de remettre le cinéma en route. Pas question de laisser les Allemands prendre en main le cinéma et le réglementer. Un homme va être nommé à Paris pour négocier avec les Allemands, endiguer leurs prétentions et mettre en place les nouvelles structures.

Cet homme est vite trouvé. C'est Guy de Carmoy [1], cet inspecteur des finances qui, en 1936, avait présenté au Conseil national économique un rapport prévoyant une organisation corporative du cinéma autour des associations professionnelles, rapport qui avait obtenu le soutien unanime des syndicats patronaux, mais suscité peu d'enthousiasme dans le gouvernement du Front populaire. Carmoy connaît les hommes et les dossiers, il est en harmonie avec la doctrine du moment, il a la sympathie du milieu professionnel. Il va, à Paris, affirmer l'autorité française sur le cinéma et mettre en place le C.O.I.C. Celui-ci se

1. Voir chapitre « La réforme introuvable », p. 177.

compose, pour l'essentiel, d'un directeur qui a délégation des autorités civiles sur le cinéma et d'un comité consultatif de professionnels qui lui sert de lieu de concertation, et plus encore de chambre d'enregistrement. L'organisation du C.O.I.C. variera entre 1941 et 1944, mais ce qui ne variera pas c'est que le fameux corporatisme restera un leurre : la réalité du pouvoir restera toujours soit au directeur, désigné par l'Etat, soit à un autre interlocuteur désigné par l'Etat, les professionnels n'étant associés que de loin aux décisions. Le projet que le gouvernement de 1936 avait dédaigné pour excès de corporatisme, celui de 1940 l'a adopté à cause de ce même corporatisme, qui n'est plus qu'un masque sous lequel l'Etat a pris en main la réalité du pouvoir. Cette manœuvre suscitera chez les professionnels du cinéma bien des griefs et des rancœurs. Néanmoins, ils collaboreront jusqu'à la fin avec le C.O.I.C., car la politique menée par celui-ci va le plus souvent dans leur sens et défend leurs intérêts. Grâce surtout à la qualité exceptionnelle des hommes qui ont le cinéma en charge : Guy de Carmoy, qui sera déporté en 1943, Raoul Ploquin, nommé premier directeur du C.O.I.C., et Louis-Emile Galey, qui le remplacera. Excellent producteur, Raoul Ploquin est accepté sans problème par l'interlocuteur allemand. N'a-t-il pas été, de 1927 à 1939, le superviseur de la production française aux studios de Berlin, pour le compte de la U.F.A. ? Mais en 1942, il entre en conflit avec les autorités politiques. En effet, patron du C.O.I.C. qui réglemente le cinéma en France, il exige que la Continental, société de droit française, se soumette aux règles générales en vigueur en France. Ni Greven ni les autorités allemandes ne veulent en entendre parler. Raoul Ploquin ne cède pas et Pierre Laval exige sa démission.

Ainsi va-t-il retrouver sa vocation et produire dans la foulée *Le ciel est à vous* de Jean Grémillon. Laval, le 30 mai 1942, place le cinéma sous son autorité et charge Paul Marion, ministre de l'Information, de trouver un remplaçant à Raoul Ploquin. Il dispose de la candidature (prestigieuse) de l'écrivain Robert Brasillach. Il lui préférera une de ses relations, Louis-Emile Galey, un architecte-décorateur qui s'est mêlé, par passion cinéphilique, à des cercles de cinéastes, pacifiste convaincu qui s'est converti à Pétain. Un choix moins surprenant qu'il y paraît, si l'on se souvient que Paul Marion, lui-même ancien secrétaire des Jeunesses communistes, ancien militant socialiste, avait rejoint Doriot au moment de sa rupture avec le parti communiste. Les deux hommes appartenaient à ce pacifisme antifasciste qui dériva parfois, à l'époque, vers le populisme fascisant. Louis-Emile Galey, à la fin de l'Occupation, cumulera les fonctions de directeur du cinéma (côté pouvoirs publics) et de dirigeant du C.O.I.C. (côté professionnel), symbolisant la confusion des pouvoirs qui s'était établie entre le secteur public et le secteur privé, à l'entier bénéfice de l'Etat. Jusqu'en 1940 l'Etat avait refusé de prendre ses responsabilités de contrôle et d'organisation. A

d'Etat à l'Education nationale et à la Jeunesse qu'est créé, en mars 1941, dans les Alpes-Maritimes, le Centre artistique et technique des jeunes du cinéma (C.A.T.J.C.), animé par des techniciens tels que Henri Alekan, Philippe Agostini, Claude Renoir, Jean Lods sous la direction du commandant Legros qui sera, à la Libération, le nouveau patron du Service cinématographique des armées, et du producteur Pierre Gérin. Le C.A.T.J.C. a pour mission principale d'initier en un an des jeunes ayant déjà une préparation technique aux métiers du cinéma, et pour but discret d'aider des jeunes hommes à éviter des poursuites, notamment pour les réfractaires au Service du travail obligatoire qui, à partir de 1942, envoie la main-d'œuvre française travailler en Allemagne. En fin de stage, les élèves du C.A.T.J.C. participent avec des professionnels à un tournage de film. C'est avec le C.A.T.J.C. que René Clément tournera *Ceux du rail,* documentaire qui amorcera à la fois sa brillante carrière et son film *La Bataille du rail.* La direction du cinéma est en relation avec le C.A.T.J.C. dont elle déplore l'implantation provinciale, la durée et le niveau insuffisant des études, le manque de coordination avec la vie professionnelle. Louis-Emile Galey prépare la création d'une institution plus ambitieuse, l'Institut des hautes études cinématographiques (I.D.H.E.C.) qui est ouvert le 6 janvier 1944 par son président Marcel L'Herbier : un cinéaste qui, depuis vingt ans, n'avait cessé de se battre pour une meilleure formation professionnelle et qui avait ouvert dès 1922 sa maison de production Cinégraphe à des stages pour apprentis qui avaient pour noms Autant-Lara, Dréville, Cavalcanti, etc. Trente élèves de dix-huit à vingt-cinq ans, titulaires du baccalauréat, sont admis sur concours pour un cycle d'études de trois ans, dans l'une des trois sections : réalisation-production, son, décoration (une école, rue de Vaugirard, étant spécialisée dans la formation des opérateurs). Symbolisant le passage du flambeau, Pierre Gérin passe comme directeur du C.A.T.J.C. à l'I.D.H.E.C. Parmi les élèves des premières promotions, on relève les noms des cinéastes Pierre Tchernia, Alain Resnais, Louis Malle, Claude Sautet, du producteur Paul Claudon, du réalisateur de télévision Jean-Christophe Averty.

9 — *Aide à la Cinémathèque française.* Jusqu'à 1940, la Cinémathèque est une association privée qui n'a jamais reçu des pouvoirs publics de subvention de fonctionnement. Pendant l'Occupation, c'est au moment où elle poursuit un travail en grande partie clandestin, puisqu'il consiste à protéger des films interdits pour leur contenu, leur générique ou leur origine, que Henri Langlois conquiert une sorte de reconnaissance officielle. Grâce à la compréhension, pour ne pas dire la complicité, de Louis-Emile Galey, la Cinémathèque touche à partir de 1942 une subvention régulière, plusieurs fois augmentée avant l'été 1944. Henri Langlois peut ainsi rémunérer une équipe minimum pour l'assister. Et, mieux encore, la loger, cette équipe, dans les deux pièces que Galey lui

cède au siège même de la Direction du cinéma, ce 7, avenue de Messine qui deviendra après la Libération siège de la Cinémathèque et lieu de culte des cinéphiles.

10 — *Contrôle technique.* Au sein du C.O.I.C. est créé un service chargé de normaliser le matériel, d'établir une réglementation technique, de contrôler les installations des studios, des salles de cinéma et la capacité professionnelle des techniciens. Si ce service ne connut guère de développement, il constituait l'amorce de ce qui allait devenir la Commission supérieure technique qui contribua notamment à l'amélioration des conditions de projection dans les salles de cinéma.

On peut trouver longue et fastidieuse cette énumération d'interventions réglementaires d'un pouvoir très transitoire. Mais à travers ces dix mesures, et le train de réformes qui les accompagne, c'est toute la vie, le fonctionnement, l'organisation du cinéma français qui se trouvent bouleversés. Là où régnait l'anarchie la plus totale, beaucoup plus favorable aux magouilles qu'à la libre expression, une législation précise introduit le cinéma dans le domaine du droit. L'Etat, qui fuyait ses responsabilités, les assume désormais. Pascal Ory, dans son étude *La Belle Illusion* [1], très favorable à l'action du Front populaire, remarque néanmoins que « Vichy travailla sans le vouloir à la réalisation d'une partie, sinon du "programme" du Front Populaire, du moins de ses "projets" », et il ajoute ailleurs : « On peut dire en effet que dans les grandes lignes, Vichy a beaucoup plus prolongé ou repris la politique de son exact opposé idéologique qu'il ne l'a contredite. »

Certes Vichy n'a rien inventé : à peu près toutes les décisions prises entre 1940 et 1944 faisaient l'objet de rapports, de recommandations, de projets de loi depuis cinq ou dix ans. Certes Vichy n'a rien résolu : les mesures prises entre 1940 et 1944 connaîtront bien des mutations pendant les décennies suivantes. Il reste qu'une étape décisive a été franchie, qu'une véritable révolution a été accomplie. Marcel L'Herbier note justement dans ses souvenirs (il n'est pas le seul à s'en étonner) qu'on peut considérer comme une des grandes farces de l'Histoire le fait que les lois qui régissent le cinéma, réclamées par tout le monde depuis 1930, aient été finalement signées Philippe Pétain...

La guerre n'est pas du cinéma

Certes, le cinéma ce n'est pas des règlements, des ordonnances, mais d'abord des films, sur des écrans. Un peu de patience encore. Le cinéma ne vit pas coupé du monde. N'oublions pas que nous sommes

1. *Op. cit.*

en situation de guerre : des hommes souffrent, meurent, se battent, héros ou traîtres. Restons un peu avec eux.

A l'armistice, plus d'un million et demi de soldats sont prisonniers des Allemands. Parmi eux, des gens de cinéma (Bernard Blier, Jean Anouilh, Jacques Becker, Robert Bresson, le directeur de production Claude Heymann, le scénariste Pierre Bost, etc.) vont perdre un an ou plus de leur vie. Les lois raciales mettent en péril la carrière et souvent la vie des juifs. Deux poètes liés au cinéma, Robert Desnos et Max Jacob, meurent en déportation. Au moment où Desnos est transféré à Treblinka, la spirituelle comédie qu'il a écrite sur les milieux de la radio *Bonsoir Mesdames, Bonsoir Messieurs,* fait rire le public parisien. Avec d'autres professionnels, le régisseur Robert Sussfeld, futur directeur de la production de Gaumont, est déporté. Le producteur Pierre Braunberger échappe miraculeusement à la déportation. Arrêté, interné au camp de Drancy avec son frère médecin, celui-ci convainc le médecin allemand du camp de libérer 1 900 des 2 500 détenus. Plus tard, le frère sera repris, torturé, se suicidera, tandis que Pierre Braunberger deviendra secrétaire d'Edith Piaf, échouera à traverser les Pyrénées pour rejoindre l'Espagne, préparera des projets de scénarios, rejoindra le maquis et sortira de la guerre avec trois balles dans le corps. Robert Lynen, qui fut un inoubliable « Poil de Carotte », meurt fusillé, comme le scénariste d'origine allemande Curt Alexander (*Félicie Nanteuil,* 1943), tandis que le comédien Robert-Hughes Lambert, qui venait d'interpréter le rôle principal de *Mermoz* (1943) meurt en déportation. Le comédien Sylvain Itkine, ancien du groupe Octobre, meurt sous la torture de la Gestapo. Au moment où sort enfin le film de ses brillants débuts *La Loi du Nord,* le jeune comédien Jacques Terrane (petit-fils de Georges Feydeau) tombe en Syrie, tué par erreur par un détachement français. C'est aussi une balle perdue qui met fin à la carrière d'Aimos pendant les combats de la libération de Paris en 1944. La comédienne Rosine Deréan survivra à une déportation due à l'assistance qu'elle apportait aux aviateurs de la R.A.F. abattus sur la France.

Si deux cinéastes prennent une part active à la Résistance, l'un a déjà terminé sa carrière, l'autre ne l'a pas entamée. Le premier s'appelle André Malraux et termine la guerre à la tête de la brigade de chars Alsace-Lorraine. Le second s'appelle Jean-Pierre Grumbach. Mobilisé à vingt ans, en 1937, il poursuit dans la guerre son service militaire et continue sa guerre dans la clandestinité sous le nom, qu'il ne quittera plus, de Jean-Pierre Melville. Résistant de la première heure, Jean-Pierre Melville passe en 1942 en Grande-Bretagne, *via* les geôles espagnoles, participe aux débarquements en Italie et en France. Ces huit années forment la philosophie et la morale du futur cinéaste du *Silence de la mer* et de *L'Armée des ombres.*

Le cinéma fournira d'autres combattants actifs, au premier rang desquels il faut citer trois comédiens : Jean Gabin, Jean-Pierre Aumont et Claude Dauphin. Ce dernier réussit à continuer sa carrière en zone libre, après quoi il passera en Grande-Bretagne, s'engagera dans les Forces françaises libres et reviendra en uniforme participer aux combats de la libération de Paris. En 1942, avant de quitter la France, il a tourné un joli film de Marc Allégret avec Micheline Presle, *Félicie Nanteuil*. A cause de sa présence à l'affiche, le film est interdit par les Allemands. Il ne sortira qu'en 1945. Les deux premiers se sont retrouvés à Hollywood, Gabin y a tourné *Moontide* (*La Péniche de l'amour*), dirigé par Fritz Lang puis Archie Mayo et s'ennuyait ferme en dépit de son idylle avec Marlene Dietrich. Aumont a conquis rapidement une certaine notoriété. Tous deux, fin 1942, après que les Américains ont débarqué en Afrique du Nord et que les Allemands ont occupé la zone libre, ne supportent plus de rester « planqués » loin d'une guerre qui concerne leur pays. Ils s'adressent au capitaine Sacha de Manziarly, chef de l'antenne des Forces françaises libres à New York pour demander leur engagement militaire. Il leur est répondu qu'on les mobilise... à Hollywood pour y tourner chacun un film à la gloire des F.F.L. Ce sera, pour Gabin, *L'Imposteur,* réalisé par Duvivier, et, pour Jean-Pierre Aumont, *Croix de Lorraine,* réalisé par Tay Garnett. C'est seulement après avoir accompli leur devoir cinématographique qu'ils rejoignent l'armée. Gabin doit se fâcher à plusieurs reprises pour qu'on oublie en lui la star et que les autorités, au lieu d'exploiter l'acteur Gabin pour la propagande, acceptent de confier un poste de combat au quartier-maître fusilier marin Moncorgé. Instructeur à l'école des fusiliers marins d'Alger, il réussira à intégrer un régiment de blindés et c'est comme chef de char qu'il participera aux combats de Royan, à la campagne d'Alsace et à la percée en Allemagne, terminant la guerre à quarante ans avec deux décorations et des cheveux blancs qui ne vont pas lui faciliter la vie. Jean-Pierre Aumont, de son côté, affecté à la 1re D.F.L. du général Koenig, participe à la prise de Rome et au débarquement en Provence, jusqu'à la campagne d'Alsace, et termine la guerre aide de camp du général avec des décorations qui ne doivent rien au star system. Certes il s'agit de cas particuliers. Encore convient-il de ne pas les oublier, même si, très majoritairement, le monde du cinéma a cherché la survie dans les cahots atténués du cocon corporatif.

Il n'est d'ailleurs pas si paisible que ça, ce cocon. Le cinéma paie son tribut à la guerre. En 1940, soixante-deux cinémas ont été détruits. Plus de cent le furent ensuite, notamment du fait des bombardements alliés (dont dix à Marseille le même jour, en mai 1944). Début 1942, Alain Poiré, à la tête de la production de Gaumont, termine son premier film *Le journal tombe à 5 heures,* réalisé par Georges Lacombe. Le 3 mars, des bombes tombent sur le laboratoire Gaumont de Billancourt : le négatif du film part en fumée. Il faudra, pour le terminer, tirer un contretype de la copie de travail. Du fait de la proximité des usines Renault, le secteur reste dangereux. Le 31 décembre 1943, ce sont les studios de Boulogne qui sont en partie détruits, avec les décors de *La Collection Ménard* que Léo Joannon s'apprête à tourner. Mais la bombe qui, en septembre 1942, explose au Rex transformé en *Soldatenkino* ne doit rien au hasard. L'attentat coûtera la vie à plusieurs dizaines de soldats allemands et entraînera l'exécution de cent treize otages...

Parmi ceux qui travaillent, beaucoup vivent dans l'angoisse, à la merci d'une dénonciation, d'une arrestation. Dénoncé par *Je suis partout* pour des articles antinazis, Henri Jeanson est à nouveau arrêté (pour la deuxième fois par les Allemands, pour la troisième depuis la guerre). C'est en prison, clandestinement, qu'il collabore à *Carmen*. Interdit d'activité professionnelle, c'est sous le pseudonyme de M. Privey qu'il signe le scénario de *Farandole*.

De même est-ce dans une cellule de Fresnes que Charles Spaak écrit l'adaptation du roman de Simenon *Les Caves du Majestic*. Les Allemands recherchent en fait son frère, futur Premier ministre belge. Pour ce dernier film, produit en France, la Continental n'avait pu obtenir la libération de son scénariste, mais seulement qu'il puisse travailler dans sa cellule...

Edwige Feuillère, de son côté, refuse de tourner pour la Continental de l'Allemand Greven. Mais son compagnon, le producteur Boris Danciger, est juif. On fait comprendre à Edwige Feuillère que si elle ne cède pas, Danciger sera arrêté. Elle accepte finalement de signer un contrat pour *Mam'zelle Bonaparte* (Maurice Tourneur, 1941). Le temps que le film soit terminé, Boris Danciger aura réussi à passer au Mexique, *via* le Portugal : Feuillère ne tournera plus pour la Continental.

Pour André Cayatte, la situation est plus délicate encore. Fait prisonnier en 1940, il s'est évadé, et n'a pas de papiers lui permettant de travailler légalement. Un ami lui procure des pièces d'identité qui lui permettent d'être engagé par la Continental. Quand il veut s'en dégager pour honorer d'autres contrats, Greven le prévient qu'il connaît l'illégalité de sa situation : ou Cayatte travaille en exclusivité pour la Continental, ou Greven le dénonce. Cayatte tournera quatre films pour la Continental, mais la commission d'épuration, en 1945, lui accordera les circonstances atténuantes.

Pire encore, bien entendu, est la situation des professionnels juifs, exclus de la corporation, menacés de déportation, à la recherche d'emplois plus ou moins aléatoires, là où ils se sont réfugiés (tels Gérard Oury et François Reichenbach en Suisse), ou qui poursuivent clandestinement une activité en France. L'exemple le plus frappant est sans doute celui du décorateur Alexandre Trauner, juif hongrois d'origine, qui ne chercha pas à rejoindre les Etats-Unis où sa noto-

riété lui aurait pourtant procuré tout de suite du travail. « Trau »,
comme l'appellent ses amis, n'imagine pas d'abandonner l'équipe du
Quai des Brumes et du *Jour se lève,* la bande à Prévert, Carné,
Grémillon, où il se sent tellement à l'aise. Changeant souvent de
résidence, entre Antibes, Nice, Saint-Paul-de-Vence, Tourette-sur-
Loup, pour déjouer une éventuelle dénonciation, renfloué financièrement par Prévert quand besoin est, aidé par la complicité — et le
crédit — d'hôteliers et de paysans de la région, Trauner réussit à
concevoir les décors de trois grands films de l'époque, *Les Visiteurs
du soir, Lumière d'été* et *Les Enfants du paradis.* Encore faut-il les
exécuter, ces décors, et leur trouver un responsable avec un contrat
homologué dont le nom puisse figurer au générique. Ce sera grâce à
la complicité et à la collaboration de confrères réputés tels Georges
Wakhevitch pour *Les Visiteurs du soir,* Max Douy pour *Lumière d'été*
et André Barsacq pour *Les Enfants du paradis,* que l'affaire pourra
être menée à bien.

Pour saisir le climat trouble de l'époque, il faut comprendre que peu
de professionnels, à commencer par un responsable allemand comme
Greven, ignoraient cette collaboration clandestine à certains films de
professionnels interdits, et que seule une conspiration du silence ambi-
güe a permis de tels accrocs aux lois. La situation est la même pour le
compositeur Joseph Kosma, de même origine que Trauner, membre
lui aussi de la bande à Prévert, qui est intervenu sur la musique des
Visiteurs du soir et des *Enfants du paradis* grâce à l'accord de son
confrère Maurice Thiriet, et sur celle d'*Adieu Léonard* sous le pseudonyme de Georges Mouque. De même encore, c'est le compositeur
Roger Desormières qui signe la musique composée par Jean Wiener,
pour deux films de Daquin, *Madame et le mort* et *Le Voyageur de la
Toussaint.*

Il n'est pas de tout confort, non plus, le cocon professionnel, pour
ceux qui rejoignent la clandestinité de la Résistance. Parfois ce sont les
mêmes que précédemment : Trauner termine la guerre une mitraillette
à l'épaule dans les maquis de la région, où il retrouve entre autres le
producteur Alexandre Kamenka, l'acteur et comédien René Lefèvre,
l'opérateur Claude Renoir. L'opérateur Henri Alekan, qui est juif, se
procure des faux papiers établissant que ses parents sont catholiques et
peut ainsi continuer à travailler. En outre, il crée avec son frère Pierre
et d'autres opérateurs (dont Philippe Agostini et Claude Renoir) un
réseau de résistants, « 14 Juillet », qui se fixe comme première tâche la
fabrication de faux papiers pour juifs et résistants. Pendant le tournage
de *Ceux du rail* que tourne René Clément pour le C.A.T.J.C., où
Alekan est animateur, ce dernier profite d'autorisations spéciales fournies par les autorités italiennes d'occupation pour filmer les points de
défense le long de la côte entre Nice et Marseille. Par l'Espagne, les
prises de vues découpées en morceaux de 50 cm atteignent Londres.

Menacé d'arrestation lors d'un tournage, Alekan termine la guerre dans les maquis de l'Yonne.

La Résistance organisée, dans le cinéma, s'éparpille autour de groupes très divers. La Résistance non communiste (et parfois anticommuniste) se retrouve dans des réseaux dépendant de la tendance Combat (Mouvement de Libération nationale) et regroupés sous le nom de C.R.I.C. (Comité de résistance de l'industrie cinématographique) qui publie à diverses reprises un bulletin clandestin, *Opéra*. Appartiennent à ce groupe des fonctionnaires résistants qui participent à la Direction du cinéma vichyssois, tels que Robert Buron, Philippe Acoulon, Jeanne Mazac, Pierre Riedinger que nous retrouverons dans les organismes officiels après la Libération. Notons que se distingue par son activité une jeune secrétaire du directeur général du cinéma qui, avec la bénédiction de son patron, s'investit dans la Résistance, particulièrement au Mouvement national des prisonniers de guerre et déportés qu'anime François Mitterrand. Christine Gouze deviendra une importante productrice et sa sœur Danièle épousera Mitterrand.

Par ailleurs, dominent largement les réseaux dont l'organisation est assurée ou contrôlée par les communistes. Deux courants principaux s'y manifestent : l'un, plus pragmatique, d'inspiration syndicaliste, dont Jean-Paul Le Chanois peut être considéré comme le chef de file ; l'autre, plus idéologique, plus politique, plus corporatiste, dont Louis Daquin, sans en être le chef, peut être considéré comme la figure la plus représentative. Notons tout de suite que si l'on peut différencier ces deux courants, ils présentent une similitude profonde sur un point crucial : l'inspiration et le noyautage communiste.

Jean-Paul Dreyfus-Le Chanois a des grands-parents catholiques qui le soustraient théoriquement aux lois antijuives. Néanmoins, il ne peut obtenir de carte professionnelle, mais sera engagé comme scénariste par Greven à la Continental : toujours les ambiguïtés ! Le Chanois a formé, dès la fin de 1940, avec une bande de copains (Max Douy, Jacques Lemare, Nicolas Hayer, Marc Maurette), un réseau de Résistance du cinéma français. Ce groupe deviendra, à l'automne 1941, le Comité de salut public du cinéma français et se consacrera surtout à la propagande antiallemande et à la chasse aux renseignements qui permettra de déjouer quelques manœuvres allemandes pour mettre la main sur des sociétés françaises. Parallèlement, Le Chanois est chargé de l'activité du P.C.F. dans un secteur de Paris et par la C.G.T. de reconstituer un syndicat illégal de techniciens. L'activité du groupe s'orientera alors de plus en plus vers l'organisation de prises de vues (actualités sur la Résistance, mise en route d'un film sur les maquis du Vercors).

L'autre courant est lié au Front national (rassemblement contrôlé par les communistes) et à sa section intellectuelle, le Comité national des écrivains, animé par Aragon. Les initiatives du secteur cinéma viennent d'un ancien libraire communiste, René Blech. Autour de lui se regroupent Daquin, Becker, Autant-Lara, Delannoy, Zwobada, Grémillon. Ils cherchent surtout à infléchir la politique du C.O.I.C. à exercer un contrôle sur le contenu des films pour en évacuer toute tentation collaborationniste, à décourager auteurs et techniciens sollicités de participer à la propagande allemande. Et discutent de l'avenir du cinéma français, une fois la paix revenue. Au moment où les cinéastes antifascistes italiens rêvent d'une révolution esthétique qui imposerait le retour au réel après l'« ère du téléphone blanc », les cinéastes résistants français débattent lois, structures, organisation et rêvent autour de ce trust allemand (Continental, S.O.G.E.C., etc.) qui, confisqué à la Libération, pourrait devenir la base d'un cinéma d'Etat ou de secteur public, libéré à la fois de la mainmise nazie, de l'exploitation capitaliste... et de la menace américaine. Comme quoi, même dans ses rêves, le cinéma français reste fidèle à ses traditions.

La principale réalisation de ce courant sera la publication, à partir de décembre 1943, en supplément du journal du C.N.E. *Les Lettres françaises,* d'un journal clandestin sur le cinéma, *L'Ecran français,* que dirige René Blech entouré des comédiens Pierre Blanchar et André Luguet, des cinéastes Daquin, Becker et Zwobada, des auteurs Salacrou, Sauvageon et Zimmer.

Au début 1944, les principaux réseaux de Résistance concernés se regroupent pour former le Comité de libération du cinéma français dont la tâche principale consistera à organiser le tournage de la Libération, à empêcher les exactions et les destructions allemandes dans les locaux cinématographiques au moment de leur départ, et à occuper et prendre en main les sièges des institutions cinématographiques. Ce qui sera fait le moment venu : le 18 août 1944.

Tous les combattants, bien entendu, ne sont pas du bon côté de l'Histoire. Oublions sans nous attarder la jolie brochette de vedettes (Danielle Darrieux, Viviane Romance, Junie Astor, Suzy Delair, Albert Préjean, René Dary) qui accepte une tournée en Allemagne pour assister à Berlin à la première de gala de *Premier rendez-vous* de Henri Decoin (seul film français sorti en Allemagne pendant la guerre). La défense du cinéma français constitue un piètre alibi pour cette exhibition incongrue qui valut plus tard à ces « touristes » égarés quelques problèmes. L'événement reste de modeste dimension. Attardons-nous plutôt sur la petite phalange de propagandistes professionnels aigris ou militants acharnés, qui contribuèrent activement à la fabrication de films pronazis, antisémites, anti-Résistance, et anti-Alliés. Le tour en est vite fait, mais leur activité fut trop visible et trop virulente pour être éludée.

Ces films sont commandés soit par des organismes vichyssois (différents ministères), soit par la direction de la propagande allemande en France, soit par des associations politiques telles que la Légion des volontaires français contre le bolchevisme, l'Institut d'études des questions juives, le Parti populaire français de Doriot, ou le Rassemblement populaire de Déat. Dans la plupart des cas il s'agit de courts-métrages qui sont soit rattachés au « Magazine d'actualités de la semaine », soit diffusés comme documentaires de complément de programme. Ce qui leur permet d'avoir, dans certains cas, une audience considérable et une portée accrue. C'est le cas des *Corrupteurs,* un film de vingt-neuf minutes de Pierre Ramelot dont le journal *Le Film* rend compte ainsi le 12 septembre 1942 : « Il est composé de trois parties : la première montre l'aventure dramatique d'un jeune homme qui, influencé par les films judéo-américains de gangsters, devient un dévoyé et un criminel. La seconde présente l'histoire d'une jeune fille qui veut faire du cinéma, tombe entre les mains de producteurs juifs et devient une prostituée. Enfin la troisième partie évoque la ruine de petits rentiers grugés par des banquiers juifs... » Non seulement *Les Corrupteurs* connut une diffusion très importante du simple fait qu'il servait de complément de programme à un film à succès, *Les Inconnus dans la maison.* Mais il pervertissait, par son simple voisinage, la signification du long-métrage qui se terminait par la mise en accusation d'un coupable au nom et au visage étrangers et prenait, à cause du court-métrage qui l'avait précédé, les apparences d'un film antisémite.

Ces films abordent tous les thèmes officiels de la collaboration avec l'Allemagne et de la lutte contre la Résistance. Exemple de la première voie : *Travailleurs de France en Allemagne* dresse un tableau idyllique de la vie des ouvriers français requis pour travailler en Allemagne et montre cette « collaboration » comme un efficace moyen de lutter contre le chômage. Exemple de la seconde voie : *Patriotisme* montre un groupe communiste s'emparant frauduleusement de tickets de ravitaillement pour faire la noce et mener grand train, déclenchant des actes de violence. Dans *Résistance,* de jeunes réfractaires au S.T.O. organisent un déraillement de train qui coûtera la vie à des civils innocents. Certains de ces films ne sont que l'adaptation ou la mise au goût du jour de films existant au préalable. Le long-métrage *Le Péril juif* (1941), du même Pierre Ramelot (qui mourut d'une crise cardiaque en septembre 1942), est en fait l'adaptation d'un film allemand *Der Ewige Jude* de Hippler et Tauber (1940). De même, le court-métrage (trente-cinq minutes) de Jean Morel, *Français, vous avez la mémoire courte,* emprunte-t-il largement au film suisse de 1937, *La Peste rouge.* Citons encore parmi ces produits de propagande un moyen-métrage de fiction, *Forces occultes* de Paul Riche (pseudonyme de Jean Mamy, fusillé en 1946) : l'histoire d'un député de la IIIe République qui, écœuré par la corruption de la classe politique, s'inscrit à une loge et découvre l'ignominie du complot maçonnique contre les valeurs nationales.

La plupart de ces films sont produits par deux officines spécialisées, dont la création est déclenchée et l'activité subventionnée par le Dr Dietrich et les services de propagande allemande : la société Nova Films et la société B.U.S.D.A.C. La première est dirigée par Robert Muzard, un Français germanophile qui a terminé ses études à Berlin et travaillé pour la U.F.A. en Allemagne, en Tchécoslovaquie et en Hongrie. Le Dr Dietrich, qui l'a connu à la U.F.A., le récupère à Paris pour lui confier Nova Films. Muzard sera condamné à trois ans de prison à la Libération. La seconde société, B.U.S.D.A.C, est dirigée par M. Badal qui s'est occupé de films français en Allemagne avant la guerre. Il recrute comme principal collaborateur J. Teisseire, photographe au *Petit Marseillais,* qui écrira ou réalisera la plupart des productions de la société. Aucun des films de cette catégorie ne se signale par une qualité ou une efficacité particulières. Par rapport à l'importance des moyens disponibles et à l'importance accordée par le nazisme et le vichysme à la propagande, le bilan de leurs interventions cinématographiques apparaît singulièrement maigre. Comme si la bonne santé naturelle du cinéma français entraînait le rejet spontané d'une telle greffe. Voici venu le moment de faire un autre bilan, rassurant, étonnant, énigmatique : celui de la production des années noires.

Un âge d'or ?

Dans la décennie qui précède la guerre, et celle qui la suit, la production annuelle française a tourné autour de 120 films. Pendant les quatre années d'Occupation, 220 films ont été tournés, soit une moyenne annuelle de 55 films, inférieure à la moitié des chiffres habituels. Il ne faut pas oublier ces données statistiques élémentaires, au moment de considérer cette production. Cette raréfaction des œuvres n'est pas due à une crise de créativité, de productivité, ni de rentabilité. Les projets se bousculent, la machine fonctionne, le public se presse dans les salles. Les recettes des cinémas parisiens passent de 452 millions en 1938 à 257 millions en 1940 (du fait de la guerre) et remontent à 416 millions en 1941, 707 millions en 1942, et 915 millions en 1943 (soit, convertis en francs constants 1990 : 994 millions en 1938, 450 en 1940, 624 en 1941, 884 en 1942 et 915 en 1943). Certes, entre-temps, le coût de revient moyen d'un film est passé de 3 millions à 11 millions (c'est-à-dire de 6,5 millions à 11 millions en francs 1990). Mais en 1938, 35 % des recettes remontaient vers les films français, alors que plus de 60 % des recettes de 1943 concernent des films français.

La vie sauve, l'honneur aussi

Il y aurait donc âge d'or, économiquement parlant, si cette période orientée vers la prospérité sur le plan du cinéma ne s'inscrivait dans une pénurie généralisée de produits en tous genres destinés par exemple aux décors, costumes, transports et accessoires, mais surtout pénurie de deux matières premières : pellicule et électricité. Outre leurs responsabilités traditionnelles, régisseurs, décorateurs, opérateurs doivent faire des miracles pour assurer la bonne fin des films, en dépit du manque d'essence, de tissu, de plâtre, de bois, de clous, de lumière même, et compte tenu de la mauvaise qualité de la pellicule livrée et de la médiocrité des bains de tirage des laboratoires.

Comment, devant la somptuosité des images des *Anges du péché* ou des *Enfants du paradis,* imaginer l'incroyable pauvreté des matériaux qui ont enfanté ces joyaux ? Comment soupçonner qu'au sommet de son art la superbe Edwige Feuillère de *La Duchesse de Langeais* va s'évanouir, à la fin de la prise, paralysée par la faim et le froid, dans cette nuit de décembre 1941, où elle tourne dans un studio non chauffé. Le 27 mai 1944 à vingt heures, Bresson, Casarès et toute l'équipe des *Dames du bois de Boulogne* montent dans une camionnette à gazogène en route vers les studios d'Epinay. C'est la nuit de la Pentecôte. On tournera jusqu'à six heures vingt du matin : c'est la première fois depuis huit jours que l'électricité a été rétablie. Dans une boîte sur trois, la pellicule est éventée et inutilisable.

Le cinéma de cette époque porte témoignage d'une foi dans le cinéma, d'une sorte d'héroïsme artisanal, d'un acharnement thérapeutique à faire vivre à tout prix une activité que tout semble condamner. C'est le premier mérite de cette époque, caractéristique aussi de l'engagement passionnel dans leur métier des professionnels du cinéma. Cette passion obstinée sauve le cinéma français du premier danger : s'éteindre tout simplement de faiblesse, d'épuisement, condamné par les privations et les interdits. En dépit de tout, il continue. Le second danger devient alors de se déshonorer soit par la nullité artistique de la production, soit par la servilité à l'égard de l'occupant. L'un et l'autre phénomène seraient désolants, mais largement explicables. L'un et l'autre seront évités.

Les choses, pourtant, n'ont pas bien commencé. Six films sont mis en chantier dans les cinq derniers mois de 1940, tous les six en zone libre. Les quatre premiers sont nullissimes. L'un d'entre eux, *L'An 40,* de Fernand Rivers, réussira même l'exploit d'être interdit pour cause d'imbécillité... Le cas est d'autant plus pendable que scénario et dialogues sont signés Yves Mirande. Ultime bizarrerie : le scénario, lié à l'exode, fait singulièrement penser à celui de *Soyez les bienvenus* du même Mirande, tourné par Baroncelli, partie en 1940, partie en 1941.

Le cinquième de ces films, *Vénus aveugle,* est un mélo emphatique où l'on retrouve davantage les défauts d'Abel Gance que ses qualités. Pis : pour une première de gala à Vichy, le film comporte une dédicace (qui disparaîtra par la suite) où on lit : « C'est à la France de demain que je voulais dédier ce film, mais puisqu'elle s'est incarnée en vous, Monsieur le Maréchal, permettez, tout humblement, que je vous le dédie. Abel Gance. » Le sixième film, *La Nuit merveilleuse,* de Jean-Paul Paulin, transpose dans la France de 1940 la nuit de la Nativité. Commandé par le cabinet de Pétain, produit au bénéfice d'une organisation officielle d'entraide, le Secours national, le film vante paisiblement les joies familiales, le travail artisanal et le retour à la terre. Avec ces six films, rien de méchant. Simplement, le cinéma français semble promis au crétinisme et à la propagande.

C'est seulement en février 1941 que les choses sérieuses commencent avec les premiers films de la succursale allemande en France, la Continental. Pour mieux assurer sa suprématie, Greven a obtenu cinq mois d'avance sur la concurrence. Le premier film « indépendant » réalisé à Paris (*Madame Sans-Gêne* que Roger Richebé a pu monter très vite, car le projet est déjà ancien) n'est autorisé à commencer de tourner que le 3 juin. A cette date, la Continental a déjà cinq films en chantier. Il est intéressant d'analyser ces premiers films sous contrôle allemand : on peut y lire la stratégie de la société. *L'Assassinat du Père Noël* de Christian-Jaque d'après Pierre Véry ressuscite une équipe et un genre qui ont triomphé en 1938 avec *Les Disparus de Saint-Agil. Le Dernier des six* est un policier classique. *Premier rendez-vous* permet de retrouver le couple réalisateur-vedette Henri Decoin-Danielle Darrieux qui a triomphé en 1939 avec *Battement de cœur.* Le *Club des soupirants* vise à exploiter la plus populaire des vedettes, Fernandel. *Péchés de jeunesse* recourt au vieux modèle du film à sketches. Pour *Caprices* on reconstitue l'équipe Léo Joannon (pour la réalisation), Danielle Darrieux-Albert Préjean, remarquée en 1936 dans *Quelle drôle de gosse !* Avec *Annette et la dame blonde,* la Continental entame l'exploitation du filon Simenon, dont elle produira cinq adaptations en trois ans.

Ces sept titres répondent à des préoccupations de marketing évidentes. Ils ont été choisis en fonction d'une étude de marché, avec une bonne connaissance des goûts et habitudes des spectateurs français. Mais on chercherait en vain dans un seul de ces films l'ombre d'une intention idéologique ou de propagande. Il en sera ainsi pour les trente films produits par la Continental, à trois réserves près. Dans deux cas, *Les Inconnus dans la maison* et *Le Corbeau,* le soupçon de propagande antisémite et antifrançaise paraît abusif. Nous y reviendrons plus loin. Dans le troisième cas, *La Symphonie fantastique* de Christian-Jaque, c'est de propagande profrançaise que la Continental est accusée. Non par le public français, mais par Goebbels en personne qui avait perçu comment cette œuvre à la gloire de Berlioz pouvait flatter le patriotisme des spectateurs. Goebbels note en effet dans son journal, le 15 mai 1942, après avoir visionné *La Symphonie fantastique* : « Ce film d'une qualité exceptionnelle est un hymne patriotique de grande classe. En conséquence, je ne pourrai malheureusement pas le tolérer en Allemagne. Je suis furieux de constater que nos propres organismes à Paris enseignent aux Français la manière de produire des films nationalistes... Je fais venir à Berlin Greven pour lui donner des instructions claires et précises : je veux qu'on ne tourne actuellement pour les Français que des films légers, superficiels, divertissants, mais nuls. Le peuple français s'en contentera probablement. Il n'y a aucune raison pour que nous cultivions son nationalisme. » L'important de ce texte, c'est ce qui n'est pas dit. Pas la moindre allusion aux missions militantes, idéologiques, qui auraient pu être confiées au producteur allemand en France, surtout par le fanatique de la propagande qu'était Goebbels. Il est vrai que, d'une manière générale, la Continental produit des films « légers, superficiels, divertissants ». C'est le moindre mal qu'on en pouvait attendre. L'injonction de Goebbels est d'autant moins inquiétante que les films « légers, superficiels divertissants » constituent l'ambition de la grande majorité des producteurs de tous pays...

Il est significatif que le premier conflit avec la Continental surgisse lorsque Greven impose à Lacombe de rajouter une scène des Folies-Bergère, non prévue au scénario, dans *Le Dernier des six* : c'est très exactement le type d'exigences d'un producteur américain pour un film supposé se dérouler à Paris....

Dans une lettre que cite Jacques Siclier dans son livre *La France de Pétain et son cinéma* [1], Raoul Ploquin écrit : « [Greven] m'assura de la façon la plus formelle qu'aucun film de la Continental n'aurait la moindre couleur politique et que toute forme de propagande en serait radicalement exclue... Je dois reconnaître que sur ces deux points, mon interlocuteur tint parole. » Ces films « superficiels » que la Continental est chargée de produire pour nous divertir irritent d'ailleurs beaucoup la Centrale catholique du cinéma, qui dénoncera, dans une brochure publiée en 1945, « leur basse immoralité », s'indignant qu'ils ne soient soumis à aucune censure, car allemands au regard des autorités françaises et français au regard des autorités allemandes ; absence de censure qui leur permet « de s'enfoncer paisiblement dans les pires grossièretés »...

Une lourde hypothèque est donc levée quand il devient clair que la Continental ne fonctionne pas comme une simple agence de la *Propaganda Staffel*. Mais sur les 220 films de cette période, 30 seulement sont produits par la Continental. Qu'en est-il des autres ?

S'ils ignorent les ordres de Goebbels, beaucoup de producteurs et réalisateurs y ont obéi sans le savoir en continuant de fabriquer ces films « légers, superficiels et divertissants » à quoi se résume le cinéma pour toute une partie largement majoritaire de la profession. Il est clair aussi que la production 1940-1944 comporte un nombre notable de films dont la signification, le message coïncide ou se rapproche de

1. Veyrier, 1981.

l'idéologie de l'Etat français, incarné par Pétain. Et cela plus spéciale-ment dans trois directions : retour à la terre, aux racines du travail et de la vie ; défense de la famille ; exaltation des valeurs morales.

Quelques exemples définissent cette contagion des doctrines officiel-les sur les films. Dans *L'Appel du bled* (Pierre-Jean Ducis, 1941), on voit une femme, brisée par la révélation de sa stérilité, reprendre la mission civilisatrice de son mari dans le Sud algérien et attendre, pour l'assister, le retour du soldat mutilé après la défaite de 1940 : on retrouve bien des poncifs dans ce film sauvé par l'authenticité de l'interprétation de Madeleine Sologne. On voyait pis avec *La Femme perdue* (Jean Choux, 1942) où une jeune bourgeoise enceinte d'un marin est recueillie dans sa fuite par un forestier qui l'épouse et accepte l'enfant, jusqu'au retour du vrai père, dissuadé de revendiquer l'enfant par un prêtre vigilant : on en pleure encore dans les chaumiè-res ! *Le Bal des passants* (Guillaume Radot, 1943), à travers un mélo-drame bien plus compliqué, se veut clairement un réquisitoire contre l'avortement, placé, par la loi du 14 septembre 1941, « parmi les infractions de nature à nuire à l'unité nationale, à l'Etat, et au peuple français ». Sur un mode plus gai, mais toujours moralisateur, dans *Signé illisible* (Christian Chamborant, 1942), un groupe de jeunes filles délurées lutte contre le marché noir et les mauvaises mœurs par des opérations coup-de-poing, allant jusqu'à l'enlèvement de jeunes trafi-quants ou débauchés.

On peut suivre Jacques Siclier qui, dans l'analyse approfondie qu'il fait des films de cette époque [1], retient deux comédiens comme figures emblématiques de cette production à tendance vichyssoise : Gaby Morlay et René Dary. Pour l'actrice, qui a joué toutes les mondaines, les demi-mondaines et quarts de mondaines des années trente, on peut dire qu'il y a changement de décor comme changement de répertoire. Dans *Le Destin fabuleux de Désirée Clary* (1941), faible film historique de Sacha Guitry qui se situe à deux époques différentes de la vie de l'Empereur, c'est Jean-Louis Barrault qui joue Bonaparte et transmet son rôle à Guitry qui joue Napoléon, tandis que Geneviève Guitry joue Désirée Clary jeune et transmet son rôle à Gaby Morlay quand son personnage épouse Bernadotte. Cette transmission de rôles a valeur de symbole : ce n'est plus tout à fait la même Gaby Morlay que nous allons retrouver. Dans *Deux jeunes filles dans la nuit* (René Le Henaff, 1942), elle devient voyante pour payer l'éducation d'une fille conçue dans le péché. Dans *Les Ailes blanches* (Robert Péguy, 1942), elle est bonne sœur et évite l'avortement d'une de ses protégées. Dans *Farandole* (premier film très habilement réalisé par Jean Faurez, 1943), Gaby Morlay profite de son emploi de téléphoniste dans un bureau de poste pour rendre des services à ses correspondants, mais

1. *Op. cit.*

abuse de son rôle en ramenant chacun dans le droit chemin du devoir, de l'honnêteté et de la fidélité conjugale. Mais c'est son rôle dans *Le Voile bleu* (Jean Stelli, 1942), champion des recettes et triomphe lacrymal, qui édifia à Gaby Morlay sa statue méritée d'héroïne bienfaitrice. Elle incarne Louise, devenue gouvernante d'enfants, à la suite de la mort de son mari (à la guerre de 14) et de son bébé. Changeant d'emploi à différentes reprises (le film se déroule sur environ vingt-cinq ans), Louise doit gérer des situations affectives et sociales très diverses où elle assure une sorte de permanence de l'affection maternelle, de la capacité féminine de dévouement, et de fermeté morale qui lui vaut beaucoup de reconnaissance et bien des tracas. La coïncidence d'une telle trajectoire avec l'esprit vichyssois est certaine. Pourtant le film a aussi une sincérité émouvante au service de valeurs universelles qui en fait bien autre chose qu'un instrument de propagande. Son apparition en 1942 lui confère incontestablement une résonance particulière. Néanmoins le succès qu'il a continué d'avoir, au cinéma puis à la télévision, pendant les décennies suivantes, montre les limites d'une analyse trop politique de telles œuvres qui auraient pu naître, identiques, dix ans plus tôt, ou dix ans plus tard.

Le cas de René Dary est bien différent. En 1940, il n'a pas le statut de vedette, bien que vedette, il l'ait été enfant, dans les années 1910. Il a joué, adulte, dans une dizaine de films des années trente, avec surtout des rôles d'homme d'action ou de marin cabochard. On le retrouve dans de mêmes emplois sous l'Occupation, dans un cinéma où l'absence de Gabin a laissé une place à prendre. Sans aller jusqu'à prétendre, comme le suggère Jacques Siclier, que « Dary est le Gabin de la Révolution nationale », on doit tenir compte de cette comparaison.

Dans *Après l'orage* (Pierre-Jean Ducis, 1941), il incarne un ingénieur agronome qui abandonne sa Provence pour les miasmes parisiens, est mêlé à des trafics louches par sa maîtresse, actrice de cinéma, et un salaud de producteur (Jules Berry). Après la guerre, trempé par la défaite, il retournera à son village où sa fidèle amie a poursuivi son œuvre. C'est en quelque sorte Gabin qui retrouve son diable-Berry sur sa route mais est sauvé par le retour à la terre et la fidèle obstination des femmes au foyer. Ce rapprochement vient à l'esprit tant, par son physique et son jeu (excellent), Dary fait penser à Gabin. *Port d'attache* (Jean Choux, 1942) est plus clairement vichyssois, quand il nous montre un René Dary reconverti en paysan qui fait venir des chômeurs de Paris pour faire revivre le village et chasser les trafiquants du coin. Dary, meneur d'hommes, triomphe encore dans *Le Carrefour des enfants perdus* (Léo Joannon, 1943) où il dirige une maison d'éducation surveillée d'un style nouveau. Parrainé moralement et financièrement par le Secrétariat à la jeunesse et par le Secours national, le film est supposé mettre en valeur la politique gouvernementale d'encadrement de la jeunesse délinquante. Mais un scénario très fort et une remarquable interprétation (où surgit un impressionnant nouveau venu, Serge Reggiani) font de ce *Carrefour des enfants perdus* une suite dynamique à *L'Enfer des anges* ou à *Prison sans barreaux,* et évoque le projet non réalisé de Prévert, *L'Ile des enfants perdus.* C'est une œuvre rude et forte qui plaide pour une action éducatrice humaine parmi les jeunes délinquants. L'administration pénitentiaire refusa d'endosser le message et, en dépit des parrainages officiels, tenta, semble-t-il, de le faire interdire.

Présence de la morale d'Etat dans ce cinéma ? C'est certain. On n'a jamais vu autant de prêtres, de bonnes sœurs, d'infirmières, d'assistantes sociales sur les écrans, et le militantisme moralisateur évoque la tonalité vichyssoise. Mais ce cinéma, il a existé de tous temps. Jean-Pierre Jeancolas en fait une démonstration péremptoire dans *Quinze années d'années trente* [1], bien qu'il s'attache à identifier une production typiquement vichyssoise. Il montre en effet le caractère « vichyssois » de *L'Empreinte du dieu,* film de Léonide Moguy, sorti le 14 mai 1941, qui évoque la réconciliation autour d'un bébé de la veuve et de la maîtresse du père disparu, et qui, en effet, « charrie tous les tics de la Révolution nationale ». Mais ce film adapte un roman de Maxence van der Meersch qui a obtenu le prix Goncourt en 1936. La production a été entamée au printemps 1939. Interrompu, il a été repris avec d'autres interprètes, et c'est en raison de ces hasards de production que ce film, qui a failli naître sous le Front populaire (les droits ont été acquis en 1937), devient un film de la France de Pétain. Est-il raisonnable d'en faire une illustration de l'époque ? Si oui, de quelle époque ? Celle de sa conception (1938) ou de sa sortie (1941) ? Un énorme fossé les sépare. S'il illustre quelque chose, ce film, c'est bien la permanence des courants à travers les mutations politiques.

Il y a toujours eu des films du type *Le Quai des Brumes* et des films du type *Le Voile bleu* : dans les années trente comme dans les années cinquante. Sous Vichy, les premiers sont un peu moins noirs, et les seconds sont un peu plus bleus (ou roses), les premiers sont un peu moins nombreux et les seconds un peu plus. Encore qu'en cherchant bien, avec une extrême générosité dans l'attribution, il soit impossible de trouver quarante titres à cataloguer dans la production moralisatrice vichyssoise, c'est-à-dire moins de 20 % de la production totale. La période de Vichy a certainement été profitable au courant conservateur du cinéma, courant permanent, mais en temps ordinaire noyé dans la plus grande diversité de la production, et en partie équilibré par un courant de contestation sociale et morale qui est beaucoup plus discret, et parfois tari, entre 1940 et 1944. C'est donc à une rupture

1. *Op. cit.*

d'équilibre qu'on aboutit quant aux caractéristiques idéologiques de la production.

Par contre, on chercherait en vain, sauf quelques exemples ponctuels examinés par ailleurs, une production radicalement pétainiste qui attaque clairement la IIIe République, les responsables de la défaite, qui prône la soumission à l'Allemagne ou la réconciliation immédiate avec elle, qui dénonce comme ennemis les pays avec lesquels l'Allemagne est en guerre, qui exalte Hitler et le nazisme, qui mette en cause les méfaits des juifs. Tels devraient pourtant être les thèmes de base d'une propagande pétainiste sérieusement menée...

En effet, il ne suffit pas de constater la faible imprégnation des films par les deux idéologies dominantes : nazie et vichyssoise. Il faut aussi inventorier tous les pièges que le cinéma français a déjoués. Depuis dix ans, il vivait en symbiose intime avec le cinéma allemand, dans un climat permanent de collaboration et de coproduction, recourant fréquemment aux tournages en double version. A partir de l'armistice, pas un Allemand ne viendra travailler en France, pas un Français ne travaillera en Allemagne (à la seule exception déjà évoquée). En quatre ans, pas un seul film proallemand ne sera tourné. Un symbole : le cinéma français produit un Beethoven en 1936, un Schubert en 1939, mais un Berlioz *(La Symphonie fantastique)* en 1941. Dans les films français des années trente, on trouve de nombreux personnages antipathiques anglais ou américains. On n'en trouve pas un seul dans les 220 films français de l'Occupation. Anecdote significative : le scénario de Chavance pour *Dernier atout* situe l'action aux Etats-Unis. Becker fait changer le scénario : il ne veut pas montrer les Etats-Unis comme un pays de gangsters.

Mieux encore, comme l'a très bien montré François Garçon dans son livre *De Blum à Pétain* [1], les films français des années trente présentent plusieurs personnages désignés comme juifs et caricaturés comme tels. Entre 1940 et 1944, en dépit des lois raciales et de la rage antisémite de la presse et des officiels de tout poil, on ne trouvera pas une seule allusion antisémite dans un seul film français. C'est l'occasion de revenir sur le cas des *Inconnus dans la maison,* adapté de Simenon par Clouzot et réalisé par Decoin. Certes, à la fin du procès des jeunes gens défendus par Raimu, procès qui constitue l'essentiel du film, un coupable est découvert dont le nom (Luska) et le visage (celui de Mouloudji) peuvent indiquer une origine étrangère (quoique Mouloudji en soit à son treizième film et qu'il ne soit venu à l'idée de personne de lui faire jouer un étranger). De là à soupçonner le film d'antisémitisme, il y a un pas que bien des historiens du cinéma ont franchi trop hâtivement. Car dans le film rien ne désigne l'origine ni la religion de Luska, alors que Simenon prenait la peine de préciser que

1. Cerf, 1984.

Luska, « à cause de son nom, de son véritable nom qui est Ephraïm, et de l'origine orientale (Caucase) de son père, était la bête noire de ses camarades ». Au lieu d'appuyer sur ces trois indices (le prénom, l'origine, la marginalité) pour donner un sens raciste à ces données, les adaptateurs les ont supprimées toutes les trois, on peut l'imaginer en toute connaissance de cause.

Un autre cas est plus démonstratif encore. En 1936, Pierre Billon adapte le roman (aux relents antisémites) d'Emile Zola, *L'Argent* : on y rencontre un banquier, Saccard, au fort accent germanique et à la naturalisation évidemment récente, et la famille du banquier Guderman, qui présente tous les types physiques de la propagande antisémite. En 1943, le même Pierre Billon adapte un *Vautrin* d'après différents romans de Balzac. Il va pouvoir s'en donner à cœur joie avec le baron de Nuncingen, le banquier salace dont Balzac souligne la judéité. C'est tout le contraire qui se produit : il fait de Nuncingen un personnage banalisé, interprété par Louis Seigner et dont l'origine juive ne sera jamais mentionnée. Autrement dit, le contexte politique et idéologique, la pression des pouvoirs, loin d'entraîner une dérive antisémite du cinéma, ont purgé celui-ci de son courant antisémite.

Autopsie d'un miracle

Ainsi le cinéma français, dans le cataclysme de la défaite et de l'Occupation, sauve sa vie et son âme. Mais sauve-t-il son art ? Imagination, créativité, virtuosité technique, ces dons ont peu de chances de s'exercer dans cette nuit froide du malheur national ? Ils le font pourtant : c'est le vrai miracle de ces années. La production, sous l'Occupation, ne s'est guère étendue que sur trois années : de février 1941 à avril 1944. Or elle a engendré autant d'œuvres marquantes que les six riches années 1935-1938 et bien plus que les années 1945-1948.

Considérons le cas, il est vrai exceptionnel, de l'année 1943. Soixante films sont produits, soit la moitié de la production habituelle en temps normal. Pendant les six mois qui vont de la mi-février à la mi-août 1943, commencent dans l'ordre, les tournages de : *Les Anges du péché* (Bresson), *L'Eternel Retour* (Delannoy), *Douce* (Autant-Lara), *Le Corbeau* (Clouzot), *Le ciel est à vous* (Grémillon), *Les Enfants du paradis* (Carné), six films qui vont marquer l'histoire du cinéma français. La concentration de qualité exceptionnelle et de créativité sur cette brève période de temps passera inaperçue car la sortie de ces six films s'échelonnera sur deux ans, de juin 1943 (pour *Les Anges du péché)* à fin mai 1945 *(Les Enfants du paradis).* Mais ils ont tous été conçus, préparés, entrepris en même temps. Plus d'une douzaine d'autres films, de *La Nuit fantastique* (L'Herbier) à *Goupi Mains Rouges* (Becker), de *Nous les gosses* (Daquin) aux *Dames du bois de Boulogne* (Bresson), de *Lumière d'été* (Grémillon) à *La Duchesse de Lan-*

geais (Baroncelli), du *Mariage de Chiffon* (Autant-Lara) à *Pontcarral* (Delannoy), réalisés sous l'Occupation, continuent de figurer, cinquante ans plus tard, comme des œuvres notables. Sans oublier *Les Visiteurs du soir* dont la sortie le 4 décembre 1942 fait sensation, soulevant enthousiasme et polémiques, admiré, débattu, mais qui est l'occasion d'une prise de conscience du public et des professionnels : il se passe quelque chose d'important dans le cinéma français.

Peut-on parler d'un « âge d'or » ? Non, si l'on considère la misère humaine et matérielle dans laquelle se déroule cette période. Mais plutôt d'une retraite et d'une cure à l'occasion desquelles le meilleur du cinéma français durcit ses muscles, éclaircit ses idées, trempe sa volonté. En novembre 1943, l'écrivain collaborationniste (et critique de cinéma) Robert Brasillach lance une nouvelle revue : *La Chronique de Paris* et déclare dans son texte d'introduction : « L'avenir s'émerveillera que parmi les pires difficultés nationales, les peintres aient continué à peindre, les théâtres à jouer, que le cinéma français ait en un an produit plus de bons films qu'en dix ans de servitude américaine. » Au même moment, aux antipodes des positions de Brasillach, le jeune André Bazin, qui deviendra l'un des plus importants critiques cinématographiques, publie ses premiers articles. Il écrit, dans *Jeux et poésie* : « ... de toutes les activités artistiques françaises depuis la guerre, le cinéma est la seule qui soit en progrès... Cette renaissance apparaît d'autant plus paradoxale qu'elle s'applique à l'art le plus alourdi de dépendances économiques et sociales... ». Quatorze ans plus tard, ayant formé son système critique, il persiste et signe : « ... du moins est-il indiscutable que la rupture avec l'avant-guerre, loin de constituer une décadence, a permis de rénover l'inspiration et les hommes » (conférence à Varsovie, 1957). Critique à l'époque, Roger Régent constate au lendemain de la guerre : « C'est alors que la France était envahie, domptée, étouffée par l'oppression, qu'il s'est dessiné sur nos écrans les prémices d'un nouveau style français cinématographique. »

La guerre à peine terminée, les Américains enquêtent et concluent (*Moving Pictures News,* 11 juillet 1945) : « En dépit des horreurs de la guerre et de cinq années d'occupation allemande, l'industrie cinématographique française s'est non seulement maintenue, mais a atteint un haut niveau de perfection. » C'était bien l'opinion de Goebbels qui enrage dans son journal (13 mai 1942) : « J'ai vu un nouveau film français : *Annette et la dame blonde.* Il présente les mêmes qualités de légèreté et d'élégance que le film de Danielle Darrieux, *Caprices.* Nous devons veiller à ce que les Français ne développent pas sous notre direction un nouvel art cinématographique qui nous fasse une concurrence trop forte sur le marché européen. »

Portant témoignage sur son travail pendant cette période, Marcel L'Herbier fait cet aveu ahurissant : « Nous, les auteurs de films, nous avions travaillé pour la plupart depuis 1930 dans un climat d'esclavage cinématographique et pourtant la France, alors, était libre. Désormais, elle ne l'était plus. Et voilà que les choses se contredisent sous la férule allemande : la liberté de création reprenait pour nous tous ses droits. Peut-on imaginer une situation plus illogique, plus déconcertante ! » Non, bien sûr, on ne le peut pas, d'autant moins que cette liberté de création dont parle L'Herbier est fictive : il oublie d'un seul coup les multiples contraintes des armes et des lois. Et pourtant, lui qui a vécu intensément cette période, quand il écrit ces lignes, il sent bien qu'il exprime un fragment authentique de son expérience.

C'est quoi, cet esclavage dont L'Herbier, et d'autres, se sentent soudain libérés, en dépit des nouvelles chaînes qui les entravent ? Voici le moment venu de retrouver le partenaire-adversaire traditionnel du cinéma français : le cinéma américain. Quand on parle du cinéma de l'Occupation, on se réfère à une présence forte, encombrante : celle de l'armée allemande. Il semble qu'en fait, pour le monde de la création cinématographique, cette présence ait revêtu moins d'importance qu'une absence : celle du cinéma américain, exclu des écrans, et qui cesse du jour au lendemain d'être le rival, le concurrent, le modèle. A certains égards, dans certaines limites, osons le dire, les années d'Occupation ont été vécues comme des années de libération par le monde du cinéma. Hypothèse audacieuse ? Mais non : les témoignages abondent. C'est Claude Autant-Lara qui, dans une lettre à l'historien François Garçon, reconnaît : « Splendide époque. Heureusement débarrassé de l'emprise anglo-saxonne et américaine, le cinéma français a pu enfin s'épanouir librement, financièrement et surtout artistiquement. » C'est Louis Daquin qui constate, dans *Cinéma, notre métier* : « L'isolement, ce retrait, permettent aux réalisateurs et aux techniciens, privés de tout film américain, et qui n'avaient pu, jusque-là, s'arracher à l'influence de la technique américaine dont la perfection était incontestable, mais dénuée de tout style, de retrouver une source d'inspiration authentique vraiment nationale. » Insistant sur l'avantage économique d'un cinéma en quasi-autarcie, Georges Charensol écrit, dès 1946, dans un texte justement intitulé « Renaissance du cinéma français » : « Pourquoi la France a-t-elle pu, à partir de 1941 faire un tel effort ? C'est qu'elle était coupée de l'Amérique ; livré à lui-même, privé à la fois de l'influence et de la concurrence de Hollywood, notre cinéma retrouvait sa prospérité d'antan. »

André Bazin, dans la conférence de 1957 déjà citée, indique comme l'un des facteurs de renaissance « la disparition de la concurrence étrangère qui aurait pu, à longue échéance anémier la création artistique, mais qui a au contraire permis dans ce laps de temps une floraison d'expériences originales ».

Nous avons dit déjà que les années d'Occupation transforment le cinéma français en une sorte de laboratoire où il passe au banc d'essai l'authenticité de ses ressources techniques, stylistiques et créatrices. La coupure avec le cinéma américain déclenche une sorte d'expérience sous vide : isolés face à nous-mêmes, que sommes-nous vraiment capables de faire, qu'avons-nous envie de faire ? La réponse, ce sont deux cent vingt films (nous sommes capables de fabriquer du film dans les pires conditions matérielles et morales), dont une cinquantaine intéressants et de bonne qualité (nous sommes capables d'assurer une production de haut niveau) et dont une quinzaine sont d'une créativité, d'une perfection, d'une invention exceptionnelles (nous sommes capables de créer d'autres modèles, d'imposer un style).

A ceci près que l'expérience n'a pas vraiment lieu sous vide, mais en un temps, un lieu, des circonstances où les contraintes sont énormes. Puisque ce contexte, le cinéma français ne peut et ne veut pas l'évoquer, le voilà obligé de se couper de la réalité contemporaine, pour affronter soit la réalité historique ou mythologique, soit l'irréalité du fantastique, soit l'alibi culturel et littéraire. Pour s'en tenir aux exemples clés : *Les Visiteurs du soir, La Nuit fantastique, Le Baron fantôme, La Main du diable* recourent au fantastique ; *Les Anges du péché, La Symphonie fantastique, Les Enfants du paradis, Pontcarral, colonel d'Empire,* se réfugient dans l'Histoire et ses coulisses ; *L'Eternel Retour* rajeunit le mythe de Tristan et Yseult ; *Les Dames du bois de Boulogne, La Duchesse de Langeais, Au Bonheur des dames, Pierre et Jean* renvoient à Diderot, Balzac, Zola, Maupassant. Un écrivain connaît soudain une vogue certaine au cinéma : c'est Georges Simenon. De 1930 à 1940 trois romans de lui sont adaptés à l'écran : neuf le seront de 1941 à début 1944. C'est un rythme qu'on ne retrouvera plus jamais. C'est sans doute que Simenon détient l'une des clés de la situation. D'une part ses romans sont réalistes et contemporains. Mais d'autre part leur univers est totalement coupé du monde extérieur. Chaque histoire est un pur îlot de fiction qui ne renvoie jamais au monde des autres. Dès lors pouvaient-ils être adaptés durant les années qui nous intéressent, pour leur capacité à imposer un climat réaliste-onirique. Les quatre romans de Pierre Véry et les deux policiers de Steeman également portés à l'écran bénéficient de leur apparentement siménonien. Tenu de mettre le temps présent en quarantaine, le cinéma se réfugie, quand il n'est ni fantastique ni historique, dans un « contemporain vague » dont Simenon propose le modèle.

Il convient toutefois de mettre un bémol à cette belle explication théorique. Sans guerre, ni défaite, ni Occupation, on aurait plus ou moins assisté à la même invasion siménonienne. Nous avons raconté [1] comment Simenon, après la triple désillusion des trois adaptations du *Chien jaune,* de *La Nuit du carrefour* et de *La Tête d'un homme,* décida de cesser de vendre les droits de ses livres au cinéma. Il tint parole,

---

1. Voir page 154.

publiant de temps à autre un roman (comme *Le Testament Donadieu*) où il dit le mépris dans lequel il tient le milieu corporatif du cinéma. Mais il change d'avis en 1937, publie *La Marie du port*, roman qu'il déclare avoir écrit spécialement pour le cinéma, rouvre l'accès à ses droits, confie à l'agence Synops (Denise Tual) le soin de les négocier et vend ainsi *La Maison des sept jeunes filles* et *La Marie du port,* tandis qu'il traite directement les droits des *Caves du Majestic* et ceux du *Passager du Polarlys,* à raison de 150 000 francs par livre, tarif unique. Le climat particulier de l'Occupation n'a fait qu'accélérer et développer le phénomène, mais le retour de l'univers Simenon était déjà assuré dès 1939.

Simenon et le « contemporain vague » triomphent : que devient alors le fameux « réalisme poétique » ou « populisme tragique » qui, à travers les films de Feyder, Duvivier, Carné, a régné sur le cinéma français des années 1935-1940 ? Carné lui-même s'interroge, dès septembre 1940, dans le nouveau quotidien *Aujourd'hui.* Il constate qu'il est devenu de bon ton d'éreinter *Pépé le Moko, La Bête humaine, Le Quai des Brumes.* S'adressant au cinéma, il commente : « C'est vrai qu'on peut te reprocher certains personnages équivoques, le goût d'une certaine désespérance, et de t'être placé trop souvent sous le signe de la mort violente. A qui la faute ? A toi ou à une époque qui portait en elle le germe même de la mort, et de la destruction... Moyen d'expression d'une époque, tu ne pouvais que refléter l'inquiétude et le désarroi qui s'étaient emparés de celle-ci... Il va falloir t'adapter, abandonner le visage douloureux et crispé d'hier... A une époque de reconstruction doit correspondre le visage positif de l'espoir. Celui de la jeunesse et de la féerie également. » Le plaidoyer, on le voit, tourne vite au faire-part. Et le discours inquiéterait, si on ne savait qu'il va déboucher sur *Les Visiteurs du soir* et *Les Enfants du paradis.*

Il est curieux de noter que la nouvelle ambition que Carné assigne au cinéma rejoint une remarque de Charles de Gaulle dans ses *Mémoires de guerre* qui veut redonner au peuple l'espérance, et pense « qu'il lui est possible, suivant le mot de Chateaubriand, d'y mener les Français par les songes ». Reste que le « réalisme poétique », ou le « populisme tragique » paraissent condamnés, dans la mesure où leur noirceur, leur pugnacité critique, leur insolence sociale sont désormais interdites. Ils survivent en contrebande dans des films convulsifs, tortueux, avec les belles fulgurances d'un feu qui agonise, comme dans *Le soleil a toujours raison* adapté par Jacques Prévert pour Pierre Billon, ou *L'assassin a peur la nuit* de Jean Delannoy. Trois films de Christian-Jaque confirment l'orientation qu'avait prise ce cinéaste en 1938-1939 avec *Les Disparus de Saint-Agil* et *L'Enfer des anges* et se situent dans l'héritage du « réalisme poétique » : *L'Assassinat du Père Noël, Voyage sans espoir,* et *Sortilèges.*

Le premier est fidèle au climat des romans de Pierre Véry, et présente une enquête policière qui se déroule dans le paysage enneigé d'un conte de Noël habité de personnages pittoresques. Premier film produit par la Continental, il installait le cinéma de la collaboration dans le féerique. *Voyage sans espoir* rassemble à peu près toutes les situations et les personnages propres au fantastique social de Pierre Mac Orlan, qui est, en outre, le scénariste du film. On y retrouve une sorte de ballet du malheur et de la déchéance avec pavés luisants, interventions du destin, rêves des ailleurs impossibles, et un cadavre à la dernière image. *Sortilèges* nous entraîne dans une rude campagne montagnarde avec règlements de comptes, sorciers, et un amour qui, malgré la frénésie des haines paysannes, continue de battre, de battre, de battre : c'est Prévert en effet qui a adapté et dialogué le film avec son invention coutumière.

Mais l'héritage du réalisme des années trente, c'est Grémillon qui lui demeure le plus fidèle en tournant *Lumière d'été* (1942) d'après un scénario original et des dialogues de Jacques Prévert et Pierre Laroche. Après l'exploration d'une double vie chez un Monsieur Victor partagé entre la pleine lumière de sa vitrine et la nuit de ses trafics, après le balancement de *Remorques* entre la mer et la terre, le huis clos de l'amour conjugal et les plages de l'aventure amoureuse, Grémillon inscrit sa problématique, et donc son décor, dans un site des Alpes où on trouve, d'une part, un château hanté par le vice, le mensonge, l'alcool, le crime et, de l'autre, le chantier d'un barrage où des hommes travaillent dur et où l'avenir prend forme. Entre les deux, un hôtel où deux femmes sont l'enjeu et l'arbitre du conflit, concret et cosmique à la fois, qui se déchaîne entre le Bien et le Mal. La verve de Prévert donne ironie et férocité au bal masqué où les mensonges sont mis à nu, à ce théâtre shakespearien qui tout à coup envahit le paysage, donnant à l'épilogue du film sa puissante totalité onirique. On a peu vu à l'époque que Grémillon apportait un codicille à *La Règle du jeu* de Jean Renoir. Un bal costumé mène à l'aube ses fantoches dans la lumière crue de leur vérité. Une fois encore, le jour se lève, et c'est sur la fatalité de la tragédie.

Avec *Lumière d'été*, les films où Prévert intervient, ou ceux adaptés de Pierre Véry, nous sommes dans un univers bien planté dans le réel, mais nimbé de poésie, tenté par l'onirisme. Ce cinéma représente une zone frontière entre les deux voies plus tranchées : le fantastique proprement dit et les nouvelles formes du réalisme qui, du *Ciel est à vous* au *Corbeau,* réinventent un tragique quotidien. On pourrait même parler d'« héroïsme quotidien » s'agissant des trois films qui illustrent cette voie : *Premier de cordée* de Louis Daquin sur la passion des cimes chez un guide de montagne ; *Les Anges du péché* de Robert Bresson sur le dévouement des dominicaines de Béthanie qui se consacrent à la réhabilitation morale des délinquantes, et *Le ciel est à vous* de Jean Grémillon sur l'exploit d'une femme qui bat un record de distance en avion. Ainsi définis, par les performances relatées, et l'exigence morale qu'elles impliquent, ces films paraissent aller dans le sens des valeurs et du sursaut moral prônés par Vichy. Cette ambiguïté a parfois joué contre eux, bien que la façon dont ces sujets sont traités et leur véritable portée les exonèrent largement de ce soupçon. Tous trois sont des œuvres nobles et exigeantes, mais *Le ciel est à vous* atteint une perfection qui le situe hors catégorie. Nous reviendrons plus loin sur les plus importants de ces films. C'est dans un réalisme quotidien moins héroïque que se situent certains des premiers films de Jacques Becker, comme *Goupi Mains Rouges,* conte dramatique paysan où le pittoresque propre au romancier Pierre Véry s'inscrit dans une crédibilité concrète des personnages et des situations. Ou comme *Falbalas,* évocation très précise du milieu de la haute-couture dans le Paris de l'Occupation, pour une fois présenté dans sa vérité.

Sur le versant noir du réalisme, on retrouve le cinéma du cynisme, et donc Jules Berry, merveilleux et ignoble à la fois, dans *Marie-Martine* où il joue un romancier manipulateur des destins, dans ses livres comme dans la vie. *Marie-Martine,* s'il nous rend le Jules Berry du *Crime de Monsieur Lange,* nous rend aussi la construction par « retour en arrière » (du passé le plus proche au passé le plus lointain, dans un étonnant suspense temporel) qui caractérisait *Le jour se lève.* Le même Jacques Viot en est d'ailleurs le scénariste, s'appuyant, pour les dialogues, non plus sur Prévert mais sur l'auteur dramatique Jean Anouilh, dont la collaboration est considérée comme certaine, bien qu'il ne figure pas au générique. Le détail est important, car au même moment Jean Anouilh tourne l'un des seuls films qu'il ait jamais réalisé, adapté de sa pièce *Le Voyageur sans bagage,* qui participe du même courant noir auquel il restera fidèle au théâtre. Avec ces films, y compris *Le Corbeau* qui est le chef-d'œuvre du genre, s'élabore un rapport au réel qui détourne le réalisme vers l'amertume et un pessimisme radical. De cette voie sortira le « film noir » qui connaîtra de beaux jours après guerre et fera la réputation du tandem Yves Allégret-Jacques Sigurd.

Albert Valentin a mis en scène, avec une véritable efficacité, ce *Marie-Martine,* resté ironiquement célèbre pour une scène comique marginale où Saturnin Fabre, dans une maison d'où il a banni l'électricité, enjoint à son neveu Bernard Blier : « Tiens ta bougie... droite » sur un ton tonitruant qui a fait passer cette réplique à la postérité. Albert Valentin reste fidèle à cette noirceur en écrivant et tournant *La Vie de plaisir,* adapté et dialogué par Charles Spaak, qui constitue un étonnant réquisitoire contre l'hypocrisie et la malhonnêteté d'une grande famille : voilà un film qu'on ne croyait pas possible dans la France de Vichy.

Mais ce cinéma du cynisme pâtira d'ambiguïtés contraires à celles dont souffre le cinéma de l'héroïsme. On prenait celui-ci pour vichyssois parce que moral, on va accuser celui-là d'esprit « antifrançais », et donc pronazi, parce que présentent les Français dans une lumière critique. C'est le chef-d'œuvre du genre, *Le Corbeau,* qui aura le plus à souffrir de ce mauvais procès.

Sur l'autre bord, c'est la tendance fantastique qui se développe, ce qui est très nouveau dans un cinéma français peu porté vers ce genre. Maurice Tourneur confirme sa maîtrise éclectique avec un impressionnant *La Main du diable.* Serge de Poligny, avec *La Fiancée des ténèbres* et *Le Baron fantôme,* rejoint la bonne tradition anglo-saxonne des châteaux hantés, enrichie du halo littéraire qu'apporte par exemple au second de ces films la collaboration de Jean Cocteau. Ce même Cocteau qui, dans une mise en scène de Jean Delannoy, va imaginer une version moderne de la légende de Tristan et Yseult : le couple Jean Marais-Madeleine Sologne de *L'Eternel Retour* va déclencher une vague romantique dans la jeunesse française. Loin des récits mythologiques, Marcel L'Herbier, plus proche de l'imaginaire quotidien, nous entraîne dans le rêve d'une délicieuse comédie dramatique avec *La Nuit fantastique,* sous la conduite d'un couple aérien Fernand Gravey-Micheline Presle. Apparitions, disparitions : le cinéma français s'initie à la magie, et nul n'y est plus efficace que Satan en personne. Revoilà Jules Berry, dévoilant enfin sa vraie nature, dans le rôle qui lui appartient en propre, celui du diable, flanqué de la délicieusement satanique Arletty dans *Les Visiteurs du soir* dont tout le monde à l'époque discute les blancs châteaux médiévaux. On ne pense guère aux alertes, au Service du travail obligatoire, aux tickets d'alimentation, quand on sort, sur un nuage, de ces cures de fantastique.

Le rêve, le mythe, la magie, ce sont les évasions de luxe. On peut voir moins loin, et, pour mieux échapper au présent, se nicher tout simplement dans le passé. Passé historique ? Les possibilités sont assez limitées. L'Histoire avec majuscule met en cause des conflits d'idées et de nations, des guerres, des révolutions : ce n'est pas vraiment le moment d'ouvrir ce sac d'embrouilles. Ce n'est pas par hasard que la veine historique se limitera à une Histoire marginale, par exemple cette trilogie consacrée à des amoureuses de l'épopée napoléonienne et postnapoléonienne avec *Le Destin fabuleux de Désirée Clary* (Sacha Guitry), *Madame Sans-Gêne* (Roger Richebé) dans lequel Arletty trouve le rôle en or de la blanchisseuse devenue duchesse et maréchale d'Empire ; et *Mam'zelle Bonaparte* (Maurice Tourneur), qui se passe sous Napoléon III. Mais le passé, on va surtout le chercher dans les grands récits romanesques. Nous aurons, comme il se doit, une nouvelle version des *Mystères de Paris* (Jacques de Baroncelli), une autre du *Comte de Monte-Cristo* (Robert Vernay) et même une *Carmen* (Christian-Jaque) rassemblant Viviane Romance et Jean Marais. Nous aurons surtout une vague Balzac avec, en vitrine, une assez peu balzacienne *Duchesse de Langeais* réécrite par Jean Giraudoux, filmée avec soin par Jacques de Baroncelli et qui comble le public par sa distinction morale et esthétique, son élégance, une sorte de raffinement parfaitement académique mais qui ravit des spectateurs privés du nécessaire comme du superflu, en quête d'une forme de grandeur.

Le couple Edwige Feuillère-Pierre Richard-Willm retrouve le public jadis conquis par *La Dame de Malacca*, et la comédienne conquiert avec *La Duchesse de Langeais* son titre de « grande dame du cinéma français » que, fort heureusement, elle s'empresse de compromettre dans la pétillante comédie de L'Herbier *L'Honorable Catherine*. Balzac vaudra deux grands rôles-titres : à Raimu pour *Le Colonel Chabert* (René Le Henaff) et à Michel Simon pour *Vautrin* (Pierre Billon). Passons sur les peu glorieuses *Rabouilleuse* (Fernand Rivers) et autres *Père Goriot* (Robert Vernay). Parmi les autres écrivains honorés d'adaptations cinématographiques notables, il faut citer Emile Zola (*Au Bonheur des dames*, André Cayatte), Guy de Maupassant (*Pierre et Jean*, André Cayatte), Anatole France (*Félicie Nanteuil*, Marc Allégret). Mais des romans de bien plus basse lignée connaissent parfois des destins cinématographiques d'un bien plus grand éclat. C'est le cas de *Pontcarral, colonel d'Empire*. Les démêlés de ce baron d'Empire avec les Bourbons, après Waterloo, jusqu'à sa réhabilitation sous Louis-Philippe, retiennent l'attention : Pierre Blanchar y trouve son meilleur rôle. Mais surtout Pontcarral manifeste un sens de l'honneur, une intransigeance devant les représentants du pouvoir, et un patriotisme qui répondent à bien des frustrations d'un pays vaincu et humilié. En un sens très général, *Pontcarral* a été en effet perçu comme « un film de résistance », ou en tout cas comme un contrepoison à toutes les toxines de soumission de l'époque. Tournant le dos à la morale d'Etat, féroce à l'égard des hypocrisies bourgeoises, *Douce* de Claude Autant-Lara, situé en 1887 (il s'achève par l'incendie de l'Opéra-Comique), secoue, d'une autre manière, mais très efficacement, les conformismes ambiants. Chacun de ces films est allé trouver dans un livre situé à une époque plus ou moins lointaine un décalage qui autorise des situations qui ne passeraient pas à l'écran, situées dans le temps présent. Finalement, le message est transmis, mais ouaté, amorti par ce matelas de précautions.

Pas de précautions à prendre pour la plus banale des évasions : le simple divertissement. On retrouve les catégories habituelles de comédies et de films d'action, avec une chute nette du théâtre de boulevard (qui se nourrit quasi exclusivement d'adultères) et du comique troupier (pas facile de faire rire sur l'armée française, au lendemain de la débâcle. Quant à faire rire sur l'armée allemande...).

Films policiers ou d'action sont de bons bancs d'essai pour les cinéastes inexpérimentés : Clouzot *(L'assassin habite au 21)*, Becker *(Dernier atout)* font ainsi des débuts remarqués. Le souvenir des comédies américaines reste fort, et les cinéastes français proposent de très honorables « ersatz » comme *L'Inévitable Monsieur Dubois* et *Mademoiselle X,* tous deux de Pierre Billon, avec André Luguet, ou *Mademoiselle Swing* (Richard Pottier) qui, avec le concours de Raymond Legrand et son orchestre, propose une comédie musicale à la française pour répondre au goût des jeunes pour les rythmes de jazz. Les amateurs de chansons sont conviés à retrouver à l'écran Edith Piaf *(Montmartre sur Seine),* Tino Rossi *(Le soleil a toujours raison, Fièvres),* Charles Trenet *(La Romance de Paris, Frederica)* dans des productions assez conventionnelles. A une notable exception près. Les frères Prévert traînent depuis dix ans un scénario farfelu, *L'Honorable Léonard,* que Pierre doit mettre en scène : ils n'ont jamais réussi à intéresser un producteur à leur projet. Et au moment où tout va si mal, où ils représentent, avec leur humour, leur indépendance et leur insolence, le négatif exact de l'esprit officiel, le premier véritable long-métrage de Pierre Prévert *(L'affaire est dans le sac* était un moyen-métrage de cinquante-cinq minutes) est mis en chantier. A la demande du distributeur, un rôle important est dévolu à Charles Trenet qui, en dépit de sa bonne volonté, ne s'incorpore qu'à demi à ce festival du non-sens où les fantaisies du « fou chantant » désamorcent toutes les tentatives d'assassinat dont il est constamment l'objet. Ce film, devenu *Adieu Léonard,* fait figure d'objet incongru, tombé à contretemps, où le rire, sans cesse provoqué, a souvent du mal à éclater, comme si la joyeuse bande rassemblée au générique s'était tellement amusée au tournage qu'elle en avait oublié de penser aux spectateurs.

Il faudrait encore noter les fernandelleries habituelles ; un joli film Decoin-Darrieux *(Premier rendez-vous),* mais c'est leur dernier rendez-vous avant longtemps, car ils se séparent à l'écran comme dans la vie ; des comédies réussies comme *Histoire de rire* et *L'Honorable Catherine* de Marcel L'Herbier, d'autres films encore. Il faudrait par exemple faire l'appel des silences qui ne sont pas dus à la contrainte. Mystérieusement, il va nous falloir encore une fois associer les noms de deux hommes qu'entoure d'ordinaire le vacarme de glorioles en tous genres. Nous avons dit déjà la soudaine rupture de Pagnol avec le cinéma. Pour lui, désormais, mais ça ne durera pas, l'important c'est l'œillet. Le silence de Guitry est plus bruyant. Il n'a pas quitté le devant de la scène parisienne, il n'a renoncé à aucun gala, aucune manifestation de prestige et paiera, à la Libération, cet exhibitionnisme mondain qui, dans le Paris occupé, parmi les officiers allemands, cesse d'être innocent. Usant de ses relations, Guitry rend service à tout le monde (il fera notamment libérer Tristan Bernard et sa femme, en route vers la déportation). On le croit tout-puissant et donc complètement compromis dans la collaboration. Soixante jours de prison et trois ans sans travailler sanctionneront ce rôle trop bien tenu et ce malentendu.

Dans ses travaux, Guitry obéit à deux idées très simples : le spectacle doit continuer, il doit servir la grandeur de la France. Il sort à nouveau son film *Ceux de chez nous,* remet *Pasteur* à l'affiche, écrit des spectacles « historiques » surtout consacrés à Napoléon, ce héros de la grandeur française, prépare un livre, pour lui essentiel sur cette grandeur, très malheureusement intitulé *De Jeanne d'Arc à Philippe Pétain.* Au cinéma, cela donne *Le Destin fabuleux de Désirée Clary* (1941) où la verve (images et répliques) du maître s'embrouille dans la description confuse et hargneuse des complots petits et grands où se ternit la grandeur de l'Empire. Plus tard, *La Malibran* (1944) évoque en conférence coupée de documents, scènes jouées et flash-back, la vie et la carrière de la grande chanteuse, interprétée par Géori Boué. Guitry reste habile, le personnage n'est pas passionnant, ni son interprète très convaincante. Entre les deux, Guitry a tourné *Donne-moi tes yeux* (1943), un des trois films tournés sous l'Occupation, qui raconte les problèmes sentimentaux d'un sculpteur aveugle... La parabole est, pour Guitry, à double visée : par rapport à la France occupée, que, dans sa nuit, l'aveugle continue de voir dans sa grandeur éternelle, par rapport à Geneviève Guitry, dont il va bientôt divorcer, et dont ce film raconte ce qui les a unis et ce qui les sépare. *Donne-moi tes yeux,* bizarrement, donne à voir ce que la plupart des films ne montrent pas : les rues de Paris en 1943, les voitures à gazogène, une exposition d'art avec ses officiels, le marché noir. Mais le sentiment s'impose que Jacqueline Delubac a été le vrai moteur, l'excitant, de la création cinématographique de Sacha Guitry, et qu'en son absence le cœur n'y est plus.

Cette revue de détail ne prétend pas faire l'inventaire du stock « cinéma de l'Occupation », mais seulement marquer la diversité de la production et ses caractéristiques essentielles, en repérant au passage les œuvres maîtresses. Nous allons revenir sur celles-ci en suivant de plus près la carrière des principaux cinéastes.

Un sang nouveau

Des œuvres fortes, un ton nouveau. Mais aussi de nouveaux noms, de nouvelles têtes. Pour cause d'exil, d'interdiction, de découragement, de fatigue, d'âge, quarante-trois metteurs en scène cessent leur activité pendant cette période. En dépit d'une production réduite de moitié, vingt réalisateurs font leurs débuts, pendant ces trois années (1941-1944), d'activité réelle. C'est un taux de renouvellement exceptionnel.

Parmi les nouveaux réalisateurs, il faut compter quelques intrus, qui n'ont pas vocation à la mise en scène, mais s'y trouvent amenés sous la pression des circonstances. On comptera parmi ces débuts « anecdotiques » ceux des comédiens Pierre Blanchar, Fernandel, René Lefèvre, de l'auteur dramatique Jean Anouilh, du scénariste Albert Valentin et de Roland Tual, ancien surréaliste devenu producteur, qui soutint activement les films ambitieux et difficiles, allant jusqu'à réaliser lui-même, non sans talent, ceux qui semblaient en perdition. Mais en dehors de ces cas un peu marginaux, des vocations fortes, des talents nouveaux s'affirment. Le cinéma français d'après guerre devra intégrer une nouvelle hiérarchie des valeurs.

Un coup de jeune : Marcel L'Herbier (« La Nuit fantastique »)

Parmi les anciens, Jacques Feyder (qui s'est réfugié en Suisse), Léon Poirier, Léon Mathot, Henri Fescourt en terminent ou en termineront bientôt avec leur carrière. Jacques de Baroncelli reste très actif avec cinq films dont l'estimable *Duchesse de Langeais*. Richard Pottier, né à Budapest et qui a fait ses débuts en Allemagne, ne peut échapper à Greven et tournera sept films dont cinq pour la Continental. Maurice Tourneur, qui a travaillé quatorze ans aux Etats-Unis et dont le fils Jacques est réalisateur à Hollywood, est lui aussi ligoté par la Continental pour qui il tournera cinq films dont l'intéressant *La Main du diable* et l'estimable *Cécile est morte*. De la génération née avant 1890, un seul réalisateur se distingue vraiment et connaît une ultime apothéose avant sa prochaine retraite. C'est Marcel L'Herbier (né en 1888). Outre *La Comédie du bonheur* (tourné en 1940, terminé en 1942), *Histoire de rire*, *L'Honorable Catherine*, *La Vie de bohème*, il faut souligner l'exceptionnelle réussite de *La Nuit fantastique*.

Ce rêve éveillé, drôle et nostalgique (scénario de Louis Chavance et dialogues non signés de Henri Jeanson), cette balade surréaliste à travers les Halles renoue avec les grandes heures du cinéma muet. On se souvient, devant ces images, de Méliès, de Chaplin, de René Clair, de L'Herbier lui-même, dont on réalise soudain que, depuis l'avènement du parlant, il n'avait jamais retrouvé la richesse de langage d'*Eldorado* ou de *L'Argent*. *La Nuit fantastique*, dans l'œuvre de L'Herbier, marque moins une conversion au fantastique que son retour au cinéma pur, art et langage des images et du son. Ce n'est pas vraiment un nouveau départ. Mais une étape à marquer d'une pierre blanche.

Deux sacres : Marcel Carné (« Les Visiteurs du soir ») et Jean Grémillon (« Le ciel est à vous »)

Le premier tour de manivelle des *Visiteurs du soir* est donné le 27 avril 1942. C'est le retour derrière les caméras de Marcel Carné. Pourquoi si tard ? Quand Alfred Greven installe la Continental à Paris, il lui faut convaincre les cinéastes français, et si possible les meilleurs, de travailleur pour lui. Il a des pourparlers avec Christian-Jaque, Henri Decoin, Maurice Tourneur, mais personne n'a signé, quand il fait annoncer dans la presse une liste de noms importants qui vont tourner pour lui et convoque Marcel Carné. Celui-ci n'accepte un contrat que si on lui garantit le libre choix du sujet et un tournage en France.

L'accord passé, Carné découvrira que c'est sa signature qui a déclenché celle de ses confrères, et qu'il a été utilisé comme appât. Le premier projet sur lequel travaille Carné témoigne de la discordance qui s'est provisoirement installée entre le réalisateur et son scénariste attitré. Prévert n'imagine pas de monter à Paris et refuse de travailler pour la Continental. Carné veut rester à Paris et a un contrat avec la Continental. Tout est-il rompu entre eux ? Non, mais les relations semblent confuses. Trauner raconte qu'en 1941 il a travaillé avec Prévert, pour Carné, sur un projet de *Chat botté*. Carné, dans ses souvenirs, explique qu'à ce moment-là il travaillait avec Jacques Viot et Marcel Aymé sur une nouvelle de ce dernier *Les Bottes de sept lieues*. Il n'est pas facile d'apprécier dans quelle mesure Carné et Prévert se sont concertés pour se retrouver plongés dans les contes de Perrault. Ensuite, Carné prépare un film adapté d'un roman d'anticipation, *Les Évadés de l'an 4000,* avec cette fois Jacques Viot et Jean Anouilh pour le scénario et les dialogues, et, pour l'interprétation, Jean Marais, auquel Marcel Carné s'est attaché, Arletty, Danielle Darrieux, Pierre Renoir et Pierre Larquey, et, pour les costumes, Jean Cocteau.

Un incident de parcours permet à Carné, à son grand soulagement, de se dégager du contrat de la Continental, où il n'a pas apprécié d'avoir été piégé. Libre, et chômeur, il signe pour trois films avec le producteur André Paulvé. Il essaie alors de monter *Juliette ou la Clé des songes,* d'après Georges Neveux, toujours avec Jacques Viot comme scénariste, mais Cocteau pour les dialogues, Jean Marais dans le rôle principal et Christian Bérard aux décors. Ce projet-là aussi sera abandonné. Mais Carné y est attaché. Le goût du merveilleux est profond chez lui et ne doit rien aux circonstances. Il tournera *Juliette ou la Clé des songes* en 1950. De la préparation du film, en tout cas, il a tiré des essais très concluants avec un jeune comédien, Alain Cuny, qui vient de remporter un succès au théâtre, avec *Le Bout de la route* de Jean Giono et *Eurydice* d'Anouilh.

Quand il reprend contact avec Prévert, à Cap-d'Antibes, il apporte la bobine des essais et les deux hommes se mettent d'accord pour préparer un film à climat médiéval, style plastique très épuré, avec un rôle pour Alain Cuny. Ce sera *Les Visiteurs du soir.* C'est un film cher, ambitieux, compliqué, avec une partie du tournage en studio à Paris, une autre dans le Midi, la grosse construction d'un château, une imposante figuration (Simone Signoret et Alain Resnais en font partie) et une vision architecturale et picturale très rigoureuse, imposées par les maquettes clandestines de Trauner, qui transitent par l'atelier du décorateur alibi Andrejew avant de parvenir aux architectes, charpentiers et chefs de travaux.

Dès sa sortie, le 2 décembre 1942, *Les Visiteurs du soir* prend sa place de film phare du moment. André Bazin le salue « comme un événement révolutionnaire. On a tout de suite compris qu'il marquerait une date, le début d'une influence, l'origine d'un style ». Roger Régent écrit dans *Les Nouveaux Temps* : « Nous avons le sentiment de nous trouver en face d'une œuvre considérable, qui arrête notre souffle et nous confond par sa simplicité grandiose. » René Barjavel, dans *L'Echo des étudiants,* constate : « Pour la première fois, peut-être, depuis que la parole a été donnée au film, le cinéma français se retrouve dans son vrai domaine, celui de la fantaisie, de la poésie, du mystère, des jeux subtils à travers et au-dessus de la réalité. » Et Jacques Audiberti de prophétiser dans *Comœdia* : « Nous ne pourrons plus écrire sur le cinéma sans nous reporter en esprit à ce chef-d'œuvre. Il transforme notre optique et modifie l'échelle de notre jugement. » Ceux qui le veulent y trouvent même un appel à la résistance, en tout cas un message d'espoir national. Car n'est-ce pas le cœur de la France qu'on entend, à la fin du film, et qui enrage le diable : « leur cœur qui bat... qui ne cesse de battre, leur cœur qui bat... qui bat... qui bat... ». Message confirmé en tout cas par les bons connaisseurs de Prévert : ils se souviennent de son féroce poème *La crosse en l'air* où bat « le cœur de la révolution, ce cœur qu'on ne peut empêcher de battre — que rien... personne ne peut empêcher d'abattre ceux qui veulent l'empêcher de battre... de se battre... de battre... de battre... ».

Le film a aussi ses détracteurs. Cocteau, qui prépare un *Renaud et Armide* en vers pour la Comédie-Française, est furieux de cette mode médiévale qui se déclenche sans lui, alors qu'il s'en considère le grand couturier exclusif. Il note dans son journal à la date du 8 novembre 1942 : « Carné et Prévert ont voulu mettre les pieds dans des plates-bandes qui ne leur appartiennent pas. Il en résulte un film poétique sans poésie, d'amour sans cœur, de merveilleux sans merveille... C'est une magnifique histoire très mal racontée. Le marché noir de la poésie... La poésie est à la mode. Rien ne pouvait lui arriver de pire. »

Peu importe que le temps ait amené une révision de ces jugements critiques et placé *les Visiteurs du soir* à un rang éminent mais moins élevé que ne le laissaient supposer les premiers enthousiasmes. L'important, c'est de mesurer, à travers l'exaltation critique initiale, la portée de l'événement à l'époque. Le film étonne, stupéfie, émerveille par la nouveauté de ses formes, la majesté de son rythme — ralenti par le maintien hiératique des protagonistes, la poésie du verbe et de la musique, l'enchantement d'un Malin battu par la puissance de l'amour humain. Le château féodal, voulu blanc par Carné et Trauner, sidère autant que la noblesse du style et l'humanisme du message. Il sera temps, plus tard, de mesurer comment *Les Visiteurs du soir* va fortifier une tendance au littéraire, au solennel, à l'académisme. Sur le coup, on retient ce qui frappe le plus à travers les innovations des *Visiteurs du soir* : qu'il échappe totalement aux pestilences du contemporain, qu'il ne ressemble en rien à aucun film américain, qu'il soit même, à bien des égards (rythme, langage, déréalisation, dédramatisation), le contraire d'un film américain. La leçon sera retenue et, avec d'autres moyens, appliquée. Nous traiterons *Les Enfants du paradis* en apothéose finale de ce chapitre, de cette période.

Pour Jean Grémillon, tenu si longtemps en lisière, cette période apporte une revanche et une consécration tardives mais impressionnantes. Sous l'Occupation sortent *Remorques* (commencé en 1939), *Lumière d'été* et *Le ciel est à vous,* trois films qui constituent le noyau majeur d'une œuvre qui va bientôt affronter de nouveaux vents contraires. Quand naît le projet du *Ciel est à vous,* Jean Grémillon se trouve sans doute dans l'éclat de sa meilleure forme. Nous sommes en 1942, il a quarante et un ans, il participe activement depuis un an à des organismes de Résistance dans le cinéma, Henri Langlois vient de lui demander de remplacer Marcel L'Herbier à la présidence de la Cinémathèque française, rôle qu'il assumera avec conscience et dévouement pendant dix ans. Cet activiste masochiste que les difficultés exaltent n'aime rien tant que défier l'impossible : la dureté des temps excite sa créativité. Autour de lui se sont rassemblés des hommes qui lui font confiance et l'admirent : cette amitié et cette solidarité seront des aides précieuses. Pour *Le ciel est à vous,* il retrouve d'abord Raoul Ploquin, qui vient d'être démissionné de la Direction du cinéma et cherche tout de suite à trouver la solution financière pour le projet auquel rêve Grémillon, sur une idée de scénario d'Albert Valentin. Ploquin ne peut ni ne veut faire appel à la Continental avec qui il est en conflit, mais pourquoi ne pas intéresser une société vraiment allemande, la U.F.A., dont Ploquin a été l'un des cadres, qui ne peut pas produire le film mais peut le financer, ce qui est encore mieux. Grémillon doit abandonner son assistant du temps de la U.F.A., Louis Daquin, qui est devenu réalisateur, mais, pour l'adaptation et les dialogues, il retrouve Charles Spaak qui fut associé à ses premiers films comme aux films produits par la U.F.A. Pour le tournage, il peut compter sur un groupe professionnel d'une parfaite solidarité intellectuelle et spirituelle, et bien entendu politique, qui a pris le nom de « l'équipe » et qui comprend le régisseur Lucien Lippens, l'assistant Serge Vallin, le décorateur Max Douy, l'opérateur Louis Page, la monteuse Louisette Hautecœur, le compositeur Roland Manuel : c'est une véritable opération de commando qui s'organise. Pour la distribution, Grémillon s'appuiera sur Charles Vanel, qu'il a déjà dirigé dans *Dainah la Métisse* onze ans plus tôt, et sur Madeleine Renaud, qui tourne avec lui son quatrième film de suite et peut ainsi développer un personnage à la fois d'une diversité et d'une cohérence extraordinaires. Parce qu'il met en scène des événements liés à l'aviation, il faut des avions, des aéroports, des autorisations de vol : complications quasi insolubles qui retarderont longtemps le film. Finalement, la préparation commence fin 1942, le tournage se déroule du 31 juillet au 12 août 1943, le film sort le 2 février 1944. Imaginé au plus noir du cataclysme, *Le ciel est à vous* touche le public quand la guerre a basculé, ce qui en modifie la perception sans vraiment l'atteindre.

Le ciel est à vous représente un cas exceptionnel dans le cinéma français : celui d'un chef-d'œuvre absolu, extrêmement connu et respecté, totalement méconnu. Comme si sa perfection lisse ne laissait aucune prise par où pénétrer cet objet et se l'approprier. Et encourageait les dérives vers les faux problèmes : film d'aviation ? film de Résistance ? Autant de bonnes manières de passer à côté du film. *Le ciel est à vous* renvoie au « vivre dangereusement » de Nietzsche. Il pourrait proposer en épigraphe la phase de Hegel : « Rien de grand ne s'est accompli dans le monde, sans passion. » Morale hautaine, héroïque. Et pourtant, c'est là que commencent les malentendus, il ne s'agit que de la vie d'un couple de garagistes de province, Pierre et Thérèse, et de leurs enfants, saisis par des passions encombrantes, et parfois rivales : les parents pour l'aviation (et Thérèse se met en tête de battre un record), Jacqueline, leur fille pour le piano (qu'il faut revendre pour payer l'expédition de la mère). Ce n'est ni dans les airs ni sur les pistes des aéroports que s'installe la caméra de Jean Grémillon mais dans la salle à manger et l'atelier d'une famille bien française traversée par le cyclone des passions. Dehors, passent et repassent les enfants de l'orphelinat voisin qui chantent « Sur le pont du Nord », cette chanson qui se termine par :

> C'est votre fille Adèle qui s'est noyée,
> Voilà le sort des enfants obstinés.

Avec la voix de violon de Jean Debucourt, M. Larcher le bien nommé, marchand et professeur de piano, veille à coups de leçons gratuites et de métaphores musicales sur les petites filles de province qui rêvent d'autre chose. La passion, chez Grémillon, est exemplaire. Il ne nous propose pas de nous lancer dans l'étude du piano, ou dans l'aviation, mais d'abandonner l'ordre gris des jours monotones, des valeurs médiocres, des sentiments tempérés vécus sans que le cœur s'en mêle. Dans *Le ciel est à vous,* le premier résultat de cette passion partagée est de rétablir entre Pierre et Thérèse une communication plus large, plus confiante, plus généreuse. Pierre pense souvent au temps où il a été aviateur avec une nostalgie dont l'amertume n'est pas absente. Petit domaine secret, privilégié, dont il ose enfin donner les clés. De même, Thérèse rêve souvent (« en faisant la vaisselle », comme le lui fait remarquer Pierre) de battre un record. Le jour où elle s'en ouvre à Pierre, c'est un geste d'amour qu'elle ose, un aveu touchant et profond qui met en cause l'ensemble de ses relations avec lui. Pierre et Thérèse ont vécu heureux ensemble, mais parfaitement isolés, l'un par des souvenirs tus, l'autre par des rêves cachés. Ces rêves mêlés, communs, élargissent le cercle de leur ferveur, créent un lien nouveau. Et sans doute n'a-t-il jamais été écrit de plus belle déclaration d'amour que la phrase de Pierre lorsque Thérèse insiste pour prendre le départ en dépit des risques du voyage : « La plus grande preuve d'amour, c'est de te dire oui, ou de te dire non ? » Ce que prône *Le ciel est à vous,* c'est un ordre plus élevé, plus ardu, plus généreux, plus exigeant, c'est l'aventure spirituelle qui largue les amarres des traditions, des habitudes, des conventions sociales, c'est le refus de la stabilité qui est statisme, repos, abandon, au profit du mouvement qui est dynamisme, marche vers un progrès, c'est l'abandon du quotidien pour la conquête du sublime.

Ce sublime, Grémillon le fait naître si subtilement dans l'exploration d'une France profonde, douillettement bercée dans le confort de ses valeurs traditionnelles, et soudain exaltée par l'irruption d'un puissant levain, que beaucoup refusent de le voir. Grémillon appréciait beaucoup le conseil de Rameau qui voulait « qu'à force d'art, on oublie l'art lui-même ». Opération peut-être trop bien réussie avec *Le ciel est à vous,* où l'art n'a jamais été aussi présent et aussi invisible. L'ajustement minutieux de la construction, la retenue des sentiments, les pudeurs d'expression, le refus des coups de théâtre, l'insertion permanente de sentiments exacerbés dans la grisaille du quotidien, la fluidité sans accroc du récit, masquent la complexité et la virtuosité de la création cinématographique proprement dite. Beaucoup plus tard, en 1953, Jean Grémillon essaiera de définir cette chose si particulière qu'on appelle le réalisme français et dira : « Le [cinéaste] réaliste français lit couramment, dans un livre invisible pour les autres, une réalité que le cinéma déroule devant nous avec la fraîcheur de l'enfance et la précision du calcul. Ceci pour confirmer qu'il ne s'agit pas pour moi de naturalisme mécaniste, mais tout au contraire, de cette beauté qui est *le maximum d'expression dans le maximum d'ordre.* C'est là, je crois, où le "fait" français est capital [1]. » Ce diagnostic précieux, comment ne pas l'appliquer d'abord à son auteur ? Maximum d'expression et maximum d'ordre : c'est la recette exacte du *Ciel est à vous.*

Quatre révélations : Claude Autant-Lara (« Douce »), Jacques Becker (« Goupi Mains Rouges »), Robert Bresson (« Les Dames du bois de Boulogne »), Henri-Georges Clouzot (« Le Corbeau »)

1. Cité par Henri Agel dans *Jean Grémillon,* Lherminier, 1984.

Tous les quatre appartiennent au monde du cinéma depuis des années. Entre 1940 et 1944, les décideurs changent, les règles changent : une chance passe, qu'ils savent saisir, d'affirmer un talent, une personnalité. Dorénavant, on guettera leurs films, on les « espérera ». Ils combleront cette attente inégalement. Mais en 1944, on a l'œil sur eux. Respectons, pour les présenter, l'ordre des années de naissance.

Claude Autant-Lara (né en 1901). Nous avons déjà rencontré, à l'époque de *Ciboulette,* ce fils d'un architecte et d'une vedette du Français, né dans le sérail, et qui a tourné son premier court-métrage en 1923. Depuis l'affaire *Ciboulette,* il a coréalisé avec Maurice Lehmann, sans pouvoir y imposer sa marque, trois films. Ce sont donc à proprement parler ses premiers longs-métrages qu'il tourne et signe, sous l'Occupation, avec la trilogie : *Le Mariage de Chiffon* (1942), *Lettres d'amour* (1942) et surtout *Douce* (1943). Trois films « fin de siècle » (XIXᵉ) qui révèlent une esthétique raffinée, une éthique anticonformiste, une direction d'acteurs époustouflante (avec, les trois fois, une remarquable Odette Joyeux). Tout en respectant les protections, la « distanciation » du cinéma littéraire, du film d'époque, « en costumes » comme on dit, Claude Autant-Lara introduit avec *Lettres d'amour* et *Le Mariage de Chiffon* une délicatesse d'observation et une vigueur critique qui déboucheront sur l'accomplissement de *Douce,* chef-d'œuvre d'une élégance amère, qui impose, sous les dentelles, son acidité corrosive. Ce qu'Autant-Lara lui-même appellera son « venin ». Avec la collaboration des scénaristes Aurenche et Bost (c'est le début d'une grande équipe et d'une longue équipée), Autant-Lara dynamite le livre plus féminin que féministe de la romancière — sous pseudonyme — Michel Davet et lui inocule l'esprit de révolte sociale et sensuelle qui faisait la force, par exemple, de *L'Amant de lady Chatterley.* Dans l'hôtel particulier d'une vieille comtesse, à la fin du XIXᵉ siècle, un régisseur et sa maîtresse introduisent le trouble, le plaisir, la révolte et la mort, une sorte de lutte des classes incarnée dans des corps qui se désirent et des êtres passionnés. Religion, famille, charité, stabilité sociale, ces piliers de l'idéologie vichyssoise sont passés ici à la moulinette d'une arrogante dérision.

Plus tard (dans une lettre de 1970 citée par Freddy Buache dans son livre sur Autant-Lara [1]), le réalisateur affirmera que, dès cette époque, avec sa femme, « nous nous étions fixé un programme qui consistait à construire un ensemble de films qui eût, à la fin de ma carrière, constitué un très volontaire "panorama de la psychologie française de la Révolution jusqu'à nos jours" ». On peut douter de l'exactitude de l'anecdote. Mais, situés en 1840, 1889, et 1904, les trois films réalisés par Autant-Lara sous l'Occupation amorcent une œuvre dont la cohé-

---

1. Freddy Buache, *Claude Autant-Lara*, L'Age d'Homme, 1982.

rence globale est incontestable et qui semble justifier *a posteriori* l'hypothèse d'un programme préétabli.

Jacques Becker (né en 1906). Mobilisé, fait prisonnier, libéré après avoir simulé des crises d'épilepsie, Becker peut enfin faire ses preuves après le malentendu du *Crime de Monsieur Lange* et l'interruption de *L'Or du Cristobal.* Ses trois films de cette période vont asseoir sa toute jeune réputation. Le premier, *Dernier atout* (1942), est une comédie policière habile mais un peu frêle où Becker trahit son goût du cinéma américain par son montage court et l'efficacité des scènes d'action. Quant au troisième, *Falbalas* (tourné en mai-juin 1944, juste avant la libération de Paris, et sorti seulement un an plus tard), c'est une étude de mœurs subtile mais un peu froide. Elle est plus proche du vrai . Becker, se situe dans le milieu de la haute-couture où travaillait sa mère, et témoigne d'élégance, d'humour, de discrétion : de cette « classe » qui caractérise le gentleman-cinéaste. En revanche c'est le second de ces films, *Goupi Mains Rouges* (1943), qui témoigne de la plus grande maîtrise du nouveau réalisateur. D'après un livre — et une adaptation — de Pierre Véry, décidément bénéfique pour le cinéma, Becker conduit une enquête parmi une prolifique famille paysanne. On cherche bien entendu la trace de Renoir chez son ancien assistant qui a une véritable vénération pour son maître. On la trouve dans la capacité à raconter une histoire comptant une dizaine de personnages principaux, dans la vérité sociale et humaine qui se dégage de chacun d'entre eux, dans le sentiment d'authenticité de cette terre et de cette campagne. Becker a imposé une grande partie du tournage en extérieurs réels, dans les Charentes, avec des costumes achetés chez des paysans ou sur les marchés alentour, et la fréquentation quotidienne du milieu dont le film s'inspirait. Si les comédiens tirent bénéfice de cette imprégnation, c'est quand même la folie d'un Robert Le Vigan, dans l'extravagant personnage de Goupi-Tonkin, qui marque de son empreinte un film où, comme souvent avec Pierre Véry, naturel et composition, pittoresque et vérité se mêlent efficacement pour engendrer un fascinant réalisme décalé où Becker est très à l'aise, limitant les effets « poétiques » qui ne sont pas de son univers. Jamais méprisant, mais jamais dupe, il tient à distance, par l'ironie, le petit monde qu'il a rassemblé. Dans *Goupi Mains Rouges* comme dans *Falbalas,* Becker impose une approche réaliste très personnelle : digne de l'exemple de Renoir, mais dans une tonalité différente.

Robert Bresson (né en 1907). Pas plus qu'Autant-Lara ou Becker, ce n'est un inconnu. Nous avons déjà évoqué son moyen-métrage, *Les Affaires publiques* (1934). Depuis, il a poursuivi ses travaux de peintre et apporté des collaborations diverses et discrètes à l'écriture de quelques films. Le dernier en date est cet *Air pur* que René Clair, en 1939, est obligé d'interrompre. Fait prisonnier pendant la guerre, Bresson rentre de captivité à l'automne 1941 et tourne son premier long-métrage, *Les Anges du péché,* en 1943. Le rôle marquant joué par les lumières de Philippe Agostini, le caractère marqué des dialogues de Jean Giraudoux, le jeu très « théâtre » de comédiennes professionnelles participent à la réussite du film, à son intensité dramatique, à la séduction de son austérité, si on peut rapprocher ces deux termes antinomiques, qui, ici, s'allient parfaitement. *Les Anges du péché* est un bon grand film français. Mais on n'y devine guère la vraie nature de Robert Bresson.

Produit par Raoul Ploquin, *Les Dames du bois de Boulogne* nous met davantage sur la voie. Adaptation moderne d'un texte de Diderot, avec des dialogues de Jean Cocteau (toujours une présence littéraire, mais qui bénéficie au ton décalé du film), des acteurs professionnels (Paul Bernard, Elina Labourdette, Maria Casarès, Lucienne Bogaert), mais qui cultivent, maladresse ou adresse suprême, leur étrangeté : nous sommes dans un univers à part, où l'air est raréfié, le pittoresque interdit. La vengeance d'une ancienne maîtresse qui fait épouser une grue à son ancien amant pour le délicieux plaisir de le lui révéler peut aisément tourner au théâtre de boulevard. Robert Bresson tire sans cesse histoire et personnages vers les hauteurs. Toute trivialité est gommée par la hautaine dignité des protagonistes. Au risque d'asphyxie, on est propulsé dans une forme de tragique contemporain sécrété non par les épisodes du récit mais par la rigueur de sa forme. Il est plus facile de deviner aujourd'hui ce qui annonce le futur Bresson dans *Les Dames du bois de Boulogne*. Moins perspicace, la critique de l'époque fut néanmoins sensible à cette hauteur de ton et d'ambition, à cette promesse d'un autre cinéma. C'est un film de transition, dans l'œuvre de Bresson, comme dans l'histoire du cinéma de cette époque : le tournage, commencé le 2 mai 1944, est interrompu le 3 juin, et repris le 20 novembre, avec une équipe modifiée. Sorti le 21 septembre 1945, c'est-à-dire après la Libération et la fin des hostilités, il ne reste que quatre semaines à l'affiche. Il est remplacé par *Untel père et fils,* le film de commande officielle que Julien Duvivier terminait au moment de l'offensive allemande de mai 1940 et qui n'a jamais été diffusé en France. Ce sont vraiment deux histoires qui se croisent, une époque qui s'achève.

Henri-Georges Clouzot (né en 1907). Quand commence l'Occupation, Clouzot n'a rien fait de notable, mais il s'est familiarisé avec toutes les formes de spectacle : il a fait jouer une pièce de théâtre et une opérette, écrit des chansons, travaillé pour des chansonniers comme René Dorin, écrit sur et pour le cabaret et le music-hall (il vit avec la chanteuse Suzy Delair). Il a tout reniflé dans le cinéma : mise en scène d'un court-métrage, scénario, adaptation, assistanat de réalisation et de production en Allemagne. Mais la plus formatrice de ses expériences a consisté à rester plus de trois ans dans un sanatorium à dévorer la bibliothèque entre 1935 et 1938, avec l'aide matérielle et morale de ses amis Jouvet, Dorin, Lazareff, Fresnay (voir page 110). La France envahie commence pour lui au Grand Guignol (c'est là, métaphoriquement, que, pour lui, elle s'achèvera aussi) : au Grand Guignol non pour une pièce d'épouvante, mais pour une comédie en un acte, *On prend les mêmes*. Quand Alfred Greven s'installe à Paris, il fait appel à Clouzot, qu'il a apprécié à Berlin, en 1932 et 1933, et lui commande l'adaptation d'un roman policier, *Six hommes morts,* de Stanislas-André Steeman. Le temps que l'on trouve l'auteur, pour négocier les droits, Clouzot a déjà pondu le script du *Dernier des six* (1941) dans lequel Steeman a du mal à reconnaître son histoire. Tourné par Georges Lacombe avec Pierre Fresnay dans le rôle de l'inspecteur Wens, dont l'ironie est l'arme préférée, et Suzy Delair dans celui de sa petite amie chanteuse, volubile et idiote, le film, décontracté, déconcertant, obtient un triomphe. Clouzot se voit proposer le titre de chef du « service scénario » de la Continental, et l'accepte. Il adapte alors, avec une force noire, le roman désespéré de Simenon, *Les Inconnus dans la maison,* que met en scène Decoin. Le film satisfait l'écrivain. Moins le scénariste qui pensait qu'on pouvait pousser beaucoup plus loin les choses à l'image.

Au diable le « service scénario » ! Il demande qu'on lui confie une mise en scène. Puisque la Continental va produire un second film tiré des aventures de l'inspecteur Wens, c'est lui qui s'en charge. Le 4 mai 1942, un nouveau cinéaste français officie sur le plateau de *L'assassin habite au 21*. L'heure n'est pas à la gabegie : par manque de pellicule, la règle est de ne pas dépasser deux prises par plan. Le film sera dans la boîte en dix-huit jours. C'est une réussite du cinéma de genre et, pour Clouzot, c'est une bonne séance de gammes avant de passer aux choses sérieuses. Sérieuse, l'affaire l'est, avec *Le Corbeau,* repris d'un scénario déjà ancien de Louis Chavance sur les ravages déclenchés par des lettres anonymes dans un bourg de la province française. La première difficulté, c'est de convaincre Greven, qui trouve le sujet brutal, violent et dangereux. En effet, les autorités allemandes encouragent la pratique des lettres anonymes, utilisées par beaucoup pour dénoncer les trafics de marché noir, des actes de résistance, ou des délits de toutes sortes, réels ou fictifs, attribués à des gens à qui l'on cherche à nuire. Or le film, implicitement et explicitement, comporte une condamnation péremptoire de cette pratique. Les difficultés continuent au tournage, où Clouzot ne fait rien pour apaiser les tensions dont il sent ou espère qu'elles servent le film.

Les choses ne s'arrangent pas au moment de la sortie, car le distributeur a prévu une campagne de publicité sur le thème : « La honte du siècle : les lettres anonymes » dont la Gestapo exige, *in extremis,* l'annulation. Le conflit Greven-Clouzot s'envenime. Les deux hommes rompent. Qu'importe à vrai dire tout cela. Sur l'écran, des images chocs révèlent un style, une personnalité. *Le Corbeau* sort le 29 septembre 1943. Jean Cocteau note dans son journal : « Le film de Clouzot est remarquable. Il me prouve une fois de plus l'efficacité de l'auteur-metteur en scène. Film atroce, comme certains passages de Maupassant ou de Zola. Chaque image est troublante, violente et va jusqu'au bout. » Bizarrement, ce texte est daté du 23 septembre. Mais peut-être Cocteau a-t-il vu *Le Corbeau* en projection privée. Il note ailleurs qu'il avait dit à Clouzot en 1940 que seuls deux sujets l'intéressaient : Tristan et Yseult et les lettres anonymes, et que Clouzot lui aurait répondu que les Allemands s'opposeraient à l'un et à l'autre. Or, Cocteau a traité le premier sujet dans *L'Eternel Retour* et Clouzot le second dans *Le Corbeau*. Cocteau lui-même avait abordé la question des lettres anonymes en 1941 dans sa pièce de théâtre *La Machine à écrire* : justement, ce même 23 septembre, elle est diffusée à la radio...

Cocteau cite, en référence, à propos du *Corbeau,* Maupassant et Zola, c'est-à-dire l'héritage du naturalisme. Des critiques vont évoquer le réalisme noir du Carné du *Quai des Brumes.* Ces rapprochements font sens, mais se révèlent inadéquats. On ne peut enfermer dans des catégories préexistantes l'originalité de Clouzot. Il nous impose une réalité dure et concrète comme un morceau de granit, énigmatique mais irrécusable, évacuant flou psychologique et dérive romantique. Nulle magie du décor, nulle théorie sociologique, nul halo poétique ne viennent structurer cette architecture ou en nimber le mystère. Guidée par Pierre Fresnay, docteur à l'humanisme sévère lâché parmi les désirs secrets et les rancœurs inavouées d'une collectivité d'une terrifiante banalité, la caméra nous fait découvrir des personnages sordides aux chagrins d'enfants et admirer les comédiens qui leur donnent vie. Ginette Leclerc, Pierre Larquey, Helena Manson, Noël Roquevert, Sylvie, Antoine Balpêtré, Roger Blin resteront longtemps pour nous, quand nous les retrouverons dans d'autres films, des « anciens du *Corbeau* ». Au cœur de cette exploration, le problème du bien et du mal, de leurs ambiguïtés, de leur nécessité, de leur combat, est traité avec une efficacité pédagogique dépourvue de toute pédanterie.

Chômeur, après avoir quitté la Continental, Clouzot travaille trois mois avec Jean-Paul Sartre sur une adaptation du roman de Nabokov, *Chambre obscure,* puis sur un scénario d'Anouilh destiné à Odette Joyeux, *La Chatte,* puis sur un autre projet, encore pour Odette Joyeux. Rien de tout cela n'aboutira. Il faudra attendre quatre ans le prochain film du cinéaste du *Corbeau.*

Promesses : Louis Daquin, Jean Delannoy, André Cayatte, Jean Faurez, Yves Allégret, André Zwobada, Gilles Grangier

Louis Daquin (né en 1908). Nous l'avons suivi en Allemagne, où il a notamment été l'assistant de son maître à penser, Jean Grémillon, et a déjà signé des versions françaises de films allemands. Il n'est donc pas abusif de considérer *Nous les gosses* (1941) comme son véritable premier film. *Nous les gosses* a dans ses gènes les deux chromosomes des deux expériences majeures de Daquin. C'est un film sur une bande de gosses débrouillards qui résolvent par esprit de solidarité un petit problème policier. Sur un sujet voisin le cinéaste allemand Gerhard Lamprecht avait réalisé ce petit chef-d'œuvre que fut *Emile et les détectives,* film que connaissait bien Daquin, comme il connaissait son réalisateur : ils avaient ensemble tourné en 1938, l'un la version allemande, l'autre la version française du *Joueur* d'après Dostoïevski. L'autre hérédité, c'est celle du Front populaire. Le scénario de *Nous les gosses* est né à cette époque et en reflète bien l'esprit. Il est dû à deux militants actifs du Front populaire, Gaston Modot et Maurice Hilero. A l'époque où il tourne *Nous les gosses,* Louis Daquin adhère au parti communiste et s'engage activement dans la Résistance. Son film a une vraie liberté, rare sur nos écrans. Il atteste non seulement d'une évidente maîtrise technique, mais d'une personnalité capable d'imposer sa marque à ses images. Ce sera vrai aussi de *Premier de cordée* (tourné en 1943, sorti en 1944), dont nous avons déjà parlé, et dont Daquin conviendra qu'il a pu se laisser contaminer, inconsciemment, par l'idéologie pétainiste dominante. Mais ce film de montagne était fort, humainement, périlleux à tous égards, et très personnel. *Madame et le mort* (1943) amène Marcel Aymé à adapter Pierre Véry, avec des dialogues de Pierre Bost : au final, on a un petit film bien plat. Avec *Le Voyageur de la Toussaint* (1942) (Simenon adapté par Marcel Aymé), Daquin réussit à maintenir un récit dramatique intrigant tout en évoquant les magouilles poisseuses de notables prêts à tout pour garder leurs privilèges. C'est moins personnel : du bon Decoin ou du bon Christian-Jaque. A la Libération, le cinéma français a acquis un cinéaste qui compte. On lui devine l'ambition d'un Grémillon, sans savoir encore si elle est fondée.

Jean Delannoy (né en 1908). Il monte plus de soixante-quinze films aux studios Paramount, puis tourne deux films sans intérêt, avant de faire ses vrais débuts avec *Macao, l'enfer du jeu* (1939), film d'atmosphère assez réussi, ce que tout le monde ignore, puisque la débâcle survient avant qu'il ne sorte et qu'il est dès lors interdit à cause de la présence d'Erich von Stroheim à l'affiche. Delannoy confirme un métier sûr, un parfait éclectisme, et un certain manque de personnalité en tournant *Le Diamant noir* (1941), *Fièvres* (le meilleur Tino Rossi) et *L'assassin a peur la nuit* (1942), avant *Pontcarral, colonel d'Empire* (1942) dont le grand succès reste ambigu : est-il dû aux qualités profondes du film ou au message d'indépendance et de patriotisme que les spectateurs y décriptent ? Revu longtemps après, *Pontcarral, colonel d'Empire* témoigne d'un vrai panache et justifie le prestige dont son réalisateur jouit désormais. Il entreprend alors de

« libérer » son *Macao, l'enfer du jeu* en retournant avec Pierre Renoir tous les plans de von Stroheim. Après ce bricolage, peu appétissant, effectué en septembre 1942, il enchaîne sur *L'Eternel Retour,* avec les textes et une présence continuelle de Jean Cocteau qui peut s'apparenter à une coréalisation. L'écrivain s'était chargé de transposer la légende de Tristan et Yseult en complet-veston, ou plutôt en pull jacquard et canot automobile, pour la plus grande gloire de Jean Marais et Madeleine Sologne. Robert Hubert, qui avait été l'opérateur des *Visiteurs du soir* et du *Baron fantôme,* est aussi celui de *L'Eternel Retour,* à la grande colère de Carné, qui l'accuse de lui avoir « volé ses images » (ce qui ne l'empêchera pas de le réengager pour *Les Enfants du paradis*). Delannoy réalise le film avec soin et avec goût, mais aussi avec une sorte de raideur qui réapparaîtra plus tard. Reçu avec grand enthousiasme, il déclenche une sorte de snobisme néo-romantique. Si la réussite de l'entreprise est certaine, on ne sait trop à qui en attribuer le mérite. Le métier du cinéaste, mais aussi sa disponibilité, ont sûrement été un grand atout pour la vision du poète, même si l'apport de celui-ci paraît néanmoins prédominant. Plus éclectique que jamais, Delannoy termine cette période avec un *Bossu* (1944) sans relief... Des promesses certaines, mêlées de points d'interrogation.

André Cayatte (né en 1909). Journaliste, romancier, avocat, Cayatte doit un jour plaider un procès entre un producteur et une vedette, trouve dans le dossier un scénario de film, et découvre une forme d'expression qu'il ignorait : écrire pour le cinéma. Il s'y essaie et, en collaboration avec Henri Jeanson, imagine *Entrée des artistes* (1938), et d'autres films encore, jusqu'à franchir le pas de la réalisation, en 1942, avec une adaptation moderne (et ratée) de Balzac, *La Fausse Maîtresse.* Zola lui réussit mieux et *Au Bonheur des dames* (1943) est une bonne évocation de la naissance des grands magasins. Mais Maupassant, territoire où cinéma et littérature conjuguent le mieux leurs affinités, donne à Cayatte l'occasion de son premier bon film. *Pierre et Jean* (1943), outre qu'il offre son meilleur rôle à Renée Saint-Cyr, traite avec pudeur et sensibilité un conflit familial qui trouve, dans l'époque décalée où il est déplacé (1910-1930), son juste climat. Petites promesses, donc, et qui ne seront pas tenues. Cayatte va s'imposer, mais sur un tout autre terrain.

Premiers films

Tous les premiers films ne sont pas prometteurs. Nous avons signalé tout ce qui enrichissait le cinéma français d'un sang nouveau. A quoi on peut ajouter quatre entrées dans la carrière qui, si elles sont peu importantes sur le moment, méritent toutefois d'être enregistrées.

C'est le cas de Jean Faurez (né en 1905), dont nous avons déjà dit l'intérêt du premier film, *Service de nuit* (1943). Excellent documentariste, d'une modestie exemplaire et quasi paralysante, il fera une carrière trop discrète, au-dessous de ses vrais mérites.

Yves Allégret (né en 1907), constamment présent dans les coulisses de cette histoire, a déjà touché à tout..., sauf au long-métrage. Il tourne le premier, en zone sud, pendant l'hiver 1940-1941 : un incendie détruira le négatif de *Tobie est un ange* au moment où le tournage se termine. Ainsi serons-nous privés à la fois du premier film d'Yves Allégret et du premier film dont Henri Alekan, l'élève français d'Eugen Schüfftan, est le directeur de la photographie. En 1941, toujours en zone sud, et sous le pseudonyme d'Yves Champlain, Yves Allégret tourne d'après Labiche *Les Deux Timides,* sans faire oublier René Clair. En 1943, c'est lui qui achèvera et signera *La Boîte aux rêves* imaginé et interprété par Viviane Romance, qui a rendu la vie impossible à tout le monde, à commencer par le premier réalisateur en titre, Jean Choux, qui a abandonné en cours de route. Yves Allégret vit désormais avec Simone Signoret qui attend un enfant. En 1944, une bande Allégret-Signoret Daniel Gélin-Danièle Delorme (dont le père est à Londres et la mère déportée), Serge Reggiani (déserteur italien), Janine Darcey et les parents Reggiani, va se mettre à l'abri à la campagne. Rien d'intéressant ne s'y passe. Mais où trouver davantage de promesses qu'à La Sapinière, en Haute-Marne, en juin 1944, dans ce que Simone Signoret appellera plus tard, sans nostalgie aucune, le maquis Allégret.

André Zwobada (né en 1910) est, comme Jacques Becker, un ancien de la bande à Renoir qui a été mêlé aux films et aux projets du cinéaste pendant les dernières années trente, et notamment au scénario que Renoir voulait tourner en Afrique du Nord. Maintes fois annoncé, toujours remis, son premier film aura attendu les années noires pour naître enfin. *Croisières sidérales* (1942) est un film inclassable, ni fait ni à faire, mais en même temps d'une fantaisie incroyable avec des décors d'une grande invention qui utilise sans retenue le « pictographe ». Ce trucage inventé par Abel Gance permet d'inscrire le jeu des comédiens dans un décor tourné à part et qui peut n'être qu'une maquette ou une photographie. Cette incroyable expédition stratosphérique continue de faire figure d'objet sidéral non identifié dans le cinéma français. Avouons que deux autres films de Zwobada, *Une étoile au soleil* (1942) et *Farandole* (1944), ne méritent pas d'être cités.

Gilles Grangier (né en 1911) a mûri sous le harnois de l'assistant corvéable à merci, mais à qui il arrive de tourner intégralement le film d'un « cinéaste » incompétent (*L'Appel de la vie* de Georges Neveux). Fait prisonnier, il n'est libéré qu'en mai 1942 et retrouve son emploi auprès de Georges Lacombe quand une association d'anciens prisonniers de guerre se crée pour produire un film évoquant de nouvelles aventures d'Ademaï (personnage comique créé par le chansonnier Paul Colline et interprété par Noël-Noël dans les années trente). Le réalisateur doit lui-même être un ancien prisonnier. On demande à Becker qui n'est pas libre, et Noël-Noël, qui a déjà travaillé avec lui, propose Gilles Grangier, qui réalise donc *Ademaï bandit d'honneur* (1943, production Les Prisonniers associés). C'est le début d'une carrière prolifique.

Une certaine tendance... : Première !

Le cinéma parlant des années trente devait beaucoup au théâtre de boulevard, vaudeville et répertoire dramatique, au music-hall, à la chanson populaire et réaliste. L'inspiration des années 1941-1944 n'est pas radicalement différente. Mais elle marque une évolution d'autant plus intéressante à noter qu'elle va donner sa couleur, son parfum à la « qualité française » des années cinquante. Cette évolution, c'est la montée du culturel et du littéraire comme modèle de prestige dans le choix des sujets : Balzac et Simenon écrasent Feydeau et Fréhel comme source d'inspiration. Les causes en sont parfaitement contingentes. Dans la grande frilosité des heures dangereuses, on se rassure, on rassure les autorités en s'abritant derrière de l'ancien ou du prestigieux déjà enregistré et dédouané, du sérieux, et de préférence de l'académique. La vogue du fantastique, mode d'évasion de luxe, comme nous l'avons vu, contraint à une certaine grandeur. Ce n'est pas le tout d'emprunter à Nietzsche cette idée de la permanence des grands mythes : ce n'est pas avec Courteline qu'on peut célébrer leur « éternel retour ». *Les Visiteurs du soir* et bien d'autres films de cette période donnent au cinéma sa coloration de légende médiévale, sa musique de divertissement de cour, cette blancheur des images et cette simplicité des âmes qui renvoie à de lointains enfers la noirceur du présent. Quand, un jour, l'analyse de la « qualité française » tournera au procès d'« une certaine tendance du cinéma français », il faudra se souvenir que c'est dans les peurs, les solutions, les ambitions de cette époque que se sont imposées les sources littéraires et les alibis culturels.

Ce recours, cette métaphore sont comparables à celles de nos tragédies du Grand Siècle allant chercher dans l'Antiquité grecque, romaine ou mythologique les personnages permettant d'évoquer les passions humaines. Le théâtre contemporain a retrouvé cette voie et y pousse le cinéma. Claudel, Giraudoux, Cocteau ont initié ce mouvement déjà avant guerre. Sous l'Occupation, nous aurons droit à *Antigone* et à *Eurydice* d'Anouilh, au *Voyage de Thésée* de Georges

Neveux, à *Renaud et Armide* de Cocteau, à *Sodome et Gomorrhe* de Giraudoux, aux *Mouches* et à *Huis clos* de Sartre, à *La Reine Morte* de Montherlant, à une *Andromaque* montée par Jean Marais et, parachevant le tout, aux cinq heures du *Soulier de satin* de Claudel monté par Barrault à la Comédie-Française. C'est donc bien tout un climat littéraire et intellectuel qui s'exprime à travers ce pèlerinage systématique aux sources de l'aventure et des passions humaines. Présentant en 1945 sa nouvelle pièce, François Mauriac note malicieusement : « J'aurais aisément transposé, si je l'avais voulu, le sujet des *Mal Aimés* dans la légende et mis à contribution les Atrides, comme ont fait tous nos contemporains, de Cocteau à Giraudoux, et d'Anouilh à Sartre... » Ce n'est pas seulement la prudence qui inspire cette démarche, le besoin de coder son message pour échapper aux interdits. C'est aussi une envie d'altitude, une montée d'ambition, une évasion, soit, mais vers le haut. Ce qui retient l'ironie quand, devant *Les Visiteurs du soir* ou *L'Eternel Retour*, on perçoit l'artifice de certains procédés, c'est ce sentiment d'y respirer un air plus léger, celui des sommets.

La période, les courants qu'elle induit, ne peuvent que développer la proximité du cinéma français avec la littérature. Des signaux se déclenchent, isolés, marginaux, qui un jour prendront un sens et du poids. Guitry, Pagnol, Achard, Mirande, sont déjà passés du théâtre au cinéma. Mais ils viennent du boulevard. Maintenant, ce sont Anouilh et Giraudoux qui s'y mettent : ce n'est plus du tout la même chose. Certes, leur intervention reste limitée. Anouilh ne signera que deux films. Mais ses scénarios, son théâtre transmettent au cinéma la noirceur de son tragique quotidien. Giraudoux, qui règne sur le théâtre « noble », est entraîné dans l'aventure cinématographique par Balzac (*La Duchesse de Langeais*) et il collabore activement à la réussite des *Anges du péché*. Il se prépare à passer à la réalisation, mais meurt, en 1944, avant d'avoir pu le faire. Jean-Paul Sartre travaille pour le département scénario de Pathé (contrat pour un an du 13 octobre 1943, renouvelé en septembre 1944, au salaire de 25 000 F par mois). En mai 1943, Pathé a acheté *Typhus*, scénario de Sartre tourné par Yves Allégret en 1953 sous le titre *Les Orgueilleux*. Nous avons vu Sartre au travail avec Clouzot. Il obtient 37 500 francs pour le scénario des *Jeux sont faits* que Delannoy tournera en 1947. Marcel Aymé renforce l'intercommunication littérature-cinéma, publie *Travelingue*, qui ridiculise certaines mœurs cinéphiliques, participe au goût du fantastique avec deux romans, *Le Passe-Muraille* et *La Vouivre*, écrit les scénarios de trois films (*Le Club des soupirants*, *Nous les gosses* et *Le Voyageur de la Toussaint*).

Il y a d'autres façons de se mêler de cinéma pour un écrivain connu. Paul Morand, dont nous avons évoqué les mésaventures *(Don Quichotte)* et méfaits *(France la Doulce)* avec le cinéma, passe deux ans de purgatoire avant que Laval se retrouve au pouvoir et qu'il soit nommé d'abord à son cabinet (23 avril 1942), puis président de la Commission de censure cinématographique (16 juillet 1942). Le premier auteur qu'il est amené à censurer c'est... lui-même. Il a en effet accepté la commande d'une adaptation de *Nana* d'Emile Zola. Pétain en ayant été informé par une bonne âme lui demande « de renoncer à diffuser par l'image un roman qu'il jugeait immoral ». Morand s'incline. Un an après sa nomination, Morand interdit *Lumière d'été* de Grémillon. Ce qui, entre autres conséquences, ruine le producteur André Paulvé. Interventions amicales et pressantes de Louis-Emile Galey (qui a remplacé Ploquin à la tête du C.O.I.C.) et de Marcel Achard. Nouveau veto. Nouvelles interventions. Cette fois, Morand cède et démissionne...

Autre terrain, autres problèmes : Giono se fâche avec Pagnol et manifeste l'intention de réaliser ses propres films au lieu de déléguer ses droits à autrui. Il y a même procès, sur un grief mineur : Giono reproche à Pagnol de publier les dialogues de *Regain* sans indiquer clairement qu'il est lui, Giono, l'auteur de *Regain*. Mais le différend est plus profond. Pagnol avait tiré son film, *La Femme du boulanger,* d'une nouvelle de Giono : *Aurélie et le boulanger.* Pour bien montrer son refus de cette adaptation, Giono adapte sa nouvelle au théâtre et la fait jouer sous le titre *La Femme du boulanger.* Surtout, il réprouve le « réalisme quotidien » de Pagnol et rêve d'un cinéma magique qui exprimerait « la très puissante tragédie de l'âme des choses ». Ce cinéma-là, qui pourrait mieux le réaliser que lui-même ? C'est ce dont l'a convaincu son ami Léon Garganoff, producteur d'origine caucasienne, à qui il cède les droits audiovisuels de tous les romans qui n'ont pas été cédés à Pagnol, s'engageant à entreprendre l'adaptation et la réalisation de son roman *Le Chant du monde.* Dans un essai dédié à Garganoff, *Triomphe de la vie,* il rêve sur la tentation de faire des films et la définition d'un cinéma « panique ». En 1942, Giono participe activement au documentaire que tourne sur lui Georges Regnier : *Manosque, pays de Jean Giono.* C'est Alain Cuny (qui avait créé la pièce de Giono, *Le Bout de la route,* et réalisé le décor) qui est engagé pour jouer dans *Le Chant du monde.* Le tournage est prévu pour mai 1943, et finalement n'aura jamais lieu. Mais cet épisode exprime parfaitement l'évolution qui va de plus en plus marquer les auteurs (de romans, de films) : tenter de s'approprier totalement la responsabilité de leur œuvre dans ses différentes mutations. Giono échappant à Pagnol (dont il n'avait pourtant pas à se plaindre) marque une étape de cette évolution. La revendication de l'auteur-metteur en scène se doublera bientôt de celle du metteur en scène-auteur. Ainsi, le modèle littéraire pourra d'une part influer sur la montée de l'académisme dans le cinéma, et d'autre part renforcer le courant de ce qui deviendra la « politique des auteurs ».

« C'est la preuve de la supériorité de l'auteur-metteur en scène »,
note un autre écrivain, en 1943, dans son journal en sortant d'une
projection du *Corbeau*. Il sait de quoi il parle, Jean Cocteau, qui la
même année est l'auteur non metteur en scène du grand succès de la
saison, *L'Eternel Retour*. Voici le moment venu de mettre sur le devant
de la scène cette célébrité parisienne discrètement mais intimement
mêlée au cinéma de cette période. Cocteau n'était plus intervenu au
cinéma depuis son film dit surréaliste, *Le Sang d'un poète* (1931). En
1940, c'est l'intérêt qu'il porte à la carrière de son jeune protégé Jean
Marais qui le ramène vers les films. Après être intervenu sur les dialogues de *La Comédie du bonheur* (L'Herbier), il promet à Marcel
Carné de faire les décors des *Evadés de l'an 4000* puis écrit pour lui les
dialogues de *Juliette ou la Clé des songes,* deux projets qui n'aboutiront
pas pour le moment et qui auraient dû marquer l'un et l'autre les
débuts de Marais au cinéma. S'il accepte de refaire anonymement le
scénario et les dialogues du *Lit à colonnes,* d'après Louise de Vilmorin,
c'est bien pour obtenir, et il l'obtient, le rôle principal pour Jean
Marais. En avril 1942 il est en train de terminer *Renaud et Armide,*
tragédie en alexandrins, Moyen Age et sortilèges, et commence
d'écrire *L'Eternel Retour,* quand Alain Cuny lui raconte *Les Visiteurs
du soir* qu'il commence à tourner. Cocteau s'agace de cette « épidémie
moyenâgeuse ». Infatigable, il écrit le scénario d'un nouveau film pour
Jean Marais, *La Vénus d'Ille* d'après Mérimée, puis suit de près la
finition de *La Comédie du bonheur* dont L'Herbier a réussi à rapatrier
d'Italie le matériel, et participe directement, aux côtés de Jean Delannoy, à la préparation et au tournage de *L'Eternel Retour,* écrit les
dialogues du *Baron fantôme* et joue une scène dans le film, écrit et dit
le commentaire d'un documentaire sur le tennis, prépare un film
d'après sa pièce *La Voix humaine*. Il relit un conte de Mme Leprince
de Beaumont et forme le projet de *La Belle et la Bête*. Il en parle un
jour avec Pagnol, et de son intention de confier « la Bête » à Jean
Marais. Pagnol déclare avoir le même projet avec Josette Day dans le
rôle de « la Belle ». C'est Cocteau qui finalement tournera le film, avec
ces deux comédiens, en 1946, et René Clément comme conseiller technique. N'oublions pas qu'entre-temps, il collabore avec Bresson pour
les dialogues des *Dames du bois de Boulogne,* où Jean Marais était
prévu pour le rôle tenu par Paul Bernard, et écrit pour Delannoy, les
dialogues d'une *Princesse de Clèves* qui sera tournée en 1951. Si la
patte de Cocteau pèse sur le cinéma français de l'époque, ce n'est pas
seulement à cause de la multiplicité de ces interventions. C'est
qu'orienté vers le cinéma, Cocteau irradie, telle une pile atomique :
idées de films, de dialogues, de comédiens, de décors, de costumes, de
titres, d'affiches, rien n'échappe à son activisme. Peu ou prou, le
cinéma de l'Occupation est « cocteauesque ». C'est l'une de ses manières d'être littéraire.

Le feu sacré (« Les Enfants du paradis »)

Deux approches sont nécessaires pour *Les Enfants du paradis*. Comme toute œuvre d'art, il doit faire l'objet d'une information et d'un jugement critique. Comme toute entreprise humaine, il doit aussi être replacé dans son histoire, être apprécié dans le contexte de son époque. Sur ce terrain, en tout cas, le doute n'est pas permis : *Les Enfants du paradis* est une œuvre exceptionnelle, magistrale. Et c'est le plus beau film de Résistance que notre cinéma ait produit.

Nous n'avons guère jusqu'ici consacré de place à débattre du message d'actualité que pouvaient délivrer, à des titres divers, des films comme *Les Visiteurs du soir, Pontcarral*, ou *La Symphonie fantastique*. Le fait est qu'un secteur du public a trouvé dans ces films (et dans d'autres) un encouragement à l'esprit de résistance : décider si ces gens ont raison ou tort n'aurait eu, et n'a toujours, aucun intérêt.

De même paraît absurde l'hypothèse présentée par certains travaux universitaires, selon laquelle Garance serait une représentation symbolique de la France, ou que le mime Debureau incarnerait la nation réduite au silence ou toutes autres exégèses métaphoriques de cet ordre. Les *Enfants du paradis* est un film de Résistance, mais d'une autre manière, sur un autre plan : par son existence même, son ampleur, son ambition. Par le défi superbe et incongru qu'il lance au malheur. A quelque temps de là, dans un texte destiné à Jean-Louis Barrault, Paul Claudel écrivit : « L'âme humaine est une chose capable de prendre feu, elle n'est même faite que pour ça, et quand la chose se produit, et que l'esprit tombe sur elle, comme on dit, elle ressent une telle joie, il lui est arraché un tel cri [...] [avec] ce feu sacré dont je parle [...] voici de nouvelles forces qui se lèvent et qui accourent et qui se déploient et qui, en tumulte, se concertent... » *Les Enfants du paradis* est le film de ce feu sacré.

Souvent l'épreuve mutile. Parfois, elle transcende. Témoigne de cette exaltation, de cette sublimation, la double épopée parallèle du *Soulier de satin* au théâtre et des *Enfants du paradis* au cinéma, deux œuvres symboles de l'intrépidité créatrice de l'époque. Quelle folie que de choisir le moment de la nuit la plus noire, du dénuement le plus total, des entraves matérielles et morales les plus rigoureuses pour monter un spectacle de cinq heures qui a fait reculer depuis trente ans toutes les scènes du monde, nécessite les ressources de toutes les formes d'expression dramatique et lyrique, et le soutien d'une troupe énorme et bien entraînée. Quelle folie que, dans le même dénuement et la même nuit, de lancer la production d'un film de plus de trois heures qui fait appel à toutes les formes du spectacle et entremêle le grouillement de toutes les passions dans le climat romantique-populiste du XIXe siècle. La première du *Soulier de satin* a lieu, à la Comédie-Française, le 23 novembre 1943. Les répétitions ont commencé en août. Et le 16 août a commencé à Nice le tournage des *Enfants du paradis*. Entre ces deux monstres de spectacle total, les interférences sont multiples. La principale, c'est l'importance de l'intervention de Jean-Louis Barrault dans les deux cas. Converti au mime par Decroux lors de son passage chez Dullin, Barrault, qui vient d'être reçu sociétaire de la Comédie-Française, est le porteur inspiré du projet claudélien et porte à bout de bras les cinq heures du spectacle. C'est lui aussi qui, à Prévert et Carné, à la recherche d'un sujet, raconte des épisodes de la vie du mime Debureau, à partir desquels s'élabore le scénario des *Enfants du paradis*. Pour qu'il puisse jouer Baptiste, il faut organiser le tournage de telle sorte que Barrault soit libre les jours de représentation du *Soulier de satin*. Ainsi s'entrelacent les histoires de ces deux coups de passion, brûlés du même feu sacré.

Partant de l'idée suggérée par Barrault, Prévert développe une intrigue qui se ramifie jusqu'à prendre les dimensions de la fresque quand, à Debureau, s'ajoutent le grand acteur Frédérick Lemaître et le poète-assassin Lacenaire, pour former un trio de personnages à peu près contemporains (1830) qui ont illustré de leurs exploits et de leur légende le « Boulevard du Crime ». Le producteur comprend vite que le scénario qui naît débordera les dimensions d'un seul film, mais il ne renonce pas pour autant. Il est vrai qu'il s'agit d'André Paulvé, décideur clé de cette période. Né en 1898, il est passé au cinéma en 1938 après une première carrière dans la banque. Sa société Discina fonctionne en association avec la société italienne Scalera : elles montent ensemble des coproductions franco-italiennes. C'était par exemple le statut financier des *Visiteurs du soir* qui dut à ce régime de coproduction d'avoir un stagiaire de luxe en la personne de Michelangelo Antonioni. Paulvé est par ailleurs gérant des studios de la Victorine à Nice. Il a produit, pour cette période, *La Comédie du bonheur* et *La Vie de bohème* de L'Herbier, *Premier bal* de Christian-Jaque, *Lumière d'été* de Grémillon, *L'Eternel Retour* de Delannoy, et les deux films de Carné. Devant le projet des *Enfants du Paradis* qui prend forme, il suggère d'en faire deux films séparés. Carné donne son accord (la première et la deuxième partie seront titrées respectivement *Le Boulevard du Crime* et *L'Homme en blanc*), à condition que les deux films soient projetés en continuité au même programme pendant la période d'exclusivité. Commence alors une chasse aux acteurs, aux matériaux, aux décors, et une vraie course contre la montre et les événements dont le cours ne cesse de contrarier le tournage. C'est André Barsacq qui prend officiellement la charge des décors, dont Trauner ne pourra faire que des dessins ou des maquettes, car il lui faut s'isoler en montagne pour des raisons de sécurité et il ne peut suivre les problèmes de construction, que Barsacq contrôlera. Le seul décor du Boulevard du Crime (construit aux studios de la Victorine), sur lequel s'ouvre et se clôt le film, mesure quatre-vingts mètres de long, avec tous les dispositifs de trompe-l'œil, chers à Trauner, donnant l'impression d'au moins une longueur double. Le tournage commence le 16 août 1943 à Nice. Le 3 septembre, les Alliés débarquent en Sicile et le gouvernement italien demande l'armistice. Le 8 septembre, les Allemands, qui avaient occupé la zone sud en novembre 1942, mais respectaient la zone d'occupation italienne, et donc Nice, occupent cette zone. Le tournage est interrompu le 15 septembre, avant que Carné ait pu se servir de son grand décor. L'Italie déclare la guerre à l'Allemagne. Paulvé est interdit d'activités par les Allemands. Le C.O.I.C. essaie de trouver un repreneur. C'est Pathé qui, finalement, assurera la reprise de la production, le 18 octobre 1943. Robert Le Vigan, engagé pour jouer Jéricho, le « marchand d'habits », prend peur et part avec Céline se réfugier en Allemagne. Introuvable pour le tournage du 3 janvier 1944, Le Vigan est remplacé par Alcover, qui ne convient pas. Pierre Renoir est engagé le 4 janvier. Du 10 novembre au 21 février, les alertes ont entraîné 14 arrêts de travail et la perte de 12 heures de tournage. De temps à autre, un machiniste, un charpentier, disparaît : il est parti au maquis, ou bien il a été arrêté. Le film doit encore faire un aller et retour entre Paris et Nice pour utiliser le grand décor, qui entre-temps a été partiellement détruit par un cyclone et doit être reconstruit : le coût du film s'élèvera à 55 millions de francs (en francs 1943 comme en francs 1990). Le dernier tour de manivelle est donné le 20 juin 1944, deux semaines après le débarquement. Deux mois plus tard, le film aurait été privé de sa principale interprète. Arletty est arrêtée, détenue, interdite de travail. Le jour de la sortie du film, le 15 mars 1945, elle est à La Houssaye-en-Brie, à cinquante kilomètres de Paris, assignée à résidence. Les travaux de finition ont été assez longs, car le film (avec ses deux époques) dure trois heures quinze. Mais Carné n'a rien fait pour presser le mouvement, désireux que *Les Enfants du paradis* apparaissent comme le premier grand événement cinématographique de la France libérée et pacifiée, ce qui est presque le cas (l'armistice sera signé le 8 mai 1945).

Le film, dès sa sortie, plaît, séduit, enthousiasme. Il déclenche une sorte d'exaltation patriotique. Le choc ressenti par tous vient de cette découverte : au point où nous en étions, nous étions capables de ce sursaut, de cette beauté ! *Les Visiteurs du soir* nous avait déjà dit que, sous la pierre, les cœurs continuent de battre. Maintenant, nous savons que c'était vrai. On peut trouver ces sentiments ridicules. On ne comprend rien à l'accueil fait aux *Enfants du paradis* si on ne les prend pas en compte.

L'autre vérité, c'est qu'on ne comprend rien de toute façon aux *Enfants du paradis*. A tous les travaux qui l'ont disséqué, le film résiste admirablement. C'est un film sans progression dramatique, sans mystère à élucider ni intrigue à dénouer. C'est une fresque dans la texture de laquelle on se sent imbriqué, on ne sait trop comment, sans que les

416

auteurs tirent jamais les ficelles du drame ou du vaudeville. S'il faut vraiment indiquer des thèmes privilégiés dans ce tissu foisonnant, retenons-en deux, pour esquisser brièvement la richesse de leur traitement : l'amour et le spectacle.

Les Enfants du paradis constitue un traité des relations amoureuses. Au centre du film, il y a une femme, Garance/Arletty. Aux premières images, elle surgit, exhibée, nue, dans une baraque foraine. Première esquisse amoureuse : le désir, la curiosité sexuelle, le voyeurisme. Immergée dans une cuve, cette déesse de foire tourne sur elle-même. Déesse, elle le sera jusqu'à la fin, aimée de tous les hommes, capable de sentiments, mais sans jamais aliéner sa liberté. Et elle tournera, en effet, en une ronde continue qui est celle même du film. Le parcours de Garance décrit quatre cercles. Sur chacun de ces cercles, elle rencontrera les quatre protagonistes masculins : Debureau, Lemaître, Lacenaire, le comte de Montray, et modifiera son rapport avec eux. Chacun sera tour à tour amoureux, jaloux, amant, rejeté, dans un raccourci de tous les cycles amoureux possibles, tandis qu'eux-mêmes incarnent, par rapport aux relations amoureuses, quatre attitudes cardinales : une volonté de possession immédiate (Frédérick), un besoin de l'apparence de la liaison (Lacenaire), l'achat pur et simple contredit par le besoin d'être aimé (Montray), un sentiment fort barré par des complexes sexuels (Baptiste). Garance passe de l'un à l'autre, non avec l'indifférence d'une courtisane, mais avec la conscience d'une fatalité qui s'exprime dans la chanson qu'elle fredonne :

> J'aime celui que j'aime
> Est-ce ma faute à moi
> Si n'est pas le même
> Que j'aime chaque fois...

La femme comme maîtresse, comme mère, comme bien, comme ornement, comme caution sociale, comme signe extérieur de richesse, comme nid de tendresse où enfouir ses chagrins : Garance est tout cela, simultanément et tour à tour, dans cette ronde de l'amour autour de laquelle s'enroule le film, sans même qu'on y songe.

Les Enfants du paradis est un film sur le spectacle. C'est trop évident. Sur les différentes formes du spectacle. Sur les problèmes clés du spectacle à l'époque évoquée : spectacles muets de ceux qui n'ont pas de licence, mélodrames populaires, véritables lieux de contact avec le grand public, auxquels Hugo, Balzac, Dumas, Flaubert se sont frottés, vague romantique brandissant Shakespeare contre Racine pour redonner de la chair et de la passion à une scène conquise par la rhétorique. Voilà l'histoire du spectacle mise sur le devant de la scène.

Mais beaucoup plus encore. Dans l'opposition Baptiste-Frédérick, pourquoi ne pas voir la relation cinéma muet-cinéma parlant, ou la relation, complexe, Carné-Prévert ? Et plus sûrement, traversant tout le film, cette question clé du spectacle : voir ou être vu ? De quel côté sommes-nous nous-mêmes ? Le film s'ouvre et se clôt sur un rideau qui se lève et se baisse. Ce qui nous est proposé, c'est donc du théâtre, mais ce théâtre nous plonge dans la vie d'un boulevard, un boulevard où il y a des théâtres, où des acteurs jouent des personnages sur scène, et dans la vie en jouent un autre, qui n'est ni tout à fait le même, ni tout à fait un autre. Quand nous découvrons Garance, elle est nue, offerte aux voyeurs, mais nous ne voyons rien, alors qu'elle se voit, car elle se regarde dans un miroir. On retrouvera son image dans un miroir à chaque scène clé, car elle est la seule qui à la fois voit et est vue. Le film prétend être du côté de ceux qui voient : les enfants du paradis qui lui donnent son titre ; mais il ne s'intéresse qu'à ceux qui sont vus : les acteurs, les assassins. Vivre sa vie ou celle de son personnage ? Voir ou être vu ? Baptiste, pendant la parade des Funambules, voit Lacenaire voler la montre du bourgeois et profite de ce qu'il est en vue sur son tréteau pour dénoncer le voleur. C'est sur scène, dans ses pantomimes, qu'il exprime son amour pour Garance, mais quand il se retrouve seul avec elle dans sa chambre, il s'enfuit : le spectacle dit ce que la vie ne peut dire. Le jeu permanent entre la vie et l'art, la réalité et sa représentation, la scène et la salle, atteint son paroxysme, où toute frontière se dissout, dans la scène du Grand Théâtre, à la fin de la représentation d'*Othello*, quand Lacenaire, devenu metteur en scène de la vie, tire le rideau (non de la scène mais de la porte-fenêtre) et dévoile la présence, sur la terrasse, de Baptiste embrassant Garance. Tragédie ou vaudeville ? Théâtre ou réalité ? Où est la différence : ne sommes-nous pas de toute façon au cinéma ?

Nous n'avons pas épuisé les tables de lecture : tout juste effleuré quelques-unes d'entre elles. C'est ce que nous voulions exprimer quand nous parlions du mystère des *Enfants du paradis* : le contraste saisissant entre la simplicité apparente du récit et des formes, et cette richesse de puits sans fond qui se révèle dès qu'on commence à creuser sous la surface trompeuse d'une beauté froide, d'une maîtrise rigoureuse, qui, passé les émotions de l'enfantement, ont un peu douché les enthousiasmes de la seconde vague du public. Plus tard, le film s'est trouvé mêlé à des débats (importance réciproque de Carné-Prévert, opposition Renoir-Carné), qui ont eu leur portée polémique, mais qui n'affectent guère le regard qu'on peut porter sur l'œuvre. Dans la fameuse « Confrontation des meilleurs films de tous les temps », organisée par Jacques Ledoux à l'Exposition universelle de Bruxelles en 1958 (la seule manifestation de ce type qui ait été organisée vraiment sérieusement), *Les Enfants du paradis* occupait la vingtième place du référendum, *ex æquo* avec *Le Million*, *Les Lumières de la ville* et *L'Homme d'Aran*. Dans les années quatre-vingt, un référendum de l'Académie des Césars l'a désigné comme le meilleur film français de l'histoire du cinéma, ce qui témoigne en tout cas du pouvoir consensuel que le film conserve, et de la place de choix qu'il occupe dans la mémoire collective.

Les films de l'exil : Chenal, Ophuls, Duvivier, Clair, Renoir

Nous avons dit renouvellement, sang neuf. N'oublions pas la déperdition, l'hémorragie. Des cinéastes ont choisi d'abandonner le métier ou ont été contraints à le faire. Certains ont opté pour une sorte d'exil intérieur : c'est le cas de Pagnol, qui fait retraite. D'autres, enfin, ont choisi l'exil ou y ont été forcés. Si leurs films, tournés ailleurs, n'appartiennent plus, à proprement parler, à l'histoire du cinéma français, le destin de ces exilés continue de nous concerner. D'autant plus que, parmi eux, se trouvent quatre figures dominantes.

Jacques Feyder, réfugié en Suisse, n'y tourne qu'un film sans intérêt : *Une femme disparaît* (1942), René Clair, Julien Duvivier et Jean Renoir ont rejoint les Etats-Unis peu après l'invasion pour y poursuivre leur carrière et tenter d'y faire survivre un cinéma français dont l'existence, au moment de leur départ, paraît singulièrement menacée.

Deux autres cinéastes ont également émigré dans des conditions plus difficiles car aucun contrat ne les attend outre-Atlantique. Il est vrai que leur liberté de décision était moindre : d'origine juive, Pierre Chenal et Max Ophuls avaient tout à craindre de l'occupation allemande. Ils vont vivre des années difficiles, dont on a vite fait le tour, sur le plan de la création. En 1940, Pierre Chenal n'a que trente-six ans et vient de connaître la double réussite de *La Maison du Maltais* (1938) et de *Dernier tournant* (1939). Il est au zénith de sa carrière quand surviennent l'Occupation allemande, Vichy et les lois raciales. Il se sent menacé et les chemins de l'exil le conduisent en Amérique du Sud : il tournera quatre films en Argentine entre 1942 et 1946. Si on ne sait rien de ces films restés inédits en Europe, l'expérience fut sans doute intéressante pour Chenal puisque, après son retour en France (1946), il repartira (1948-1951) tourner un film en Argentine et deux au Chili.

Pour Max Ophuls, le bilan de cette période est encore plus vite fait. Nous l'avons quitté en janvier 1941, quand s'interrompt, après quelques plans à l'Opéra de Genève, le tournage de *L'Ecole des femmes* avec Jouvet. Max Ophuls (israélite, fraîchement passé de la nationalité allemande à la nationalité française en 1938 et militant antinazi) a trouvé refuge à Zurich où des émigrés allemands ont pu le faire engager au théâtre : il y monte deux pièces, dont le *Roméo et Juliette* de Shakespeare en décembre 1940 et mars 1941 tandis qu'il envisage d'adapter au cinéma le roman de Gottfried Keller, *Roméo et Juliette au village.* Cependant, pour obtenir le droit d'asile en Suisse, il faudrait qu'il se déclare déserteur de l'armée française. Il refuse de faire cette injure à la patrie qu'il s'est choisie et rentre subrepticement en zone sud, d'où il réussira à repartir, vers la fin de l'année 1941, pour les Etats-Unis (accompagné d'un futur cinéaste, son fils Marcel, alors âgé de quatorze ans). Cet émigrant perpétuel va y connaître les années les plus sombres de sa vie, une longue période de rebuffades, de projets avortés, de chômage, pendant laquelle il survivra grâce à la « caisse de secours » des cinéastes, à la solidarité de quelques amis et à une vitalité morale qui se trempe dans l'épreuve. En 1946, Max Ophuls obtient son premier engagement hollywoodien, mais doit quitter le plateau de *Vendetta* au bout de quelques jours, chassé par Howard Hughes. C'est seulement en 1947, avec *L'Exilé*, qu'il renouera avec le cinéma. Nous retrouverons Max Ophuls lorsque nous traiterons de cette période.

Julien Duvivier : des Français immigrés, c'est lui qui s'adaptera le plus naturellement au cinéma américain. Certes, Duvivier ne tournera à Hollywood aucune œuvre marquante. Mais il accomplira sans trop de problèmes sa réinsertion. Trois raisons à cela. D'une part, Duvivier n'y est pas un inconnu. Il est venu en 1938 tourner *Toute la ville danse* qui a reçu un bel accueil. D'autre part, depuis *Carnet de bal*, il a la réputation d'être un maître du genre à la mode : le film à sketches. Quand il arrive à New York à la fin de l'été 1940, il a un nouveau film à sketches à présenter, *Untel père et fils*, tourné pour la propagande officielle française. C'est dans cette voie qu'on va exploiter son talent. Enfin, le cinéma de Duvivier, plus axé sur la maîtrise professionnelle que sur l'expression personnelle, s'adapte plus aisément aux méthodes des studios hollywoodiens que le cinéma plus personnalisé de Clair et Renoir. Outre *L'Imposteur* (1943) dont nous avons déjà parlé, qui recrute Jean Gabin dans la lutte antinazie, Duvivier tourne à Hollywood trois œuvres proches du film à sketches. Dans *Lydia* (1941), Merle Oberon évoque sa vie à travers des rencontres avec quatre anciens soupirants. *Tales of Manhattan* (*Six destins*, 1942) raconte habilement six histoires à travers l'odyssée d'un habit de soirée. Dans *Flesh and Glory* (*Obsession*, 1943), le thème du songe sert de fragile fil conducteur à trois histoires disparates. Avec ces quatre films, Duvivier aura honorablement survécu et entretenu sa maîtrise professionnelle, sans pourtant rien prouver de nouveau.

Cinéaste connu et respecté, initié au dépaysement du travail à l'étranger par ses deux films en Grande-Bretagne (1935-1937), René Clair, dès son arrivée aux Etats-Unis, reçoit diverses propositions. Le problème, pour lui, n'est pas de trouver du travail, mais de trouver un projet qui convienne à la fois à un studio américain et à la sensibilité du plus parisien, du moins cosmopolite des réalisateurs français. Assez vite, avant la fin de 1940, après en avoir écrit l'adaptation avec le scénariste Norman Krasna, René Clair commence à tourner *The Flame of New Orleans* (*La Belle Ensorceleuse*, 1941).

Ces aventures d'une belle Européenne (Marlene Dietrich), à la fin du siècle dernier à La Nouvelle-Orléans, sont piquantes et traduites en images avec verve et élégance. Mais le film reste froid. Marlene a perdu de son prestige, le scénario laisse percer des intentions parodiques qui déroutent : le public ne marche pas, c'est l'échec. A Hollywood, l'échec se paie comptant. Difficile passage pour René Clair que cette année 1941. Outre le chômage auquel il est réduit, il apprend que Vichy vient de le déchoir de la nationalité française, pour avoir quitté le territoire au moment de l'armistice. Cette épreuve morale est accentuée par le fait que cette déchéance entraîne la saisie des biens et que se trouve menacée de confiscation sa villa Miremer, où il avait pris l'habitude de se réfugier pour écrire, à Saint-Tropez. Son frère, Henri Chomette, attaché au Service cinématographique des armées au Maroc, se précipite à Vichy pour défendre son frère et obtient sa réintégration dans la nationalité française. Mais, à peine rentré à Rabat, en août, il meurt de poliomyélite. Rude coup pour René Clair que la perte de ce frère aimé qui l'avait précédé et entraîné dans l'aventure cinématographique.

Finalement René Clair et la Paramount se mettent d'accord sur le projet *I Married a Witch* (*Ma femme est une sorcière*, 1942). René Clair aime le livre et la Paramount y voit l'occasion de lancer au cinéma une cover-girl populaire qu'ils ont sous contrat, Veronica Lake. Ces démêlés humoristiques d'un esprit réincarné dans un corps de jolie fille qui fait tourner en bourrique l'homme dont elle va tomber amoureuse permet à René Clair de renouer avec le fantastique, la grâce, la légèreté. C'est son meilleur film depuis longtemps, et le succès honorable obtenu auprès du public assure l'avenir. Mais les événements viennent à nouveau perturber la vie professionnelle du cinéaste. D'une part, il accepte de tourner quelques scènes d'un film collectif *Forever and a Day*, qui sera plus ou moins à la Grande-Bretagne ce qu'était *Untel père et fils* à la France : une œuvre célébrant la continuité nationale et la solidarité anglo-américaine contre les ennemis communs. D'autre part, bien qu'il se soit tenu éloigné des groupes plus ou moins antagonistes de Français émigrés, et se soit refusé à toute déclaration politique, René Clair suit avec passion la situation en Europe. Après le débarquement allié en Afrique, il se propose comme interprète : il a envie de servir. Le général Béthouart, chef de la mission française à Washington, lui demande d'aller à Alger pour prendre en charge le Service cinématographique des armées et organiser l'enregistrement sur pellicule de la probable et prochaine libération de la France. Les pourparlers durent jusqu'au début 1944, lorsque René Clair constatera que ni argent ni matériel ne sont prévus pour la réalisation de ce film historique, et abandonnera ce dossier vide. Entre-temps, il écrit avec Dudley Nichols et tourne *It Hap-*

pened To-Morrow (*C'est arrivé demain*, 1943), dans une tonalité de fantaisie et de poésie qui lui est familière et convient bien à l'histoire de ce journaliste capable de raconter l'actualité du lendemain, jusqu'au jour où il découvre que, le lendemain, il va être assassiné... René Clair tourne encore, cette fois en 1945, peu avant son retour en France, un dernier film américain, *And Then, They Were None* (*Dix petits Indiens*), qui n'est guère plus qu'un bon policier impersonnel (et fut, de ses quatre films américains, celui qui remporta le plus grand succès). Quand il rentre en France, en juillet 1945, René Clair peut considérer qu'il a fait honneur à sa réputation. Il a su reconstituer autour de lui des équipes homogènes attentives à ses intentions et où il a pu introduire quelques collaborateurs, eux aussi émigrés, tels que René Hubert, pour les costumes, Rudolf Maté pour les images de *La Belle Ensorceleuse* et Eugen Schüfftan pour celles de *C'est arrivé demain*. Il noue avec ses scénaristes, il est vrai parmi les meilleurs (Krasna, Pirosh, Dudley Nichols), une collaboration fructueuse qui lui permettra de rester maître de son script. Jusqu'au-boutiste dans la préparation de ses tournages, il rassure ses producteurs et tire le meilleur de la machine huilée hollywoodienne, tout en gardant les mains libres. S'il critique la lourdeur du système américain, il fait la preuve qu'un cinéaste compétent, organisé et pugnace peut imposer sa liberté de création. La carrière de René Clair avait marqué le pas pendant la période 1936-1940. Elle retrouve un certain panache pendant la période 1940-1944.

Quant à Renoir, il débarque à New York le 31 décembre 1940. Le 10 janvier, il est à Los Angeles. Le 15, il signe un contrat avec Darryl Zanuck pour deux films, produits par la Fox. Son salaire pour 1941 : 54 000 dollars. C'est beaucoup. On ne peut guère faire mieux ni plus vite ! La carrière américaine de Renoir paraît bien partie. Pourtant, quatre ans plus tard, Renoir n'aura tourné qu'un film honorable, *Swamp Water* (*L'Etang tragique*) et deux œuvres de circonstance : *This Land Is Mine* (*Vivre libre*) et *Salute to France* (*Salut à la France*) qui témoignent de l'engagement de Renoir dans la lutte antinazie, mais qui n'ajoutent rien à la gloire du cinéaste. Echec, alors, cet exil de Renoir aux Etats-Unis ? Ce serait trop vite dit. D'une part, un peu plus tardivement, on retrouvera le vrai Renoir dans deux films américains : *The Southerner* (*L'Homme du Sud*) (1945) et *Le Journal d'une femme de chambre* (1946). D'autre part, au long de ces années difficiles, et en partie stériles, Renoir tisse avec son nouveau cadre de vie une histoire d'amour, s'intègre au pays, se bâtit un foyer (une maison et une famille), fertilise de sa réflexion et de ses nostalgies sa déchirure d'avec la France, se fait naturaliser américain, sans jamais devenir un cinéaste américain, accouche du second Jean Renoir que nous découvrirons mieux, dix ans plus tard, avec *Le Fleuve*. Pour bien comprendre cette mutation, il est nécessaire de reconstituer la trajectoire de l'aventure américaine de Renoir.

Cette aventure se dédouble sur deux plans : créatif et existentiel, dans la mesure où il est possible de séparer chez Renoir l'homme du cinéaste. Sur le plan création, les difficultés ne tardent pas à s'accumuler. Tous les sujets qu'il propose, un scénario original sur des enfants pendant l'exode, l'adaptation de *Terre des hommes* de son nouvel ami Saint-Exupéry, ou de *La Faim* de Knut Hamsun, ou de *Mon oncle Benjamin* de Claude Tillier, sont rejetés par Zanuck qui, de son côté, ne propose que des scripts qui semblent sans intérêt à Renoir. Quand l'accord se fait sur *Swamp Water* (*L'Etang tragique* ; début de tournage 25 juin 1941 et sortie à New York 15 novembre), les conflits changent de nature mais subsistent : sur le choix des comédiens (Renoir ne veut pas de stars), sur le tournage en extérieur (que Zanuck trouve absurde), sur l'intervention de Renoir au montage (non prévue par le contrat). Finalement, le film est assez réussi : Renoir ne retrouve pas dans ce système et dans une langue qu'il maîtrise mal, la liberté de ton qui lui est propre. Mais cette histoire de deux hommes révoltés contre l'injustice, menant leur combat dans une nature très typée et très présente, convient bien au réalisateur et recevra un bon accueil de la critique et du public. Renoir a pu mesurer son inadaptation au système hollywoodien. Il écrit : à Hollywood, « si vous êtes éloquent, vous faites pratiquement ce que vous voulez comme metteur en scène, mais vous êtes obligé de le prévoir, vous êtes obligé de convaincre à l'avance les gens de ce que vous ferez, et cela, je ne sais pas le faire ». Dans une lettre qu'il prépare pour Zanuck, Renoir attire son attention « sur le fait que je suis plus un auteur qu'un metteur en scène... Je suis incapable de réussir un film... où l'on m'apporte un script que je n'ai pas fait moi-même et que je dois suivre comme la Bible », et se demande s'il ne doit pas partir. « Si je m'imaginais que je ne pourrais pas faire ici le beau travail qui est mon seul but dans la vie, j'irais essayer de le faire ailleurs. »

Il est clair que, très lucidement, Renoir a tiré les leçons de cette première expérience. Et les choses ne s'arrangent pas, puisqu'il dénonce le contrat avec la Fox, prévoyant un second film, signe un autre contrat avec Universal, qui ne sera pas honoré, et mettra un an à trouver un autre travail. Va-t-il rompre avec les Etats-Unis ? Donner suite, par exemple, à la lettre que, le 28 décembre 1941, le consul de France à Los Angeles envoie à Renoir, René Clair, Duvivier, Jean Gabin, Michèle Morgan : « Le gouvernement français m'a chargé d'insister de façon pressante auprès de vous afin que vous rentriez en France le plus tôt possible. » En fait à ce moment où tout va mal, et où on le presse de rentrer, Renoir mûrit sa décision. Au début 1942, il fait ses premières démarches en vue de sa naturalisation comme citoyen américain... On peut tenter de reconstituer le cheminement d'une décision que Renoir n'a jamais expliquée. D'abord, il faut relativiser les difficultés professionnelles. A Hollywood, Renoir a pu mieux mesurer sa spécificité d'auteur de films. Partout au monde, il se heurtera à la machine de production, et ses relations avec les structures du cinéma français n'étaient guère plus aisées. Où qu'il soit, il devra se frayer son chemin à lui, de créateur indépendant. Au moins, à Hollywood, il existe, dans un pays libre, un cinéma actif, prospère et techniquement efficace ; ce n'est pas le cas de la France à ce moment-là. Mais par ailleurs Jean Renoir est un homme très sensible aux courants affectifs, au cadre de vie, au climat humain, aux obligations morales. Il a aimé sa relation, simple et naturelle, avec les Américains. Il a aimé les maisons qu'il a habitées à Los Angeles, s'est empressé d'y planter des roses, des vignes, des orangers et des oliviers, et d'y reconstituer le paysage de la maison de son enfance à Cagnes. La vie commune entamée il y a trois ans avec Dido Freire s'est révélée heureuse, joyeuse, épanouie. Dido s'accommode merveilleusement bien du contexte américain et du climat californien. Renoir entreprend les démarches pour faire prononcer son divorce avec Catherine Hessling afin de pouvoir épouser sa compagne (ce qu'il fera en 1944). De nouveaux liens se sont créés, des amis emplissent la maison, et dans celle d'en face est venue s'installer Gabrielle, l'ex-jeune nounou qui fut modèle de son père et qui, depuis son berceau, est restée l'amie, la sœur. Enfin Renoir a réussi à faire venir en Amérique son fils, Alain. Au moment où le pays entre en guerre. Alain s'engage dans les forces américaines. Il estime, comme son père, qu'il doit cela au pays qui leur offre asile, et qu'il ne peut pas déserter la lutte du monde libre contre les dictateurs. Jean est solidaire de l'engagement de son fils. Il sait qu'il ne quittera plus les Etats-Unis avant qu'Alain y soit revenu (il rentrera du Japon en novembre 1945, sous-lieutenant, décoré, après plus de trois années dans le Pacifique). Par contre, il déteste le climat de l'émigration française, partagée en querelles subalternes, mais unie dans la même détestation du pays d'accueil. « Je hais les Français d'Amérique », écrit Renoir à Saint-Exupéry. Et, dans une lettre à son frère Claude, en mai 1942 : « j'ai demandé mes premiers papiers américains. Dans trois ans, je serai citoyen du pays. Cela n'a rien à voir avec les circonstances actuelles. C'est simplement parce que je me sens plus à l'aise dans ce large pays que dans l'étroite Europe. »

L'explication est floue, et pourtant elle fait sens pour Renoir. Cette décision, qui restera longtemps confidentielle, n'implique pas que Renoir se désolidarise du sort de la France. Il est même probable qu'il a tenu à le manifester en tournant ses deux films suivants, *Vivre libre* et *Salut à la France*, tous deux consacrés à la Résistance dans la France occupée. *This Land Is Mine* (*Vivre libre*, 1943) s'inspire d'un projet initial de film sur les enfants pendant l'Occupation, et du souvenir du conte d'Alphonse Daudet, *La Dernière Classe*, qui donnera naissance au personnage de l'instituteur puissamment interprété par Charles

Laughton. L'action se déroule dans un bourg français occupé par les Allemands et partagé entre collaboration active, Résistance et indécision. En plans fixes, d'une manière plus conventionnelle qu'à l'habitude, Renoir organise un récit sobre et émouvant qui remplit parfaitement son office de propagande dans les pays où il est projeté à l'époque (Amérique du Nord et du Sud, Grande-Bretagne). Il sera par contre très mal reçu en France en 1946. Il vient trop tard, ses clichés simplificateurs ont perdu leur valeur pédagogique et cette bourgade où Français et Allemands parlent tous anglais, agace. En bref, on reprochera à Renoir, absent de France, de s'être mêlé, en toute ignorance, de ce qui ne le regardait pas. Certaines de ces critiques sont fondées, à ceci près qu'au moment de la sortie des Français tournaient en France des films sur la Résistance qui battaient largement *Vivre libre* sur le terrain des clichés et des invraisemblances.

L'année suivante, Renoir tourne *Salute to France* (*Salut à la France*, 1944), commandité par l'*Office of War Information* pour informer de la situation en France les soldats destinés au débarquement. Une partie du film, jouée par des comédiens, dont Claude Dauphin, détaché des Forces françaises libres pour ce rôle, évoque la Résistance en France tandis que des montages de documents d'archives racontent l'évolution politique qui, de la Première Guerre mondiale jusqu'à l'invasion de 1940, conduit à la lutte contre Hitler et à la libération de la France. Prévu pour une durée de soixante-quinze minutes, le film est finalement monté, sans la participation de Renoir, sur une durée de trente-quatre minutes. Il n'a qu'un faible intérêt et peut difficilement être considéré comme une œuvre de Renoir. Mais c'est justement quand s'effectue cette libération de la France que son film devait préparer, que Renoir travaille sur un nouveau projet excitant qui donnera *The Southerner* (*L'Homme du Sud*, 1945), un film rude, de plein vent et de pleine canicule, sur l'indomptable énergie mise par une famille pauvre pour implanter au Texas du coton sur une terre en friche. Film semi-documentaire où passe le souvenir de *Toni* et où le paysage, la nature sont souvent plus convaincants que les comédiens. Ce n'est pas un chef-d'œuvre, mais on a retrouvé Jean Renoir. Le film est bien accueilli. Renoir est classé meilleur cinéaste de l'année par le *National Board of Review,* et *L'Homme du Sud* obtiendra le Prix du meilleur film au Festival de Venise de 1946.

La France est libre, les canons se sont tus. La paix revenue, qu'attend Renoir pour venir au moins rendre visite à son pays natal ? Trois raisons le bloquent aux Etats-Unis. Des propositions de films, deux contrats coup sur coup : il tournera *Le Journal d'une femme de chambre* de juillet à septembre 1945 et *La femme sur la plage* début 1946. Nous reviendrons plus loin sur ces films. D'autre part, il attend le retour de son fils Alain, et, une fois celui-ci revenu, il veillera à sa délicate reconversion à la vie civile. Enfin, Renoir découvre que divorcé et remarié aux Etats-Unis, il n'est pas divorcé en France. S'il rentre, il peut être arrêté pour bigamie et Catherine Hessling a déjà entamé des poursuites. C'est seulement le 15 juin 1949 que la cour d'appel de Paris prononcera le divorce de Renoir. Et Renoir ne se réinstallera à Paris qu'en 1953, pour une seconde carrière française. Mais ceci est une autre histoire.

Chapitre 3

AU-DELÀ DES GRILLES
(1944-1946)

> « Quand on frappe à votre porte à
> sept heures du matin, ce n'est pas encore
> le laitier, mais ce n'est plus la Gestapo. »
> Henri Jeanson.

Le 1er février 1944, Jean Cocteau traverse Paris occupé : il se rend chez Jean Giraudoux qui vient de mourir. Installé dans un coin de la chambre mortuaire, Cocteau dessine le portrait de l'écrivain. Posé sur une étagère, le manuscrit de *La Folle de Chaillot*. Sur la page de garde, Giraudoux a écrit : « Cette pièce a été créée par la compagnie Louis Jouvet le 17 octobre 1945. » Elle ne le sera que le 19 décembre 1945 : les temps sont trop troubles pour que l'on puisse mettre à l'heure les pendules de l'avenir.

Le 1er décembre 1944, Jean Cocteau traverse Paris libéré : sur invitation de l'ambassade américaine, il se rend à une projection privée d'*Autant en emporte le vent*. Choc de la couleur : le film en noir et blanc est mort, prévoit et déplore Cocteau, qui rêve d'introduire la couleur dans *La Belle et la Bête*.

Ce ne sont que deux anecdotes tirées du Journal de Jean Cocteau. Entre les deux, le destin de la France a basculé. Débarquement allié en Normandie en juin, en Provence en août, libération de Paris et de la presque totalité du territoire, établissement d'un gouvernement provisoire de la République française : l'année 1944 a été une année charnière de l'histoire de la France. Au printemps règne à Paris un climat étrange de malaise, d'espoir et d'exaltation. Jean Marais monte *Andromaque* (avec Annie Ducaux coiffée d'une queue de cheval) : le spectacle est interdit ; c'est le dernier scandale parisien. Le 10 juin, c'est le massacre d'Oradour-sur-Glane. Le même soir, Sartre présente avec succès *Huis clos* au Vieux-Colombier, dans un décor de Max Douy.

Camus a renoncé à jouer la pièce de son camarade : il présente le 1er juillet *Le Malentendu* au théâtre des Mathurins. C'est l'échec. Le 20 juin, Sacha Guitry organise un gala de charité à l'Opéra, où l'on vend aux enchères l'édition originale d'un livre imprudemment titré : *1429-1942. De Jeanne d'Arc à Pétain.* Le 8 août, autre gala de charité, d'une autre nature, au cinéma Normandie. Organisé secrètement par le Comité de libération du cinéma français, avec l'alibi d'une avant-première du *Carmen* de Christian-Jaque, il permet la vente de tableaux offerts par Picasso et Marquet au bénéfice des œuvres sociales de la Résistance. Une foule de fans et de curieux se presse pour saluer les vedettes rassemblées. Dans son précieux livre, *Cinéma de France* [1], Roger Régent a fait l'inoubliable récit de cette folle soirée où leurs admirateurs poursuivent sur les Champs-Elysées Jean Marais et Viviane Romance, tandis que roulent interminablement sur la chaussée les convois de tanks et de camions allemands de retour du front normand, couverts de soldats harassés et hébétés. Superbe image d'un moment unique.

Si les esprits sont excités par les événements, la situation matérielle du cinéma ne cesse de se dégrader. Les restrictions d'électricité sont devenues de plus en plus rigoureuses, des cinémas suppriment les matinées, d'autres ferment un ou deux jours par semaine. Les alertes aériennes sont fréquentes et viennent perturber les séances. Les rafles des Allemands, à la recherche de résistants ou de réfractaires au Service du travail obligatoire dissuadent beaucoup de spectateurs. Cinq cents salles sont fermées en juin. L'exploitation est interrompue à Paris du 27 juillet au 13 octobre. Résultat : les recettes des cinémas à Paris sont de 916 millions en 1943, 1 320 millions en 1945, mais seulement de 674 millions en 1944 (c'est-à-dire, en francs 1990, 916 millions en 1949, 552 millions en 1944 et 660 millions en 1945). Dans les studios et les laboratoires, la situation ne cesse d'empirer du fait d'une pénurie accrue des matières premières. Le 23 mai, Pierre Billon entame le tournage de *Mademoiselle X...* : ce sera le dernier film commencé sous l'Occupation allemande. Aucun nouveau film ne pourra être entrepris avant décembre. La faible activité qui redémarre à l'automne est consacrée à la finition des films interrompus.

A la Libération, dix films sont en panne, interrompus en cours de tournage, et dix-sept autres sont, soit prêts, soit en cours de finition. Ces vingt-sept films inédits sortiront peu à peu. Les plus importants sont : *Les Enfants du paradis*, le 15 mars 1945 ; *Falbalas*, le 20 juin 1945 ; *Les Dames du bois de Boulogne*, le 21 septembre 1945. Et c'est seulement le 23 janvier 1946 que le dernier rescapé de l'époque abhorrée et révolue est présenté. Il s'agit du *Dernier Sou*, un pauvre film de

1. Ed. Bellefaye, 1948.

Cayatte avec Ginette Leclerc : une production de la Continental dont le tournage avait commencé en décembre 1943...

Un cinéma libéré

Les premiers coups de feu de la bataille de Paris sont tirés le 18 août. Le Conseil national de la Résistance a lancé un ordre d'insurrection pour le 19 août. Ce matin-là, Le Chanois réunit les responsables de ses réseaux au cinéma la Pagode pour organiser d'une part l'occupation des organismes clés du cinéma, d'autre part l'enregistrement sur pellicule des événements. A dix-neuf heures, des représentants du Comité de libération du cinéma français (C.L.C.F.) occupent les sièges de la Direction du cinéma, avenue de Messine, du C.O.I.C. au 92, Champs-Elysées, ceux de la Continental Films et de ses filiales, de la société d'actualités France Actualités, les studios des Buttes-Chaumont et différents autres locaux stratégiques de l'organisation cinématographique. Ces patriotes ont parfois la surprise d'en découvrir d'autres, du groupe *Opéra*, qui les ont précédés, d'où quelques frictions et conflits symboliques des divergences entre la Résistance d'inspiration gaulliste et la Résistance d'inspiration communiste. Ainsi le C.L.C.F. tente-t-il d'arrêter les résistants Buron et Acoulon qui ont pris possession avant eux du siège de la Direction du cinéma. Robert Buron deviendra un personnage important du premier gouvernement du général de Gaulle et Philippe Acoulon sera le premier délégué général du nouveau Comité d'organisation de l'industrie cinématographique. Par ailleurs les « groupes de combat » ou « milices patriotiques » du cinéma participent aux combats des barricades, notamment aux Buttes-Chaumont. Ils compteront trois morts dont le comédien Aimos, tué le 25 août aux Batignolles, et quinze blessés.

L'opération a donc été réussie, il est vrai sans grande opposition. Reste à mener à bien l'autre mission insurrectionnelle : filmer la libération de Paris. Il y a plusieurs mois déjà que, sur la suggestion de l'opérateur Hervé Missir, des dispositions ont été prises pour préparer un nouveau journal d'actualités de la France libérée, afin d'éviter que les Américains n'exercent leur monopole après la Libération. Un comité de cinq personnes (Hervé Missir, Nicolas Hayer, Roger Mercanton, Jean Jay, André Zwobada) organise le recrutement des opérateurs (plusieurs dizaines), leurs moyens de locomotion (généralement à vélo avec la caméra dans un sac à provisions), leur plan de travail et la collecte de cette matière première si rare : la pellicule. Souvent, on se retrouve aux studios Pathé de la rue Francœur où Jacques Becker tourne *Falbalas* avec Hayer et Douy dans son équipe. Marcel Lathière, chef du service des achats chez Pathé, aide à trouver et met à l'abri la pellicule offerte, extorquée ou volée dans les laboratoires. Mercanton prépare le tirage et le montage aux Buttes-Chaumont. Dès que le matériel filmé arrive en abondance, on décide de faire un film spécial sur la libération de Paris. Premiers documents filmés le 20 août, premier montage et commentaire de Pierre Bost le 24 août. Nouveaux documents et nouveau montage, revu par Becker le 25. Nouveaux documents — avec de Gaulle sur les Champs-Elysées — et dernier montage le 26 août. Pierre Blanchar enregistre le commentaire de Pierre Bost avec l'émotion, la passion (d'autres diront plus tard l'emphase) qu'inspire l'événement. Deux jours plus tard le film *La Libération de Paris* est projeté au Normandie, puis dans d'autres salles parisiennes. Aux heures de coupures de courant, des générateurs, descendus des studios ou prêtés par l'armée, fournissent l'électricité. Des files d'attente interminables s'installent aux portes des cinémas : un public énorme qui, le plus souvent, ressort bouleversé tant est puissante la charge émotionnelle de ces documents et impressionnante l'immédiateté du témoignage. Le film dure trente-sept minutes et eut plusieurs millions de spectateurs[1]. En tout cas, la production d'un tel film, à un tel niveau, avec une telle rapidité, dans de telles conditions, représentait un véritable exploit artistique, technique, et, pourquoi ne pas le dire, patriotique. Au-delà de cette performance, c'est à toute une époque d'évasion, de claustration, de refus du présent que *La Libération de Paris* mettait fin. A grand fracas, l'Histoire en marche faisait sa rentrée dans le cinéma français. Avec ce film et avec d'autres. Pour la plupart, les cinéastes français ne s'étaient pas soustraits aux feux de l'actualité par vocation, mais par obligation. Redevenus libres de filmer et de montrer, ils sortent de leurs placards leurs documents clandestins, ou auscultent avec leur caméra les sursauts des événements. Ainsi seront montés et montrés, durant les deux années 1944-1946, les documents suivants, liés à la guerre, à l'Occupation, à la Résistance et à la Libération :

— *La Caméra sous la botte*. Il s'agit d'un montage d'images enregistrées clandestinement par Robert Godin et Albert Mahuzier sur la vie à Paris sous l'Occupation, avec un commentaire dit par Claude Dauphin.

— *Oflag XVII A*. Ce camp de prisonniers situé en Autriche avait été transformé clandestinement en termitière. Cent trente et un officiers s'en évadèrent par les trente-deux souterrains qui y avaient été creusés. Quatorze bobines de 8 mm, tournées par une caméra introduite en pièces détachées et cachée dans un faux dictionnaire, ont

---

1. Cinquante ans après, je reste incapable d'en apprécier objectivement qualités et défauts, fidèle que je reste à l'intense impression ressentie à le visionner dans la chaleur de l'actualité.

permis de reconstituer quelques moments de la vie du camp. On y aperçoit Jacques Flaud, futur directeur du Centre national du cinéma.

— *Le Retour.* Henri Cartier-Bresson, le photographe et ancien assistant de Jean Renoir, tourne des scènes de retour en France des anciens prisonniers et déportés.

— *Au cœur de l'orage.* Début 1944, le producteur Emile Flavin signale l'important maquis du Vercors à l'attention de Jean-Paul Le Chanois. Celui-ci obtient de la pellicule des usines Lumière à Lyon et envoie dans le Vercors l'opérateur d'actualités Félix Forestier, accompagné de Weill et Coutable. Le matériel filmé est enfoui dans les ruines d'un couvent au moment de l'attaque allemande sur le Vercors, et partiellement récupéré ensuite. Le Chanois filme d'autres scènes, cette fois reconstituées, avec le concours d'anciens maquisards, obtient des documents complémentaires extraits des actualités allemandes ou alliées, et monte avec sa femme Emma un film de cent minutes qui reste important en dépit d'un matériel disparate et de la grandiloquence appuyée du commentaire. A noter la première musique de film d'Elsa Barraine, qui travaillera ensuite pour deux des oreilles les plus exigeantes du cinéma français, Jean Grémillon et Jacques Demy. (*Au cœur de l'orage* ne sortira qu'en 1948.)

— *Le 6 juin à l'aube.* Aussitôt après la libération de Paris, Jean Grémillon part avec l'opérateur Louis Page et parcourt la Normandie qui sort à peine de la terrible bataille du débarquement. Il y retourne au printemps 1945 et, avec ce matériel sur les combats et la vie qui reprend parmi les ruines, monte une sorte d'oratorio tragique sur les désastres de la guerre, où les images s'organisent sur la musique qu'il a lui-même composée. Intéressante expérience artistique, le film était moins important sur le plan strictement documentaire. Il durait une heure lors de sa présentation en novembre 1945, mais ne fut exploité dans le public que dans une version de trente minutes.

— *La Bataille du rail.* Quelques scènes ont été jouées *a posteriori* pour *Au cœur de l'orage.* Le matériel du *6 juin à l'aube* a été malaxé en vue d'effets esthétiques. Nous sommes en train de sortir du champ documentaire auquel nous souhaitions nous limiter : *La Bataille du rail* constitue un cas limite. Il s'agit à l'origine d'une initiative des cheminots qui veulent célébrer, par un documentaire de vingt minutes, l'action de leur organisation clandestine « Résistance-Fer ». Ils s'adressent tout naturellement au réalisateur de courts-métrages René Clément qui a tourné *Le Triage* en 1937 et à l'opérateur Henri Alekan : les deux hommes ont tourné ensemble, en zone libre, *Ceux du rail* en 1943. Mais les images tournées pour ce documentaire se révèlent d'un tel intérêt que l'on décide d'en faire un long-métrage (1 h 25) de fiction. Le film souffrira un peu de ce changement de cap survenu en cours de route. Il reste, avec sa force dramatique et son authenticité, le plus beau film sur la Résistance. Et révèle un nouveau grand nom du cinéma français : René Clément.

Une France exaltée par les valeurs patriotiques et unie dans l'héroïque résistance aux occupants : telle est l'image de la nation que nous proposent ces films. Cette simplification est explicable, légitime même, pour ces documents accouchés dans l'exaltation de l'événement. Ce qui est le plus mystérieux, c'est qu'il faudra attendre vingt-cinq ans (*Le Chagrin et la pitié* de Marcel Ophuls, 1969) pour que le cinéma affronte les contradictions, les silences, les mensonges de l'époque. Ces contradictions, pourtant, existent. Elles se manifestent dans les états-majors du cinéma où les nouveaux antagonismes, résistants-collabos ou communistes-gaullistes, viennent s'ajouter aux vieilles divisions sociales (patrons contre salariés), ou corporatives (exploitation contre production). Souvent souterraines et inexprimées, ces divergences d'opinion, de sensibilité, de statut vont miner le travail des organismes qui prennent en charge la réorganisation du cinéma. Sur les deux dossiers majeurs, l'épuration et les nouvelles structures, beaucoup de gesticulations et d'éloquence ne déboucheront dans l'immédiat que sur de piètres résultats.

Un cinéma épuré

Ce n'est pas la page la plus glorieuse de l'histoire de la France. Si elle donne lieu à un débat national élevé où s'illustrèrent notamment Albert Camus et François Mauriac, elle reste marquée par trop de contradictions et soulève trop de troubles pour donner satisfaction. Ce phénomène général, le cinéma n'y échappe pas, mais, finalement, il reste mineur, et, à quelques dérapages près, ne provoque pas trop de dégâts. Pour la simple raison, fondamentale, que la collaboration a moins marqué le milieu professionnel du cinéma que beaucoup d'autres.

Les collaborateurs importants sont jugés soit par les cours de justice (soixante-treize dossiers), soit par la justice militaire (cinq dossiers). La justice civile prononce soixante et un non-lieux et douze condamnations, dont deux à mort, contre Jean Marquès-Rivière, scénariste de *Forces occultes*, en fuite au moment du jugement, et contre Jean Mamy, réalisateur du même *Forces occultes*, mais aussi convaincu de dénonciation de patriotes exécutés. Jean Mamy sera fusillé le 29 mars 1949 à Montrouge. Robert Muzard, directeur de Nova Films, est condamné à trois ans de prison ; Henri Clerc, le patron des actualités germano-vichyssoises, aux travaux forcés à perpétuité, et son adjoint,

Jean Morel, à dix ans d'indignité nationale ; un scénariste de films de propagande à dix ans de travaux forcés. Aucun de ces condamnés n'appartenait à la profession du cinéma avant la guerre.

La situation est plus anarchique du côté de l'épuration professionnelle exercée par des instances (au statut variable) de professionnels et jugeant des actes de collaboration professionnelle. La diversité des instances prévues, les chicanes pour la formation des comités d'épuration, la pléthore de cas retenus (cinq mille dossiers pour le cinéma), l'impossibilité pour les autorités judiciaires ou administratives chargées d'entériner les propositions des comités de donner suite à une si abondante procédure, tout cela, dans un climat de polémiques intestines, paralyse le processus et empoisonne l'atmosphère. Il faudra attendre mai 1949, cinq ans après le débarquement, pour que le cycle soit achevé. Sur soixante mille personnes concernées, le comité a retenu environ un millier d'inculpations, relaxé la moitié des inculpés, proposé un simple blâme pour la moitié restante. Un peu plus de deux cent cinquante personnes ont fait l'objet de sanctions sérieuses, le plus souvent une interdiction temporaire d'exercer leur métier. Clouzot est interdit à vie avant que l'interdiction de travailler soit ramenée à deux années.

Regardons de plus près le cas Clouzot puisqu'il se conclut sur la peine la plus lourde affectant un cinéaste réputé. Deux griefs majeurs nourrissent le dossier Clouzot. D'une part, son engagement à la Continental, le rôle actif qu'il y a joué comme scénariste, réalisateur, chef du service des scénarios et, à ce titre, collaborateur direct d'Alfred Greven. Clouzot aurait également manifesté son accord avec la doctrine national-socialiste, et sa compagne d'alors, Suzy Delair, ne dissimulait pas ses sympathies pour les Allemands. Si elle comporte des arguments contestables, cette partie du dossier est cependant la plus forte. Si, comme il apparaît dans la logique du moment, travailler pour la Continental était une faute, le rôle notable qu'y jouait Clouzot ne pouvait qu'entraîner une sanction. Malheureusement, c'est sur l'autre partie du dossier que s'appuient les confrères qui jugent Clouzot pour le condamner, et cette partie est vraiment vicieuse. Il est reproché à Clouzot, qui l'a tourné (et à Chavance qui l'a écrit, et à Fresnay qui l'a joué, mais pas à Hayer qui en a été l'opérateur et qui figure parmi les juges), d'être l'auteur du *Corbeau,* film antinational, destiné à miner le moral des Français, à propager la délation par lettres anonymes, déjà si active sous l'Occupation, à discréditer la France aux yeux des étrangers, et notamment de l'Allemagne où le film aurait été diffusé sous le titre révélateur d'*Une petite ville française.* Cet acte d'accusation rejoint le réquisitoire d'une violence incroyable publié en mars 1944 dans le premier numéro clandestin de *L'Ecran français,* article écrit par Pierre Blanchar, devenu entre-temps président du C.L.C.F. Or, non seulement *Le Corbeau* n'a pas été rebaptisé autrement en Allemagne, mais il n'y a jamais été diffusé. Quant à son lien avec l'actualité de l'Occupation, il est d'autant plus faible que le scénario du *Corbeau* est inspiré de l'affaire des lettres anonymes de Tulle, en 1917, qu'il a été écrit en 1933 et qu'il a été déposé par Chavance à la Société des auteurs sous le numéro 3643 dès le 27 novembre 1937. Il portait alors comme titre *L'Œil du serpent*. C'est surtout sur ce dossier inexistant que Clouzot fut condamné, ce qui donne une idée du trouble de l'époque. Il reprendra son activité en 1947 avec *Quai des Orfèvres*.

Il existe de nombreux autres cas où les décisions des comités d'épuration paraissent étranges, injustes, ou biaisées. Le blâme infligé à Marcel Carné pour avoir signé un contrat avec la Continental ne porte pas à conséquence, mais ferme les yeux sur le fait que Carné s'était donné beaucoup de mal pour ne jamais honorer ce contrat, et qu'il avait, par contre, fait travailler sur ses films, en toute connaissance de cause, juifs et résistants. André Cayatte, qui a tourné quatre films pour la Continental, présente une bonne défense et est relaxé. Mais Henri Jeanson, qui après avoir été arrêté par Daladier pour pacifisme, a été arrêté deux fois par les Allemands et interdit d'exercer, reçoit un blâme du comité d'épuration.

Leader du courant communiste de la Résistance, Louis Daquin doit admettre qu'il a négocié avec Greven l'organisation d'un journal d'actualités de la France occupée dont il aurait été le patron, mais le comité d'épuration ne trouve rien à retenir contre lui. Ces bizarreries, et de nombreuses autres, contribuent à discréditer partiellement cette phase d'épuration qui s'avérera pénible pour des interprètes comme Arletty, Pierre Fresnay et Yvonne Printemps, Mireille Balin, Corinne Luchaire, Albert Préjean, Tino Rossi, Maurice Chevalier, mais aussi pour des auteurs tels que Giono ou Guitry qui passeront par des phases de détention administrative ou pénitentiaire avant de déboucher le plus souvent sur des non-lieux (Guitry) ou des peines légères. En dehors d'un cas exceptionnel : Robert Le Vigan, extravagant dans sa vie comme dans son jeu, fidèle ami et disciple de Louis-Ferdinand Céline, qui a suivi son mentor dans sa retraite de Siegmaringen, erre après la défaite allemande, et est arrêté fin septembre 1945 en Autriche. Le procès de Robert Coquillard, dit Le Vigan, s'ouvre le 16 novembre 1946. Les principales charges concernent sa participation à des émissions politiques antigaullistes et antisémites à la Radio française sous l'Occupation, puis au poste de radio « Ici la France » de Siegmaringen dans les derniers mois de 1944. Ses amis (Jouvet, Duvivier, Pierre Renoir, Madeleine Renaud, Fernand Ledoux) le décrivent comme un parfait irresponsable pour permettre de plaider la folie. Le procureur réclame une peine de un à cinq ans de prison. Il est condamné à dix ans de travaux forcés, à la confiscation de ses biens et à l'indignité nationale (ce qui lui interdit de reprendre l'exercice de sa profession). Le Vigan obtient la liberté conditionnelle en octobre 1948 et s'enfuit en Espagne où il vit difficilement sans papiers. L'intervention de Duvivier qui a été en bons rapports avec Franco à l'époque du tournage de *La Bandera*, lui permet de régulariser sa situation. Il peut tourner deux petits rôles avant de s'enfuir en Argentine où il mourra en 1972. Restons sur cette image atypique de ce Goupi-Tonkin, évadé dans ses cauchemars, acteur et citoyen halluciné. Par son étrangeté même, elle reflète la bizarrerie qu'exprime, et le malaise qu'inspire cette phase de l'épuration.

Un cinéma organisé

Quand meurt la IIIe République, le cinéma demeure une activité qui échappe à la loi générale. Quand le Gouvernement provisoire de la République s'installe au pouvoir, il retrouve un cinéma que Vichy a bardé de lois, règlements et institutions. Que faire ? Annuler d'un trait toutes les décisions vichyssoises et repartir du statut précédent, ou retoucher, réformer le cinéma tel qu'on le trouve ? Du point de vue politique, la première attitude s'impose. Du point de vue pratique, seule la seconde paraît viable. On affirmera donc la première position en pratiquant la seconde.

Déjà, à Alger, le Comité français de Libération nationale s'est préoccupé de l'organisation de la nation après le débarquement et a pris, le 3 juin 1944, trois ordonnances prévoyant les conditions juridiques de fonctionnement du cinéma français. S'il est prévu que tout film produit ou présenté en France après le 17 juin 1940 peut être mis sous séquestre et que « sont déclarés nuls les textes promulgués par l'autorité de fait se disant l'Etat Français », il est décidé par ailleurs que les principales dispositions en vigueur (interdiction du double programme, location au pourcentage, activité du Comité d'organisation de l'industrie cinématographique, etc.) sont maintenues. Après la Libération, l'ambiguïté se poursuit et se développe. Dans la situation militaire incertaine et la conjoncture économique catastrophique du moment, l'Etat, qui s'avoue provisoire, a vraiment autre chose à faire qu'à réfléchir à l'avenir du cinéma. Quant aux organisations patriotiques ou syndicales, qui déploient une grande activité au grand jour, elles réclament, par principe ou par conviction, l'annulation de la réglementation vichyssoise, mais en même temps elles redoutent plus que tout le retour au vide juridique antérieur et à l'anarchie de fait qui régnait avant 1940. Elles ne veulent pas moins d'Etat, mais davantage d'Etat. L'ensemble des professions du cinéma discutent, élaborent, proposent un renforcement du cadre juridique, réglementaire, administratif. Elles seront entendues et le droit du cinéma engendrera peu à peu un maquis de règlements. Mais le débat sur le renouvellement des formes, des styles, des idées, des pratiques artistiques et créatrices ne s'ouvrira pas. Ou seulement quinze ans plus tard. Au moment où René Clément tourne *La Bataille du rail,* Roberto Rossellini tourne *Rome ville ouverte.* Cependant le film de Clément restera une œuvre circonstancielle isolée, tandis que celui de Rossellini s'inscrit dans la réflexion esthétique des cinéastes italiens et proclame la révolution du néo-réalisme. Chez les Français, vieil atavisme, la révolution, c'est dans les lois et les règlements qu'on veut l'inscrire d'abord, avant de penser aux images.

Mais, pour le moment, la fragilité de l'Etat, les divisions des professionnels, la gravité des pénuries paralysent les mutations concrètes. Les discours, les manifestations, les actions symboliques occupent la galerie. Exemple typique : le C.O.I.C. (Comité d'organisation de l'industrie cinématographique) est un organisme d'origine vichyssoise, et donc discrédité. Il est dissous. Il est remplacé par l'O.P.C. (Office professionnel du cinéma) où se retrouvent les mêmes organisations professionnelles avec les mêmes pouvoirs. On prend les mêmes et on continue...

On continue, certes, mais de manière chaotique.

Pour remplacer Louis-Emile Galey à la Direction du cinéma, le Comité français de Libération nationale a prévu, dès le printemps, à Alger, de désigner Jean Painlevé. Celui-ci est le fils du mathématicien Paul Painlevé qui fut président du Conseil (voir page 106). Lui-même polytechnicien, chercheur, spécialisé dans les sciences naturelles et la zoologie, il publie des travaux sur la vie de la cellule animale et réalise des documentaires dont l'intérêt scientifique, pédagogique ou esthétique est remarquable *(La Daphnie, Le Bernard-l'Ermite, L'Hippocampe).* Il a fait sa première communication à l'Académie des sciences en 1923 à l'âge de vingt et un ans. Deux ans plus tard, il présente sa seconde communication sous forme d'un film : *L'Œuf d'Epinoche.* Lié avec Antonin Artaud et le groupe surréaliste, Jean Painlevé combine dans ses travaux l'exigence scientifique et la recherche d'avant-garde. Il a fondé en 1930, avec les physiciens Arsène d'Arsonval et Jean Perrin, l'Institut du cinéma scientifique. Antifasciste notoire, il a été mis sur écoute par Daladier en 1939.

Personnalité d'exception, Painlevé est loin de faire l'unanimité au poste où il est nommé. Ses titres de savant et de cinéaste comptent moins, aux yeux de beaucoup, que sa qualification politique : Painlevé, d'obédience communiste, a été nommé sur proposition du Comité de libération du cinéma, contre le candidat des organisations patronales, Robert Buron, qui fut un fonctionnaire vichyssois et un résistant, devenu après la Libération un des dirigeants du M.R.P. (le parti chrétien-démocrate) et ministre des Travaux publics, des Transports et du Tourisme. Painlevé doit donc affronter l'hostilité de son ministre de tutelle, le M.R.P. Pierre-Henri Teitgen, qui voit en lui un adversaire politique, et les patrons qui sont ses partenaires théoriques mais voient en lui un fanatique de la lutte contre les trusts. Painlevé, il est vrai, ne facilite pas les choses. Le 19 août 1944, il a fait arrêter Philippe Acoulon, fonctionnaire résistant venu « libérer » avant lui le siège de la Direction du cinéma. Or Philippe Acoulon vient d'être désigné comme délégué général du C.O.I.C., c'est-à-dire comme l'interlocuteur privilégié de Painlevé. Mais celui-ci refuse d'avoir le moindre contact avec lui.

Des blocages à tous les niveaux découlent de ces antagonismes croisés et paralysent les décisions importantes. Au C.O.I.C. devenu l'O.P.C., la nomination d'Acoulon a été mal acceptée. Pour que le Comité soit viable, il faut désigner un adjoint au résistant démocrate-chrétien : ce sera Claude Jaeger, un brillant résistant, communiste évidemment, qui a préparé l'Inspection des finances avant de devenir colonel F.F.I. Bon choix, peut-être, mais, avec sa direction bicéphale, le C.O.I.C.-O.P.C. devient plus présentable mais pas vraiment opérationnel. Le climat ne s'améliore pas quand, le 16 mai 1945, le gouvernement nomme à la Direction du cinéma Michel Fourré-Cormeray, en remplacement de Jean Painlevé (qui a refusé l'ambassade en Chine qu'on lui proposait). La décision a été prise sans aucune concertation. Un gaulliste remplace un communiste. Un fonctionnaire remplace un homme de cinéma. Pour l'une ou l'autre de ces raisons, le départ de Painlevé crée un choc. Le 23 mai, la radio s'arrête pendant une heure, les théâtres et un certain nombre de cinémas ferment : le monde du spectacle crie son indignation. Tandis que Painlevé retrouve son laboratoire, Michel Fourré-Cormeray, résistant spécialisé dans le rapatriement des aviateurs alliés et qui fut le préfet du Maine-et-Loire de la Libération, s'installe. Mais c'est moins le résistant qu'on a nommé que l'auditeur à la Cour des comptes, l'administrateur du service public, chargé de fixer les nouvelles règles de ce secteur important, turbulent, sinistré : le cinéma. Le remplacement de Painlevé se situe huit jours après la fin des hostilités (8 mai). La coïncidence fait sens : la France change d'époque. Il faudra un peu plus d'un an pour préparer le terrain. En octobre 1946, la France adoptera une nouvelle Constitution et le cinéma se verra doté d'une nouvelle administration : le Centre national du cinéma, qui marquera les décennies suivantes.

Des projets d'organisation future du cinéma sont étudiés. Deux grands courants se manifestent. Le projet C.G.T. envisage la création d'un Commissariat général du cinéma, jouissant de pouvoirs étendus, capable d'imposer un authentique dirigisme, où le commissaire général serait nommé et révoqué par un comité professionnel paritaire où les syndicats ouvriers occuperaient une place importante. Le projet de la confédération patronale prévoit une Direction du cinéma chargée de fonctions généralistes de supervision, et un organisme privé, assuré par les organisations patronales et chargé de gérer les intérêts des différentes branches dans le respect du libéralisme économique. Nous verrons dans un prochain chapitre comment l'Etat naviguera entre ces deux approches antagonistes.

Cinq dossiers

Pour les décisions structurelles, il faut donc attendre. Mais la vie continue et contraint à intervenir. Entre la Libération et l'instauration en 1946 de la IVᵉ République, des décisions notables interviennent sur cinq dossiers :

La censure

Dès Alger, on a prévu que la censure du cinéma serait placée sous contrôle militaire (sous la présidence du capitaine Lhéritier), jusqu'à la fin des hostilités. Elle ne sera pas avare de décisions contestables (interdiction de *La Grande Illusion* jusqu'au retour des prisonniers), ou absurdes : report de trois mois d'une re-sortie de *La Kermesse héroïque,* obligation pour *Espoir* d'être précédé « d'une présentation écrite ou parlée situant l'époque à laquelle le film a été tourné », coupures dans le film *Pamela* (qui se passe sous la Révolution) de scènes où l'on évoque les difficultés de ravitaillement. Plus inquiétante que tout, l'interdiction, le 7 octobre 1944, du *Crime de Monsieur Lange* pour des raisons morales et esthétiques totalement déplacées : « Film où sont exposés les vices les plus variés et les plus odieux... Le film... a terriblement vieilli. Le jeu de Jules Berry... semble d'un autre âge. » Six semaines plus tard, l'interdiction sera rapportée. Comme première décision, la censure militaire avait entériné en quelque sorte la position du Comité de Libération en interdisant comme antifrançais trois films produits par la Continental : *Les Inconnus dans la maison, Le Corbeau,* et *La Vie de plaisir.* Comme prévu, la censure, la paix revenue, retourne (le 3 juillet 1945) à l'autorité civile, avec une commission comprenant sept représentants des ministères et sept professionnels. Elle ne manifestera pas une attitude plus éclairée.

Les actualités

Il avait été prévu à Alger, avant le débarquement, que serait diffusé en France libérée le journal d'actualités, *Le Monde libre,* produit et distribué par les Alliés. C'est pour s'opposer à ce « monopole étranger » qu'a été réunie l'équipe qui devait réaliser *La Libération de Paris.*

Et qui, dans la foulée, se met à sortir un journal d'actualités : *France-Libre Actualités,* produit en coopérative. Mais les cinq sociétés qui produisaient des actualités avant guerre (Eclair, Pathé, Gaumont, Fox et Paramount) demandent à reprendre leurs activités, tandis que le Comité de libération du cinéma réclame l'exclusivité pour son « journal ». Finalement l'Etat accorde l'exclusivité jusqu'à la fin des hostilités à l'équipe de « France-Libre Actualités », dans le cadre d'une nouvelle société « Les Actualités Françaises », dont il devient l'actionnaire majoritaire. Le 27 juillet 1945, les autres journaux d'actualités peuvent reprendre leur activité.

La C.S.T.

La première décision de Jean Painlevé, dès le 4 septembre 1944, est de créer une Commission supérieure technique (qu'un organisme vichyssois annonçait déjà). Cette commission qui comprend des branches et sous-commissions par spécialités et professions doit fixer les normes techniques de fonctionnement du cinéma, des studios aux cinémas de quartier, faire des recherches de perfectionnement et de rationalisation du matériel utilisé, tenter de rattraper le retard français dans certains domaines comme les brevets de reproduction sonore ou les procédés de films en couleurs. Elle est placée sous la responsabilité de grands professionnels comme Max Douy, Léon Barsacq, Louis Page, Jean Delannoy, et d'un ancien ingénieur du son, directeur technique de studio, Fred Orain, qui restera plusieurs décennies la cheville ouvrière de cet organisme. Les moyens matériels mis à sa disposition sont loin de correspondre à ses besoins, et c'est avec une incroyable lenteur que la C.S.T. sera en mesure de remplir sa mission.

Les nationalisations

En 1937, la C.G.T. avait proposé de nationaliser le cinéma français. Elle ne le propose plus en 1944. Pourtant, les nationalisations sont à l'ordre du jour. En un an, les Charbonnages de France, Gaz et Electricité de France, Renault, Air France, la S.N.E.C.M.A., les quatre principales banques de dépôts et trente-quatre compagnies d'assurances mettent sous la coupe de l'Etat l'énergie, le crédit, les transports. Dans le cinéma, on reste modeste. Tout le monde s'accorde à réclamer la confiscation des biens ennemis. La C.G.T. demande qu'autour de ces biens confisqués soit constitué un secteur nationalisé géré par un comité de représentants des syndicats professionnels. L'Etat s'engage dans cette voie avec lenteur et prudence. Il confie la gestion des sociétés allemandes aux Domaines. C'est seulement en 1946 qu'une nouvelle société, l'U.G.C. (Union générale cinématographique) est créée sous la présidence d'un membre de la Cour des comptes, Halley des Fontaines. Il faudra attendre 1947 pour que l'U.G.C. développe sa politique après avoir réuni sous sa bannière les trois branches où les Allemands exerçaient leur activité : production (Continental), distribution (A.C.E.), exploitation (S.O.G.E.C.). (Voir plus loin, page 507.)

Les quotas

Fini le bel isolement de l'Occupation. Le film français doit affronter à nouveau la concurrence étrangère, c'est-à-dire son vieux compagnon-adversaire, le cinéma américain. A la Libération, seuls peuvent être projetés les films étrangers qui ont obtenu un visa avant juin 1940, plus 40 films que l'armée américaine a amenés dans ses bagages, plus quelques films anglais, soviétiques, mais surtout américains qui obtiennent des dérogations spéciales. Du 1er octobre 1944 au 1er juillet 1946, environ 250 nouveaux films sortent en France : approximativement 100 films français, 100 films américains, 25 films anglais, 20 films russes, 2 films belges et un film suisse. La réglementation a contenu l'invasion des nouveaux films américains, mais la remise en circulation des films antérieurs à 1940 occupe les écrans, mobilise le public, et fait chuter la part de marché du film français. Les producteurs s'inquiètent, (plus que les exploitants qui voient le public se presser à leurs guichets) et demandent que l'on prévoie un système de quotas qui réserve chaque trimestre, dans chaque cinéma, huit semaines sur treize aux films français. La Direction du cinéma étudie le dossier et propose un quota de sept semaines par trimestre, réservées aux films français. Fureur des Américains qui refusent tout système de contingentement et demandent le retour aux accords de 1936 qui autorisaient l'importation de 188 films étrangers doublés, dont 150 américains. Le différend reste entier jusqu'en mars 1946 où éclate le coup de tonnerre des accords Blum-Byrnes qui marqueront gravement les relations cinématographiques franco-américaines.

La paix : l'ironie du sort

1944, c'est le choc émotionnel de la Libération. 1945, c'est, sur le continent, le silence des armes : l'Allemagne capitule le 8 mai. Joie donc, mais contrastée, traversée de nouvelles peurs. En mai, le retour des déportés révèle des images qui bouleversent et révoltent. En août, sur Hiroshima et Nagasaki, la bombe atomique met fin au conflit et interpelle la conscience des humains. La guerre, les camps de concentration, la bombe atomique vont hanter le cinéma pendant des décennies.

A sa façon, le cinéma vit aussi dans le contraste. Début janvier 1945, les Allemands attaquent encore dans les Ardennes. Vont-ils revenir ? Goebbels le croit peut-être, qui organise ce qu'il appelle pompeusement le « Festival de l'Atlantique » : la première mondiale simultanée, le 30 janvier 1945 à Berlin et à La Rochelle, où la Wehrmacht résiste encore, du film *Kolberg*. Il s'agit d'une superproduction confiée au cinéaste du *Juif Süss*, Veit Harlan, et consacrée à la défense héroïque du petit port de la Baltique, Kolberg, aux troupes de Napoléon en 1807. Le « festival » a bien lieu mais, le 14 mars, les Soviétiques s'emparent de Kolberg. Goebbels note dans son journal : « Je vais m'arranger pour que la chute de Kolberg ne figure pas au communiqué du Haut Commandement, étant donné les conséquences psychologiques que cela aurait pour le film. »

La ligne de démarcation entre les époques reste souvent floue. Marcel Carné, nous l'avons dit, a retardé délibérément la finition des *Enfants du paradis* pour qu'il puisse sortir dans une France apaisée. C'est le 22 mai 1945 que le film entame sa carrière triomphale. L'accueil critique est enthousiaste. Quant au public... Au seul cinéma Madeleine, *Les Enfants du paradis* resteront à l'affiche 54 semaines, avec 500 000 spectateurs et une recette de 41 millions. Ironiquement, la guerre terminée, c'est le sacre du cinéma de l'Occupation. L'ironie ne manque pas non plus dans l'attribution du Prix Louis Delluc à *Espoir* : pour voir et célébrer ce film de 1938, il a fallu attendre 1945, et que son auteur, André Malraux, soit devenu ministre de l'Information. L'ironie, elle ne manquera pas plus tard quand il secouera allégrement le cinéma français, au nouveau lauréat du prix Goncourt, le jeune professeur Jean-Louis Bory pour son roman *Mon village à l'heure allemande*. Enfin, faut-il inscrire au registre de l'ironie l'étonnante défaillance d'un pays si friand de célébrations et d'anniversaires ? Au moment où le cinéma français vient de donner tant de preuves de vitalité, la célébration du cinquantenaire du cinéma Lumière se résume à une morne pose de plaque commémorative au Café des Capucines devant une délégation syndicale clairsemée. Brillant, mais infirme, appauvri, sinistré, le cinéma n'a pas le cœur à la fête. Il lui manque l'électricité, le charbon, le caoutchouc, des câbles, du plâtre, des lentilles, des projecteurs. Les caméras, avec plus de quinze ans d'âge, sont obsolètes. Dans les laboratoires, on manque de charbon pour l'énergie, de gélatine pour la pellicule, d'hyposulfite pour les bains. Pour chaque film qui sort, seules quinze copies sont autorisées au lieu de trente-cinq avant guerre et vingt-cinq sous l'Occupation. Comble de l'humiliation, désormais on a sous le nez les Américains qui exhibent leur matériel perfectionné, mais tirent sur nos stocks de pellicule pour les copies de leurs films. Si dans les rues la population réserve un accueil chaleureux aux G.I., le cinéma français n'a pas de coup de cœur pour ses libérateurs. Certes, le public se presse dans les salles pour célébrer le retour de Hollywood. Mais, justement, il n'en faut pas plus pour désespérer Billancourt. Pas l'île Seguin, mais le quai du Point-du-Jour. Pas Renault, mais les studios...

A l'écran, la guerre commence

Ambiguïtés, contradictions. Mais le cinéma continue. Dès le 15 août 1944, Gilles Grangier a commencé à tourner, en extérieur, *Le Cavalier noir* dont on ne sait plus s'il est le dernier film de l'Occupation, ou le premier film de la Libération. Imperturbable, Fernandel reprend place devant les caméras pour *Le Mystère Saint-Val*. En décembre 1944, Georges Rouquier (né en 1909) commence à tourner son premier long métrage *Farrebique*. Linotypiste passionné de photographie et de cinéma, Rouquier a tourné quelques films avec une caméra bricolée, avant d'affirmer sa personnalité avec *Le Tonnelier* et *Le Charron* en 1942 et 1943, deux courts-métrages qui illustrent l'attention et l'assistance portées au documentaire sous l'Occupation (surtout quand il chantait les mérites du patrimoine, de l'artisanat, de la tradition). Le tournage de *Farrebique* s'étendra sur une année entière, puisqu'il s'agit d'évoquer les quatre saisons climatiques et les quatre saisons de la vie humaine, à travers l'existence d'une communauté paysanne du Rouergue, vivant à un rythme ancestral et confrontée à la modernité de l'électrification. Ce cinéma, lui-même artisanal, pétri d'un humanisme patient et sensible, débouche sur une œuvre originale qui séduit et déroute à la fois (Grand Prix de la critique au Festival de Cannes, 1946). Par son style et son sujet, où se mêlent tradition et innovation, *Farrebique* constitue peut-être le meilleur passeport pour passer du cinéma de l'Occupation à celui de l'après-guerre.

En fait, cette transition se fait en douceur. Compte tenu du rythme propre à la production, la plupart des films mis en chantier fin 1944, début 1945, sont des films prévus, préparés sous l'Occupation. On peut imaginer que, sans le débarquement et la Libération, *L'Affaire du collier de la reine* de Marcel L'Herbier, *La Part de l'ombre* de Jean Delannoy, ou *Roger La Honte* d'André Cayatte, auraient été produits de la même manière. On note d'ailleurs la survivance du courant fantastique initié avec *Les Visiteurs du soir*. S'y rattachent directement *Le Pays sans étoiles* de Lacombe et indirectement *L'Idiot* de Lampin : deux films qui sacrent un nouveau jeune premier, Gérard Philipe. C'est de ce courant, également, que relèvent deux des meilleurs films de 1945 (sortis en 1946) : *Sylvie et le Fantôme* et *La Belle et la Bête*. Claude Autant-Lara retrouve, avec *Sylvie et le Fantôme*, l'élégance et la délicatesse de ses trois derniers films, *Le Mariage de Chiffon, Lettres d'amour*, *Douce*, mais pas la force de ce dernier pour faire le portrait de cette jeune fille éthérée qui passe de l'amour d'un fantôme à l'amour d'un gentil mortel. Dorénavant, Autant-Lara se fera plus âpre, plus amer, et développera la critique sociale qui affleurait dans *Douce*. On ne peut considérer comme un simple hasard le fait que ce changement de registre coïncide avec sa rupture avec deux de ses collaborateurs privilégiés : l'actrice Odette Joyeux et l'opérateur Philippe Agostini, un couple à forte personnalité (Odette Joyeux publiera des romans, Agostini réalisera des films), porteur d'une certaine philosophie de l'existence. La période rose d'Autant-Lara n'est pas une phase mineure dans la carrière du cinéaste. Elle a une dette vis-à-vis d'Odette Joyeux et de Philippe Agostini.

Sylvie et le Fantôme est une sorte d'enfant naturel du *Baron fantôme*. Ainsi, *La Belle et la Bête* sera l'enfant naturel de *L'Eternel Retour*. Non que les deux films se ressemblent. Mais le second se situe dans l'évolution naturelle de Cocteau qui, après avoir inspiré, écrit et participé de près à l'aventure de *L'Eternel Retour* rêve d'être le maître d'œuvre à part entière de la magie d'un film. Dès 1944, il a écrit l'adaptation d'un conte de Mme Leprince de Beaumont, a prévu Jean Marais et Josette Day dans les rôles principaux et que Christian Bérard serait, par les décors, les costumes et le maquillage, le créateur en second du film. Henri Alekan, l'ancien assistant de Shüfftan, va conquérir dans ce film ses galons de grand maître des lumières. Et, comme il l'a fait pour *La Bataille du rail*, entraîner René Clément dans l'aventure comme conseiller technique du film. Ceux qui tiennent pour nul le rôle du producteur méditeront sur l'étrange hasard qui veut que *Les Visiteurs du soir*, *L'Eternel Retour*, *Sylvie et le Fantôme*, et *La Belle et la Bête* n'aient eu qu'un seul et même producteur, André Paulvé. Rejetant le ton poétique qu'il haïssait dans *Les Visiteurs du soir*, Cocteau et son équipe sculptent, modèlent un somptueux songe d'une grande sensibilité et d'une incroyable splendeur plastique, décliné des toiles de Vermeer et des illustrations de Gustave Doré. La guerre, l'Occupation avaient poussé le cinéma dans les bras du conte de fées, mais c'est la paix revenue que cette voie fantastique engendre son œuvre maîtresse. Tourné du 27 août 1945 au 5 janvier 1946, au pire creux de la crise économique et de toutes les pénuries, *La Belle et la Bête* se pare de toutes les magnificences. C'est le « chef- d'œuvre » au sens que lui donnaient les compagnons du Tour de France, d'un artisanat de luxe, maître de ses formes et de ses lumières, mais peut-être déjà en marge de la vie, en retard sur l'histoire. Au fil de ces années que conclut brillamment *La Belle et la Bête* se sont forgés les atouts (maîtrise technique, raffinement du texte, ambition culturelle) qui seront la marque de la « qualité française ». Mais déjà on soupçonne la raideur, la convention, l'artifice qui, plus tard, nourriront le procès intenté à cette même « qualité française ». Un style s'est forgé, qu'il va

443

falloir assumer, pour le meilleur et pour le pire. Avec *La Belle et la Bête*, il est exactement à sa place, et donc à son meilleur.

Le cinéma, pour une part, poursuit sur sa lancée. Mais, et c'est cela le plus nouveau, il se met aussi en prise sur l'actualité, il se réinsère dans son temps, et dévore les événements à belles dents. A part les escopettes de *Pontcarral*, il n'avait guère fait parler la poudre pendant ces quatre années : il s'agit de rattraper le temps perdu. Il le fait dans l'instant même : nous l'avons vu par le film *La Libération de Paris* et les documentaires qui ont suivi. Le cinéma de fiction s'y mettra rapidement. L'un des trois films mis en chantier pendant le second semestre de 1944 annonce la couleur dès son titre. Hélas *Vive la liberté !* de Jeff Musso affiche aussi les déplorables caractéristiques qui marquèrent la plupart des films sur la guerre et la Résistance de l'immédiate après-guerre : situations primaires, manichéisme infantile, exaltation systématique de patriotes d'opérette. Quatorze films de 1945 sur soixante-treize sont des films de Résistance. C'est beaucoup et c'est trop si l'on considère leur qualité. Oublions vite *Les Clandestins*, *Fils de France*, *Nuits d'alerte*, et autres *Pelotons d'exécution*. A partir d'un événement authentique, la prison d'Amiens bombardée par la R.A.F. en 1944, Henri Calef raconte dans *Jéricho* une histoire assez mélodramatique d'otages menacés d'exécution. Mais ses personnages ne sont pas tous taillés dans le bois dont on fait des héros ; la vraie France de l'Occupation montre ici le bout de l'oreille. D'autres cinéastes vont chercher dans le passé l'évocation de l'esprit de Résistance. Louis Daquin déçoit avec *Patrie* adapté d'une pièce de Victorien Sardou. Il est vrai que le sujet, la résistance à l'Occupation espagnole dans la Flandre du XVIᵉ siècle, oblige à une périlleuse comparaison avec *La Kermesse héroïque*. Et quelle timidité, de la part du secrétaire général du Comité de libération du cinéma (entouré de son président Pierre Blanchar et d'autres éminents responsables) que de remonter quatre siècles en arrière au moment où rien n'empêche plus la franche évocation des faits. La même démarche réussit beaucoup mieux à Christian-Jaque, avec un *Boule de suif* brillamment adapté de Maupassant. Non seulement Micheline Presle en fille de joie patriote et Louis Salou en hobereau prussien sont d'une étonnante vérité, mais, au passage, Christian-Jaque jette un regard sans complaisance sur les notables, opportunistes et pleutres, qui partagent la diligence de Boule de Suif. Quel que soit le genre qu'il aborde, Christian-Jaque, qui n'est pas un auteur, tire le meilleur des moyens dont il dispose. Avec Maupassant et Micheline Presle, il s'en donne à cœur joie.

Toutefois le film phare de la production de cette année 1945 (il sortira en 1946) reste cette *Bataille du rail* dont nous avons déjà évoqué la genèse. Si l'entreprise fut d'abord conçue comme un documentaire, elle s'attache à maintenir ce ton — et le sentiment d'authenticité qui en découle — quand elle devint film de fiction. Le commentaire qui aide à enchaîner les séquences, la grisaille de la photo, le laconisme des personnages sont des effets recherchés, et aboutis, de vérité. Trois événements majeurs se juxtaposent comme sous la poussée du péril. Des sabotages amènent à la superbe scène de l'exécution des otages par les Allemands : au crépitement des balles répond le long cri de deuil et de rage des locomotives. Un train blindé allemand est bloqué et saute. Un train allié est détourné pour qu'on lui trouve une voie libre vers son objectif. Ce sont les ressources propres au langage cinématographique qui impliquent émotionnellement le spectateur dans un film qui se donne l'apparence du simple reportage. Plutôt qu'au cinéma néo-réaliste italien (que, d'ailleurs, on ne connaît pas encore), on pense au modèle du grand cinéma soviétique : pour la maîtrise du montage, notamment.

Avec *La Bataille du rail*, la Résistance dispose d'un film emblématique qui produira bien des rejetons dégénérés. Mais surtout le cinéma français s'enrichit d'une nouvelle recrue de valeur : René Clément (né en 1913) a abandonné ses études d'architecture pour se livrer à sa passion, le cinéma. Avant la guerre, René Clément travaille sur une trentaine de courts-métrages comme opérateur, monteur ou réalisateur, tourne plusieurs documentaires sur les chemins de fer, réalise un court-métrage de Jacques Tati *Soigne ton gauche*, participe à une expédition aventureuse au Yémen. Pendant la guerre, il réalise plusieurs documentaires avec Henri Alekan, décidément personnage clé de cette phase de notre cinéma et qui a introduit Clément sur le tournage de *La Belle et la Bête*. C'est pour sa compétence et son perfectionnisme technique en effet que l'on remarque d'abord ce cinéaste à la fois passionné et discret qui s'efface derrière la prétendue objectivité des images. A la différence de certains de ses confrères, René Clément ne s'est pas lancé dans *La Bataille du rail* par opportunisme. Il tourne en effet, dès le début de 1946, avec Noël-Noël un autre film sur la Résistance, d'un ton totalement différent, *Le Père tranquille*, comédie qui nous fait découvrir sous les traits d'un paisible père de famille, un étonnant chef de réseau. René Clément tournera au total six films consacrés à la guerre et à la Résistance avec *Les Maudits* en 1947, *Jeux interdits* en 1952, *Le Jour et l'heure* en 1962 et *Paris brûle-t-il ?* en 1966. Aucun d'entre eux n'est médiocre.

Ce thème de la guerre, de l'Occupation, de la Résistance, que le cinéma français n'a pu traiter à chaud pour des raisons évidentes, ne cessera de le hanter pendant les décennies suivantes. En dehors des films de René Clément, il faudra attendre 1956 et *La Traversée de Paris* de Claude Autant-Lara pour qu'il inspire une œuvre majeure. La période de Vichy restera longtemps un élément de trouble dans la conscience nationale. Il faudra du temps pour que le cinéma se dégage de ce trouble et contribue à le dissiper.

Livre troisième

L'EAU GRISE

(1946-1959)

« Je vous dis que cette eau calme,
et qui vous semble grise,
contient dans ses profondeurs
plus de vie que le caprice des vagues. »

Jacques Chardonne,
« L'épithalame ».

Introduction

LE RETOUR À LA VIE

Au début de ce livre, abordant les premières années du cinéma parlant, nous nous trouvions bien isolés dans notre exploration. Si cette période a rebuté les chercheurs, c'est surtout qu'elle est réputée vide d'intérêt. Nous avons tenté de faire justice de ce préjugé. Abordant les années de l'après-guerre, nous nous retrouvons cette fois en fort belle compagnie. Non que cette période ait paru si riche, si brillante qu'elle ait entraîné la fébrile curiosité des historiens. Mais beaucoup de travaux de ces dernières décennies se sont focalisés sur le cinéma moderne et la Nouvelle Vague, considérés comme une nouvelle phase fondatrice du cinéma français. Ces travaux ont conduit les plus curieux à étudier la période qui a précédé, et donc préparé cette révolution. Ils abordent les années 1946-1959 comme des historiens de la Révolution française étudient le règne de Louis XVI, voire de Louis XV, et le siècle des Lumières : pour découvrir comment et pourquoi l'Ancien Régime va mourir. Illuminant le passé de leur pleine connaissance du futur, ils y cherchent en priorité les indices de la maladie contractée, les signes de la révolution à venir. Leur histoire, dès lors, n'est plus que la chronique d'une mort annoncée...

Bien que, comme eux, nous n'ignorions point comment « cela va finir », autrement dit comment le cinéma français va passer de son âge classique à son âge moderne, ce n'est pas dans cette lumière funèbre que nous aborderons le cinéma de l'après-guerre, et ce n'est pas dans cette lumière qu'il a été vécu. Avant de faire sens par ce qui va suivre, cette période fait sens par le traumatisme qui l'a précédé et les bouleversements qui l'accompagnent.

Des années 1940-1945, l'une des pages les plus noires de l'histoire de notre pays, nous avons pu légitimement nous demander si elles ne constituaient pas un âge d'or pour notre cinéma. Celui-ci a affirmé, en ces circonstances exceptionnelles, une personnalité et une créativité exceptionnelles. Mais il a réalisé cet exploit dans la solitude d'un malade placé en isolement, d'un moine en retraite, d'un détenu au cachot. Une fois la France libérée et la paix revenue, le cinéma partage le soulagement national. Mais une nouvelle épreuve l'attend : son retour dans le siècle. Il lui faut réapprendre la liberté, renouer avec les marchés ouverts, les progrès techniques, les mutations esthétiques, les nouvelles sensibilités. Dans la grisaille et les contraintes de sa résidence surveillée, il a maintenu, voire affiné, sa spécificité créatrice. Soudain le tumulte du monde le submerge, et l'éblouissent les couleurs d'*Autant en emporte le vent*, la profondeur de champ de *La Vipère*, les caméras dans la rue de *Rome ville ouverte*, les plafonds de *Citizen Kane*, la noirceur de *Laura* et du *Faucon maltais*. Plus question de *maintenir* : il faut se mêler à la foule, retrouver la concurrence, rattraper un temps, admirablement servi, compte tenu des circonstances, mais qui aura été, quand même, du temps perdu, par rapport à la marche du monde.

En 1944 et 1945, des milliers de soldats en captivité et des milliers d'autres prisonniers et déportés retrouvent la liberté : pour tous les survivants, c'est une joie immense. Et pourtant, combien de difficultés les accueillent, et qu'il sera long et parfois pénible, le temps de la réinsertion. Un film à sketches sera consacré à ce problème en 1949. Il s'intitule *Retour à la vie*. C'est un film noir... Le « retour à la vie » du cinéma français présente les mêmes aléas. A-t-il au moins lieu dans un pays libre, pacifié, rétabli dans sa fierté de nation et qui n'a plus qu'à panser ses plaies ? C'est tout le contraire qui se produit. D'abord ces plaies sont énormes. Il faudra des années de travail acharné et de nouvelles souffrances pour que l'économie du pays retrouve des bases saines et sa marche vers la prospérité. Les premières années de paix sont aussi pénibles, quant au niveau de vie, que les années de guerre : en août 1947, trois ans après la libération de Paris, le pain qui demeure, à cette époque, l'aliment de base des Français, n'est toujours vendu que sur remise de tickets d'alimentation, et sa ration quotidienne est ramenée à deux cents grammes. La remise en marche du pays s'accompagnera de mutations capitales, à savoir, résumées en trois têtes de chapitre :

— *Naissance et mort d'une république.* Deux Constituantes accouchent d'une IVe République caractérisée par une forte instabilité gouvernementale, qui cède la place à la Ve République à l'automne 1958. Les Français, qui s'étaient plus ou moins rassemblés autour de De Gaulle libérateur, se divisent à propos de De Gaulle chef d'Etat.

— *Perte d'un empire.* Deux guerres (du Vietnam et d'Algérie), d'autres événements, plus ou moins graves (Maroc, Tunisie, Afrique noire), marquent la fin de l'Empire français. C'est un choc pour les « Français d'outre-mer » et pour l'armée, et un sujet de division pour les Français de l'intérieur, partagés sur la nécessité et les moyens de la décolonisation.

— *Guerre froide.* A peine la guerre chaude terminée, un violent conflit idéologique, politique, économique, oppose les Etats-Unis, champions du libéralisme, et l'U.R.S.S., championne du socialisme.

Conflit entre le camp démocratique et le camp totalitaire pour les uns, entre le camp impérialiste et le camp de la paix, pour les autres. Les nations sont obligées de choisir leur camp. C'est une nouvelle source de conflits entre Français.

Il n'y a pas lieu de s'étendre ici sur ces événements de la « grande Histoire », mais nous reviendrons, le cas échéant, sur certains aspects particuliers qui ont affecté la vie du cinéma. Il faut par contre garder en mémoire ces thèmes de tension, ces réels bouleversements nationaux qui ont marqué la période que nous abordons. Ils ont pesé sur la vie, la sensibilité, l'idéologie du monde du cinéma comme sur les autres Français, ils ont freiné, dévié, exacerbé des tendances et des expériences. Ils ont travaillé au corps une machine, un instrument, une collectivité tout juste sortis de quatre ans de frigidaire, mal préparés à affronter de nouveaux conflits aussi radicaux. Pour son retour à la vie, le cinéma français avait besoin d'une cure de récupération. Il se retrouve plongé dans un torrent de nouvelles épreuves.

Sinistré, sa première tentation consiste à toucher des dommages de guerre. Parfois la débrouillardise suffit. En avril 1946, sort un film de Maurice de Canonge, *Mission spéciale*. C'est une vaste fresque en deux époques (trois heures et demie) qui évoque la chasse menée par le commissaire Chabrier (Jean Davy) et ses hommes contre la cinquième colonne allemande, début 1940, puis la poursuite de la lutte, dans la Résistance, sous l'Occupation. Une telle rapidité de réaction et d'exécution paraît stupéfiante ! En fait, seule cette seconde partie, et quelques raccords, ont été tournés après la guerre. La première partie est essentiellement constituée par un film, *Soldats sans uniforme*, tourné fin 1939, qui, bien entendu, n'a pu être exploité sous l'Occupation et qui ressort opportunément de ses boîtes. Situation bien différente avec *Dernier refuge,* sorti en août 1947, sans doute la plus discrète adaptation de Simenon jamais tournée (d'après le roman *Le Locataire*). En fait, ce film, produit par Nicolas Vondas, a déjà été tourné en 1939 par Jacques Constant. Interrompu par la mobilisation, repris, terminé ensuite, il était à peu près monté quand tout le matériel et le négatif furent détruits par un bombardement anglais qui visait les usines Renault et atteignit le laboratoire G.M. Films à Billancourt. La guerre terminée, Vondas se voit attribuer des « dommages de guerre »... à condition que cet argent soit intégralement réemployé dans le tournage d'une nouvelle version du même film. C'est Marc Maurette qui réalise son premier film, et presque son dernier, car il restera attaché à une carrière d'assistant (notamment de Jacques Becker) et de directeur de production.

Ce ne sont que deux anecdotes — on peut multiplier les exemples — qui illustrent la façon dont le cinéma français « recolle les morceaux », « fait la soudure » entre les époques contrastées de son histoire. Il ne peut, bien entendu, se contenter de ce bricolage. L'Histoire impose une nouvelle donne. Il faut y faire front. Cela exige une mutation des hommes, une évolution des œuvres, une révolution des structures. S'agit-il, évoquant ces temps difficiles, de plaider les circonstances atténuantes pour les échecs à venir ? Nous verrons plus tard. Pour le moment, loin de plier devant cette nouvelle mise à l'épreuve, le cinéma français va manifester sa capacité de réponse. Retrouvant les bourrasques de l'air libre, il y trempe sa combativité. A nouveau la survie du groupe, l'efficacité de l'outil vont être garanties. A nouveau, la créativité va répondre au défi de la situation. Pour nous, cette « chronique d'une mort annoncée » sera aussi, sera d'abord l'histoire d'une survie assurée.

La citation de Jacques Chardonne que nous avons placée en épigraphe de ces chapitres, François Nourissier en avait fait le même emploi pour son premier roman, *L'Eau grise*, paru en 1951, qui applique l'image de Chardonne à la période qui nous intéresse maintenant. Cette période, s'agissant du cinéma français, sera bientôt soumise à de rudes procès. Sa rudesse, sa confusion, ses foucades, ses naïvetés, la complexité des mutations économiques, techniques, structurelles qu'elle va connaître, tout cela concourt à un sentiment d'opacité, à une certaine grisaille du panorama. Mais quelle vie, quelle pugnacité, quelle invention, quel volontarisme dans les profondeurs de ces remous... !

Son zénith dépassé, l'âge classique, plutôt qu'en décadence, est entré en mutation et les premiers chocs de l'Ancien et du Nouveau produisent de superbes étincelles. On a mieux compris, et plus justement jugé les six premiers siècles de l'ère chrétienne quand les historiens ont substitué à la notion de la *décadence* de Rome et du *Bas-Empire* celle de l'« Antiquité tardive », porteuse encore de tant de grands moments de civilisation. Nous entrons ici dans l'histoire du « classicisme tardif » du cinéma français. Il sera accusé d'avoir failli pour s'être soumis à la « Tradition de la Qualité ». Nous espérons montrer que la qualité n'est pas un défaut...

Première partie

LE LIEN RENOUÉ

« Plutôt que de fulminer contre les ténèbres, mieux vaut allumer une petite lanterne. »
(Proverbe chinois.)

I

LES REVENANTS

« Je m'éloignais, également incertain des
destinées de mon pays et des miennes :
qui périrait de la France ou de moi ? »
Chateaubriand (le 8 avril 1791, quittant
Saint-Malo pour l'Amérique).

« Ah ! mon cher Spark, pour être
revenu de tout, il faut être allé en bien
des endroits ! »
Alfred de Musset, *Fantasio*.

Il est des gens de cinéma pour qui les recommencements, au lendemain de la guerre, posent un problème particulier, humainement et
professionnellement : ceux qui ont été obligés d'arrêter de travailler,
ou qui ont quitté la France et qui ont perdu, plus ou moins, et parfois
totalement, le contact avec leur vivier naturel, le cinéma national.
Après la solitude, la retraite ou l'exil, renouer les fils n'est pas aisé. Et
le problème intéresse le cinéma français tout entier, car parmi ces gens
se trouvent entre autres, Jacques Feyder, Julien Duvivier, René Clair,
Jean Renoir, quatre cinéastes qui incarnent des pages essentielles de
l'histoire de notre cinéma. La coupure, pour certains, a été si radicale
qu'il conviendrait de leur ménager des phases de décompression pour
leur rentrée dans l'atmosphère. Mais la vie n'est pas programmée

comme un vol spatial. Parfois l'atterrissage ne se fait pas sans choc. Parfois aussi, il est difficile de s'arracher à la force d'attraction de la planète où l'on s'est réfugié, surtout lorsqu'elle s'appelle Hollywood. L'expérience, en tout cas, laisse des marques.

Chez les acteurs, par exemple, Jean-Pierre Aumont et Michèle Morgan ont de bonnes raisons de s'incruster aux Etats-Unis. Il a épousé Maria Montez qui règne à Hollywood. Elle a épousé Bill Marshall, et leur fils Mike est tout à fait californien. Jean-Pierre Aumont va mener une carrière franco-américaine pendant les années qui vont suivre. Michèle Morgan, elle, répond au premier appel venu de France et traverse l'Atlantique sur un « liberty ship », avec ses dortoirs de quarante femmes, pour interpréter Gertrude, l'héroïne aveugle d'André Gide (et Jean Delannoy) dans *La Symphonie pastorale* qui sera le film phare (Grand Prix et Prix d'interprétation féminine) du premier Festival de Cannes en septembre 1946. Pourtant, Michèle Morgan retourne à Hollywood, tourne un film aux Etats-Unis, un autre en Grande-Bretagne, *Fallen Idol* de Carol Reed (*Première désillusion*, 1947), avant de reprendre définitivement sa carrière française... à Rome avec *Fabiola* de Blasetti.

Pour Gabin, la cause est entendue : il ne remettra jamais les pieds aux Etats-Unis. Von Stroheim, de son côté, est revenu aussi vite qu'il a pu. On le retrouve en 1946 dans *On ne meurt pas comme ça* de Jean Boyer, film d'une grande dérision involontaire, puisque von Stroheim y joue le rôle du cinéaste de génie qui était le sien dans la vie, jadis, et qu'il rêve de retrouver. Il frôle ce plaisir, en 1947, avec *La Danse de mort*, dont il écrit l'adaptation d'après Strindberg et qu'il joue dans une très raffinée mise en scène de Marcel Cravenne. Interprète d'une vingtaine de films de second ordre, il sera encore une fois un cinéaste de génie : mais ce sera devant les caméras de Billy Wilder, dans le rôle de Max von Mayerling pour le terrible *Boulevard du Crépuscule*.

Dalio est de retour en France dès 1946, pour *Pétrus* de Marc Allégret. Il a joué dans quinze films américains, dont *Shanghai Gesture* de Sternberg, *Casablanca* de Michael Curtiz, *Le Port de l'angoisse* de Howard Hawks et s'est fait une belle réputation de second rôle. Il mènera désormais une double carrière et tournera cinquante films français et trente-cinq films anglo-saxons. Pour Victor Francen, enfin, pour nous en tenir à ces exemples, la situation est encore plus simple. A son arrivée à Hollywood, celui qui fut une star de première grandeur en France accepte les plus petits rôles... et fait reconnaître à nouveau son talent. Si bien qu'il tournera trente-deux films en Amérique avant de revenir conclure sa carrière en France, avec un film de Jean-Pierre Mocky, *La Grande Frousse* (1964).

Parmi les cinéastes, certains sont restés aux frontières de la production, comme Raymond Bernard, interdit de travail, caché en zone sud, puis dans le Vercors, et qui retrouve le chemin des studios avec un film sur la Résistance, *Un ami viendra ce soir*, très théâtral et peu convaincant. Il tournera encore neuf films, au mieux honorables, jusqu'en 1957, sans qu'on retrouve jamais la patte du cinéaste des *Croix de bois* et des *Misérables*. Ou comme Feyder qui, installé en Suisse, tourne *Une femme disparaît* et sombre dans une morosité combattue par l'alcool. En 1946, Françoise Rosay tourne un sombre mélo avec Marcel Blistène, *Macadam*, et obtient qu'on confie à son mari la « supervision artistique » du film. Feyder meurt en 1948. On peut considérer *La Loi du Nord* comme son dernier film. Cette œuvre n'a en fait jamais été vraiment exploitée car, sortie sous le titre *La Piste du Nord* en 1942, dans une version mutilée, elle ne retrouvera plus après guerre les conditions d'une véritable distribution.

Le cas le plus complexe de ces cinéastes aux marges, c'est sans doute celui de Jean-Paul Le Chanois, qui pour fuir les effets d'un patronyme suspect sous l'Occupation (Dreyfus) s'est réfugié... à la Continental. C'est seulement après la guerre qu'il peut vraiment développer sa carrière de réalisateur. Dès 1945, son premier film de l'après-guerre, *Messieurs Ludovic*, renoue modestement avec le courant populiste.

Chapitre 1

LES EXILÉS TRANSATLANTIQUES :
DUVIVIER, CLAIR, OPHULS

La grande affaire, c'est le retour de nos « américains » : les cinéastes français qui se sont exilés aux Amériques. Il faut employer le pluriel, car Pierre Chenal s'est retrouvé en Argentine et au Chili où il a réalisé quatre films. Revenu en 1946, il tourne deux films sans grand intérêt, *La Foire aux chimères* (1946) et *Clochemerle* (1947), avant de repartir pour l'Amérique du Sud. Aucun des films qu'il tournera en France entre 1956 et 1963 n'est digne du cinéaste de *Crime et châtiment* et du *Dernier Tournant*.

Léonide Moguy a tourné cinq films aux Etats-Unis de 1940 à 1945 avant de rentrer en France. Il passe par Paris pour y tourner *Bethsabée* d'après Pierre Benoit, avec amours torrides dans le désert et beau capitaine de spahis, comme au bon vieux temps, et file à Rome où le business cinématographique, et le talent, prospèrent. On le reverra à Paris à partir de 1953, pour une fin de carrière purement commerciale. On mesure à ces exemples et ceux des pages précédentes, disparates quant aux âges et carrières des cinéastes concernés, mais convergents dans leur conclusion, la brisure qu'a représentée la guerre. Nous ne le savions pas, mais en fait la vraie capacité créatrice de Jacques Feyder, Raymond Bernard, Pierre Chenal ou Léonide Moguy se trouve amoindrie, voire bloquée net, à partir de 1940.

Heureusement, il existe d'autres issues, et certains « revenants » vont témoigner d'une belle santé artistique. C'est le cas pour Julien Duvivier, René Clair, Max Ophuls et Jean Renoir (pour les énumérer ici dans l'ordre où ils ont rejoint la France), quatre exilés de marque aux Etats-Unis qui auront en commun de ne retrouver leur place dans le cinéma français qu'après une phase d'hésitation ou de difficultés plus ou moins longue.

Le premier film français de Jean Renoir après la guerre sort en 1955, celui d'Ophuls en 1950, le second film français de l'après-guerre de René Clair sort en 1950, celui du Duvivier en 1949. Ce temps perdu témoigne à nouveau, à travers des histoires individuelles différentes, de l'importance de la cassure qui s'est produite. Cette cassure a un premier effet quasi général : ces revenants, on les attend sans chaleur particulière, et parfois le comité d'accueil laisse percer comme une hostilité. Le public les a un peu oubliés, et certains milieux professionnels, fiers d'avoir maintenu contre vents et marées la création française, considèrent sans aménité particulière ceux qui se sont « défilés ». Passe encore pour ceux qui risquaient leur vie en restant en France envahie. Aux autres, on reproche, à mi-voix, non pas vraiment d'avoir trahi le pays, mais de n'avoir pas partagé les épreuves communes, et de s'être ainsi « exclus du club ». Par une sorte de paradoxe extraordinaire, pour tous ceux qui ont travaillé proprement dans le cinéma de la France occupée, c'est un peu ceux qui sont allés en Amérique qui ont travaillé pour l'« ennemi héréditaire ». Certes, les Américains sont les libérateurs. Mais cinématographiquement, ils redeviennent les envahisseurs. On regarde d'un drôle d'air les confrères qui débarquent dans leurs bagages.

Julien Duvivier

Duvivier, dont le pessimisme est bien connu, supporte mal ce climat de méfiance qu'il estime, à juste droit, injustifié. A cela s'ajoute, pour l'accueillir, l'indifférence dans laquelle sort, avec cinq ans de retard, *Untel père et fils*, ce film de commande et de circonstance, tourné en 1939-1940 à la demande du gouvernement. Film qui a perdu, évidemment, tout son sens et constitue un piètre passeport pour des retrouvailles. L'atmosphère est si inamicale que Duvivier accepte l'invitation d'Alexandre Korda et part pour Londres préparer une importante production. Les préparatifs traînent et Duvivier profite de cette attente pour écrire, avec son ami retrouvé Charles Spaak, l'adaptation d'un roman de Georges Simenon, *Les Fiançailles de Monsieur Hire*. Finalement, le film anglais est retardé d'un an, et le cinéaste peut tourner son scénario : le film prendra le titre de *Panique* (sorti en janvier 1947). Simenon réussit à Duvivier, comme nous l'avons déjà observé avec *La Tête d'un homme* (1932). Leur pessimisme viscéral, leur sens de l'atmosphère rassemblent les deux hommes. *Panique* le vérifie à nouveau. Faux film policier dont les solutions sont connues d'avance, *Panique* est un féroce pamphlet sur la lâcheté des êtres et la versatilité moutonnière de l'opinion publique. Celle-ci condamne à mort et exécute à sa manière Monsieur Hire, triste héros, minable extrémiste de la misanthropie. La création de Michel Simon est exceptionnelle et écrase tous ceux qui l'entourent, y compris Viviane Romance dans le rôle d'Alice (qui sera défendu avec un grand bonheur par Sandrine Bonnaire dans la version, très différente, de *Monsieur Hire* réalisée par Patrice Leconte en 1989). Le *Panique* de Duvivier se situe résolument du côté du réalisme social, dans la lignée du *Jour se lève*. Simenon, ici, sert moins à tendre une passerelle vers la bourgeoisie et la psychologie (comme dans le cas de *La Marie du port* de Carné) qu'à permettre un retour dans la direction du populisme des années trente. Duvivier confirmera cette orientation, lorsque, après avoir tourné son film anglais (*Anna Karénine*, adapté de Tolstoï par Jean Anouilh, avec Vivian Leigh, 1948), il réalise un film sur une révolte dans une maison de redressement pour jeunes filles (*Au royaume des cieux*, 1950) et surtout, en 1951, *Sous le ciel de Paris*.

Avec ce film à sketches dont il a écrit lui-même le scénario, Duvivier tend très manifestement la main, par-dessus les années, au cinéma des années trente, le cinéma du quotidien populaire. Alors que le film à sketches a pour fonction initiale de rassembler à bon compte une exceptionnelle affiche de vedettes, *Sous les toits de Paris* compte cinquante interprètes dont aucun n'a dépassé la célébrité d'un Paul Frankœur ou d'une Catherine Fonteney. Symboliquement, c'est le petit peuple des comédiens qui a été appelé à la rescousse, pour évoquer, de l'aube à la nuit tombée, la journée, les rencontres, les joies et les malheurs de quelques dizaines de Parisiens. Le film s'ouvre par un long travelling sur les toits de Paris, qui a constitué un rituel du cinéma populiste depuis les premiers films de René Clair. Si les différents épisodes de cette journée forcent la note pittoresque ou mélodramatique (nous sommes loin des exigences du néo-réalisme italien), l'évocation bon enfant d'une grève d'usine, avec pique-nique aux bords de Seine et intervention (paisible) des C.R.S., a le charme, mêlé de nostalgie, de certaines scènes de *La Belle Equipe*. Duvivier joue avec le feu en évoquant ces souvenirs, car si son métier s'est encore affermi (mobilité de l'image, souplesse du récit, efficacité du montage), l'artifice se manifeste trop souvent à travers une structure dramatique qui ne renonce à aucun poncif. Il est évident que Duvivier tente de dire quelque chose auquel il tient vraiment sur la beauté de Paris, les rapports sociaux et la générosité vraie des gens simples qui s'oppose à la méchanceté ou à la bêtise radicale de la foule. Il a en main toutes les qualifications techniques et artistiques pour faire passer son émotion. Mais les règles d'écriture et de construction, la soumission à une certaine exigence supposée du public, une vision dépassée du social, brident ce talent et cette sincérité et renferment le film derrière la grille de ses conventions. Par des voies différentes, comme nous le verrons plus loin, *Les Portes de la nuit*, *Au-delà des grilles*, comme *Sous le ciel de Paris*, ont tenté d'inscrire la magie du populisme d'antan dans des structures esthétiques ou dramatiques rénovées. Leur échec, quelles que soient les qualités de ces films, semble bien confirmer que tout retour en arrière sera impossible.

René Clair

Ses trois premiers films américains (*La Belle Ensorceleuse, Ma femme est une sorcière, C'est arrivé demain*) ont valu à René Clair une notoriété flatteuse aux Etats-Unis. Le quatrième, *Dix petits Indiens,* adapté avec Dudley Nichols d'Agatha Christie, lui vaut la consécration d'un succès public. Consécration qui prend un sens ironique : c'est parce qu'il a été empêché d'aller en Algérie préparer un Service cinématographique destiné à filmer le débarquement et la libération de la France, qu'il a tourné ce film policier. Les Américains ne souhaitent pas le laisser partir et René Clair reçoit plusieurs propositions de contrat. Mais il est résolu à retravailler en France et signe un accord avec Pathé et R.K.O. pour un film en France (avec version américaine), suivi d'un film en Amérique. C'est dans son bureau de Beverly Hills qu'il écrit le scénario de son film de rentrée, *Le silence est d'or.* Quand on verra ces images, rêvées à Hollywood et si totalement imprégnées de Paris, de l'histoire du cinéma, de Molière, on mesurera quelle nostalgie de la France les inspira. En juillet 1946, René Clair est à nouveau parisien, mais il doit modifier son script : le rôle principal a été écrit pour Raimu dont la santé inspire des inquiétudes et qui meurt en septembre. Maurice Chevalier est choisi pour le remplacer. Le 14 octobre 1946, René Clair commande « moteur » aux studios Francœur : c'est sa première intervention dans un studio français depuis douze ans, car son film interrompu en 1939, *Air pur,* n'avait connu qu'un début de tournage en extérieur.

Pour bien des cinéastes confirmés, leurs premiers films d'après guerre vont tenter inconsciemment de renouer les fils de leur œuvre d'avant guerre. Chez René Clair, la démarche est délibérée et démonstrative. *Le silence est d'or* se veut le film du lien renoué. Renoué d'abord avec son modèle, sa source d'inspiration majeure, définie par René Clair quand il écrivait à Georges Sadoul : « La seule fierté que j'éprouve peut-être me vient en pensant que j'ai choisi au début de ma carrière d'être l'élève et le continuateur du vieux Cinéma Français. » Tout Clair est dans cette remarque : la modestie feinte, l'orgueil désabusé d'un homme qui voudrait égaler une époque dont la splendeur s'est envolée avec le souvenir. René Clair a médité sur l'histoire de l'art, du théâtre, de la peinture, et s'est convaincu que le beau ne réside pas nécessairement dans le nouveau. Retrouver le secret de cette magie de l'illusion que savaient entretenir les contemporains de Méliès, étonner un vaste peuple avec des images distrayantes où se glisse une morale, être un La Fontaine des lanternes magiques, ce n'est pas une mince ambition, et René Clair, quand il la formule discrètement, ne peut s'empêcher de sourire de se savoir incompris. L'intelligence acérée de l'homme freine parfois ses élans, mais elle aiguise sa lucidité. Quand il publie le scénario du *Silence est d'or,* dans son livre *Comédies et commentaires,* il le fait suivre d'un texte comportant une critique méticuleuse et sans complaisance de son film. La foule sera moins sévère et saluera avec admiration *Le silence est d'or.* Cette évocation, située en 1906, des temps primitifs des premiers studios, avec leurs trucages efficaces, leurs bricolages ingénieux, leur invention à la bonne franquette, le tout entouré de la curiosité admirative d'un public découvrant, au-delà de l'attraction foraine, la magie des nouveaux rêves, ce pèlerinage guilleret, à la fois ému et moqueur, se double d'une intrigue inspirée de *L'Ecole des femmes* de Molière. Mais le vieil Arnolphe (Emile/Maurice Chevalier), même s'il aime la même Agnès (Madeleine/Marcelle Derrien) que le jeune Horace (Jacques/François Perier), prodiguera ses conseils à son rival, en don Juan débonnaire qui transmet son patrimoine. On retrouve dans *Le silence est d'or* la rue de Paris propice aux rencontres décisives, l'animation populaire, les amoureux timides et les copains hurluberlus propres à l'univers de René Clair. Mais la sécheresse qu'on lui reprochait parfois s'est dissipée. L'émotion, la tendresse percent et se donnent libre cours, comme si la maturité de l'âge (celle du personnage principal, de son interprète et de son metteur en scène) autorisait l'aveu d'une frémissante sensibilité mélancolique.

Le contrat avec Pathé-R.K.O. envisage une version américaine. Avec la collaboration du cinéaste américain, Robert Pirosh, René Clair a prévu une solution sans doublage ni sous-titres, mais avec l'adjonction d'un commentaire off (dans l'esprit du *Roman d'un tricheur*). Des plans complémentaires ont été tournés pour cette version dont René Clair est particulièrement ravi : lui, qui n'a cessé de se battre pour des modes originaux d'utilisation du son et de la parole, a l'impression d'avoir court-circuité élégamment le problème du doublage. Malheureusement, le public qui, en France et un peu partout en Europe, fait un accueil chaleureux au film, reste de marbre en Amérique : le commentaire détruit — semble-t-il — toute implication émotionnelle des spectateurs. Plus pessimiste encore, Clair voit dans cet échec la confirmation d'une de ses convictions : il y a des sensibilités nationales ou continentales, qui interdisent une efficacité universelle des films. Ce sentiment d'une ligne frontière de culture, de perception des œuvres, entre l'Europe et l'Amérique contribue sans doute à le dissuader de tourner le film « américain » qu'il doit à la R.K.O. Aucun projet sérieux n'est en vue : il rentre en France et ira au terme de sa carrière en terre européenne, bien qu'en 1951 son ami Norman Krasna, placé à la tête de la production de R.K.O., l'ait fait venir à Hollywood pour l'associer aux projets de la société. René Clair écoute, regarde, mais ne donne pas suite : sa place, sa culture sont en Europe.

Max Ophuls

Nous ne nous attarderons pas sur le cas de Max Ophuls. Non que nous sous-estimions l'importance du cinéaste, comme on pourra le vérifier plus loin. Mais dans ce chapitre consacré aux fils renoués avec le passé français, nous ne savons trop à quoi relier Max Ophuls. Son image française est un peu symbolisée par son *Liebelei* (1932), chef-d'œuvre absolu dans la version originale allemande, film intéressant, impressionnant et disparate dans sa version française (*Une histoire d'amour*, 1933). Tandis que les Européens exilés rentrent chez eux et se remettent au travail, Max Ophuls, qui a été quatre ans chômeur à Hollywood, s'y voit enfin confier des films. Après l'expérience malheureuse de *Vendetta* (d'après Mérimée), où il est remplacé par Preston Sturges, puis Mel Ferrer, il tourne un film digne d'intérêt, *The Exile* (*L'Exilé*, 1947), dont le producteur, coscénariste et interprète principal n'est autre que Douglas Fairbanks Junior, sur les traces de la tradition de cape et d'épée illustrée par son père. Max Ophuls retrouve dans cette dynamique l'esprit des opérettes viennoises, ou de cette *Fiancée vendue* qu'il a adaptée de Smetana en 1932. Après cet épatant exercice d'assouplissement, éliminant toute rouille de l'inaction, Max Ophuls se voit confier l'adaptation d'une nouvelle de Stefan Zweig, *Lettre d'une inconnue* (1948), et en tire un film dont l'élégance, le raffinement décoratif et l'intensité passionnelle annoncent la maîtrise des films français à venir. Deux films encore, *Caught* (1948) et *The Reckless Moment* (*Les Désemparés*, 1949), le confirment dans le sentiment qu'aux Etats-Unis, « univers de la puissance sans signification qui réduit à rien tout ce qu'elle atteint », il risque de perdre son âme. Une dernière tentative, celle de monter une adaptation de *La Duchesse de Langeais*, avec Greta Garbo et James Mason, échoue. Le sort en est jeté. Il rentre en Europe. C'est-à-dire en France. Et tourne *La Ronde*, d'après Schnitzler, renouant ainsi, si ce n'est avec le fil français, en tout cas avec l'une des branches maîtresses de sa culture européenne. Il reste à Max Ophuls sept ans à vivre. Le temps d'engendrer sa tétralogie (*La Ronde – Le Plaisir – Madame de... – Lola Montès*), qui brille dans le patrimoine français avec l'éclat du diamant.

Chapitre 2

RENOIR, CITOYEN DU MONDE

En 1945, la guerre prend fin. En avril 1955 sort à Paris *French Cancan,* le premier film français de Jean Renoir depuis *La Règle du jeu.* Renoir étant Renoir, ce trou de dix années mérite examen et analyse.

Renouer avec soi-même et son passé : ce n'est pas vraiment la préoccupation prioritaire de Jean Renoir en 1945. Nous n'avons parlé jusqu'alors que de cinéastes ou d'acteurs qui, partis pour sauvegarder leur sécurité, leur liberté, leur emploi, leur vie, selon les cas, se sont toujours considérés en exil provisoire, quelle que soit l'importance des intérêts professionnels ou des liens affectifs qu'ils ont développés à l'étranger. Si Renoir est parti avec le même état d'esprit, ce n'est pas dans l'attente qu'il a vécu son exil, mais comme une entrée dans un autre travail (Hollywood n'est pas Boulogne-Billancourt), une autre existence (en 1946, il achète un terrain sur Benedict Canyon et fait construire sa maison), une autre nationalité : il est devenu citoyen américain. Et veut, en tant que cinéaste américain, tourner des films américains. Il réussit, au moment où nous le retrouvons, à réaliser avec *Le Journal d'une femme de chambre* (1945), le vieux projet français d'adapter à l'écran Octave Mirbeau. Contraint — mais c'est une situation qu'il apprécie — à une modeste production « en famille », Renoir tourne le film entièrement en studio avec, dans les rôles principaux, deux de ses coproducteurs, les comédiens Paulette Goddard et Burgess Meredith. Dans cet espace confiné où chaque objet, les vêtements, les variations de lumière comptent, Renoir règle le plus étrange des ballets : « une tragédie burlesque aux confins de l'atrocité et de la farce », comme le définit André Bazin. De quoi dérouter le public, surtout en France, où ces châtelains bien de chez nous qui fêtent le 14 Juillet en anglais prennent une irréalité gênante. Baroque, féroce, inventif, le *Journal* bénéficie néanmoins d'une cote d'amour exagérée. Il est plus étonnant que réussi et les copains-interprètes-coproducteurs cabotinent à qui mieux mieux. En tout cas, bien qu'adaptant une œuvre littéraire

465

française et évoquant un contexte français, on peut constater que Renoir s'éloigne complètement, cinématographiquement parlant, du « réalisme français », tel qu'il l'avait pratiqué lui-même, y compris dans *La Règle du jeu*. Sans qu'on n'ait jamais pu l'enfermer dans un genre, Renoir avait gardé depuis *La Chienne* une certaine continuité de style qui n'a jamais été autant transgressée que dans *Le Journal d'une femme de chambre*.

Les trois films qui suivent *La Femme sur la plage, Le Fleuve, Le Carrosse d'or* confirment cette évasion, explorent de nouvelles voies et s'affranchissent totalement de la manière qui faisait de Jean Renoir l'incarnation du « réalisme français ». Il faudra se souvenir de cette radicale libération en trois actes quand Renoir se décidera finalement à tourner en France et réinvestira soudainement les plus solides valeurs du réalisme national traditionnel avec *French Cancan*. Dans *La Femme sur la plage* (tournage : 1946 ; sortie : 1947), pour la première fois Renoir filme l'abstraction, ce que François Truffaut appellera « la jungle crépusculaire de la sexualité refoulée », traduite en silences et signaux plus troublants qu'explicites. *The Woman on the Beach* est le dernier film américain de Renoir, bien qu'à l'époque les projets américains ne manquent pas : *La Femme aux cent visages* ; une comédie musicale adaptée, avec Hans Eisler, du *Crime de Monsieur Lange* ; une adaptation du *Roméo et Juliette* d'Anouilh ; ou d'*Eurydice*, du même ; une autre adaptation de *La Fuite de Monsieur Monde,* un roman de son ami Simenon qui vient de s'installer en Arizona. Il faut croire qu'en dépit du fossé des années et des kilomètres, Renoir reste synchrone avec une certaine sensibilité française, car comme Carné et Duvivier, le voilà qui s'intéresse à Simenon et à Anouilh. Le grand triangle Renoir-Duvivier-Carné du réalisme français des années 1935-1939 va-t-il se reconstituer à travers le temps et l'espace ? Ce n'est qu'une brève illusion d'optique. Ce réalisme-là a épuisé sa force de vérité et ses sortilèges. A chacun désormais de trouver sa nouvelle voie d'expression. Cette recherche, pour Renoir, passe par l'exercice purificateur du *Fleuve*.

Renoir lit un article sur le roman *Le Fleuve* (*The River*), de Rumer Godden en octobre 1946, s'intéresse au livre, prend une option sur les droits. Son film sortira en septembre 1951. Certes, pendant ces cinq ans, il a fait bien d'autres choses. Mais ce projet est toujours resté présent dans ses pensées. De son premier voyage en Inde en janvier 1949, à l'achèvement du montage en avril 1951, il consacrera vingt-huit mois au *Fleuve*. C'est dire l'importance de ce film, non seulement dans son œuvre, mais dans sa vie. Ce qui a intéressé Jean Renoir dans le livre de la romancière Rumer Godden, c'est moins l'histoire qu'un regard, une fenêtre ouverte sur un pays qui l'intrigue et l'exalte. Son premier voyage de repérage transforme cette curiosité en passion. Il s'initie à une autre civilisation, à une autre culture, à d'autres attitudes religieuses, à d'autres couleurs aussi et sent s'élargir sa vision du monde et de la vie dans cette prise de contact féconde.

Il a trouvé, pour l'aventureuse équipée d'un tournage aux bords du Gange, un producteur peu ordinaire. Kenneth McEldowney est fleuriste à Beverly Hills. Il s'est constitué, pendant la guerre qui l'a mené en Inde, un solide réseau de relations et il monte une production basée sur des ressources et une assistance locales. Ce qui entraîne un certain amateurisme, des retards, des difficultés techniques que Renoir supporte vaillamment, car il gagne, à cette implantation indienne de la production, une relation plus approfondie avec les gens du pays, et une parfaite liberté de création. Une fois encore, il faut souligner combien l'épanouissement de Renoir est attaché à des formes de production légères, ou familiales, ou marginales et hors circuit qui ménagent son indépendance, dût-il le payer d'un tournage plus pénible ou de difficultés matérielles accrues. Si, contrairement à sa légitime ambition, il n'a jamais tourné en Amérique le vrai grand film, ni connu le vrai grand succès dont il rêvait, c'est sans doute surtout à cause de cette incompatibilité entre son cinéma et la machine productrice américaine qu'il n'a jamais réussi à assouplir ou à contourner. Son plus grand succès « américain » sera justement *Le Fleuve,* mais si ce film a le statut juridique d'un film américain, il serait plus exact de parler d'une production indienne.

Une jeune fille de quatorze ans, Harriet, est le personnage central du *Fleuve.* A travers son journal, nous suivons sa vie familiale et celle des voisins, notamment de ses deux amies, Valérie et Mélanie. Les trois filles vont tomber amoureuses d'un jeune Américain infirme, en convalescence chez le père de Mélanie. La mère de celle-ci est indienne. Tous les autres personnages sont anglais (ou américains). Renoir a sans doute apprécié la timidité du roman à l'égard des grands problèmes sociaux et politiques de l'Inde, à commencer par l'étendue de la misère. Il n'était pas homme à jouer les experts en sociologie, ni à donner des leçons à propos d'une énorme nation qu'il venait de découvrir. Le film est un peu affaibli par la mièvrerie du livre, même si Renoir la gomme le plus souvent par l'ampleur de sa vision. Avec lui, nous sortons de l'anecdotique pour entrer dans un trajet spirituel, philosophique, où chaque incident de parcours dépasse sa signification romanesque pour nous transmettre quelque message sur les hommes, sur le Gange, sur la vie, sur le monde, sur les rapports entre les apparences et la réalité, sur l'égale importance du petit et du grand, sur la présence de la totalité de la nature dans chacune de ses manifestations. Cette « philosophie » se passe de tout discours. Elle est implicite dans la couleur et le mouvement des images. Sans doute peut-on dire que *Le Fleuve* est un film « réaliste », dans la mesure où il montre une certaine réalité : c'est ce que voulaient exprimer certains critiques en utilisant l'épithète de « documentaire ». Mais le réalisme du *Fleuve* renvoie à une transcendance. La vision, ici, est cosmique. Elle implique une conception globale de l'univers, une approche morale, voire métaphysique de la vie. S'appropriant d'un coup l'utilisation de la couleur (c'est bien le moins qu'on pouvait attendre du fils d'Auguste Renoir), comme il s'était d'un coup approprié la parole avec *La Chienne,* Renoir utilise ce nouvel instrument de représentation de la nature pour atteindre à un cinéma universaliste d'une nouvelle ampleur. En réponse à *La Règle du jeu,* chef-d'œuvre du désordre et de la perplexité devant l'incohérence du monde, *Le Fleuve* propose le chef-d'œuvre apaisé de l'harmonie retrouvée et de la soumission à la cohérence universelle. A la fin du film, un enfant meurt, un enfant naît, le fleuve coule, la vie continue : l'ordre de la nature règne dans sa majesté. On peut rejeter cette vision du monde. Mais on ne peut contester l'ambition intellectuelle et la réussite artistique de l'entreprise.

Dès qu'il a terminé *Le Fleuve,* sans attendre la sortie du film, Jean Renoir part pour Paris. Il arrive le 8 mai 1951. Enfin ! Nous avons cité quelques-unes des raisons qui ont retenu Renoir : il attend que son fils Alain ait une situation, que son divorce avec Catherine Hessling soit prononcé en France, et veut exécuter les contrats en cours et ne pas quitter les Etats-Unis avant d'avoir réussi un film important. De toute façon, il n'a jamais été question de retour définitif : c'est bien aux Etats-Unis que Renoir entend vivre désormais. Certes, il souhaite renouer avec sa famille et ses amis, et tourner à nouveau en France. Mais aux obstacles concrets qui retardent son voyage, et qui tombent un à un, s'ajoute une sorte de malaise diffus qui l'amène à une très lente et progressive reprise de contact. Jean Renoir a pris parti pendant la guerre, sans hésitation, pour le camp allié. Mais il a toujours détesté le club des exilés, les Français d'Amérique, et leurs querelles entre partisans de Pétain, de Gaulle et Giraud. Il éprouve de la pitié, de la peine pour les souffrances du peuple français (et submerge famille et relations de colis en tous genres), mais n'a aucune sympathie pour les démêlés et divisions politiques qui ont suivi la Libération. Il s'interroge sur les conditions dans lesquelles le cinéma français a réussi à continuer de fonctionner sous l'Occupation, et n'a pas très envie de se retrouver trop vite avec « ces gens-là ». Enfin, dans ces années de l'immédiat après-guerre, il est attentif au climat qui règne en France autour de son nom et de son œuvre, et perplexe, parfois furieux, souvent déçu devant l'accueil fait à ses films. *Vivre libre* et *Le Journal d'une femme de chambre* sortent en 1946, *L'Etang tragique* en 1948, *L'Homme du Sud* en 1950 : seul ce dernier obtient un accueil favorable mais, d'une manière générale, l'attitude de la critique à l'égard des films de Renoir est réservée. Une nouvelle exploitation de *La Grande Illusion* en 1946 obtient un succès limité et ouvre un débat sur son opportunité, débat posé en ces termes par Georges Altman dans le journal *Franc-tireur* (29 août 1946) : « Quelle colossale faute de goût de convier le public à venir revoir *La Grande Illusion*... On n'a pas le droit moral, aujourd'hui, à deux ans de la Wehrmacht, des S.S. et des fours crématoires, d'invoquer l'art pour montrer l'amitié franco-allemande. Le sang est trop proche. Ce n'est ni la haine ni cet étroit chauvinisme qui nous poussent à dire notre stupeur et notre indignation. C'est la mémoire... » En 1946 également, le producteur Pierre Braunberger, avec l'accord de Jean Renoir, met en circulation *Partie de campagne,* un film de trente-sept minutes monté sous le contrôle de Marguerite Renoir à partir du matériel incomplet tourné en 1936. Là encore, l'intérêt public reste limité.

Deux phénomènes contradictoires se développent en France autour de Renoir. D'une part, son absence prolongée entraîne sinon l'oubli, en tout cas un désintérêt, accru par le fait que le nouveau Renoir brouille les pistes anciennes : identifié comme l'incarnation de ce qu'il y a de plus français, et comme l'homme du Front populaire, on a du mal à reconnaître l'émigré hollywoodien qui se fait construire une maison en Californie et tourne en anglais des films à message spiritualiste (ce sera vrai surtout du *Fleuve*). Mais, d'autre part, dans les ciné-clubs, alors en plein développement, l'œuvre de Renoir est en train de prendre la place majeure qu'elle va bientôt occuper dans la sphère cinéphilique, *La Règle du jeu* est reconnu comme un film capital, et bientôt (à partir de 1952) les *Cahiers du cinéma* vont organiser une campagne de sacralisation qui, passé différentes batailles polémiques, aboutira à une reconnaissance quasi générale de la place prééminente de Jean Renoir dans le cinéma français.

C'est dans ce climat que Renoir arrive en France : suspicieux à l'égard du milieu professionnel, un peu oublié du grand public, entouré de l'admiration et de l'affection d'une cohorte grandissante de cinéphiles, dont un secteur (engagé à gauche) espère qu'il va profiter de son retour pour se démarquer de ses amis américains.

Quand il arrive, Renoir sait que beaucoup de propositions l'attendent, et se prépare à tourner tout de suite en France. Mais, très vite, un projet alléchant l'amène à Rome : une adaptation du *Carrosse du Saint-Sacrement* de Prosper Mérimée, avec Anna Magnani, projet que vient d'abandonner Visconti. C'est aux studios du Cinecittà qu'il faut tourner. Qu'à cela ne tienne. Jean Renoir était sorti du cinéma français par Rome et Puccini (*Tosca*). Il va y rentrer par Rome et Mérimée. La boucle est bouclée.

Le Carrosse d'or semble très exactement le contraire du *Fleuve* : un film aussi clos que l'autre était ouvert. Du théâtre du monde, nous sommes réduits au monde du théâtre. De Brahma et Shiva, nous sommes ramenés à Arlequin et Colombine, de l'infiniment grand à l'infiniment petit. Tout au moins en apparence. Car *Le Fleuve* déjà nous montrait que Tout est dans tout. Tous les désirs, toutes les joies, et toutes les peines de l'humanité se retrouvent dans le spectacle qu'une troupe de saltimbanques donne à la cour d'un vice-roi d'Amérique du Sud. A moins que ce ne soit le spectacle que la cour d'un vice-roi offre à des saltimbanques. Ou plutôt le spectacle que Jean Renoir nous donne avec son jeu de poupées russes qui s'ouvre sur un rideau qui se lève sur un rideau qui se lève comme il se doit au début d'un voyage au cœur même du théâtre, là où se dévoile et se révèle le cœur des hommes. A grand renfort de Vivaldi et de profondeur de champ, Renoir triture la pièce de Mérimée, mais, au bout de son numéro de prestidigitation, lent à démarrer, c'est à nouveau un tableau subtil et magique des passions humaines qui se dessine devant nous. Les baladins de la commedia dell'arte nous renvoient à l'universel, avec lequel désormais Renoir nourrit une relation familière, confirmant la nouvelle dimension de son cinéma. Superbe, Anna Magnani est malheureusement entourée d'une troupe disparate recrutée pour les besoins d'une coproduction en triple version anglaise, italienne et française, chacune privée de l'authenticité du son souhaitable. Cette ambiance sonore ouatée étouffe certaines résonances de ce bal des illusions : d'optique, sociales, sentimentales.

Le tournage a été une fête. On a perdu du temps en route, et ainsi pu jouir plus longtemps de Rome. Mais le retour à Paris est morose. *Le Carrosse d'or* est un échec et tous les projets tombent à l'eau. C'est seulement en octobre 1954 que Jean Renoir se retrouve dans un studio français pour y tourner *French Cancan* : un film prévu pour Yves Allégret et auquel celui-ci doit renoncer à cause du retard pris par le film qu'il tourne avant, *Oasis*, le premier film français en Cinémascope. Certes, comme il l'a fait pour *Le Carrosse d'or,* Renoir retravaillera le scénario à sa manière et s'investira complètement dans cette évocation de la création du « Moulin Rouge ». Il n'hérite pas du film d'un autre. Mais au terme de ce long récit de la longue route prudemment suivie par Jean Renoir vers son retour au cinéma français, comment ne pas percevoir, au moment même des retrouvailles, l'énormité de la coupure qui s'est produite. Pour son retour en Europe, Renoir n'œuvre pas sur des projets qu'il a choisis, chéris, mûris : il remplace Visconti et Allégret. Il ne « rentre » pas en France, il est de passage : ailleurs, sa maison, son jardin, ses amis l'attendent. Il est en pèlerinage en quelque sorte : réinstallé dans son appartement de l'avenue Frochot, tournant rue Francœur, évoquant l'histoire de la Butte, il réinvestit les rues, les paysages de son enfance, le Montmartre dont il a connu la Belle Epoque, et que son père et ses copains, Degas ou Lautrec ont imposé sur les murs des grands musées. Sous le titre de *Moulin Rouge,* John Huston a réalisé deux ans plus tôt un *Lautrec. French Cancan,* mis en scène par Jean sur des couleurs d'Auguste, sera un vrai Renoir. C'est le seul moment peut-être où Jean Renoir regarde en arrière. Avec Jean Gabin dans le rôle principal, se reconstitue un instant un duo qui, sur trois films (*Les Bas-Fonds, La Grande Illusion, La Bête humaine*), a marqué le cinéma des années trente. Mais ce signal est pure illusion d'optique. *French Cancan* ne marque pas un retour au réalisme populiste : tout au plus à un réalisme nostalgique entièrement tourné vers le passé à travers un moment de la peinture, un paysage, une page de la vie parisienne. Le film permet à Renoir d'approfondir son discours sur la vie, l'importance et les règles du spectacle. Le scénario s'amuse à reproduire les contours traditionnels de la comédie musicale. Mais le second degré se perd en route et le film devient tout simplement ce qu'il avait l'air d'être : un divertissement d'un charme fou. La maîtrise du réalisateur éclate dans chaque plan. Et *French Cancan* plaira beaucoup.

Est-ce vraiment cela que nous attendions ? Maintenant que se sont apaisés les conflits d'idées et d'humeurs et que Renoir a conquis la reconnaissance de sa prééminence dans le cinéma français, quelques bribes de débats subsistent. Pour une partie des amoureux de Renoir, l'œuvre américaine du cinéaste demeure en retrait par rapport à son œuvre française, et ses films d'avant-guerre restent plus importants que ceux d'après-guerre. Situation paradoxale, car personne ne doute que le Renoir des années cinquante soit plus mûr, plus assuré, humainement et techniquement, que le Renoir des années trente ; le raffinement de certains de ses films comme *Le Fleuve* et *Le Carrosse d'or* en témoigne largement. Demeure le sentiment qu'à l'époque où, moins adroit, moins sûr de lui, Jean Renoir était en phase avec une sensibilité nationale, ses vibrations culturelles et sociales, et son enracinement populaire, il communiquait à ses films une force, une énergie, une charge humaniste d'émotion et de conviction qui tiédissent dans les étapes ultérieures. Bref, le sentiment que l'âge d'or du cinéaste Renoir coïncide avec l'âge d'or du cinéma français, et que l'admirable maîtrise des années cinquante reste un peu en retrait par rapport à l'invention permanente, à haut risque, des années trente. Le lecteur a déjà compris que l'auteur de ces lignes partage ce sentiment...

Chapitre 3

LA QUARANTAINE PASSÉE...
CLOUZOT, GUITRY

Pour les cinéastes, comédiens, scénaristes dont nous avons évoqué la situation dans ces chapitres, la fin de la guerre marquait la fin d'une épreuve. Pour quelques autres, par contre, la Libération constituait une nouvelle épreuve : il s'agit de ceux qui, accusés de « collaboration avec l'ennemi », se sont vu infliger des sanctions par des comités d'épuration. Deux réalisateurs importants, parmi un plus menu fretin, sont dans ce cas d'avoir à subir une quarantaine et de gérer un retour très surveillé à l'activité professionnelle.

Henri-Georges Clouzot

Dans une première décision le Comité de libération du cinéma français avait condamné Clouzot à une interdiction d'activité jusqu'à ce que douze films aient été produits. En février 1946, Clouzot demande la levée de la sanction, et la commission responsable décide que l'interdiction cessera en août. Mais un organisme régional interprofessionnel décide au contraire de prolonger la suspension pour deux ans, déclenchant une campagne de protestation dans la presse : Sartre, Camus, Autant-Lara, Carné, parmi d'autres, signent des articles ou une pétition demandant le retour de Clouzot dans les studios. Aucune décision judiciaire ni réglementaire n'interviendra. En décembre 1946, le préfet de la Seine confirme cette prolongation de deux ans. Mais, dans le désordre du moment, Kafka peut jouer contre le Château : le 3 février 1947, Clouzot commence à tourner *Joyeux Noël* (futur *Quai des Orfèvres*).

Depuis qu'il a terminé *Le Corbeau,* Clouzot cherchait le sujet de son film suivant. Le projet le plus sérieux est une adaptation du roman de Nabokov, *Chambre obscure*. Jean-Paul Sartre travaillera sur ce scénario pendant les derniers mois de 1943, et les deux hommes mettent au point une continuité dialoguée. Clouzot a prévu une distribution avec Michel Simon et Paul Bernard. En cherchant une interprète pour la jeune héroïne, Clouzot fait la connaissance d'Inès Arnaud, une élève comédienne qu'il retrouvera — et épousera — seize ans plus tard. Mais cette *Chambre obscure* paraît trop noire aux producteurs, qui de toute façon ne se bousculent pas pour engager un cinéaste sous le coup d'une interdiction professionnelle. Il s'en trouve un pourtant qui se déclare prêt à tenter l'aventure, Tolia Eliacheff, à condition que Clouzot s'abstienne d'un sujet trop dur. Le recours au film policier semble rassurant, et Clouzot fixe son choix à nouveau sur un roman de Stanislas-André Steeman, *Légitime défense* qui va devenir *Quai des Orfèvres*.

Clouzot n'hésite pas à transformer le livre, que Steeman ne reconnaît plus, pour y introduire les relations de force, de pouvoir qui l'intéressent. D'où l'extraordinaire Maurice Martineau (Bernard Blier) dont l'inconsistance caractérielle est cernée avec une telle force que cet anti-héros devient passionnant. D'où aussi l'enquête classique de l'inspecteur Antoine (Louis Jouvet), qui permet à Clouzot de synthétiser les enseignements d'un stage de quinze jours dans une brigade criminelle et de restituer le climat du Quai des Orfèvres avec une méticulosité de documentariste. Les personnages sont écrits avec force, en utilisant, pour les caractériser, des traits marquants de leurs interprètes. Ainsi, l'inspecteur Antoine est, comme Jouvet, un sentencieux désabusé qui dissimule sa générosité sous une mordante ironie, et Jenny Lamour trouve en Suzy Delair le double parfait de sa vulgarité gavroche et sensuelle. Avec une simplicité de moyens époustouflante, Clouzot raconte clairement une affaire criminelle compliquée, fait vivre, côté scène et côté coulisses, un petit music-hall de quartier, évoque, avec une évidente jouissance, les turpitudes sexuelles de quelques grands patrons, et surtout tisse un réseau de rapports domination-soumission, pouvoir-impuissance, d'une grande richesse psychologique et d'une formidable efficacité dramatique. Petit film policier qui se déroule en une journée, *Quai des Orfèvres* recrée une humanité d'une vérité crue sous un éclairage (moral et esthétique) qui porte la marque de son réalisateur. De l'apparente modestie de l'entreprise surgit une péremptoire confirmation : Clouzot est un auteur. Il a cherché à sortir discrètement de sa quarantaine. C'est réussi : nul scandale ne marque son retour sur les écrans. Mais, d'une certaine manière, c'est aussi raté. Rien de ce que fera désormais Clouzot ne peut plus être confidentiel.

Clouzot a trente-huit ans en 1945. Il n'était rien avant la guerre. La quarantaine de l'épuration n'a été pour lui qu'un épisode désagréable, sans l'atteindre profondément. Il en va tout autrement pour Sacha Guitry, soixante ans en 1945, roi déchu de la vie parisienne après soixante jours de prison et un procès sans inculpation qui se termine au bout de trois ans par un non-lieu. Son public et ses amis lui reviendront bientôt. Mais il a mesuré la versatilité de l'un et des autres, le poids de la calomnie et ses dernières œuvres seront marquées par l'amertume. Le Bien-Aimé n'a pas supporté d'être, un instant, le Banni. On ne retrouvera plus l'allègre légèreté qui a caractérisé tant de comédies de Sacha. Mais le talent, s'il a perdu un peu d'entrain, demeure au rendez-vous.

Libre de reprendre ses activités, Guitry annonce un film qu'il vient d'écrire, *Le Diable boiteux.* Les films (et les pièces) historiques et biographiques font partie de son répertoire, mais le choix de Talleyrand comme héros n'est pas innocent. Il s'agit d'un plaidoyer, à peine masqué, à travers un homme qui, servant successivement plusieurs régimes, n'a jamais célébré que la grandeur de la France, et s'est montré moins versatile que le peuple et les chefs politiques. La censure s'oppose au tournage. Qu'à cela ne tienne. Le théâtre est beaucoup moins contrôlé et la censure préalable n'y existe pas. Guitry tire une pièce de son scénario et la monte, avec succès, en janvier 1948. Dès lors, comment s'opposer à ce qu'il en tire un film ? La censure lève son interdiction et le film sortira fin septembre. Auparavant, Guitry a eu le temps d'en tourner un autre, et c'est donc ce film, *Le Comédien,* sorti en mai 1948, qui marque, avant *Le Diable boiteux,* son retour au cinéma.

Encore une fois, il nous étonne par l'extraordinaire liberté avec laquelle il manie les formes cinématographiques. *Le Comédien* commence comme un vrai documentaire consacré à son père Lucien Guitry, auquel se mêle bientôt une biographie reconstituée, jouée par des acteurs, puis Guitry incarne son père jouant divers rôles, dont Pasteur. De dédoublements de rôles en dédoublements de comédiens, nous auscultons la dialectique du spectacle vécue par le public et les interprètes. Cette jonglerie intellectuelle et cinématographique est construite sur une version raccourcie de la pièce *Le Comédien,* consacrée surtout au désir de jouer la comédie (sur scène) avec la femme qu'on aime jusqu'au jour où l'univers du théâtre oblige à sacrifier l'amour de la femme. La relation père-fils est évoquée avec une subtilité admirable. La relation hommes-femmes est moins convaincante. Lana Marconi, nouvelle épouse de Sacha Guitry et donc — c'est le sujet de la pièce — vedette du spectacle, n'est pas, hélas, Jacqueline Delubac. *Le Diable boiteux,* quelques mois plus tard, fourmille de mots d'esprit qui font taire les siffleurs : on ne sait pas lesquels sont de

Talleyrand et lesquels sont de Guitry. Le film s'ouvre pourtant sur une scène qui est une véritable provocation. Quatre valets parlent de leur maître et en font le portrait, lorsque, annoncé par le bruit de sa claudication, le « Diable » paraît et monte l'escalier de son pouvoir, entouré par ses domestiques. On réalise, au fil des scènes, que les quatre valets de Talleyrand étaient interprétés par les quatre acteurs qui jouent ensuite Napoléon Ier, Louis XVIII, Charles X et Louis-Philippe, les quatre monarques dont Talleyrand aura été le valet... et maître. Film pétillant, plus amer que drôle, *Le Diable boiteux* est aussi un festival monomaniaque dont tous les personnages ne sont là que pour servir la soupe au diplomate et à son interprète. On a retrouvé Guitry, mais un Guitry boiteux, dont la hargne altère le talent. Le temps des fêtes est passé.

II

LA TENTATION D'ORPHÉE

« Apprendrez-vous jamais à ne pas
regarder en arrière ? A ce petit jeu, il y
en a qui se changent en statues de sel. »

Jean Cocteau, *Orphée,* 1950.

Chapitre 1

LE CAS PAGNOL

Personne ne sort indemne, inchangé, innocent de ce temps d'épreuves. La vie, les idées, le travail de chacun, tout cela a changé tandis que le monde basculait. Certes, l'espoir, l'enthousiasme, dominent, mais mêlés de soupçons, de remords, de mauvaise conscience, de volonté de revanche. Et d'effroi devant le terrible big-bang qu'ont fait éclater ces deux noms : Auschwitz, Hiroshima. Pourtant, il faut repartir, créer à nouveau : comment renouer les fils du récit dans cette paix retrouvée, hérissée de tant d'écueils ? Les cinéastes ne se prennent pas la tête dans les mains pour se poser la question devant une glace. Mais elle se pose concrètement à eux, dans la vie. Et la première réponse qui naturellement surgit, c'est : retourner au passé, continuer comme avant. C'est la réponse la plus simple. Il n'est pas sûr qu'elle soit la plus bénéfique.

On le mesure avec un exemple un peu étrange. Nous avons dit la rupture, soudaine, radicale, en 1942, de Marcel Pagnol avec le cinéma. Rupture restée à ce jour inexpliquée et à propos de laquelle ses exégètes manifestent une étonnante absence de curiosité. A la Libération, Marcel Pagnol mène une intense vie parisienne où se mêlent (ou vont se mêler) : son activité à la Société des auteurs dont il a été nommé président, qu'il aide à franchir le stade de l'épuration et à conquérir de nouveaux droits ; des ambitions académiques qui le feront élire à l'Académie française le 14 avril 1946 ; l'écriture d'une pièce adaptée de son film *César*, destiné à Raimu, qui meurt le 20 septembre 1946 ; une idylle avec Jacqueline Bouvier qu'il épouse le 6 octobre 1945. Au milieu de ces différents investissements professionnels, sentimentaux, honorifiques, mais tous passionnels, Pagnol reçoit la visite d'un monteur qui a tourné deux ou trois films, Raymond Leboursier, qui veut adapter une nouvelle de Zola, *Naïs Micoulin,* et demande à Pagnol d'en écrire les dialogues. Pagnol lit, est emballé, propose de produire, adapter et superviser le film qui offre à Jacqueline Bouvier un rôle en or. *Naïs,* tourné et sorti en 1945, présente des défauts qui affleuraient dans d'autres films de Pagnol, et qui, ici, s'étalent davantage : notamment le rôle envahissant de la parole, la place incongrue accordée à des monologues figés, un certain statisme de l'image. Par contre, l'excitation de Pagnol pour le sujet (tel qu'il l'a adapté) n'a rien de mystérieux. *Naïs* est tout simplement le concentré de l'univers cinématographique de Pagnol, une sorte de portrait robot de son œuvre où un bossu (superbe Fernandel), c'est-à-dire un ange qui sent des ailes lui pousser dans le dos, veille sur le bonheur et la vertu d'une archangélique fille de Provence, bientôt enceinte, blessée par la ville qui salit tout. On comprend qu'un film qui lui donnait l'occasion de rassembler la quintessence de ses thèmes dramatiques ait convaincu Pagnol de sortir de sa retraite cinématographique et de se mêler à l'entreprise jusqu'à la « coréalisation » : un peu, beaucoup, énormément, pas du tout ? On n'en sait guère plus sur la part réelle qu'il prit à la mise en scène, et dans cette mixité des responsabilités réside peut-être l'explication des chutes de densité dont souffre le film. Voici donc Pagnol, le grand, le populaire Marcel Pagnol, dont l'activisme parisien défraie souvent la chronique, de retour au cinéma avec un film clé, un film somme, et le concours de Fernandel soi-même : le triomphe (ou critique, ou public, ou les deux) semble assuré. C'est au contraire la débandade. « C'est fini tout ça, on l'a trop vu, on connaît par cœur » : voilà ce que ressassent les rares spectateurs et critiques qui portent intérêt à *Naïs*. Pagnol a renoué avec lui-même, avec sa propre histoire de la manière la plus complète qui soit. La sanction est immédiate : « Monsieur Pagnol, il faut trouver autre chose ! » Le verdict est si radical que, cinquante ans plus tard, *Naïs* reste un film à découvrir.

Chapitre 2

CARNÉ, PRÉVERT, GABIN :
LES PÉRILLEUX RENDEZ-VOUS

La plus grande tentation va consister à renouer avec le populisme tragique ou poétique qui a fourni ses lettres de noblesse au cinéma des années trente. Cette tentation est plus forte pour les plus grands, ceux qui ont une expérience à exploiter, et une image à maintenir. La tentation ou l'obligation : parfois ce sont les financiers, le milieu professionnel, la critique, le public, qui convoquent le cinéaste sur le terrain où il s'est déjà illustré. L'immédiat après-guerre de Carné, Gabin, Prévert, fournit un exemple fameux de ces périlleux rendez-vous.

Les trois hommes ont, séparément, un palmarès exceptionnel. Réunis pour *Le Quai des Brumes* et *Le jour se lève,* ils ont créé des œuvres qui ont donné le ton d'une époque. Le directeur de production chez Pathé, Raymond Borderie, leur propose de travailler ensemble quand Gabin est démobilisé, en 1945, et tous trois sont plutôt heureux de se retrouver « comme avant ».

Mais rien n'est plus « comme avant ». Gabin, super-vedette, était l'allié essentiel des projets de Prévert ou Carné. Depuis, Carné et Prévert ont tourné deux œuvres clés des années quarante, *Les Visiteurs du soir* et *Les Enfants du paradis.* Gabin est devenu le quartier-maître Moncorgé aux traits empâtés, aux cheveux blancs. Flanqué d'une star hollywoodo-germanique, Marlene Dietrich, dont la présence autoritaire contribue à brouiller l'image du prolo aventurier marginal qu'il a laissée, il est mal à l'aise dans cette France qui hésite à le reconnaître. Après diverses hypothèses, on retient l'idée d'un film adapté d'un ballet, *Le Rendez-Vous,* que donne la troupe de Roland Petit, sur un livret de Prévert et une musique de Kosma : un homme échappe à la Mort, en prétextant un rendez-vous avec la plus belle fille du monde. Mais la Mort sera au rendez-vous du Destin. Gabin aurait préféré une adaptation d'un livre dont il a acheté les droits en 1938, *Martin Roumagnac,* et que, dès cette époque, Carné et Prévert ont refusée. En

481

route, donc, pour ce *Rendez-Vous,* rebaptisé pour le cinéma *Les Portes de la nuit.* Nous sommes en été 1945. Le 3 décembre 1946 sortira *Les Portes de la nuit* (sans Gabin). Quinze jours plus tard sortira *Martin Roumagnac,* avec Gabin et Marlene, mais sans Carné ni Prévert. Les deux films sont des échecs (public et critique). L'histoire de ce double ratage récapitule toutes les ambiguïtés de l'époque.

Au niveau des individus, les relations ont perdu leur confiante simplicité. Gabin était d'accord pour tourner tout film soutenu par Prévert. Carné était d'accord avec l'essentiel de ce que Prévert écrivait. Si un désaccord sérieux s'élevait entre eux, Prévert concluait par : « Je ne suis pas de ton avis, mais c'est toi qui fais le film, c'est ton affaire », et on n'en parlait plus. Depuis, les univers de ces trois hommes ont pris leurs distances, leur système de valeurs a changé. Prévert a été un résistant discret mais qui vit intensément la Libération et l'épuration. Carné est resté hors du coup. Prévert était non seulement la source poétique des films, mais aussi, en cours de route, le rempailleur toujours prêt à réécrire un rôle pour un nouvel acteur, ou à changer une scène pour un nouveau décor. Il vient de publier *Paroles,* son premier livre, qui connaît un succès phénoménal, ses poèmes deviennent des chansons, son horizon d'auteur s'élargit. Il n'attrape pas « la grosse tête » pour autant — et ne l'attrapera jamais — mais il se fait moins disponible. Gabin manifeste l'inquiétude qui le ronge quant à son avenir par une volonté de contrôle, renforcée par les exigences de Marlene Dietrich, associée au projet, et qui a droit de regard, par contrat, sur le scénario. Carné s'énerve, Prévert explose, Dietrich se retire, Gabin la suit.

Anecdotiques fâcheries ? Pas seulement. Gabin et Marlene font des remarques inutiles ou absurdes sur le scénario. Ils en font aussi de pertinentes. Ils ont perçu en tout cas une faille dangereuse dans ce noyau de l'entreprise. Carné le sent aussi, à sa manière, et s'inquiète de voir Prévert faire dériver le thème d'amour fatal développé par le ballet en le doublant d'une intrigue de pleine actualité avec retour de déportés, marché noir, trafics de « collabos » et règlements de comptes post-épuration. Carné a tort et raison de s'inquiéter. Tort car il saura admirablement faire passer dans sa mise en scène ces ultimes convulsions de l'immédiat après-guerre : cette facette de l'intrigue fournira au film son vrai centre d'intérêt. Raison parce que le contraste entre l'abstraction poétique du thème initial et l'actualité concrète et cruelle de ses développements creuse un fossé impossible à combler esthétiquement et dramatiquement. Apparemment, et sans doute Prévert l'a-t-il perçu ainsi, *Les Portes de la nuit* reconstitue *mutatis mutandis* le couple fatalité-destin-poésie d'une part, quotidien-actualité-réalité de l'autre, dont la féconde association fournissait la force et l'originalité du populisme tragique. Dans *La Belle Equipe, Le Quai des Brumes, La Bête humaine, Le jour se lève,* un climat de fatalité poétique enrobait la dérive d'ouvriers ou de marginaux en cavale dans la surréalité d'un univers romanesque. Mais *Les Portes de la nuit* tente d'inscrire dans l'abstraction baroque d'un conte métaphysique, avec un Destin en chair et en os qui égrène dans le métro et les bistrots ses aphorismes ténébreux, une réalité tragique, concrètement vécue comme telle par les spectateurs. Ils ont faim, ils ont froid, ils pleurent des proches disparus et vivent, dans le malaise ou l'insatisfaction, le souvenir brûlant de l'Occupation et de ses séquelles : l'insertion de ce réel quotidien dans un ballet poétique est mal acceptée, voire franchement rejetée.

On pouvait fabriquer un superbe spectacle tragique avec les démêlés professionnels et sentimentaux d'un ouvrier, pour peu qu'on les insère dans le piège efficace d'une nuit menaçante de souvenirs amers : le mécanisme dramatique du *Jour se lève* fonctionnait à plein rendement. En 1946, peut-être le public est-il prêt à retrouver sur un écran les émotions qu'il vient de vivre. Mais pas figées dans l'esthétisme éthéré d'un conte diabolique, dans une version noire des *Visiteurs du soir*. La technique et l'esthétique des *Portes de la nuit* renforcent la gêne du spectateur. Carné (avec Trauner aux décors et Agostini à l'image) a retrouvé les pavés mouillés, la fumée des trains, le canal Saint-Martin et cette splendeur décorative qui lui ont permis déjà (notamment dans *Hôtel du Nord*) de réinventer Paris. Mais tout d'un coup, c'est trop beau, tout cela, trop chic, trop léché, et même, oui, trop cher. Resurgit le vieux procès déjà entamé quand Carné avait fait reconstruire en studio le quai de l'Hôtel du Nord, comme il fait reconstruire cette fois la station de métro Barbès-Rochechouart. Procès absurde alors, mais qui aujourd'hui, en 1946, fait sens, car ce faux-semblant, qui loin de trahir la réalité, l'exalte, paraît incompatible avec la simple authenticité qu'exige une approche morale du malheur. L'exemple de *Rome ville ouverte* fournit un argument polémique et culturel à un débat dont la vraie portée est artistique et morale : le néo-réalisme italien condamne le raffinement décoratif à la Carné, en tout cas pour l'évocation des malheurs du temps.

Pour en finir avec la petite histoire, si riche d'enseignements, des *Portes de la nuit,* il faut savoir, pour bien apprécier le climat de l'époque, que la société américaine R.K.O., d'accord pour produire le film avec Pathé, s'est retirée quand Gabin et Dietrich ont été réunis pour les principaux rôles. Les deux vedettes avaient donné une publicité jugée indécente à leur liaison aux Etats-Unis, et R.K.O. redoutait le boycott des ligues de vertu... Alexandre Korda est d'accord pour coproduire, mais c'est quand le couple se retire qu'il veut abandonner. Il maintient sa participation, mais n'obtient pas le droit de débloquer les fonds de la coproduction. L'échec du film, c'est aussi l'échec du couple Nathalie Nattier-Yves Montand sur qui a pesé la trop lourde responsabilité de remplacer Marlene-Gabin. Pour son premier vrai rôle (il était apparu dans *Etoiles sans lumière* aux côtés d'Edith Piaf, en

1945), Montand est trop fruste et inexpérimenté pour exploiter ses vraies qualités et Carné n'est guère réputé pour ses talents de pédagogue. A l'exception du *Salaire de la peur,* il faudra attendre les années soixante pour que Montand s'affirme comme comédien. C'est presque le temps qu'il faudra à la chanson du film « Les feuilles mortes », passée complètement inaperçue sur le moment, pour devenir un succès mondial. Tourné, sorti et condamné parallèlement aux *Portes de la nuit, Martin Roumagnac* est une sorte de sous-Simenon adapté par Pierre Véry et tourné par Georges Lacombe, qui font en l'occurrence figure de sous-Prévert et de sous-Carné. Cet échec, commun en quelque sorte, de trois hommes — Carné, Prévert, Gabin — qui chacun à son niveau a incarné une époque du cinéma français, n'est pas sans conséquences : sur leur réflexion, sur leur carrière, et donc sur l'évolution de ce cinéma.

Avant que se referment *Les Portes de la nuit,* Prévert et Gabin se sont violemment accrochés, Carné et Prévert ont eu quelques différends. Pourtant, cette étape pénible, c'est ensemble qu'ils vont tenter de la surmonter. Le premier projet sur lequel va travailler Carné, c'est avec Prévert. Le premier film qu'il tournera réellement, ce sera avec Gabin. Avec Prévert, d'abord resurgit le scénario abandonné de *L'Ile des enfants perdus* (voir livre 2, pages 241 et 242). Le producteur Nicolas Vondas (l'homme aux dommages de guerre) rêve d'offrir un grand rôle à Arletty, pour le moment interdite d'écran. Carné et Prévert acceptent de reprendre leur scénario dont le titre est modifié, car entre-temps Léo Joannon a tourné, sur la rééducation de l'enfance délinquante, un film au titre trop proche, *Le Carrefour des enfants perdus.* Pour *La Fleur de l'âge* (nouveau titre), Prévert transforme, à destination d'Arletty, et en l'étoffant, le rôle féminin primitivement conçu pour Danielle Darrieux. Les contrats sont signés et, le 28 avril 1947, le tournage commence à Belle-Ile-en-Mer avec, dans les principaux rôles, Arletty, Anouk Aimée, Martine Carol, Paul Meurisse, Julien Carette et Serge Reggiani. Il se poursuivra avec des interruptions jusqu'à la mi-août : le mauvais temps, les exigences pointilleuses de Carné, la mauvaise volonté de l'administration pénitentiaire, les allégements qu'il faut apporter au scénario au fur et à mesure que les retards s'accroissent, les difficultés de communication (et de bonne compréhension) qui surgissent entre Prévert et Carné, tout cela, additionné, met la production en péril. Arrêté pour quelques jours, le temps de négocier de nouveaux arrangements, *La Fleur de l'âge* ne sera jamais repris ni terminé. Pis : le matériel tourné disparaît. Le temps efface sur le sable... même la trace des films maudits.

Ce nouvel épisode renforce le désir de Prévert de s'éloigner du monde du cinéma dont il supporte mal les palinodies et, parfois, la barbarie. Le 12 octobre 1948, il tombe du premier étage de la station de radio Poste Parisien et sa convalescence sera longue. Sa collaboration avec le cinéma devient épisodique, liée surtout à des courts-métrages et à des dessins animés de copains. Il ne se mêlera plus d'aucun grand projet. Mais auparavant, après l'arrêt de *La Fleur de l'âge,* une occasion de travailler sérieusement pour le cinéma a surgi et il l'a saisie.

André Cayatte a sollicité son aide pour le scénario des *Amants de Vérone.* Prévert s'en empare, en fait sa chose. Manifestant combien lui étaient chères les idées directrices des *Portes de la nuit,* et insupportable l'incompréhension dont le film a été l'objet, il glisse sous le sujet d'André Cayatte la thématique du film de Marcel Carné. Le script d'origine prévoyait que l'action se déroulait pendant le tournage d'un film : ce film, ce sera une adaptation, *Roméo et Juliette,* et seront ainsi réintroduits, *via* Shakespeare, l'absolu de l'amour et la fatalité de la mort. Il s'agissait de gens simples et purs confrontés aux manigances sordides de magouilleurs immondes : ces « vilains », ce seront des fascistes non repentis qui tentent de se faire oublier dans la nouvelle Italie démocratique. Le schéma des *Portes de la nuit* se reconstitue jusque dans les détails. Ce ne sont pas les interprètes de *Roméo et Juliette* qui tombent amoureux l'un de l'autre dans *Les Amants de Vérone,* ce sont leurs doublures. Dans *Les Portes de la nuit,* tandis que Montand (Jean) et Nathalie Nattier (Malou) découvraient une passion extravagante vite dynamitée par le destin, leurs « doublures » dans la vie, Etiennette (Dany Robin, la fille de Quinquina/Carette) et son petit ami, rencontré le soir même, découvrent dans la même nuit froide de Paris l'éblouissante clarté de leur premier amour. Primitivement, c'était Claude Carter qui devait jouer Etiennette : elle est Clio dans *Les Amants de Vérone.* Le personnage de Sénéchal qui, dans *Les Portes de la nuit,* incarne l'ancien collabo qui a trafiqué avec les Allemands, devient dans *Les Amants de Vérone* l'ancien procureur fasciste Maglio interprété par Louis Salou : c'est Louis Salou qui devait primitivement jouer Sénéchal au lieu de Saturnin Fabre. Et dans les deux films, Reggiani et Brasseur tiennent des rôles importants.

Les Amants de Vérone sort en mars 1949. Il est assez bien accueilli, sans remous en tout cas. Il est vrai que le temps a passé, que le contexte politique du film est déplacé en Italie, que la mise en scène, moins « artiste », de Cayatte ne se met pas en travers du propos. Mais ce qu'il faut retenir surtout de ce film estimable, c'est l'acharnement mis par Prévert à explorer et défendre la voie ouverte (ou fermée) par *Les Portes de la nuit,* celle d'un cinéma de l'après-guerre qui aurait introduit, avec un réalisme cru, les problématiques du moment dans une coquille poétique ou tragique, et placé le contemporain sous le signe de l'éternité. Le choc des événements sur les sensibilités fait voler en éclats cette tentative sans prolongement dans l'immédiat. Il faudra attendre *Hiroshima mon amour* pour retrouver, sinon cette solution, en tout cas ce type de recherche.

Tandis que Prévert termine sur ce combat sa collaboration si essentielle à la vitalité et à la liberté d'expression du cinéma français, Gabin s'est préoccupé de sortir du cul-de-sac où il se sent engagé. Après un film mineur qui s'inscrit dans une tradition de type « Pépé le Moko embourgeoisé » (*Miroir,* de Raymond Lamy, 1947), il saute avec joie sur l'invitation de René Clément, qui, en deux ans, avec *La Bataille du rail, Le Père tranquille, Les Maudits* et la supervision technique de *La Belle et la Bête* vient de faire une entrée fracassante dans le gotha du cinéma.

L'expérience que propose Clément pose la question des *Portes de la nuit* en d'autres termes. A la base, un scénario classique du populisme tragique, avec homme traqué, amour impossible, et échec garanti. *Au-delà des grilles* (appelé aussi *Les Murs de Malapaga*) reprend la situation du *Quai des Brumes* : Gabin (Pierre) en cavale, passager clandestin d'un bateau qui fait escale à Gênes, sort sur le port, rencontre l'amour sous les traits d'Isa Miranda (Marta), ce qui, après divers rebondissements, entraînera son arrestation. Mais deux modifications majeures marquent que dix ans ont passé depuis *Le Quai des Brumes*. D'une part, le héros n'est plus un « dur » qui affronte l'adversité avec fureur. Personnage usé, las, il a tué sa jeune femme qui le trouvait trop vieux, et erre sur le port de Gênes à la recherche d'un dentiste car une rage de dents le met au supplice. Déjà, les héros sont fatigués et se rapprochent du nouveau personnage clé du nouveau cinéma italien : l'homme quelconque. Ce n'est pas par hasard, et c'est, bien entendu, ce qui a attiré Clément.

Le scénario du film est écrit par Cesare Zavattini, le véritable théoricien du néo-réalisme, et par Suso Cecchi d'Amico, la collaboratrice de Visconti. Le tournage a lieu à Gênes, entièrement en extérieur, et le film s'imprègne ainsi des réalités, décoratives certes, mais aussi sociales et humaines de cette Italie misérable de l'après-guerre, en partie en ruine, mais grouillant d'une impressionnante vitalité. En humanisant et en banalisant le nouveau héros tragique, en l'immergeant dans des images d'une architecture très raffinée qui exhibent leurs attributs d'authenticité et dissimulent leur maturation esthétique, René Clément ressource les dramaturgies du réalisme français d'avant guerre aux eaux fraîches du néo-réalisme italien. Le film, intéressant, merveilleusement composé, est à deux doigts de résoudre la quadrature du cercle : faire entrer une thématique usée dans les habits neufs d'une esthétique renouvelée. Mais, une fois encore, le vieux récit fait couler la nouvelle forme. *Au-delà des grilles* est entouré d'estime, de respect, voire d'admiration. Mais tout le monde a compris cette fois que la voie triomphale du populisme tragique des années trente est bouchée. Gabin vérifiera bientôt que celle du néo-réalisme pur et dur ne l'est pas moins. Il tourne en effet, en 1950, sur un scénario de Zavattini et une mise en scène de Luigi Zampa, une sorte de remake de *Miracle à Milan* : le très catastrophique *Pour l'amour du ciel.*

Le cinéma, décidément, est à réinventer. En attendant, reste la solution de trouver de bonnes histoires, des personnages solides, un milieu social précis, un décor intéressant, un climat explicite et un réalisateur de talent pour mettre tout cela en images. Bref, reste la solution Simenon. *Au-delà des grilles* est sorti (tardivement, après avoir glané un Prix de la mise en scène à Cannes), le 16 novembre 1949. Le 25 février 1950 sort *La Marie du port* : un film de Marcel Carné d'après Georges Simenon, avec Jean Gabin.

Depuis l'échec des *Portes de la nuit* et l'interruption de *La Fleur de l'âge,* Carné a perdu de son prestige auprès de la critique, de son crédit parmi les milieux professionnels. Salvo d'Angelo, le producteur italien de *La terre tremble,* l'invite à Rome et accepte un nouveau projet : l'adaptation de l'*Eurydice* de Jean Anouilh (créée en 1942), sur laquelle le cinéaste travaille avec Jacques Viot. Carné confirme ainsi son goût pour certaines formes de fantastique poétique, historique ou métaphysique. C'est lui qui avait suggéré qu'on tire le scénario des *Portes de la nuit* du livret abstrait du ballet *Le Rendez-Vous.* Il a déjà essayé (et il y parviendra bientôt) d'adapter *Juliette ou la clé des songes* de Georges Neveux et il reviendra au fantastique avec *Le Pays d'où je viens* et *La Merveilleuse Visite.* Eût-il mené son *Eurydice* à son terme, son film serait sorti en même temps que l'*Orphée* de Jean Cocteau. Il est significatif qu'il ait recours à Anouilh. Il y a un courant Anouilh qui circule dans le cinéma français, un courant d'encre noire, de venin et de bile qui se déploiera avec Henri-Georges Clouzot et Yves Allégret sans qu'Anouilh personnellement soit véritablement impliqué. *Eurydice* ne participera pas à ce mouvement : Salvo d'Angelo retire son soutien pour mobiliser toutes ses ressources sur la finition de *Fabiola,* la grandiose fresque de la Rome antique réalisée par Alessandro Blasetti et dont les têtes d'affiche s'appellent Michèle Morgan, Henri Vidal, Michel Simon et Louis Salou...

C'est alors (en 1949) que se situe la proposition de Gabin : tirer un film de *La Marie du port,* roman de Simenon paru en 1938 et dont Gabin a acquis les droits cinématographiques. Rien d'étonnant à cela, car en plus solide et moins mélodramatique, le sujet de *La Marie du port* est proche de celui de *Martin Roumagnac.* Carné s'adresse à Prévert pour l'adaptation, mais celui-ci renâcle : il n'a pas digéré le lâchage de Gabin dans *Les Portes de la nuit* et n'a plus trop la tête au cinéma. Un accord est passé : deux copains de Prévert, Louis Chavance et Georges Ribemont-Dessaignes, signeront scénario et dialogues que Prévert se contentera de superviser dans l'anonymat. Bien entendu, c'est Prévert qui fait l'essentiel du travail : le trio majeur de la fin des années trente est reconstitué pour la dernière fois, mais c'est dans la clandestinité. Et dans un climat de doute. Prévert ne s'intéresse plus au cinéma, Gabin est à la recherche d'une nouvelle dimension mythique. Carné veut retrouver sa crédibilité professionnelle. Et y parvient. Il a tourné dans les temps, sans un seul jour de dépassement, avec un recours raisonnable aux décors naturels en extérieur (Cherbourg), dans une belle lumière franche, et il a livré un travail impeccable : rythme du récit, mise en valeur des différents milieux (brasserie, port, salle de cinéma, chalutier) avec une interprétation remarquable du couple Gabin-Nicole Courcel.

Un vrai succès public (il était temps) vient récompenser la belle ouvrage du professionnel réintégré dans l'excellence de sa corporation à l'occasion de son film le plus impersonnel : se préfigure ainsi un phénomène qui va marquer la prochaine décennie. Gabin, avec *La Marie du port* (et Prévert n'a pas pu ne pas y songer en l'écrivant), assassine proprement son mythe ancien et esquisse les traits de son ultime avatar de star. A l'issue du conflit de sentiments et d'intérêts, qu'il affronte dans le film, ce n'est pas la mort qui l'attend, c'est le mariage : Marie a gagné la main et l'alliance du grand commerçant Chatelard, et même, en signe de reddition complète, les clés de la brasserie. La conquête de l'argent, des biens, du pouvoir, une rapacité qui s'exerce dans l'ordre des nantis, des personnages embourgeoisés, ou qui jouent (avec innocence ou cynisme) sur les valeurs bourgeoises, des femmes qui mettent le grappin sur leurs hommes et partent avec les clés : tout cela se lit dans *La Marie du port* et va nourrir le réalisme psychologique et social du cinéma dit de la « qualité française ». Gabin sera l'un des héros de cette nouvelle saga et n'oubliera pas qu'il en a trouvé les bases chez Simenon. De 1949 à 1959, quatorze films français seront adaptés de Simenon. Gabin jouera dans huit d'entre eux.

Pour Carné-Prévert-Gabin, après ces quatre années d'expériences, de tâtonnements, de tentatives de renouer avec l'ancien récit et les mythes d'avant-guerre, les fils semblent bien définitivement cassés. Cahin-caha, Orphée et Eurydice échappent aux enfers. Mais séparés à jamais.

Chapitre 3

AVATARS DU POPULISME :
DAQUIN, LE CHANOIS, PAGLIERO, YVES ALLÉGRET

De *Panique* à *Sous le ciel de Paris,* des *Portes de la nuit* à *La Marie du port,* nous avons vu Duvivier et Carné retrouver naturellement ou rechercher obstinément le chemin de la tradition populiste. Quoi de plus normal, après tout : là se trouvent concentrées leur inspiration et leur expérience personnelles. Mais le courant populiste a si fortement imprégné notre cinéma qu'il compte d'autres adeptes que ses héritiers naturels. Aussi voit-on à la fin de la guerre s'épanouir à nouveau une vision, un climat, bridés sous l'Occupation, et qui retrouvent leur plein droit de cité. Mais *Le jour se lève* et *La Règle du jeu* ont signifié son congé au populisme débonnaire et faubourien dont le tragique même s'était ritualisé jusqu'au pittoresque. Le populisme qui renaît ne peut plus confier à un Destin jouant de l'harmonica le soin de dénouer ses intrigues. Deux courants ouvrent les voies de sa mutation.

D'une part, l'influence du néo-réalisme italien, plus préoccupé de la réalité concrète, historique et sociale, de ses héros, et de méthodes de tournage ou de modes de récit au contact direct de la vie. D'autre part, une influence qu'avec beaucoup d'approximation on peut qualifier d'*existentielle* pour indiquer la marque sartrienne : une voie qui renonce à l'analyse psychologique pour définir ses personnages dans la liberté de leurs actes, et ne recule devant aucune manifestation de cette liberté. L'aberration littéraire qui a valu le Prix populiste à *La Nausée* de Sartre met néanmoins sur une piste utile. Il y a un lien entre les personnages de Céline, les personnages de Dabit, figures emblématiques du populisme, et ceux de Sartre. Un lien en partie explicité par Sartre quand il place en épigraphe de *La Nausée* cette citation de Céline : « C'est un garçon sans importance collective, c'est tout juste un individu. » Arthur Miller, consulté pour savoir à quel écrivain français il souhaitait que l'on confie l'adaptation de sa pièce *The Crucible* (*Les Sorcières de Salem*), répondra, à la grande stupeur de son agent : Jean-Paul Sartre ou Marcel Aymé. Qu'est-ce que cet Américain pouvait bien trouver de commun à deux auteurs aussi radicalement différents ? Le populisme, bien sûr, satirique chez Aymé, idéologique chez Sartre, mais les conduisant tous deux (dans leurs œuvres dramatiques) à un pessimisme radical et à un art strict du comportement. Rappelons, pour en finir avec Miller, que c'est, avec un égal bonheur, Sartre qui écrivit l'adaptation théâtrale des *Sorcières de Salem* et Marcel Aymé l'adaptation cinématographique...

Le néo-populisme de l'après-guerre s'aidant, pour avancer, des deux béquilles du néo-réalisme ou de l'existentialisme (au sens grossier que nous avons défini), teinte de ses noires couleurs une quinzaine de films, jusqu'à 1952-1953. Mais un hasard moqueur veut que le premier et le plus célèbre de ces films soit une comédie, qu'elle soit due à un cinéaste rebelle à toute étiquette, et qu'elle se retrouve classée par erreur parmi les héritiers du néo-réalisme. Mais, par erreur ou pas, il nous faut bien examiner le cas d'*Antoine et Antoinette,* énorme succès populaire de l'année 1946, qui semble marquer une nouvelle orientation du très éclectique Jacques Becker vers le populisme social. Il s'agit en effet des mésaventures d'un gentil couple parisien dont le mari (Roger Pigaut) est employé dans une imprimerie et son épouse (Claire Maffei) vendeuse à Prisunic. L'embryon d'intrigue basé sur la perte provisoire d'un billet de loterie gagnant nous indique que nous sommes plus proches du populisme de René Clair que du néo-réalisme de De Sica. Si l'exactitude, la précision des notations sur le logement et les difficultés de vie d'Antoine et Antoinette rappellent la vision de la vie quotidienne que vient de révéler le cinéma italien, il faut vite ajouter que ni les incidents de parcours, ni les préoccupations des héros n'entraînent une investigation sociale bien sérieuse. Les extérieurs réels et la rue sont très présents, mais c'est dans le cadre d'un travail professionnel poussé à un grand degré de sophistication par un découpage extrêmement serré qui entraînera un montage en mille deux cents plans : ce Paris à cœur ouvert n'a rien à voir, techniquement parlant, avec *Rome ville ouverte*. On peut penser cependant que le vent qui souffle d'Italie a poussé Becker vers ce type de sujet. En tout cas ce film sympathique, dynamique, chaleureux est salué comme une réponse française aux expériences des cinéastes transalpins, avec un enthousiasme qui dépasse son objet. Au nom de son « innovation », de son « engagement », *Antoine et Antoinette* sera utilisé plus tard par la critique pour déplorer la prétendue futilité d'œuvres maîtresses comme *Rendez-vous de juillet* ou *Casque d'or*. Fâcheuse aberration.

Louis Daquin

Après cette entrée en matière atypique, le néo-populisme se normalise. Deux cinéastes se signalent tout de suite comme les artisans convaincus d'une approche sociale attentive au message italien, mais proche des formes de récit traditionnelles du cinéma français. Ce sont Louis Daquin et Jean-Paul Le Chanois. Il est bien normal, prévisible même, de retrouver sur cette voie les deux cinéastes qui se réclament, dans leur travail, de leur appartenance au parti communiste.

En 1948, Louis Daquin réussit avec *Les Frères Bouquinquant* une solide adaptation du roman de Jean Prévost (tué dans le maquis du Vercors). C'était risqué de transposer en 1947 ce drame de deux frères ouvriers se disputant la même femme. L'atmosphère à la Zola du livre, situé dans les années vingt, risquait de paraître décalée. S'appuyant sur une Madeleine Robinson remarquable de justesse et de vérité, Daquin parvient à donner un climat contemporain à son film. Mais ce réalisme-là s'abreuve aux sources les plus traditionnelles.

Un pas est franchi, l'année suivante, avec *Le Point du jour,* film à peine romancé sur la vie et le travail des mineurs. Le tournage s'est effectué sous le contrôle des Houillères nouvellement nationalisées. Le film est avant tout à la recherche d'authenticité et ne refuse pas les moyens du documentaire : sur un plan strictement visuel, l'image rend compte d'une réalité qui n'avait jamais été montrée ainsi. En revanche, le message du film détourne ce témoignage. Au lendemain de la bataille du charbon pour alimenter l'industrie, mais aussi au lendemain de grèves très dures qui ont donné lieu à de rudes affrontements, Daquin veut nous montrer combien les mineurs sont des travailleurs courageux, responsables, paisibles et fiers de leurs mines : le terrain que l'image avait gagné, le discours le perd. Avec *Le Point du jour*, ce n'est pas le populisme qui se transforme. C'est le cinéma militant qui cherche son nouveau moyen d'intervention.

Jean-Paul Le Chanois

Le cinéma militant, Jean-Paul Le Chanois est bien placé pour en apprécier les pièges. En 1948, est enfin sorti *Au cœur de l'orage,* ce film sur la tragédie du maquis du Vercors, qu'il avait été chargé en 1944 de réaliser et de monter sur la base de documents rescapés de la bataille. Il lui a fallu plus de trois ans et au moins trois versions différentes pour concilier les points de vue, politiquement contradictoires et évolutifs, des différents organismes qui parrainaient, contrôlaient ou surveillaient l'opération.

Son prochain film, *L'Ecole buissonnière,* est consacré à l'école Freinet, une méthode d'enseignement révolutionnaire qui fait confiance à l'initiative de l'élève et constitue une initiation concrète à la vie. Il s'agit là d'une entreprise avouée de pédagogie et de propagande. Mais

491

Le Chanois, scénariste et réalisateur du film, réussit le petit miracle de donner une légèreté, une drôlerie, une incroyable crédibilité à la vie d'un village de Haute Provence divisé par l'enseignement d'un pionnier de l'éducation moderne. Bernard Blier est extraordinaire dans ce rôle, entouré de Delmont, Maupi, Poupon, et autres comédiens marseillais qui contribuent à faire vibrer le climat d'authenticité caractéristique du cinéma de Pagnol. L'influence du néo-réalisme est ici directe. L'essentiel du tournage a lieu en extérieur, mais surtout, Le Chanois est parfaitement informé de la situation italienne et en relations actives avec des camarades romains. Il va travailler avec Giuseppe De Santis au scénario du film *Notre pain quotidien*. Et il semble quasiment certain, d'après l'analyse des archives de Le Chanois (publiée dans le numéro 1 de la revue *Cinémathèque*), qu'immédiatement après *L'Ecole buissonnière*, Jean-Paul Le Chanois a travaillé avec Roberto Rossellini sur le scénario d'*Europe 51*. Cette rencontre invite à reconsidérer la place, dans le cinéma français, d'un homme dont l'esprit d'entreprise, la pugnacité créatrice, la curiosité et l'ouverture de pensée n'ont cessé de nous frapper. Son rôle dans le cinéma est certainement plus important que son œuvre. Au sein de celle-ci *L'Ecole buissonnière* marque le stade de la plus grande réussite, le seul moment où Le Chanois régénère et modernise la tradition du populisme. Ses films suivants, *Sans laisser d'adresse* (1950 ; une fille-mère à la recherche du père de son enfant avec l'aide d'un chauffeur de taxi, Bernard Blier), *Agence matrimoniale* (1952 ; un célibataire endurci, Bernard Blier, hérite d'une agence de ce genre et s'ouvre au monde), *Le Cas du docteur Laurent* (1956 ; la bataille d'un médecin, Jean Gabin, en faveur de l'accouchement sans douleur), se livrent tous à une critique sociale marquée de bonhomie, de sympathie pour les nécessiteux de toutes sortes, mais sous des formes cinématographiques complètement conventionnelles. Ce mélange d'humanisme et de populisme auquel il était attaché vaudra à Jean-Paul Le Chanois la légitime consécration à laquelle il pouvait prétendre : se voir confier la quatrième version des *Misérables* (1958), la première en couleurs, avec Gabin dans le rôle de Jean Valjean et Blier dans celui de Javert. C'est un film exécrable, laid, froid. Le cinéaste le plus acharné à développer le populisme cinématographique échouant dans l'adaptation de l'œuvre matrice du roman populiste, avec en vedette le comédien qui pendant vingt ans a incarné le héros populaire : il y a là comme une démonstration par l'absurde de l'épuisement d'un filon, même si l'affiche assure le succès populaire.

Nous sommes en 1958. Le cinéma populiste est mort. Ou presque. Une démonstration plus discrète en a été faite deux ans plus tôt. En 1956, Henri Aisner tourne un petit film tout simple, *Les Copains du dimanche,* qui évoque les tribulations d'un groupe de jeunes pour créer un club d'aviation populaire autour d'un vieux coucou qu'ils parviennent à remettre en état. A travers *Les Copains du dimanche* passe le souvenir du *Ciel est à vous* et revit le climat des loisirs populaires style « Front Popu ». Le film est charmant, étonnamment réussi. Il ne trouvera jamais preneur et ne sortira jamais en salle : c'est à la télévision, en 1967, sur Antenne 2, qu'il sera montré pour la première fois au public. Le populisme dans sa forme la plus traditionnelle manifestait là un sursaut de vitalité, mais en vain. Il est trop passé de mode pour attirer encore l'attention. C'est dommage pour deux raisons.

D'une part, *Les Copains du dimanche* offrait à Jean-Paul Belmondo son premier grand rôle : il y est excellent. D'autre part, et c'est plus grave, *Les Copains du dimanche* marque la fin d'une intéressante aventure : celle de la Coopérative générale du cinéma français (la C.G.C.F., couramment appelée à l'époque « la Coopérative »). Créée à la Libération comme une émanation du Comité de libération du cinéma, cette coopérative de production, issue de la Résistance, a connu ses heures de gloire (et de rentabilité) avec le film sur la Libération de Paris et *La Bataille du rail,* puis a affronté les contradictions politiques de son statut avec la mise au point d'*Au cœur de l'orage.* Placée sous le contrôle de fait du parti communiste, sans que celui-ci puisse l'utiliser pour sa production intérieure, la Coopérative a du mal à trouver son orientation, sortie de la célébration de la Résistance. Elle produit *Voyage-surprise* (1946) de Pierre Prévert, en souvenir peut-être du groupe Octobre, puis deux films de Le Chanois, *L'Ecole buissonnière* et *Agence matrimoniale,* un film d'André Berthomieu, *L'Œil en coulisses* sur une station de radio, et c'est sur la tardive réussite et l'échec absolu des *Copains du dimanche* que disparaît, avec un maigre bilan, l'un des instruments concrets de rénovation sortis de la Résistance.

D'autres films, au cours des années cinquante, sont restés dans le ton du populisme, comme par exemple *Seul dans Paris* (1951) d'Hervé Bromberger. L'un d'entre eux, exceptionnel à divers titres (c'est la seule œuvre connue d'Henri Schneider), retient l'attention par l'extrémisme de ses partis pris. *La Grande Vie* (1950) salué par un prix Jean Vigo, explore pour la première fois avec sérieux les ombres de la vie banlieusarde. Nous sommes sortis de tout romantisme faubourien pour entrer dans la réalité sociologique des « nouvelles cités » et affronter les zones dangereuses, moralement et socialement. L'influence du néo-réalisme italien, comme dans le cas de *L'Ecole buissonnière,* peut être relevée.

Marcello Pagliero

Mais il est un autre cinéaste avec qui cette influence est plus évidente, affichée en quelque sorte : Marcello Pagliero. Avec lui on aborde les contradictions du réalisme cinématographique, et l'on franchit la passerelle qui relie le populisme social à celui que nous avons étiqueté existentiel. Pagliero est un scénariste italien qui a travaillé avec Rossellini à partir de 1943, joué le rôle du communiste torturé par les Allemands dans *Rome ville ouverte*, écrit le scénario d'un épisode de *Païsa*, tourné une comédie grinçante, *La nuit porte conseil*, dont le titre original, *Roma città libera*, répond à *Roma città aperta*. Installé à Paris, cet enfant naturel du néo-réalisme italien, intellectuel et militant politique, joue dans *Les jeux sont faits* d'après Jean-Paul Sartre, dont il adaptera à l'écran *La P... respecteuse* en 1952, et dans *Dédée d'Anvers* (1948), qui inaugure le populisme existentiel. Il célèbre l'esprit de Saint-Germain-des-Prés en tournant *La Rose rouge* (1951), consacré à la boîte germano-pratine par excellence, mais auparavant réalise deux films directement inspirés de son expérience italienne, qui nous intéressent ici : *Un homme marche dans la ville* (1950) et *Les Amants de Bras-Mort* (1951). En attendant une « Nouvelle Vague » où Daniel Toscan du Plantier identifiera drôlement « les enfants d'Al Capone et de Rossellini », voici en avant-garde « un enfant de Jean-Paul Sartre et de Rossellini ».

Un homme marche dans la ville se déroule au Havre, ville où Sartre fut professeur et qui sert de décor à son premier roman *La Nausée*, prix du roman populiste 1939. Coïncidence ? Sans doute, mais il y a des coïncidences qui fonctionnent comme des signaux. Vingt ans après *La Nausée*, à l'automne 1959, Pagliero tourne donc au Havre cet *Homme qui marche dans la ville*, épilogue tardif, et pourtant convaincant, du populisme tragique. Jean (Jean-Pierre Kerien) contremaître sur le port, devient l'amant occasionnel de Madeleine (Ginette Leclerc, l'interprète de *Huis Clos* et de *La P... respectueuse* au théâtre), épouse d'André (Robert Dalban), docker avec qui il travaille. André est tué. Jacques, soupçonné, est arrêté. Innocenté, il découvre que c'est Madeleine qui l'a dénoncé, puis s'est suicidée. Il ne lui reste que l'alcool pour briser sa solitude dans une ville indifférente.

Des ouvriers, une misère morale pire que la misère matérielle, le désir qui mène à une mort absurde, la malédiction suprême de la solitude, l'attention portée d'abord à l'atmosphère : tous les attributs — y compris photogéniques, pavés mouillés inclus — du réalisme poétique des années trente sont au rendez-vous. Mais traités cinématographiquement de manière toute différente, sans Trauner pour reconstruire le port en studio ni Schüfftan pour allumer ses fumigènes. Maurice Colasson aux décors et Nicolas Hayer aux lumières restent fidèles au style documentaire du film, et respectent la priorité accordée à l'authenticité sur la composition. Le film est vibrant de vérité et donne l'impression d'explorer pour la première fois un milieu, des situations déjà filmées, mais noyées dans les artifices.

Une telle réussite artistique va-t-elle revigorer le réalisme tradition-nel, relancer le populisme tragique ? La question ne se posera pas, car la vérité du film vient télescoper l'opportunité politique. Sur la lecture de son scénario, Pagliero a obtenu le soutien de la C.G.T. et du syndicat des dockers qui ont facilité son travail pendant le tournage. Mais le film sort dans un climat de forte tension politique et sociale, le 22 mars 1950 : le jour même d'une importante manifestation des dockers de Marseille qui déclenchent une grève très dure. C.G.T. et parti communiste soutiennent activement ce mouvement. *Un homme marche dans la ville* tombe comme mars en carême dans ce contexte. Du jour au lendemain, ce film, officieusement parrainé par la C.G.T., est dénoncé avec une violence incroyable par la presse communiste. A commencer par *L'Ecran français,* politiquement repris en main depuis 1948, dans lequel Roger Boussinot écrit : « Les dockers qui mènent actuellement un combat souvent héroïque, qui crèvent de faim plutôt que de décharger des armes pour la prochaine tuerie, ont décrété que ce film constituait une atteinte au moral de la classe ouvrière en lutte. On les comprend... En réalité, c'est le procès du naturalisme qu'il faudrait faire. Car le naturalisme (ou le mélo-naturalisme) est devenu, cinquante ans après Zola, une arme anti-ouvrière aux mains de la classe sociale qui finance et réalise les films. Cette mine à retardement éclate aujourd'hui sous les pieds de la classe ouvrière en marche. » La campagne de presse s'accompagne d'une décision de boycott des salles qui auraient l'audace de programmer *Un homme marche dans la ville* dont la distribution se trouve pratiquement interrompue dès sa sortie. Georges Sadoul — qui plus tard tempérera son jugement — écrit dans *Les Lettres françaises* : « Les protestations ont empêché partout l'exploitation de cette arme de classe. Les amis de la paix s'en félicitent. »

Ainsi le mariage de la tradition réaliste française et du néo-réalisme italien est parvenu à enfanter une œuvre valable. Mais qui vient se fracasser sur les opportunités politiques et le roc idéologique. Mais aussi sur ses propres contradictions entre l'engagement positif du côté de la collectivité et la dramatisation désespérée de la solitude indivi-duelle.

Cette tentative de « replacer un itinéraire individuel dans une phéno-ménologie du quotidien en se refusant toute fioriture pittoresque », comme l'a définie Jacques Doniol-Valcroze, Marcello Pagliero la reprend, l'année suivante, en tournant, avec et sur les mariniers de Conflans-Sainte-Honorine, *Les Amants de Bras-Mort.* Mais cette fois, la dimension sociale est moins visible, le pittoresque photographique est de retour, la happy end semble artificielle et Pagliero se voit privé de la grande manifestation de solidarité des mariniers qui devait don-ner tout son sens au film : bien qu'assez réussi, celui-ci laisse indiffé-rent. L'occasion est passée.

Yves Allégret

Ressuscitée par nostalgie des temps anciens, ou rajeunie par de nouveaux atours, mais toujours condamnée, nous ne cessons, au fil des pages, d'observer la tradition populiste agonisante. C'est vrai que le cinéma d'après-guerre s'est longtemps accroché à cette inspiration qui lui valut, autrefois, sa plus grande gloire. Nous sommes presque au terme de ce coma prolongé. Il reste pourtant à en évoquer l'épisode le plus baroque et le plus saisissant : celui dit du *réalisme noir,* et que nous avons étiqueté *populisme existentiel.* Si Yves Allégret est le cinéaste qui a le plus marqué ce bref moment du cinéma français, en enchaînant trois films d'une étonnante cohérence stylistique, il ne résume pas à lui tout seul ce courant. Sans relever les œuvres mineures qui s'y rattachent en amont ou en aval, il faut prendre en considération le phénomène suivant : pendant les seize mois qui vont de septembre 1948 à janvier 1950, sortent, sur les écrans français : *Dédée d'Anvers* (Yves Allégret, septembre 1948), *Une si jolie petite plage* (Yves Allégret, janvier 1949), *Manon* (Henri-Georges Clouzot, mars 1949), *Pattes blanches* (Jean Grémillon, avril 1949), *Manèges* (Yves Allégret, janvier 1950). Cinq films que rapprochent leur pessimisme, leur amertume : vous qui entrez ici, abandonnez toute espérance. Cinq films majeurs, qui larguent la principale caractéristique du cinéma français, l'équilibre, le juste milieu, pour déployer l'excessif, frôler le fantastique, atteindre un lyrisme vénéneux, une férocité désespérée. Cinq films qui proposent aux spectateurs une saison en enfer. On regrette, rétrospectivement, d'avoir utilisé l'expression de « populisme tragique » pour des films aussi toniques que *Le Quai des Brumes* ou *La Belle Equipe* : le tragique des temps actuels, de l'accablant quotidien, d'une société sans issue, c'est dans ces films qu'il se trouve.

Yves Allégret fête ses quarante ans en 1947, et il n'est, dans le cinéma, guère plus que le frère de Marc. *Dédée d'Anvers* constitue une vraie révélation. La trame du récit est d'une simplicité diabolique plutôt qu'angélique. Dédée (Simone Signoret) est une prostituée du port d'Anvers. Elle tombe amoureuse d'un marin (Marcello Pagliero) et va quitter son protecteur (Dalio). Celui-ci tue le marin. Dédée tue son protecteur. Peu importe la banalité de l'anecdote, l'important est ailleurs. Dans l'atmosphère du port, admirablement rendue. Le film se termine à l'aube, par un plan où la petite lumière du matin est habitée par les silhouettes d'ouvriers qui se rendent en vélo à leur travail : c'est un moment extraordinaire. L'important, ce sont les rôles secondaires, et notamment ceux de Dalio et Blier, crapules pâlichonnes, saoulés de pensées louches et de calculs sordides ; c'est la splendeur enfin exposée de Simone Signoret ; c'est le retour à un cinéma de décors, à une image travaillée où les éléments stylistiques du « réalisme poétique » paraissent « surexposés », plus tranchés, provocants jusqu'à l'agression. On baigne dans les eaux du naturalisme, mais éclairées du soleil noir d'un univers sans pitié, ni rêve ni issue. Tout cela n'est pas exaltant. On peut détester. Mais quel talent... On — c'est-à-dire le public — ne déteste pas, au demeurant, et le choc même que le film suscite engendre un succès ambigu. Le film suivant est bien meilleur. Ce sera un échec.

Avec Jacques Sigurd, son scénariste pour ces trois films, Yves Allégret va aussi loin dans la noirceur mais beaucoup plus loin dans la dédramatisation, en tournant *Une si jolie petite plage*. C'est l'hiver et Pierre (Gérard Philipe) marche sur la plage, sous la pluie, attendant une mort qu'il se donnera lui-même pour échapper à la morosité des jours, et aux conséquences du crime où l'a mené son enfance malheureuse. Cette fois, tous les artifices de *Dédée d'Anvers* sont tombés : c'est la rigueur stylistique, et la concentration expressive de Gérard Philipe qui créent l'intensité dramatique sur cette trajectoire linéaire qui ne s'autorise aucun retour en arrière, bien que le rôle du souvenir y soit capital.

Même violence d'intensité dramatique, avec un mode de récit exactement inversé dans *Manèges,* où le conflit se noue autour de deux points de vue opposés, exposés par deux flash-back contradictoires. Sur une situation proche de celles des *Dames du bois de Boulogne*, Allégret fait de l'anti-Bresson exacerbé, tout en effets appuyés. Ce pourrait être ridicule. C'est impressionnant.

Le réalisme noir

La principale caractéristique des films du réalisme noir, de leur pessimisme existentiel, c'est d'être détachés de toute analyse sociale. S'il faut leur trouver une unité thématique, elle se situe à un niveau moral, sur le plan de la souillure par exemple, cette souillure qui hante les personnages d'Anouilh (que nous allons retrouver avec le film de Grémillon) et les œuvres de Clouzot.

Cette souillure autour de laquelle se noue le drame de Georges (Gérard Philipe) et se déclare l'amour de Nellie (Michèle Morgan) dans le film épuré qu'Yves Allégret tourne au Mexique en 1953 : *Les Orgueilleux*. Nous sommes en pleine époque sartrienne (sur le plan du cinéma : *Les Mains sales, La P... respectueuse, Huis Clos* datent de 1951, 1952 et 1954) et ces *Orgueilleux* constituent l'ultime avatar du scénario *Typhus* écrit par Sartre en 1943. L'expression de « réalisme existentiel » est parfaitement adaptée à la forme dramatique d'un tel film : une jeune femme qui vient de perdre son mari dans une épidémie de typhus est contrainte par les exigences de la quarantaine à un huis clos éprouvant avec la misère, la maladie et la mort. Loin de sombrer, elle s'attache à un déchet humain, et découvre l'amour. Dans un récit strictement de comportement, d'où toute psychologie est évacuée, Allégret nous montre des personnages qui se découvrent eux-mêmes dans leur refus du naufrage où ils allaient sombrer. Etrange rédemption, amorcée dans les relents d'alcool et les sueurs de la fièvre, et que la caméra a l'air de surprendre par indiscrétion : *Les Orgueilleux* est un film à part qui fournira une conclusion convaincante à la fulgurante trajectoire du *réalisme noir*.

Mais il reste encore quelques beaux spécimens à examiner. Nous avions avec la trilogie d'Allégret-Sigurd fait ample provision de personnages abjects. Nous savons depuis *Le Corbeau* de quoi Clouzot est capable sur ce terrain. Et l'on peut bien penser qu'après le retour réussi, en douceur, avec *Quai des Orfèvres*, où le cinéaste dissolvait son venin dans les liqueurs anodines de l'enquête policière, il brûle de féroces revanches. *Manon* en est une, de taille.

Clouzot adapte, avec inventivité, la trame des aventures de Manon Lescaut et du chevalier Desgrieux à l'histoire contemporaine. A la Libération, Desgrieux empêche que l'on tonde Manon — pour collaboration — et, dans son amour fou pour elle, participe à tous les trafics louches dont il tente de la détourner et où elle l'entraîne, jusqu'à ce qu'ils fuient la police sur un bateau d'émigrés juifs en route vers la Palestine. Passagers clandestins sur ce bateau, ils racontent leur aventure au capitaine (la plus grande partie du film est en flash-back). Débarqués en Palestine, Desgrieux enterrera Manon dans les sables du désert, où elle est morte d'épuisement. Clouzot réussit une œuvre d'un vrai romantisme et de passion absolue, tout en forçant le trait noir de sa fresque. Michel Auclair et Cécile Aubry ne retrouveront jamais un rôle de cette dimension. Est-ce cette fin dans le désert qui fait penser aux *Rapaces* ? Il y a du Stroheim chez Clouzot, et qui ne s'est jamais mieux manifesté que dans *Manon*.

Pattes blanches est un film un peu en marge dans l'œuvre de Grémillon. Ecrit et préparé par Jean Anouilh qui devait le tourner et qui avait choisi Suzy Delair pour interpréter la femme fatale autour de laquelle l'intrigue se développe, *Pattes blanches* se retrouve sans réalisateur quand Anouilh tombe malade. Appelé en catastrophe, Grémillon, qui vient de se voir obligé d'abandonner le film, entouré de toutes les bénédictions officielles, qu'il a écrit pour le centenaire de la révolution de 1848, saute sur l'occasion. Il imposera sa personnalité à *Pattes blanches*, qui conserve néanmoins toute la noirceur d'Anouilh. Cela donne un climat, des personnages, une situation qui rappellent ceux de *Lumière d'été*, avec une femme désirée par trois hommes, un va-et-vient conflictuel entre ceux du château et ceux de l'auberge, et mensonge, mort et trahison au bout du chemin. Manquent chez Anouilh les hommes du barrage, les représentants du monde « normal ». Grémillon se situe davantage que d'habitude aux frontières du fantastique, frontières franchies dans des scènes telles que le meurtre d'Odette (Suzy Delair) en robe de mariée ou la danse de la servante bossue dans des atours d'autrefois.

Peu de temps après, en 1951, Anouilh tournera *Deux sous de violettes*, où la petite Thérèse (Dany Robin) se trouvera, comme la Mimi (Arlette Thomas) de *Pattes blanches*, victime des chienneries de la vie.

Passé le choc de leur surgissement, les films du *réalisme noir* ont vite vieilli dans les mémoires. C'est que, d'une part, ils sont intimement liés à un climat d'époque, post-apocalyptique, heureusement envolé. C'est aussi que leur noirceur systématique entraîne un inévitable effet de lassitude. C'est surtout qu'ils s'imposent à coups d'effets appuyés et en recourant à une surenchère dramatique et esthétique qui va se trouver bientôt en contradiction avec un nouveau goût qui se développe en faveur du naturel, du décontracté, d'une liberté de ton et de style dont ils représentent l'exact négatif. Ce rejet est explicable, mais il est exagéré. Il y a dans ces films un volontarisme créatif, une énergie, une invention, une force peu raffinés, mais qui méritent, au minimum, estime et attention. Les excès du *réalisme noir* sont bien plus excitants que la convention mesurée de l'académisme qui menace.

Nous voilà au bout du chemin. Nos Orphée du cinéma n'ont cessé de tourner la tête vers le passé. Pas seulement pour se souvenir. Mais aussi pour découvrir le tremplin d'où lancer des idées ou des formes neuves. Maintenant, il faut l'avouer, réalisme poétique ou fantastique, populisme tragique ou social, tout cela, qui a nourri l'âge classique du cinéma français, est bon pour le marché aux puces. Il faut se décider à regarder ailleurs.

Deuxième partie

LES QUATRE DÉFIS

« Je demande, au nom des directeurs syndiqués...
que l'Etat, au lieu de nous donner tout le
jour des petits soucis, nous donne de grandes
volontés et nous réclame de grandes actions. »
Jean Giraudoux, *L'Impromptu de Paris*.
(Réplique de Louis Jouvet
dans le rôle de Louis Jouvet).

Plongé à nouveau dans le grand bain du marché et de la concurrence mondiale, après quatre années de parenthèse, le cinéma français doit renforcer son organisation, son fonctionnement, sa dynamique créative et commerciale pour rester en vie et tenter de maintenir son indépendance et son identité. Pour l'essentiel, il lui faut affronter quatre défis : défi structurel, défi américain, défi européen et défi télévisuel. C'est sa réponse à ces quatre défis qui sera étudiée dans cette partie.

Chapitre 1

LE DÉFI STRUCTUREL
(Réponse : C.N.C., loi d'aide, droit d'auteur)

De 1935 à 1940, le cinéma français a vécu dans une tourmente de reformisme qui a accouché de beaucoup de projets, mais d'aucune décision. De 1940 à 1945, il a été contraint d'expérimenter une réforme autoritaire largement conditionnée par les circonstances. La paix revenue, l'agitation le gagne à nouveau. Il faut trancher, et vite, entre option libérale et option dirigiste et définir clairement de nouvelles règles du jeu. Maintenant que l'Etat de droit règne à nouveau, le feuilleton du statut du cinéma peut reprendre.

Nous en avons suivi les trois épisodes principaux : la poursuite infernale de la réforme introuvable (livre 2, Iʳᵉ partie), la réglementation instaurée par Vichy et, plus tard, l'opération de replâtrage hâtivement menée au lendemain de la Libération (toutes deux traitées dans le livre 2, IIᵉ partie). Il est temps de sortir des rapports, projets, commissions et règlements provisoires. Il faut choisir une voie et légiférer. C'est ce qu'amorce la loi du 25 octobre 1946 portant création du Centre national de la cinématographie (C.N.C.), « établissement public doté de l'autonomie financière », chargé de procurer au cinéma un statut juridique adapté à ses besoins, de contrôler le financement et les recettes des films, d'organiser la formation professionnelle, etc. Cette loi sera-t-elle appliquée ? On peut en douter. En effet, elle surgit en plein maelström législatif. La nouvelle Constitution a été adoptée par référendum le 13 octobre 1946 par 9 millions de « oui », 8 millions de « non » et 8 millions d'abstentions. De nouvelles élections législatives auront lieu le 10 novembre prochain. Georges Bidault, président du Conseil, et les six ministres qui ont signé la loi sont en sursis. C'est un autre gouvernement, dans un autre Etat, la IVᵉ République, qui devra promulguer les règlements d'application. Le cinéma a déjà connu ce type de situation, généralement favorable à l'inertie. Or le nouveau C.N.C. a des adversaires déterminés, et ils n'ont pas désarmé. Ils sont bien résolus à mettre à profit ce dernier délai pour une fois encore, court-circuiter le législateur. On se retrouve dans la situation déjà vécue entre 1935 et 1938, quand différentes initiatives syndicales et parlementaires avaient abouti à un projet de loi, cette loi fantôme qui erre depuis plus de dix ans dans le champ administratif et qui semble enfin prendre corps. Les organisations patronales s'étaient alors unies en une Confédération qui avait obtenu l'abandon du projet officiel. Non que les organisations professionnelles soient opposées à toute réforme : elles en admettent la nécessité mais veulent en garder le contrôle et dénoncent le dirigisme, le bureaucratisme, le fonctionnarisme découlant nécessairement de toute intervention de l'Etat. Les mêmes causes engendrant les mêmes effets, les différentes branches de l'industrie cinématographique (production, distribution, exploitation, industries techniques) créent, dans l'urgence, le 10 juillet 1946, une Confédération nationale du cinéma français qui intervient en catastrophe auprès des ministres et des parlementaires, pour décourager l'Etat de se mêler du cinéma. Les « ultras » du libéralisme souhaitent que l'intervention de l'Etat dans le cinéma se manifeste, au pire, par le biais d'une « direction ministérielle » qui assurerait la coordination avec la Confédération, elle-même chargée de contrôler la profession.

Mais cette fois, le lobby n'est pas entendu. C'est peu de dire que la Confédération renâcle devant la loi du 26 octobre. Avec toute l'onction qui caractérise ses interventions, son président, Adrien Remaugé, par ailleurs patron de Pathé, écrit, le jour de la promulgation de la loi, au ministre de tutelle : « Nous avons constamment revendiqué le droit pour notre profession de bénéficier des mêmes libertés que les autres. La direction étroite qui lui est imposée par la nouvelle loi ne peut qu'ajouter encore aux difficultés qu'elle éprouve déjà : elle laisse, en effet, aux entreprises tous les risques d'une économie libérale en les assujettissant aux multiples contraintes d'une économie dirigée. » Cette lutte contre le dirigisme est sans doute sincère. Mais elle est aussi la couverture idéologique d'intérêts très particuliers. Car lorsque Roger Weil-Lorac, qui fut le délégué général très consciencieux de la Confédération générale du cinéma, évoque dans ses souvenirs (*Cinquante ans de cinéma actif*) les débats de cet organisme, il apparaît que la principale revendication des exploitants est d'exercer eux-mêmes le contrôle des recettes, tandis que celle des producteurs est d'échapper au contrôle du financement des films. Ces réactions sont significatives car en effet, quel que soit l'intérêt de l'énorme arsenal juridique que va engendrer le C.N.C., il repose sur ces deux réformes fondamentales : contrôle des recettes, contrôle du financement des films par des organismes fiables.

La création du C.N.C. entraîne une implication directe et une responsabilité importante de l'Etat dans une activité économiquement marginale, dont l'importance culturelle n'est guère reconnue à l'époque. Dix ans, vingt ans, trente ans plus tard, on peut douter qu'un tel système eût été instauré. Mais il faut se souvenir du climat du moment pour apprécier cette décision. De 1944 à 1946, ont été nationalisés Renault, la Banque de France et les principales banques de dépôt, le gaz, l'électricité, les principales compagnies d'assurances, Air France, les Houillères du Nord et du Pas-de-Calais. La guerre a créé un état d'urgence qui contraint — tel est en tout cas le jugement politique — à un encadrement des principales activités nationales. Dans ce contexte, la création du C.N.C. (qui ne s'accompagne d'aucune nationalisation dans le domaine du cinéma, contrairement à ce que beaucoup de projets réclamaient) apparaît comme une mesure modeste. Et puis, créer n'est rien, c'est gérer qui est important. Le C.N.C. sera ce qu'en feront ses responsables. Il se trouve qu'ils en feront un instrument solide et singulièrement efficace. Cette fois, la loi fantôme a pris corps, et c'est pour durer.

Il n'est pas question de suivre le Centre national de la cinématographie dans la multiplicité de ses initiatives. Nous nous contenterons de relever un détail significatif, et de suivre une piste, essentielle. Le détail : la loi rattache le C.N.C. au ministère de tutelle du cinéma. Au moment de sa promulgation, ce ministère est celui de l'Information : le cinéma, jusqu'alors, n'a intéressé le gouvernement que sous l'angle de la propagande, du contrôle des actualités et du souci des « bonnes mœurs ». En 1947, la tutelle passe au ministère de l'Industrie et du Commerce. C'est un progrès, car dans ce ministère, on parle couramment d'assistance à secteur en danger. Le cinéma devient donc l'objet d'une attention particulière, mais c'est en tant qu'industrie. Le texte fondamental autour duquel s'organise la réglementation du cinéma date de ce temps-là, et porte encore aujourd'hui son titre original de « Code de l'industrie cinématographique ». En 1959, le cinéma passe sous la tutelle du ministère de la Culture, nouvellement créé par André Malraux. C'est une décision politique, emblématique, un peu en avance sur la réalité des choses. L'évolution du cinéma ne tardera pas à donner son sens à ce changement de parrain.

La piste essentielle est celle des systèmes d'aide qui vont être instaurés. Le 23 septembre 1948 paraît la « Loi d'aide temporaire à l'industrie cinématographique ». C'est une date historique pour le cinéma français car autour de cette loi (et de celles qui la remplaceront) vont se forger deux armes fondamentales de sa vitalité ultérieure : des ressources nouvelles et une obligation de concertation, facteur d'unité professionnelle. La loi d'aide, ramenée au mécanisme le plus simple, consiste à créer deux taxes, l'une sur les billets de cinéma, l'autre sur le métrage des films distribués, taxes dont le produit est redistribué aux professionnels selon des grilles variables. Financièrement, l'opération est bénéfique, puisque les taxes sont perçues sur tous les films sortis et tous les spectateurs, mais ne sont redistribuées qu'aux Français. En 1948, où les films français ont rassemblé 40 % des spectateurs, ils ont généré 40 % des taxes, mais ce sont 100 % du produit des taxes qui vont être redistribués aux professionnels, essentiellement aux producteurs, dans une moindre proportion aux exploitants.

Stratégiquement, l'opération est géniale. Le C.N.C. était un épouvantail : de lui venaient des règlements, des contrôles, des contraintes. Maintenant, il dispense de l'argent, il répartit des sommes considérables : 1 952 millions dès la première année de fonctionnement (1 671 en provenance de la taxe sur les billets de cinéma, 281 en provenance de la taxe de sortie des films). Dans la première tranche de répartition, ils procurent 800 millions aux producteurs, 250 millions aux exploitants, 80 millions à la presse filmée et 25 à Unifrance Film. Le C.N.C. décide de la grille de répartition. C'est une lutte au couteau entre les différents secteurs : ceux qui ont droit et ceux qui veulent davantage, ceux qui n'ont pas accès à l'aide (industries techniques, distributeurs) et qui y prétendent. Mise en demeure de défendre conjointement ces revendications farouchement antagonistes, la Confédération générale du cinéma s'épuise en compromis jamais satisfaisants : elle explose le 13 avril 1954. Le C.N.C., qui pratique une consultation permanente des intéressés, affine ses critères, trouve des équilibres, et fait taire les différends autour d'un pactole dont il régit le cours. Il assoit son pouvoir.

La « Loi d'aide temporaire » de 1948 cédera la place en 1955 à un « Fonds de développement de l'industrie cinématographique », qui cesse d'être temporaire mais définit une mission particulière (le développement), tandis qu'à partir de 1959 le « Compte de soutien financier » exprime par son nom même la permanence de la fonction qui lui est dévolue. Les mécanismes de fonctionnement de cette « caisse d'épargne » du cinéma évoluent, et aussi son emploi. Les professionnels souhaitent que cet argent qui « leur est pris » (c'est leur formule) à la caisse des cinémas, sous la forme d'une taxe, leur revienne intégralement, et en proportion exacte de leurs recettes. Ce système mécanique ne tarde pas à subir des entorses. Le Fonds d'aide est utilisé pour subventionner l'I.D.H.E.C., la Cinémathèque, la Commission supérieure technique, Unifrance Film. C'est l'amorce d'une véritable « politique du cinéma » qui trouve sa première manifestation patente dans le règlement du Fonds de développement. Celui-ci, outre les critères mécaniques de répartition des fonds, prévoit l'attribution de primes, d'une part à des courts-métrages de qualité choisis par une commission, d'autre part à des films « de nature à servir la cause du cinéma français, ou à ouvrir des perspectives nouvelles à l'art cinématographique, ou à faire connaître les grands thèmes et problèmes de l'Union française » (article 58 du Code de l'industrie cinématographique). En 1956, à ce titre, 19 films se partagent 410 millions : 15 millions pour des films comme *Marguerite de la nuit, Les Mauvaises Rencontres* ou *Les Fils de l'eau,* 20 millions pour *La Meilleure Part,*

30 millions pour *Le Mystère Picasso,* 50 millions pour *Gervaise* ou *Un condamné à mort s'est échappé.* En 1957, 16 films se partagent 353 millions. Mais le débat autour du choix des films primés dégénère. Raoul Ploquin, ancien « patron » du cinéma français sous l'Occupation, devenu en 1955 président du Syndicat des producteurs et exportateurs de films et président d'Unifrance Film, démissionne du jury. C'est que ce système de primes, ou de subventions, ranime une vieille querelle, qui n'a d'ailleurs jamais été complètement vidée depuis. Le Fonds d'aide ou de soutien était au départ une simple caisse d'épargne collective du cinéma. L'introduction de critères qualitatifs d'attribution en fait un instrument d'incitation et de correction de la production et du marché cinématographiques français. Le qualitatif mêle le subjectif au mécanique, le culturel à l'économique. Ce flou artistique n'est pas du goût de tout le monde ! Pourtant, le secteur d'attributions qualitatives ne cessera de croître.

Ainsi, à travers les secousses de l'histoire, le rapport Petsche de 1935 a-t-il suivi son chemin avec entêtement. Dans la longue bataille que se sont livrée « libéraux » et « dirigistes » en matière d'organisation administrative, c'est le camp dirigiste qui l'emporte, à vrai dire d'une courte tête car le nouvel organisme prévoit l'intervention de commissions paritaires aux principaux échelons de décision, et c'est dans un esprit de concertation permanente qu'il fonctionnera. Victoire dirigiste partiellement compensée par une défaite : l'abandon de toute nationalisation. Le projet avait couru au moment du Front populaire de nationaliser soit le cinéma tout entier, soit une grande entreprise en faillite à l'époque comme Gaumont ou Pathé. La même rumeur court au moment de la Libération. Si l'idée d'une nationalisation globale du cinéma n'est sérieusement retenue par personne, le projet de nationaliser une entité formée par l'ensemble des biens allemands saisis (cinémas, films, studios, matériel) est très sérieusement envisagé, et presque annoncé officiellement en juin 1946, en réponse aux interrogations sur l'avenir du cinéma français nées des accords Blum-Byrnes. Mais en septembre 1946, à quelques semaines de la proclamation de la IVᵉ République, il en est décidé autrement. C'est que ces « biens allemands » sont gérés par l'administration des Domaines, dépendante du ministère des Finances. Celui-ci, peu touché par le changement de mentalité qui se manifeste dans la classe politique, est parfaitement indifférent à l'élaboration d'une « politique du cinéma ». Il se soucie de la conservation et de la rentabilité du patrimoine dont il a la charge. En septembre 1946, il décide la création d'une société anonyme, dont l'Etat est le seul actionnaire, chargée de gérer le domaine cinématographique : l'U.G.C. (Union générale cinématographique). Elle regroupe dans différentes filiales (U.G.C.P., A.G.D.C., U.G.E.P. et S.O.G.E.C.) les activités, respectivement, de production, distribution, exportation et exploitation des films. Elle dispose d'un catalogue de films importants, basé essentiellement sur la production de la Continental pendant la guerre, d'un instrument de distribution efficace avec des agences à Lyon, Marseille, Toulouse, Bordeaux, Rennes, Lille et Nancy, et d'un réseau de trente-deux salles particulièrement performantes.

La direction de l'U.G.C. est confiée à André Halley des Fontaines, ami d'enfance de Jacques Becker, qui a produit entre autres *Le Crime de Monsieur Lange, Dernier atout, Falbalas*. Ne disposant d'aucune subvention ou avance financière, chargé de mener une « politique pilote et témoin de l'activité cinématographique », mais avant tout de se débrouiller avec sa propre trésorerie sans faire appel aux deniers publics, André Halley des Fontaines démarre une politique de production ambitieuse — ou au minimum honorable — avec notamment *Monsieur Vincent, La Vie en rose, Allemagne année zéro, Rendez-vous de juillet, Le Journal d'un curé de campagne, Edouard et Caroline*. Mais à partir de 1951, les limites financières de l'entreprise et le désintérêt de l'actionnaire freineront les activités de l'U.G.C. Celle-ci n'a jamais justifié son ambition d'être une entreprise pilote et ne se consacre plus guère qu'à produire les films d'André Cayatte. Quand, en 1959, André Malraux prend en main la Culture, et avec elle, le cinéma, il demande à Pierre Moinot un rapport qui lui permettra de répondre à l'invitation pressante du ministère des finances de céder l'U.G.C. au secteur privé. Ce rapport convainc le ministre de poursuivre l'expérience d'une société de service public tandis que le ministère des Finances poursuit sa campagne en faveur de la privatisation. Valéry Giscard d'Estaing, alors ministre des Finances, assurera cette victoire du « libéralisme » en vendant l'U.G.C., en 1971, à un groupe conduit par le président de la Fédération des exploitants, Jean-Charles Edeline. L'expérience du « secteur public » du cinéma n'a en fait jamais été vraiment tentée. Dès le départ, elle était amputée de deux atouts majeurs qui, après la saisie des biens, étaient retournés directement au secteur privé : les laboratoires C.T.M. et les studios de Billancourt. Cette timidité est d'autant plus digne de remarque qu'au moment même où elle se manifestait, la France menait une politique de nationalisation à tout va dans des secteurs beaucoup plus importants.

Cet abandon confirme bien que l'innovation majeure intervenue dans l'organisation structurelle du cinéma est bien ce Centre national du cinéma, devenu le plus souvent l'initiateur, ou le lieu de concertation et de décision finale de toute la vie fonctionnelle et corporative du cinéma. Il ne faudrait pas en conclure que les organisations professionnelles disparaissent pour autant. Ni qu'elles sont réduites à l'impuissance. Il peut même arriver que leur activité soit renforcée par la nouvelle réglementation. Par exemple, une carte professionnelle est nécessaire pour travailler dans le cinéma. Les conditions d'attribution ont été fixées par le C.N.C. Pour obtenir une carte de réalisateur, un candidat doit avoir fait trois films comme premier assistant ; pour obtenir une carte de premier assistant, il doit avoir fait trois films comme second assistant ; pour obtenir une carte de second assistant, il doit avoir fait trois films comme stagiaire. Le syndicat C.G.T. des techniciens du film exerce un monopole de fait sur le contrôle de ces activités et de ces attributions, et donc sur l'accès de nouveaux talents aux postes de réalisateur ou de collaborateur technique. A la fin de la guerre, trois corps de métier obtiendront ainsi, outre divers avantages sociaux, une organisation corporative fermée, confiant au syndicat C.G.T. le monopole d'embauche : les dockers, les ouvriers du Livre (salariés de l'imprimerie) et les techniciens de cinéma (réalisateurs inclus). C'est ce dernier privilège, celui du cinéma, qui sautera en premier, suite aux premiers assauts de la Nouvelle Vague et à la radicale offensive post-soixante-huitarde. Pour les deux autres professions, la pression économique et l'évolution technologique ne feront bouger leur statut que dans les années quatre-vingt-dix.

Ce sont les organisations professionnelles qui organisent et contrôlent Unifrance Film, association de producteurs et d'exportateurs qui veillent à la promotion du film français à l'étranger. Ce sont les organisations professionnelles qui s'adaptent au jour le jour aux évolutions du marché, aux besoins des cinéastes ou aux nouvelles habitudes du public. Dans les années soixante, la crise des studios sera mise au compte des nouvelles pratiques des jeunes cinéastes qui choisissent le tournage en extérieur pour des raisons à la fois artistiques et économiques. Mais cette innovation ne faisait qu'amplifier un phénomène qui a précédé la Nouvelle Vague. Dès 1949, les studios eux-mêmes ont licencié une grande partie des équipes fixes qu'ils employaient en permanence (électriciens, machinistes, charpentiers, staffeurs) pour n'être plus que de vastes garages où chaque film tourné doit recruter intégralement sa propre équipe. Les nouvelles lois sociales, la naissance des comités d'entreprise, la création d'une onéreuse caisse de retraite des cadres ont engendré ce mouvement, qui rend les studios moins indispensables. Pour l'année 1952 déjà, 43 % des films sont tournés en studio, pour 41 % en extérieur et 6 % à l'étranger. De 1950 à 1956, cinq des douze studios parisiens disparaissent. Ou passent à l'ennemi, comme celui des Buttes-Chaumont, racheté par la télévision. L'été 1958, à l'aube de la Nouvelle Vague, douze des dix-neuf films en tournage le sont en décors naturels. Et tout le secteur des industries techniques doit évoluer en fonction de ces nouvelles données, en développant les auditoriums de doublage, les salles de montage et de post-production, la location de matériel, etc. Mais, comme toujours, c'est le public qui change le plus vite, et ce sont les exploitants qui doivent sans cesse s'adapter.

C'est pendant les années cinquante (mais le phénomène ne frappera l'opinion que beaucoup plus tard) que s'amorce la concentration des recettes sur un nombre limité de salles et de films. Au même moment le système d'exclusivité commence à évoluer. Jusqu'en 1950 environ, la sortie en exclusivité se faisait dans une salle parisienne et durait le plus longtemps possible. Le film connaissait ensuite une nouvelle sortie dans une ou plusieurs salles de seconde exclusivité, avant d'opérer sa « sortie générale », simultanément dans les différents quartiers (ce modèle parisien initiant l'exploitation du film et se reproduisant plus ou moins dans les grandes villes).

Dès 1948, on voit le nombre de salles d'exclusivité croître. Il y avait, en 1939, vingt-trois salles d'exclusivité à Paris, qui avaient à l'affiche vingt-trois films différents. En 1948, le nombre de salles d'exclusivité a plus que doublé (quarante-sept) mais toujours avec vingt-trois films à l'affiche : neuf dans les neuf salles pratiquant l'« exclusivité absolue », six dans les six combinaisons de deux salles, six dans les six combinaisons de trois salles, et deux dans les deux combinaisons de quatre salles. Ce sont les prémices la sortie générale simultanée dans des dizaines de salles. Déjà, c'est moins la préoccupation de rassembler les clients jusqu'au dernier par catégories de prix (et donc par catégories sociales de public, catégories de confort de salle) qui compte, que le besoin de faire vite. Cette rotation accélérée des films entraîne un plus grand besoin de programmes à distribuer. Toute l'économie du cinéma sera ébranlée, à plus lointaine échéance, par ce processus.

Ce ne sont là que signes annonciateurs de révolutions ultérieures. Par contre, sur le plan structurel, une révolution véritable aboutit, après un long combat, pendant les années cinquante : celle du droit d'auteur en matière de cinéma. Cette belle histoire mérite qu'on en retrouve le fil. Au départ, deux incidents, ou accidents, d'intérêt infime, dont le développement judiciaire va enclencher une machine infernale. Fin 1934, Marcel L'Herbier est blessé à l'œil par la chute d'une caméra, pendant qu'il tourne *Le Bonheur*. Il attaque la société productrice Pathé et demande aux tribunaux de dire qu'il doit être indemnisé, non en tant que salarié, pour un simple accident du travail, mais en tant qu'auteur de film (et donc beaucoup plus généreusement). Le jugement prononcé en 1938 donne raison à Marcel L'Herbier, « attendu que les metteurs en scène cinéastes ont pris dans la vie contemporaine une importance de premier plan, que quelques-uns d'entre eux, véritables vedettes internationales dans leur art, ont acquis une réputation mondiale et retirent de l'éclat de leur renom une indépendance incontestable... ». En 1941, la cour d'appel confirme ce jugement. Mais, parallèlement, se développe une jurisprudence rigoureusement contradictoire. La société Tobis avait obtenu en mars 1935 la saisie de la recette du film *Mascarade* au Studio de l'Etoile qui avait négligé de payer les pourcentages dus. Le Studio de l'Etoile fait appel sous le prétexte que seul l'auteur du film peut exiger une saisie de recettes et que Tobis n'est que le producteur. Le jugement devient très important puisqu'il revient à dire que le producteur est, ou n'est pas, l'auteur du film. Dans un texte resté célèbre et qui porte son nom, Me Frémicourt statue que « le producteur qui prend l'initiative de la création du film, qui choisit le sujet, réunit les collaborateurs, surveille et dirige l'entreprise, apparaît comme l'un des créateurs intellectuels du film dont il doit, en conséquence, être considéré comme un des auteurs ».

En appel, en 1939, la cour ne se contente pas de confirmer l'arrêt Frémicourt. Elle précise que « le producteur du film doit être non seulement considéré comme l'un de ses coauteurs, mais qu'il est en fait le seul auteur du film ». Arrêt catastrophique pour les réalisateurs, mais qui est infirmé en cassation en 1947. Toute jurisprudence abolie, deux nouveaux procès fournissent l'occasion du pas décisif. Procès de Pierre Blanchar et Bernard Zimmer contre Gaumont pour avoir diffusé une version raccourcie et dénaturée de leur film *Un seul amour*. Procès de Marcel Carné et Jacques Prévert contre Pathé pour avoir mis en circulation une version concentrée en un seul épisode des *Enfants du paradis,* « d'après Marcel Carné », sans leur autorisation. Statuant sur les deux affaires, l'arrêt du président Rousselet (père d'André Rousselet, fondateur de Canal Plus) du 6 avril 1949 définit une position qui ne va plus bouger. Il constate que « le metteur en scène participe essentiellement à la création artistique du film, qu'il est d'ailleurs usuel et légitime de signer par abréviation et métonymie comme étant l'œuvre de tel metteur en scène », et reconnaît le metteur en scène comme un auteur de film.

Au terme de cette valse-hésitation judiciaire, la loi sur la propriété littéraire et artistique du 11 mai 1957 inscrit le film parmi les « œuvres de l'esprit » dont ne peuvent être reconnus comme auteurs que les personnes qui ont participé à leur création intellectuelle. Sont reconnus comme participants à cette création le metteur en scène, le compositeur de musique et les collaborateurs à l'écriture (scénario, adaptation, dialogues). C'est une défaite pour les producteurs, qui se sont battus pour être reconnus comme coauteurs (et même parfois comme seuls auteurs). Tandis que magistrats et législateurs consacrent le premier rôle joué par les réalisateurs dans la création cinématographique, l'action des ciné-clubs s'organise autour de la défense des réalisateurs et explicite leur fonction d'auteurs, tandis qu'un débat culturel se développe autour de la « politique des auteurs » (sur laquelle nous reviendrons), qui tend à sacraliser certains cinéastes. A des titres divers, les années cinquante marquent l'émergence du metteur en scène dans la hiérarchie cinématographique.

Chapitre 2

LE DÉFI AMÉRICAIN
(Réponse : les quotas)

« LE défi américain » est un titre restrictif. Le pluriel serait préférable. A vrai dire, les Américains sont partout. Comment pourrait-il en être autrement ? Ne sont-ils pas les libérateurs ? Oui, mais aussi les envahisseurs : sur les écrans français. Et le cinéma français l'accepte mal. Il se rassemble pour faire, enfin, de la résistance. La lutte héroïque du peuple français contre le cinéma américain : voilà le mythe qu'il faut maintenant ausculter.

Nous avons vu et dit, déjà, que ce que le cinéma français a le mieux apprécié de l'Occupation, c'était d'être coupé de cet « enzyme glouton » : Hollywood. Maintenant, nous ne sommes plus seuls au monde. Nous avons retrouvé la liberté, c'est-à-dire, aussi, la liberté des autres, la liberté des marchés. Il faut donc organiser le retour des films étrangers sur nos écrans : ils ne se contenteront pas de l'espace libéré par l'interruption de distribution (et de production) des films allemands. C'est, normalement, l'Amérique qui fait problème. Durant la première année, et jusqu'à mai 1946, ne peuvent être montrés sur les écrans français que la cinquantaine de programmes sélectionnés que les soldats américains ont apportés dans leurs bagages, plus un certain nombre de films documentaires ou de fiction sur la guerre, plus quelques films ayant bénéficié de dérogations, plus les films américains qui sont restés en France depuis 1940. Mais tout cela, exploité dans un désordre total, ne fait l'affaire de personne. Il faut reprendre des échanges commerciaux actifs et normalisés ; si tant est qu'entre France et Etats-Unis, le mot « échange » ait un sens quand il s'agit de cinéma. Pourtant, est-ce naïveté ou intoxication ou ballon d'essai, des rumeurs courent selon lesquelles les Américains seraient prêts à distribuer normalement dans leurs circuits, en version originale et en version doublée, des films français comme *Goupi Mains Rouges* ou *Les Anges du péché*. R.K.O. annonce son intention de coproduire des films français qu'elle distribuerait aux Etats-Unis, et d'ailleurs sa filiale française passe un accord de coproduction avec Pathé, et signe un premier contrat avec René Clair (il n'y en aura pas d'autre) pour son premier film de retour en France, *Le silence est d'or*. Dans ce climat un peu détendu, une négociation franco-américaine s'amorce. La position américaine est simple. Elle réclame la reconduction des accords Marchandeau de 1936 qui prévoyaient que la France accordait 188 visas de films doublés par an dont 80 % (soit 150 films) pour les Américains. Les Français, eux, souhaitent qu'au système du contingentement on substitue celui des quotas par écran. Pour assurer la diffusion des films français, un certain nombre de semaines leur seraient réservées sur chaque écran. Les négociations traînent. De Gaulle démissionne et se retire à Colombey-les-Deux-Eglises. Elu chef du gouvernement, Félix Gouin, dans son discours d'investiture du 15 février 1946, dresse le tableau catastrophique de la situation économique de la France dont le déficit budgétaire atteint 300 milliards tandis que son niveau de production est d'un tiers inférieur à celui de 1938. Parmi les solutions, il préconise une aide américaine et décide d'envoyer Léon Blum en ambassade extraordinaire à Washington pour la négocier.

Le 15 mars, les discussions commencent entre la délégation américaine dirigée par le secrétaire d'Etat James Byrnes (en fait démissionnaire, et qui quittera son poste peu après pour reprendre son cabinet d'avocat : il deviendra le conseiller juridique des majors d'Hollywood) et la délégation française conduite par Léon Blum, Emmanuel Monick, gouverneur de la Banque de France, et Jean Monnet, commissaire général au Plan. Il s'agit d'une négociation vitale puisque la France en attend un prêt de plusieurs milliards de dollars, et que les Américains utilisent cette situation pour obtenir des Français un plus grand libéralisme commercial et l'abandon de certains revendications (sur l'Allemagne par exemple) ou de certaines réformes (comme les nationalisations). Le 28 mai 1946 sont signés les « accords Blum-Byrnes » qui semblent ouvrir un pactole pour le redressement français, mais n'apporteront que 650 millions de dollars d'argent frais, ce qui est largement en dessous des espérances. Il est nécessaire de rappeler ce contexte pour comprendre la portée de ce qui se passe parallèlement sur le plan du cinéma. En effet, outre les accords proprement dits, James Byrnes et Léon Blum signent un document de deux feuillets, intitulé « Arrangement » (et pour le document américain, *Understanding*) qui règle le contentieux cinématographique entre les deux pays. Quelque importance qu'on attache au cinéma, et on ne peut nous soupçonner de la sous-estimer, il faut bien voir le gouffre qui sépare la portée vitale de la négociation Blum-Byrnes dans son ensemble, du problème sectoriel que constitue le cinéma. En raison même de cette différence d'échelle, la négociation cinématographique a-t-elle été bâclée, réglée à la hâte sur un coin de table par quelques sous-fifres ? Pas du tout. Elle a été menée avec acharnement par des gens parfaitement compétents. Dans son livre *L'Influence américaine sur la politique française* [1], Irwin Wall exprime son ahurissement de découvrir que dans les archives du Département d'Etat, la série décimale *851-4061 Motion Pictures,* qui rassemble les documents concernant la négociation cinéma des accords Blum-Byrnes, est aussi importante, en volume, que la série décimale *851-51* qui rassemble l'ensemble des documents concernant les accords Blum-Byrnes proprement dits...

Du côté français, on n'avait pas prévu de poser le problème cinéma, mais on pensait que les Américains le feraient et on s'y était préparé. La position initiale prise à Paris par les services du secrétaire d'Etat à l'Information, Gaston Defferre, ministre de tutelle du cinéma à cette époque, en consultation avec les organisations professionnelles, était : abandon du contingentement par délivrance de visas ; substitution d'un système de « quotas par écran » ; norme souhaitée : sept semaines sur treize (c'est-à-dire par trimestre) doivent être consacrées aux films français, les six autres sont ouvertes aux films étrangers. Sans doute cette revendication parut-elle trop difficile à défendre car la note des Affaires étrangères à la délégation française en Amérique lui demande de réclamer six semaines sur treize pour les films français. Mais l'« Arrangement » signé n'en prévoit plus que quatre. Les Français ont réussi à imposer leur système (quotas par écran), mais les Américains ont obtenu d'en limiter considérablement les effets. D'autant plus que la formulation même de l'« Arrangement » et l'écho qui lui est donné reviennent à imposer, en fait, un quota limitatif aux films français. Tout est rédigé comme si l'on cherchait à les imposer quatre semaines par trimestre sur un marché qui ne voudrait pas d'eux. Par exemple la phrase « A partir du 1er juillet 1946 le contingent à l'écran réservé aux films français sera au maximum de quatre semaines par trimestre » donne l'impression que les quatre semaines sont l'espace maximal dont disposent les films français alors que c'est au contraire l'espace minimal qui leur est dévolu. C'est le cinéma français qui semble contingenté sur son propre marché. Ces péchés de rédaction ne comptent pas pour peu dans l'incompréhension dont vont être l'objet ces accords.

Car incompréhension, indignation, protestation il y a, qui se traduisent de la manière la plus spectaculaire lors d'une conférence de presse tenue le 14 juin dans les locaux de l'I.D.H.E.C. Une délégation de représentants professionnels, dont Louis Daquin, Jean Grémillon, Claude Autant-Lara pour les cinéastes, Charles Chézeau pour les syndicats C.G.T., Jean-Paul Frogerais pour les producteurs, Louis Jouvet pour les comédiens, et le député communiste Fernand Grenier, vient exprimer son inquiétude et sa résolution de lutter contre cette « invasion américaine ». La réplique officielle est immédiate, sous la forme

1. Balland, 1989.

de deux conférences de presse : la première du directeur général du cinéma, Michel Fourré-Cormeray, qui défend l'hypothèse que le système de quotas imposé par les accords, loin d'être maléfique, va être bénéfique au cinéma français ; la seconde, donnée par Léon Blum en personne, qui défend la même thèse, mais prononce une phrase, la seule qui sera retenue de cette rencontre, qui fait scandale dans le monde du cinéma : « Je vous avoue que s'il avait fallu dans l'intérêt supérieur de la France sacrifier la corporation cinématographique française, je l'aurais fait sans hésiter, quitte à lui donner ensuite, sur le plan national, de légitimes compensations. » C'était là un aveu courageux d'un véritable homme d'Etat, mais qui témoignait aussi d'un certain décalage de génération. Jamais un ministre américain, pour des raisons économiques et politiques, n'aurait prononcé une telle phrase. Ni un ministre français, à partir des années soixante, pour des raisons politiques et culturelles.

Le 1er août 1946, l'Assemblée constituante délibère sur les accords Blum-Byrnes et, après un débat courtois, approuve leur ratification à l'unanimité des 550 votants. L'« Arrangement » concernant le cinéma n'étant pas soumis à ratification n'est pas intéressé par ce vote, bien qu'il ait été évoqué à diverses reprises au cours du débat. Dès juillet, sans attendre, les films américains ont commencé de sortir nombreux sur les écrans. Pour éviter de braquer les professionnels français et de désorganiser exagérément le marché, la M.P.A.A., qui regroupe les majors américaines, décide unilatéralement de limiter à 124 films doublés dans l'année ses exportations vers la France. Mais, s'ils détiennent le gros de la production américaine, ils ne sont pas les seuls producteurs, ni les seuls distributeurs. De petites ou moyennes sociétés françaises achètent par dizaines des films américains disponibles et les jettent en vrac sur le marché. Les exploitants suivent sans trop se soucier des réglementations, blâmes, interdictions de fonctionnement et amendes dont ils se rendent ainsi passibles. Bientôt, c'est-à-dire durant 1947, le marché est saturé de films américains. Le nombre de visas accordés à des films américains doublés saute à 92 dès 1946, à 176 en 1947 et à 180 en 1948. C'est énorme par rapport au zéro auquel on s'était habitué, mais c'est l'ordre de grandeur des chiffres d'avant-guerre. Bien entendu, ce surgissement, dans son importance et sa soudaineté, perturbe le marché des films français. Ils représentent 40 % de la fréquentation en 1938, 65 % en 1945, et la proportion tombe à 30 % en 1947. Année noire ? Pas pour tout le monde : 1947 représente, dans les tableaux statistiques, l'année phare où fut battu le record absolu de spectateurs avec le chiffre de 423 millions d'entrées. Ce qui permet aux films français de garder la tête hors de l'eau : 80 films français sortis en 1946, 92 en 1947, 94 en 1948, et le pire de l'« invasion » est passé.

Ces événements permettent de déceler deux défauts de l'« Arrangement » Blum-Byrnes. L'exigence française de passer du contingentement des films aux quotas par écran était une erreur. Le premier système, ultracentralisé, est très facile à organiser ; le second, impossible. Qui pouvait, en 1946, vérifier, semaine après semaine, cinéma par cinéma, la proportion de films français programmés ? Personne. Le C.N.C. ne démarre vraiment qu'en janvier 1947 et il lui aurait fallu attendre au moins deux ans pour être en mesure d'exercer ce contrôle. L'autre défaillance découle du fait que les deux délégations se sont posées un problème d'ordre général et permanent (comment réguler l'exportation en France des films américains), en oubliant que se posait, en 1946, un problème spécifique urgent : comment organiser sur une période, par exemple de deux ou trois ans, l'écoulement rationnel du stock important de films américains qui s'était constitué entre 1939 et 1945 et dont une bonne part avait une place légitime sur les écrans. C'est donc la réglementation permanente instituée par l'« Arrangement » qui doit se montrer assez élastique pour écluser ce catalogue en attente. Les déraillements et embouteillages constatés en 1947, quand la présence des films américains sur les écrans français frôle le point de rupture, découlent moins de la nocivité de l'« Arrangement » que de son incapacité à apurer les six ans de contentieux de programmation.

L'autre démonstration éclatante fournie par cette première phase des incidents de frontière cinématographiques franco-américains, c'est que s'il existe en France une vigilance et une méfiance à l'égard de l'expansionnisme du cinéma américain, il existe aussi un fort courant de gourmandise et de désir à l'égard de ce cinéma. La demande est énorme, après ces années de privation, et cet appétit dynamite les règles prévues par les diplomates. Appétit du grand public : ce n'est pas par hasard si l'année record des entrées est justement l'année du retour des films américains sur les écrans français. Appétit des amoureux du cinéma, et du public cultivé qui se sent infirme quand il est coupé des films américains. Avant même que les négociations s'ouvrent, Nicole Védrès réclame le retour de « notre film américain, notre petit dieu du samedi soir », et Edgar Morin proclame : « Nous avons besoin du cinéma américain comme un copain blagueur qui nous revient de loin. » En juillet 1946, six semaines après l'« Arrangement », on peut voir dans les cinémas *Citizen Kane, Laura, Le Faucon maltais, Assurance sur la mort,* parmi des dizaines d'autres chefs-d'œuvre. Les futurs cénacles de wellsiens, d'hitchcoko-hawksiens, de macmahoniens voient éclore leurs premiers fidèles : ils ne sont guère nombreux, mais certains d'entre eux vont contribuer à changer le cinéma français. Quant à l'unité de la profession, elle est toute relative. Distributeurs et exploitants sont passés radicalement dans le camp de l'« ennemi » : ils veulent ce que veut le public, et donc des films américains. Le camp du refus est formé par les producteurs — les plus menacés — et par les cinéastes et techniciens, collaborateurs de création, critiques et cinéphiles qui, par intérêt professionnel et par intérêt culturel, redoutent une grave crise de la production nationale. Il va constituer, ce groupe, les troupes de choc de l'acte II de l'« Arrangement » qui reste à venir.

Les accords Blum-Byrnes ont une réputation légendaire dans l'histoire du cinéma français. Ces décisions catastrophiques allaient conduire notre cinéma à la mort quand la lutte du peuple en révolte fit reculer l'ennemi et annuler les accords. Telle est, résumée, la saga dont on berce les enfants cinéphiles, entretenant chez eux cette fibre de patriotisme cinématographique qui a une longue tradition. Il y a en France un échange émotionnel, affectif et culturel entre l'opinion publique, les élites et le cinéma. Celui-ci jouit d'un prestige et d'une solidarité à raison même de cet attachement. Mais la vérité des faits suffit à nourrir ces liens, sans qu'il soit nécessaire de recourir au mythe. S'agissant des suites de l'« Arrangement » franco-américain, les choses sont moins héroïques et plus compliquées qu'on ne l'a dit.

Il est inexact que les accords Blum-Byrnes aient mis le cinéma français en péril. Ils ont tenté de gérer, de manière sans doute insuffisante, une situation de fait qu'ils n'ont pas provoquée : la réinsertion de l'exportation américaine dans le marché français. Tout compte fait, après deux années difficiles, le pas a été franchi sans crise grave, et cela, grâce au frein que les accords ont malgré tout apporté. Finalement, l'« Arrangement » Blum-Byrnes a été bénéfique, comme l'historien Jean-Pierre Jeancolas qui a apporté un nouvel éclairage sur cette affaire [1] en a fait la démonstration.

Il est inexact aussi que l'« Arrangement » ait déclenché une énorme vague de protestation. Certes, il y aura une agitation professionnelle. Certes, il y aura la création d'un large et prestigieux Comité de défense du cinéma français. Certes, il y aura une manifestation de rue, avec défilé sur les Grands Boulevards d'un cortège de plusieurs centaines de professionnels, dont de grands cinéastes et vedettes, précédant plusieurs milliers de personnes. Mais ce comité de défense, c'est le 19 décembre 1947 qu'il est créé, cette manifestation, c'est le 4 janvier 1948 qu'elle a lieu, c'est-à-dire dix-neuf mois après les accords de Washington. Le véritable déclencheur de cette vague tardive, c'est moins la crise, réelle, qui touche la production de nouveaux films français à cette époque (78 films en 1947), que le virage politique majeur qui s'est effectué en 1946-1947, avec l'entrée des Etats-Unis, puis de la France dans la guerre froide, l'éviction des ministres communistes du gouvernement français, le déclenchement de longues et dures grèves donnant lieu à de violents affrontements, et le partage du

---

1. Voir son étude « Blum-Byrnes. L'"Arrangement" » dans le numéro 13, décembre 1993, de la revue de recherche historique *1895*.

terrain politique en deux camps violemment antagonistes, pro-américain et prosoviétique. La ligne frontière de ces deux camps passe en France entre parti communiste et parti socialiste, devenus d'autant plus rageusement hostiles qu'ils sont plus proches. Les accords Blum-Byrnes deviennent, dans ce nouveau contexte, une cible de choix puisqu'ils permettent de s'en prendre à la fois aux « impérialistes américains » qui menacent le cinéma français comme ils menacent la paix du monde, et à Léon Blum, ce « social-traître » bien dans son rôle quand il a vendu à Washington le cinéma français pour un plat de lentilles. Le 18 avril 1948, au cours d'un meeting au stade Buffalo, Maurice Thorez dénonce le film américain « qui envahit nos écrans grâce à Léon Blum » et « qui, non content de réduire nos techniciens au chômage, empoisonne littéralement l'âme de nos enfants, de nos jeunes gens, de nos jeunes filles, dont on veut faire des esclaves dociles des milliardaires américains... ». Le débat autour de la place du cinéma américain en France a quitté le terrain économique et technique pour devenir politique et idéologique. Un tel climat va contribuer à obscurcir le problème et à aggraver les tensions.

Les nouvelles données politiques de la situation ne doivent pas occulter la réalité d'un authentique mouvement de défense du cinéma français particulièrement actif entre décembre 1947 et juin 1948. Qu'il ait été fortement soutenu par la C.G.T. et le parti communiste n'a pu qu'entraîner davantage le monde intellectuel, à l'époque fortement influencé par le P.C. Un public proprement cinéphile et une marge du grand public attaché aux valeurs nationales ont rejoint le mouvement. Plus tard, dans d'autres circonstances, et dans un autre contexte, ce courant, de plus en plus détaché de son inspiration politique, manifestera sa permanence et son autonomie.

Tandis que se développe ce mouvement, les gouvernements successifs et les services concernés ont mis en route une procédure de révision des accords. A partir du 1er juillet 1948, le quota de semaines réservées aux films français passe de 4 à 5 par trimestre et le nombre de films doublés importés chaque année est limité à 186 dont 121 américains. Ce nouvel accord est valable pour quatre ans. Il donne donc lieu à renégociation en 1952. Cette échéance est marquée par une innovation capitale. La discussion entre les deux pays s'engage mal. On va à l'échec. La France rompt et s'avise qu'elle n'a pas à débattre avec les Etats-Unis de sa politique nationale en matière de cinéma. Dans les accords de 1948 par exemple, la décision française fixant le contingentement des films importés figurait comme un document annexe de la déclaration commune des deux gouvernements. Le 30 juin 1952, le gouvernement français prend unilatéralement un décret ramenant le nombre de films doublés importés à 138 par an au lieu de 186, chiffre auquel pourraient être ajoutés, hors quotas, les films primés au Festival de Cannes, et des films provenant de pays qui favorisent la diffusion des films français sur leur territoire... La perche tendue aux Américains est un peu grosse. Mais ce décret témoigne de l'apparition d'une véritable politique française du cinéma. C'est seulement après cette décision fixant le cadre des importations que la France rouvre la négociation avec les Américains pour examiner les « échanges » entre les deux pays. Le contingent de films américains doublés est fixé à 90 (au lieu de 121), des aides sont prévues pour des coproductions entre les deux pays, et les transferts de fonds des distributeurs américains sont facilités. Cette étape franco-américaine de 1950 a peu marqué les mémoires. C'est pourtant la première fois que le cinéma français s'affirme, face au cinéma américain, comme un partenaire à part entière, libre et indépendant, attitude qu'il ne fera que confirmer et développer par la suite.

Cette saga des défis américains n'est pas sans effet sur l'ensemble de la vie cinématographique. Il est clair qu'en 1946 la négociation des accords Blum-Byrnes, et l'agitation professionnelle qu'elle a déclenchée, ont accéléré la création du Centre national du cinéma en octobre la même année. De même, la révision de ces accords, en 1948, a précipité l'apparition de la « loi d'aide temporaire » : ce n'est pas par hasard si nouveaux accords et loi d'aide sont datés tous deux du 16 septembre. Nous nous sommes étendus sur la question des accords franco-américains, car il ne s'agit pas seulement d'un problème commercial et technique. C'est autour de conflits comme celui-ci, mais celui-ci au premier chef, que se constituent politique du cinéma, patriotisme de cinéma, aide au cinéma, éléments constitutifs de l'identité et du particularisme du cinéma français.

Chapitre 3

LE DÉFI EUROPÉEN
(Réponse : les coproductions)

N'être plus coupés du monde représente un péril : il faut affronter des concurrents performants. C'est le sens du défi américain. Mais cela peut représenter aussi un secours : les pays menacés peuvent unir leurs efforts. C'est le sens du défi européen : chercher à se relever ensemble en transformant la concurrence en collaboration. Dans les deux cas, la solution est la même : signer des accords bilatéraux. Dans la position défensive, pour opposer des barrières au flux des produits extérieurs. Dans la position d'alliance, pour organiser la coopération et s'ouvrir de nouveaux marchés. Pour le moment, l'ambition européenne, au sens politique du terme, est purement théorique. Elle ne se développera concrètement que lorsque la Communauté économique européenne lui en fournira le cadre. Mais une expérience, dans cette voie, va être, très vite, explorée à fond. C'est celle de la coproduction franco-italienne.

La coproduction — même si le mot n'était pas employé — la France l'a pratiquée systématiquement depuis 1925 environ. Son partenaire privilégié a été depuis l'origine l'Allemagne, partenariat accru à partir de 1929 du fait du rôle privilégié des Allemands dans le développement du cinéma parlant, et qui s'est poursuivi après l'arrivée d'Hitler au pouvoir. Mais il ne peut reprendre dans l'immédiat après-guerre ; l'Allemagne en ruine, écrasée par sa défaite, a besoin de plusieurs années pour remettre en route une activité cinématographique. L'Italie était, loin derrière l'Allemagne, le second pays partenaire de la France. En dépit du chaos économique, son cinéma a manifesté, avant même la Libération, une incroyable vitalité. C'est avec elle que la France va expérimenter une forme de collaboration financière, artistique et corporative très poussée, basée essentiellement sur un statut original de coproduction.

Un premier accord franco-italien de 1946 a prévu une période d'essai d'un an qui donne des résultats ambigus. Neuf films ont été tournés dans le cadre des accords (dont *La Danse de mort, Rocambole, La Chartreuse de Parme*), mais tous en Italie : aucun en France. D'année en année, de nouveaux accords vont tenter d'améliorer les résultats et d'éliminer les dysfonctionnements qui se sont manifestés. Tâche complexe, car les buts poursuivis sont multiples, et parfois contradictoires. Il s'agit en effet d'additionner des sources de financements ; d'ouvrir aux films coproduits le double marché franco-italien où ils jouissent, des deux côtés de la frontière, du statut et des avantages du film national ; de produire grâce aux moyens financiers et artistiques additionnés des films plus ambitieux, plus spectaculaires que ceux que permettent les moyens nationaux, et de conquérir ainsi les marchés étrangers ; d'éviter que par une distorsion du système, la coproduction ne bénéficie pas à un pays plus qu'à un autre sur le plan financier, sur le plan de l'emploi, sur le plan du prestige international, etc. Peu à peu, les règles de fonctionnement fixent le plancher de participation du coproducteur minoritaire (30 %), l'obligation pour une coproduction tournée dans un des deux pays d'être jumelée avec une autre production tournée dans l'autre pays, le minimum de collaborateurs techniques et artistiques qui doivent être acceptés du coproducteur minoritaire, etc. Cette négociation constante, ces tentatives diversifiées entraînent une certaine imbrication des deux industries.

Dans les années cinquante, en dépit d'échecs et de contentieux ponctuels, cinéma français et cinéma italien forment une véritable association qui s'est développée à partir de 1949. Le nombre de films effectivement réalisés en coproduction avec l'Italie passe de 6 en 1949 à 10 en 1950, 16 en 1951, 18 en 1952 et 36 en 1953. Sur ces 36 films, 20 ont été tournés en France et 16 en Italie. Cette même année, le nombre de films cent pour cent français (sans coproduction étrangère) est tombé à 63 contre 100 en 1949. C'est donc que la coproduction constitue un produit de substitution pour la production française et non un atout supplémentaire. La place que ces films ont prise sur le marché est très importante puisque, en 1953-1955, ils représentent environ le tiers des recettes des films français en France.

Toutefois, des inconvénients sont apparus que les réformes successives ne parviennent pas à éliminer. L'inconvénient majeur vient de l'abaissement qualitatif qu'entraînent les cocktails hétérogènes d'inspiration, de créateurs, de techniciens aboutissant à des produits qui ne relèvent plus d'aucune culture, d'aucune tradition, d'aucune patrie. La première conséquence, inattendue, de la coproduction a été de ressusciter la double version. Le plus souvent, l'essentiel de la coproduction, sur le plan artistique, consiste tout bêtement à installer en tête d'affiche deux vedettes : une de chaque pays. Sans coproduction, ce n'est pas Gina Lollobrigida qui aurait séduit Fanfan la Tulipe (Gérard Philipe) mais Martine Carol. Sans coproduction pour *Le Rouge et le Noir*, ce n'est pas Antonella Lualdi que Julien Sorel/Gérard Philipe aurait failli épouser, mais Micheline Presle. Si c'est Raf Vallone qui tombe amoureux de Micheline Presle dans *L'Amour d'une femme* ou de Simone Signoret dans *Thérèse Raquin,* c'est d'abord parce qu'il s'agit de coproductions. Mais parfois, le film est tourné en double version avec deux acteurs différents pour le même rôle. Dans *Le Château de verre,* de René Clément, Michèle Morgan et Jean Marais gardent les deux rôles principaux mais Fosco Giacchetti remplace Jean Servais dans la version italienne. Pour *La Minute de vérité* de Jean Delannoy, Michèle Morgan et Jean Gabin restent têtes d'affiche, mais Daniel Gélin est remplacé par Walter Chiari dans la version italienne. Le plus souvent, la présence d'une vedette italienne dans le générique n'est plus qu'un clin d'œil au public. Elle marque simplement la soumission à des contraintes réglementaires. C'est ainsi que fonctionne comme le signal d'une coproduction franco-italienne la présence de Franco Interlenghi dans *En cas de malheur,* celle de Lea Padovani dans *Le Dossier noir,* celle d'Alida Valli dans *Le Dialogue des carmélites,* celle de Gino Cervi dans *La Dame aux camélias,* ou bien encore, dans le rôle de Choiseul, celle de Massimo Serato dans *Madame du Barry.* Ces « repères » ne sont pas vraiment nocifs : ils sont souvent absurdes.

Dans la première phase des coproductions, la réglementation contraint à une mixité des équipes très poussée : un metteur en scène d'un pays, des scénaristes de l'autre, l'équipe image d'un pays, l'équipe décors de l'autre, voilà le générique idéal de la coproduction première manière. L'expérience démontre l'absurdité de cette solution, qui contribue à fabriquer ce type de produits dénoncé il y a bien longtemps déjà par René Clair : « ces machines insipides conventionnelles et sans âme que l'on nomme films de collaboration internationale ». D'où l'instauration d'un système essentiellement financier confiant la responsabilité artistique et technique au coproducteur majoritaire, sans contrainte artistique. René Clair, justement, réalise en coproduction *Les Grandes Manœuvres* en 1955, année de ce nouvel accord, sans qu'aucun Italien figure au générique ni parmi les techniciens, ni parmi les comédiens.

Si l'effet pervers d'une pseudo-internationalisation artistique débouchant sur un salmigondis culturel peut être corrigé, il en est un autre que rien n'atténuera. La coproduction est plus spécialement consacrée aux « gros films ». Il est donc normal que ces films soient plus chers que les films nationaux. Mais on constate que la lourdeur des devis n'est pas toujours en relation avec la nature des films : une coproduction, même quand il s'agit d'un « petit film », est toujours plus chère qu'un film national. Et cet exemple a un effet de contagion sur l'ensemble des productions nationales. En 1952, le coût moyen d'un film 100 % français est de 47 millions, d'une coproduction de 117 millions. En 1958, ces coûts sont passés à 95 millions pour le film intégralement français et à 206 pour la coproduction. Ainsi, la solution que la coproduction apporte à l'économie du cinéma se trouve-t-elle en partie viciée par le renchérissement des coûts qu'elle déclenche sur le marché. En tout cas, le cinéma s'accommode de ces inconvénients. La coproduction ne cesse de gagner du terrain.

Après l'expérimentation franco-italienne (l'Italie restera toujours le partenaire de référence), elle s'est étendue à d'autres pays. Le nombre total des coproductions est de 21 en 1952, il atteint 43 en 1953 (dont 36 avec l'Italie, 61 en 1957, 79 en 1960, 98 en 1961). Ce régime s'étend bientôt aux pays les plus divers et chaque année voit apparaître un nouveau partenaire (Canada, Etats-Unis, Grande-Bretagne, Australie, Autriche, Union soviétique, etc.), mais deux pays se situent au second rang derrière l'Italie pour ce partenariat : l'Espagne, où vont se tourner nombre de films musicaux avec Georges Guétary ou Luis Mariano et l'Allemagne. Avec la République fédérale, il s'agit d'amorcer des retrouvailles avec un nouveau cinéma allemand à peine renaissant, sans attache avec le compagnonnage passé des cinématographies des deux pays. Dans l'« Allemagne de l'Ouest », comme on dit, Munich a remplacé Babelsberg (situé en R.D.A.) et c'est la France, nation occupante, qui est maintenant chef de file. Cela n'empêche pas de retrouver tout naturellement de vieilles habitudes, par exemple celle de la double version. Dans *Barbe-Bleue* de Christian-Jaque et dans *Oasis* d'Yves Allégret, Pierre Brasseur, qui tient les deux fois le premier rôle masculin, est remplacé dans les versions allemandes par Hans Albers pour le premier, et par Carl Raddatz pour le second. La plupart de ces coproductions n'ont qu'une portée financière. Fait exception *Le Double Destin* de l'aventureux Victor Vicas, qui, après avoir quitté sa Russie natale, a travaillé en Allemagne, en France, aux Etats-Unis, puis est revenu vers sa chère Europe. Son film adapte à la guerre qui vient de se terminer le *Siegfried* de Jean Giraudoux et Michel Auclair incarne ce soldat amnésique français convaincu d'être un Allemand : coproduction et coopération artistique avaient sur ce sujet un sens qu'on lui trouve rarement ailleurs.

La coproduction avec l'« Allemagne de l'Est » serait *a priori* beaucoup plus indiquée, car sa superbe usine à cinéma, est en état de marche. Simplement l'U.F.A. est devenu la D.E.F.A., société d'Etat de la R.D.A. Or le régime de la coproduction s'applique dans le cadre d'accords bilatéraux entre les pays : la situation internationale, l'organisation économique et le statut monétaire de l'Allemagne de l'Est rendent un tel accord bien improbable, comme avec les autres « démocraties populaires ». Mais rien n'interdit à un producteur français de passer un contrat avec cette D.E.F.A. qui, avec ses ressources techniques considérables et sa stratégie économique mise au service de la politique, devient, dans certaines circonstances particulières, un partenaire à la fois opulent et nécessaire. C'est grâce à la D.E.F.A., qui prend à son compte les charges les plus lourdes, que Raymond Borderie peut produire *Les Sorcières de Salem* que Montand et Signoret vont tourner à Berlin sous la direction de Raymond Rouleau, après l'avoir joué un an au Châtelet, ou qu'Ariane Films peut donner à Gérard Philipe la possibilité de tourner enfin *Les Aventures de Till l'Espiègle* (avec le concours de Joris Ivens), ou que Pathé peut produire *Les Arrivistes,* adapté de *La Rabouilleuse* de Balzac par Daquin en 1959. Figure dominante de l'activité communiste dans le secteur du cinéma, Louis Daquin n'est pas en odeur de sainteté auprès des financiers ni des producteurs français peu enclins à prendre des risques sur les projets de films engagés qu'il propose, prometteurs de difficultés avec la censure. Pendant les années cinquante, Daquin tournera trois films, tous trois dans l'Europe de l'Est, dans une pratique de coproduction militante, hors statut. Avant *Les Arrivistes,* il a tourné, en Roumanie, *Les Chardons du Baragan,* adapté d'un roman de Panaït Istrati, et avant encore, *Bel-Ami,* en Autriche. Cette intéressante adaptation d'un roman de Maupassant sur des magouilles politico-financières à propos de trafics coloniaux sera interdite en France dans un premier temps, pour des raisons politiques avouées, puis autorisée avec coupures, et à nouveau interdite pour « avoir été produite par une société viennoise sous contrôle soviétique ». Ce motif extravagant donne une idée des tensions qui régnaient à l'époque et montre comment des passerelles commerciales peuvent se transformer en barrières commerciales. Il faudra trois ans à *Bel-Ami* pour atteindre, mutilé, le public français (tournage en 1954, sortie en 1957).

A travers ce système de coproductions, officielles, officieuses, ou privées, qui concerne à la fin des années cinquante un tiers de la production française, c'est tout un réseau de relations et d'échanges qui se constitue et s'éprouve. Tandis que l'Europe des Six (des Sept, des Douze...) se construit laborieusement, une Europe des images, plus réduite, plus pragmatique, se cherche et se trouve. Ces deux Europe se rejoindront plus tard quand viendra le temps de l'audiovisuel, et de ses réglementations. Car voici qu'un nouveau péril pointe à l'horizon : la télévision.

Chapitre 4

LE DÉFI TÉLÉVISUEL
(Réponse : la couleur, le grand écran)

En 1948, on compte environ dix mille récepteurs de télévision en France, tous situés dans la région parisienne, la seule desservie (portée maximale des images émises de la tour Eiffel : 150 kilomètres). En 1953, on compte 40 000 récepteurs déclarés, mais il y en a probablement le double en service. C'est l'année du décollage de la télévision dans le public avec, le 2 juin, le reportage de six heures en direct sur le couronnement de la reine Elizabeth. A la fin de 1958, on célèbre la vente du millionième récepteur : plus de vingt émetteurs couvrent plus de 80 % de la population urbaine. Le monde du cinéma est attentif à cette montée en puissance d'un média dont on sait — l'exemple américain a été suivi avec attention — la dimension qu'il peut prendre et les dégâts qu'il peut causer. Le comportement des professionnels vis-à-vis de la télévision se situe à deux niveaux entre lesquels ne se manifeste aucune continuité. D'une part, les décisions à prendre *hic et nunc* : décisions des producteurs et distributeurs quant à la fourniture de films, décisions des exploitants quant à leur attitude vis-à-vis des images télévisées. D'autre part, les conséquences à tirer de la guerre des Américains contre la chute de fréquentation déclenchée par l'extension de la télévision. Hollywood a choisi comme armes la couleur et le grand écran. Mais ces armes, défensives aux Etats-Unis, deviennent offensives chez nous. Le public français n'est pas encore mobilisé contre la concurrence de l'audiovisuel. Par contre il voit apparaître sur le marché du cinéma de nouveaux produits attractifs et leur donne la préférence. D'où l'obligation pour les producteurs français de s'aligner sur les innovations américaines. Au second degré en quelque sorte, la télévision, parce qu'elle menace le cinéma américain, va obliger le cinéma français à se convertir soudainement aux nouvelles techniques, alors que ses effets sur le marché sont encore imperceptibles.

La télévision, ici et maintenant

Dès qu'elle se généralise, la télévision, bien avant de menacer la fréquentation, constitue pour les professionnels du cinéma un germe de division. Même si la concurrence des images domestiques ne se fait pas encore sentir, les exploitants savent bien la difficulté qui les attend, et tendent naturellement à en atténuer et à en retarder le choc. Par exemple en s'opposant à la diffusion de films à la télévision, ou en rendant celle-ci la plus tardive possible. Optique inverse pour les producteurs, qui redoutent moins les pernicieux effets de la télévision qu'on leur promet pour demain qu'ils ne mesurent la ressource nouvelle qu'elle peut constituer dès maintenant par l'achat du droit de diffusion. Cette contradiction est absolue dans les tout premiers temps, et l'on retrouve chez les exploitants, devant le surgissement d'une innovation technique, le réflexe primaire qui fut celui, aux premières pages de ce livre, des syndicats de musiciens ou de comédiens interdisant à leurs membres d'enregistrer de la musique de film ou de participer à tout doublage. En mai 1950 les syndicats d'exploitants de France, Italie, Grande-Bretagne, Suisse et Benelux tiennent un congrès spécial consacré à la télévision, constatent que le délai de cinq années imposé en principe aux films avant de passer à la télévision est insuffisant à les protéger, que ce sont d'ailleurs les films les plus anciens qui plaisent le plus aux téléspectateurs, et lancent un appel aux producteurs du monde entier pour que soient interdites « la vente ou la location à tous réseaux de télévision de films de cinéma produits pour une exploitation cinématographique commerciale quelle qu'en soit l'origine ou l'utilisation ».

Cette position radicale, qui voulait que les films de cinéma restent au cinéma et que les programmes de télévision soient produits par et pour la télévision fait sourire aujourd'hui, compte tenu de ce qui s'est passé, c'est-à-dire exactement le contraire. Il est permis toutefois de se demander si le cinéma ne serait pas aujourd'hui en meilleure santé s'il avait voulu et pu défendre une telle politique. Il faut toutefois noter que c'est durant les années cinquante que la télévision amorce une politique de production autonome, avec l'apparition en 1954 d'« En votre âme et conscience », puis des « Enigmes de l'histoire », qui deviendra « La caméra explore le temps », puis, en 1958, des « Cinq dernières minutes » de l'inspecteur Bourrel. Procès, reconstitutions historiques et enquêtes policières annoncent le territoire de prédilection des feuilletons, séries et téléfilms à venir pendant les quarante ans qui vont suivre.

Par ailleurs les exploitants comprennent que l'accueil dans les salles et le confort de celles-ci vont jouer un rôle plus important à l'avenir : il faudrait que chez eux on se sente aussi bien que chez soi. Ils utilisent cet argument, non sans succès, pour voir leur part augmenter dans la répartition des retombées de la loi d'aide, et entreprendront effectivement la modernisation du réseau des salles.

L'élément le plus insolite de la position des exploitants, c'est qu'ils ont cru pouvoir retourner le problème posé par la télévision : faire que celle-ci attire le public au lieu de le chasser en utilisant la télévision dans leurs salles pour la réception collective de certaines émissions. En novembre 1950, l'hebdomadaire corporatif *Le Film français* fait sa une sur « La télévision au Madeleine-Cinéma » et relate une séance expérimentale au cours de laquelle les spectateurs du Madeleine purent assister à la diffusion sur grand écran d'images tournées au même moment (ou quelques secondes plus tôt) dans les rues de Paris. Le journal concluait audacieusement : « C'est de cette façon que le cinéma pourra lutter contre la concurrence de la télévision. Les grands écrans des Cinémas-Télévisions rivaliseront ainsi avec les millions de petits écrans répartis dans les foyers ! »

Le 2 juin 1953, le couronnement de la reine Elizabeth est un événement pour les exploitants, non pas parce qu'il préfigure la mobilisation des spectateurs retenus chez eux par un spectacle exceptionnel, mais parce que trois cinémas des Champs-Elysées, le Marbeuf, le Marignan et le Raimu, proposent la retransmission du reportage sur grand écran. Il faut se souvenir, pour comprendre cet intérêt, qu'à l'époque la télévision se démocratise en s'installant dans les arrière-salles de cafés. La notion de réception collective représente une réalité de fait. Bientôt les retransmissions de matchs ou d'événements sportifs accréditent l'idée que certaines émissions sont plus spécialement destinées à une réception collective. Un cinéma, le Bosquet, se consacre pendant quinze jours à la seule diffusion des jeux Olympiques sur grand écran. Dans les années soixante, Jean-Charles Edeline, président du syndicat des exploitants, très attentif à toutes les mutations sociales ou technologiques, crée une société pour l'organisation de retransmission d'émissions sur grand écran dans un circuit de salles où l'on pourrait venir assister à un match ou à une pièce de théâtre diffusés par la télévision.

Cette voie devait se révéler une impasse. Disposés, pour certains d'entre eux, à ouvrir leurs portes à la télévision, les exploitants sont bien résolus à se battre contre ceux — les bistrots — qui accueillent dans leurs établissements des gens qui regardent des émissions, dont certaines sont des films et leur font concurrence de « manière déloyale ». L'Etat utilisera son arme préférée, les taxes, pour freiner cette pratique qui sera réglementée... jusqu'à l'étranglement.

Pour les fournisseurs de films, les problèmes se posent différemment. La télévision est une menace lointaine, un client immédiat. Il faut donc s'en servir, sans mettre en péril la carrière cinématographique des films. De multiples questions surgissent : de droits (qui les détient, dans quelles conditions en disposer ?), de délais (au bout de combien de temps peut-on sans dommage céder un film à la télévision ?), de tarifs (quel est le « juste prix » d'une diffusion à la télévision ?). Les règles juridiques sont fixées assez vite, après une période de confusion (fin des années quarante) pendant laquelle le distributeur fournit des films à la télévision sans en référer au producteur, et hors de tout droit défini. Le problème des délais surgit quand les exploitants apprennent que la télévision annonce des films avant même leur sortie.

Par exemple, elle programme le dimanche 16 janvier 1949 à dix-huit heures le nouveau film d'Yves Allégret, *Une si jolie petite plage,* dont la sortie en exclusivité est prévue le mercredi 19 ; et le samedi 22 janvier à vingt et une heures *Allemagne année zéro* de Rossellini dont la sortie est annoncée pour février. Dans une cinquantaine de cafés et de bars parisiens on trouve une affichette annonçant ces programmes à l'avance et conviant les clients à une dégustation-film. Certes, les dégâts sont infimes : quand une redevance sur les postes de télévision sera instituée en juillet 1949, il n'y aura que 297 récepteurs déclarés dans l'année. (Ce qui ne correspond nullement à la réalité.) Mais un péril existe qui doit être conjuré. D'un débat interprofessionnel résulte une obligation pour les producteurs d'attendre cinq ans avant de fournir un film à la télévision. Règle rigoureuse mais sans grand inconvénient : le stock est énorme. En 1952, la télévision, dévoreuse de films de cinéma dès sa préhistoire, diffuse 240 films, dont 160 français. En 1954, la règle des cinq ans paraît inadaptée et saute : le délai est trop court pour quelques grands classiques qui ne quittent pas le circuit cinéma, et trop long pour beaucoup de films secondaires, qui ont terminé en deux ans leur carrière cinématographique. C'est donc cas par cas que désormais les propositions d'achat seront examinées... en attendant la réglementation qui commencera de se compliquer dans les années soixante. Les prix, quant à eux, subissent des variations considérables. En 1948, la télévision paie ses diffusions de films environ 2 000 francs l'heure (soit 300 F.C. : francs constants, valeur 1990), prix qui en 1950 varie de 10 000 à 20 000 francs (de 1 200 à 2 400 F.C.), et qui passe en 1951 à 50 000 francs (6 000 F.C.) par film, et monte en 1955 jusqu'à 300 000 francs (30 000 F.C.) par film. Peu à peu, les prix vont continuer à grossir au fur et à mesure que croissent l'audience et les ressources de la télévision, et surtout ils vont se diversifier considérablement, pouvant passer du simple au quintuple suivant la force d'attraction de chacun des titres négociés. Pendant les années cinquante, la relation cinéma-télévision est en rodage. Ce sont les années soixante qui vont amorcer l'imbrication des deux économies.

La couleur

Le premier long-métrage de fiction, joué par des acteurs, tourné selon un procédé de couleurs expérimenté en France (il y avait eu auparavant des courts-métrages et des dessins animés) est *Le Mariage de Ramuntcho* réalisé en 1947 par Max de Vaucorbeil selon le procédé allemand Agfacolor. Mais c'est à partir de 1949-1950 que la production de films en couleurs va se développer, lentement, mais de manière irrésistible. Ce passage à la couleur n'a rien à voir avec l'innovation technique. On sait faire des films en couleurs depuis longtemps déjà : le Chromachrome Gaumont date de 1913 et le Gaumontcolor l'a perfectionné par la suite.

Pourtant, onéreuse et compliquée, la couleur n'est pas indispensable au fonctionnement de l'activité cinématographique : alors on s'en passe. La guerre terminée, il est vite évident que l'heure de la couleur va sonner, car les Américains, qui s'y sont mis à la fin des années trente, réalisent maintenant quarante pour cent de leur production en couleurs : il faut faire front à cette concurrence. C'est donc dans le sillage de l'incendie d'Atlanta et des couleurs d'*Autant en emporte le vent* que le film français prend à son tour des couleurs. Il se serait bien passé de ce lourd investissement, alors qu'il en est encore à rebâtir ses salles, à pleurer après la pellicule vierge, à moderniser son matériel d'éclairage et de son parfaitement obsolètes. Mais les lois du marché sont les plus fortes. L'accueil fait aux films américains prouve que la couleur est un facteur important, si ce n'est décisif, de succès, tout au moins dans cette phase d'initiation et de découverte. Pas question de laisser le champ libre à l'adversaire : il faut au plus vite occuper le terrain.

Avec, c'est rituel, à chaque tournant technique, une poussée de gallicisme : avant d'adopter un procédé de couleurs étranger, il faut tenter d'imposer un système bien de chez nous. Ce seront les échecs successifs du Realcolor des laboratoires Lux, du Mondiacolor de Georges Chevalier, du Dugromacolor de Dumas et Clunie. Echec aussi du Thomson-color expérimenté par Tati pour *Jour de fête*. Echec encore du Rouxcolor, mis au point par les frères Roux et qui doit sa notoriété au fait que, séduit par le procédé, Marcel Pagnol s'empresse de tourner en Rouxcolor *La Belle Meunière,* avec Tino Rossi dans le rôle de Schubert et Jacqueline Bouvier-Pagnol dans celui de la meunière. Les spectateurs paraissent enchantés du résultat mais le procédé rend la projection techniquement hasardeuse (aucune copie couleur n'a été conservée).

Demeurent finalement sur le marché trois types de procédés : Technicolor, d'origine américaine, pionnier sur ce terrain, film d'excellente qualité mais nécessitant à la prise de vues une caméra lourde et encombrante et un éclairage surpuissant ; Eastmancolor, lancé en 1951, par Kodak, plus facile à utiliser, qui va tendre à supplanter le Technicolor pour les prises de vues (mais pas pour le tirage des copies) ; Agfacolor, né en Allemagne et lancé sur le marché avec les films *La Ville dorée* (1942) et *Les Aventures du baron de Munchausen* (1943). Les autres systèmes employés (Gevacolor, Ferraniacolor, Fujicolor) sont des procédés dérivés de l'Agfacolor fabriqués respectivement en Belgique, Italie et Japon. Jusqu'en 1953, 22 films français sont tournés en couleurs, dont 15 en Gevacolor (on obtient plus aisément de la pellicule à l'usine belge qu'auprès des Américains) et cinq en Technicolor. A partir de 1953, l'arrivée de l'Eastmancolor ouvre de nouvelles possibilités techniques, diminue le coût de la couleur, offre une quantité accrue de pellicule.

Ce problème du coût est l'un des freins à l'extension de la couleur. Le recours à la pellicule couleur tient un rôle notable dans le renchérissement des budgets de films. De 60 millions en 1952, le coût moyen des films français est passé à 1,73 million en 1960 (année du passage au nouveau franc), c'est-à-dire, en francs constants, de cinq millions et demi à douze millions. De 1953 à 1955, 46 films français sont tournés en couleurs dont 33 en Eastmancolor, 6 en Gevacolor, 3 en Technicolor, 2 en Agfacolor. On ne s'étonnera pas de trouver dans la liste des films de ces années-là : *La Dame aux camélias, Les Trois Mousquetaires, Le Vicomte de Bragelonne, Le Comte de Monte-Cristo, La Vengeance de Monte-Cristo, Si Versailles m'était conté, La Castiglione, Madame du Barry, Ali Baba et les quarante voleurs, Cadet Rousselle, Napoléon, Le Fils de Caroline chérie, La Tour de Nesle, Nana, Froufrou,* c'est-à-dire le florilège de tous les mythes nationaux, le panthéon de toutes les figures et de tous les genres de la littérature populaire. Tous les articles consacrés à l'émergence de la couleur s'achèvent sur le même pleur versé : quel dommage qu'on n'ait pas attendu la couleur pour tourner *Fanfan la Tulipe* ! On le dit aussi pour *Caroline chérie,* mais la solution est vite trouvée en lui faisant un enfant. Gérard Philipe en fera un, à sa manière, à *Fanfan,* en tournant *Les Aventures de Till l'Espiègle...*

Si la couleur est délibérément retenue pour les grands spectacles populaires du type *Notre-Dame de Paris,* elle est aussi parfois utilisée, avec talent, dans des œuvres ambitieuses où elle révèle ses capacités d'expression, comme *Le Rouge et le Noir, French Cancan, Lola Montès,* ou *Les Grandes Manœuvres.* Il semble d'ailleurs que le public, avec un certain discernement, exige la couleur du cinéma américain de divertissement alors qu'il accepte le noir et blanc pour toute une part de la production française qui a d'autres attraits. On ne peut considérer comme un simple hasard que, dans la liste des best-sellers des années cinquante que nous publions en annexes, sur les vingt-cinq films classés en tête, les treize films américains qui y figurent sont en couleurs à la seule exception de *Limelight,* alors que huit des douze films français qui y figurent sont en noir et blanc. Du film français on attend encore autre chose que de venir éblouir avec la palette des arcs-en-ciel. C'est plutôt rassurant.

Grand écran, « 3D »

En 1953, grâce à la reine d'Angleterre, la télévision s'ouvre en France à l'attention du grand public. Le cinéma réagit : c'est l'année du vrai démarrage de la couleur. Aux États-Unis, 1953 marque la fin de la phase expérimentale de la télévision en couleurs qui va devenir grand public. Pour le cinéma, la couleur cesse donc d'être la réponse appropriée à la télévision. Il faut trouver autre chose, que l'on prépare déjà depuis quelque temps. Ce sera ce qu'on appellera, globalement, « les techniques nouvelles », Cinémascope, Superscope, Vistavision, Cinérama, relief, dont l'objectif est de contrer la télévision sur le terrain où elle est le plus vulnérable, à savoir les dimensions réduites et la pauvreté de l'image.

Si, de cette période, ce sont les procédés d'« écran large » qui sont restés maîtres du terrain, c'est pourtant le relief qui fait l'irruption la plus tonitruante et qui paraît au début le plus prometteur. Le 17 juin 1953 a lieu au Normandie et au Rex la démonstration de la nouvelle technique, le « 3D » (la troisième dimension) avec la projection de *L'Homme au masque de cire* (*House of Wax*) d'André de Toth : une paire de lunettes à monture en carton est remise à chaque spectateur à l'entrée et permet seule la perception de l'effet de relief.

Le lendemain, 18 juin, encore au Rex, le président de la Fox, Spyros Skouras, présente un programme de démonstration du Cinémascope. En septembre 1953 sort à New York *The Robe* (*La Tunique*), premier long-métrage en scope, présenté à Paris le 4 décembre, au Rex et au Normandie. Pour le cinéma français, cela fait beaucoup de choses à digérer en même temps, car il est loin d'avoir effacé les destructions et le retard d'équipement dus à la guerre, quand il lui faut intégrer simultanément couleurs, relief et grand écran, qui supposent, au niveau de la production comme de l'exploitation, de nouveaux investissements. Pourtant, le virage sera pris sans retard ni accidents notables, avec l'incroyable pugnacité que le cinéma français, si prompt à se déchirer sur des problèmes secondaires, met à affronter l'adversité.

Nous avons suivi l'adaptation à la couleur. Pour les techniques nouvelles, la principale innovation marque bientôt ses limites. L'effet de relief obtenu par le « 3D » n'est pas parfait et assez fatigant à suivre. Le port des lunettes amuse les premiers spectateurs, mais bientôt agace. Les films ont tendance, pour bien mettre en évidence leur nouveau pouvoir, à répéter les mêmes effets : ils ne sont ni assez bons ni assez nombreux pour entraîner la modification d'équipement des salles. Plus simple, plus pratique, le Cinémascope connaît une vraie faveur et répond au besoin d'innovation : il contribue à éliminer le « 3D », même s'il n'en remplit nullement la fonction. L'exploitation du « 3D » en France demeure une attraction et disparaît si vite que le film qu'Alfred Hitchcock a tourné pour en expérimenter les potentialités,

Le crime était presque parfait (*Dial M. for Murder*, 1954), ne sort en France qu'en version plate, et n'aura droit à une projection en relief qu'en 1982.

Le relief fait long feu. C'est l'« écran large » qui s'impose, et d'abord par le succès du Cinémascope. Cette victoire est remâchée avec amertume par le cinéma français. Le Cinémascope est basé sur l'anamorphose des images. C'est la réplique imaginée par la Fox devant l'apparition en 1952 (1955 en France) du Cinérama, système de projection par trois projecteurs dont les images se juxtaposent sur un très vaste écran. Or, ce système, Abel Gance, déjà, l'avait inventé, sous le nom de Polyvision, et utilisé, magistralement, pour certaines scènes de son *Napoléon* (1927). Quant à l'anamorphose des images (compression au moment de la prise de vues, restitution des vraies dimensions au moment de la projection), elle avait été appliquée au cinéma dès 1927 par le professeur Henri Chrétien, inventeur de l'Hypergonar, avec lequel Claude Autant-Lara tourne, la même année, *Construire un feu*, court-métrage adapté de Jack London. C'est ce même Hypergonar — objectif spécial placé sur la caméra au moment du tournage, sur le projecteur au moment de la projection — que la Fox rachète en 1952 pour lancer son Cinémascope. On retrouve ici la situation explorée au début de ce livre au moment de l'apparition du parlant : l'avance de la recherche française est certaine mais l'initiative, ou la capacité de l'exploitation industrielle, reste en retrait.

Autre leçon que nous avons déjà notée en 1927 : le son, les couleurs, le « grand écran » sont au point. Mais seule une de ces innovations s'impose universellement : le son. Pour la couleur, il faut attendre les années quarante ; pour le grand écran, les années cinquante. L'invention scientifique et l'innovation technique sont nécessaires au progrès industriel. Mais elles ne déclenchent pas de révolutions. Elles fournissent des munitions qui sont stockées. On y a recours seulement quand un péril, une crise surgissent. Vingt-cinq ans séparent l'invention de l'Hypergonar de sa prise de pouvoir sous forme d'anamorphose du Cinémascope.

L'anamorphose permet de mettre davantage d'espace et d'action dans chaque image de la pellicule. Il convient que l'écran lui aussi s'agrandisse, en même temps qu'il s'élargit pour que cette image plus riche s'étale bien à l'aise, et, selon la formule avec laquelle François Truffaut accueille le Cinémascope, nous « en mette plein la vue ». Beaucoup de salles vont agrandir leurs écrans, mais sans toujours bien contrôler les effets de ces transformations. Bien entendu des procédés concurrents du Cinémascope apparaissent, une course à l'image plus grande, plus belle, plus nette s'est ouverte. En plaçant l'image non plus horizontalement, mais verticalement, sur la pellicule, la Vistavision obtient des images plus grandes sans anamorphose, comme le réalise le système à film large 70 mm Todd-AO. Cette multiplication des procédés déclenche une guerre des formats pour la pellicule et sur l'écran. Exploitants et projectionnistes étant peu attentifs à ces variations, s'ouvre une période étrange pour les spectateurs français où le film n'est pas projeté dans le format dans lequel il a été tourné, avec pour résultat des personnages qui disparaissent (sur les côtés de l'écran) ou qui ont la tête ou les membres coupés (en haut ou en bas de l'écran). La conquête des grands espaces de projection se paiera longtemps de pertes de qualité dans la restitution des images.

Les systèmes de « grand écran » attirent naturellement l'attention sur l'image. C'est injuste. La principale révolution des techniques nouvelles concerne le son. A l'occasion des variations de disposition de l'image sur la pellicule, grâce au recours aux pistes magnétiques qui prennent moins de place que les pistes optiques, c'est le son qui subit la plus profonde modification. Le Cinémascope innove complètement en ce domaine avec ses quatre pistes magnétiques de part et d'autre des perforations de la pellicule. Faute de relief de l'image, on aboutit au relief sonore, dont Abel Gance avait ouvert la voie en inventant la « perspective sonore » dès 1930.

Neuf mois après la sortie de *La Tunique*, le 29 septembre et le 4 octobre 1954, à quelques jours de distance, sont donnés les premiers tours de manivelle des deux premiers films français tournés en Ciné-mascope : *Fortune carrée* de Bernard Borderie (nullissime variation sur des trafics d'armes au Moyen-Orient) et *Oasis* d'Yves Allégret (trafic d'or dans le désert). Le grand écran français rêve de grandes aventures et de grands espaces, mais avec de petites idées. L'année suivante, Max Ophuls donnera au Cinémascope français son premier chef-d'œuvre avec *Lola Montès*.

Troisième partie

UN NÉO-CLASSICISME ?

Chapitre 1

PREMIER ÉCHANTILLON

En attendant l'âge moderne, qui se développera avec la Nouvelle Vague à partir de 1958-1959, l'âge classique survit, évolue, se fige ou se transforme dans un mouvement non exempt de contradictions. Nous évoquons cette phase à travers trois phénomènes de nature différente : la survivance conflictuelle des différents modes de réalisme (c'était l'objet de la première partie), la maîtrise et la marque des auteurs (ce sera l'objet de la quatrième partie), le désordre du moment : c'est l'objet de cette troisième partie. Pour la facilité de l'exposé, nous avons baptisé « néo-classicisme » la création du moment et les phénomènes de confusion (des hommes, des genres et des valeurs) qui en sont la marque. Néo-classicisme, c'est-à-dire infléchissement expérimental du classicisme pour répondre aux conditions nouvelles de sensibilité, de technique et de marché. Quatre films importants, qui ont fait quelque éclat dans les années 1946-1947, fournissent un premier échantillon de ce néo-classicisme. Ils ont pour auteurs quatre cinéastes qui vont contribuer à illustrer cette époque. Autour de ces quatre hommes, Christian-Jaque, Jean Delannoy, René Clément, Claude Autant-Lara, et de ces quatre films, *Un revenant, La Symphonie pastorale, Le Père tranquille, Le Diable au corps,* on peut tenter une première approche des tendances majeures du néo-clacissisme qui va dominer le cinéma français jusqu'aux abords des années soixante.

Ces quatre cinéastes sont fort différents les uns des autres, comme le sont, apparemment, les films. Pourtant, avant de les examiner séparément, considérons-les globalement pour noter déjà ce qui les rassemble. Tous quatre s'intéressent aux relations psychologiques, tous quatre concernent, ou mettent en cause un milieu social, tous quatre posent un problème moral. Un seul a à voir avec un passé récent, aucun avec l'époque contemporaine. Tous quatre sont des œuvres d'une maîtrise artisanale parfaite, non pas des « grandes productions » par l'étendue de leurs moyens, mais des travaux professionnellement impeccables, qui font honneur à une corporation. Deux scénarios originaux (Henri

Jeanson, Noël-Noël) et deux adaptations (de Gide et de Radiguet) par le même tandem Aurenche et Bost. Ce ne sont là que quelques indices, et pourtant déjà le paysage se dessine. Le néo-classicisme s'esquisse comme expérience du romanesque socio-psychologique menée par l'addition et le contrôle d'expertises multiples (décor, lumière, musique, acteurs, et surtout dialogues). Reste à préciser les traits, à indiquer les variantes, à présenter les personnages qui animent cette page de notre histoire.

Christian-Jaque : De « Un revenant » à « Fanfan la Tulipe »

Un revenant est un film important que Christian-Jaque (quarante-deux ans en 1946) tourne après *Boule de suif.* Important dès que l'annonce en est faite puisqu'il réussit à obtenir ce que beaucoup d'autres ont espéré : l'accord de Louis Jouvet pour son film de rentrée. On ne l'avait plus vu sur un écran depuis *Volpone* (1940), et le titre du film s'applique au comédien autant qu'au personnage qu'il incarne. Jeanson (avec le concours de Louis Chavance pour le scénario) écrira pour son ami Jouvet un dialogue moulé sur sa respiration, son humour, voire son cynisme, et en fera un directeur de troupe de retour d'une vaste et triomphale tournée internationale, ce qui, après tout, est exactement le cas de Jouvet. Le comédien savoure la situation. Le public aussi. Surtout à Lyon, car nul n'ignore que le film s'inspire d'un fait divers lyonnais (l'affaire Gillet), étouffé à l'époque, mettant en cause une famille de riches soyeux coalisée pour éliminer, radicalement, un jeune homme qui avait séduit une femme du clan et qui n'était pas de leur monde. *Un revenant* se situe vingt ans plus tard. Le jeune homme n'est pas mort, a vieilli, est revenu et, tel le comte de Monte-Cristo, organise une implacable vengeance dont il distille les coups avec une méticuleuse férocité.

Jeanson, très en verve, entame, sans prendre de gants, le procès de la bourgeoisie qui va occuper les écrans, sans grands dommages, pendant les dix années qui viennent, au risque de tomber dans la plus plate convention. Christian-Jaque est le parfait maître d'œuvre de cette entreprise au vitriol, menée par un Jouvet impérial, avec une utilisation intéressante d'extérieurs lyonnais. Le climat poisseux du film, sa critique sociale, sa misogynie ne sont pas sans faire penser à Georges Simenon. Que le romancier soit ou non mêlé à la chose (en l'occurrence, il ne l'est pas), on repère un fort courant simenonien dans le néo-classicisme français. Nous avons déjà croisé cette piste. Nous n'en avons pas fini avec elle.

Sélectionné pour le premier Festival de Cannes (septembre 1946), *Un revenant* est attaqué par la critique « sérieuse ». Que vient faire dans une compétition internationale ce règlement de comptes visqueux dans un coin de la province française ? Un accueil comparable attend d'ailleurs *Quai des Orfèvres* : comment s'intéresser à l'enquête d'un flic sur un crime sordide ? C'est le début du grand malentendu autour de la vraie nature du cinéma. Ce n'est pas l'importance du fait divers traité, mais l'originalité, la puissance avec lesquelles il est traité qui décident de l'importance d'un film. Cette notion-là reste encore confidentielle. Elle ne va pas tarder à se répandre.

Après *Un revenant* (1946), Christian-Jaque tourne *D'homme à hommes,* grandiose fresque biographique et humanitaire consacrée à Henri Dunant, fondateur de la Croix-Rouge. Le mot « grandiose » désigne les moyens mis en œuvre et non l'effet produit. Jean-Louis Barrault est aussi exalté que dans le rôle de Berlioz pour *La Symphonie fantastique* et frôle le ridicule. D'autres films de ce type vont suivre, et c'est Pierre Fresnay qui sera désormais le merveilleux médecin, ou prêtre, ou savant de *Monsieur Vincent* (Maurice Cloche), *Monsieur Fabre* (Diamant-Berger, 1951). *Il est minuit, docteur Schweitzer* (Haguet, 1952), sans oublier *Un Grand Patron, Le Défroqué, Dieu a besoin des hommes,* films dans lesquels Fresnay sera celui qui apporte la foi, l'espérance et la charité. Christian-Jaque est plus heureux avec *Souvenirs perdus,* dont les quatre sketches, fort différents, témoignent, au choix, de la diversité de la palette du réalisateur, ou de son manque de personnalité. Avec *Barbe-Bleue* (1951), Christian-Jaque réalise le premier film français en couleurs (Gevacolor) dont le réalisateur (ancien élève des Beaux-Arts) se fasse une certaine conception esthétique. Puis c'est la réussite exemplaire, le sacre, grâce à *Fanfan la Tulipe* (1952), un sacré gaillard, bretteur impénitent, don Juan sans y penser, insolent, intrépide, et tendre comme un enfant qu'aurait eu d'Artagnan avec la Madelon, et qui aurait hérité du panache de Cyrano. Les dialogues de Jeanson accablent princes et officiers de leurs flèches habituelles, mais l'heure est à l'allégresse, et Gérard Philipe, parfois compassé dans ses rôles dramatiques, se révèle un parfait meneur de jeu. On n'imaginait pas Christian-Jaque capable d'un tel rythme, d'un tel entrain : dans le genre si respectable, si nécessaire, et si méprisé du divertissement populaire, il vient de marquer une date. Est-ce le départ d'une seconde envolée ? Hélas non. Il épouse Martine Carol (ce n'est pas un crime) et, devenu avec son épouse ambassadeur du cinéma français à travers le monde, tourne, entre deux voyages, de lourds machins historico-pompiers, dont le point d'orgue est atteint avec le bain de sa charmante femme (*Lucrèce Borgia,* 1953 ; *Madame du Barry,* 1954 ; *Nana,* 1955). Sauf rencontre inopinée, Christian-Jaque n'aura plus sa place dans ces pages. Pourtant *Un revenant* et *Fanfan la Tulipe* sont deux films importants de cette période. Et Christian-Jaque, outre son rôle de plénipotentiaire d'Unifrance, a incarné la continuité du cinéma professionnel et son perfectionnisme artisanal. Le 4 juillet 1945, *L'Ecran français,* sorti de la clandestinité, publiait son premier numéro officiel avec en couverture Micheline Presle dans *Boule de suif.* Le 12 mars 1952, *L'Ecran français* publie son dernier numéro avant d'être absorbé par *Les Lettres françaises.* Sur la couverture, on trouve Gérard Philipe dans *Fanfan la Tulipe.* Deux films de Christian-Jaque annoncent la naissance et la mort du principal journal de cinéma de l'immédiat après-guerre. Cette coïncidence a une signification. De *Boule de suif* à *Fanfan la Tulipe,* c'est la meilleure tradition du cinéma grand public qui s'exprime, avec les aspects spectaculaires, historiques, cocardiers qui sont sa marque. Christian-Jaque a été un bon artisan de cette tradition.

Jean Delannoy : De « *La Symphonie pastorale* » à « *Dieu a besoin des hommes* »

Deux points communs entre *Un revenant* et *La Symphonie pastorale.* Ils sont tous deux sélectionnés pour le Festival de Cannes 1946. Ils marquent l'un et l'autre le retour sur les écrans français d'un grand comédien exilé. Après Louis Jouvet, c'est Michèle Morgan qui réapparaît. Faire jouer une aveugle à la femme de « T'as de beaux yeux, tu sais » est une idée propre à séduire un cinéaste, une actrice, et le public. La présence d'André Gide au générique impressionne moins les foules. C'est pourtant exceptionnel. Et le thème de son roman est ambitieux. C'est de vie intérieure qu'il s'agit avant tout dans cette histoire d'un pasteur qui élève une petite aveugle, tombe amoureux de la jeune fille qu'elle devient, la dispute à son fils, obtient que la vue lui soit rendue : devant la claire vision de la réalité de la situation, elle se suicidera. Jean Delannoy (trente-huit ans en 1946) a demandé la collaboration d'Aurenche et Bost pour adapter ce livre. Gide en avait écrit une version cinématographique très libre que les producteurs ont refusée. Aurenche et Bost, au contraire de leur pratique habituelle, choisissent une scrupuleuse fidélité au texte. Adaptation, mise en scène, interprétation, on ne sait dans quelle balance peser les mérites respectifs, mais le résultat est impressionnant : de force formelle et morale, de dignité, d'intensité. Michèle Morgan tire de son regard mort une nouvelle expressivité dramatique et impose la pureté de son personnage. Blanchar, si aisément grandiloquent, est contrôlé de près par Delannoy et trouve ses plus justes accents. On ne comprendra que plus tard le secret de cette réussite quand la carrière de Delannoy révélera que ce bon artisan est aussi un homme de foi sincère et de conviction ardente. Ce que transmet *La Symphonie pastorale* n'est pas seulement de l'ordre de la réussite professionnelle : un auteur a fait passer son message. Avec, c'est vrai, une certaine solennité. Gide, si l'on en juge par l'adaptation qu'il avait amorcée, aurait souhaité qu'on le prenne moins au sérieux. Mais sans doute était-il le seul à pouvoir introduire liberté et simplicité là où il avait lui-même mis en place le rituel d'une épreuve spirituelle et affective que Delannoy est parvenu à transcrire.

En tout cas, impossible de prétendre que Delannoy cherche la facilité. Après *La Symphonie pastorale,* il entreprend *Les jeux sont faits,* sur un scénario original de Jean-Paul Sartre, qui attend depuis quatre ans un producteur. Nous sommes à Lyon, une femme meurt, tuée par son mari, tandis qu'un ouvrier qui prépare une insurrection est abattu. L'homme et la femme se rencontrent dans l'au-delà, retrouvent Lyon où les morts, invisibles pour les vivants, circulent parmi eux. Une chance leur est donnée de vivre un grand amour. Ils la manquent, et retournent à la mort. Delannoy rate le film. Mais la question reste posée : comment traiter un sujet pareil ? Suivent ensuite *Aux yeux du souvenir* (1948), mélodrame sentimentalo-aéronautique sans intérêt, et *Le Secret de Mayerling* (1949), nouvelle évocation, élégante et précise, de la mort de l'archiduc Rodolphe présentée comme un assassinat politique sans renouveler vraiment le sujet. La force d'expression, l'efficacité dramatique, une forme de conviction perceptible à l'écran renaissent avec *Dieu a besoin des hommes* (1950), drame collectif qui affecte, au siècle dernier, l'île de Sein, où un sacristain remplace le curé auprès d'une population fruste, très croyante et très pécheresse. Fresnay, bien entendu, est l'homme de la situation, et n'est pas pour rien dans l'espèce de folie qui saisit, sous sa direction, cette collectivité égarée. *La Symphonie pastorale* avait obtenu deux prix importants à Cannes, *Dieu a besoin des hommes* obtient à Venise le Grand Prix international et celui de l'Office catholique international du cinéma. Il n'est pas vrai que les prix ne veulent rien dire, ils témoignent en tout cas d'un accord entre le film primé et les critères retenus par l'air du temps. Delannoy, dans les films où il s'investit émotionnellement, rejoint ces critères.

René Clément : « *Le Père tranquille* » et « *Les Maudits* »

Comme les exemples précédents, *Le Père tranquille* aussi a été sélectionné pour le Festival de Cannes 1946. C'est une comédie, écrite par Noël-Noël qui peut en être légitimement considéré comme le coauteur, car le film reflète tout à fait le mode gentiment moqueur qui caractérise le comique de cet ancien dessinateur humoristique devenu chansonnier, et créateur, au cinéma, du personnage de faux naïf d'Ademaï. Il connaîtra son plus grand succès en 1948 avec *Les Casse-Pieds* (Jean Dréville), série de sketches aimablement caricaturaux sur différents types d'enquiquineurs, mais c'est pour *Le Père tranquille* qu'il a écrit le meilleur script et à cette occasion qu'il tient son meilleur rôle. Il incarne un paisible retraité qui vaque à ses petits plaisirs et à ses petites corvées, entouré de l'affection de sa famille qui ne cesse de s'étonner, parfois de s'indigner, de sa parfaite indifférence à la présence des occupants nazis. En fait, M. Martin est un très actif chef de la Résistance, qui organise la destruction d'une base de sous-marins, à la stupeur des siens, enfin éclairés. Noël-Noël pratique autour de cette famille une satire fort juste du Français moyen et, pour la première fois, traite de la Résistance, sujet délicat entre tous, sur le mode comique. Il faudra attendre *La Vie de château* de Jean-Paul Rappeneau (1966) pour renouer, sur un thème voisin, avec cette audace. *Le Père tranquille* obtient un succès triomphal qui ne s'explique pas seulement par les qualités du film. On peut aisément imaginer que son héros, grand résistant ignoré de tous, y compris de sa famille, fournissait aux Français un modèle singulièrement séduisant. Eux non plus, semblait-il, n'avaient pas résisté. Mais n'étaient-ils pas, eux aussi, des pères tranquilles qui avaient gardé le secret jusqu'au bout ? Il n'était pas désagréable, en tout cas, de rêvasser autour de cette hypothèse. Nous sommes là au cœur des ambiguïtés qui vont entourer tout le cinéma sur la Résistance, jusqu'à ce que Marcel Ophuls nous ramène au chagrin et à la pitié.

René Clément a dirigé ce film conçu pour Noël-Noël. C'est très symptomatique de l'entrée progressive de Clément dans le cinéma. Il y a des aspects collectifs dans la réalisation de *La Bataille du rail*, production collective sur une aventure collective, et René Clément en a été le maître d'œuvre sans tirer la couverture à lui. Sur *La Belle et la Bête,* l'initiative appartient à Cocteau, aussi Clément n'apparaît-il que comme conseiller technique, même si son apport a été important. On peut dire que la situation est voisine avec *Le Père tranquille* mais la part d'intervention de Clément est plus déterminante. Elle le sera totalement pour le film suivant, *Les Maudits* (1947). Car cette fois, il est seul maître à bord du sous-marin sur lequel il embarque, pour une ultime odyssée, une petite collectivité de notables nazis, de collabos et de trafiquants de tout poil. Il trouvera le moyen, dans cet espace confiné, de nous raconter l'histoire particulière de chacun et leur fin tumultueuse. Pour ajouter aux multiples problèmes de scénario, René Clément s'est amusé à pratiquer une mise en scène mobile et ample en s'imposant de tourner dans un décor conçu aux vraies dimensions d'un sous-marin. Techniquement, le résultat est effarant. Dramatiquement, Clément tourne l'anti-*Père tranquille* et annonce déjà la fresque cinématographique sur la guerre, le nazisme, l'Occupation, qu'il complétera plus tard avec *Jeux interdits, Le Jour et l'heure* et *Paris brûle-t-il ?* Le cinéaste de *La Bataille du rail* continue de mener sa bataille du cinéma.

Claude Autant-Lara : « Le Diable au corps »

Avec *Le Mariage de Chiffon, Douce, Sylvie et le fantôme,* Autant-Lara a été distingué pour son élégance, son habileté, sa virtuosité décorative. La force corrosive de *Douce* est restée un peu inaperçue et il n'est pas encore perçu comme un cinéaste subversif. *Le Diable au corps* est un film important qui va révéler enfin la vraie nature de ce cinéaste déjà ancien : il a quarante-cinq ans en 1946 et a tourné son premier film vingt ans plus tôt. Le film va également assurer la célébrité nationale et internationale de Gérard Philipe, qui n'avait auparavant tenu que deux grands rôles, dans *Le Pays sans étoiles* (Lacombe) et *L'Idiot* (Lampin), deux films de 1946 qui précèdent celui d'Autant-Lara de quelques mois.

La naissance du *Diable au corps* fournit une bonne image des lignes de force du cinéma en France à ce moment-là. Un producteur, Paul Graetz, s'installe à Paris. C'est un juif allemand, émigré et naturalisé américain, et il a un accord avec la major hollywoodienne Universal pour financer des films français. Il serait à peine abusif de dire que, *via* Paul Graetz, *Le Diable au corps* est en fait une production américaine. Paul Graetz souhaite engager Micheline Presle, jeune comédienne qui a conquis, sous l'Occupation, ses galons de vedette, et lui signe un contrat pour trois films français et trois films américains. Micheline Presle, elle, souhaite travailler avec Autant-Lara, Aurenche et Bost dont elle adore *Douce*. Elle les fait engager. Ce qui met en sommeil la société des Films de Mai qu'Aurenche avait constituée avec Gabin, Autant-Lara et Bost, et qui avait acheté les droits du *Blé en herbe* de Colette (pour Marlene Dietrich) et de *La Traversée de Paris* de Marcel Aymé (pour Jean Gabin). Deux films qu'Autant-Lara tournera effectivement, respectivement en 1954 et 1956, avec Gabin (pour le premier) mais sans Marlene (pour le second), remplacée par Edwige Feuillère. Aurenche ou Micheline Presle, tous deux familiers du livre, proposent à Graetz une adaptation du *Diable au corps,* ce premier roman écrit à vingt ans par Raymond Radiguet, publié en 1920, trois ans avant la mort du jeune écrivain. Micheline Presle suggère d'engager Gérard Philipe pour le rôle de François, héros du roman. Graetz accepte le tout sans lire le livre. Il ne cessera de se battre contre le projet quand il aura compris de quoi il retourne. *Le Diable au corps*

543

évoque la liaison d'un jeune lycéen avec une femme mariée dont le mari est au front, en 1917-1918. L'accent du livre est surtout mis sur la révélation de l'amour pour le jeune homme et sur le scandale de l'adultère. Aurenche et Bost dans leur adaptation, Autant-Lara dans sa mise en scène, vont accentuer fortement le message pacifiste du film en proclamant le droit à l'amour, au plaisir, à la liberté des sentiments, réprimé par les guerres et par ceux qui la font, la subissent et parfois l'aiment. Le principal artifice destiné à marquer cette dérive du sens consiste à commencer le film par l'enterrement de Marthe, l'héroïne de ces amours tumultueuses, morte dans l'accouchement de l'enfant de François. Celui-ci suit cet enterrement qui se déroule le 11 novembre 1918, parmi les manifestations de joie de la foule saluant l'armistice. C'est au cours de la cérémonie qu'en trois longs retours en arrière, François évoque le souvenir de l'amour qui les a réunis, Marthe et lui, entourés de l'hostilité générale et finalement vaincus par ce que Jean Cocteau appelle l'« acharnement public contre le bonheur ». Cocteau, qui a été l'ami, l'amant sans doute, de Radiguet, et fait figure d'exécuteur testamentaire, a lu et détesté l'adaptation d'Aurenche et Bost. Mais il se tait, et dès que le film est attaqué, il choisit vite son camp et se range résolument à ses côtés. « On a insulté le livre comme on insulte le film, ce qui prouve que le film est digne du livre », écrit-il dans *La Revue du cinéma* de septembre 1947, avant de développer un éloquent plaidoyer. Le film est attaqué en effet, si fort que son succès redouble. La critique se focalise sur le débat moral et social et en oublie l'œuvre cinématographique proprement dite, qui ne se résume pas à ses intentions polémiques. Nous sommes là devant une situation typique qui va caractériser le cinéma d'Autant-Lara et de quelques autres comme Cayatte ou Daquin, pendant cette période : des films attaqués et défendus au nom de leurs thèmes, de leurs thèses, de leur engagement moral, social ou politique, de leur idéologie, tant et si bien qu'on ne se posera plus le problème de leurs moyens et de leur valeur proprement artistiques. Quand ce cinéma se desséchera dans le simplisme thématique ou l'académisme formel, il n'y aura plus personne pour y porter attention.

Nous n'en sommes pas là avec *Le Diable au corps* qui, au-delà de tout débat, conserve un légitime prestige. Ce qui demeure le cœur du film, l'histoire d'amour, profond, tendre, charnel, entre deux êtres jeunes, immatures, vulnérables, mais ardents, résolus, et placés dans une situation historique faite de souffrance, de ruines et de mort, cette histoire-là est évoquée avec une douceur et une violence incroyables, une subtilité de chaque instant, des trouvailles et raffinements de dialogues émouvants, et une étonnante pudeur, par exemple pour décrire l'extase vaguement humiliante pour François d'apprendre les gestes de l'amour dans le lit conjugal de Marthe. Micheline Presle et Gérard Philipe sont les instruments extraordinairement inventifs de cette liaison à la fois torride et enfantine. Philipe avait failli refuser le rôle parce qu'il se trouvait trop vieux (vingt-quatre ans) pour jouer cet adolescent fragile. Mais l'innocence des vertes années, son talent la recrée. Autant-Lara, célèbre pour ses coups de gueule, son autoritarisme, ses positions tranchées, ses déclarations provocantes, donne à son histoire une fluidité naturelle, une grâce soudaine pour quelques scènes de comédie (dont le célèbre repas au restaurant avec le pommard 1905 qui a le goût de bouchon), contrastant avec l'âpreté de la vie d'un lycée transformé en hôpital de guerre.

Le film serait sans doute reconnu comme un chef-d'œuvre si l'on ne butait sur ces fameux flash-back auxquels les auteurs sont si attachés, persuadés que c'est l'inscription du récit dans le contexte joie-chagrin de l'armistice-enterrement qui donne au film sa véritable signification antimilitariste. C'est peut-être vrai, même si le message est inscrit d'abord, et de manière bien plus convaincante, dans l'histoire de Marthe et François. Admettons que la construction par retours en arrière renforce ce message. Encore faut-il les réussir. Or il n'y a rien de plus lourd ni de plus laid que la façon dont ils sont amenés, avec l'image qui se brouille et les insupportables dégueulandos sonores, annonciateurs d'incidents techniques plutôt que de l'accès au vrai sujet du film. Ces flash-back tonitruants, invention des adaptateurs (le roman a une construction linéaire), surexposés par les solutions techniques contestables du cinéaste, vont devenir l'une des conventions que bien des films ambitieux (ou prétentieux) vont exploiter pour se donner l'illusion de pénétrer ainsi sur le territoire d'élite du romanesque sociopsychologique. Dès *Le Diable au corps,* on sent le procédé. Cela ne s'arrangera pas par la suite.

Autre innovation, avec *Le Diable au corps* : Claude Autant-Lara, qui a débuté dans le cinéma en dessinant avec talent décors et costumes, est très attentif à tous ces éléments visuels. Il a travaillé jusqu'alors avec un maître du décor, Jacques Krauss, collaborateur attitré de Julien Duvivier pendant la grande époque du cinéma populiste. Krauss n'ayant pas réussi à se libérer pour *Le Diable au corps,* Autant-Lara a fait appel en catastrophe à Max Douy, la valeur montante dans ce domaine, sorti de la formidable école des studios Pathé, et qui a collaboré avec Lazare Meerson, Alexandre Trauner, Eugène Lourié, avant de s'imposer à son tour. Les décors du *Diable au corps* font moins parler que ceux des *Portes de la nuit,* bien qu'ils aient la même importance : tout, y compris les scènes de rue, a été tourné en décors construits. Qualitativement, le résultat est exemplaire, mais Autant-Lara a été frappé plus encore par la méthode. En dépit du peu de temps dont il disposait, Max Douy a appliqué une technique héritée de Maurice Tourneur qui l'avait mise au point en Amérique, et dessiné un « story-board » reconstituant, plan par plan, les scènes du film, avec les positions des caméras et les angles de prises de vues. Un tel document permet non seulement une meilleure préparation mais un réel gain de temps. Au nom de cette efficacité, qui renforce la position du réalisateur vis-à-vis du producteur, Autant-Lara ne se séparera plus de Max Douy. Celui-ci étant le plus doué de la jeune garde des techniciens (en 1946, il a trente-deux ans), il ne perd d'ailleurs pas au change.

Une remarque encore sur le tournage du *Diable au corps*. En désaccord avec le ton et le scénario du film, le producteur Paul Graetz exige des modifications, et la suppression de plusieurs scènes importantes. Autant-Lara négocie, accepte certaines retouches, puis fait front. Graetz réitère ses exigences. C'est alors le syndicat des techniciens qui intervient, et vient en délégation l'informer qu'il y aura grève sur le plateau s'il se mêle de changer le scénario, et qu'il aurait intérêt à se tenir tranquille s'il veut continuer à exercer en France. Graetz cède, mais fait à Autant-Lara une telle réputation de trublion irresponsable qu'en dépit du triomphe du *Diable au corps,* celui-ci restera deux ans sans travailler.

Talent, combativité, énergie, efficacité, il y a tout cela dans la réussite du beau film qu'est *Le Diable au corps*. Mais aussi l'amorce d'attitudes ou de pratiques qui vont se rigidifier jusqu'à engendrer une sclérose : priorité à l'engagement idéologique, importance du support littéraire et de sa manipulation, recours à des procédés conventionnels, autodéfense corporatiste. Ainsi se complète le paysage que nous voulions mettre en place en passant en revue quatre des films phares de la période 1946-1947 du « recommencement ». On y voit briller la créativité, la compétence, la pugnacité. Mais s'y allongent déjà les ombres qui risquent de bientôt l'envahir.

Chapitre 2

LES ORFÈVRES DU RIFIFI

Nous avons évoqué, en son temps, l'émergence du « film policier », avec notamment les trois Maigret et les deux Rouletabille des années 1930-1932, puis l'essoufflement de ce type de productions. Les années trente privilégiaient l'atmosphère sur l'action et le rythme du récit. Il faut attendre l'Occupation pour que le film policier se développe vraiment en « cinéma de genre », avec le retour de Maigret, l'apparition de l'inspecteur Wens (Pierre Fresnay dans *Le Dernier des six* et *L'assassin habite au 21*) et les mystères plus poétiques de Pierre Véry. Le genre s'est installé. Il perdure après la Libération mais va subir bien des mutations. Il rate la première qui s'offre à lui dès 1945 en ne donnant pas de suite à *120, rue de la Gare* de Jacques Daniel-Norman. Cette première apparition à l'écran de Nestor Burma (interprété par René Dary), un détective privé inventé en 1943 par Léo Malet, connaîtra plus tard, au cinéma et à la télévision, une légitime descendance.

Quai des Orfèvres relance le genre en fanfare, et ouvre une piste, d'esprit documentaire, sur le fonctionnement de la police judiciaire, qu'exploitent vite des films comme *Identité judiciaire* d'Hervé Bromberger ou *Rue des Saussaies* de Ralph Habib.

L'espace ouvert au commissaire Maigret semble énorme. Il sera chichement exploité au cinéma, essentiellement par la prise de rôle de Jean Gabin (*Maigret tend un piège,* 1957 ; *Maigret et l'affaire Saint-Fiacre,* 1959 ; *Maigret voit rouge,* 1963), avant que le héros bourru de Georges Simenon soit dévoré tout cru par la télévision.

Duhamel, Audiard et Constantine

Voilà pour la tradition. Venons-en à la révolution. Elle compte trois agitateurs principaux : Marcel Duhamel, Michel Audiard et Eddie

Constantine. Duhamel nous est familier, bien que son rôle dans le cinéma français soit marginal. Ce fidèle compagnon de route de Jacques Prévert, aperçu dans quelques brèves interventions à l'écran, a marqué depuis vingt ans l'entreprenante « bande à Prévert » de son dynamisme et de son humour « british », tendance Dada. Bon connaisseur des littératures anglo-saxonnes, il a été chargé par Gallimard de créer une collection policière de livres traduits, nommée, sur l'instigation de Jacques Prévert, « Série Noire ». Duhamel ne se contente pas de choisir les livres et les auteurs. Il surveille les traductions (au besoin, traduit lui-même), et donne à sa collection une unité de ton où dominent la désinvolture et une sorte de désenchantement amusé et gouailleur. Avant qu'elle ne révèle les grands Américains, Raymond Chandler, James Cain et Horace Mac Coy, la collection publie deux romanciers britanniques, Peter Cheyney et James Hadley Chase. Mais Cheyney par exemple, en version Série Noire, perd de sa violence, substitue l'humour au sadisme.

Le succès triomphal de la collection Duhamel à la N.R.F. déclenche une certaine émulation chez des éditeurs concurrents qui recrutent des auteurs français pour réagir contre l'offensive anglo-saxonne. Aux éditions Fleuve Noir, un jeune écrivain de trente ans fait en 1951 une entrée remarquée avec la publication de *Du plomb pour ces demoiselles* et de *Laissez tomber les filles* sous sa double identité de Frédéric Dard et de San Antonio. Ainsi verrons-nous surgir pendant les années cinquante Albert Simonin et son argot fleuri (*Touchez pas au grisbi*, 1953, préfacé par Mac Orlan), Auguste Le Breton (*La Loi des rues, Du rififi chez les hommes*), José Giovanni (*Le Trou*, 1957, dans la collection Blanche de Gallimard) : trois auteurs qui vont marquer de leur originalité la littérature policière et s'engager à fond dans l'aventure cinématographique ; Simonin et Le Breton par des scénarios ou des dialogues, Giovanni poursuivant jusqu'à la réalisation.

Peu remarqué, mais cependant fort important, l'un des auteurs du Fleuve Noir s'appelle Michel Audiard. Il écrit pour le cinéma — et c'est le début d'une féconde carrière — les scénarios et les dialogues de trois films qui font la jonction entre le style Série Noire et sa transposition à l'écran. *Mission à Tanger* (1949), *Méfiez-vous des blondes* (1950) et *Massacre en dentelles* (1951), tous trois réalisés par André Hunebelle, ont pour héros commun un journaliste séduisant et aventureux, Georges Masse (Raymond Rouleau), accompagné de son fidèle photographe Petit Louis (Bernard Lajarrige). Il est clair que le jeune auteur (vingt-neuf ans en 1949) du Fleuve Noir est un lecteur attentif de la Série Noire et qu'il connaît la recette de son cocktail ravageur : aventure, whisky et petites pépées. Avec, en prime, un abondant dialogue, où s'introduit un argot spécifique que des auteurs comme Albert Simonin ou Auguste Le Breton vont enrichir et dont Michel Audiard va devenir le bonimenteur surdoué. En 1952, Henri

Verneuil, pour sa seconde mise en scène, fait le point sur les différentes voies du « policier » français. *Brelan d'as* comporte trois sketches, dont les trois héros sont le commissaire Maigret (Michel Simon), l'inspecteur Wens (Raymond Rouleau) et Lemmy Caution (Van Dreelen) : voici introduit à l'écran, aux côtés de deux figures classiques de l'enquête policière, l'un des héros de Peter Cheyney et de la Série Noire. Son avenir cinématographique serait sans doute bouché si ne se présentait l'interprète idéal qui va donner une étonnante dimension humaine, concrète, aux fantasmes du romancier. Eddie Constantine est un Californien d'origine russe, venu rouler sa bosse en Europe après un début de carrière dans la chanson et à la radio. Il apporte à Lemmy Caution son allure athlétique, son visage marqué d'aventurier, un savoureux accent américain. Grâce à son incontestable présence, l'univers parfaitement artificiel de la Série Noire acquiert à l'écran une sorte de crédibilité.

La série noire. « La Môme Vert-de-Gris »

Avec sa lassitude goguenarde et son regard ironique, Eddie Constantine installe le cinéma de série noire dans une catégorie incertaine et séduisante où le film d'aventures criminelles est à la fois lui-même et sa propre parodie. Ni assez rigoureux pour entretenir un suspense, ni assez drôle pour la comédie, le film « série noire » (puisqu'il hérite du titre de la fameuse collection) tire son originalité et son charme de cette ambiguïté. Ambiguïté qui est celle de Lemmy Caution lui-même quand il prend les traits d'Eddie Constantine. Dès *La Môme Vert-de-Gris*, en effet, cet agent du F.B.I., envoyé en mission au Maroc, semble toujours à cheval entre son aventure personnelle et son statut officiel, comme le film l'est entre la dramatique chasse à l'homme et le pastiche rigolard. La sortie en mai 1953 de cette *Môme Vert-de-Gris* constitue un petit événement dans le cinéma français, car ce film initie une longue série de dérivés et sous-produits. C'est la seconde réalisation d'un jeune réalisateur, né en 1924, Bernard Borderie (fils de l'important producteur Raymond Borderie), qui restera le principal spécialiste des Constantine/Lemmy Caution.

Après deux autres films dans ce rôle, *Cet homme est dangereux* et *Les femmes s'en balancent* (1953), Eddie Constantine bénéficie de l'arrivée en France du cinéaste américain John Berry, fuyant la chasse aux sorcières qui sévit à Hollywood. Celui-ci réalise avec efficacité les deux productions suivantes : *Ça va barder* et *Je suis un sentimental* (1955). Les personnages qu'y incarne Constantine gardent des patronymes américains (Jordan et Morgan) pour justifier son accent, mais

549

l'action, moins exotique, prend du poids : *Je suis un sentimental*, dépourvu de tout aspect parodique, est marqué par un engagement moral absent des films précédents. Les personnages de Constantine, après un passage à vide, ne retrouveront une vraie fonction cinématographique qu'avec Pierre Grimblat, qui déplace l'action sur le terrain de la comédie musicale et joue à fond la carte de la parodie (*Me faire ça à moi*, 1961 ; *L'Empreinte de la nuit*, 1962). En 1963, dans *Alphaville*, Jean-Luc Godard envoie l'agent secret Eddie Constantine dans le futur...

L'intérêt du genre série noire dépasse ses qualités de spectacle. Il reflète la relation tordue que le cinéma français entretient avec le cinéma américain. Rappelons que Lemmy Caution est un agent américain, imaginé par un romancier anglais, et traduit avec une grande liberté par un humoriste français. L'ambiguïté du personnage se retrouve dans le mode de récit cinématographique (une violence qui se parodie elle-même) et exprime bien l'ambiguïté de la relation française avec le cinéma américain (mélange de fascination et de répulsion, d'envie et de rejet). A leur meilleur, les films de série noire sont de faux films américains concoctés avec la tendresse et la dérision ressenties par le cinéaste français à l'égard du cinéma américain.

Ajoutons que le climat de guerre froide accentue les différences d'attitude du public français vis-à-vis de l'Amérique. Violent mais flegmatique, efficace mais je-m'en-foutiste, agent officiel mais aventurier solitaire, Lemmy Caution arbore suffisamment de contradictions pour représenter et peut-être désarmer celles des spectateurs. Si le cinéma de série noire mérite l'attention, c'est moins par l'intérêt proprement artistique de ses productions que comme fantasme d'un psychodrame national.

La Série Noire, la vraie, celle de Marcel Duhamel chez Gallimard, après un démarrage uniquement consacré aux auteurs anglo-saxons, se met à intégrer peu à peu des auteurs français, souvent d'ailleurs sous pseudonyme américain. Au cinéma, l'émergence d'un courant français du cinéma dit de « série noire » est plus rapide que dans l'édition. En fait, deux types de production « bien de chez nous » se développent parallèlement aux films policiers à parfum anglo-saxon.

Anciens et nouveaux espions. Les « Gorilles »

Le premier retrouve, la guerre froide aidant, les aventures des agents secrets. Dans *Duel à Dakar* (1952), c'est un agent des services de renseignements interprété par Maurice Regamey qui empêche le vol des plans d'un nouvel avion à réaction. Dans *Alerte au sud* (Jean

Devaivre, 1953), Jean-Claude Pascal démantèle un réseau du terrible « rayon vert ». *Alerte aux Canaries* (André Roy, 1953) raconte un exploit de l'Intelligence Service, mais une série de quatre films de Jean Stelli, entre 1956 et 1961, permet à Franck Villard (dans le rôle du capitaine Thierry) de rétablir le prestige du Deuxième Bureau (*Alerte au Deuxième Bureau, Deuxième Bureau contre Inconnu*, etc.). Nous sommes avec ces films dans la plus pure tradition du film d'espionnage français, attentif au fonctionnement et à la bonne réputation des différents services. Mais une version plus musclée, plus dynamique du film d'espionnage se répand, sous l'influence de la Série Noire. On perçoit cette tendance dans *Action immédiate* (Maurice Labro, 1956) où Henri Vidal occupe le rôle central tandis qu'à ses côtés Lino Ventura est réduit aux utilités. L'année suivante, c'est Ventura qui prend en charge le rôle principal, celui du « Gorille », personnage d'inspiration plus ou moins autobiographique conçu par Antoine-Dominique Ponchardier. Après le succès du *Gorille vous salue bien*, où l'on retrouve Bernard Borderie fidèle au cinéma de genre, Ventura refuse de se laisser enfermer dans ce rôle et préfère tourner *Le fauve est lâché* (1958), le meilleur film de cette catégorie, signé par Maurice Labro, mais écrit et en partie réalisé par Claude Sautet. Roger Hanin reprend la série des *Gorilles* avant d'incarner « le Tigre » dans plusieurs réalisations de Claude Chabrol. Ces films se situent vite aux frontières de leur propre parodie, frontière franchie par Chabrol, mais d'abord par Georges Lautner dans *Le Monocle noir*, délibérément satirique, avec Paul Meurisse et Bernard Blier, et dans *Les Barbouzes*, avec à nouveau Ventura. Mais nous sommes là en 1964 : il a fallu le temps d'installer le genre avant de le dynamiter par le rire. Reste le cas, jamais éclairci, des *Espions* d'Henri-Georges Clouzot dont les ambitions kafkaïennes passent aussi par les moyens de la parodie.

Grisbi et rififi. Simonin et Le Breton

On retrouve enfin le climat de la série noire, mais cette fois complètement francisé, dans les films de « série noire française », genre promis à des développements prolongés et qui prouve sa vitalité en débutant par deux films marquants : *Touchez pas au grisbi* (1954) et *Du rififi chez les hommes* (1955).

La première qualité de *Touchez pas au grisbi* est celle du livre adapté. Dans son roman, Albert Simonin cherche délibérément à rompre avec les poncifs du genre, code d'honneur des truands et américanisation des personnages, lieux, boissons, etc. Son héros, Max le Menteur (Jean Gabin), aime son confort, les bonnes bouteilles et met ses lunettes pour former sur le cadran un numéro de téléphone. Jacques Becker a ce don, qui lui est propre, et que son compagnonnage avec Renoir n'a pu que développer, de ne jamais voir dans ses personnages des étiquettes, des types abstraits, des symboles. Ce sont pour lui des êtres humains et c'est comme tels qu'il les traite, dégagés du vernis des conventions. L'amitié bonasse de Max le Menteur pour Riton prend du poids à l'écran grâce au choix pour ce dernier rôle de René Dary qui fut, pendant la guerre, le substitut de Gabin sur les écrans français. Et tandis que les vieux se congratulent, le jeune Lino Borrini qu'on n'appelle pas encore Ventura pointe le nez. Ce qui n'était au départ qu'une bonne histoire de truands qui s'affrontent autour d'un magot devient étrangement une histoire vraie de professionnels un peu las, embourbés dans une sale affaire qui tourne mal.

Du rififi chez les hommes est construit sur le même schéma dramatique, avec une moindre attention aux mouvements du cœur et aux états d'âme des personnages. C'est un film de comportement, plus sec, plus épuré, qui donne une place importante au récit méticuleux — et passionnant — d'un hold-up. Jules Dassin, autre cinéaste américain fuyant le maccarthysme, réussit une superbe démonstration de cinéma d'action à peu près au moment où, aux Etats-Unis, dans un style voisin, Stanley Kubrick réussit le même exploit dans *Ultime razzia* (*The Killing*). Le scénario de Le Breton, comme la mise en scène de Dassin, confèrent au *Rififi* une sorte de dimension tragique qui renoue avec les conventions sur la « grandeur » du milieu. Moins humain, moins chaleureux, moins « vrai » que *Touchez pas au grisbi, Du rififi chez les hommes* n'en demeure pas moins un étonnant témoignage de perfection formelle.

Malgré le coup de massue de ces deux films clés susceptibles de décourager l'esprit d'émulation, le genre se développe. Marqué par ces deux matrices, il privilégie les gangsters en bout de course, les malfrats en préretraite chaussant leurs pantoufles, les bandits à lunettes, préoccupés de leurs impôts, membres actifs du club des anciens du milieu, saisis — c'est leur démon de midi — par l'envie d'un ultime coup d'éclat.

Le genre va encore connaître quelques belles réussites, déclenchées notamment par un ton nouveau introduit par José Giovanni. En 1958, Gallimard rajeunit la présentation de sa collection Série Noire et, pour ce lancement, édite un roman de Giovanni, *Le Deuxième Souffle*. Trois films importants, adaptés de Giovanni, vont infléchir le cinéma de série noire vers davantage de vérité humaine et d'intensité dramatique intériorisée : *Le Trou* (Jacques Becker, 1960), *Classe tous risques* (Claude Sautet, 1960) et *Le Deuxième Souffle* (Jean-Pierre Melville, 1966). Ce beau sursaut n'empêchera néanmoins pas le genre de décliner.

552

La parodie

Dès les années soixante, Georges Lautner, Albert Simonin, Michel Audiard, Francis Blanche, Lino Ventura, Bernard Blier se réuniront pour retourner contre le genre la force explosive du rire : mission accomplie, car, alors que beaucoup de films de série noire sont oubliés, *Les Tontons flingueurs* est devenu un film-culte. Mais au-delà de cet hommage que le vice rend à la vertu en retournant contre le genre les moyens outrés du genre, il faut voir, dans cette constance de l'ironie, et dans ce besoin précipité d'autocontestation, voire d'autodestruction, un des comportements caractéristiques du cinéma français à l'égard du cinéma de genre : un refus de permanence, un besoin vital d'échapper aux règles établies, aux structures figées, une prompte impatience à devancer l'immobilisme inhérent à la notion même de genre.

Le cinéma de genre n'a peut-être jamais été aussi présent et prégnant en France que pendant le années cinquante. Mais même durant cette période où il est identifiable, sa capacité à se ramifier, se diversifier, se transformer, s'analyser et se parodier rend le phénomène d'une grande fluidité, d'une précarité certaine, d'une longévité réduite. Manque de structures fermes, de marché stable ? Excès de vitalité, besoin de liberté créative ? Les deux sans doute. Le cinéma de série noire et autres séries apparentées confirme ce que nous avons déjà découvert : le cinéma français s'intéresse beaucoup au cinéma de genre, mais ce n'est pas son genre.

Chapitre 3

LE DÉSORDRE ET LE MYTHE

Les années 1935-1940 ont dégagé leur sens profond sous les traits d'un acteur-personnage devenu mythique : Jean Gabin. Nous avons évoqué dans le chapitre « La tentation d'Orphée » la difficulté de l'homme Jean Moncorgé et du comédien professionnel Jean Gabin à se réinsérer dans le cinéma français d'après-guerre, jusqu'au premier pas vers une nouvelle consécration qu'a constitué *La Marie du port*. Le statut de « vedette » n'est pas vraiment contesté à Jean Gabin : il est toujours en haut de l'affiche. Mais il ne remplit plus les salles. Et les réalisateurs ne rêvent pas de lui. Entre 1935 et 1940, il a refusé des films par dizaines, restant parfois sans tourner parce qu'il avait décidé d'attendre Carné, ou Renoir, ou Duvivier. Avec eux, et personne d'autre, il entendait jouer tel rôle dans telle histoire qui s'inscrivait dans sa trajectoire de comédien et de personnage de cinéma. C'est qu'il se faisait une idée assez précise de l'image globale qu'il souhaitait avoir à l'écran. L'exceptionnel talent des auteurs (scénaristes et cinéastes) auxquels il donnait sa préférence avait transformé cette image en mythe. Il en a fini maintenant avec ce confort moral et cette exigence. Il est le premier à avoir compris qu'il n'est plus un mythe, même si ses premières démarches, à son retour, notamment sa valse-hésitation autour des *Portes de la nuit*, peuvent laisser croire qu'il se prépare à le redevenir.

Ses difficultés le ramènent sur terre : son problème n'est pas dans la transcendance du message, mais dans la contingence de l'emploi. En clair, trouver un travail digne, convenable, intéressant. Pas question d'attendre la belle histoire, le grand metteur en scène : ils ne viendront pas. Quand Becker prépare *Touchez pas au grisbi*, il pense à Daniel Gélin pour le rôle de Max le Menteur, et Gélin conseille Gabin. Mais Becker hésite, il préfère François Perier ! Pour *L'Air de Paris*, Carné souhaite Gabin, mais le producteur Robert Dorfman n'y croit plus et suggère lui aussi Périer. Roland Lesaffre évoque cet épisode dans son livre de souvenirs [1] et conclut : « Gabin géra sa carrière comme un agent de change gère un portefeuille. » C'est bien vu. Attentif aux sujets, Gabin le restera, mais la priorité numéro un demeure la sécurité de l'emploi. Ensuite, s'entourer de gens en qui il a confiance et qui ne le trahiront pas : des dialogues d'Audiard, des lumières de Louis Page, des décors de Jacques Colombier, un son de Jean Rieul sont prévus par contrat. En 1963, il refusera de signer un contrat de six films à un million par film, parce que Gaumont ne garantit pas l'engagement de Louis Page pour chaque film. Cette attitude, compréhensible, professionnellement fondée, confirme la déchéance de Gabin de son statut de mythe.

Gabin : une image qui se brouille

Dorénavant, l'enchaînement de ses films, leur genre, leur nature dépendront de contingences diverses, inaptes à conforter une image globale cohérente. Ainsi sera-t-il tour à tour flic et gangster, chef d'entreprise et clochard, don Juan et cocu. Certes, on se souvient, quand on le voit, non sans nostalgie, qu'il fut le déserteur du *Quai des Brumes*, l'ouvrier désespéré du *Jour se lève*. Mais c'était dans une autre vie, une autre époque : dans les années cinquante, Gabin n'est plus qu'un mythe en retraite. Dans un ouvrage [2] qui pourtant défend la thèse inverse, Ginette Vincendeau écrit : « Pour qu'il y ait mythe, chaque personnage joué par la star doit contenir des éléments de son " type ", qui proviennent des personnages précédents, à la fois dans leur diversité et dans leur continuité. » C'est très justement dit. Il est clair que pour la carrière du Jean Gabin des années cinquante, cette condition n'est pas remplie. Quoi qu'en aient dit certains, la France ne s'incarna pas, toutes contradictions réconciliées, dans l'image de Jean Gabin à l'écran.

Reste que cette carrière, déchue de son statut mythique, garde son importance. Importance évidente due à la qualité du comédien et au juste renom de certains de ses films. Mais, au-delà, importance découlant du nouveau statut de Gabin. Vedette notable mais un peu passée de mode, prêt à saisir, avec son flair incontestable, les meilleures opportunités du moment, dans un cinéma sans courant majeur, Gabin constitue un radar efficace pour détecter les modes et genres dominants. Son éclectisme, son expérience, sa notoriété garantissent qu'on peut identifier à travers ses films le catalogue des thèmes et modes de récit reconnus du moment.

1. Roland Lesaffre, *Mataf*, Pygmalion, 1991.
2. Claude Gauteur et Ginette Vincendeau, *Jean Gabin, anatomie d'un mythe*, Nathan Université, 1993.

La valse des emplois, le catalogue des genres

Il faut revenir un instant sur le film policier. D'abord pour noter que Gabin réussit à être aussi bien un gangster qu'un flic, un commissaire de la police judiciaire, un policier jouant le malfrat dans un gang, un juge pour enfants et un avocat. C'est un parcours normal pour un acteur normal. Mais c'est totalement contradictoire avec un quelconque statut mythique, car jamais, dans ses films, Gabin n'incarne une permanence quelconque, qu'elle relève de la morale ou de la société. Voilà donc une cause entendue.

En dehors de *Touchez pas au grisbi*, déjà évoqué, les films série noire de Gabin, *Razzia sur la chnouf, Le rouge est mis, Le Désordre et la nuit*, font apparaître la montée de la violence, une dégradation morale accrue des personnages, une dépravation aggravée des bandes criminelles. Connaissant la répugnance de Gabin à l'égard de la drogue et des formes violentes de délinquance, il faut voir là une montée du réalisme de la violence à l'écran qui n'a pas fini de croître. Dans *Le Désordre et la nuit*, Gabin joue un inspecteur de police qui couche avec une droguée pour faire avancer son enquête : ce passage au cynisme d'une vedette volontiers donneuse de leçons de morale, et très préoccupée d'ordre public, témoigne d'une certaine mutation des normes sociales à l'écran.

Les films de série noire pèsent d'un poids notable dans le répertoire de cette période : cinq films pendant les années cinquante. Pendant la grande époque (1935-1940), Gabin n'a jamais joué un rôle de policier, ni à proprement parler de criminel professionnel (sans doute l'avait-il été dans *Pépé le Moko*, mais il n'exerçait pas ses talents dans le film). C'est donc pour lui et pour le public une complète novation que de le retrouver à jouer au gendarme ou au voleur, et une banalisation certaine du statut de ses personnages.

Au fil des années, il illustre bien d'autres genres. Le film social : version charitable avec Delannoy ou version sociale avec Le Chanois. Dans *Chiens perdus sans collier* (Delannoy, 1955), Gabin est un juge pour enfants singulièrement compatissant. Dans *Le Cas du docteur Laurent* (Le Chanois, 1956), il se bat, contre son entourage et ses confrères, en faveur de la pratique de l'accouchement sans douleur. Mélodrame et film à thèse pèsent de leur poids de conventions sur ces deux B.A. Gabin figure, bien entendu, dans les grandes fresques historiques de Sacha Guitry. Il est fugitivement, le temps d'une seule réplique, le maréchal Lannes dans *Napoléon* (1954).

Le cinéma populiste connaît encore d'ultimes flambées, et Gabin se retrouve convié à des rôles proches de ses anciens emplois. Il sera un routier persuasif et consciencieux dans deux films voisins étonnants de justesse, tous deux de 1955, *Gas-Oil* de Gilles Grangier, et *Des gens sans importance* qui attire l'attention sur Henri Verneuil. Jeanne Moreau, pour le film de Grangier, Françoise Arnoul, pour celui de Verneuil, constituent deux très convaincantes étapes du routier. Mais c'est avec *L'Air de Paris* (1954) et les retrouvailles avec Marcel Carné et Arletty (qui joue sa femme) que l'on respire vraiment... l'air du bon vieux temps. L'intrigue principale s'y noue autour de l'amitié entre Gabin, moniteur de boxe, et un jeune boxeur (Roland Lesaffre). Malheureusement, le financier du film, Cino del Duca, veut une vraie histoire d'amour pour la presse du cœur qu'il publie. Il faut développer une liaison Lesaffre-Marie Daems, qui renvoie Gabin dans son coin, et le film aux plus banales conventions.

Mais la période est avant tout propice aux adaptations littéraires, et son procès sera instruit sur cette charge. Elles ne manquent pas dans le répertoire de Gabin. Celle des *Misérables* est un rite auquel le cinéma français se livre tous les vingt ans : elle concerne moins les rapports entre livre et écran que l'envie de sacrer un acteur d'exception. Le cas de *La Traversée de Paris* est plus intéressant. Contrairement à la mauvaise réputation qui a été faite aux adaptations littéraires, celle-ci est exemplaire. Elle consacre l'acuité, la férocité et la vraie dimension de l'œuvre de Marcel Aymé et donne à Gabin l'occasion — ou, mieux encore, elle lui inflige les contraintes — d'un rôle d'intello anarchisant à contre-emploi complet de ses nouveaux personnages. Elle fournit à Claude Autant-Lara le terrain idéal où se laisser aller à ses humeurs. L'errance, sous l'Occupation, du couple Gabin-Bourvil, chargé d'une valise de viande du marché noir, poursuivi par une meute de chiens, et pis encore, par la cupidité hargneuse, la jalousie haineuse, ou la réprobation complice des humains, constitue à la fois le spectacle le plus étonnant que nous ait proposé le cinéma de l'époque et le constat le plus audacieux jusqu'alors dressé sur ces années noires.

Le procès fait aux « grandes adaptations littéraires » vise en fait l'académisme qui menace les adaptations de Balzac ou de Zola (les plus rituelles) et plus précisément encore *La Chartreuse de Parme* ou *Le Rouge et le Noir* que Christian-Jaque et Claude Autant-Lara ont adaptés de Stendhal. Mais pourquoi porter un jugement général sur une procédure (l'adaptation) qui n'est en soi porteuse ni de miracle ni de malédiction. Gabin nous en est témoin. Il est l'interprète inspiré du sketch central du *Plaisir* adapté par Max Ophuls de trois contes de Maupassant. Quoi de plus subtil, de plus intelligent, de plus cinématographique que ces images qui coulent du livre avec un total bonheur ?

Simenon en majesté

La littérature, Gabin l'affronte aussi, et d'abord, dans ses films adaptés de Georges Simenon (quatre pendant les années cinquante, sans compter les deux Maigret). Apport essentiel, puisqu'il ouvre sur ce cinéma du réalisme psychologique, forme dominante du cinéma français de tous temps, auquel se rattachent un lot de films « simenoniens » tant leur intrigue, leur climat moral ou social les rapprochent de l'univers de cet écrivain.

En 1951-1952, par exemple, Gabin tourne deux films qu'il faut bien comparer tellement ils s'unissent et se contredisent harmonieusement, et illustrent une typologie exemplaire du cinéma français de l'époque. *La vérité sur Bébé Donge* (adapté de Simenon par Henri Decoin) nous propose un industriel (Gabin) agonisant, empoisonné par sa femme, qui se remémore l'évolution du couple qu'il forme avec Bébé (Danielle Darrieux) et comment sa passion pour les affaires et ses infidélités multiples et frivoles ont fait glisser une épouse romantique de la passion au dépit, du chagrin à la révolte. Dans *La Minute de vérité* (adapté par Jean Delannoy d'un scénario d'Henri Jeanson et de Laurent Laudenbach), Gabin est un docteur qui découvre par hasard chez un peintre (Daniel Gélin) qui a tenté de se suicider des photos attestant d'une liaison entre le jeune homme et sa femme (Michèle Morgan). Rentré chez lui, il lui demande une explication. Elle raconte la série de déceptions conjugales qui l'ont amenée à accepter l'amour du peintre. On ne peut imaginer structures plus rigoureusement parallèles. Dans les deux cas, nous avons un récit en flash-back (le fameux effet *Diable au corps* exerce ses ravages). Dans les deux cas, le film s'ouvre sur Gabin, meneur de jeu, qui se révèle n'être que le personnage secondaire. Dans les deux cas, ce sont les vies des deux femmes qu'on va raconter, le point de vue des femmes qui est exprimé, Darrieux et Morgan qui occupent l'écran en priorité. Dans les deux cas, les deux épouses sont fautives — l'une tue son mari, l'autre le trompe —, mais la responsabilité est reportée sur le mari, et celui-ci, dans les deux cas, en prend conscience : dans le premier film, il est disposé à pardonner avant de mourir ; et dans le second, il pardonne.

On retrouvera Gabin dans la même situation (celle d'avoir poussé en quelque sorte son épouse aux infidélités par son comportement) dans *Le Sang à la tête* (adapté de Simenon par Gilles Grangier). Mais nous sommes en 1956, Gabin a recouvré son prestige : c'est sur lui que reste la caméra, pour suivre son enquête quand il tente de retrouver sa femme et de comprendre pourquoi elle a abandonné son riche foyer d'armateur florissant. Il est loin, le temps de Gabin couvert de femmes...

Mais ce type de films n'est pas monopolisé par Gabin. En 1953, Claude Autant-Lara adapte un roman de Paul Vialar, *Le Bon Dieu sans confession*, qui permet de retrouver Danielle Darrieux dans le rôle de la salope intégrale qui a extorqué sa fortune à un brave M. Dupont (Henri Vilbert) — et l'a poussé à la mort —, réussissant même à ne pas coucher avec lui. Le film se déroule le jour de l'enterrement de

M. Dupont, par flash-back successifs, hors de toute construction chronologique : utilisé avec habileté, le procédé reste artificiel.

Un cinéma psychologique

Sur un thème voisin, qui concerne la crise des couples, Gabin est le héros de films traitant du démon de midi. C'était le cas, bien sûr, avec *La Marie du port*, adapté par Carné de Simenon, où il se fait manœuvrer par Nicole Courcel jusqu'à ce qu'il lui remette la clé de sa brasserie. Ce sera le cas avec *En cas de malheur* (1958), adapté également de Simenon par Claude Autant-Lara. Cette fois, grand avocat, Gabin va sacrifier sa carrière, son honorabilité, son foyer au désir que lui inspire et au plaisir que lui donne une jeune délinquante délurée mais non rapace (Brigitte Bardot) qui sera assassinée par le jeune amant qu'elle a plaqué. On retrouvera ce thème dans *Le Fruit défendu*, adapté toujours de Simenon par Henri Verneuil, où Fernandel met en péril son foyer pour goûter à la chair fraîche de Françoise Arnoul. Julien Duvivier, pessimiste et lucide observateur de l'évolution de la production, écrira lui-même, avec Maurice Bessy, le scénario de *Voici le temps des assassins* (1955) où Jean Gabin, chef cuisinier et patron d'un restaurant gastronomique, est pris en main et manipulé par les vertes années, l'innocente fraîcheur et la perversité raffinée de Danièle Delorme, dans un authentique assassinat du Gabin séducteur ou du Gabin maître du jeu.

Ce catalogue de films, généralement très réussis, constitue le noyau central de toute une production qui a donné sa coloration au cinéma « moyen » des années cinquante. Cinéma psychologique, consacré à l'analyse méticuleuse des sentiments, dans la suite logique de la tradition romanesque nationale. Cinéma bourgeois, situé dans la petite ou la haute bourgeoisie, s'affichant comme une critique (le plus souvent modérée, voire complice) d'une société où l'appétit de l'argent, le respect des convenances et du théâtre social, le fossé creusé entre les hommes, dévorés par leur profession (par vocation ou contrainte), et les femmes exclues de toutes responsabilités, minent les relations entre les êtres et dissolvent le couple et la famille. Cinéma menacé d'académisme par son objet même : décrivant une société figée dans ses stéréotypes, il recourt lui-même souvent à des stéréotypes. Mais cinéma d'acteurs, admirablement servi notamment par ses interprètes féminines : en épouses complaisantes, révoltées, déchirées, volages, Danielle Darrieux et Michèle Morgan, Madeleine Robinson et Edwige Feuillère trouvent l'occasion de créations exceptionnelles. Cinéma social également, mais si discrètement que cette dimension est peu remarquée. C'est qu'il faut d'abord séduire, émouvoir : un cinéma consensuel par principe a peu de chances de montrer les dents ou de sortir ses griffes. Pourtant, le virage fondamental que la France est en train d'opérer, sa sortie des ruines, son entrée dans la consommation de masse, son amorce de prospérité, la mutation de société engendrée par la mutation économique extraordinaire qu'on appellera plus tard les « trente glorieuses », tout cela se reflète sur les écrans, dans ce genre psychologique et bourgeois, et à peu près seulement là. Car tous ces conflits conjugaux ou sentimentaux témoignent, comme insconsciemment, de l'expansion de l'automobile, de l'augmentation du niveau de vie, de la frénésie du monde des affaires, d'une circulation permanente, excitante ou dégoûtante du fric, qui annoncent, pour le meilleur et pour le pire, les temps modernes. Mais, de même que la société civile et politique des années cinquante a peu perçu le séisme qui commençait d'ébranler ses structures, le cinéma des années cinquante rend compte des aspects visibles de ces changements sans les percevoir vraiment, et sans jamais remettre en question ses moyens d'intervention. Les tenants de la permanence mythique de Gabin appuient leur démonstration sur le fait que la mutation de ses personnages, du prolo de jadis à l'armateur du *Rouge est mis* et au banquier des *Grandes Familles*, symboliserait le passage de la France à la prospérité. Le problème, c'est que les personnages qu'incarne Gabin sont des vainqueurs d'hier, des nantis d'avant-hier : les nouveaux riches des années cinquante n'ont rien à voir avec le baron Schundler des *Grandes Familles*, ni les jeunes loups de la politique avec le pseudo-Clemenceau du *Président*.

Roland Barthes et la fin des mythes

Le mythe Gabin est terminé pour les raisons que nous avons vues et pour une autre qui éclate justement à ce moment-là. En 1957, Edgar Morin publie *Stars* [1], étude anthropologique du vedettariat cinématographique qui désamorce toute fonction mythique de la star. La même année, dans ses *Mythologies* [2], Roland Barthes entame la démystification idéologique des « mythes de la vie quotidienne » développés par la « communication de masse ». Il dénonce ces mythes dont « la fin même est d'immobiliser le monde. [...] Ainsi chaque jour et partout, l'homme est arrêté par les mythes, renvoyé par eux à ce prototype immobile qui vit à sa place, l'étouffe à la façon d'un immense parasite interne. [...] Les mythes ne sont rien d'autre que cette sollicitation

1. Edgar Morin, *Stars*, Le Seuil, 1957.
2. Roland Barthes, *Mythologies*, Le Seuil, 1957.

incessante, infatigable, cette exigence insidieuse et inflexible qui veut que tous les hommes se reconnaissent dans cette image éternelle et pourtant datée qu'on a construite d'eux un jour, comme si ce dût être pour tous les temps ».

Cette démolition des mythes de la vie moderne sonne leur glas. Non qu'il ait suffi que Roland Barthes les démasque pour qu'ils s'effondrent. Mais parce que les temps modernes entraînent une fluidité de l'imaginaire qui ne tolère plus la structure immuable, référentielle du mythe. C'est d'ailleurs le star-system dans son ensemble qui va s'en trouver affecté dans les décennies suivantes. Si Gabin ne retrouvera jamais sa fonction mythique, c'est que celle-ci ne peut plus s'exercer dans la nouvelle société qui émerge. Sur le plan cinématographique, symbole du renouveau qui va détruire cette fonction, Brigitte Bardot sera la dernière à pouvoir l'exercer. Le triomphe d'*En cas de malheur*, outre les qualités propres du film, vient aussi de cette intuition du public que s'y affrontaient, sous les traits de Gabin et de Bardot non seulement deux générations, mais deux civilisations de l'image et de la représentation. Brigitte Bardot sera la première, et fugitive, et ultime incarnation mythique d'un cinéma démythifié — ce qui ne veut pas dire démystifié... Le désordre des années cinquante, que nous avons choisi de présenter à dessein à travers le parcours cacophonique d'un mythe de jadis aux prises avec l'émergence d'un nouveau statut de l'imaginaire, reflète les premières convulsions d'un cinéma en train de changer de nature.

Chapitre 4

LA QUALITÉ N'EST PAS UN DÉFAUT

Nous n'avons rien fait, au contraire, pour dissimuler le flou qui entoure cette notion de « cinéma néo-classique ». C'est que le flou, l'incertitude des expériences transitoires caractérisent cette période de l'après-guerre marquée par l'esprit d'entreprise et d'initiative. Les trois chapitres qui précèdent ne cherchent pas à imposer un concept. Ils utilisent une étiquette pratique et une hypothèse vraisemblable pour exposer sans le trahir le désordre fécond de l'époque. Ne leur reprochez pas, à ces chapitres, ce désordre : c'est lui qui en est le thème majeur. Il fallait décrire cette réalité sans la farder, pour mieux affronter la vision globale des années cinquante, le contexte culturel dans lequel elles se déroulent, le débat majeur dont elles sont le théâtre, l'illusion d'optique dont elles sont les victimes.

La vérité des années cinquante

L'âge d'or de la période classique, celui de la plus grande perfection et de la plus forte identité du cinéma français, se situe pour l'essentiel entre 1935 et 1945. Avant, ce fut, comme nous l'avons vu, le temps des apprentis sorciers. Après, c'est le temps des ruines à relever, de la concurrence à assumer, de la modernité à préparer. C'est-à-dire d'un labeur douloureux, peu propice aux aventures fantasques des génies débridées, ni aux révolutions culturelles.

Les années cinquante — c'est le nom que nous donnons à l'après-guerre, à cette période de 1946 à 1959 — ont assumé avec panache les corvées infligées par l'Histoire. Préoccupées de structures, d'organisation, de consolidation, de stabilité, comme il était légitime après un périlleux remue-ménage, elles ont, ces années, dans un grand désordre conceptuel, bâti de nouvelles fondations et procuré au cinéma des bases solides pour la seconde moitié du XXᵉ siècle. Elles ont, dans les limites de leur pouvoir, révélé des talents, et des œuvres, développé une curiosité et un culte du cinéma, agrandi le public, diversifié les formes de spectacle. Marquées d'activités brouillonnes, de conflits divers, reflet parfois des conflits graves qui secouaient la nation, elles n'ont pas l'éclat, l'unité, la marque d'exception de la décennie 1935-1945. Mais, figurant là où elles se situent dans le déroulement de l'Histoire, elles font honneur à la vitalité du cinéma français.

Le mépris. La méprise

Pourtant, les années cinquante ont mauvaise réputation. Les critiques les boudent. Les historiens les méprisent ou les détestent. Il faut les lire pour le croire. Citons donc. Sans fouiller les poubelles. Nous ne nous référons qu'à des livres et des auteurs respectables, dont nous nous reconnaissons volontiers les débiteurs. « La période qui s'ouvre en 1945 est celle de la stabilisation, du retour au passé, de la mise en place des structures destinées à garantir un immobilisme qui paraît devoir assurer prospérité et qualité [1]. » « Un repli frileux sur soi sous les terribles coups de boutoir de la concurrence américaine [...], suivi d'un insidieux déclin d'une dizaine d'années (fait à la fois de timidité, de sclérose et de vieillissement) [2]. » « Les structures vieillissantes d'une industrie encorsetée et conservatrice qui s'abrite derrière un label "en gants blancs" (la qualité française) ne seront ébranlées qu'à partir de 1958 par les coups de griffe d'une petite bande de critiques au zénith de leur enthousiasme partisan [3]. » Francis Courtade termine son chapitre sur les années cinquante par : « Débâcle et morosité sont les mots clés de notre cinéma. » Dans la préface du même livre, *Les Malédictions du cinéma français* [4], Raymond Borde parle de cinéma postvichyssois et dénonce « cette démagogie de populisme souriant, pleurnichard et patriotique ». Dans *Le Cinéma des Français* [5], Jean-Pierre Jeancolas, toujours si mesuré, nous dit qu'un regard porté sur les années qui précèdent l'avènement de la Vᵉ République « embrasse un désastre à peu près général ». Arrêtons le massacre.

C'est là beaucoup de mépris. Ce mépris résulte d'une méprise. Les années cinquante ont été des années riches et bénéfiques, compte

1. René Prédal, *Le Cinéma français depuis 1945*, Nathan Université, 1991.
2. Philippe de Comes et Michel Marmin, *Le Cinéma français (1930-1960)*, Atlas, 1984.
3. Jean-Loup Passek, *D'un cinéma l'autre*, Éd. du Centre Pompidou, 1988.
4. Alain Moreau Éd., 1978.
5. Stock, 1979.

tenu des difficultés affrontées et des problèmes à résoudre. Pourquoi alors un mépris si généralisé, une méprise si largement partagée ? On peut avancer une explication.

Les années cinquante marquent la fin de l'âge classique du cinéma français. En 1958-1959 apparaît le phénomène de renouvellement du cinéma français qui, sous le nom de Nouvelle Vague, va marquer les décennies suivantes. Il est couramment admis de prendre pour date repère de l'émergence de ce phénomène le Festival de Cannes 1959. C'est sur cette théorique ligne frontière que bute ce livre consacré à l'époque classique, et que s'ouvre un autre livre, conçu parallèlement, consacré à l'époque moderne du cinéma français [1]. Ce surgissement agité, tumultueux, de la Nouvelle Vague a été précédé d'une bataille médiatique et d'un débat idéologique marqués essentiellement par l'offensive des « jeunes-Turcs » (comme les appelait amicalement André Bazin) des *Cahiers du cinéma*, offensive concentrée, sur le plan théorique, autour de la politique des auteurs et du pilonnage du vieux cinéma dit « de la qualité ».

Regard dans le rétroviseur

Les critiques et historiens établissent, comme il est normal, des bilans fort contrastés de la Nouvelle Vague. Par contre, unanimes à constater l'importance du phénomène, et le choc qu'il a engendré, ils ne regardent plus les années cinquante que du point de vue de ce qui s'est passé après. Sur ces idées fausses ou hors de propos, une image s'est construite en remontant le temps d'aujourd'hui à avant-hier. Cette vision à contre-courant a engendré un contre-sens.

Il est certain que les années cinquante sont plus stables, moins mobiles que les années soixante. Cette évidence n'entraîne aucun jugement de valeur. En revanche, définir les années cinquante comme marquées par « l'immobilisme, le repli frileux, la sclérose, le vieillissement d'une industrie encorsetée et conservatrice », c'est intenter un procès qui ne résiste pas à l'examen. Les années cinquante ont hérité d'une machine cinématographique sinistrée, avec 390 salles de cinéma détruites, ou endommagées, et un parc d'exploitation vétuste, des studios délabrés, un matériel obsolète, une pénurie de pellicule, un contexte économique de faillite, une profession profondément divisée par les deux grands conflits « guerre chaude » (Occupation-Libération) et « guerre froide » (communisme-libéralisme). Dans ces

1. Voir Jean-Michel Frodon, *L'Age moderne du cinéma français (1959-1994)*, Flammarion, 1995.

conditions, elles ont assuré la survie, le fonctionnement, le développement de l'appareil de production, inventé et mis en place les structures législatives ou réglementaires qui ont permis le développement d'une politique du cinéma bénéfique, elles ont rempli les salles et battu des records de fréquentation, elles ont supporté et dépassé le choc de la couleur, du grand écran, des nouvelles techniques, elles ont fait sortir le cinéma de l'artisanat éclaté post-forain où il demeurait englué pour engager, sur le plan structurel, les voies de la modernité. On peut porter des jugements contrastés sur la façon dont tout cela s'est fait ou sur les solutions retenues ; la seule chose dont on ne puisse accuser les années cinquante, c'est d'immobilisme et de sclérose.

Sur le plan de la création, la critique a été menée, à l'époque même, par les « jeunes-Turcs » des *Cahiers du cinéma*. Ce sont les armes de cette offensive qui, pour l'essentiel, continuent de constituer l'arsenal des détracteurs des années cinquante. Il convient donc de s'interroger sur leur pertinence historique. Car leur efficacité stratégique n'a plus à être démontrée. Sur le plan polémique où elle s'est délibérément située, la campagne Truffaut-Godard-Rivette-Rohmer contre la production française des années cinquante a été habile, talentueuse et empreinte d'une suffisante mauvaise foi pour se révéler efficace. Ces jeunes gens, c'est certain, ont mené brillamment leur affaire. Tant mieux pour eux. Ce que nous contestons ici, c'est la reprise, sans examen, vingt ou trente ans plus tard, d'arguments polémiques datés, comme s'ils constituaient des certitudes historiquement valables.

De même que l'émergence de la Nouvelle Vague accepte pour repère symbolique le Festival de Cannes 1959, l'offensive des « jeunes-Turcs » a pour repère symbolique un article de François Truffaut paru dans les *Cahiers du cinéma* n° 31 de janvier 1954 sous le titre « Une certaine tendance du cinéma français ». Il marque la naissance d'un phénomène culturel que l'écrivain Jacques Laurent, familier de la chose puisque, en tant que directeur de l'hebdomadaire *Arts*, il fut l'un de ses principaux propagateurs, surnomme joliment la « critique des catacombes ». En réponse à une lettre du producteur Alain Poiré, protestant contre une attaque de François Truffaut contre *Marguerite de la nuit* que personne n'avait encore pu voir, Jacques Laurent écrit : « Il y a une intelligentsia qui pratique la critique à l'état furieux. [...] [Elle] se veut ou se croit en état de belligérance. Tous les assauts lui sont bons puisque le dieu du cinéma reconnaîtra les siens. [...] Les ciné-clubs, la Cinémathèque lui ont fait un état d'esprit religieux. Ces lieux ont été les catacombes du cinéma [1]... »

1. *Arts*, 25 janvier 1956. Cité dans *Lola Montès, op. cit.*

Ciné-clubs et culture cinématographique

C'est par ce chemin qu'il faut passer, celui des catacombes, pour situer la guérilla des années cinquante, pour en mieux comprendre la portée, dans l'immédiat, et en récuser l'utilisation ultérieure. Nous avons énuméré un certain nombre de réalisations des années cinquante. Ce bref bilan des acquis est bien incomplet. Y manque par exemple l'un de ses fleurons : la naissance de la culture cinématographique. C'est la religion dont parle Jacques Laurent. Retournons donc aux catacombes. C'est-à-dire, dans la vulgate cinéphilique : aux ciné-clubs.

Le « ciné-club » (le mot, un journal, un club) est né en 1920, lancé par Louis Delluc dans un esprit de culture populaire, mais il s'est développé dans la direction donnée par Ricciotto Canudo au C.A.S.A. (Club des Amis du septième art) en 1921, pour dégager une esthétique du cinéma et lier l'élite des « écranistes » à l'élite intellectuelle. Dans les dernières années du muet, le mouvement a pris de l'ampleur. Il est brisé par la révolution du parlant, renaît pendant la période du Front populaire, avec une vocation plus nettement politique (« Amis de Spartacus », Ciné-Liberté), disparaît pendant la guerre, renaît à la Libération : c'est alors une sorte de raz de marée. Plusieurs centaines de ciné-clubs, ou même plusieurs milliers si l'on compte les sections de la Ligue de l'enseignement, sont peu à peu regroupés en six fédérations nationales, régies par un « statut du cinéma non commercial ». Il faut apprécier la timidité du vocabulaire : trente ans plus tard, on mettra du « culturel » à toutes les sauces, mais en 1949, alors qu'il ne s'agit, rigoureusement, que de culture, on s'en tient au « non-commercial ». Ces associations diffusent des films méconnus, inconnus, censurés, et des classiques plus ou moins anciens à l'occasion de séances avec présentation, débats et invitations fréquentes de cinéastes pour nouer le dialogue avec le public. C'est l'époque où Henri Langlois organise des projections quotidiennes de son trésor de films dans la petite salle (50 places) de la Cinémathèque française, avenue de Messine, jusqu'à ce qu'en 1955 le passage à la salle de l'Institut pédagogique de la rue d'Ulm (250 places en plein Quartier latin) donne une plus grande ampleur à son activité et développe un culte de la Cinémathèque.

C'est le moment où se déclenche un intérêt pour la presse cinématographique, qu'illustrent d'abord *L'Écran français* — qui passe malheureusement du militantisme cinéphilique au militantisme politique sectaire —, puis des journaux et revues plus ou moins stables, plus ou moins concurrents, mais qui sont tous animés par le feu sacré de la cinéphilie : *La Revue du cinéma* (suivie par les *Cahiers du cinéma*), *Image et son*, *Ciné-Club* (suivi par *Cinéma 55* et la suite), *Télé-Ciné*, *Raccords* (créé par Gilles Jacob et Michel Flacon), *Positif* (créé par Bernard Chardère), *L'Age du cinéma*, *Présence du cinéma*, *Saint-Germain-des-Prés* et bien d'autres encore. Sans compter les revues corporatives (*Le Film français, La Cinématographie française, Le Technicien du film*) et les magazines grand public (*Cinémonde, Ciné-Miroir, Paris-Cinéma, Paris-Hollywood, Paris-Star*). Le phénomène le plus important est peut-être celui de l'apparition de rubriques cinématographiques dans la presse généraliste quotidienne et hebdomadaire, avec des titulaires fixes dont l'indépendance, par rapport à la publicité, sans être également conquise partout, fait de notables progrès par rapport à la situation avant-guerre.

La naissance des « news-magazines » (*L'Express* en 1953), avec leur rubrique culturelle et leur diffusion importante, conforte cette entrée du cinéma dans le secteur « noble » de la vie artistique au lieu d'être traité comme jadis en simple divertissement. En une période de grande poussée de culture populaire (T.N.P., Festival d'Avignon, décentralisation théâtrale, Livre de Poche), non seulement le cinéma a pris place parmi les activités intellectuelles ou artistiques dans le traitement médiatique, mais autour de lui se développent une adhésion passionnée, une fréquentation intensive, une curiosité inépuisable, bref une religion cinéphilique qui permet à une ou deux générations de passer dans les salles obscures le plus bel âge de leur vie. C'est ce que raconte très bien un rescapé de ces temps héroïques, Bernard Chardère, dans ce petit chef-d'œuvre de nostalgie et d'ironie : *Figurez-vous qu'un soir, en plein Sahara* [1]...

Cette religion a ses rites, ses saints, ses schismes, ses apôtres. Elle a aussi ses pèlerinages qui rassemblent l'élite des fidèles, depuis les rencontres intimes et passionnelles des stages de ciné-clubs à l'Institut d'éducation populaire de Marly-le-Roi jusqu'à la grande pompe du Festival de Cannes qui conquiert le statut de première manifestation cinématographique mondiale, en passant par les initiatives marginales et d'autant plus exacerbées, comme le « Festival du film maudit » tenu à Biarritz en 1949 et 1950 sur l'initiative de Jean Cocteau, ou le Festival d'Antibes, organisé par Henri Langlois, ou les Journées du court-métrage (lancées par Pierre Barbin), qui se tiennent à Tours et jouent un rôle notable dans la transmission du virus cinéphilique. Virus qui prolifère dans les centres d'agitation qu'animent Jacques Ledoux à la Cinémathèque de Bruxelles, Freddy Buache à la Cinémathèque de Lausanne, Raymond Borde à la Cinémathèque de Toulouse, Marcel Oms avec son Centre de recherche de Perpignan, Bernard Chardère avec, à Lyon, les prémices de l'Institut Lumière. Ainsi se constitue le réseau éclaté où se ressource et se fortifie la vague cinéphilique française des années cinquante.

L'enseignement, travaillé au corps par les ciné-clubs, s'ébranle à son tour. Le cinéma fait une entrée officieuse en faculté (à l'université de Grenoble par exemple) bien avant que le ministère en autorise l'enseignement ; une classe est ouverte au lycée Voltaire pour préparer le

---

1. Éditions Institut Lumière - Actes Sud, 1992.

concours d'entrée à l'I.D.H.E.C., la Sorbonne s'ouvre à des cours d'histoire du cinéma. Des salles d'exploitation spécialisées dans les films « artistiques », « classiques », ou « à découvrir » (on ne parlait pas encore de « films d'auteur ») reprennent leur activité ou l'inaugurent, s'organisent et fondent en 1955 l'Association française des cinémas d'art et essai, salles qui vont se multiplier et prendre peu à peu le relais des ciné-clubs.

La critique des catacombes

En 1959 et en 1968, on parlera — peut-être abusivement — de révolution culturelle. La première vraie révolution culturelle, celle de la perception, de la fréquentation, de la fonction du cinéma, celle en tout cas qui a généré les mutations des deux décennies suivantes, c'est ici, à ce moment-là qu'elle a lieu. Le cinéma sort de son ghetto. Il est reconnu moins comme un art — est-ce si important ? — que comme un objet de passion par où passent, pour ses fidèles, la découverte du monde et l'amour de la vie.

C'est ce climat de passion qui explique la « critique à l'état furieux » dont parle Jacques Laurent, car effectivement, à l'époque, on aimait tant qu'on s'étripait ferme. Le premier thème fondamental de schisme, dans l'Église cinéphilique, tourne autour du cinéma américain, objet de culte privilégié ou d'excommunication majeure. D'une part, on le révère : pour son passé, sa puissance, parce qu'on en a été privé pendant quatre ans, parce qu'on découvre des œuvres, des styles, des cinéastes nouveaux, parce que *Citizen Kane* change l'idée qu'on se fait du cinéma. D'autre part, c'est le diable : sa concurrence est la principale menace qui pèse sur le cinéma français, il est facteur d'abrutissement et ses images empoisonnent nos enfants, il véhicule l'idéologie du pays de la bombe atomique, du maccarthysme et des « Dix de Hollywood ». N'entrons pas dans les débats internes des proaméricains autour de la valeur d'Hitchcock ou des mérites respectifs de Wyler et de Ford : ils ne nous concernent pas. L'autre sujet de schisme qui surgit avec « Une certaine tendance... », c'est le cinéma français : est-il en péril, en déclin, peut-on le mettre en cause, le faut-il, comment et pourquoi ?

L'offensive part, nous l'avons dit, des *Cahiers du cinéma*. C'est dire qu'elle n'a pas grande répercussion.

Une certaine tendance...

Fondés en 1951, les *Cahiers* ont une diffusion restreinte (environ 4 000 exemplaires en 1954) et le style bon chic bon genre de son papier glacé des deux premières années n'a pas de séduction particulière. La première salve, mais elle dit tout, est tirée dès le numéro 16 d'octobre 1952 par Michel Dorsday, à l'occasion d'une critique du film *Adorables créatures* de Christian-Jaque, sous un titre fort explicite : « Le cinéma est mort » (quoiqu'il s'agisse en fait d'une litote, car cette annonce est si ancienne, systématique et permanente qu'elle finit par signifier que le cinéma va bien). Les premières lignes de l'article donnent le ton : « Le cinéma français est mort, mort sous la qualité, l'impeccable, le parfait-parfait, comme ces grands magasins américains où tout est propre, beau, bien en ordre, sans bavures... Dans les festivals, on nous donne des prix. On dit *la qualité française*, et nous ne pensons plus. » Pour ce qui nous concerne ici, l'essentiel est dit : le cinéma français meurt sous (ou de) sa qualité. Plus loin, la qualité française prend son autonomie de marque de fabrique : elle est entre guillemets. L'article-manifeste de François Truffaut, seize mois plus tard, dénonce la même cible dès les premières phrases et franchit une étape supplémentaire dans la fabrication du mythe ennemi : il témoigne de son évidence en lui accordant des majuscules. Il s'en prend à la « Tradition de la Qualité » française, bien dangereuse en effet, puisque, nous dit Truffaut, les films qui la représentent « forcent par leur ambition l'admiration de la presse étrangère, défendent deux fois l'an les couleurs de la France, à Cannes et à Venise, où, depuis 1946, ils raflent assez régulièrement médailles, Lions d'or et Grands Prix ». L'essentiel de l'argumentation vise la nocivité du « cinéma littéraire », résultant du rôle abusif des scénaristes et plus spécialement du tandem Jean Aurenche et Pierre Bost, champion des adaptations littéraires réductrices et falsificatrices. En mineur, la notion floue de Tradition de la Qualité se trouve mélangée ou confondue avec les films relevant du « réalisme psychologique » qui seraient une autre plaie (ou la même ?) du cinéma français.

Ce manifeste poursuit deux buts différents. D'une part, « s'emparer » des *Cahiers du cinéma* (et un peu plus tard d'*Arts*), et ainsi sera-t-il fait [1]. D'autre part, défendre une conception intégriste du « cinéma d'auteur » dont Truffaut ne peut admettre la coexistence pacifique avec la Tradition de la Qualité.

Tradition de la Qualité : l'épouvantail

Inventée et mythifiée par François Truffaut, la Tradition de la Qualité constitue un label ironique où la prétention à la qualité recouvrirait

---

1. Voir Antoine de Baecque, Les « *Cahiers du cinéma* ». *Histoire d'une revue*, Ed. Cahiers du Cinéma, 1991.

en fait le conformisme, l'académisme, l'esprit bourgeois du cinéma français. Sur le plan polémique, la démarche est habile. Mais pourquoi l'épouvantail malicieusement invoqué par le futur cinéaste des *Quatre Cents Coups* vient-il, fantôme obsolète, hanter, vingt et trente ans plus tard, les pages d'historiens qui ne voient plus l'époque qu'à travers le prisme de ce leurre ?

Car rien de ce qu'évoque Truffaut ne se manifeste, en tout cas de manière assurée, définie et permanente, comme il le prétend. Les années cinquante se caractérisent davantage par la diversité, l'instabilité des genres et des valeurs que par quelque dogmatisme théorique, stratégique ou clanique. L'accusation formulée par François Truffaut, contrairement aux apparences (la prise à partie *ad hominem* de Aurenche et Bost), ne vise pas des individus ou des films. Elle annonce et prépare la théorie du cinéma d'auteur. Dans les festivals, dans les ciné-clubs, dans les revues, on recherche, célèbre, distingue, honore des « bons films », des « films de qualité », sortis de la masse indifférenciée des films vulgaires, démagogiques, plats. C'est le premier degré de l'attitude cinéphilique. Il implique un grand éclectisme dans les critères et la distinction permanente, chez les meilleurs cinéastes, des bons et moins bons films. C'est cette attitude-là que Truffaut commence à bombarder, avant de la dénoncer explicitement, pour remplacer la détection des bons films par la recherche des vrais auteurs, dont tous les films seront honorés.

Cette période d'élaboration de la « politique des auteurs », entamée dès 1953, et développée à partir de l'article « Ali Baba et la politique des auteurs » de février 1955, ne va pas sans contradictions.

C'est ainsi qu'entre 1952 et 1955, René Clément qui avait accédé au « Saint des Saints » est brutalement jeté au panier à salade et expulsé de son statut d'Auteur, tandis que Jacques Becker, qui en avait été exclu, récupère miraculeusement son visa d'Auteur certifié. Toutes les péripéties de ce manège aléatoire sont intéressantes, excitantes, et trouvent leur justification dans la bataille d'idées passionnée qui s'amorce alors. Mais n'ont qu'un rapport très lointain avec le constat objectif des réalités.

Ces polémiques témoignent de l'ardeur des passions cinéphiliques qui ont marqué ces années. A nous de les observer plus objectivement aujourd'hui pour dégager leur vrai visage sans s'encombrer des clichés et des mythes des croisés de l'époque.

La méprise est réelle. Le mépris est en trop. Les années cinquante méritent un autre regard, plus serein, plus amical, qui nous découvre une autre réalité. Celle que nous avons dite, des ruines à relever, et de l'importante mutation structurelle. Celle, ambiguë, de ce néo-classicisme où des genres incertains et divers connaissent une vitalité passagère, où des conventions s'installent et se dissolvent, et dont on peut faire le bilan, ambivalent, sans transformer sa qualité (avec ou sans majuscule) en défaut. Celle de la vitalité de ses grands créateurs anciens et nouveaux qui fournissent aux années cinquante un palmarès digne de celui des décennies qui vont suivre, et dont nous allons entreprendre l'inventaire.

Ce regard amical et serein n'implique nulle complaisance. Nous avons dit, quand nous les avons rencontrés, l'académisme, les conventions. Nous n'avions pas besoin de grandes théories pour cela. Et pourtant, quelle belle Politique de la Qualité il serait excitant d'opposer à la Tradition des Auteurs (avec, c'est essentiel, des majuscules partout). Nous avons rencontré à maintes reprises le « réalisme psychologique » avec d'autant moins de surprise qu'il constitue une constante du cinéma français, en tout cas depuis l'apparition du parlant, comme il constitue une constante du roman français depuis *La Princesse de Clèves*. L'idée que cette catégorie vaste et floue de la création de fiction devrait être marquée du sceau d'infamie est évidemment absurde. Le cinéma des années cinquante lui doit quelques-uns de ses meilleurs films. Dont l'un, et non des moindres, présente d'ailleurs l'autocritique du cinéma de cette période. En effet, dans *La Vérité sur Bébé Donge*, Henri Decoin a placé en exergue cette citation de Vladimir Jankélévitch : « Tout ce qui s'installe sans être éprouvé est comme s'il n'était pas. En vérité, je vous dis que c'est un naissance à recommencer, un coup pour rien... »

Le cinéma des années cinquante, notamment le cinéma de qualité (sans majuscules), le cinéma ambitieux et maîtrisé, n'a pas su qui il était, ne s'est jamais constitué en cinéma de ceci ou de cela (des années cinquante, par exemple), n'a vécu ni sa cohérence, ni son identité : il a affronté pied à pied les heurs et malheurs de son temps.

Un coup pour rien ? Sûrement pas.

Une naissance à recommencer ? C'est probable.

Quatrième partie

LES AUTEURS

« Pourquoi les parfaits ne sont-ils
pas les grands ? »
Victor Hugo.

« Le salaud ! Quel peintre ! »
Picasso (devant Delacroix).

I

LES GRANDS

Chapitre 1

LES DEUX PATRONS :
RENÉ CLAIR ET JEAN RENOIR

Dans le désordre général de la production, avec un cinéma appartenant à des genres éparpillés, avec des modes virevoltantes, avec la mort des mythes et la dissolution de la grande voie du réalisme, l'observateur perd ses repères et l'historien les clés de son classement. Heureusement, les créateurs sont là, dont l'opiniâtreté, la rigueur, l'inspiration constituent des signes de reconnaissance, des points de contact, des zones protégées où l'on peut renouer les fils de l'histoire et démêler la pelote d'une décennie embrouillée.

Cette visite aux « grands » du cinéma, dépositaires des vraies valeurs de l'époque, aux maîtres même s'ils excluent tout exercice de magistère, commence chez les deux cinéastes qui, successivement — ou concurremment —, ont fait et font figure de chefs de file du cinéma français.

René Clair, après ses succès du temps du muet, et sa fulgurante conquête d'un usage stylisé du parlant, est un leader peu contesté de l'art du cinéma quand il quitte la France en 1935 pour une absence qui, de manière imprévisible, durera dix ans. De 1935 à 1940, Jean Renoir est devenu, avec quelques autres, un maître reconnu du « réalisme français ». Douze années d'absence l'auraient peut-être fait oublier si son souvenir n'était chaleureusement entretenu dans les ciné-clubs, et si son œuvre, mieux comprise, ne faisait l'objet d'une enthousiaste et permanente célébration dans la revue les *Cahiers du cinéma* : quand il revient, c'est à un sacre que l'on assiste. Pourtant, entre-temps, René Clair est reparti d'un bon pied : nous l'avons suivi jusqu'à la réussite frappante du *Silence est d'or*. Les trois films suivants, fort différents, de nature ou de qualité, confirment la place éminente que conserve René Clair dans la création française.

La Beauté du diable connaît une première de gala, en mars 1950, à l'Opéra, en présence de Vincent Auriol, président de la République. Le plus souvent, ces couronnements protocolaires tombent à contre-temps. Sans doute a-t-on voulu célébrer, d'un même faste solennel et républicain, le cinéaste respecté, l'ambition intellectuelle d'une variation sur le thème de Faust, le bon démarrage de la politique de coproduction franco-italienne et la rencontre à l'écran de deux générations de comédiens représentées par Michel Simon et Gérard Philipe. Tout cela est fort sympathique. L'ennui est que *La Beauté du diable* est le plus mauvais prétexte à célébration qui soit. Et que les honneurs officiels viennent conforter la réputation d'académisme qui commence à accabler René Clair à l'occasion du seul film où il encourt légitimement ce reproche. L'idée de filmer « un nouveau *Faust* » a surgi de différentes réflexions : tourner un film sans contexte contemporain, car condamné aux studios italiens ; rester fidèle à un climat d'illusion, de fantaisie, de magie ; profiter de la vague de modernisation des grands contes et légendes (*L'Eternel Retour, Orphée, Manon*) pour affronter un autre thème mythique. D'où cette *Beauté du diable* que René Clair tente d'alléger de tout poids philosophique superflu et qui reste toujours entre deux eaux : philosophiquement incohérent et esthétiquement compassé. René Clair avait pourtant eu une idée superbe : quand Faust a endossé sa nouvelle enveloppe corporelle de jeune homme, Méphisto, pour le visiter, adopte son ancienne apparence et devient, pour tout le monde, le Dr Faust, personnage dont il ne peut plus s'évader. Mais René Clair avoue n'avoir pas vu tout le parti qu'il pouvait tirer de ce détournement ingénieux. Contrarié par l'incompréhension totale qui a régné pendant tout le tournage entre les deux acteurs principaux, le film voit sa beauté plastique et son ambition intellectuelle tourner à une grandiloquence creuse et empesée. René Clair a toujours proclamé que le cinéma était voué à la fantaisie et au divertissement. On ne le reprendra plus à tenter de s'en évader. Il nous offre ensuite deux superbes divertissements, comme pour s'excuser de son faux pas.

Les Belles de nuit (1952) prend le risque de se développer dans les rêves nocturnes de son héros (Gérard Philipe) qui retrouve, nuit après nuit, des créatures charmantes (Martine Carol, Gina Lollobrigida, Magali Vendeuil, etc.), chacune à une époque différente : 1900, la Restauration (et la conquête de l'Algérie), la Révolution, le temps des mousquetaires. Ces fantasmes délicieux qui lui font la vie belle ont d'ailleurs l'apparence corporelle de personnages réels qu'il rencontre dans la vraie vie sinistre qu'il mène le jour venu. L'idée de départ (« Ah, qu'on devait être heureux dans l'ancien temps ! ») se répercute d'époque en époque, chacune d'entre elles renvoyant à celle qui l'a précédée, pour y retrouver un paradis perdu. Mais, peu à peu, le manège des siècles se dérègle, les époques communiquent entre elles, les rêves se chevauchent et tournent au cauchemar. Pas pour le spectateur, éberlué et enchanté de découvrir une sorte de version farceuse d'*Intolérance* où les échappés de Babylone feraient irruption dans la Saint-Barthélemy. Un tel sujet, sans cesse en balance entre rêve et réalité, et qui suppose une circulation constante des personnages et des images, d'un mode de représentation à l'autre et d'une époque à l'autre, donne à René Clair l'occasion de faire une incroyable démonstration de virtuosité technique qui comble le regard et dissimule le relatif simplisme des ressorts dramatiques du film. Fidèle à lui-même, René Clair a réalisé une chorégraphie d'images dont les figures inventives se lient avec une grâce constante, et dont la trame a la lisibilité d'un livret de ballet. Là encore, René Clair a droit à une première à l'Opéra. Mais cette fois, il n'y a pas de fausse note. L'hommage est justifié. D'ailleurs, l'Opéra est aussi le théâtre de la danse...

Pour *Les Grandes Manœuvres* (1955), René Clair qui s'était inspiré de *L'Ecole des femmes* pour *Le silence est d'or* rêve à Don Juan, mais se garde bien de philosopher : les leçons de *La Beauté du diable* ont porté. Gérard Philipe, le nouveau Don Juan du cinéma français, qui s'est lié d'amitié avec René Clair, est une fois encore chargé de mener le jeu : il lui faut séduire une femme désignée par un billet de loterie, avant le départ des dragons en manœuvres, faute de quoi il devra offrir un gueuleton au club des officiers. Nous sommes en 1910, le sort tombe sur Michèle Morgan et René Clair nous entraîne, avec une sorte de tendresse ironique et douloureuse, vers un climat à la Musset : *On ne badine pas avec l'amour* émigre en garnison de province. Le ton d'époque est donné par un usage raffiné de la couleur. Clair enchaîne les étapes de ce drame masqué avec la nostalgique langueur d'une valse triste. Des sentiments vrais tardent à montrer leur force dans une société de cynisme souriant et de courtoisie perfide. La réserve, la pudeur, qui caractérisent le cinéma de René Clair et parfois freinent l'émotion, contribuent ici à la faire sourdre intensément. On admire que l'image en dise tant avec si peu d'effets...

Quand sort *Les Grandes Manœuvres*, en octobre 1955, Jean Renoir termine les préparatifs d'*Elena et les hommes*. Cette fois, il a complètement changé de palette. Après le souvenir de l'impressionnisme qui baignait *French Cancan*, les couleurs crues des images d'Épinal caractérisent ce ballet de marionnettes qui fait écho à l'histoire du général Boulanger, sans jamais prétendre à quelque exactitude historique. Après un début gracieux, qui peut annoncer un divertissement Belle Époque, le film glisse au spectacle de Guignol, où la caricature, pour souriante qu'elle soit, se révèle féroce. Dans ce jeu de massacre autour de manigances ridicules pour la conquête du pouvoir, aucun sentiment ne trouve grâce. Sans cynisme, avec sa bonhomie coutumière, et semblant beaucoup s'amuser, Renoir exprime l'extraordinaire dédain, faut-il dire le dégoût, que lui inspire l'organisation sociale. Il n'est pas très charitable d'avoir recruté la superbe Ingrid Bergman pour en faire l'instrument de cette démonstration misanthrope. Ce Renoir moraliste nous trouble, mais le cinéaste, lui, continue de nous enchanter par la virtuosité de bonneteau de ses enchaînements de plans : on n'est plus chez Guignol, mais chez le prestidigitateur, et les coulisses de la société, du pouvoir, de l'âme humaine sont démasquées par des raccords d'images qui gomment la bouffonnerie du propos.

Le silence est d'or se passe vers 1900, *La Beauté du diable* et *Les Belles de nuit* chevauchent les siècles, *Les Grandes Manœuvres* se déroulent en 1910, *Le Carrosse d'or* au XVIIIe siècle, *French Cancan* vers 1900, *Elena et les hommes* en 1880. Dans les sept films avec lesquels les deux plus grands cinéastes français, après une absence de plus de dix ans, reprennent pied dans le cinéma national, pas une image n'est consacrée à la France contemporaine. Il fallait qu'ils se sentent rudement dépaysés, et dubitatifs sur le moment d'Histoire que la France traversait, pour se réfugier ainsi dans leur patrimoine culturel commun, marqué d'abord par la nostalgie. Dans un texte sur la crise de la notion de nation, Renoir en dit long sur ses doutes et ses interrogations. Il écrit notamment : « C'était bien agréable, la nation ! Malheureusement, elle est en train de mourir. On ne ressuscite pas les morts... Au bout de quelques années, nous revenons sur les lieux de notre jeunesse et nous les reconnaissons pas. C'est pourquoi, pour notre paix spirituelle, nous devons essayer d'échapper à la magie des souvenirs. Notre salut, c'est de plonger résolument dans l'enfer du monde nouveau, du monde divisé horizontalement, du monde utilitaire, du monde sans passion, du monde sans nostalgie [1]. »

Ni *Les Grandes Manœuvres*, ni *French Cancan*, ni *Elena et les hommes* ne plongent dans « l'enfer du monde nouveau [...], du monde sans nostalgie ». C'est même tout le contraire. Pourtant, on ne fera plus guère mieux dans le sillage du patrimoine culturel, ni plus élégant ni mieux maîtrisé. Pour sa plus grande réussite et sa plus grande gloire, ce cinéma-là, c'est vrai, regarde derrière lui, comme Hugo regardait vers Shakespeare, et Racine vers Euripide. Renoir, néanmoins, respecte son programme, sinon dans ses thèmes, en tout cas dans sa manière. Il entre dans « l'enfer du monde nouveau » avec « l'horreur du cliché ». Sa mise en scène, son rapport aux personnages, la liberté qu'il accorde à ces êtres de fiction de s'inventer les nuances de leurs sentiments, et aux comédiens qui les interprètent d'inventer les gestes qui les montrent, cette liberté est le signe d'un nouveau rapport aux histoires et aux personnes qui va marquer le nouveau cinéma.

Superbe aboutissement, *Les Grandes Manœuvres* marque de son côté une ultime étape du grand classicisme. Dans cette fin des années cinquante, René Clair est célébré comme un personnage officiel : ce n'est qu'un tardif et bien légitime salut au plus intelligent, plus lucide, plus subtil cinéaste dont la France s'honore. Jean Renoir, de son côté, est célébré par une cohorte de jeunes cinéphiles, critiques et candidats

1. Jean Renoir, *Ma vie et mes films, op. cit.*

cinéastes, qui vont ébranler le cinéma français. En 1960, l'année où la Nouvelle Vague occupe le terrain, René Clair est élu à l'Académie française. Dans cette coïncidence, on verra un symbole de René Clair cinéaste du passé opposé à Jean Renoir annonceur d'avenir. Au-delà de cette vision caricaturale, mais non mensongère, il faut constater que René Clair et Jean Renoir ont constitué, l'un et l'autre, des astres majeurs de l'âge classique du cinéma français.

Chapitre 2

UN VIEUX COUPLE : GUITRY-PAGNOL

Tout au long de cette histoire, nous avons eu trop souvent l'occasion de rapprocher les trajectoires de Guitry et de Pagnol, et de comparer leurs destins, pour renoncer à cette conjonction au moment d'examiner la dernière étape de leur vie de cinéastes. Nous avons vu l'attitude de ces deux hommes de théâtre vis-à-vis du cinéma diverger, se rapprocher jusqu'à se confondre, pour diverger à nouveau. Pour ce dernier parcours, c'est de divorce radical qu'il faut parler.

Ce divorce concerne d'abord la place des deux hommes dans la vie politique, sociale et mondaine. Pagnol sort de la guerre dans la gloire de sa virginité (politique, créatrice), sauvegardée sous l'Occupation. Il devient une institution de la vie intellectuelle, rendu visible aux yeux de tous par son habit vert d'académicien. Auteur dramatique comblé, cinéaste célèbre, il délaisse ces deux moyens d'expression pour l'écriture et triomphe en 1957, avec la publication de ses souvenirs d'enfance : *La Gloire de mon père* et *Le Château de ma mère*. Guitry sort de la guerre sous l'accusation floue de collaboration, qui lui vaut la prison le temps d'une instruction qui débouche sur un non-lieu. Il reconquiert sa place de prince de la vie parisienne, mais l'humiliation subie, les trahisons endurées laissent de pénibles cicatrices. Sa santé n'est pas bonne : le 13 décembre 1953, il joue sur scène pour la dernière fois. C'est tout une partie de sa vie qui s'écroule : de 1950 à 1957, comme dans l'urgence d'une mort programmée, il tourne douze films. Et meurt, à soixante-deux ans, l'année où Pagnol, qui a dix ans de moins que lui, est sacré écrivain.

Aucune urgence ne commande la vie de Pagnol. Et surtout pas celle de faire des films. Il est intervenu, à l'improviste, mais en force, sur *Naïs* (1945), qui lui offrait un retour à tous ses thèmes favoris. Il s'est offert, enfin, la comédie musicale dont il rêvait depuis longtemps, basée sur des lieder de Schubert et la voix de Tino Rossi : *La Belle Meunière* (1948) est une expérience manquée aussi bien pour le film que pour le procédé Rouxcolor testé à cette occasion. Mécontent des deux adaptations de *Topaze* (par Gasnier, avec Jouvet, en 1932 ; par lui-même, avec Arnaudy, en 1935), il en tourne une troisième, dans un style un peu trop « nouveau riche », mais où Fernandel réussit la meilleure interprétation du rôle à l'écran. Le comédien, véritable bête de travail, est choqué du comportement désinvolte de Pagnol pendant le tournage : il refuse le nouveau rôle que lui propose le réalisateur, mais tourne, en 1953, *Carnaval* sous la direction d'Henri Verneuil, d'après une pièce d'Emile Mazaud, adaptée et dialoguée par Marcel Pagnol. Les retards et le manque de sérieux de l'auteur déclencheront entre les deux hommes une grosse fâcherie. Dommage pour Fernandel. Il a manqué le seul film important de Pagnol dans l'après-guerre : *Manon des Sources* (1952).

Ce n'est qu'en 1963 que paraîtra *L'Eau des collines*, épopée romanesque en deux parties, *Jean de Florette* et *Manon des sources*, dont Pagnol a le projet depuis longtemps et que son film anticipe. Cette circulation de son monde intérieur entre les différents moyens d'expression (théâtre, cinéma, roman, mais aussi radio et bientôt télévision) est caractéristique chez Pagnol. Elle témoigne de la force de son imaginaire. Ce n'est pas le produit à fabriquer qui est à l'origine de l'œuvre — sinon, la pièce *César* aurait largement précédé le film *César* —, c'est la poussée des personnages et des histoires. Le recours à tel média plutôt qu'à tel autre reste secondaire. Secondaire, mais pas inintéressant. Pagnol partage avec Guitry le besoin de mettre au cœur de son cinéma la femme qu'il aime, comme nous l'avons vu déjà avec Orane Demazis et Josette Day. Le mystère de l'interruption en 1942, puis de la destruction de *La Prière aux étoiles*, film qui se présentait comme un hymne à Josette Day, réside sans doute dans la rupture intervenue entre eux qui lui rendait le film impossible à terminer et à regarder. Si *Manon des sources* devient film avant de devenir roman, et si c'est la deuxième partie du roman qui devient film, et non la première, c'est évidemment parce que Jacqueline Pagnol est Manon des Sources, et qu'une fois son récit conçu Pagnol n'a plus qu'une envie : le filmer avec sa femme.

Manon des sources tourne entièrement autour du thème de l'eau et de la sécheresse, de la nature et de la culture, et l'intrigue nous met sans cesse sur les sentiers d'Homère ou de Virgile. Bizarrement, c'est la partie du film que Pagnol a le moins développée et soignée. On lui doit pourtant des moments admirables, même si le style du jeu baroque choisi par (ou imposé à) Jacqueline Pagnol/Manon chasse un peu le naturel de cet hymne à la nature. C'est le village qui intéresse d'abord Pagnol, sa complicité dans le crime (la source bouchée qui mène Jean de Florette à la mort), son angoisse devant le fléau (Manon à son tour a bouché la source qui fournit le village en eau), son intervention justicière pour ramener la paix. Une foule de personnages le composent, pour l'interprétation desquels Pagnol a rassemblé le ban et l'arrière-ban des anciens complices de sa longue saga provençale. Il leur donne des répliques à déguster, des histoires à raconter, des discours à énoncer, et délaisse ses paysages, pour exprimer la région par sa musique intime : son accent. Il en finit avec le cinéma comme il avait débuté : au commencement était le verbe. On aura quelque regret, en lisant plus tard le livre, de constater combien il a peu exploité la voie lyrique, pathétique, pastorale qui s'offrait à lui. On regrette aussi une certaine désinvolture de la mise en scène, comme si tourner le film n'avait été pour Pagnol qu'une partie de campagne entre copains. C'est bien ce qu'avaient été les tournages d'*Angèle* ou de *Regain*, mais à l'écran, tout était beauté, tragédie, nécessité.

C'est qu'alors le cinéaste Marcel Pagnol jouait sa peau sur ses films. Il se battait pour la reconnaissance de son aventure. En 1952, le seigneur Pagnol, quand il filme, est en promenade sur ses terres. Il n'a rien perdu de son talent, de sa verve, de son invention. Mais il n'a plus rien à prouver à défendre, à conquérir. Cela se voit sur l'écran. Dans ces limites, *Manon des sources* (quatre heures de projection dans sa version intégrale) reste un film intéressant, distrayant, intriguant, d'une formidable originalité. Il met un bon point final à une aventure cinématographique exceptionnelle. Point final ? Pas tout à fait, car Pagnol tourne encore, en 1954, d'après Alphonse Daudet, *Les Lettres de mon moulin*, qui peut figurer utilement au musée des arts et traditions provençaux, mais qu'on peut négliger dans les filmographies de son auteur. Cette ultime concession pagnolesque au régionalisme éclaire, *a contrario,* l'originalité propre de Pagnol. Comme celle de Giono, son œuvre s'enracine profondément dans la lumière, la sonorité, la sensibilité d'une collectivité géographiquement circonscrite, sans jamais tomber dans le folklore. Le petit coin de terre qu'elle illustre n'est pas fermé sur ses traditions. Il se veut au contraire le microcosme de l'humanité tout entière. C'est sa vertu et sa force.

Avec Guitry, pendant les mêmes années, nous passons de la nonchalance épanouie au déchaînement fiévreux. Parmi les douze films de Guitry des années cinquante, il en est plusieurs qui, toujours tournés à une grande vitesse, et avec un parfait naturel, se contentent de mettre des pièces en mémoire. Parmi ces films, il convient de distinguer *Debureau* (1951), son premier film-testament. La pièce avait été créée en 1918 : c'est un geste de réconciliation que Sacha tendait à son père, Lucien Guitry, en évoquant la transmission de rôle, de nom, de répertoire, du grand mime Debureau à son fils. C'est en jouant cette pièce que la maladie le rattrapera et que Sacha quittera la scène en 1953. C'est cette adaptation filmée qui le verra pour la dernière fois assumer un grand rôle dans un de ses films. Film d'adieu par excellence, puisqu'il met en scène la maladie et la fin de règne de Debureau, et qui donne de ce fait un poids bouleversant à des images où Guitry vieilli, malade, transmet au fils (qu'il n'a jamais eu) le sens de son art.

De 1954 à 1956, comme un énorme gâteau soudain offert à un gourmand privé de sucreries, la possibilité est rendue à Guitry de tourner ces grandes revues historiques, du type *Remontons les Champs-Elysées*, auxquelles il avait pris tant de plaisir. Rassemblant au générique, pour des rôles parfois de vingt secondes, l'annuaire complet des vedettes de théâtre et de cinéma, ce seront successivement *Si Versailles m'était conté* (1954), *Napoléon* (1955) et *Si Paris nous était conté* (1956). Le premier, qui utilise avec entrain tous les artifices du genre, remporte un triomphe imposant. Le succès est ambigu pour *Napoléon*. Guitry n'a jamais dissimulé son antipathie pour l'Empereur : le public est décontenancé de ne pas trouver sur l'écran l'arc de triomphe attendu. Pourtant, ce regard sans complaisance est plus intéressant que l'hymne escompté. Mais la forme même de ces revues historiques est contradictoire avec l'intrusion d'un point de vue critique. On ne sait plus très bien où l'on est. *Si Paris nous était conté* est moins consacré à la Ville Lumière qu'à évoquer ce génie de la France, tel qu'il s'exprime à travers ses grands hommes, que Guitry n'a cessé de célébrer depuis son premier film, *Ceux de chez nous* (1915). Toutefois, Guitry n'oublie en chemin ni ses convictions ni ses rancœurs. Sa vision de l'histoire de France est passablement réactionnaire, et l'évocation de l'Occupation sent le règlement de comptes. Moins officiel, plus personnel, plus sombre que les précédents, *Si Paris nous était conté* joue avec allégresse avec le temps, au point d'en oublier cette recommandation de Voltaire que l'on trouve dans le film : « Toute plaisanterie doit être courte, mais le sérieux aussi devrait faire court. » Guitry, malade et placé sous morphine depuis un an, reste à l'écran le meneur de jeu d'un film de deux heures un quart. Incertain d'être capable de le mener à son terme, il laisse à ses producteurs une lettre leur demandant, s'il était empêché, de s'en remettre à Marcel Achard pour les dialogues et à Clouzot pour la mise en scène. Un sursis d'un an lui laisse la possibilité de tourner encore deux films.

Ces trois films de cavalcade historique sont venus interrompre la phase finale, toute d'ironie et d'amertume, de la création cinématographique de Sacha Guitry. On retiendra quatre films majeurs, dont trois sont interprétés par Michel Simon. Guitry avait prévu de jouer le quatrième face à Simon, mais la maladie l'en empêcha. Jean Poiret et Michel Serrault les remplaceront.

En 1952, *La Poison* marque l'entrée dans le petit Conservatoire de Sacha Guitry de l'homme qu'il considère, depuis la mort de Raimu, comme le plus grand acteur français, Michel Simon. C'est un nouveau visage, une nouvelle forme de talent qui interviennent pour un nouveau cinéma. Guitry ne badine plus, ni avec la vie, ni avec l'amour, ni avec le cinéma. Jusqu'alors, il restait l'auteur-conférencier-*deus ex machina* qui manipulait avec élégance, drôlerie ou nostalgie son petit monde de comédie. *La Poison* installe une situation dramatique au cœur de laquelle un comédien en liberté vient renverser les données affectives, morales, sociales, pour nous faire visiter la jungle de la vie sociale. On rit, beaucoup, parfois jaune, car l'ambiguïté ne dure guère : c'est bien de cruauté qu'il s'agit ici. Cruauté mentale, cruauté morale de cet homme qui, pour se débarrasser de sa « poison » d'épouse vient débattre, avec son avocat, avant le meurtre, de la meilleure façon de la tuer, et obtient effectivement l'acquittement. *Le Roman d'un tricheur*, partant lui aussi d'un « poison » (les champignons vénéneux), développait déjà, avec humour et sans gravité, la thèse de l'utilité de la malhonnêteté et des profits qu'elle permet. Cette fois, le sourire a disparu : pendant quatre films, avec une énergie que la maladie et la morphine semblent décupler plutôt qu'endormir, Guitry va nous proposer le jeu de massacre des faux-semblants sociaux, la dialectique infernale du bien et du mal, un incroyable chassé-croisé d'innocents coupables et de coupables innocents parce que coupables, et vice versa. Il est bien fini, si tant est qu'il ait jamais existé, le Guitry du théâtre filmé : c'est une forme ironique et raffinée du film noir qui resurgit avec *La Poison*. Dans *La Vie d'un honnête homme*, Michel Simon joue deux jumeaux qui, après deux vies séparées, se retrouvent. Le frère pauvre et marginal meurt dans les bras du frère riche et arrivé ; d'où l'idée, pour celui-ci, de changer de vie en prenant l'identité de l'autre. Excellent poste d'observation pour vérifier le mensonge de son ancienne existence. La rencontre du gredin heureux et de l'honnête homme désabusé, tous deux joués par un Michel Simon hallucinant de vérités contradictoires, est un grand moment de cinéma. Le reste du film aussi.

Quittons Simon un instant pour *Assassins et voleurs* (1956), où le problème du dédoublement de personnalité, d'identité, et surtout de culpabilité, s'affirme sous une forme nouvelle. Un riche dandy, sur le point de se suicider (Jean Poiret), surprend un voleur (Michel Serrault) et lui demande de lui rendre le service, contre paiement, de l'assassiner. Le dandy a déjà tué et c'est le voleur qui a été condamné à sa place. C'est lui encore qui va être tué maintenant par celui qu'il était supposé « suicider ». Le circuit intellectuel, la ronde des raisonnements qui inversent sans cesse la situation, tout cela est fort drôle, même s'il en ressort une apologie radicale et quasi cynique du meurtre, du vol et de l'adultère.

Le dernier film, enfin, *Les trois font la paire* (1957), reste fidèle à ce thème en augmentant la mise, puisque le double, cette fois, est triple : deux frères jumeaux ont un sosie ; ils sont tous soupçonnés de l'assassinat d'un acteur en train de jouer un film. Mais qui a été tué : le comédien ou le personnage ? De dédoublement en dédoublement, comme dans la salle des glaces du musée Grévin, c'est la notion de réalité, sinon matérielle, en tout cas morale, qui se dissout dans un carrousel de faux-semblants, fausses identités et faux témoignages. Guitry, barbu, amaigri, aux bords de l'agonie, apparaît le temps d'un coup de téléphone. C'est son producteur (et interprète) Clément Duhour qui dirige le film (mis en boîte en vingt jours), quand il ne peut plus participer au tournage. On songe à l'image bouleversante d'Auguste Renoir, vieillard peignant avec ses pinceaux attachés à ses mains déformées par les rhumatismes, tournée par Guitry en 1915 et qu'on voyait dans *Ceux de chez nous*. Pendant ses cinq dernières années, Guitry, le prince de Paris, l'homme célèbre pour sa détestation du cinéma, n'est plus qu'un inventeur d'images, de mots, de situations qui vitalisent, accélèrent et dynamisent la circulation des particules dans la grande marmite du cinéma français. Aux dernières secondes de l'ultime film de Sacha Guitry, le tournage du film dans le film, interrompu par la mort d'un acteur, reprend. *Les trois font la paire* s'achève sur cette dernière réplique : « Prêts, là-haut ?... Allons-y. De la bonne humeur ! On tourne ! Moteur ! Parfait ! » Le dernier mot d'auteur de Sacha Guitry nous annonce que le cinéma continue.

Chapitre 3

FEUX D'ARTIFICE :
MAX OPHULS ET JACQUES BECKER

Les rapprochements biographiques et stylistiques n'ont pas grand sens entre l'ancien assistant de Renoir qui s'est révélé en France sous l'Occupation, tandis que l'éternel exilé sarrois piaffait aux portes de Hollywood. Pourtant, si éloignés l'un de l'autre qu'ils soient, il se trouve qu'ils ont le même âge, la même élégance, le même destin, et que des hasards étranges vont les rapprocher. Plus important : ils ont marqué les années cinquante de leur sceau par quelques films exceptionnels.

Avec Ophuls, les choses sont simples. Hollywood l'a convaincu que son pays était l'Europe. Il rentre en France. Il a quarante-sept ans. Il tourne, de 1950 à 1955, un seul et superbe film en quatre parties. Aux premières images de *La Ronde*, le meneur de jeu lance au public : « Je suis venu... Je suis l'incarnation de votre désir de tout connaître » et commence à leur présenter des couples. Pendant des heures, le temps de projection de *La Ronde* (1950), du *Plaisir* (1951), de *Madame de...* (1953) et de *Lola Montès* (1955), la ronde des couples se poursuit, et aux derniers instants de cette extraordinaire cavalcade, le meneur de jeu, devenu grand écuyer, continue, imperturbable bonimenteur, de nous annoncer un spectacle superbe dont nous sommes déjà rassasiés. C'est bien sûr une image, approximative comme toutes les comparaisons que nous utilisons ici. Pourtant, la cohérence dramatique, la complicité esthétique et le niveau de perfection de ces quatre films sont si grands que cette image énonce une vérité profonde. Le cinéma aussi dispose d'une tétralogie-repère : celle de Max Ophuls.

Avec *La Ronde*, Max Ophuls adapte Schnitzler en arrondissant les angles : la violence de la satire contre la bourgeoisie autrichienne fin-de-siècle a perdu de son urgence, et il y a chez Ophuls une sorte de tendresse humaniste qui donne au film sa réputation charmeuse. C'est vrai qu'il y a beaucoup de charme dans la danse de la caméra nous entraînant de couple en couple, mais sous le raffinement des mouvements, des lumières et la fluidité de cette nuit où des hommes traquent et trouvent le plaisir, ce sont des pantins qui apparaissent, la mécanique du sexe qui se déglingue, le vide des étreintes sans amour qui s'installe. Le brio des arabesques formelles tend à monopoliser l'attention, au risque de dissimuler le procès sévère du donjuanisme qu'il recouvre. Crainte confirmée par l'accueil fait au film. La critique, dans son ensemble, n'y voit qu'un divertissement libertin, et en dénonce, selon les cas, la futilité ou la perversité. Avec, pour principal résultat, d'attirer la curiosité populaire et de faire de *La Ronde* un succès phénoménal.

Le plaisir n'est pas gai, nous apprenait *La Ronde*. Le bonheur non plus, confirme *Le Plaisir*, un film en trois parties qui n'a rien d'un film à sketches, et ne fait que fragmenter un peu plus la ronde cinématographique où Ophuls nous entraîne. Le narrateur, qui a pris le relais du meneur de jeu, n'est autre que Guy de Maupassant lui-même, qui grâce à la voix râpeuse de Jean Servais, nous fait pénétrer dans trois de ses contes. Dans ce triptyque, c'est le panneau central qui compte. La Maison Tellier est une maison close, fermée pour cause de première communion. Madame Rosa (Danielle Darrieux) et ses pensionnaires sèment le trouble dans le train qui les conduit à la campagne, puis chez Jean Rivet dont la fille célèbre sa première communion. Mais bientôt, ce sont ces dames de la Maison Tellier qui sont troublées à leur tour, par la paix campagnarde, les chants de l'église, une sorte de pureté de l'air et des gens où elles retrouvent d'anciennes émotions. Cette double contagion du libertinage sur les simples de la campagne, de la nature et de la tradition sur les fausses rouées de la ville, est montrée dans un mouvement extravagant pour lequel Max Ophuls mobilise nombre d'artifices apparemment inutiles (narrateur qui doublonne l'image, éléments de décor qui obstruent une partie du champ de vision, Maison Tellier observée uniquement de l'extérieur, par les fenêtres) mais qui, au lieu de gêner ou d'alourdir le récit, démultiplient la grâce suprême dont il est empreint. Les notations graves sont balayées par l'entrain de la caméra : notre plaisir de voyeur est absolu. Les deux autres sketches, plus brefs, sont tragiques, superbement réalisés, mais écrasés néanmoins par l'intimidant voisinage de « La Maison Tellier ».

Mais ne traînons pas en route, car la ronde de Max Ophuls ne s'arrête jamais. Voici des diamants qu'un mari a offerts à sa femme, Madame de qui les vend pour payer ses dettes de coquette. Le bijoutier les ramène au mari qui les rachète et les offre à sa maîtresse qui les perd au jeu. Un baron les achète, arrive à Paris, tombe amoureux de Madame de... et lui offre les diamants qu'elle n'hésite pas à porter en expliquant à son mari qu'elle croyait les avoir perdus et qu'elle les a retrouvés. Duel, mort du baron, remords de la femme qui a découvert l'amour et meurt de langueur ; la ronde continue du plaisir et de la frivolité qui débouchent sur le malheur, des désirs et des caprices des humains qui un jour les confrontent à leur vérité et à leur finalité. D'un incessant mouvement, qui va du générique au mot fin, Ophuls nous convainc que le bonheur peut-être, la sérénité sûrement, commencent avec la gravité. A la différence de Zénon d'Elée qui prouvait le mouvement en marchant, il prouve l'immobilité en courant. Les interprètes ajoutent leur classe souveraine à cet enchantement : entre Charles Boyer et Vittorio De Sica, Danielle Darrieux (présente dans les trois films dont nous venons de parler) franchit une étape nouvelle dans l'approfondissement de son registre.

Mais déjà, la voix de stentor de Peter Ustinov, aux portes du Cirque Mammouth, tente de nous raccoler. Comment lui résister ? Il nous propose de rencontrer « un monstre sanguinaire aux yeux d'ange », pour qui « les rois, les princes, les millionnaires ont sacrifié leur pays, leur puissance, leurs millions » : Lola Montès, comtesse Maria Dolorès de Lansfeld. A l'occasion de cette parade de foire et de ce spectacle de cirque, voici Lola Montès avec son amant Franz Liszt, puis avec le lord écossais qu'elle a volé à sa mère, faisant scandale à l'Opéra de Nice, séduisant Louis Ier de Bavière, fuyant la guerre civile et faisant un numéro d'acrobate pour achever son exhibition...

La bizarrerie du film se manifeste dès le générique, où l'on peut lire : « *Lola Montès*, adaptation de Max Ophuls d'après le roman de Cécil Saint-Laurent, *La Vie extraordinaire de Lola Montès* ». Or ce roman n'existe pas. Il y a bien un livre de Cécil Saint-Laurent intitulé *Lola Montès*, mais il est paru en 1970. En fait, Ophuls, vers 1954 a pris contact avec Jacques Laurent, *alias* Cécil Saint-Laurent, pour négocier les droits de son roman *Une sacrée salade*. Mais Alexandre Astruc venait de les réserver : il en tourne l'adaptation en 1955, sous le titre *Les Mauvaises Rencontres*. Les deux hommes en viennent à évoquer la trajectoire de la courtisane belle, cynique, vénale et courageuse que fut Lola Montès. Jacques Laurent tient déjà un manuscrit prêt, ou en tout cas un dossier qui fournit à Max Ophuls un matériau historique et un regard élaboré sur le personnage. Pourquoi ces détails ? C'est qu'il y a deux films dans *Lola Montès* : l'un, un peu fade, qui évoque en sept tableaux des moments de la vie de Lola Montès, et pour lequel le « roman » de Cécil Saint-Laurent a pu être utile ; l'autre, dont il n'y a pas trace dans le livre, et qui est d'une stupéfiante originalité, est le film de ce spectacle forain, de cette parade de bateleur, de cette exploitation cynique du malheur et du scandale, de cette ménagerie dont l'unique fauve est cette femme encagée, malade, exténuée, supportant avec superbe la triste lubricité de la foule. Pour Ophuls, Lola est sans doute beaucoup moins un personnage historique qu'une réincarnation de la femme fatale, de la Nana de Zola, de la Lulu (ou Loulou) de Wedekind, filmée par Pabst, avec Louise Brooks, et de ses dérivés mineurs comme la Lola-Lola de *L'Ange bleu*, ou la Lulu de *La*

Chienne. La parade foraine destinée à attirer les foules vers la femme fatale, devenue objet de scandale, a été imaginée par Alban Berg. Au prologue de l'opéra *Lulu* qu'il a tiré des pièces de Wedekind, on voit en effet un dompteur vanter le joyau de sa ménagerie, la « folle et belle bête, Lulu, cette créature sans âme qui fut domptée par le génie de l'homme ». L'élan extraordinaire du film consacré au cirque Lola Montès a pour tremplin ce patrimoine si vivace dans la culture allemande. Car, si Ophuls en fait un spectacle à la fois admirable et terrifiant, il lui donne aussi une dimension philosophique, voire métaphysique. Nous y voyons en effet Lola soumise à une parodie de jugement populaire, condamnée à une parodie d'enfer, manipulée par les clichés réducteurs d'une publicité tonitruante qui ne peuvent plus faire d'elle qu'un ange ou un démon.

La différence d'intérêt entre le présent au cirque et les retours dans le passé vient notamment de ce que Martine Carol, fort effacée, est la protagoniste du passé, et Peter Ustinov, orgue énorme capable néanmoins des plus délicates indications, celui du cirque et du présent. Autre motif de décalage : Max Ophuls s'est lancé dans son premier film en couleurs avec une sorte de frénésie inconsciente, osant tout, et réussissant beaucoup. Le cirque, lieu unique dont il a organisé la gamme chromatique, lui donne l'occasion d'un jeu vertigineux et toujours maîtrisé sur les couleurs. C'est moins évident dans certaines séquences du passé, où l'« irréalisme », par exemple, de scènes ou de décors, ou de périodes teintées d'une couleur dominante, épate un moment, mais engendre une certaine monotonie d'effets. Après *Le Plaisir*, et *Madame de...*, véritables joyaux de perfection artistique, on est presque heureux de trouver, ici ou là, dans *Lola Montès*, une hésitation ou une bavure qui confirme quel extravagant champ d'expériences fut ce film. Avec le résultat que l'on peut toujours attendre de l'audace, de l'invention : l'incompréhension et le scandale. Le public, venu se rincer l'œil et s'en mettre plein la vue des turpitudes libertines européennes, tombe sur une dénonciation féroce de l'exploitation du scandale dans un récit à la chronologie anarchique ; il siffle et tempête, tandis que la critique (majoritairement) fait la fine bouche devant ce film « bariolé et futile ».

Conséquence rituelle de cette situation : la mise en circulation d'une version écourtée, puis remontée « dans le bon ordre », ce qui ne peut qu'accroître le malaise. Une bataille d'opinion est entamée et, sur l'initiative de Jacques Becker et d'Alexandre Astruc, une lettre ouverte de soutien à Max Ophuls paraît dans la presse, signée par Jean Cocteau, Roberto Rossellini, Christian-Jaque, Jacques Tati, Pierre Kast et les initiateurs du message. En 1968, une nouvelle diffusion du film lui vaut enfin la reconnaissance de son statut exceptionnel. Depuis le temps qu'on lui applique cette épithète, Max Ophuls a enfin tourné un film « baroque » dans les différents sens du terme, un de ces rares films de grande valeur artistique, de grandes dimensions spectaculaires, mais que sous-tend une réflexion intellectuelle et morale, ou disons, plus simplement, une vision du monde.

Pendant que Max Ophuls développe sa tétralogie dont l'unité est si frappante, Jacques Becker tourne sept films dont la diversité est la marque essentielle. Pourtant, dissimulées sous les variations de genre, la cohérence stylistique et la continuité de la présence de Becker courent comme un fil rouge de film en film. On sait, et il n'est pas difficile de le montrer, que Becker a réalisé des films exceptionnels chacun dans leur genre, qui s'appellent *Rendez-vous de juillet, Casque d'or, Touchez pas au grisbi,* et *Le Trou.* Ce qu'on sait moins, c'est que ces œuvres, et les autres, plus qu'honorables, qui les accompagnent, ont exprimé un point de vue original sur le cinéma, et anticipé, bien davantage que tous les autres films de la décennie, la révolution du nouveau cinéma des années soixante. Pour le démontrer, nous partirons de l'un des films les plus discrets, les moins célèbres de Jacques Becker : *Rue de l'Estrapade* (1953). Davantage encore qu'*Edouard et Caroline* (1951), autre comédie intimiste réputée, d'un charme un peu maigre, *Rue de l'Estrapade* réussit l'exploit, diversement apprécié à l'époque, de ne rien raconter. On peut dire qu'Henri (Louis Jourdan), qui trompe sa femme, Françoise (Anne Vernon), se réconcilie avec elle, après avoir découvert qu'elle a loué un studio rue de l'Estrapade où un jeune musicien (Daniel Gélin) tente de la séduire. Ces situations sont en effet représentées à l'écran. Mais, dans ce film, elles ne constituent jamais les termes d'un récit dramatique, elles ne sont pas articulées en vue d'un effet, ni pour aboutir à une fin. Dans sa critique, André Bazin, bien isolé, note pertinemment : « Il s'agit pour lui [Becker] de nous faire croire à ses personnages, de nous les faire aimer, indépendamment des catégories dramatiques qui constituent l'infrastructure habituelle du cinéma comme du théâtre. Le film ne repose plus sur la force, la beauté ou la vérité d'une histoire, il capte et retient l'attention, instant par instant, parce que les personnages nous plaisent, et que nous amusent leurs rapports. [...] [Becker] débarrasse enfin les thèmes qui lui plaisent des servitudes dramatiques auxquelles il les avait jadis subordonnés [1]. » André Bazin ne peut pas deviner qu'en analysant ainsi, à juste titre, l'art de Becker, il définit l'une des caractéristiques majeures du futur cinéma moderne basé sur la dissolution de la construction dramatique et la priorité accordée aux personnages. Jacques Becker n'en sait rien non plus, qui, interloqué des interrogations et critiques que son film suscite, déclare tout tranquillement : « Je n'ai jamais voulu (exprès) traiter un sujet. Jamais et dans aucun de mes films. Les sujets ne m'intéressent pas en tant que sujets. L'histoire (l'anecdote, le conte) m'importe un peu plus, mais ne me passionne

---

1. *L'Observateur,* 14 mai 1953.

nullement... Seuls les personnages de mes histoires (et qui deviendront MES personnages) m'obsèdent vraiment au point d'y penser sans cesse [1]. »

Cette clé que nous livre Becker est un passe-partout. Elle nous ouvre toutes les portes. L'étonnante, troublante, gênante faculté qu'il a de réussir dans tous les genres sans s'attacher à aucun se dissout dans la simple constatation qu'il ne sait pas ce qu'est le cinéma de genre : il fait des films autour d'Antoine et Antoinette, d'Edouard et Caroline, de Manda et Marie, de Max le Menteur et Riton, d'Ali et Arsène, qui sont des personnages à lui et non les stéréotypes qu'impliquent Baba ou Lupin. Dans l'unité retrouvée, l'œuvre apparaît moins éparpillée et révèle sa vérité. C'est cette authenticité des personnages qui permet à *Casque d'or* ou au *Grisbi* d'échapper à toutes les conventions, car ce sont eux, les personnages, qui règnent sur les situations au lieu d'en être les esclaves.

Que les personnages soient le cœur du film, il est aisé de s'en convaincre avec l'exemple de *Rendez-vous de juillet* (1949), auquel il devient absurde de reprocher l'éparpillement des épisodes, alors que l'intérêt du film est de nous mettre en intime contact avec des êtres frais et libres, en quête de leur avenir professionnel, ou sentimental. Au moment de leur grande entrée dans la vie, six ou sept jeunes gens confrontent leurs espoirs, leurs peurs, leurs initiatives, en une chronique subtilement entremêlée où Becker exploite non seulement le talent, mais aussi la vérité biographique de ses interprètes pour enrichir, diversifier, compliquer l'écheveau des relations entre les personnages. C'est ainsi que *Rendez-vous de juillet* devient un témoignage valable sur l'époque, sans l'avoir ambitionné : l'authenticité morale, affective des personnages engendre, par surcroît, une vérité sociologique.

Cerné par deux « comédies psychologiques » (s'il faut vraiment mettre des étiquettes à des films qui les refusent), *Edouard et Caroline* (1951) et *Rue de l'Estrapade* (1953), l'aventure de *Casque d'or* propose un nouveau cas de chef-d'œuvre méconnu et rejeté à sa sortie. C'est d'un projet ancien dont hérite Becker : Duvivier, Yves Allégret, Clouzot figurent parmi les cinéastes qui s'y sont intéressés. Le film a dérouté pour de multiples raisons. Un film d'époque sur les « apaches » début-de-siècle laisse attendre plus de mouvement, de vulgarité, d'ironie autour du romantisme de la pègre. Becker, héritier du réalisme français, réputation qu'il a confirmée avec *Antoine et Antoinette* et *Rendez-vous de juillet*, propose le contraire d'un film dit réaliste : un film où dominent la composition, l'organisation formelle et la tragédie, un hymne noir à l'amour impossible pour ces damnés de la terre, les ouvriers et les filles de joie. Là encore, sa passion pour les personnages (et les admirables interprètes, Serge Reggiani et Simone Signoret)

---

1. *Arts*, 24 avril 1953.

introduit une intense émotion, une chaleur charnelle, une vibration intériorisée qui résonnent étrangement dans un film Belle Époque, un genre décidément beaucoup revisité dans ces années cinquante, mais jamais avec un tel enracinement tragique.

Nous ne reviendrons pas sur *Touchez pas au grisbi*, déjà traité dans le chapitre sur la série noire. Mais là aussi, c'est la priorité accordée à la réalité et à la vérité des personnages qui explique qu'un film répondant à ce point aux critères du cinéma de série échappe à son cahier des charges, non en le rejetant, mais en le dépassant par le haut : plus juste, plus dur, plus tendre, épuré de tout pittoresque, *Touchez pas au grisbi* ne trahit aucun de ses publics. Après *Ali Baba et les quarante voleurs* (1954) (belle entrée de Becker dans la couleur et délicieux numéro sans grimaces de Fernandel), Jacques Becker tourne *Les Aventures d'Arsène Lupin*, qui sort le 22 mars 1957. Quatre jours plus tard, Max Ophuls meurt dans une clinique de Hambourg.

Les histoires de nos deux cinéastes, qui se sont déjà croisées maintes fois, se rejoignent ici. Le 5 janvier 1957, le Schauspiel Theater de Hambourg avait vécu une « folle journée » (c'est le sous-titre du *Mariage de Figaro*) avec la triomphale première de la pièce de Beaumarchais mise en scène par Ophuls. Mais le cinéaste n'y a pas assisté. Le matin même, il a été transporté d'urgence en clinique [1]. Il préparait à ce moment-là un film sur Modigliani, écrit avec Henri Jeanson, et qu'il devait tourner à l'automne. Avant de mourir, il a recommandé que, si le film devait se faire, il soit confié à Becker. Becker accepte, après bien des hésitations, ce passage de témoin, à condition de reprendre complètement le projet à son compte, ce qu'il fait en écrivant une nouvelle adaptation. D'où rage — expansive comme toujours — de Jeanson qui hurle à la trahison, et procès. C'est une situation absurde, car Ophuls n'a pu imaginer que Becker tournerait autre chose qu'un film de Becker. Il est incongru de voir accusé de manquement à l'honneur le plus gentleman des cinéastes, chez qui générosité et courtoisie vont de pair. Son film sort en 1958 sous le titre *Montparnasse 19* avec, dans les principaux rôles, Gérard Philipe et Anouk Aimée, comme prévu par Ophuls, mais avec Lili Palmer à la place de Françoise Arnoul. De ces incidents, *Montparnasse 19* tire une mauvaise réputation qui s'aggrave avec les années, quand Gérard Philipe meurt en 1959, puis Jacques Becker en 1960 : trois grands cadavres de cinéma pour le montparno maudit, c'est beaucoup.

Il reste à Jacques Becker le temps d'un film. A peine. Il meurt le 21 février 1960. *Le Trou* sort le 18 mars. C'est un chef-d'œuvre où le rapprochement maintes fois fait entre son cinéma et celui de Bresson trouve de solides arguments. Becker y développe la rigueur, l'économie de moyens, l'apurement des formes qui dans *Montparnasse 19* se

---

1. Voir le livre de Claude Beylie, *Max Ophuls*, Lherminier, 1984.

manifestaient déjà sans une vraie cohérence avec le sujet. *Le Trou* est l'évocation quasi documentaire d'une évasion de prison par cinq hommes dont l'un trahira. La méticulosité quasi maladive de Becker dans le choix du moindre bouton de porte et l'importance accordée au moindre geste trouvent ici leur plein emploi car, en effet, la façon de crocheter, desceller ou gratter tel élément de serrure, barreau de fer ou cloison de plâtre prend, pour des candidats à l'évasion enfermés dans une cellule, une importance vitale. Dépourvue de musique, la bande-son recueille et dramatise tous les bruits de la prison qui ont valeur d'indice. Tout geste, toute parole, toute pensée, toute image est orientée vers la conquête de la liberté. Nous sommes sous un régime d'absolue nécessité : Becker s'y révèle étrangement à l'aise, comme si, au terme d'une ascèse, il accédait à sa vérité. Nous ne saurons jamais où l'aurait mené cette conquête.

Chapitre 4

UN CIMETIÈRE SOUS LA PLUIE.
JEAN GRÉMILLON

Un jour de novembre 1959, dans un village d'Ile-de-France, à Saint-Sulpice-de-Favières, des voitures s'agglutinent peu à peu, sous la pluie, près du mur du cimetière. L'attente est longue : le corbillard, parti de Paris, s'est perdu en chemin. Quand il arrive, un maigre cortège se forme pour accompagner Jean Grémillon à sa « dernière demeure ». Mais rien à faire pour y descendre le cercueil : il est trop grand pour la tombe. L'incident étonne à peine la poignée de fidèles qui l'entourent. Ils le savent depuis longtemps, que personne n'a pris la mesure de Jean, que Grémillon est plus grand qu'on ne l'a jamais dit. Sa mort, elle-même, il a eu la discrétion de la rapetisser. Annoncée quelques heures après celle de Gérard Philipe, elle n'avait aucune chance de mobiliser les médias ni les curieux. C'est pourtant l'un des plus grands et des plus nobles cinéastes français qui disparaît, vaincu par le cancer, comme il l'a été dans son art, son artisanat et sa vocation par le chancre philistin. Après la consécration timide mais réelle apportée par *Remorques, Lumière d'été* et *Le ciel est à vous*, l'après-guerre aurait dû lui permettre l'épanouissement. Nous l'avons vu récupérer un film, *Pattes blanches*, abandonné par Anouilh, après l'échec de projets exaltants. Il accepte, en 1950, la commande peu prometteuse de *Madame X* et n'a plus l'occasion de tourner qu'un seul film personnel, *L'Amour d'une femme* (1953).

Cette fois, Grémillon dispose d'un budget convenable, il est l'auteur du scénario, il retrouve le climat familier de sa Bretagne, des collaborateurs appréciés comme Louis Page aux lumières et Marguerite Renoir au montage, et c'est lui enfin qui a choisi Micheline Presle pour le rôle principal. Une interrogation d'ordre sociologique, autour du grand nombre de femmes seules et des rapports de la femme avec une activité professionnelle, a déclenché une enquête puis l'écriture du scénario. Sans être un film à thèse, *L'Amour d'une femme* va porter pourtant la trace de cet accouchement. Arrivée sur l'île d'Ouessant, le Dr Marie Prieur (Micheline Presle) jeune, femme et belle, doit se faire accepter par une population rétive avant que sa liaison avec un ingénieur italien n'entraîne de nouveaux conflits : avec l'entourage et surtout entre les deux amants. Dans son désir d'explorer honnêtement l'un des problèmes importants de la société française, Grémillon laisse percer parfois quelque schématisme. Néanmoins, la qualité de ses interprètes (Micheline Presle, bien sûr, mais aussi Gaby Morlay, remarquable en institutrice, proche de la retraite, ou Carette), sa communion avec la terre, le site, le climat, l'intensité de la relation entre la petite collectivité locale et ces corps étrangers que sont le docteur et son ingénieur, donnent au film une solidité de granit. Dans le cinéma des années cinquante, *L'Amour d'une femme* est peut-être le seul film de haut niveau artistique à visée sociale parfaitement assumée. Le handicap du film, c'est la coproduction franco-italienne, qui impose la présence d'un acteur italien doublé, ce qui affaiblit beaucoup le rôle de l'ingénieur (Massimo Girotti). Mais la noblesse du film témoigne de la grandeur de Jean Grémillon. Comme les Gauthier (Charles Vanel et Madeleine Renaud) du *Ciel est à vous*, Marie Prieur se donne entièrement à son projet. Son ambition professionnelle n'est pas jouissance, mais effort vers un plus profond accomplissement d'elle-même. Son dur chemin est conquête de valeurs morales. Par lui, elle accède à un univers plus rude, plus exigeant, mais plus large, plus généreux, plus exaltant, dont elle éprouve l'inconsciente nostalgie. On retrouve bien là la marque de Grémillon, cette volonté et cette capacité d'aller au cœur des choses, si rares au cinéma, art des apparences. Grémillon a été le cinéaste de l'essentiel. Peut-être suffit-il d'ailleurs de le définir ainsi pour expliquer sa difficulté à trouver sa vraie place dans le cinéma.

Après *L'Amour d'une femme*, incapable de trouver un producteur pour ses ambitieux projets, Grémillon retourne au court-métrage qu'il n'a jamais complètement abandonné, et tourne un extraordinaire triptyque consacré à des formes d'art qui n'avaient jamais été expertisées ni chantées avec une telle conviction : *La Mare aux images* (1955), sur le travail des graveurs, *Haute Lisse* (1956), sur les artisans des Gobelins, et surtout *André Masson et les quatre éléments* (1958), film clé non seulement pour pénétrer l'œuvre de Masson, mais aussi pour comprendre la poétique de Grémillon. Pour ce *Masson*, il compose la musique, compose les images et compose un texte de commentaire qui constitue une sorte de bible de la création. Il y dit notamment : « Tout créateur doit être à la fois au-dedans et au-dehors du monde visible, au-dedans pour participer à sa vie intime, au-dehors, pour en être le témoin. » Tel était Jean Grémillon.

Pourquoi terminer ces chapitres dans un cimetière ? Pour mettre en évidence un phénomène toujours négligé quand on établit le bilan de cette période : la disparition de nombre de figures marquantes qui meurent, ou interrompent leur activité, et ouvrent une vacance aux générations suivantes.

De 1946 à 1960 inclus meurent Jacques Feyder, Jacques de Baroncelli, Maurice Tourneur, Sacha Guitry, Max Ophuls, Jean Grémillon, Jacques Becker. Interrompent toute activité Georges Lacombe, Marcel L'Herbier, Marcel Pagnol, Raymond Bernard, Jean Cocteau. Si René Clair, Abel Gance, Jean Renoir sont, heureusement, bien vivants, il ne leur reste, à chacun, que deux ou trois films à réaliser. Bientôt, la page sera tournée. Les quinze noms que nous venons de citer représentent une part énorme de l'énergie, de la créativité du cinéma français des décennies précédentes.

Les mutations des générations sont certes des phénomènes naturels. Mais il n'est pas rare qu'elles se cristallisent sur des périodes limitées qui, de ce fait, en supportent le choc. Au milieu et à la fin des années cinquante, quand s'éteint l'âge classique du cinéma français, le travail du deuil est en cours.

Ce travail du deuil, et ce glissement de générations fondent l'organisation de ces chapitres consacrés à la vingtaine de cinéastes qui ont dominé les années cinquante. Notre classement entre « Grands» et « Forces vives » n'a pas pour base des critères objectifs précis : nous sommes convaincu que Bresson ou Melville sont des « grands cinéastes », que Becker ou Ophuls ont été des « forces vives ». Le vrai clivage entre ces deux catégories est d'ordre biographique. Figuraient parmi les « Grands » ceux qui, en 1960, ont disparu de la création cinématographique, ou entamaient leur ultime étape. Les chapitres « Forces vives » vont rassembler ceux qui, généralement plus jeunes, se trouvent à l'apogée ou au début de leur carrière. Il convient de se souvenir en outre qu'en cours de récit nous avons évoqué quelques autres figures marquantes de cette période, sur lesquelles il n'a pas paru indispensable de revenir, telles qu'Yves Allégret, Christian-Jacque, Henri Decoin, Jean-Paul Le Chanois ou Marcello Pagliero.

II

FORCES VIVES

Chapitre 1

LES INSAISISSABLES

Quand l'étudiant François Leterrier est mystérieusement recruté pour tourner *Le ciel t'aidera*, qui deviendra plus tard *Un condamné à mort s'est échappé*, il évoque cette passionnante expérience dans un article que publient les *Cahiers du cinéma* sous le titre « Bresson, l'insaisissable ». Insaisissable, il l'est resté, c'est-à-dire, pour ce qui nous concerne, rebelle à tout classement. S'il est le plus radical dans son aptitude à échapper aux étiquettes et aux définitions, il n'est pas le seul. Autour de lui, nous avons regroupé quelques autres cinéastes qui ne sont enfants de personne. Pour certains d'entre eux, Clément, Melville, notamment, nous ne savons pas encore très bien dans quel tiroir nous finirons par les ranger. Pour Bresson et Tati, c'est plus facile : ils iront dans les tiroirs ouverts à leur nom. Quant à Clouzot, à force de nous épater, il nous a fait perdre la trace de ses gènes : après *Le Mystère Picasso*, on aimerait bien une projection du *Mystère Clouzot*...

Robert Bresson

Il est l'aîné de notre quintette, mais c'est encore un quadragénaire (quarante-neuf ans) en 1950. C'est le plus inclassable de nos inclassables, car longtemps, on n'est pas bien sûr qu'il soit un cinéaste « professionnel », c'est-à-dire dont l'engagement dans cette activité marque une réelle continuité : six années séparent *Les Dames du bois de Boulogne* (1944-1945) du *Journal d'un curé de campagne* (1951), puis cinq années encore ce film d'*Un condamné à mort s'est échappé* (1956). C'est ensuite seulement avec *Pickpocket* (1959) que Robert Bresson deviendra l'auteur unique de ses films, alors que pour les quatre précédents, il a œuvré d'après une œuvre écrite (trois fois) et un récit autobiographique, qui, dans les quatre cas, lui imposaient une ligne, un

601

cadre, un climat. Ses deux films des années cinquante sont donc les deux films qui achèvent le parcours initiatique, complètent la création du « système Bresson », parachèvent son ascension vers la sobriété, la simplicité, l'intériorité, disons le mot, la pureté.

Bresson, après avoir préparé un film sur Ignace de Loyola, se penche sur *Le Journal d'un curé de campagne* dont Bernanos vient de refuser l'adaptation écrite par Aurenche et Bost. (La comparaison de ce texte avec l'adaptation de Bresson constitue la pièce majeure du dossier de Truffaut dans son article « Une certaine tendance du cinéma français ».) Bernanos meurt en 1948 sans avoir pu approuver l'adaptation de Bresson qui a veillé à une scrupuleuse fidélité. Si ses deux premiers films étaient marqués par des influences littéraires et théâtrales, celui-ci y échappe mais joue énormément sur le rapport parole-écriture-image. Le film présente en effet, en alternances contrastées, le petit curé en train d'écrire son journal, ce qu'il écrit, ce qu'il décrit, tandis qu'il nous le lit dans un système de doublons qui devrait engendrer la monotonie et l'ennui alors qu'en résulte un approfondissement étrange de la vision et de l'émotion. C'est qu'on a, à l'écran, à la fois, l'image d'une réalité extérieure et le vécu intérieur de cette réalité. Installé dans la conscience du héros, le spectateur est volé de son propre point de vue, il est littéralement dépossédé de sa propre subjectivité au bénéfice de celle du personnage. Le dépouillement de l'œuvre est austère. Traiter de la Grâce, du rapport avec Dieu, du salut des âmes exige du spectateur qu'il apporte sa propre foi : dans le ciel ou dans le cinéma. Bresson ne convertit pas tous les spectateurs, mais aucun ne reste indifférent au petit curé de Torcy. Bien que le divin règne sur le film, c'est une forme de réalisme très simple, méticuleux, scrupuleux, avide de la précision du détail qu'on remarque.

Ce réalisme, devenu indispensable sur le plan dramatique, va donner sa force à l'admirable *Condamné à mort s'est échappé*, évocation très fidèle — tournée avec l'assistance du héros de l'histoire — de l'évasion, en 1943, du lieutenant Fontaine (André Devigny), résistant arrêté par les Allemands et emprisonné au fort de Montluc. Tourné sur les lieux de l'action, avec la vigilance que l'on connaît à Bresson, il est normal que l'on revive fidèlement la situation. Mais à nouveau, de ce « reportage » reconstitué, c'est la dimension intérieure qui s'impose, notamment par l'usage insolite des sons essentiels, porteurs de la musique de l'événement, et le recours à des interprètes non professionnels dont Bresson brise la velléité de « jouer » jusqu'à obtenir d'eux une atonie expressive qui va devenir le très identifiable phrasé bressonien. « Cette histoire est véritable. Je la donne comme elle est, sans ornements. » Placée en tête du film, cette phrase de Bresson en fournit la morale de mise en scène. Restera à approfondir, avec les films suivants, ce que la modeste mention « sans ornements » implique dans l'esthétique bressonienne. On y découvrira que les artistes « sans ornements » ne sont pas les plus simples à suivre.

Jean-Pierre Melville

Du plus âgé, passons au plus jeune : Jean-Pierre Melville (trente-trois ans en 1950), mais qui peut disputer à Bresson la palme du cinéaste le moins adapté à l'enrégimentement corporatif. Par contre, sa vocation de cinéaste, il la proclame depuis l'âge de six ans et sa première caméra Pathé Baby. Quand il rentre d'une guerre glorieuse de cinq années, il décide d'adapter *Le Silence de la mer*, de Vercors, dont il a eu connaissance à Londres en 1942 et qui l'a bouleversé. Ce projet présente deux petits inconvénients. D'une part, Melville ne répond pas aux conditions syndicales prévues pour l'obtention d'une carte de réalisateur, condition *sine qua non* pour que le film soit autorisé. Par ailleurs, Vercors refuse que son livre, devenu une sorte de bible sacrée de l'esprit de résistance, soit porté à l'écran. Melville passe un accord avec lui : il fera le film, le soumettra à un jury de vingt-cinq résistants choisis par Vercors, et si le film n'est pas approuvé à l'unanimité, il le détruira. Impressionné par le fanatisme du cinéaste, l'écrivain cède sur un autre point : il accepte de lui abandonner sa maison (celle où le livre a été écrit) pour le tournage, comme l'exige Melville. Celui-ci n'a pas l'argent du film. Il le tournera en vingt-sept journées espacées entre août et décembre 1947 : chaque fois qu'il peut trouver de quoi payer la location du matériel, son opérateur et ses acteurs. Il effectuera pour chacun vingt-sept versements. N'ayant pas d'autorisation, il n'a pas droit aux bons qui permettent d'acheter la pellicule. Il doit se la procurer au marché noir et sera amené à en utiliser de dix-neuf sortes différentes. Il ne peut se payer ni salle de projection ni salle de montage. C'est dans sa chambre d'hôtel qu'avec son opérateur, Henri Decae, il procède à des projections sur le mur et au montage avec du vieux matériel apporté par Decae [1].

Le 11 novembre 1948, le jury est réuni pour la première projection. Le film est approuvé par vingt-quatre « oui » contre un « non », venant d'un invité de remplacement. Vercors décide de ne pas tenir compte de ce dernier vote : *Le Silence de la mer*, qui n'est pas au bout de ses peines, sort en avril 1949. Cette histoire mérite d'être évoquée parce qu'elle dévoile la force psychologique et l'austérité morale dont Melville devait faire preuve tout au long de sa vie et parce qu'elle préfigure maintes aventures de films fous qui se déclencheront, surtout à partir de 1958. Melville est l'hirondelle qui annonce le printemps.

1. Interview de Melville par Ruy Nogueira dans *Le Cinéma selon Melville*, Seghers, 1973.

Quels qu'aient été ses démêlés ultérieurs avec elle, il est l'annonciateur de la Nouvelle Vague. Pas seulement par son intrépidité dans la recherche d'une nouvelle économie, par son goût pour l'expérimentation technique, par l'énergie forcenée qu'il déploie pour mener à bien ses entreprises. Mais aussi par ce qu'on voit à l'écran. *Le Silence de la mer*, le film, a la force du livre. Il ne pouvait être question, compte tenu des circonstances, de s'autoriser des libertés vis-à-vis de lui. Encore fallait-il retrouver sa densité, son intériorité. Melville y parvient moins par une invention formelle, de toute façon déplacée, que par sa propre adhésion, si intense, à ce qu'il filme qu'il lui imprime la marque de sa conviction. Plus tard, on parlera de travellings qui posent des questions de morale. Peut-être est-ce dans *Le Silence de la mer* que se dessine pour la première fois ce que la morale a à voir avec le cinéma.

Les deux films suivants de Jean-Pierre Melville lui permettent de perfectionner sur le terrain l'extraordinaire langage technique qu'il a emmagasiné grâce à sa gloutonnerie optique et aux centaines de films, surtout américains, qu'il a étudiés à la loupe. Ils lui permettent aussi d'acquérir, rive gauche, des locaux qu'il va aménager pour la production, le studio Jenner, qui lui conférera une liberté de manœuvre et une marge d'autonomie importantes.

Les Enfants terribles (1949), d'après et avec Jean Cocteau, a été voulu par celui-ci pour lancer son nouveau « poulain », Edouard Dhermitte, homme charmant et mauvais acteur qui sera pour Jean Cocteau un compagnon précieux jusqu'à sa mort. *Quand tu liras cette lettre* (1953) constitue pour Jean-Pierre Melville la tentation de trouver un compromis avec le cinéma « normal » et de s'intégrer à la production normalisée. Le résultat n'est pas vraiment convaincant. *Le Silence de la mer* payait son tribut à la Résistance, phase fondatrice de la personnalité de Melville. Les deux films suivants constituent une période d'entraînement intensif. Le cinéma de Jean-Pierre Melville, tel qu'il se développera plus tard, trouve sa première authentique traduction à l'écran avec *Bob le Flambeur* (1956), dont il est producteur, réalisateur, scénariste, décorateur, et qu'il tourne dans ses studios. (Pour l'interprétation, il faudra attendre le film suivant.) L'intérêt de *Bob le Flambeur*, si l'on songe au parcours ultérieur de Melville, c'est qu'il s'agit du premier film policier ou, plus précisément, « de truands » d'un cinéaste qui marquera le genre. Déjà sont là les signes de la marque Melville : au départ, une minutie et une retenue d'inspiration documentaire (chasse au pittoresque et aux clichés) ; à l'arrivée, le passage du ton dramatique du film d'action au climat tragique d'un destin qui bascule. Le documentaire, on le reconnaît dans la précision des gestes, le choix maniaque des accessoires, la connaissance des lieux ou le fait de « racheter » au milieu, pour tenir le rôle principal, Roger Duchesne, vedette de seconds rôles entre 1935 et 1942 (cinq films par an) et tenu par les truands à cause de ses dettes. On identifie aussi le souvenir du cinéma américain, par exemple de *Dead End* (*Rue sans issue*) ou d'*Asphalt Jungle* (*Quand la ville dort*). Si les truands des films de Melville nous paraissent dégagés des conventions du film français de gangsters, c'est aussi qu'ils héritent du naturel, c'est-à-dire des conventions des films de gangsters américains. Et toujours rôde chez Melville, même s'il n'en parle jamais, le goût de la compétition et du défi, la jouissance intime, secrète, de se prouver à lui-même que cela aussi, lui, il sait faire, et mieux. *Bob le Flambeur* sort deux ans après *Touchez pas au grisbi*. Il en donne le premier tour de manivelle le 4 juillet 1955, trois mois après la sortie du *Rififi chez les hommes*. On imagine le fou rire délicieux qui le secoue quand il tourne, à sa manière, une histoire comparable pour 18 millions (un million et demi de francs 1990), alors que le coût moyen d'un film français est de 180 millions. Mais sa « différence » dépasse largement le territoire économique. *Bob le Flambeur*, un peu comme les films de Becker, n'est pas un film sur des aventures, mais un film sur des personnages, des caractères, des états d'âme, des destins en marche : Bob fait davantage penser à un Gabin des années trente dans un film du populisme tragique qu'aux films de la série noire qui règnent alors sur les écrans. A cela près que Melville, contraint de mettre sur son affiche au moins un nom connu, a demandé les dialogues à Auguste Le Breton, scénariste et dialoguiste du *Rififi* et de *Razzia sur la chnouf*. C'est la faille par où *Bob le Flambeur* se relie à la production courante. Mais il s'en distingue suffisamment pour qu'à nouveau cette expérience puisse être considérée comme annonciatrice de la Nouvelle Vague. On peut en trouver d'autres signaux explicites dans le fait que Jean-Pierre Melville jouait le rôle du directeur d'hôtel dans *Orphée* de Cocteau (1949), celui du commissaire de police dans *Un amour de poche* de Pierre Kast (1957), et qu'il passera, le temps d'une interview, dans *A bout de souffle* de Jean-Luc Godard (1960). De l'art de déposer des cartes de visite...

René Clément

Pendant que Bresson et Melville tournent leur quatrième film (1956), René Clément, lui, tourne son huitième (*Gervaise*). Il n'est pourtant guère plus âgé que Melville (trente-sept ans en 1950). Mais alors que les deux autres cinéastes se situent hors des voies professionnelles, Clément, lui, inscrit son œuvre dans le droit-fil d'une carrière. S'il reste, néanmoins « insaisissable », c'est que cette production continue se situe dans les domaines les plus variés. Nous l'avons suivi déjà lors de réussites telles que *La Bataille du rail, Le Père tranquille, Les Maudits, Au-delà des grilles*. C'est ensuite que surgit l'événement de *Jeux interdits*

(1952), dont on ne se débarrassera pas en décidant du tiroir où le caser : film sur la guerre (il se déroule pendant la débâcle, en 1940), ou film sur l'enfance (les protagonistes sont une petite fille de six ans et un garçon de onze ans). La naissance même du film mérite d'être évoquée. Le point de départ est un scénario écrit par François Boyer, qui ne trouve pas de producteur. L'auteur en tire un roman qui n'a guère d'écho en France, mais qui, une fois traduit, connaît un certain succès en Amérique. René Clément en a ainsi connaissance, s'y intéresse et en propose l'adaptation pour la partie qu'il doit réaliser d'un film en trois sketches. Ce moyen-métrage tourné, les deux autres tombent en panne, alors que *Les Jeux inconnus* (c'est le titre du livre) est loin d'avoir livré toute sa richesse. Le tournage est repris un an plus tard et le film, sous le titre *Jeux interdits*, devient un long-métrage. On apprécie sa force dramatique, sa beauté plastique, la force de l'interprétation des deux enfants (Brigitte Fossey et Georges Poujouly). C'est la moindre des choses. Mais le vrai choc est ailleurs. *Jeux interdits* reste le premier contre-film sur l'enfance. Un film qui ne tient pas pour acquise la pureté sacrée des enfants. Eux aussi ont leur morale. Ils se livrent à des actes qui nous semblent cruels ou sacrilèges alors qu'ils ne font que s'inventer des rituels nécessaires à leur équilibre psychique, qui contredisent les rituels vides de sens des adultes. Le risque de la mièvrerie est évidemment éliminé, mais l'est aussi le risque inverse de la provocation artificielle, de la cruauté gratuite. Clément montre des enfants qui rebâtissent avec leurs pauvres moyens un univers de signes qui leur permet de supporter le champ de mort où ils sont jetés. Les adultes n'ont ni le temps, ni la lucidité, ni le cœur de percevoir dans leur comportement autre chose que la trahison de l'idée qu'ils se font de l'enfance. René Clément ne se contente pas (on n'en attendait pas moins de lui) d'être le documentaliste inspiré de cette tragédie de l'enfance. Il est aussi le moraliste rigoureux qui équilibre ses lumières et ses cadrages pour qu'une image juste rende compte de la vérité de la situation, sans démagogie pessimiste ni salut évangélique.

Insaisissable, René Clément ? Oui, vraiment, car rien de ce qu'il avait fait jusque-là n'annonçait ce cinéma d'exception. Insaisissable car *Jeux interdits* prépare à tout, sauf à *Monsieur Ripois* (1953). D'ailleurs, rien ne prépare à *Monsieur Ripois*, dont on ne peut préciser le type, le genre, la catégorie, sans erreur manifeste. Les amateurs de « réalisme psychologique » recracheraient furtivement cette vie à Londres d'un don Juan minable ; mais ceux du film d'humour n'en voudraient pas non plus, et moins encore ceux de la comédie sentimentale ou du drame social. *Monsieur Ripois* appartient une fois pour toutes à la catégorie *Monsieur Ripois*, propriété exclusive de messieurs Louis Hémon (auteur du roman), Raymond Queneau (scénariste), Gérard Philipe (interprète) et René Clément, chef d'orchestre de ce concerto en demi-ton pour orchestre féminin et graine de Landru. Le tournage dans les rues de Londres élimine les risques d'artifice, et donne une sorte de vérité sociale à cette comédie des impostures. Clément pratique une danse à trois temps entre contenu de l'image, du dialogue et du commentaire qui relève d'un très subtil contrepoint. Mais tant de sauts périlleux réussis détournent l'attention des personnages vers la performance, et c'est l'émotion qui en pâtit. C'est le problème avec le cinéma de René Clément : une aptitude naturelle à la virtuosité, une maîtrise évidente qui peut s'étioler en sécheresse.

Gervaise (1956) en fera une autre démonstration en nous offrant la plus superbe et intelligente adaptation de Zola qui soit *(L'Assommoir)*, mais à laquelle manquent le tohu-bohu, le débraillé d'un naufrage d'ivrogne. Par contre, tout ce qui relève de la reconstitution d'époque et du climat social est d'une beauté écrasante. Clément privilégie le spectacle global, la construction architecturale des plans et temporelle du rythme, l'ajustement d'horloger du jeu des comédiens. Sa maîtrise impose sa vision, mais ses personnages manquent de liberté au moment où d'autres cinéastes la leur accordent. C'est ce décalage qui fera rejeter René Clément hors de la modernité — ce qui peut se défendre —, mais aussi hors de la reconnaissance artistique, ce qui est absurde.

Henri-Georges Clouzot

En 1950, quand il sort de *Manon*, Clouzot a quarante-trois ans. Il commence à tourner *Le Salaire de la peur*. Entre-temps, se situent trois événements notables. D'abord sa participation au *Retour à la vie*, consacré au retour des prisonniers et déportés, premier film français à sketches dont chaque sketch est réalisé par un cinéaste différent (les autres réalisateurs sont André Cayatte, Georges Lampin et Jean Dréville). C'est un film très dur et très beau, grâce surtout à la qualité des trois sketches écrits par Charles Spaak, et à la férocité de celui de Clouzot : un concentré de sa force, de sa violence, de son habileté. Louis Jouvet y interprète un ancien prisonnier de guerre désabusé qui recueille dans sa chambre d'hôtel un tortionnaire allemand en fuite, l'interroge et le tue. Ce film ignoré est l'un des joyaux de l'œuvre de Clouzot. Deuxième événement : le passage de Clouzot à la comédie. Supplié par son producteur de trouver un sujet facile à avaler par le public, Clouzot choisit d'adapter une comédie de De Flers et Caillavet, *Miquette et sa mère*, et découvre qu'il manque d'humour. Il en résulte un divertissement satirique et grinçant qui ne manque pas d'allure, mais qui se révèle passablement déroutant pour les amateurs de vaudeville. Troisième événement : le mariage du cinéaste avec Véra

Amado, une Brésilienne qui vient de divorcer d'avec Léo Lapara, le second de Jouvet au théâtre de l'Athénée. Ce ne sera pas sans conséquences sur le travail de Clouzot. Véra a une forte personnalité, elle va jouer dans ses films, apporter une dramatisation qui lui est propre à la vie de Clouzot et à ses tournages. Dans l'immédiat, d'ailleurs, Clouzot veut découvrir le Brésil et organise un voyage de noces pour lequel il emmène, outre sa femme, une équipe de six personnes, dont l'opérateur Armand Thirard, l'ingénieur du son William Sivel, et trois tonnes et demie de matériel. Après huit semaines au Brésil, perdues en démarches incessantes pour obtenir des autorisations de toutes sortes, le film est arrêté. Au-delà de l'anecdote, c'est une dimension essentielle de Clouzot qui se manifeste là : sa volonté incessante d'apprendre, de savoir, de comprendre. Ses futurs documentaires sur ou avec Picasso ou Karajan relèvent de la même attitude, de même que les études passionnées qu'il a menées autour de tous les aspects sociaux, scientifiques, médicaux, philosophiques des films qu'il a tournés.

Clouzot vient de boucler sa phase d'apprentissage de la vie. Il a dépassé la période ambiguë et traumatisante des années de guerre, il a exercé sa maîtrise, et sa vie affective se concentre sur l'effervescente Véra. L'heure est venue, pour lui, non de frapper les trois coups de lever du rideau, le spectacle est commencé depuis longtemps, mais de frapper trois grands coups, parfaitement dissemblables. Ce seront : *Le Salaire de la peur* (1953), *Les Diaboliques* (1955), *Le Mystère Picasso* (1956).

Le Salaire de la peur est le premier film coproduit par Véra Films, la société que vient de créer Clouzot. C'est dire à la fois la place de sa femme et son propre engagement total dans cette entreprise. Adaptation d'un roman, nourri d'expériences vécues, de Georges Arnaud, *Le Salaire de la peur* se situe dans une petite ville d'Amérique du Sud où échouent des aventuriers en perdition. Clouzot décrit longuement, avec volupté, ce ramassis de durs à cuire sur le retour et de jeunes gouapes paumées avant de lancer sur des routes impossibles deux camions chargés de nitroglycérine qui doivent atteindre un puits de pétrole en feu. Angoisse, horreur, tragique : la méticulosité du récit coupe le souffle du spectateur. Deux personnages sont cernés au plus près : Jo, dont la lâcheté et la crapulerie donnent à Charles Vanel l'occasion d'une composition saisissante, et le gentil et courageux Mario, qui va révéler sa cruauté dans l'aventure. Pendant des semaines, avant le tournage, Clouzot, jour après jour, a appris à Montand à « jouer du cinéma ». La leçon a porté. *Le Salaire de la peur* en fait une vedette. Le film est tourné en Camargue, dans des conditions très difficiles, exploitées par Clouzot pour accentuer la réalité de ses images. Abondance de pluie, pénurie d'argent entraînent des interruptions d'un tournage qui s'étalera sur plus de seize mois. A l'arrivée, c'est un triomphe public et critique. La force visuelle de ce film de voyeur, son énergie physique, sa dynamite dramatique, le sentiment d'authenticité dégagé par cette course de monstres de ferraille sur des routes de rochers, l'implication passionnelle des comédiens, tout cela réuni empoigne le public avec une efficacité poignante.

Cette efficacité, on la retrouve, mais dans un tout autre registre, avec *Les Diaboliques*. Cette fois, l'athlète de foire laisse la place au joueur d'échecs. Clouzot y adapte l'un de ces romans policiers qu'il lit chaque nuit jusqu'à trois heures du matin : *Celle qui n'était plus* de Boileau et Narcejac. Quand on dit « adapte », il faut comprendre qu'il en reprend l'élément de base et qu'il change tout le reste, personnages, milieu social, etc. Le lancement du film se fait autour de l'énigme qu'il pose. Un carton demande au spectateur de n'en raconter la fin à personne. Le film est en fait beaucoup plus solide que cela et c'est quand on en connaît la fin que, dégagé de l'envie de trouver la solution de la devinette, on goûte le plus pleinement la subtilité de la machine cinématographique vissée par Clouzot, au prix d'un tournage infernal. C'est qu'il ne s'agit pas seulement de faire passer l'assassin pour la victime et la vraie victime pour la coupable. Il s'agit aussi d'organiser la prise de vues et le jeu des comédiens de telle sorte que, savamment exploités, le talent et la beauté de Simone Signoret servent, par une sorte d'effet de reflet, à rendre belle et émouvante la non-actrice qu'est Véra Clouzot. Performance parfaitement réussie, même si sa légitimité n'est pas assurée. Signoret, grande dame, n'en garde d'ailleurs pas rancune à Clouzot. Pour toutes les bonnes et mauvaises raisons que le film propose, *Les Diaboliques* devient le plus grand succès public de Clouzot.

On croit Clouzot parti à fond dans la course aux records de fréquentation. En fait, depuis trois ans, il discute d'un projet de film avec Picasso qu'il a connu dès son adolescence et qu'il a retrouvé à l'occasion d'une corrida : venu avec l'idée d'un film sur le toréador Dominguin, il en repart avec l'idée d'un film sur la peinture. Picasso accepte et se dérobe jusqu'au jour où il reçoit d'Amérique des stylos-feutres-pinceaux qui, appliqués sur certains supports, transpercent ceux-ci et reproduisent exactement au verso lignes et couleurs peintes au recto. C'est le déclic. Les deux hommes louent un petit plateau aux studios de la Victorine à Nice, des feuilles sont montées sur des châssis, Picasso s'installe avec ses pinceaux d'un côté, Clouzot et sa caméra de l'autre, et l'on filme pour la première fois *a work in progress*, un tableau en train de se faire. Il en sera ainsi pendant trois mois et demi. A la fin, Picasso peint à l'huile, sur toile, sans transparence donc, et la caméra est placée derrière lui. De temps en temps, il arrête de peindre, s'écarte, Clouzot filme, le peintre reprend sa peinture. Françoise Giroud, présente à une séance de tournage, dit qu'elle a vu le peintre se lever et se rasseoir ainsi soixante-dix-huit fois en deux heures pour peindre une tête de taureau. Picasso peint *La Plage de la Garoupe* en dix jours : il y aura trois mille cinq cents prises. La dernière séance dure douze heures. A la dernière touche, Picasso, épuisé, a un malaise [1]. Entouré de Claude Renoir pour la prise de vues et d'Henri Colpi pour le montage, Clouzot a organisé le travail sans intention pédagogique particulière. Il ne se propose pas d'expliquer Picasso, mais seulement de faire voir le processus créateur, les tableaux qui sont sous les tableaux, la fascinante métamorphose des formes et des couleurs que constitue l'acte de peindre, le tableau final n'étant que l'arrêt sur image d'un mouvement soudain interrompu.

Le Mystère Picasso suscitera des réactions fort contrastées, déclenchées moins par le film lui-même que par l'admiration ou la détestation des spectateurs pour le peintre. C'est le film d'un amoureux de la peinture (avec son exigence et sa discipline habituelles, Clouzot s'est d'ailleurs mis à la peinture et a pris pendant un mois des leçons de Georges Braque), mais surtout d'un amoureux du cinéma qui cherche sans cesse comment cette drôle de machine peut révéler de l'invisible. C'était déjà, d'une certaine manière, le cas avec Les Diaboliques, film d'une construction intellectuelle. Ce le sera bien davantage plus tard, avec L'Enfer et La Prisonnière.

Dernier film des années cinquante, pour Clouzot, Les Espions (1957) est moins célèbre que le terrible mot de l'incorrigible Jeanson sur le film : « Clouzot a fait Kafka dans sa culotte. » L'intention de climat kafkaïen est clairement revendiquée par Clouzot et imprègne une partie du film. Mais avec cette histoire d'espionnage autour de savants de l'atome, Clouzot pousse si loin ses effets que l'on frôle la parodie (Lautner s'en souviendra plus tard dans Le Monocle noir). Au moment où l'on va basculer dans le rire, l'intrigue, jusque-là d'une angoissante absurdité, se pique soudain de logique, nous fournit des éclaircissements que nous ne sollicitons pas et nous ramène à un film d'espionnage traditionnel. André Bazin, dans sa critique, s'interroge sur la signification de l'apparition de l'univers kafkaïen sur les écrans en 1957. Menace atomique et guerre froide ont contribué sans doute à cette épidémie qui ne trouvera un aboutissement vraiment satisfaisant qu'avec l'adaptation du Procès par Orson Welles en 1964. A cette époque, Clouzot aura dépassé Kafka. Il est en route vers ses deux dernières vérités : la musique et Dieu.

Jacques Tati

Nous l'avons déjà rencontré au cours des années trente (voir livre 1, chapitre « La torture par l'espérance »), dans un court-métrage de René Clément, et c'est un autre court-métrage qui décide de sa carrière cinématographique : L'Ecole des facteurs, tourné en 1948, qui obtient le prix

1. Cf. José-Luis Bocquet, Henri-Georges Clouzot, cinéaste, Editions La Sirène, 1993.

Max Linder. Le producteur Fred Orain refuse de laisser un film aussi remarquable subir la carrière honteuse des courts-métrages : on décide de le transformer en long-métrage. C'est une véritable aventure qui commence. (La plupart des films évoqués dans cette partie sont des aventures. Celles du tournage du *Salaire de la peur* nous auraient pris six pages !) Ce court-métrage va devenir un long-métrage et va être produit par une coopérative rassemblée autour de Fred Orain. Il sera tourné à deux caméras simultanément, en noir et blanc et en couleurs, selon un procédé Thomson-Color expérimenté pour la circonstance. Il se situe enfin dans un genre cinématographique indéfini, plus proche du burlesque de l'époque primitive que d'aucun des genres du cinéma parlant. L'équipe s'installe dans un bourg de l'Indre-et-Loire pour une durée de près de quatre mois. Les forains montent leur manège, toute la population est conviée à jouer les figurants quand c'est nécessaire. Le film terminé et monté paraît incohérent, enfantin au distributeur contacté qui le refuse. Mais une projection test déclenche l'enthousiasme. *Jour de fête* peut sortir, en seule version noir et blanc : on ne peut tirer les copies de la version couleurs. Il faudra attendre janvier 1995 et la célébration du centenaire du cinéma pour que la première projection publique de la version couleurs de *Jour de fête* puisse avoir lieu.

Aventure, avons-nous dit. Elle est dans l'histoire du film. Elle est surtout à l'écran. Le facteur François, imaginé et joué par Jacques Tati, scénariste, réalisateur, interprète et coproducteur de son film, est l'agent d'un comique d'une totale originalité. Certes, Chaplin et René Clair sont passés par là, et d'autres encore. Mais Tati possède une innocence enfantine, un ton poétique qui l'apparente, par sa légèreté, son espièglerie, à Charles Trenet dans le domaine de la chanson, et surtout il est porteur d'une réalité humaine qui le distingue de tous les grands comiques archétypés. Nous savons que Charlot, Buster, les Marx, Laurel n'échappent jamais à leur personnage. Mais François, hurluberlu, magicien distrait, peut rentrer dans la foule à chaque instant et s'y perdre. Il n'est pas un « type » mais un personnage. Cette « vérité » est sa force et sa limite, car elle contient ses exploits dans les limites du vraisemblable. Cette vocation « réaliste » du comique de Tati, perceptible dès *Jour de fête*, se renforcera par la suite. On garde de *Jour de fête* le souvenir dominant de la tournée à l'américaine du facteur, après qu'il a vu un documentaire sous la tente des « tourneurs » du cinématographe. Il ne faut pas oublier cependant l'image du monde villageois présenté dans un esprit de caricature aimable, où se multiplient les notations savoureuses. Le facteur ne monopolise pas l'attention. C'est un guide qui nous ouvre un monde pittoresque croqué avec une grande sûreté de trait. Autour de lui s'organise un hymne à la très soutenable légèreté de l'être.

Tout le monde demande à Tati la suite des aventures de son facteur. Mais il refuse cette facilité, écrit et tourne *Les Vacances de Mon-*

sieur Hulot (1953), non sans difficultés. Les financiers sont réticents. Le tournage est interrompu, puis repris, les distributeurs sont hésitants, ce nouveau comique les déroute, il faut encore une fois l'accueil du public à une projection test pour que le film puisse sortir. *Les Vacances de Monsieur Hulot* confirme les dons de *Jour de fête*. A ceci près que Tati, accélérant les étapes parcourues par tous les grands comiques, en est déjà au stade de la mélancolie. Son facteur n'était que joie de vivre, d'agir, de pédaler, de servir. M. Hulot est un inquiet, à juste titre car il provoque, par sa maladresse, ou l'inconsciente insolence de ses initiatives, des catastrophes qui le navrent. C'est moins du désordre qu'il introduit que de la fantaisie, là où trop d'ordre règne. Plutôt que de transformer le monde, ou de le révolutionner, ou de le détruire (comme s'y acharne Charlot), Tati/Hulot se contente de passer, et au hasard de ses interventions, le monde se dévoile. Ce qu'il montre de sottise, de paresse mentale, de conformisme bêtifiant n'est pas rassurant. Mélancolie, avons-nous dit : amertume serait plus juste. Au passage, Tati régénère une ancienne pratique de René Clair qui, peu pressé de faire dialoguer ses personnages, au début du parlant, s'arrangeait souvent pour que leurs paroles soient couvertes par d'autres bruits. Tati modernise le procédé en nous proposant la première fable sur l'incommunicabilité des êtres. On hésite toutefois à énoncer de manière aussi pompeuse le « message » d'un cinéaste si modeste et si discret.

Hulot, on le comprendra mieux avec *Mon oncle*, où le personnage réapparaît, est en fait un étranger parmi ses concitoyens, un être à part tombé d'une autre planète, celle de la société qui disparaît. Dans *Mon oncle* (1958), le désarroi de la « personne déplacée » grandit devant la montée agressive de la modernité, pour la première fois dénoncée en tant que telle. Cette montée de la portée satirique des films de Tati n'a pas que des aspects positifs. Elle se fait aux dépens de la poésie, et de la légèreté. Elle pousse le cinéaste à privilégier sur tout autre le comique d'observation, et à respecter une sorte de logique factuelle souvent contradictoire avec celle, plus farfelue, du spectacle. On s'amuse des gadgets mirobolants de la cuisine de l'an 2000 installée au foyer de la sœur de *Mon oncle*. Mais une fois qu'on l'a vue, on l'a vue. Enfermé dans sa logique du réalisme, et dans sa mise en scène en plans larges qui ouvrent tout le champ à la caméra, Tati est obligé de nous en rappeler les caractéristiques chaque fois qu'on s'y rend. C'est vite fastidieux. Bien sûr, M. Hulot a trouvé un complice naturel chez l'enfant de la maison, sensible à la fantaisie de son oncle. Cette note optimiste n'a pas grand poids. Elle relève trop de la convention.

Ces réserves ne doivent pas occulter la formidable inventivité de Tati, son obstination d'artisan seul maître à bord, ni l'acuité de sa satire. Quand nous le quittons, il a cinquante ans, et il est à mi-chemin de son œuvre. Il lui reste trois films à ajouter à l'une de ces entreprises personnelles, marginales et magistrales qui honorent le cinéma français.

Chapitre 2

LES CONTINUATEURS

Julien Duvivier et Marcel Carné

Continuateurs, ces deux héros du populisme d'avant-guerre le sont, tout simplement, d'eux-mêmes. Et nous avons déjà, à plusieurs reprises, renoué les fils avec eux. Nous avons suivi Julien Duvivier jusqu'à ce retour au populisme qu'est *Sous le ciel de Paris* (1951) et insisté sur la virulence avec laquelle dans *Voici le temps des assassins* (1956), il liquide le mythe Gabin et pousse au plus haut degré de noirceur le climat du réalisme des années trente. Sa carrière ultérieure, honorable mais non exceptionnelle, peut se passer de commentaires (elle se poursuivra jusqu'en 1967, année où il meurt, victime d'un accident).

Par contre, deux films, tous deux de 1952, méritent un retour en arrière. *Le Petit Monde de Don Camillo* a été un événement, non par sa qualité artistique, mais par l'originalité de son sujet et l'utilisation de la coproduction. Adapté d'une nouvelle de Giovanni Guareschi, il conte les démêlés d'un village de la vallée du Pô, en 1946, où les communistes viennent de remporter la mairie, mais où le catholicisme reste très vivace. Le maire, Peppone, et le curé, Don Camillo, vont développer une redoutable guerre idéologique et de prestige, d'inspiration rabelaisienne plutôt que jdanovienne, et qui dissimule une communauté d'intérêts et une amitié secrètes. Tous les épisodes ne sont pas du meilleur goût, mais il y a une vraie verve populaire dans ce sujet que Duvivier, chevalier à la triste figure, a su animer avec son efficacité habituelle et un humour inattendu. *Don Camillo* voit se lever contre lui, en France, tous les boucliers : ceux des croisés de la politique, et ceux des croisés de la cinéphilie. Ce qui ne peut endiguer son prodigieux succès. Personne n'aura le courage d'avouer que les *Don Camillo* (d'autres vont suivre) en disent plus sur la réalité italienne que la plupart des films du néo-réalisme italien.

L'autre aspect étonnant du film, c'est que sur un thème si précisément ancré dans une réalité spécifiquement italienne, une vraie coproduction ait pu fonctionner avec en vedette un couple franco-italien, Gino Cervi dans le rôle de Peppone et un remarquable Fernandel dans le rôle de Don Camillo, le tout sous la direction d'un cinéaste français spécialiste du drame noir... Duvivier tournera *Le Retour de Don Camillo* en 1953, et trois autres *Don Camillo* seront réalisés entre 1955 et 1965 par d'autres réalisateurs.

L'autre film de Duvivier qui mérite l'attention nous ramène au cœur du cinéma français. *La Fête à Henriette* (1952) constitue un festival satirique des mœurs cinématographiques concocté par Duvivier et Jeanson. On y voit deux scénaristes au travail ; le film qu'ils écrivent (avec les variantes qu'ils y apportent) est un véritable concentré de toutes les conventions du cinéma français, y compris bien entendu le fameux débat sur les « happy-ends » imposées, problème que Duvivier connaît bien depuis l'affaire de *La Belle Equipe*. Eclair de lucidité et d'autocritique intelligente et décontractée, dans un cinéma trop content de lui-même, *La Fête à Henriette* fait partie des chefs-d'œuvre ignorés de notre cinéma.

Nous avons suivi Marcel Carné jusqu'à *La Marie du port*. Le film suivant marque une étape dans la carrière du cinéaste. *Juliette ou la Clé des songes* (1951), tiré d'une pièce de Georges Neveux, est un vieux projet de Carné. Il a travaillé sur l'adaptation avec Cocteau vers 1941 et l'a proposée à cette époque au producteur Paulvé qui préféra *Les Visiteurs du soir*. Mais Carné est attaché à ce sujet dont l'élément essentiel est un rêve qui se déroule au pays de l'oubli, parmi des habitants sans mémoire. La première chose qui frappe dans *Juliette ou la Clé des songes*, ce Carné sans Prévert, c'est la persistance des thèmes chers à Prévert : le rôle fondamental du passé, la présence du destin, toute une dimension poétique à laquelle le cinéaste semble plus attaché que le poète. Trauner a conçu pour cette fable onirique des décors prodigieux que la photo d'Alekan magnifie pour l'enchantement du regard. *Juliette ou la Clé des songes* souffre d'un certain défaut d'équilibre entre la partie « fantastique » et la partie « réaliste » dont l'emboîtement n'est pas complètement satisfaisant ; mais c'est un film digne de Carné et de son passé, un film d'une qualité plastique exceptionnelle et qui ouvre une réflexion subtile sur le rôle du souvenir dans la vie affective. Annoncée à grand renfort de trompettes, attendu avec fièvre au Festival de Cannes, il connaît pourtant un échec mémorable : rejet total du public et de la critique. Cette rupture entre Carné et l'establishment n'a pas grand-chose à voir avec les défauts et les qualités de *Juliette ou la Clé des songes*. Carné, par ses succès d'avant-guerre, incarne une tradition du cinéma réaliste français dont la critique a la nostalgie et espère retrouver le reflet dans ses films. En allant son chemin, Carné donne à tous le sentiment de les trahir, comme s'il était possible de refaire dans les années cinquante le cinéma des années trente. Plutôt que de chercher à suivre le cinéaste dans le nouveau développement de son œuvre, on s'obstine à lui demander de refaire *Le Quai des Brumes*.

Le songe de *Juliette ou la Clé des songes* est basé sur la légende de Barbe-Bleue. A cela près que c'est le héros (Gérard Philipe) qui ouvre le placard de Barbe-Bleue et découvre son secret. Dans son livre très fouillé [1], l'historien américain Edward Baron Turk décèle dans ce détail (et beaucoup d'autres) l'ouverture du placard privé de Carné sur son homosexualité, comme si, après des années de secret absolu, le cinéaste entrebâillait la porte des confidences. En 1954, *L'Air de Paris*, tel qu'il était écrit avant que des changements de dernière heure ne modifient l'histoire, était centré sur le développement d'une relation affective profonde entre deux hommes (Gabin et Lesaffre) et se rapprochait d'un contexte homosexuel qui n'est pas totalement absent du *Pays d'où je viens* (1956). Ce sont là de piètres indices. Compte tenu de son âge et de ses origines populaires, Marcel Carné n'était sûrement pas préparé au moindre déballage public autour de sa vie sexuelle, comme le furent Cocteau, Visconti, Pasolini ou Fassbinder, et la psychanalyse de ses films demeure trop confuse pour pouvoir imposer des conclusions vraiment convaincantes. Reste — c'est là une certitude — que Carné est un artiste dont l'œuvre demeure close sur un secret bien gardé. Ce silence a sans doute pesé sur l'auteur qui s'est tu. On peut y voir la source d'une certaine retenue d'émotion, constante dans ses films.

Thérèse Raquin (1953) est un film économique : rituellement victime de sa réputation de grand dépensier, Carné est sommé de temps à autre de prouver qu'il peut faire un film moyen, normal (sur le plan financier). Cela ne lui réussit pas mal. Appuyé sur l'adaptation de Spaak et la superbe interprétation de Simone Signoret, Carné fait la démonstration de sa maîtrise dans le réalisme quotidien. Il n'en ira pas autrement avec *Les Tricheurs*, où l'analyse sociale est aussi présente et précise que dans une intrigue inspirée de Zola. Cette évocation des nouvelles mœurs d'une certaine jeunesse connaît un succès public considérable et provoque un débat dans la grande presse. Mais le parti cinéphilique est toujours en guerre avec Marcel Carné. Et, cette fois, le combat a changé de sens. Il n'est plus tourné vers le passé (Carné, rendez-nous *Le jour se lève* !), mais vers l'avenir (Carné n'est pas « jeune cinéma »). 1958 est l'année du *Beau Serge*. C'est le début d'une autre histoire qui va rejeter en enfer l'un des plus grands cinéastes français.

1. *Child of Paradise. Marcel Carné and the Golden Age of French Cinema*, Harvard University Press, 1992.

André Cayatte

André Cayatte sort de la décennie des années cinquante avec *Le Miroir à deux faces* (1958) qui réunit à l'écran, ou plutôt oppose, Michèle Morgan et Bourvil. Il s'agit du premier scénario du comédien Gérard Oury, qui amorce, *via* l'écriture, son passage à la mise en scène. *Le Miroir à deux faces* relève de l'étude psychologique sur la vie de couple, si répandue dans le cinéma français, mais demeurée fort rare dans l'œuvre de Cayatte.

Si celui-ci a retenu l'attention, c'est avec des films dossiers, des films plaidoyers ou réquisitoires, ce qu'on appelle des « films d'avocat ». La Justice, la façon dont elle est rendue, vécue, bafouée, constitue le thème le plus fréquent de ce cinéma réputé primaire, mais qui remue les foules, les interpelle, et anticipe « les dossiers de l'écran » avant que la télévision s'empare du débat civique et le monopolise.

Justice est faite (1950) nous présente des jurés, un procès, et nous fait juges : du déroulement des débats, des conditions psychologiques et morales dans lesquelles les jurés se déterminent. Avec, pour conclusion nécessaire, un vif scepticisme sur la liberté d'esprit, l'indépendance réelle de ces « juges populaires » si conditionnés par leur milieu, leur éducation, leurs propres problèmes. Le film a des vertus certaines, de la clarté d'esprit, de la force pédagogique. Il met le spectateur lui-même en position de juré, ce qui entraîne de sa part une attention soutenue et une activité mentale contrastant avec la passivité traditionnelle du spectateur. Mais devenu observateur libre d'un procès, par la grâce de Cayatte, ce spectateur est vite ligoté par la logique dramaturgique du film qui le contraint à aboutir aux mêmes conclusions que le cinéaste. Cayatte, et son scénariste Charles Spaak, dont le rôle est presque aussi important que celui du réalisateur, mettent en branle une machine infernale, passionnante à analyser, mais ambiguë dans ses effets. D'un côté, elle déclenche effectivement une participation intellectuelle, un nouveau type d'attention, une réflexion du public. D'un autre côté, elle donne au public l'illusion d'une liberté qui n'est qu'un leurre, car le film lui-même détermine l'issue nécessaire de cette phase de liberté théorique.

Cette contradiction, nous la retrouvons, plus marquée encore, dans les deux films suivants. *Nous sommes tous des assassins* (1952) expose le cas, très bien raconté, d'un assassin : Mouloudji reprend ici le rôle du coupable, dix ans après *Les Inconnus dans la maison*. Mais, cette fois, il est condamné à mort, et c'est un vibrant plaidoyer contre la peine de mort que Cayatte et Spaak nous proposent. Ils n'ont pas lésiné sur les moyens. Nous sommes loin d'un cinéma de l'ambiguïté. Des gens de cinéma se battent pour leurs convictions, et le spectateur-citoyen sort de là pour le moins impressionné. Certes, c'est du cinéma à l'emporte-pièce, et qui ne fait pas dans la dentelle. Mais les amoureux d'un art plus raffiné ou plus « moral » sont si systématiquement indifférents à la portée sociale des films ou aux réalités du temps présent que leur critique est en partie discréditée par cette neutralité qui est aussi complicité.

Avec *Le Dossier noir* (1955), Cayatte et Spaak ouvrent une voie qui sera plus largement suivie au cours des décennies suivantes : celle du petit juge que le corps social — élus, policiers, décideurs économiques, patrons, etc. — empêche d'enquêter à sa guise. Dans un article passionnant, « La cybernétique d'André Cayatte [1] », André Bazin analyse ce phénomène. Avec l'objectivité et la générosité qui le caractérisent, il fait le bilan des avantages et des inconvénients du « système Cayatte ». La cybernétique est une science de « la communication des ordres et informations directives ». Traduit en argot, le titre de Bazin se lit « Comment Cayatte nous bourre le mou ». Il lui reproche son excès de logique, de rationalité. « Les personnages et les actes y sont exhaustivement déterminés par des mobiles clairs et distincts quant à la forme et sociaux quant aux contenus. [...] Il s'agit toujours de ramener le réel à une organisation intelligible et sans mystère, animée par le ressort de la logique et régularisée par le balancier du pour et du contre. [...] Or, ce qui distingue le réel de l'abstraction, l'événement de l'idée, le personnage vraisemblable d'une simple équation psychologique, c'est la frange de mystère et d'ambiguïté qui résiste à toute analyse. [...] André Cayatte nous propose un univers juridique et mécaniste, peuplé d'automates. Nous attendons la révolte des robots. » Attaque brillantissime. Il n'est pas impossible d'y trouver une parade. Il suffit de lire la page précédente. En effet, Bazin y concède « l'efficacité exceptionnelle de la mise en scène de Cayatte : ses films bouleversent, ils secouent le spectateur, le plongent dans un malaise violent et insolite. L'indifférence est impossible. Je crois à l'utilité de ces films, ajoute Bazin. Leur argumentation, comme toute argumentation, n'est pas indiscutable, mais leur solidité purement intellectuelle importe moins en l'occurrence que l'efficacité de la forme qui leur est donnée. Cayatte provoque dans la masse euphorique du public imbibé de cinéma un ébranlement dont la nouveauté seule mériterait déjà considération ».

L'argumentation contradictoire d'André Bazin dépasse largement le cas Cayatte. Elle amorce la problématique qui va devenir fondamentale, celle du rapport du public avec un cinéma de plus en plus « artistique » et de moins en moins intégré à la marche du siècle et à la vie de la cité. Car ce à quoi Bazin fait écho, c'est au retentissement énorme des films de Cayatte dans les médias, aux débats auxquels ils donnent lieu dans les institutions, à l'ébranlement civique qu'ils déclenchent. Ce cinéma simpliste, carré, fruste sur le plan de l'expression, a un impact social considérable. Malgré ses manques, ou à cause d'eux ?

1. *Cahiers du cinéma*, n° 36, juin 1954.

Bazin accepte encore de prendre en compte ces éléments dans le débat, mais bientôt (Bazin meurt en 1958), cette notion d'« efficacité » deviendra suspecte : autrefois valeur positive, elle sera affectée d'un signe négatif.

L'article d'André Bazin que nous avons cité concerne l'ensemble du cinéma d'André Cayatte, mais paraît à l'occasion de la sortie d'un film, dont nous n'avons pas encore parlé. S'il est construit et tourné suivant le même système (il instruit le procès des parents et des adultes et de la défaillance de l'éducation familiale), *Avant le déluge* (1953) se distingue par une intéressante particularité. Il montre le trouble et les réactions excentriques d'un groupe de jeunes déboussolés par la guerre de Corée, la guerre froide, les perspectives d'un nouveau conflit mondial, et décrit la fièvre, voire la panique, qui a saisi leurs familles et leurs éducateurs. L'idée de fuir sur une île « enchantée » les conduit à voler, puis à tuer, dans une sorte de vertige. Le surgissement brutal de l'actualité française et mondiale dans un film français est si exceptionnel qu'il requiert l'attention : on ne trouverait pas trois films dans la décennie où les problèmes d'actualité soulevés par les héros d'*Avant le déluge* soient évoqués. C'est cela aussi, le cinéma français des années cinquante. Le système de cloison étanche isolant le cinéma de toute évocation de l'actualité qui lui était imposé pendant la guerre par des conditions historiques contraignantes avait bien des avantages. Il a survécu à la disparition de ces conditions. Il n'a jamais complètement disparu. Et il s'est soudain renforcé. C'est aussi contre cette axphyxie que se bat Cayatte avec ses moyens à lui.

Claude Autant-Lara

Nous avons croisé maintes fois Claude Autant-Lara au fil des pages consacrées à cette période, car la diversité de sa production le rend présent dans les genres les plus divers. Quelques films importants manquent encore à l'appel, ainsi qu'une vision plus globale de son apport.

Deux films, *L'Auberge rouge* (1951) et *La Traversée de Paris* (1956), fournissent une des clés de Claude Autant-Lara : ce qu'on a appelé son anarchisme de gauche, qui s'entendait si bien avec l'anarchisme de droite de Marcel Aymé. Ces étiquettes n'ont qu'une valeur indicative. Elles recouvrent ce qui réunit les deux hommes, ainsi que Jean Aurenche et Pierre Bost, scénaristes quasi permanents d'Autant-Lara : un goût immodéré pour l'insolence, un rejet des hiérarchies sociales et des manichéismes simplistes, un esprit naturellement frondeur, poussé parfois jusqu'à la provocation. Les deux films en question — pour le premier, sur un scénario original de Jean Aurenche, pour le second adapté de Marcel Aymé — ont plus de points communs qu'il n'y paraît. Certes, le premier est une sorte d'*Auberge des Adrets* anticlérical, situé au siècle dernier, en pleine montagne, alors que le second concerne le marché noir et se déroule à Paris sous l'Occupation. Mais ces deux nuits si différentes ont en commun de nous faire sourire sans cesse des choses effroyables qu'on nous y montre. Dans *L'Auberge rouge*, il s'agit des efforts pitoyables d'un moine pour sauver des pèlerins de l'assassinat sans trahir le secret de la confession. Ce brave moine serviable (Fernandel) enverra finalement tout le monde à la mort. Ce tragique transformé au second degré en bouffonnerie constitue en soi une jolie marque d'insolence existentielle.

On ne tue personne dans *La Traversée de Paris* (sauf un cochon, coupé en morceaux et caché dans une valise), mais le décalage est aussi énorme avec la déambulation goguenarde et provocatrice de Grangil (Jean Gabin) convoyant l'innocent Martin (Bourvil) et interpellant de manière grandiose les flics, l'armée allemande, le peuple de Paris, la terre entière. Cette balade dans une nuit de froid, de faim, de honte, de tricherie minable de pauvres trafics, se mue ainsi en une sorte d'épopée joyeuse, vaine et désespérée. Truffaut, spécialiste de l'attaque à main armée contre Autant-Lara, ce « boucher qui s'obstine à faire de la dentelle », s'incline avec admiration devant la truculence de *La Traversée de Paris* : c'est dire si la réussite était implacable !

Une autre réussite, en mineur, de ces mêmes années, *Le Blé en herbe* (1954), confirme l'intérêt d'Autant-Lara pour la période de l'adolescence, de la puberté, des initiations sentimentales et sexuelles. Le personnage provocateur et tonitruant qu'il faisait souvent apparaître, notamment quand il défendait avec une puissance de buffle blessé les films qu'il essayait de monter, devenait délicat et pudique dès qu'il se retrouvait avec ses jeunes héros : Aurenche se plaint même, dans ses souvenirs [1], de cette pudeur exagérée qui amenait Autant-Lara à supprimer au tournage des scènes du scénario qu'il avait accepté. Après les réussites, sur ce thème du *Mariage de Chiffon*, de *Sylvie et le fantôme* mais surtout de *Douce* et du *Diable au corps*, *Le Blé en herbe* confirme la capacité d'Autant-Lara à traduire les émois mêlés d'angoisse de la découverte de l'amour. Dans la bataille de l'adaptation littéraire qui fait rage à l'époque, Autant-Lara, et donc Aurenche et Bost, se montrent fidèles à Colette, ce qui n'est pas aisé avec un écrivain intimiste qui joue autant sur les couleurs, le parfum et la saveur des choses. Mais avec sa capacité naturelle d'amplificateur, le cinéma pose des problèmes que le livre évite.

Le Blé en herbe (comme cela avait été le cas pour *Le Diable au corps*) est l'objet, avant même sa réalisation, d'une campagne de presse

1. Jean Aurenche, *La Suite à l'écran*, Ed. Institut Lumière-Actes Sud, 1993.

pour obtenir son abandon (écrit en 1947, le film ne pourra être entrepris qu'en 1953), et après sa sortie, pour obtenir son interdiction. Des associations lancent des pétitions, des députés interpellent le gouvernement. On en reste d'autant plus confondu qu'à revoir le film, on n'y décèle pas une seule image « scabreuse » comme l'on disait à l'époque. Il arrive à Claude Autant-Lara de jouer les martyrs pour réchauffer l'ardeur combative de ses partisans. Mais le tombereau de sottises et d'injures réellement déversées sur ses films expliquent et justifient son attitude.

L'intérêt pour les révoltes, les amours, les ambitions du « bel âge », et la place qu'a prise l'adaptation littéraire dans le cinéma français : ces chemins divers mènent tous à Julien Sorel et au *Rouge et le Noir*. D'autant plus qu'à trente-deux ans, l'adolescent prolongé qu'est resté Gérard Philipe (dans son apparence physique) constitue un interprète exceptionnel pour ce rôle exceptionnel. Non qu'Autant-Lara ait attendu si longtemps pour y penser. Son premier projet remonte aux années trente et, de 1945 à 1954, il fut trois fois sur le point de monter l'opération.

Le Rouge et le Noir est donc le fruit de l'acharnement d'Autant-Lara, cet acharnement dont Stendhal disait qu'il constitue 80 % du talent. Le fameux problème de la « fidélité » à l'œuvre littéraire, qui ne concerne guère les vrais cinéphiles (ce qui compte pour eux, c'est que le film soit réussi), témoigne à cette occasion du flou de ses critères. Condamné à sa sortie par les critiques littéraires et les grands stendhaliens (Martineau en tête), le film *Le Rouge et le Noir* fera l'objet, au XIe Congrès international stendhalien de 1976, d'un examen attentif, méticuleux et indulgent. On peut s'interroger sur la nécessité de recourir une fois encore au procédé du retour en arrière, qui permet de commencer le film au tribunal, après le coup de pistolet contre Mme de Rénal, et de concentrer l'action sur un pôle dramatique fixe. Mais c'est un procédé dont l'abus a banalisé l'effet : c'est par là que l'« académisme », dont on accusera injustement le film, tend à s'infiltrer.

Attaqué, sur le plan esthétique, comme une adaptation desséchée et réductrice, ce qui ne se vérifie pas en le revoyant, le film l'est aussi sur le plan moral — notamment pour quelques scènes anticléricales — et sur le plan commercial, pour sa durée. On ne sait plus trop si l'on a vu vraiment *Le Rouge et le Noir*, qui de trois heures vingt-cinq à l'origine, fut ramené à trois heures dix pour sa sortie, puis à nouveau raccourci jusqu'à ne plus durer que deux heures dans certaines projections. Le projet initial d'Autant-Lara était de tourner deux films de deux heures. Une fois encore, les barbares sont passés par là.

Reste un film mystérieux, inclassable, superbe et sans doute raté, sans qu'on soit certain de percevoir ce qu'Autant-Lara a voulu faire. *Marguerite de la nuit* (1956) est une variation sur le thème de Faust, dans laquelle le projecteur est braqué sur Marguerite (Michèle Morgan), dont l'amour sauvera Faust. Le couple étrange que forment Michèle Morgan et Yves Montand (le Mal), la stylisation des décors (Max Douy, comme pour tous les films d'Autant-Lara) et de la couleur, le climat guindé jusqu'à la grandiloquence excitent l'intérêt et coupent l'émotion. On pense à l'entrée dans la vie d'Autant-Lara, fils d'un architecte, lui-même architecte et décorateur, qui dessina notamment le décor du *Faust* de Marcel L'Herbier en 1922 : si *Marguerite de la nuit* commence quand s'achève le *Faust* de Gounod, c'est sans doute qu'il se relie, dans l'esprit d'Autant-Lara, à sa propre préhistoire artistique. L'incohérence globale du propos le disqualifie, sans entacher la réputation de son auteur. Polémiste intrépide, attaqué de toutes parts, Claude Autant-Lara reste un des éléments les plus dynamiques de la période qui nous occupe, aussi bien pour l'intensité de sa participation aux combats du moment que pour la valeur propre de son œuvre. Il est sans doute, par la diversité de son œuvre, la nature de ses qualités et la particularité de ses défauts, le cinéaste le plus représentatif des années cinquante du cinéma français.

Épilogue

VERS UNE AUTRE AVENTURE

« Pendant la mue, le serpent est aveugle. »

Ernst Jünger.

Tout au long de ces chapitres consacrés à l'après-guerre, des noms sont revenus sempiternellement, une trentaine peut-être, comme si ce club rassemblait la totalité du cinéma français. C'est faux, bien entendu. Il s'agit d'une sélection sévère des cinéastes liés à des événements notables : plusieurs centaines d'autres travaillent autour d'eux. Ce groupe réduit a pu donner un sentiment d'immobilisme : tous les ans, toujours les mêmes. Ce n'est pas statistiquement exact.

De 1945 à 1958, plus de cent soixante réalisateurs tournent leur premier film, soit dix à onze par an. Ce n'est pas énorme, ce n'est pas un blocage non plus. Si cette mobilité ne s'est pas encore manifestée, c'est que beaucoup de ces nouveaux cinéastes se fondent dans la masse moyenne du cinéma français, sans que leur carrière change quoi que ce soit. Ce qui ne veut pas dire qu'ils manquent de talent. Ils font leurs classes et s'intègrent à la « corporation » sans que pour le moment leur tête dépasse du rang. Si nous avons noté au passage l'arrivée d'Yves Robert, de Claude Sautet, d'Henri Verneuil, de Gilles Grangier, de Robert Hossein, de Bernard Borderie et de quelques autres, il n'y a pas lieu de s'y éterniser. Toutefois, parmi ces cinéastes de la tradition, si l'on peut dire, il en est quelques-uns dont l'oubli est injuste.

C'est le cas par exemple d'Yves Ciampi (né en 1921), médecin devenu cinéaste, et qui connaît, logiquement, sa première réussite avec *Un grand patron* (1951), étude de la vocation médicale et de ses servitudes. *Le Guérisseur* (1954) reste fidèle à un sujet médico-social, mais *Les Héros sont fatigués* (1955) amorce une autre approche qui sera sa marque pendant plusieurs années consacrées à des problèmes humains à dimension géopolitique. Pour *Les héros sont fatigués*, il ne s'agit encore que d'aventure individuelle qui réunit deux anciens « ennemis », français et allemand (Yves Montand et Curd Jurgens), dans un Etat africain à l'indépendance toute fraîche. L'influence de l'Yves Allégret de *Manèges* est sensible, mais disparaît avec *Typhon sur Nagasaki* (1957), *Le vent se lève* (1958), *Qui êtes-vous Monsieur Sorge ?* (1960), *Liberté 1* (1962), où le caractère international des films et l'ambition des sujets méritent davantage qu'une mise en scène des plus convenues.

Sortons aussi de l'oubli François Villiers (né en 1920), au moins pour son second film, *L'Eau vive* (1958), écrit par Giono sur un thème qui évoque celui de *Manon des sources*, tourné *in situ* avec une formidable attention à la nature et aux saisons. En 1959, *La Verte Moisson* n'avait plus rien à voir avec la nature mais avec l'Occupation et le déclenchement d'un attentat par des lycéens en mal d'émotions fortes. Le film avait l'air de répondre aux *Tricheurs* au moment précis où le problème de la jeunesse faisait la une de tous les magazines, et il fut englouti dans ce débat qui le dépassait.

Notre principal oubli concerne quatre nouveaux cinéastes qui décevront vite (ou n'iront pas plus loin), mais dont les débuts sont dignes d'intérêt : leurs quatre films sont liés à l'Indochine et à la guerre de Corée, et trois d'entre eux connaissent de graves ennuis avec la censure. Marcel Camus (né en 1912) ouvre ce bal asiatique avec *Mort en fraude* (1957), consacré à un trafic de piastres, et donne une image sans folklore de la vie en Indochine française. Toujours en 1957, Claude Bernard-Aubert, pour son premier film, réussit à tourner en Indochine, avec du matériel récupéré sur l'armée française et en utilisant des « stock-shots » des actualités, un film sur la « pacification » d'un village : *Patrouille de choc*. L'année suivante, de retour en France, il réalise en coopérative une sorte de pamphlet parodique antiraciste sur la façon dont les Américains traitent le problème noir : *Les Tripes au soleil* n'est pas un film réussi, mais c'est un choc pour les spectateurs.

Les deux autres films concernent la guerre de Corée. Avec *Morambong* (1958), Jean-Claude Bonnardot tourne un beau film d'amour sur les souffrances de deux amants séparés par la guerre. Terminé en 1959, *Morambong* n'obtiendra un visa de sortie qu'en 1964. Enfin, Jacques Dupont, documentariste déjà expérimenté, tourne, avec le concours des services de l'armée, *Crève-Cœur* (tourné en 1954 mais sortie brève et confidentielle en 1956), sur le bataillon français de la guerre de Corée. A l'époque, ce détachement de volontaires partis se battre aux côtés des « envahisseurs colonialistes américains » est jugé par toute l'intelligentsia du même œil que les volontaires français engagés chez les S.S. pour le front russe, pendant la guerre, et Dupont est considéré comme un fasciste de la pire espèce. Toute carrière sera rendue impossible à son film qui, le plus souvent, n'est même pas mentionné dans les catalogues, dictionnaires ou livres sur l'époque (mais que Jacques Siclier n'oublie pas dans son livre, *Le Cinéma français* [1]).

Avec l'apparition de nouveaux cinéastes, on assiste à l'émergence (modeste) d'un nouveau phénomène : une présence féminine un peu plus marquée que par le passé. Il n'est pas difficile de progresser quand on part de zéro, mais dans la période concernée, cinq femmes cinéastes font leurs débuts. C'est peu, mais important, puisque nous savons que c'est l'amorce d'une évolution qui prendra vraiment de l'ampleur à partir des années soixante-dix. Certes, Nicole Védrès et Denise Tual ne font qu'une carrière assez brève dans le documentaire. Yannick Bellon entame, avec de remarquables documentaires (*Colette*, *Goémons*), sa future carrière de cinéaste de fiction, et Andrée Feix ne tournera que deux longs-métrages. Seule Jacqueline Audry (née en 1908) poursuit une carrière de cinéaste déjà entamée avec *Les Malheurs de Sophie* (1946), puis marquée par une trilogie adaptée de Colette : *Gigi* (1949) est un vrai succès, qui lance Danièle Delorme ; il est suivi de *Minne, l'ingénue libertine* (1950) et de *Mitsou* (1956). Sans oublier l'adaptation de *Huis clos* (1954), de Sartre, et un remake de *La Garçonne* (1957). Avec plus de quinze films, Jacqueline Audry est la première cinéaste française à connaître un cursus de vraie professionnelle, si l'on oublie le cas très particulier de la pionnière Alice Guy.

La « cinquième femme », c'est Agnès Varda. Ce sang nouveau qui se fait jour nourrit surtout le cinéma traditionnel. D'autres noms apparaissent, peu nombreux, qui s'en retranchent, délibérément ou inconsciemment. Ils proviennent de deux viviers différents : le cinéma de court-métrage, fort prospère, et un cinéma d'avant-garde, expérimental, d'essai ou de provocation qui choisit en tout cas de se démarquer.

Agnès Varda, alors photographe du T.N.P., présente la particularité de relever de ces deux viviers à la fois. Mais comme elle refuse son exemplarité, elle fait tout à l'envers. Le cinéma, elle l'aborde par le long-métrage : c'est ce qui la mènera au court-métrage. Son premier film a toutes les apparences du cinéma d'avant-garde. Elle est la seule à ne pas le savoir : elle croyait que c'était comme cela qu'on faisait du cinéma. *La Pointe courte* (1954) porte le nom d'un quartier de pêcheurs de Sète dont Agnès Varda était familière, et dont elle filme la vie quotidienne, comme accompagnement ou commentaire du débat d'un couple en crise (Sylvia Monfort et Philippe Noiret : il a vingt-trois ans, c'est son premier film, elle en a vingt-neuf et a débuté dans *Les Anges du péché*). Réalisé avec les conseils de Carlos Vilardebo, jeune documentariste au talent déjà établi, le film est d'une grande beauté photographique, mais le couple de comédiens est d'un statisme embarrassant et son problème affectif ne nous est guère communiqué. C'est

1. Ramsay, 1990.

l'étang de Thau la vraie vedette d'un film qui ne laissait aucun doute sur le réservoir d'énergie et d'invention de son auteur. C'est aussi une preuve de talent, quand on ne connaît personne dans le cinéma, que d'avoir obtenu la collaboration d'Alain Resnais pour le montage. Et une preuve d'intelligence que de suivre ses conseils : vite, des courts-métrages. Vite, c'est vite dit, mais enfin avec *O saisons, ô châteaux* (1957) et *Du coté de la côte* (sorti en 1959 en complément de programme d'*Hiroshima mon amour*), Agnès Varda se liait aux deux producteurs les plus ouverts aux innovations, Pierre Braunberger et Anatole Dauman, et manifestait, en nous faisant visiter les châteaux de la Loire et la Côte d'Azur, une virtuosité langagière exceptionnelle, ainsi qu'un humour ravageur. Parallèlement, sa petite société coopérative Tamaris mise sur pied pour *La Pointe courte*, produit *Opéra-Mouffe* (1958), délicat carnet de notes d'une femme enceinte. C'était bien, c'était intelligent, c'était autre chose, on était content, sans comprendre que le cinéma français commençait d'accoucher d'une autre génération et d'un autre cinéma.

Pas question de suivre ainsi en détail tous les acteurs de cet enfantement collectif. Quelques repères suffiront pour préparer le terrain au chroniqueur des temps futurs. En 1948, Roger Leenhardt voit son scénario refusé par divers réalisateurs et décide de mettre en scène lui-même *Les Dernières Vacances*, chronique des adieux à l'enfance et à une société opulente ; un film d'un charme extraordinaire réalisé hors de toute norme avec un naturel raffiné, enchanteur : il faudra en attendre pendant quinze ans la descendance.

Autre événement annonciateur, bien qu'ambigu : en décembre 1956, la sortie d'*Et Dieu créa la femme*. C'est le dix-huitième film où apparaît Brigitte Bardot. Sa beauté et son charme sensuel sont connus de tous, mais son mari, Roger Vadim, pour sa première mise en scène, lui donne une dimension mythique : l'incarnation de la modernité. Beaucoup saluent le film pour sa sexualité sans complexes, saine, libre, si éloignée des exhibitions aguicheuses en porte-jarretelles. Moderne, en tout cas, il l'est par son absence de vulgarité, par le refus des rouéries de la grivoiserie traditionnelle, par une sorte de naturisme sympathique qui déclenche un scandale vaguement amusé. Reste que le scénario n'a ni intérêt ni vraisemblance, et que la mise en scène, qui s'arrange comme elle peut avec le Scope, est d'une plate convention. Ce sont les seins de Brigitte qui valent à Vadim sa réputation de cinéaste moderne. Elle ne durera pas longtemps.

Dernier événement annonciateur d'une ère nouvelle : les films d'Alexandre Astruc. *Le Rideau cramoisi* (1953), adapté de Barbey d'Aurevilly sans l'aspect décoratif et en costume des films d'époque, demeure au plus près des personnages, en insistant sur des gestes, des regards qui rafraîchissent l'expression des sentiments. *Les Mauvaises rencontres* (1955) évoque sur un ton nouveau la question de l'arrivisme. Astruc séduit mais épate moins avec ses films qu'avec ses articles et ses théories, depuis qu'il a publié dans *L'Écran français*, en 1948, « Naissance d'une avant-garde : la caméra-stylo ». L'expression a fait fortune. Elle a l'avantage de dire très simplement l'ambition des nouveaux cinéastes d'être des auteurs à part entière, comme les écrivains, ainsi que leur certitude de détenir, avec le cinéma, un langage aussi riche et expressif que l'écriture.

La veine du court-métrage mérite un livre à elle seule, car c'est dans ce secteur que les années cinquante ont vu bouillonner initiatives et innovations. Le péril économique qui s'abat sur ce territoire le jour où le C.N.C. annonce que les exploitants ne sont plus obligés d'accompagner les longs-métrages de courts-métrages français engendre un fort courant protestataire et la création d'une association très active. Le « groupe des Trente » (ils sont bien davantage) gagne sur deux terrains. Pour la survie du court-métrage, il obtient une réglementation plus favorable et la fameuse prime à la qualité, facteur décisif de l'amélioration artistique et de l'essor de la production. Par ailleurs, les liens associatifs développent les échanges, font naître l'émulation et la solidarité, exacerbent les ambitions. Le court-métrage n'est plus un champ de bataille, mais une cour d'honneur : on y salue chaque année de nouvelles découvertes. Quand la Nouvelle Vague aura déferlé, on considérera rétrospectivement le groupe de court-métragistes comme l'assemblée des prétendants au long-métrage, bloqués dans des travaux secondaires en attendant leur promotion ultérieure dans la cour des grands. Ce n'est pas vraiment ainsi que la grande saison du court-métrage a été vécue. Et, d'ailleurs, un nombre notable des court-métragistes des années cinquante n'est jamais passé au long-métrage, même quand ils en eurent la possibilité.

Parmi ceux qui honoreront le long-métrage, on distinguera au premier chef Alain Resnais, grand maître du film de commande, dont il réussit à observer scrupuleusement le cahier des charges tout en lui conférant une forme artistique autonome, le plus souvent d'une originalité extrême. On lui doit les grands moments de *Toute la mémoire du monde* ou du *Chant du Styrène*, la force de *Guernica*, la pédagogie insolente, et vivement désavouée par la censure, des *Statues meurent aussi* (coréalisé avec Chris Marker) et l'émotion de ce film infaisable, *Nuit et brouillard*, sur la tragédie des camps de concentration.

Mais l'œuvre de Chris Marker a évidemment, même si documentaires et courts-métrages dominent, la même importance que celles des grands du long-métrage. Et Jean Rouch, Yannick Bellon, Paul Grimault, Pierre Kast, Marcel Ichac, René Lucot, Jean Painlevé, Georges Rouquier, Jacques Demy et vingt autres donneront à cette catégorie ses lettres de noblesse. Refuge du film culturel, du film d'art, du film critique, politique ou polémique ou simplement poétique, le court-métrage des années cinquante ne prépare pas seulement des cinéastes pour demain. Il constitue une fenêtre ouverte sur le monde et les aventures de la création, dans une corporation cinématographique très fermée sur elle-même. Quittons « l'âge classique » du cinéma français par cette fenêtre ouverte sur le cinéma de demain...

Faut-il encore évoquer un nom, dans cet univers des forces vives d'un cinéma en pleine mutation ? Pour traverser le miroir, un guide s'impose, très absent de ces pages, car il s'est un peu éloigné de la réalisation cinématographique, mais qui, tout au long des années cinquante, piaffe aux côtés de ceux qui avancent.

Jean Cocteau a donné, en 1950, un *Orphée* existentialo-germano-pratin qui n'ajoute rien à sa gloire : pour la première fois, lui, qui nous avait habitué à courir devant la locomotive, a l'air d'avoir manqué le train. Par contre il a participé, avec sa générosité habituelle, sa présence, ses encouragements, ses conseils, son aide, son éclat, à tout ce qui a bougé dans le cinéma français.

Déjà, on le voit qui nous attend, aux marches du palais, comme il lui sied, pour le Festival de Cannes 1959.

C'est une autre aventure qui commence.

ANNEXES

CHRONOLOGIE
LES TRENTE ANS DE L'ÂGE CLASSIQUE

Les statistiques concernant le cinéma français ne sont scientifiquement fiables qu'à partir du moment où le Centre national du cinéma a pu organiser la collecte et la compilation des données (environ 1950). Pour les années précédentes, nous avons choisi les données provenant des sources les plus fiables. Quand aucune source sérieuse n'apparaissait, nous n'avons fait figurer aucun chiffre. Il reste que les indications fournies n'ont pas la même valeur avant et après 1950. Les chiffres de recettes annuelles des cinémas sont énoncés en francs courants, suivis d'une évaluation en francs constants, en retenant comme base la valeur du franc en 1990. Cette évaluation est indiquée par les initiales F.C.

ANNÉE 1930

PRODUCTION : 94 films.
FRÉQUENTATION : 200 000 000 spectateurs.
RECETTES SALLES : 800 806 000 F. (2 milliards F.C.).
NOMBRE DE SALLES : 4 221.
PREMIERS FILMS : 8, dont *L'Age d'or* (Luis Buñuel).
FILMS IMPORTANTS : *A propos de Nice* (Jean Vigo). *Chacun sa chance* (René Pujol ; premier film avec Jean Gabin). *Conte cruel* (Gaston Modot). *Jean de la Lune* (Jean Choux). *Nuits de prince* (Marcel L'Herbier). *La Petite Lise* (Jean Grémillon). *Le Roi des resquilleurs* (Pierre Colombier). *Sous les toits de Paris* (René Clair).
ÉVÉNEMENTS : L'ingénieur René Barthélemy présente ses recherches dans le domaine de la télévision. Jean Painlevé fonde l'Institut du cinéma scientifique. Le préfet de police Jean Chiappe interdit la projection de *La Ligne générale* d'Eisenstein à la Sorbonne. La Paramount installe ses studios à Joinville-le-Pont : six plateaux, tournages multiples. Charles Pathé (67 ans) démissionne du groupe Pathé-Natan. Bernard Natan reste seul à la tête du groupe. Léon Gaumont (66 ans) vend sa société à la Franco Film qui constitue le 12 juin la Gaumont-Franco-Film Aubert. Interdiction des projections de *L'Age d'or* de Luis Buñuel. Eugène Dabit obtient le Prix populiste pour son livre *Hôtel du Nord*.

ANNÉE 1931

PRODUCTION : 139 films.
FRÉQUENTATION : 234 000 000 spectateurs.
RECETTES SALLES : 933 770 000 F. (2 400 000 000 F.C.).
PREMIERS FILMS : 18 dont *Tout ça ne vaut pas l'amour* (Jacques Tourneur).
FILMS IMPORTANTS : *Allô Berlin, ici Paris* (Julien Duvivier). *A nous la liberté* (René Clair). *Au nom de la loi* (Maurice Tourneur). *Le Bal* (Wilhelm Thiele). *La Chienne* (Jean Renoir).

634

David Golder (Julien Duvivier). *La Fin du monde* (Abel Gance). *Marius* (Alexandre Korda). *Mam'zelle Nitouche* (Marc Allégret). *Le Million* (René Clair). *Le Mystère de la chambre jaune* (Marcel L'Herbier). *L'Opéra de quatsous* (Pabst). *Le Parfum de la dame en noir* (Marcel L'Herbier).

ÉVÉNEMENTS : Ouverture du cinéma La Pagode. Le Gaumont Palace, rénové, rouvre ses portes : 6 000 places, écran de 200 mètres carrés et 70 mètres de long. Création d'un Conseil supérieur du cinéma de 87 membres.

ANNÉE 1932

PRODUCTION : 157 films.
FRÉQUENTATION : 233 000 000 spectateurs.
RECETTES SALLES : 933 663 000 F. (2 660 000 000 F.C.).
NOMBRE DE SALLES : 4 209.
PREMIERS FILMS : 28 dont *Pomme d'amour* (Jean Dréville). *Bidon d'or* (Christian-Jaque).
FILMS IMPORTANTS : *L'affaire est dans le sac* (Jacques et Pierre Prévert). *L'Atlantide* (Georg-Wilhelm Pabst). *Boudu sauvé des eaux* (Jean Renoir). *Les Cinq Gentlemen maudits* (Julien Duvivier). *Les Croix de bois* (Raymond Bernard). *La Nuit du carrefour* (Jean Renoir). *Poil de carotte* (Julien Duvivier). *Le Sang d'un poète* (Jean Cocteau). *La Tête d'un homme* (Julien Duvivier).
ÉVÉNEMENTS : Nombreuses faillites de distributeurs. Abel Gance et André Debrie déposent un brevet pour le procédé Perspective Sonore. André Debrie présente sa nouvelle caméra Super Parvo. Première Mostra de Venise.

ANNÉE 1933

PRODUCTION : 158 films.
FRÉQUENTATION : 219 000 000 spectateurs.
RECETTES SALLES : 878 916 000 F. (2 620 000 000 F.C.).
PREMIERS FILMS : 21 premiers films dont *Ciboulette* (Claude

Autant-Lara), *Les Bleus du ciel* (Henri Decoin), *Paris-Deauville* (Jean Delannoy), *L'Agonie des aigles* (Roger Richebé).

FILMS IMPORTANTS : *Ces messieurs de la Santé* (Pierre Colombier). *Ciboulette* (Claude Autant-Lara). *La Dame de chez Maxim's* (Alexandre Korda). *L'Hippocampe* (Jean Painlevé). *Jofroi* (Marcel Pagnol). *Knock ou le Triomphe de la médecine* (Roger Goupillères). *La Maternelle* (Jean Benoit-Lévy). *Quatorze Juillet* (René Clair). *Topaze* (Louis Gasnier). *Une histoire d'amour* (version française de *Liebelei,* Max Ophuls). *Zéro de conduite* (Jean Vigo).

ÉVÉNEMENTS : Création de la Cinémathèque nationale. Importante immigration, en France, de cinéastes et techniciens étrangers. Un décret instaure des quotas de travailleurs étrangers dans le spectacle. Henry Bernstein est débouté dans son procès contre Pathé-Natan pour trahison de sa pièce *Mélo* par le film de Paul Czinner.

ANNÉE 1934

PRODUCTION : 126 films.

FRÉQUENTATION : 208 000 000 spectateurs.

RECETTES SALLES : 832 158 000 F. (2 600 000 000 F.C.).

PREMIERS FILMS : 21 dont *Adieu les copains* (Léo Joannon), *Le Gendre de M. Poirier* (Marcel Pagnol), *L'Atalante* (Jean Vigo).

FILMS IMPORTANTS : *Angèle* (Marcel Pagnol). *L'Atalante* (Jean Vigo). *La Banque Nemo* (Marguerite Viel). *La Croisière jaune* (André Sauvage et Léon Poirier). *La Femme idéale* (André Berthomieu). *Le Grand Jeu* (Jacques Feyder). *L'Hôtel du libre-échange* (Marc Allégret). *Jeunesse* (Georges Lacombe). *Lac aux dames* (Marc Allégret). *Madame Bovary* (Jean Renoir). *Les Misérables* (Raymond Bernard). *Le Père Lampion* (Christian-Jaque).

RÉCOMPENSES : Grand Prix du cinéma français : *Maria Chapdelaine* (Julien Duvivier).

ÉVÉNEMENTS : Disparition de Jean Vigo qui meurt sans avoir pu terminer son dernier film, *L'Atalante*. Crise du cinéma : Gaumont-Franco-Film-Aubert dépose son bilan. 88 sociétés de cinéma en font de même. Paul Morand publie *France la Doulce,* roman antisémite sur le cinéma. Révolte dans une maison de redressement à Belle-Ile-en-Mer qui donne naissance au projet de film de Jacques Prévert et Marcel Carné, *L'Ile des enfants perdus,* auquel ils devront renoncer en 1938.

ANNÉE 1935

PRODUCTION : 115 films.
FRÉQUENTATION : 231 000 000 spectateurs.
RECETTES SALLES : 750 000 000 F. (2 550 000 000 F.C.).
PREMIERS FILMS : 10 dont *Pasteur* et *Bonne chance* (Sacha Guitry).
FILMS IMPORTANTS : *Baccara* (Yves Mirande). *Crime et châtiment* (Pierre Chenal). *Jérôme Perreau* (Abel Gance). *Justin de Marseille* (Maurice Tourneur). *La Kermesse héroïque* (Jacques Feyder). *Kœnigsmark* (Maurice Tourneur). *Lucrèce Borgia* (Abel Gance). *Napoléon Bonaparte* (Abel Gance ; version sonorisée, procédé Perspective Sonore). *Pension Mimosas* (Jacques Feyder). *Remous* (Edmond T. Gréville). *Toni* (Jean Renoir). *Un oiseau rare* (Richard Pottier).
RÉCOMPENSES : Festival de Venise : Prix d'interprétation masculine Pierre Blanchar (*Crime et châtiment* de Pierre Chenal).
Grand Prix du cinéma français : *La Kermesse héroïque* (Jacques Feyder).
ÉVÉNEMENTS : Louis Lumière présente un procédé de cinéma en relief par anaglyphe. Première émission de télévision émise depuis la rue de Grenelle, à Paris. Publication du « rapport Petsche ». Maurice Bardèche et Robert Brasillach publient leur *Histoire du cinéma.* Jubilé de Louis Lumière, en Sorbonne.

ANNÉE 1936

PRODUCTION : 116 films.
RECETTES SALLES : 876 000 000 F. (2 750 000 F.C.).
FILMS FRANÇAIS SORTIS : 141.

PREMIERS FILMS : 14 dont *Jenny* (Marcel Carné).

FILMS IMPORTANTS : *Les Amants terribles* (Marc Allégret). *Avec le sourire* (Maurice Tourneur). *La Belle Equipe* (Julien Duvivier). *Les Bas-Fonds* (Jean Renoir). *Le Crime de M. Lange* (Jean Renoir). *Mayerling* (Anatole Litvak). *Le Mort en fuite* (André Berthomieu). *Le Roi* (Pierre Colombier). *Le Roman d'un tricheur, Le Nouveau Testament* (Sacha Guitry). *La Tendre Ennemie* (Max Ophuls). *La vie est à nous* (Jean Renoir).

RÉCOMPENSES : Festival de Venise. Prix de la meilleure actrice : Annabella (*Veillée d'armes* de Marcel L'Herbier). Prix de la meilleure réalisation étrangère : Jacques Feyder (*La Kermesse héroïque*).
Grand Prix du Cinéma français : *L'Appel du silence* (Léon Poirier).

ÉVÉNEMENTS : Mise en faillite de Pathé-Natan. Projections publiques de télévision dans le circuit Cinéac. Sortie de *La terre qui meurt* (Jean Vallée) selon le procédé couleurs Francita. Avril : Jean Renoir tourne *La vie est à nous* pour le Parti communiste français. Mai : décret renforçant la censure. 7 juin : grève dans le cinéma. Contrat collectif entre le Syndicat général des travailleurs du film C.G.T. et la Chambre syndicale des industries cinématographiques. Confirmation en appel de la faillite Pathé-Natan. Accord franco-allemand de coproduction. Juillet : publication du « rapport de Carmoy ». Juillet-août : Jean Renoir réalise *Partie de campagne,* mais interrompt le tournage pour commencer *Les Bas-Fonds.* Septembre : naissance de la Confédération générale du cinéma. Naissance de la Cinémathèque française.

ANNÉE 1937

PRODUCTION : 123 films.

RECETTES SALLES : 1 000 000 000 F. (2 500 000 000 F.C.).

PREMIERS FILMS : 10 dont *Ces dames aux chapeaux verts* (Maurice Cloche).

FILMS IMPORTANTS : *Abus de confiance* (Henri Decoin). *A nous deux, madame la vie* (Yves Mirande). *Drôle de drame* (Marcel Carné). *Faisons un rêve* (Sacha Guitry). *François Iᵉʳ* (Christian-

Jaque). *La Grande Illusion* (Jean Renoir). *Gribouille* (Marc Allégret). *Gueule d'amour* (Jean Grémillon). *L'Homme de nulle part* (Pierre Chenal). *La Mort du cygne* (Jean Benoit-Lévy et Marie Epstein). *Orage* (Marc Allégret). *Pépé le Moko* (Julien Duvivier). *Le Puritain* (Jeff Musso). *Regain* (Marcel Pagnol). *Un déjeuner de soleil* (Marcel Cravenne – Cohen). *Un grand amour de Beethoven* (Abel Gance). *Yoshiwara* (Max Ophuls).

RÉCOMPENSES : Festival de Venise. Coupe Mussolini : *Carnet de bal* (Julien Duvivier).
Prix Louis Delluc : *Les Bas-fonds* (Jean Renoir).
Grand Prix du cinéma français : *Légions d'honneur* (Maurice Gleize).

ÉVÉNEMENTS : Accord franco-italien sur le règlement des échanges cinématographiques. Jacques Mathot présente la Caméréclair 300. Congrès international du film à Paris. Sortie des films fixée au mercredi au lieu du vendredi. Circulaire du président de la Commission de contrôle du film tendant à rétablir *de facto* la précensure.

ANNÉE 1938

PRODUCTION : 125 films.
FRÉQUENTATION : 220 000 000 spectateurs.
RECETTES SALLES : 1 300 000 000 F. (2 860 000 000 F.C.).
PREMIERS FILMS : 11 dont *Le Temps des cerises* (Jean-Paul Le Chanois).
FILMS IMPORTANTS : *Altitude 3200* (Jean Benoit-Lévy et Marie Epstein). *La Bête humaine* (Jean Renoir). *Café de Paris* (Yves Mirande et Georges Lacombe). *Les Disparus de Saint-Agil* (Christian-Jaque). *Entrée des artistes* (Marc Allégret). *L'Etrange M. Victor* (Jean Grémillon). *La Femme du boulanger* (Marcel Pagnol). *Hôtel du Nord* (Marcel Carné). *J'accuse* (Abel Gance). *La Marseillaise* (Jean Renoir). *Prison sans barreaux* (Léonide Moguy). *Quadrille* (Sacha Guitry). *Le Quai des Brumes* (Marcel Carné). *Remontons les Champs-Elysées* (Sacha Guitry). *Retour à l'aube* (Henri Decoin). *Le Schpountz* (Marcel Pagnol). *Werther* (Max Ophuls).

RÉCOMPENSES : Festival de Venise. Médaille spéciale : Marcel Carné *(Le Quai des Brumes).*
Prix Louis Delluc : *Le Puritain* (Jeff Musso).
Grand Prix du cinéma français : *Alerte en Méditerranée* (Léo Joannon).

ÉVÉNEMENTS : Marcel Pagnol fait construire à Marseille de nouveaux studios. Plus de 150 000 spectateurs ont vu *Blanche-Neige et les sept nains* en sept semaines au cinéma Marignan. Constitution de la Société nouvelle des Etablissements Gaumont qui remplace la G.F.F.A. en faillite. Inculpé en 1936, Bernard Natan est arrêté.

ANNÉE 1939

PRODUCTION : 83 films.

NOMBRE DE SALLES : 4754.

PREMIERS FILMS : 8.

FILMS IMPORTANTS : *Battements de cœur* (Henri Decoin). *Circonstances atténuantes* (Jean Boyer). *Le Dernier Tournant* (Pierre Chenal). *Entente cordiale* (Marcel L'Herbier). *L'Enfer des anges* (Christian-Jaque). *La Fin du jour* (Julien Duvivier). *Fric-Frac* (Maurice Lehmann et Claude Autant-Lara). *Ils étaient neuf célibataires* (Sacha Guitry). *Le jour se lève* (Marcel Carné). *La Règle du jeu* (Jean Renoir).

ÉVÉNEMENTS : En mars, le *Journal officiel* publie un « projet de loi » qui entraîne une vaste réforme. Mais il ne sera jamais débattu, adopté, appliqué. Naissance du Code de la famille d'où découlera une limitation d'accès des mineurs aux films. *L'Or du Cristobal,* qui devait être le premier film de Jacques Becker, est interrompu puis repris par Jean Stelli. Le premier Festival de Cannes, qui devait avoir lieu du 1er au 20 septembre, est annulé. Première projection privée d'*Espoir* d'André Malraux. Le film est interdit et ne sortira qu'en 1945. Le 15 juillet, René Clair donne le premier tour de manivelle de son nouveau film, *Air pur,* qu'il ne pourra terminer. Le 27 août, cinq jours avant la déclaration de guerre, interdiction de 51 films français dont *Le Quai des Brumes, La Bête humaine, La Règle du jeu.* Jean Renoir part en Italie tourner *Tosca,* mais revient à la déclaration de guerre.

ANNÉE 1940

PRODUCTION : 28 films.

PREMIERS FILMS : 10 dont *Tobie est un ange* (Yves Allégret ; détruit dans un incendie).

FILMS IMPORTANTS : *Battements de cœur* (Henri Decoin). *Cavalcade d'amour* (Raymond Bernard). *De Mayerling à Sarajevo* (Max Ophuls). *L'Entraîneuse* (Albert Valentin). *La Fille du puisatier* (Marcel Pagnol). *Menaces* (Edmond T. Gréville). *Les Musiciens du ciel* (Georges Lacombe). *Paradis perdu* (Abel Gance).

RÉCOMPENSES : Festival de Venise. Coupe de la Biennale de Venise : Julien Duvivier *(La Fin du jour)*.

ÉVÉNEMENTS : 19 juin : Maurice Jaubert est tué au combat. Juin : après l'entrée des Allemands dans Paris, le cinéma le Pigalle rouvre ses portes. A la fin du mois, 60 salles fonctionnent, 300 salles le 15 août (Ile-de-France). 18 juillet : création de la *Propaganda Abteilung* dont va dépendre le cinéma français pendant l'Occupation. 16 août : Vichy crée un Service du cinéma, avec à sa tête Guy de Carmoy. 3 octobre : création à Paris de la Continentale Films dirigée par Alfred Greven. Loi relative au statut des juifs qui les exclut de la profession cinématographique. 26 octobre : loi réglementant l'industrie cinématographique. 29 octobre : déchéance de la nationalité française de René Clair. 2 novembre : création du Comité d'organisation de l'industrie cinématographique (C.O.I.C.). 20 novembre : Léon Siritzki vend son circuit de salles (Biarritz, César, Max Linder) à une société contrôlée par les Allemands. 4 décembre : Raoul Ploquin est nommé directeur du C.O.I.C.

ANNÉE 1941

PRODUCTION : 60 films.

FRÉQUENTATION : 224 866 533 spectateurs.

RECETTES SALLES : 1 544 234 898 F. (2 309 000 000 F.C.).

PREMIERS FILMS : 5 dont *Les Deux Timides* (Yves Allégret ; sous le pseudonyme d'Yves Champlain ; second « premier film » après la disparition par incendie de *Tobie est un ange*). *Nous les gosses* (Louis Daquin).

FILMS IMPORTANTS : *L'Assassinat du Père Noël* (Christian-Jaque). *Le Dernier des six* (Georges Lacombe). *L'Empreinte du Dieu* (Léonide Moguy). *La Fille du puisatier* (sortie Paris). *Histoire de rire* (Marcel L'Herbier). *Madame Sans-Gêne* (Roger Richebé). *Nous les gosses* (Louis Daquin). *Premier rendez-vous* (Henri Decoin). *Romance de Paris* (Jean Boyer). *Remorques* (Jean Grémillon). *Volpone* (Jacques de Baroncelli – Maurice Tourneur). *Swamp Water* (*L'Etang tragique* ; Jean Renoir, U.S.A.).

ÉVÉNEMENTS : 3 mars : 280 salles sur 310 sont ouvertes à Paris. Depuis septembre, six ordonnances de la *Propaganda Abteilung* réglementent la profession : exclusion des juifs, censure allemande sur la distribution en zone occupée, suppression du double programme. Le Haut Commandement allemand distribue seul les autorisations de travail. Création du circuit de salles S.O.G.E.C. 341 films sont interdits dont 173 français et 105 américains.

ANNÉE 1942

PRODUCTION : 78 films.

FRÉQUENTATION : 281 507 196 spectateurs.

RECETTES SALLES : 2 504 800 465 F. (3 105 952 576 F.C.).

NOMBRE DE SALLES : 3 388.

PREMIERS FILMS : 9 dont *La Fausse Maîtresse* (André Cayatte) et *L'assassin habite au 21* (Henri-Georges Clouzot).

FILMS IMPORTANTS : *L'assassin habite au 21* (Henri-Georges Clouzot). *L'Arlésienne* (Marc Allégret). *La Comédie du bonheur* (Marcel L'Herbier). *Dernier atout* (Jacques Becker). *La Duchesse de Langeais* (Jacques de Baroncelli). *L'Honorable Catherine* (Marcel L'Herbier). *Les Inconnus dans la maison* (Henri Decoin). *Lettres d'amour* (Claude Autant-Lara). *Le Lit à colonnes* (Roland Tual). *Macao, l'enfer du jeu* (Jean Delannoy). *Mademoiselle Swing* (Richard Pottier). *Le*

Mariage de Chiffon (Claude Autant-Lara). *La Nuit fantastique* (Marcel L'Herbier). *La Piste du Nord* (ou *La Loi du Nord* ; Jacques Feyder). *Pontcarral, colonel d'Empire* (Jean Delannoy). *La Symphonie fantastique* (Christian-Jaque). *Les Visiteurs du soir* (Marcel Carné). *Le Voile bleu* (Jean Stelli). *Tales of Manhattan* (*Six destins* ; Julien Duvivier, U.S.A.). I Married a Witch (*J'ai épousé une sorcière* ; René Clair ; U.S.A.).

ÉVÉNEMENTS : Une délégation du cinéma français se rend à Berlin, sur l'invitation de Goebbels ; elle comprend notamment Danielle Darrieux, Albert Préjean, Viviane Romance. Le film de Marc Allégret, *Félicie Nanteuil,* ne peut sortir à cause du rôle important de Claude Dauphin qui, cette même année, est passé en Grande-Bretagne. (Rôle principal féminin : Micheline Presle). *Félicie Nanteuil* sortira en 1945.

ANNÉE 1943

PRODUCTION : 59 films.
FRÉQUENTATION : 304 515 330 spectateurs.
RECETTES SALLES : 3 805 555 565 F. (3 805 555 565 F.C.).
NOMBRE DE SALLES : 3 975.
PREMIERS FILMS : 6 dont *Les Anges du péché* (Robert Bresson) et *Adémaï bandit d'honneur* (Gilles Grangier).
FILMS IMPORTANTS : *Adieu Léonard* (Pierre Prévert). *Les Anges du péché* (Robert Bresson). *Au bonheur des dames* (André Cayatte). *Le Baron fantôme* (Serge de Poligny). *Le Camion blanc* (Léo Joannon). *Le Capitaine Fracasse* (Abel Gance). *Le Colonel Chabert* (René Le Hénaff). *Le Corbeau* (Henri-Georges Clouzot). *Donne-moi tes yeux* (Sacha Guitry). *Douce* (Claude Autant-Lara). *L'Eternel Retour* (Jean Delannoy). *Goupi Mains Rouges* (Jacques Becker). *L'Homme de Londres* (Henri Decoin). *It Happened Tomorrow* (*C'est arrivé demain* ; René Clair ; U.S.A.). *Lumière d'été* (Jean Grémillon). *La Main du diable* (Maurice Tourneur). *Marie-Martine* (Albert Valentin). *Les Mystères de Paris* (Jacques de Baroncelli). *Pierre et Jean* (André Cayatte). *Service de nuit* (Jean Faurez). *Un seul amour* (Pierre Blanchar). *Vénus aveugle* (Abel Gance).

Le Voyage sans espoir (Christian-Jaque). *Le Voyageur de la Toussaint* (Louis Daquin).

RÉCOMPENSES : Prix Emile Reynaud : *L'Epouvantail* (Paul Grimault).

Prix du Congrès documentaire : *Rodin* (René Lucot) et *Le Tonnelier* (Georges Rouquier).

ÉVÉNEMENTS : Le *Journal officiel* publie la loi instituant le dépôt légal pour les œuvres cinématographiques. Le Tribunal de commerce de la Seine officialise le redressement de Pathé Cinéma et constate l'apurement du passif. Paul Morand est nommé président de la Commission de censure cinématographique. Il en démissionne au bout de quelques mois parce qu'il refuse d'autoriser la sortie de *Lumière d'été*. 16 août : premier tour de manivelle du film *Les Enfants du paradis*.

ANNÉE 1944

PRODUCTION : 21 films.

FRÉQUENTATION : 245 379 298 spectateurs.

RECETTES SALLES : 3 215 251 157 F. (2 636 505 948 F.C.).

NOMBRE DE SALLES : 4 258.

PREMIERS FILMS : 2 dont *Service de nuit* (Jean Faurez).

FILMS IMPORTANTS : *Carmen* (Christian-Jaque). *Le Carrefour des enfants perdus* (Léo Joannon). *Cécile est morte* (Maurice Tourneur). *Le ciel est à vous* (Jean Grémillon). *La Libération de Paris* (collectif). *La Malibran* (Sacha Guitry). *Premier de cordée* (Louis Daquin). *Les Petites du Quai aux fleurs* (Marc Allégret). *La Rabouilleuse* (Fernand Rivers). *Vautrin* (Pierre Billon). *Le Voyageur sans bagages* (Jean Anouilh).

RÉCOMPENSES : Grand Prix du cinéma français : *Les Visiteurs du soir* (Marcel Carné).

ÉVÉNEMENTS : Janvier : ouverture de l'I.D.H.E.C. (président : Marcel L'Herbier). Février : une loi crée le Registre public de la cinématographie. Mars : Raimu débute au Français dans *Le Bourgeois gentilhomme*. Avril : interdiction de tous les films de Jean Gabin. Août : Aimos est tué sur les barricades pendant la libération de Paris. On apprend la mort de Robert Lynen en déportation. Sacha Guitry est arrêté. Suivront Arletty, Pierre

Fresnay, Tino Rossi, Albert Préjean, Ginette Leclerc, Mireille Balin, Mary Marquet, Corinne Luchaire, Robert Le Vigan. Parution de *L'Ecran français* et de *La Cinématographie française*. Septembre : le Comité de libération du cinéma suspend d'activités Marcel Carné, André Cayatte, Henri-Georges Clouzot, Henri Decoin, Léo Joannon, Albert Valentin. Novembre : reprise de l'activité des studios français.

ANNÉE 1945

PRODUCTION : 73 films.

FRÉQUENTATION : 380 380 000 spectateurs.

RECETTES SALLES : 7 386 000 000 F. (4 062 300 000 F.C.).

NOMBRE DE SALLES : 4 306.

PREMIERS FILMS : 6 dont *Espoir* (André Malraux).

FILMS IMPORTANTS : *Boule de suif* (Christian-Jaque). *Les Dames du bois de Boulogne* (Robert Bresson, tourné en 1944). *Les Enfants du paradis* (Marcel Carné, tourné en 1943-1944). *Espoir* (André Malraux, tourné en 1938-1939). *Falbalas* (Jacques Becker, tourné en 1944). *La Fiancée des ténèbres* (Serge de Poligny). *Félicie Nanteuil* (Marc Allégret, tourné en 1942, interdit par les Allemands). *La Femme du pendu* (Jean Dréville). *Naïs* (Raymond Leboursier et Marcel Pagnol). *Sortilèges* (Christian-Jaque, tourné en 1944). *The Southerner* (*L'Homme du Sud* ; Jean Renoir, U.S.A.).

RÉCOMPENSES : Prix Louis Delluc : *Espoir* (André Malraux).

ÉVÉNEMENTS : 16 mai : Michel Fourré-Cormeray remplace Jean Painlevé à la Direction générale du cinéma. 3 juillet : ordonnance sur la censure. Le président de la nouvelle commission est Georges Huisman. 28 août : le C.O.I.C. est remplacé par l'Office professionnel du cinéma. Décembre : Pathé célèbre la 52e semaine des *Enfants du paradis* en exclusivité.

ANNÉE 1946

PRODUCTION : 91 films.

FRÉQUENTATION : 369 500 000 spectateurs.

RECETTES SALLES : 10 386 000 000 F. (3 738 960 000 F.C.).
NOMBRE DE SALLES : 4 528.
PREMIERS FILMS : 8 dont *La Bataille du rail* (René Clément).
FILMS IMPORTANTS : *La Bataille du rail* (René Clément). *La Belle et la Bête* (Jean Cocteau). *Le Capitan* (Robert Vernay). *La Fille du diable* (Henri Decoin). *L'Homme au chapeau rond* (Pierre Billon). *L'Idiot* (Georges Lampin). *Martin Roumagnac* (Georges Lacombe). *Le Père tranquille* (René Clément). *Les Portes de la nuit* (Marcel Carné). *La Symphonie pastorale* (Jean Delannoy). *Sylvie et le fantôme* (Claude Autant-Lara). *Partie de campagne* (Jean Renoir, tourné en 1936). *Un revenant* (Christian-Jaque).
RÉCOMPENSES : Festival de Cannes. Grand Prix du Festival : *La Symphonie pastorale* (Jean Delannoy). Prix spécial du jury et Prix de la mise en scène : *La Bataille du rail* (René Clément). Prix d'interprétation féminine : Michèle Morgan *(La Symphonie pastorale).*
Festival de Venise : Lion d'or et Prix du public : *L'Homme du Sud* (Jean Renoir).
Prix Louis Delluc : *La Belle et la Bête* (Jean Cocteau).
Prix Méliès : *La Bataille du rail* (René Clément).
Grand Prix du cinéma français (prix Louis Lumière) : *Farrebique* (Georges Rouquier).
ÉVÉNEMENTS : Février : *Zéro de conduite* obtient son visa de censure. Marcel Pagnol élu à l'Académie française. Mai : signature à Washington des accords Blum-Byrnes. Octroi d'un prêt à la France en contrepartie de l'abrogation des mesures douanières restrictives. Reprise du projet de Prévert et Carné sur les maisons de redressement. *L'Ile des enfants perdus* devient *La Fleur de l'âge*. Septembre : disparition de Raimu et premier Festival de Cannes. 1er octobre : reparution de *La Revue du cinéma*. 25 octobre : création du Centre national du cinéma (directeur général : Michel Fourré-Cormeray). 16 novembre : condamnation de Robert Le Vigan pour intelligence avec l'ennemi : dix ans de travaux forcés, indignité nationale, confiscation des biens. Signature du premier accord cinématographique franco-italien. Pour la première fois, des cours d'histoire du cinéma sont donnés en Sorbonne. Parution du premier volume de l'*Histoire générale du cinéma* de Georges Sadoul.

ANNÉE 1947

PRODUCTION : 71 films.

FRÉQUENTATION : 423 700 000 spectateurs.

RECETTES SALLES : 13 885 576 736 F. (3 332 537 409 F.C.).

NOMBRE DE SALLES : 5 403.

PREMIERS FILMS : 15 dont *Six heures à perdre* (Alex Joffé). *Farrebique* (Georges Rouquier).

FILMS IMPORTANTS : *Antoine et Antoinette* (Jacques Becker). *La Danse de mort* (Marcel Cravenne). *Le Diable au corps* (Claude Autant-Lara). *Farrebique* (Georges Rouquier). *Les jeux sont faits* (Jean Delannoy). *Le Mariage de Ramuntcho* (Max de Vaucorbeil ; premier long-métrage français en Agfacolor). *Les Maudits* (René Clément). *Monsieur Vincent* (Maurice Cloche). *Panique* (Julien Duvivier). *Quai des Orfèvres* (Henri-Georges Clouzot). *Le silence est d'or* (René Clair).

PRIX : Festival de Cannes. Prix du film psychologique et d'amour : *Antoine et Antoinette* (Jacques Becker). Prix du film d'aventures et policier : *Les Maudits* (René Clément). Prix de la meilleure réalisation : *Quai des Orfèvres* (H.-G. Clouzot). Prix d'interprétation masculine : Pierre Fresnay *(Monsieur Vincent* de Maurice Cloche). Grand Prix de la critique internationale : *Farrebique* (Georges Rouquier).
Festival de Venise. Prix du meilleur acteur : Pierre Fresnay *(Monsieur Vincent* de Maurice Cloche).
Bruxelles : Prix de la critique internationale : *Le Diable au corps* (Claude Autant-Lara). Prix d'interprétation masculine : Gérard Philipe *(Le Diable au corps)*. Prix du meilleur long-métrage : *Le silence est d'or* (René Clair).
Prix Louis Delluc : *Paris 1900* (Nicole Védrès).
Prix Méliès : *Le silence est d'or* (René Clair).
Grand Prix du cinéma français : *Monsieur Vincent* (Maurice Cloche).
Victoires du cinéma français. Meilleur film : *La Symphonie pastorale*. Meilleure actrice : Edwige Feuillère. Meilleur acteur : Pierre Blanchar.

ÉVÉNEMENTS : Interruption du tournage de *La Fleur de l'âge* de Marcel Carné. Premier Festival d'Avignon. Premières décisions réglementaires du C.N.C. : mise en vigueur de billets portant la marque du C.N.C., réglementation et contrôle des salles. Mise au point de la Caméflex Eclair, caméra 35 mm portable à visée reflex, brevet Coutan-Mathot. L'incendie du cinéma le Sélect, à Rueil, fait 80 morts.

ANNÉE 1948

PRODUCTION : 92 films.

FRÉQUENTATION : 402 000 000.

RECETTES SALLES : 19 566 416 735 F. (2 934 962 505 F.C.).

NOMBRE DE SALLES : 5 646.

PREMIERS FILMS : 11, dont *Les Dernières Vacances* (Roger Leenhardt). *L'Armoire volante* (Carlo Rim). *Paris 1900* (Nicole Védrès).

FILMS IMPORTANTS : *L'Aigle à deux têtes* (Jean Cocteau). *Au cœur de l'orage* (Jean-Paul Le Chanois). *La Bataille de l'eau lourde* (Jean Dréville et Titus Vibe Muller). *La Belle Meunière* (Marcel Pagnol). *Les Casse-Pieds* (Jean Dréville). *La Chartreuse de Parme* (Christian-Jaque). *Le Comédien* (Sacha Guitry). *Les Dernières Vacances* (Roger Leenhardt). *Dédée d'Anvers* (Yves Allégret). *Le Diable boiteux* (Sacha Guitry). *D'homme à hommes* (Christian-Jaque). *L'Ecole buissonnière* (Jean-Paul Le Chanois). *Les Frères Bouquinquant* (Louis Daquin). *Gigi* (Jacqueline Audry). *Les Parents terribles* (Jean Cocteau). *Paris 1900* (Nicole Védrès). *La Vie en rose* (Jean Faurez). *Letter From an Unknown Woman* (*Lettre d'une inconnue* ; Max Ophuls, U.S.A.).

RÉCOMPENSES : Oscar du meilleur film étranger : *Monsieur Vincent* (Maurice Cloche).

Prix Louis Delluc : *Les Casse-Pieds* (Jean Dréville).

Prix Méliès : *Paris 1900* (Nicole Védrès).

Victoire du cinéma français. Meilleur film : *Monsieur Vincent* (Maurice Cloche). Meilleure actrice : Micheline Presle. Meilleur acteur : Pierre Fresnay.

Grand Prix du cinéma français (prix Louis Lumière) : *Les Casse-Pieds* (Jean Dréville).

ÉVÉNEMENTS : Mars : article d'Alexandre Astruc dans *L'Ecran français* : « Naissance d'une nouvelle avant-garde : la caméra-stylo ». Septembre : tournage de *La Belle Meunière* (Marcel

Pagnol), premier film en Rouxcolor. Septembre : révision des accords Blum-Byrnes remplacés par les accords de Paris. Septembre : vote de la Loi d'aide au cinéma. Novembre : Jean-Pierre Melville obtient l'accord d'un jury de résistants pour *Le Silence de la mer*. Suppression du Festival de Cannes : le Palais des festivals n'est pas prêt.

ANNÉE 1949

PRODUCTION : 108 films.

FRÉQUENTATION : 387 700 000 spectateurs (42,4 % pour les films français, 44,5 % pour les films U.S.).

RECETTES SALLES : 22 170 272 695 F. (2 882 135 438 F.C.).

NOMBRE DE SALLES : 5 758.

PREMIERS FILMS : 20 dont *Branquignol* (Robert Dhéry). *Le Silence de la mer* (Jean-Pierre Melville). *Jour de fête* (Jacques Tati).

FILMS IMPORTANTS : *Les Amants de Vérone* (André Cayatte). *Au-delà des grilles* (René Clément). *Branquignol* (Robert Dhéry). *La Ferme des sept péchés* (Jean Devaivre). *Jour de fête* (Jacques Tati). *Manon* (Henri-Georges Clouzot). *Occupe-toi d'Amélie* (Claude Autant-Lara). *Pattes blanches* (Jean Grémillon). *Rendez-vous de juillet* (Jacques Becker). *Le Point du jour* (Louis Daquin). *Le Silence de la mer* (Jean-Pierre Melville). *Une si jolie petite plage* (Yves Allégret).

RÉCOMPENSES : Festival de Cannes. Prix de la mise en scène : René Clément *(Au-delà des grilles)*. Prix d'interprétation féminine : Isa Miranda *(Au-delà des grilles)*.
Festival de Venise. Lion d'or : *Manon* (Henri-Georges Clouzot).
Prix Louis Delluc : *Rendez-vous de juillet* (Jacques Becker).
Prix Méliès : *Manon* (Henri-Georges Clouzot).
Victoires du cinéma français. Meilleur film : *Aux yeux du souvenir* (Jean Delannoy). Meilleure actrice : Michèle Morgan. Meilleur acteur : Louis Jouvet.

ÉVÉNEMENTS : Eclair lance la caméra portative Caméflex 300, brevet d'André Coutant. Festival du film maudit à Biarritz sous la présidence de Jean Cocteau. Reprise du Festival de Cannes, inauguré par François Mitterrand, sous-secrétaire d'Etat à l'Information. Inauguration du Palais des festivals.

Premier grand film en Gevacolor : *La Maison du printemps* (Jacques Daroy). Naissance d'Unifrance-Film, chargé de la promotion du film français à l'étranger (délégué général : Robert Cravenne). Nouveaux accords franco-italiens tendant à favoriser les coproductions. Le cinéma le César, sur les Champs-Elysées, devient le Raimu (avec pour premier programme *Riz amer*). Naissance du journal télévisé avec Pierre Sabbagh, Georges de Caunes, Pierre Tchernia et Claude Darget.

ANNÉE 1950

PRODUCTION : 117 films.

FRÉQUENTATION : 370 708 386 spectateurs (45,09 % pour les films français, 42,5 % pour les films U.S.).

RECETTES SALLES : 25 861 256 753 F. (3 103 350 804 F.C.).

NOMBRE DE SALLES : 5 007.

PREMIERS FILMS : 15 dont *Lady Paname* (Henri Jeanson). *Premières armes* (René Wheeler).

FILMS IMPORTANTS : *La Beauté du diable* (René Clair). *Caroline chérie* (Richard Pottier). *Les Charmes de l'existence* (Jean Grémillon et Pierre Kast). *Dieu a besoin des hommes* (Jean Delannoy). *Les Enfants terribles* (Jean-Pierre Melville). *Justice est faite* (André Cayatte). *Manèges* (Yves Allégret). *Miquette et sa mère* (Henri-Georges Clouzot). *La Marie du port* (Marcel Carné). *Orphée* (Jean Cocteau). *La Ronde* (Max Ophuls).

RÉCOMPENSES : Festival de Venise. Lion d'or : *Justice est faite* (André Cayatte). Prix international : *Dieu a besoin des hommes* (Jean Delannoy). Prix du meilleur scénario : *La Ronde* (Max Ophuls). Prix du meilleur court-métrage : *Les Charmes de l'existence* (Jean Grémillon et Pierre Kast).

Oscar du meilleur film étranger : *Au-delà des grilles* (René Clément).

Victoires du cinéma français. Meilleur film : *Barry* (Richard Pottier). Meilleure actrice : Danièle Delorme. Meilleur acteur : Bernard Blier.

Grand Prix du cinéma français (prix Louis Lumière) : *Jour de fête* (Jacques Tati).

ÉVÉNEMENTS : Suppression du Festival de Cannes pour permettre le changement de calendrier. Le Festival passera l'année suivante de l'automne au printemps. Après une longue attente, sortie sur les écrans français d'*Autant en emporte le vent*. C'est un succès, mais pas le raz de marée attendu. Libération du prix des places dans les cinémas. Renforcement de la censure et démission des seize membres de la commission qui représentaient la profession.

ANNÉE 1951

PRODUCTION : 107 films.

FRÉQUENTATION : 372 800 000 spectateurs (47,3 % pour les films français, 40 % pour les films U.S.).

RECETTES SALLES : 32 254 165 492 F. (3 547 958 194 F.C.).

PREMIERS FILMS : 21 dont *La Vie chantée* (Noël-Noël).

FILMS IMPORTANTS : *L'Auberge rouge* (Claude Autant-Lara). *Debureau* (Sacha Guitry). *Edouard et Caroline* (Jacques Becker). *Le Journal d'un curé de campagne* (Robert Bresson). *Juliette ou la clé des songes* (Marcel Carné). *La Poison* (Sacha Guitry). *Les Mains sales* (Fernand Rivers). *Sous le ciel de Paris* (Julien Duvivier). *The River* (*Le Fleuve* ; Jean Renoir, U.S.A.).

RÉCOMPENSES : Festival de Venise. Prix international : *Le Journal d'un curé de campagne* (Robert Bresson). Prix d'interprétation masculine : Jean Gabin (*La nuit est mon royaume* de Georges Lacombe).
Festival de Berlin. Ours d'or : *Justice est faite* (André Cayatte).
Victoires du cinéma français. Meilleur film : *Justice est faite* (André Cayatte). Meilleure actrice : Michèle Morgan. Meilleur acteur : Pierre Fresnay.
Prix Méliès : *Le Journal d'un curé de campagne* (Robert Bresson).
Grand prix du cinéma français (prix Louis Lumière) : *Le Journal d'un curé de campagne* (Robert Bresson).

ÉVÉNEMENTS : Premier numéro des *Cahiers du cinéma*. Reprise du Festival de Cannes en avril au lieu de septembre. Présentation du procédé Hypergonar de projection panoramique du Pr Chrétien. Premier Festival de Berlin. Cinéma et théâtre français en deuil avec la mort de Louis Jouvet.

ANNÉE 1952

PRODUCTION : 109 films.

FRÉQUENTATION : 359 600 000 spectateurs (49,19 % pour les films français, 37,15 % pour les films U.S.).

RECETTES SALLES : 38 382 977 347 F. (3 454 467 957 F.C.).

NOMBRE DE SALLES : 5 385.

PREMIERS FILMS : 11 dont *La Table aux crevés* (Henri Verneuil).

BEST-SELLER : *Fanfan la Tulipe* (Christian-Jaque) : 441 798 entrées à Paris ; 124 923 923 F. (recettes Paris).

FILMS IMPORTANTS : *Avec André Gide* (Marc Allégret). *Belles de nuit* (René Clair). *Casque d'or* (Jacques Becker). *Fanfan la Tulipe* (Christian-Jaque). *Il est minuit, docteur Schweitzer* (André Haguet). *Jeux interdits* (René Clément). *Manon des sources* (Marcel Pagnol). *Nous sommes tous des assassins* (André Cayatte). *Le Petit Monde de Don Camillo* (Julien Duvivier). *Le Plaisir* (Max Ophuls). *La Vérité sur Bébé Donge* (Henri Decoin).

RÉCOMPENSES : Festival de Cannes. Prix spécial du jury : *Nous sommes tous des assassins* (André Cayatte). Prix de la mise en scène : Christian-Jaque *(Fanfan la Tulipe)*.
Festival de Venise. Lion d'or : *Jeux interdits* (René Clément). Prix spécial du jury : *La Bergère et le ramoneur* (Paul Grimault).
Oscar du meilleur film étranger : *Jeux interdits* (René Clément).
Prix Louis Delluc : *Le Rideau cramoisi* (Alexandre Astruc).
Prix Méliès : *Belles de nuit* (René Clair).
Prix Jean Vigo : *La Grande Vie* (Henri Schneider).
Victoires du cinéma français. Meilleur film : *Un grand patron* (Yves Ciampi). Meilleure actrice : Madeleine Robinson. Meilleur acteur : Jean Gabin *(La nuit est mon royaume)*.

ÉVÉNEMENTS : Premier numéro de *Positif.* Echec d'une renégociation des accords avec les Américains. Un décret fixe les nouvelles règles d'importation des films doublés. Il limite à 138 films le nombre de films autorisés, sans distinction de nationalité. Un accord franco-américain signé quelques mois plus tard fixe le quota des films américains doublés à 90.

ANNÉE 1953

PRODUCTION : 112 films.

FRÉQUENTATION : 370 600 000 spectateurs (47,7 % pour les films français, 35,2 % pour les films U.S.).

RECETTES SALLES : 41 422 171 227 F. (4 142 217 122 F.C.).

NOMBRE DE SALLES : 5 644.

PREMIERS FILMS : 12 dont *Le Rideau cramoisi* (Alexandre Astruc).

BEST-SELLER : *Le Salaire de la peur* (Henri-Georges Clouzot). Recette brute : 244 679 450 F.

FILMS IMPORTANTS : *La Bergère et le ramoneur* (Paul Grimault). *Le Bon Dieu sans confession* (Claude Autant-Lara). *Le Carrosse d'or* (Jean Renoir). *Madame de...* (Max Ophuls). *La Môme Vert-de-Gris* (Bernard Borderie). *Les Orgueilleux* (Yves Allégret). *Le Rideau cramoisi* (Alexandre Astruc). *Le Salaire de la peur* (Henri-Georges Clouzot). *Thérèse Raquin* (Marcel Carné). *Les Vacances de M. Hulot* (Jacques Tati).

RÉCOMPENSES : Festival de Cannes. Grand Prix international : *Le Salaire de la peur* (Henri-Georges Clouzot). Prix d'interprétation masculine : Charles Vanel *(Le Salaire de la peur).*
Festival de Venise. Lion d'argent : *Thérèse Raquin* (Marcel Carné). Lion de bronze : *Les Orgueilleux* (Yves Allégret). Prix d'interprétation masculine : Henri Vilbert (*Le Bon Dieu sans confession* de Claude Autant-Lara).
Prix Louis Delluc : *Les Vacances de M. Hulot* (Jacques Tati).
Prix Méliès : *Le Salaire de la peur* (Henri-Georges Clouzot).
Prix Jean Vigo : *Crin Blanc* (Albert Lamorisse).
Grand Prix du cinéma français (prix Louis Lumière) : *Belles de nuit* (René Clair).
Victoires du cinéma français. Meilleur film : *Le Petit Monde de Don Camillo* (Julien Duvivier). Meilleure actrice : Martine Carole *(Adorables créatures).* Meilleur acteur : Fernandel (*Le Petit Monde de Don Camillo* de Julien Duvivier).

ÉVÉNEMENTS : La France compte 40 000 récepteurs de télévision. Retransmission du couronnement d'Elisabeth II par télévision (et sur trois écrans dans des salles parisiennes). Audience estimée : 500 000 spectateurs. Débuts de l'émission « Lectures pour tous ». Utilisation obligatoire du support de sécurité pour le tirage des films. Séance expérimentale de Polyvision présentée par Abel Gance. Présentation de Cinémascope au Rex. Installation de Technicolor à Joinville. Le nombre de coproductions ne cesse d'augmenter. Il est passé de 3 en 1949 à 9 en 1952 et à 25 en 1953. Cinquante coproductions ont été tournées en cinq ans, dont 44 avec l'Italie.

ANNÉE 1954

PRODUCTION : 98 films.

FRÉQUENTATION : 383 000 000 spectateurs (47,2 % pour les films français, 34,5 % pour les films U.S.).

RECETTES SALLES : 45 500 000 F. (4 550 000 F.C.).

NOMBRE DE SALLES : 5 385.

PREMIERS FILMS : 9 dont *Les hommes ne pensent qu'à ça* (Yves Robert).

BEST-SELLER : *Si Versailles m'était conté* (Sacha Guitry). 685 079 entrées Paris. Recettes Paris : 273 816 255 F.

FILMS IMPORTANTS : *L'Air de Paris* (Marcel Carné). *Avant le déluge* (André Cayatte). *Le Blé en herbe* (Claude Autant-Lara). *Les Diaboliques* (Henri-Georges Clouzot). *Monsieur Ripois* (René Clément). *Papa, maman, la bonne et moi* (Jean-Paul Le Chanois). *La Reine Margot* (Jean Dréville). *Le Rouge et le Noir* (Claude Autant-Lara). *Si Versailles m'était conté* (Sacha Guitry). *Touchez pas au grisbi* (Jacques Becker).

RÉCOMPENSES : Festival de Cannes. Prix spécial du jury : *Monsieur Ripois* (René Clément). Prix international : *Avant le déluge* (André Cayatte).
Festival de Venise. Prix d'interprétation masculine : Jean Gabin (*Touchez pas au grisbi* de Jacques Becker).
Prix Louis Delluc : *Les Diaboliques* (Henri-Georges Clouzot).
Prix Méliès : *Le Rouge et le Noir* (Claude Autant-Lara).
Prix Jean Vigo : *Les statues meurent aussi* (Alain Resnais et Chris Marker).
Grand Prix du cinéma français (prix Louis Lumière) : *Le Blé en herbe* (Claude Autant-Lara).
Victoires du cinéma français. Meilleur film : *Le Salaire de la peur* (Henri-Georges Clouzot). Meilleure actrice : Martine Carol *(Lucrèce Borgia)*. Meilleur acteur : Gérard Philipe *(Les Orgueilleux)*.

ÉVÉNEMENTS : Janvier : dans le n° 31 des *Cahiers du cinéma*, article de François Truffaut : « Une certaine tendance du cinéma français » (attaque contre Aurenche, Bost, Autant-Lara). Octobre : premier numéro de *Cinéma 55,* revue de la Fédération française des ciné-clubs. Hitchcock tourne (en partie) en France *To Catch a Thief,* premier film en Vistavision de Paramount.

ANNÉE 1955

PRODUCTION : 110 films.

FRÉQUENTATION : 394 800 000 spectateurs.

RECETTES SALLES : 48 200 000 000 F. (4 338 000 000 F.C.).

PREMIERS FILMS : 9 dont *Les Aristocrates* (Denys de La Patellière).

BEST-SELLER : *Les Diaboliques* (Henri-Georges Clouzot) : 466 542 entrées Paris.

FILMS IMPORTANTS : *Les Diaboliques* (Henri-Georges Clouzot). *Le Dossier noir* (André Cayatte). *Du rififi chez les hommes* (Jules Dassin). *French Cancan* (Jean Renoir). *Les Grandes Manœuvres* (René Clair). *Lola Montès* (Max Ophuls). *Les Mauvaises Rencontres* (Alexandre Astruc). *Napoléon* (Sacha Guitry). *Nuit et brouillard* (Alain Resnais). *La Tour de Nesle* (Abel Gance). *Un dimanche à Pékin* (Chris Marker).

RÉCOMPENSES : Festival de Cannes. Prix de la mise en scène : *Du rififi chez les hommes* (Jules Dassin).
Festival de Venise. Prix d'interprétation masculine : Curd Jurgens (*Les héros sont fatigués* d'Yves Ciampi).
Prix Louis Delluc : *Les Grandes Manœuvres* (René Clair).
Prix Méliès : *Du rififi chez les hommes* (Jules Dassin).
Prix Jean Vigo : *Zola* (Jean Vidal, C.M.).
Grand Prix du cinéma français (prix Louis Lumière) : *Les Evadés* (Jean-Paul Le Chanois).
Victoires du cinéma français. Meilleur film : *Si Versailles m'était conté* (Sacha Guitry). Meilleure comédienne : Danielle Darrieux pour *Le Rouge et le Noir* (Claude Autant-Lara). Meilleur comédien : Jean Gabin pour *Touchez pas au grisbi* (Jacques Becker).

ÉVÉNEMENTS : Jean Cocteau est élu à l'Académie française. A l'Empire, premières projections du Cinérama. Premier Festival du court-métrage à Tours. Immatriculation obligatoire des films au Registre public. La France compte 125 000 récepteurs de télévision. La Loi d'aide temporaire est remplacée par un Fonds de développement de l'industrie cinématographique. Naissance de l'Association française des cinémas d'art et d'essai. Paul Carpita tourne, à Marseille, *Le Rendez-vous des quais,* un film sur la grève des dockers contre la guerre d'Indochine qui sera interdit. Première retransmission d'un match de football à la télévision.

ANNÉE 1956

PRODUCTION : 129 films.

FRÉQUENTATION : 398 800 000 spectateurs (8,6 % pour les films français, 33,6 % pour les films U.S.).

RECETTES SALLES : 50 000 000 000 F (4 500 000 000 F.C.).

PREMIERS FILMS : 17 dont *Cette sacrée gamine* (Michel Boisrond). *Le Monde du silence* (Jacques-Yves Cousteau et Louis Malle). *Bonjour sourire* (Claude Sautet). *Et Dieu créa la femme* (Roger Vadim). *La Pointe courte* (Agnès Varda).

BEST-SELLER : *Notre-Dame de Paris* (Jean Delannoy) : 495 071 entrées Paris.

FILMS IMPORTANTS : *Et Dieu créa la femme* (Roger Vadim). *Bob le Flambeur* (Jean-Pierre Melville). *Gervaise* (René Clément). *Marguerite de la nuit* (Claude Autant-Lara). *Le Monde du silence* (Jacques-Yves Cousteau et Louis Malle). *La Mort en ce jardin* (Luis Buñuel). *Le Mystère Picasso* (Henri-Georges Clouzot). *Notre-Dame de Paris* (Jean Delannoy). *La Pointe courte* (Agnès Varda). *La Traversée de Paris* (Claude Autant-Lara). *Till L'Espiègle* (Gérard Philipe). *Un condamné à mort s'est échappé* (Robert Bresson).

RÉCOMPENSES : Festival de Cannes. Palme d'or : *Le Monde du silence* (Jacques-Yves Cousteau et Louis Malle). Prix spécial du jury : *Le Mystère Picasso* (Henri-Georges Clouzot).

Festival de Venise. Prix d'interprétation féminine : Maria Schell (*Gervaise* de René Clément). Prix d'interprétation masculine : Bourvil (*La Traversée de Paris* de Claude Autant-Lara).

Oscar du meilleur documentaire : *Le Monde du silence* (Jacques-Yves Cousteau et Louis Malle).

Prix Louis Delluc : *Le Ballon rouge* (Albert Lamorisse).
Prix Méliès : *Le Monde du silence* (Jacques-Yves Cousteau et Louis Malle). *Les Grandes Manœuvres* (René Clair).
Prix Jean Vigo : *Nuit et brouillard* (Alain Resnais et Jean Cayrol).
Grand Prix du cinéma français. Médailles d'or : *Le Ballon rouge* (Albert Lamorisse) et *Nuit et brouillard* (Alain Resnais).
Victoires du cinéma français. Meilleur film : *Les Grandes Manœuvres* (René Clair). Meilleure actrice : Martine Carol (*Nana* de Christian-Jaque). Meilleur acteur : Gérard Philipe (*Les Grandes Manœuvres* de René Clair).
ÉVÉNEMENTS : Publication du Code de l'industrie cinématographique. Le Fonds de soutien peut désormais accorder des fonds en fonction de critères qualitatifs. 19 films touchent 410 millions à ce titre. 55 % du territoire sont couverts par la télévision.

ANNÉE 1957

PRODUCTION : 142 films.
FREQUENTATION : 411 600 000 spectateurs (50 % pour les films français, 32,3 % pour les films U.S.).
RECETTES SALLES : 54 800 000 000 F. (5 480 000 000 F.C.).
PREMIERS FILMS : 13 dont *Mort en fraude* (Marcel Camus). *Un amour de poche* (Pierre Kast).
FILMS IMPORTANTS : *Assassins et voleurs* (Sacha Guitry). *Les Aventures d'Arsène Lupin* (Jacques Becker). *Celui qui doit mourir* (Jules Dassin). *Les Espions* (Henri-Georges Clouzot). *Porte des Lilas* (René Clair). *Pot-Bouille* (Julien Duvivier). *Les Sorcières de Salem* (Raymond Rouleau).
RÉCOMPENSES : Festival de Cannes. Prix de la mise en scène : Robert Bresson pour *Un condamné à mort s'est échappé*.
Prix Louis Delluc : *Ascenseur pour l'échafaud* (Louis Malle).
Prix Méliès : *La Traversée de Paris* (Claude Autant-Lara). *Un condamné à mort s'est échappé* (Robert Bresson).
Prix Jean Vigo : *Léon la Lune* (Alain Jessua).
Grand Prix du cinéma français (prix Louis Lumière) : *Porte des Lilas* (René Clair).
Victoires du cinéma français. Meilleur film : *La Traversée de*

Paris (Claude Autant-Lara). Meilleure actrice : Brigitte Bardot (*Et Dieu créa la femme*). Meilleur acteur : Bourvil (*La Traversée de Paris* de Claude Autant-Lara).

ÉVÉNEMENTS : L'année est endeuillée par la disparition de Sacha Guitry, Max Ophuls, Charles Pathé, Erich von Stroheim. Loi sur la propriété littéraire et artistique : les auteurs d'un film sont le scénariste-dialoguiste, le réalisateur, le compositeur, l'auteur de l'œuvre originale. A la fin de l'année, la France compte 442 000 récepteurs de télévision : 138 films y ont été diffusés.

ANNÉE 1958

PRODUCTION : 126 films.

FRÉQUENTATION : 371 000 000 spectateurs (48,6 % pour les films français, 30 % pour les films U.S.).

RECETTES SALLES : 59 500 000 000 F. (4 760 000 000 F.C.).

PREMIERS FILMS : 13 dont *Une balle dans le canon* (Michel Deville). *La Môme aux boutons* (Georges Lautner). *Le Dos au mur* (Edouard Molinaro).

BEST-SELLER : *Mon oncle* (Jacques Tati) : 532 983 entrées Paris.

FILMS IMPORTANTS : *Les Amants (Louis Malle). Ascenseur pour l'échafaud* (Louis Malle). *Barrage contre le Pacifique* (René Clément). *En cas de malheur* (Claude Autant-Lara). *Lettre de Sibérie* (Chris Marker). *Maxime* (Henri Verneuil). *Les Misérables* (5e version ; Jean-Paul Le Chanois). *Les Mistons* (moyen-métrage ; François Truffaut). *Mon oncle* (Jacques Tati). *Montparnasse 19* (Jacques Becker). *Une vie* (Alexandre Astruc). *Les Tricheurs* (Marcel Carné).

RÉCOMPENSES : Festival de Cannes. Palme d'or du court-métrage : *La Joconde* (dessin animé ; Henri Gruel). Prix spécial du jury : *Mon oncle* (Jacques Tati).
Festival de Venise : Lion d'argent : *Les Amants* (Louis Malle).
Exposition universelle de Bruxelles. Grand Prix de la réalisation : *Les Mistons* (François Truffaut).
British Academy Award : Simone Signoret (*Les Sorcières de Salem* de Raymond Rouleau).
Prix Louis Delluc : *Moi, un Noir* (Jean Rouch).
Prix Méliès : *Mon oncle* (Jacques Tati).

Prix Jean Vigo : *Les Femmes de Stermetz* (C.M.) (Louis Gros-pierre).

Grand Prix du cinéma français (prix Louis Lumière) : *Les Tricheurs* (Marcel Carné).

Victoires du cinéma français. Meilleur film : *Porte des Lilas* (René Clair). Meilleure actrice : Danielle Darrieux. Meilleur acteur : Pierre Brasseur.

ÉVÉNEMENTS : A l'occasion de l'Exposition universelle de Bruxelles, la Cinémathèque de Belgique organise un référendum sur les douze meilleurs films de tous les temps : 5e : *La Grande Illusion* (Jean Renoir). La France compte 25 émetteurs de télévision et 683 000 récepteurs.

LES FILMS ET ACTEURS PRÉFÉRÉS
(1936-1938)

Ces tableaux résultent de référendums organisés par l'hebdomadaire *La Cinématographie française* auprès des exploitants. Ils sont analysés au livre II, Ire Partie « Cacophonie statistique » (voir page 211).

FILMS

ANNÉE 1936

1. *César,* Marcel Pagnol
2. *L'Appel du silence,* Léon Poirier.
3. *Le Roi,* Pierre Colombier.
4. *Mayerling,* Anatole Litvak
5. *Veille d'armes,* Marcel L'Herbier
6. *Les Temps Modernes* (U.S.A.)
7. *Marinella,* Pierre Caron
8. *Les Bas-Fonds,* Jean Renoir
9. *La Porte du large,* Marcel L'Herbier
10. *Un de la Légion,* Christian-Jaque
11. *L'Equipage,* Anatole Litvak
12. *Le Mioche,* Léonide Moguy
13. *Kœnigsmark,* Maurice Tourneur
14. *Baccara,* Yves Mirande
15. *Messieurs les ronds-de-cuir,* Yves Mirande
16. *Les Deux Gosses,* Fernand Rivers
17. *Le Roman d'un tricheur,* Sacha Guitry
18. *Michel Strogoff,* Jacques de Baroncelli
19. *Jim la Houlette,* André Berthomieu
20. *Bichon,* Fernand Rivers
21. *Samson,* Maurice Tourneur
22. *Les Révoltés du Bounty* (U.S.A.)
23. *Les Loups entre eux,* Léon Mathot

24. *La Charge de la brigade légère* (U.S.A.)
25. *Les Hommes nouveaux,* Marcel L'Herbier

ANNÉE 1937

1. *La Grande Illusion,* Jean Renoir
2. *Ignace,* Pierre Colombier
3. *Un Carnet de bal,* Julien Duvivier
4. *Les Perles de la Couronne,* Sacha Guitry
5. *Abus de confiance,* Henri Decoin
6. *Double crime sur la ligne Maginot,* Félix Gandera
7. *Pépé le Moko,* Julien Duvivier
8. *Naples au baiser de feu,* Augusto Genina
9. *Trois artilleurs au pensionnat,* René Pujol
10. *Les Rois du sport,* Pierre Colombier
11. *Le Roman de Marguerite Gautier* (U.S.A.)
12. *Marthe Richard,* Raymond Bernard
13. *Ces dames aux chapeaux verts,* Maurice Cloche
14. *Nitchevo,* Jacques de Baroncelli
15. *Regain,* Marcel Pagnol
16. *La Mort du cygne,* Jean Benoit-Lévy
17. *L'Homme à abattre,* Léon Mathot
18. *L'Alibi,* Pierre Chenal
19. *L'Habit vert,* Roger Richebé
20. *Le Messager,* Raymond Rouleau
21. *La Dame de Malacca,* Marc Allégret
22. *Gribouille,* Marc Allégret
23. *Le Coupable,* Raymond Bernard
24. *Gueule d'amour,* Jean Grémillon
25. *Courrier sud,* Pierre Billon

ANNÉE 1938

1. *Blanche-Neige et les sept nains* (U.S.A.)
2. *Le Quai des Brumes,* Marcel Carné
3. *Katia,* Maurice Tourneur
4. *La Femme du boulanger,* Marcel Pagnol
5. *Alerte en Méditerranée,* Léo Joannon
6. *Les Aventures de Robin des Bois* (U.S.A.)
7. *Barnabé,* Alexandre Esway
8. *La Maison du Maltais,* Pierre Chenal
9. *Trois valses,* Ludwig Berger
10. *Prison sans barreaux,* Léonide Moguy

11. *Prisons de femmes,* Roger Richebé
12. *Entrée des artistes,* Marc Allégret
13. *L'Etrange M. Victor,* Jean Grémillon
14. *Le Schpountz,* Marcel Pagnol
15. *Gibraltar,* Fédor Ozep
16. *Mon curé chez les riches,* Jean Boyer
17. *Légion d'honneur,* Maurice Gleize
18. *Adrienne Lecouvreur,* Marcel L'Herbier
19. *Marie Walewska* (U.S.A.)
20. *Orage,* Marc Allégret
21. *Education de prince,* Alexandre Esway
22. *Le Révolté,* Léon Mathot
23. *Ramuntcho,* René Barberis
24. *Un de la Canebière,* René Pujol
25. *Lumières de Paris,* Richard Pottier

ACTRICES

ANNÉE 1936

1. Gaby Morlay
2. Danielle Darrieux
3. Annabella
4. Shirley Temple (U.S.A.)
5. Greta Garbo (U.S.A.)
6. Elvire Popesco
7. Marlene Dietrich (U.S.A.)
8. Françoise Rosay
9. Jeanette Macdonald (U.S.A.)
10. Madeleine Renaud
11. Marcelle Chantal
12. Marguerite Moreno
13. Suzy Vernon
14. Renée Saint-Cyr
15. Edwige Feuillère

ANNÉE 1937

1. Danielle Darrieux
2. Annabella
3. Greta Garbo (U.S.A.)

662

4. Shirley Temple (U.S.A.)
 5. Edwige Feuillère
 6. Gaby Morlay
 7. Marlène Dietrich (U.S.A.)
 8. Elvire Popesco
 9. Véra Korène
10. Françoise Rosay
11. Deanna Durbin (U.S.A.)
12. Claudette Colbert (U.S.A.)
13. Viviane Romance
14. Mireille Balin
15. Joan Crawford (U.S.A.)

ANNÉE 1938

 1. Viviane Romance
 2. Danielle Darrieux
 3. Yvonne Printemps
 4. Michèle Morgan
 5. Corinne Luchaire
 6. Annabella
 7. Elvire Popesco
 8. Greta Garbo (U.S.A.)
 9. Edwige Feuillère
10. Françoise Rosay
11. Annie Ducaux
12. Simone Simon
13. Shirley Temple (U.S.A.)
14. Gaby Morlay
15. Viviane Romance

ACTEURS

ANNÉE 1936

 1. Charles Boyer
 2. Pierre Richard-Willm
 3. Fernandel
 4. Harry Baur
 5. Lucien Baroux
 6. Victor Francen

7. Tino Rossi
8. Jules Berry
9. Charles Chaplin (U.S.A.)
10. Raimu
11. Jean Gabin
12. Pierre Blanchar
13. Pierre Larquey
14. Bach
15. Sacha Guitry
16. Jean Murat
17. Fernand Gravey
18. Clark Gable (U.S.A.)
19. Gary Cooper (U.S.A.)
20. Charles Vanel
21. Victor Boucher
22. Gabriel Signoret
23. Louis Jouvet
24. Pierre Fresnay
25. Constant Rémy

ANNÉE 1937

1. Fernandel
2. Jean Gabin
3. Raimu
4. Charles Boyer
5. Tino Rossi
6. Pierre Richard-Willm
7. Sacha Guitry
8. Harry Baur
9. Victor Francen
10. Clark Gable (U.S.A.)
11. Robert Taylor (U.S.A.)
12. Jules Berry
13. Pierre Larquey
14. Erich von Stroheim
15. Pierre Blanchar
16. Jean Murat
17. Charles Vanel
18. Bach
19. Pierre Fresnay
20. Paul Muni (U.S.A.)
21. Gary Cooper (U.S.A.)
22. Fernand Gravey

23. William Powell (U.S.A.)
24. Lucien Baroux
25. Errol Flynn (U.S.A.)

ANNÉE 1938

1. Jean Gabin
2. Fernandel
3. Louis Jouvet
4. Raimu
5. Pierre Fresnay
6. Sacha Guitry
8. Erich von Stroheim
9. Tino Rossi
10. Michel Simon
11. Jules Berry
12. Charles Vanel
13. Lucien Baroux
14. Gary Cooper (U.S.A.)
15. Pierre Richard-Willm
16. William Powell (U.S.A.)
17. Fernand Gravey
18. Bach
19. Victor Francen
20. Jean-Pierre Aumont
21. Errol Flynn (U.S.A.)
22. Frédéric Duvallès
23. James Cagney (U.S.A.)
24. Pierre Larquey
25. Pierre Blanchar

LES PLUS GRANDS SUCCÈS PUBLICS
(1950-1959)

Les résultats de l'exclusivité parisienne reflétant fidèlement, à quelques variantes près, les résultats nationaux, nous avons établi le classement des 56 programmes qui ont réalisé plus de 300 000 entrées en exclusivité parisienne pendant les dix années 1950-1959. L'astérisque * à gauche des titres indique qu'il s'agit d'un film français. Pour ces films, un chiffre, à gauche du classement général, indique la place du film dans le classement des films français. Par exemple « 6-11 *Mon oncle* » indique que *Mon oncle* est 11e au classement général des films et 6e dans le classement des films français pour les dix années considérées.

CLASSEMENTS	TITRE	ENTRÉES PARIS	ANNÉES DE SORTIE
1	*Place au Cinérama*	1 207 917	1955
2	*Les Sept Merveilles du monde*	943 123	1958
3	*Cinérama Holiday*	696 164	1957
1-4	* *Si Versailles m'était conté*	685 079	1954
5	*Le Pont de la rivière Kwai*	642 985	1957
2-6	* *Les Liaisons dangereuses*	639 955	1959
7	*Deux heures en U.R.S.S.* (Kinopanorama)	601 470	1959
3-8	* *Orfeo Negro*	573 496	1959
4-9	* *Les Tricheurs*	556 203	1958
5-10	* *Le Retour de Don Camillo*	548 587	1953
6-11	* *Mon oncle*	532 983	1958
7-12	* *Le Petit Monde de Don Camillo*	529 436	1952
13	*Les Dix Commandements*	526 305	1958
14	*Guerre et paix*	521 179	1956
15	*Limelight*	517 326	1952
8-16	* *Les Grandes Familles*	499 877	1958
9-17	* *Le Salaire de la peur*	497 209	1953
10-18	* *Notre-Dame de Paris*	495 071	1956
19	*Sous le plus grand chapiteau du monde*	485 534	1953
20	*Le Tour du monde en 80 jours*	477 278	1957

LES MEILLEURS FILMS FRANÇAIS

Classer les films par ordre d'intérêt, d'importance historique ou artistique est un petit jeu qui témoigne davantage de l'évolution des goûts et des modes que de la valeur réelle des films. Mais, sur ce plan au moins, il est intéressant d'observer les variations de résultats des quelques classements sérieux qui ont été établis. Par sérieux, nous entendons valables par le nombre et la compétence des personnes consultées. Quelles que soient les variations de ces classements, il est important de noter qu'ils désignent tous (dans des ordres différents) un contingent identique d'œuvres dont il faut bien considérer qu'il constitue le « trésor du cinéma français » pour la période considérée.

Le plus important référendum jamais organisé sur ce thème l'a été par Jacques Ledoux et la Cinémathèque de Belgique, à l'occasion de l'Exposition universelle de Bruxelles en 1958. Ce sont 117 historiens du cinéma de 26 nations qui ont désigné « les meilleurs films de tous les temps ». En tête de ce classement, on trouve : *Le Cuirassé Potemkine* (n° 1), *La Ruée vers l'or* (n° 2) et *Le Voleur de bicyclette* (n° 3), *La Passion de Jeanne d'Arc* (n° 4), avant de trouver le premier film français relevant de notre période. Nous indiquons ici les films français figurant dans les cent premiers et leur place dans le classement (en majuscules les titres de films relevant de l'« âge classique » du cinéma français).

5. La Grande Illusion
19. Sous les toits de Paris
20. Le Million
24. Les Enfants du paradis
31. La Kermesse héroïque
32. Un chapeau de paille d'Italie
34. A nous la liberté
38. L'Atalante
38. Le jour se lève
38. *Le Voyage dans la lune*
47. Zéro de conduite
53. Le Quai des Brumes
61. Le Diable au corps

64. JEUX INTERDITS
64. ORPHÉE
69. *Napoléon*
69. *La Roue*
75. L'AGE D'OR
90. LE JOURNAL D'UN CURÉ DE CAMPAGNE

En 1977, un autre référendum international sérieux, mais moins étendu, fut organisé par l'éditeur italien Mondadori en vue de la publication d'un livre consacré aux *Cent films à sauver* : tel était l'objet du référendum et le titre du livre. Là encore les deux premiers films français classés furent *La Passion de Jeanne d'Arc* et *La Grande illusion,* derrière *Intolérance* (n° 1), *Le Cuirassé Potemkine* (n° 2), *La Mère* (n° 3), *Citizen Kane* (n° 4). Le classement des films français s'établit ainsi :

5. *La Passion de Jeanne d'Arc*
7. LA GRANDE ILLUSION
10. L'ATALANTE
10. A BOUT DE SOUFFLE
17. LA RÈGLE DU JEU
28. *Les Quatre Cents Coups*
36. UN CONDAMNÉ A MORT S'EST ECHAPPÉ
45. *La Sortie des usines Lumière*
45. *Le Voyage à travers l'impossible*
54. L'AGE D'OR
54. LA CHIENNE
54. LE MILLION
65. *Napoléon*
65. *Vampyr*
65. LE JOURNAL D'UN CURÉ DE CAMPAGNE
86. *Entracte*
86. LE QUAI DES BRUMES
86. LA KERMESSE HÉROÏQUE
86. *Hiroshima mon amour*
86. *L'Année dernière à Marienbad*

Sur le thème des meilleurs films toutes époques et tous pays, les *Cahiers du cinéma* en 1958 et *Sight and Sound* en 1962 plaçaient les deux mêmes films français dans les dix titres de tête : *La Règle du jeu* et *L'Atalante.* Un référendum comparable de la revue *Avant-Scène du cinéma* en 1978 plaçait, derrière *Citizen Kane, Les Enfants du paradis* et *La Règle du jeu.* Derrière *Chantons sous la pluie,* venait en cinquième position *La Grande Illusion.*

En 1979, l'Académie des Césars demandait à ses membres de désigner les meilleurs films français de la période 1929-1979. Voici le classement obtenu pour les dix premiers :

1. LES ENFANTS DU PARADIS
2. LA GRANDE ILLUSION
3. CASQUE D'OR
4. LA RÈGLE DU JEU
5. LA KERMESSE HÉROÏQUE
6. *Pierrot le Fou*
7. *Hiroshima mon amour*
8. JEUX INTERDITS
9. LE QUAI DES BRUMES
10. LE SALAIRE DE LA PEUR

En 1990, Canal Plus obtenait, toujours par référendum, un classement, par périodes de quinze années, sur la durée 1930-1990. Avec les résultats suivants, pour les périodes qui concernent ce livre :

1930-1945

1. LA GRANDE ILLUSION
2. LA RÈGLE DU JEU
3. L'ATALANTE
4. LE QUAI DES BRUMES
5. LA FEMME DU BOULANGER

1945-1960

1. LES ENFANTS DU PARADIS
2. CASQUE D'OR
3. LES VACANCES DE M. HULOT
4. LA BELLE ET LA BÊTE
5. *Les Quatre Cents Coups*

A bout de souffle venait en tête pour la période 1960-1975 et *Providence* pour la période 1975-1990. Un ultime classement désignait les meilleurs films français, toutes périodes confondues. Il se présentait comme suit :

1. LES ENFANTS DU PARADIS
2. LA GRANDE ILLUSION
3. *A bout de souffle*
4. CASQUE D'OR
5. LA RÈGLE DU JEU
6. LES VACANCES DE M. HULOT
7. *Les Quatre Cents Coups*
8. L'ATALANTE
9. LA BELLE ET LA BÊTE
10. *Providence*

Le cinéma français par générations
(classement par dates de naissance)

1858 A. Antoine	1899 M. Achard
	L. Moguy
1873 L. Feuillade	
1875 Y. Mirande	1900 M. Allégret
1876 M. Tourneur	L. Buñuel
1878 G. Ravel	R. Florey
1879 F. Rivers	H. Jeanson
	R. Le Vigan
1880 H. Fescourt	J. Prévert
1881 J. de Baroncelli	M. Renaud
1882 G. Dulac	1901 C. Autant-Lara
1883 M. Linder	R. Bresson
Raimu	J. Daniel-Norman
1884 L. Poirier	J. Grémillon
1885 J. Feyder	G. Lampin
S. Guitry	A. Malraux
E. von Stroheim	1902 H. Garat
1886 L. Mathot	G. Lacombe
1887 L. Jouvet	M. Ophuls
1888 J. Benoit-Lévy	J. Painlevé
M. L'Herbier	1903 A. Berthomieu
1889 J. Cocteau	C. Dauphin
A. Gance	Fernandel
	R. Leenhardt
1890 L. Delluc	C. Spaak
1891 R. Bernard	1904 P. Chenal
F. Rosay	Christian-Jaque
1892 P. Blanchar	J. Gabin
C. Vanel	L. Joannon
1894 J. Renoir	J. Tourneur
1895 M. Pagnol	1905 Y. Allégret
1896 P. Colombier	P. Brasseur
H. Decoin	P. Braunberger
J. Duvivier	Carlo-Rim
A. Hunebelle	J. Faurez
1897 J. Epstein	P. Grimault
P. Fresnay	J. Vigo
Noël-Noël	1906 Jacques Becker
R. Richebé	M. Carné
1898 Arletty	J. Dréville
R. Clair	E.T. Gréville

	P. Prévert		G. Oury
	A. Trauner		F. Périer
1907	R. Bresson		L. Ventura
	M. Cloche		
	H.-G. Clouzot	1920	M. Audiard
	E. Feuillère		M. Boisrond
	C. Heymann		J. Dessailly
	R. Saint-Cyr		P. Kast
1908	J. Audry		R. Lamoureux
	A. Cuny		M. Morgan
	L. Daquin		Y. Robert
	J. Delannoy		E. Rohmer
	J. Tati		H. Verneuil
	A. Valentin	1921	F. Blanche
1909	H. Alekan		M. Boisrond
	A. Cayatte		J. Carmet
	J.-P. Le Chanois		Y. Ciampi
	G. Rouquier		H. Colpi
			R. Dhéry
1910	P. Agostini		D. Gélin
	Annabella		D. de La Patellière
	J.-L. Barrault		C. Marker
	H. Calef		Y. Montand
	A. Zwobada		S. Signoret
1911	J.-P. Aumont	1922	M. Carole
	M. Balin		G. Philipe
	G. Grangier		J. Poitrenaud
1912	M. Camus		M. Presle
	G. Franju		S. Reggiani
	V. Romance		F. Reichenbach
1913	R. Clément		A. Resnais
	J. Marais		A. Robbe-Grillet
1914	M. Duras	1923	A. Astruc
	L. de Funès		J. Giovanni
	S. Simon		J. Maillan
1916	Bernard Blier		C. Sautet
	M. Robinson	1924	R. Allio
1917	Bourvil		C. Aznavour
	D. Darrieux		Y. Bellon
	J.-P. Melville		B. Borderie
	J. Rouch		M. Galabru
1918	J. Baratier	1925	M. Bouquet
	A. Bazin		G. Delerue
	A. Joffé		R. Hanin
1919	L. Jourdan		M. Pialat

M. Piccoli
C. Pinoteau
J.-C. Tacchella
1926 D. Delorme
P. Grimblat
G. Lautner
J. Rozier
1927 P. Granier-Deferre
R. Hossein
Marcel Ophuls
M. Ronet
1928 S. Bourguignon
P. Etaix
S. Gainsbourg
F. Leterrier
E. Molinaro
J. Moreau
J. Rivette
J. Rouffio
B. Schroeder
P. Schoendorffer
M. Serrault
R. Vadim
A. Varda
1929 M. Bozzufi
J. Deray
M. Hanoun
J.-P. Mocky

1930 G. Blain
C. Bernard-Aubert
C. Chabrol
M. Drach
R. Enrico
J.-L. Godard
J. Rochefort
J.-L. Trintignant
P. Vecchiali
1931 V. Belmont
J.-C. Carrière
A. Cavalier
J. Demy
M. Deville
A. Girardot
P. Noiret

1932 A. Aimée
F. Fabian
A. Jessua
L. Malle
J.-P. Rappeneau
D. Seyrig
F. Truffaut
1933 Jean Becker
J.-P. Belmondo
J.-C. Brialy
P. de Broca
Costa-Gavras
N. Trintignant
J. Yanne
1934 B. Bardot
C. Berri
N. Kaplan
P. Richard
C. Zidi
1935 A. Delon
P.-A. Jolivet
L. Terzieff
1936 G. Albicocco
C. Brasseur
P. Labro
S. Leroy
1937 C. de Chalonge
S. Frey
C. Lelouch
F. Veber
1938 M. Dugowson
S. Gobbi
M. Karmitz
B. Lafont
R. Schneider
M. Vlady
1939 Bertrand Blier
Y. Boisset
J.-L. Dabadie
B. Ogier

1940 A. Karina
P. Léotard
1941 J. Perrin

	B. Tavernier		C. Serreau
	D. Toscan du Plantier	1948	G. Depardieu
1942	R. Bohringer		L. Heynemann
	F. Dorléac		D. Kurys
	C. Miller		P. Sarde
	D. Thompson	1949	F. Ardant
1943	J.-J. Annaud		G. Behat
	A. Corneau		J. Weber
	C. Deneuve		
	J. Dutronc	1950	Anémone
	A. Téchiné		D. Auteuil
1944	J. Doillon		G. Lanvin
	D. Duval		Miou-Miou
	F. Girod	1951	G. Jugnot
	J.-P. Léaud		D. Sanda
	M.-F. Pisier		J. Villeret
	J.-F. Stevenin	1952	J. Balasko
1945	P. Chéreau		M. Blanc
	M. Keller	1953	I. Huppert
	J.-M. Poiré		R. Anconina
	P. Thomas	1955	I. Adjani
1946	J.-J. Beneix		J.-L. Anglade
	A. Dussollier		O. Assayas
	N. Garcia	1957	C. Bouquet
1947	J. Berto		C. Lambert
	J. Birkin		T. Lhermitte
	P. Dewaere	1959	L. Besson
	A. Duperey		P. Bruel
	P. Garrel		
	B. Giraudeau	1960	L. Carax
	P. Leconte		

BIBLIOGRAPHIE

I. OUVRAGES GÉNÉRAUX

1. Dictionnaires, catalogues, chronologies

Raymond Chirat (dir.), *Catalogue des films français de long-métrage (1929-1939)*, La Cinémathèque royale de Belgique, 1981.

— *Catalogue des films français de long-métrage, films de fiction (1940-1950)*, La Cinémathèque municipale du Luxembourg, 1981.

Philippe Esnault, *Chronologie du cinéma mondial*, Les Grands Films classiques, 1963.

Philippe d'Hugues, *Almanach du cinéma*, Encyclopædia Universalis, 1992.

Jacques Legrand (dir.), *Chronique du cinéma*, Chronique, 1992.

Jacques Lourcelles, *Dictionnaire du cinéma. Les films*, Bouquins/Robert Laffont, 1992.

Jean-Loup Passek (dir.), *Dictionnaire du cinéma français*, Larousse, 1987.

Vincent Pinel, *Filmographie des longs-métrages sonores du cinéma français*, La Cinémathèque française, 1985.

René Predal (dir.), *Neuf cents cinéastes français d'aujourd'hui*, Cerf/Télérama, 1988.

Bernard Rapp, Jean-Claude Lamy (dir.), *Dictionnaire des films*, Larousse, 1990.

Jean-Claude Sabria, *Cinéma français des années 50*, Economica/Centre Georges-Pompidou, 1988.

Georges Sadoul, *Dictionnaire des films*, Seuil/Microcosme 1990.

— *Dictionnaire des cinéastes*, Seuil, Microcosme, 1990.

Jean Tulard, *Dictionnaire du cinéma. Les réalisateurs*, Bouquins/Robert Laffont, 1982.

677

— *Dictionnaire du cinéma. Acteurs, producteurs, scénaristes, techniciens,* Bouquins/Robert Laffont, 1984.
— (dir.), *Guide des films,* Bouquins/Robert Laffont, 1990.

2. Histoires du cinéma

Peter Bachlin, *Histoire économique du cinéma,* La Nouvelle Edition, 1947.

Antoine de Baecque, « *Les Cahiers du cinéma* ». *Histoire d'une revue,* Cahiers du cinéma, 1991.

Maurice Bardèche, Robert Brasillach, *Histoire du cinéma,* Denoël, 1943.

Olivier Barrot, « *L'Ecran français* » *(1943-1953),* Editeurs français réunis, 1979.

Maurice-Robert Bataille, Claude Veillot, *Caméras sous le soleil, le cinéma en Afrique du Nord,* Editions Alger, 1956.

Jean-Pierre Bertin-Maghit, *Le Cinéma français sous Vichy. Les films français de 1940 à 1944,* Albatros, 1980.

— *Le Cinéma sous l'Occupation,* Olivier Orban, 1989.

Christian Brochand, *Histoire générale de la radio et de la télévision en France,* La Documentation française, 1994.

Noël Burch, *La Lucarne de l'infini,* Nathan Université, 1991.

René Chateau, *Les Plus Belles Affiches de la mémoire du cinéma français,* Editions de l'Amateur, 1992.

Raymond Chirat, *Le Cinéma français des années 30,* Hatier, 1983.

— *Le Cinéma français des années de guerre,* Hatier, 1983.

— *La IVe République et ses films,* Hatier, 1985.

Philippe de Comes, Michel Marmin, *Le Cinéma français (1930-1960),* Atlas, 1984.

— *Le Cinéma français (1960-1985),* Atlas, 1985.

Francis Courtade, *Les Malédictions du cinéma français,* Alain Moreau, 1978.

Henri Diamant-Berger, *Il était une fois le cinéma,* Jean-Claude Simoen, 1977.

Michel Faure, *Le Groupe Octobre,* Christian Bourgeois Editions, 1977.

Charles Ford, *Femmes cinéastes,* Denoël/Gonthier, 1972.

— *Histoire du cinéma français contemporain (1945-1977),* France Empire, 1977.

François Garçon, *De Blum à Pétain. Le cinéma,* Cerf, 1984.

François Guerif, *Le Cinéma policier français,* Artefacts, 1981.

Geneviève Guillaume-Grimaud, *Le Cinéma du Front populaire*, Lherminier, 1986.

Philippe d'Hugues, Dominique Muller (dir.), *Gaumont : quatre-vingt-dix ans de cinéma*, Ramsay/Cinémathèque française, 1986.

Roger Icart, *La Révolution du parlant vue par la presse française*, Editions Jean Vigo, 1987.

Jean-Pierre Jeancolas, *Quinze ans d'années 30*, Stock, 1983.

René Jeanne et Charles Ford, *Le Cinéma et la presse (1895-1960)*, Armand Colin, 1961.

— *Cinéma d'aujourd'hui (1945-1955)*, Robert Laffont, 1962.

Henri Langlois, *Trois cents ans de cinéma*, Cahiers du Cinéma/Cinémathèque française, 1986.

Paul Leglise, *Histoire de la politique du cinéma français.* Tome 1 : *La IIIᵉ République*, Librairie générale de droit et de jurisprudence, 1969. Tome 2 : *Entre deux Républiques (1940-1946)*, Editions Filméditions, 1977.

Paule Lejeune, *Le Cinéma des femmes*, Atlas/Lherminier, 1987.

Pierre Leprohon, *Cinquante ans de cinéma français (1895-1945)*, Cerf, 1954.

— *Histoire du cinéma. L'étape du cinéma parlant*, Cerf, 1963.

Marcel Martin, *Le Cinéma français depuis la guerre*, Edilig, 1984.

Jean Mitry, *Histoire du cinéma.* Tome 4 : *1930-1940.* Tome 5 : *1940-1950*, Jean-Pierre Delarge, 1980.

Jean-Loup Passek (dir.), *D'un cinéma l'autre. Notes sur le cinéma français des années 50*, Centre Georges-Pompidou, 1988.

René Predal, *Le Cinéma français depuis 1945*, Nathan 1991.

Georges Sadoul, *Le Cinéma pendant la guerre (1939-1945)*, Denoël, 1954.

— *Le Cinéma français (1890-1962)*, Flammarion, 1962.

Jacques Siclier, *La France de Pétain et son cinéma*, Henri Veyrier, 1981.

— *Le Cinéma français.* Tome 1 : *1945-1968.* Tome 2 : *1968-1990*, Ramsay Cinéma, 1990-1991.

Jean-Charles Tacchela et Roger Therond, *Les Années éblouissantes (1945-1952)*, Filipacchi, 1988.

Hélène Tierchant, *Aquitaine : cent ans de cinéma*, L'Horizon Chimérique/Centre régional des lettres d'Aquitaine, 1991.

Marion Vidal et Isabelle Champion, *Histoire des plus célèbres chansons de cinéma*, M.A. Editions, 1990.

Alain et Odette Virmaux, *Les Surréalistes et le cinéma,* Seghers, 1976.

Collectif, *Sept ans de cinéma français,* Cerf, 1953.

Collectif, *La Politique des auteurs,* Cahiers du Cinéma, 1984.

Collectif, *Tendres ennemis. Cent ans de cinéma entre la France et l'Allemagne,* L'Harmattan, 1991.

3. Etudes thématiques — Documents

Henri Agel, *Les Grands Cinéastes,* Editions universitaires, 1959.

Olivier Barrot et Raymond Chirat, *Inoubliables ! Visages du cinéma français 1930-1950,* Calmann-Lévy, 1986.

André Bazin, *Quest-ce que le cinéma ?* Tome 1 : *Ontologie du langage.* Tome 2 : *Le Cinéma et les autres arts.* Tome 3 : *Cinéma et sociologie.* Tome 4 : *Une esthétique de la réalité : le néo-réalisme,* Cerf, 1948-1952.

— *Le Cinéma de l'Occupation et de la Résistance,* UGE, 1975.

— *Le Cinéma français de la Libération à la Nouvelle Vague,* Editions de l'Etoile, 1983.

Elie Faure, *Fonction du cinéma,* Editions d'histoire et d'art, 1953.

Marc Ferro, *Cinéma et histoire,* Denoël/Gonthier, 1977.

Michèle Lagny, *De L'histoire du cinéma,* Armand Colin, 1992.

Roger Leenhardt, *Chroniques de cinéma,* Editions de l'Etoile, 1986.

Pierre Leprohon, *Présences contemporaines. Le cinéma,* Debresse, 1957.

Paul Morand, *France la doulce,* Gallimard, 1934.

Edgar Morin, *Les Stars,* Seuil, 1957.

Lucien Rebatet, *Les Tribus du cinéma et du théâtre,* Nouvelles Editions françaises, 1941.

Roger Régent, *Cinéma de France,* Bellefaye, 1948.

Jean-Michel Renaitour (dir.), *Où va le cinéma français ?,* Baudinière, 1938.

François Truffaut, *Les Films de ma vie,* Flammarion, 1975.

4. Histoire — Politique — Culture

Pierre Assouline, *L'Epuration des intellectuels,* Complexe, 1985.

Francis Balle, *Médias et sociétés,* Montchrestien, 6e éd., 1992.

Olivier Barrot et Pascal Ory, *Entre deux guerres : la création française (1930-1950),* Calmann-Lévy, 1986.

Roland Barthes, *Mythologies,* Seuil, 1957.

Walter Benjamin, *Ecrits français,* Gallimard, 1991.

Jean Bouvier (dir.), *La France en mouvement,* Champ Vallon, 1986.

André Breton, *Manifestes du surréalisme,* Pauvert, 1962.

André Chastel, *Introduction à l'histoire de l'art français,* Flammarion, Champs, 1963.

Louis Chevalier, *Classes laborieuses, classes dangereuses,* Librairie générale française, 1978.

Régis Debray, *Cours de médiologie générale,* Gallimard, 1991.

— *Vie et mort de l'image,* Gallimard, 1992.

Josef Goebbels, *Le Journal,* A l'enseigne du cheval ailé, 1948.

Daniel Lindenberg, *Les Années souterraines (1937-1947),* La Découverte, 1990.

Marc Martin, *Trois siècles de publicité en France,* Odile Jacob, 1992.

Pascal Ory, *L'Aventure culturelle française (1945-1989),* Flammarion, 1989.

— *La Belle Illusion. Culture et politique sous le signe du Front populaire (1935-1938),* Plon, 1994.

Gilles et Jean-Robert Rabache, *La Vie quotidienne des écrivains et artistes sous l'Occupation (1940-1944),* Hachette, 1988.

Jean-Pierre Rioux (dir.), *La Vie culturelle sous Vichy,* Complexe, 1990.

Irwin M. Wall, *L'Influence américaine sur la politique française (1945-1954),* Balland, 1989.

Collectif, *Les Idées en France (1945-1988), Une chronologie,* Gallimard/Le Débat, 1989.

II. MONOGRAPHIES

1. Les réalisateurs

ASTRUC

Alexandre Astruc, *Du stylo à la caméra. Ecrits (1942-1984),* L'Archipel, 1992.

— *La Tête la première,* Olivier Orban, 1975.

Raymond Belloure, *Alexandre Astruc,* Seghers, 1963.

AUTANT-LARA

Claude Autant-Lara, *La Rage dans le cœur,* Henri Veyrier, 1984.

— *Hollywood Cake-Walk (1930-1932),* Henri Veyrier, 1985.

— *Le Fourgon du malheur,* Carrière, 1987.

Freddy Buache, *Autant-Lara,* Veyrier, 1981.

BECKER

Claude Beylie et Freddy Buache, *Jacques Becker,* Festival de Locarno/Yellow Now, 1991.

Jean Queval, *Jacques Becker,* Seghers, 1962.

BRESSON

Robert Bresson, *Notes sur le cinématographe,* Gallimard, 1975.

René Bruot, *Robert Bresson,* Cerf, 1957.

Jean Semolué, *Robert Bresson,* Flammarion, 1993.

Robert Droguet, *Robert Bresson,* Premier Plan, 1966.

CARNÉ

Marcel Carné, *La Vie à belles dents,* Belfond, 1989.

Robert Chazal, *Marcel Carné,* Seghers, 1965.

Bernard-G. Landry, *Marcel Carné,* Jacques Vautrain, 1952.

Michel Perez, *Les Films de Carné,* Ramsay, 1986.

Jean Queval, *Marcel Carné,* Cerf, 1952.

Edward Turk, *Child of Paradise,* Harvard University Press, 1989.

CAYATTE

Guy Braucourt, *André Cayatte,* Seghers, 1969.

CLAIR

René Clair, — *Réflexion faite,* Gallimard, 1951.

— *Comédies et commentaires,* Gallimard, 1959.

— *Cinéma d'hier et d'aujourd'hui,* Gallimard, 1970.

Olivier Barrot, *René Clair ou le Temps mesuré,* Hatier, 1985.

Georges Charensol, *René Clair et les belles de nuit,* Cerf, 1953.

Georges Charensol et Roger Régent, *Un maître du cinéma : René Clair,* La Table ronde, 1952.

— *Cinquante ans de cinéma avec René Clair,* La Table ronde, 1979.

CLOUZOT

Jean-Louis Bocquet, *Henri-Georges Clouzot cinéaste,* La Sirène, 1993.

François Chalais, *François Chalais présente H.-G. Clouzot,* Jacques Vautrain, 1950.

Michel Cournot, *Le Premier Spectateur,* Gallimard, 1957.

Francis Lacassin et Raymond Belloure, *Le Procès Clouzot,* Le Terrain Vague, 1964.

COCTEAU

Jean Cocteau, *Entretiens sur le cinématographe,* Belfond, 1973.

— *Journal (1942-1945),* Gallimard, 1989.

René Gilson, *Jean Cocteau cinéaste,* Seghers, 1964.

Claude-Jean Philippe, *Jean Cocteau,* Seghers, 1989.

DAQUIN

Louis Daquin, *Le Cinéma, notre métier,* Editeurs français réunis, 1960.

DUVIVIER

Raymond Chirat, *Julien Duvivier,* Premier Plan, 1968.

EPSTEIN

Pierre Leprohon, *Jean Epstein,* Seghers, 1964.

FESCOURT

Henri Fescourt, *La Foi et les montagnes,* Publications Photo Cinéma/Paul Montel, 1951.

FEYDER

Jacques Feyder et Françoise Rosay, *Le Cinéma, notre métier,* Skira, 1944.

FRANJU

Marie-Magdeleine Brumage, *Georges Franju : impressions et aveux,* L'Age d'Homme, 1977.

GANCE

Roger Icart, *Abel Gance,* Institut pédagogique national, 1960.

René Jeanne et Charles Ford, *Abel Gance,* Seghers, 1963.

GRANGIER

Gilles Grangier, *Flash-back,* Presses de la Cité, 1977.

GREMILLON

Henri Agel, *Jean Grémillon,* Lherminier, 1984.

Jean Grémillon, *Le Printemps de la liberté,* La Bibliothèque de France, 1948.

Geneviève Sellier, *Jean Grémillon,* Méridien/Klincksieck, 1989.

GUITRY

Sacha Guitry, *Le Cinéma et moi,* textes présentés par André Bernard et Claude Gauteur, Ramsay, 1977.

— *Théâtre,* Presses de la Cité/Omnibus, 1991.

— *Cinéma,* Presses de la Cité/Omnibus, 1993.

— *Cinquante ans d'Occupation,* Presses de la Cité/Omnibus 1993.

Philippe Arnaud (dir.), *Sacha Guitry cinéaste,* Festival international de Locarno/Yellow Now, 1993.

Raymond Castans, *Sacha Guitry,* De Fallois, 1993.

Dominique Desanti, *Sacha Guitry : cinquante ans de spectacle,* Grasset, 1982.

Noël Simsolo, *Sacha Guitry,* Cahiers du cinéma, 1988.

L'HERBIER

Marcel L'Herbier, *La Tête qui tourne,* Belfond, 1979.

MALRAUX

Denis Marion, *André Malraux,* Seghers, 1970.

Jean Lacouture, *André Malraux,* Seuil, 1973.

MELVILLE

Rui Nogueira, *Le Cinéma selon Melville,* Seghers, 1973.

OPHULS

Max Ophuls, *Max Ophuls,* Robert Laffont, 1963.

Georges Annenkov, *Max Ophuls,* Le Terrain Vague, 1962.

Claude Beylie, *Max Ophuls,* Lherminier, 1984.

William-Karl Guerin, *Max Ophuls,* Cahiers du cinéma, 1988.

PAGNOL

Marcel Pagnol, *Cinématurgie de Paris,* Pastorelly, 1980.

Claude Beylie, *Marcel Pagnol ou le Cinéma en liberté,* Atlas/Lherminier, 1986.

Raymond Castans, *Marcel Pagnol,* Lattès, 1987.

RENOIR

Jean Renoir, *Ecrits (1926-1971),* Belfond, 1974.

— *Ma vie et mes films,* Flammarion, 1974.

— *Entretiens et propos,* Editions de l'Etoile, 1979.

— *Le Passé vivant,* Cahiers du cinéma, 1989.

André Bazin, *Jean Renoir,* Champ Libre, 1971 ;

Celia Bertin, *Jean Renoir,* Librairie académique Perrin, 1986.

Guy Cavagnac, *Jean Renoir : le désir du monde,* Société des Découvertes/Henri Berger, 1994.

Claude Gauteur, *Jean Renoir : la double méprise,* Editeurs français réunis, 1981.

Roger Viry-Babel, *Jean Renoir : le jeu et la règle,* Denoël, 1986.

TATI
Armand Cauliez, *Jacques Tati,* Seghers, 1962.

VADIM
Roger Vadim, *Mémoires du diable,* Stock, 1975.

VARDA
Agnès Varda, *Varda par Agnès,* Cahiers du cinéma, 1994.

VERNEUIL
Henri Verneuil et Christian-Marcel Russol, *V... comme Verneuil,* Ciné-Revue, Bruxelles, 1980.

VIGO
Jean Vigo, *Œuvre de cinéma,* Lherminier/Cinémathèque française, 1985.
Pierre Lherminier, *Jean Vigo,* Lherminier, 1984.
P.E. Sales-Gomes, *Jean Vigo,* Seuil, 1957.

2. Les acteurs

ARLETTY
Arletty, *Je suis comme je suis,* Carrère, 1987.
Philippe Ariotty et Philippe de Comes, *Arletty,* Henri Veyrier, 1978.

AUMONT
Jean-Pierre Aumont, *Souvenirs provisoires,* Julliard, 1957.
— *Le Soleil et les ombres,* Robert Laffont, 1976.

BALIN
Danièle Arsand, *Mireille Balin,* La Manufacture, 1989.

BARDOT
Catherine Rihoit, *Brigitte Bardot : un mythe français,* Olivier Orban, 1986.

BARRAULT
Jean-Louis Barrault, *Souvenirs pour demain,* Seuil, 1972.

BERRIAU
Simone Berriau, *Simone est comme ça,* Robert Laffont, 1973.

BERRY
Henri Marc, *Jules Berry : le joueur,* France-Empire, 1988.

BLIER
Annette Blier et Claude Dufresne, *Bernard Blier,* Solar, 1989

BOURVIL
Jacques Lorcey, *Bourvil,* Pac, 1981.

BRASSEUR

Pierre Brasseur, *Ma vie en vrac,* Calmann-Lévy, 1972.

CHEVALIER

Edward Behr, *Maurice Chevalier,* Robert Laffont, 1993.

FERNANDEL

Jacques Lorcey, *Fernandel,* Pac, 1981.

FEUILLERE

Alain Feydeau, *Edwige Feuillère,* Henri Veyrier, 1991.

GABIN

André Brunelin, *Gabin,* Robert Laffont, 1987.

Claude Gauteur et Ginette Vincendeau, *Jean Gabin : anatomie d'un mythe,* Nathan Université, 1993.

Jean-Claude Missiaen et Jacques Siclier, *Jean Gabin,* Henri Veyrier, 1977.

JOUVET

Jean-Marc Loubier, *Louis Jouvet,* Ramsay, 1986.

JOYEUX

Odette Joyeux, *Le Beau Monde,* Albin Michel, 1978.

LEFEVRE

René Lefèvre, *Le Film de ma vie (1939-1973),* France-Empire, 1973.

LESAFFRE

Roland Lesaffre, *Mataf,* Pygmalion, 1991.

MONTANT

Hervé Hamon et Patrick Rotman, *Tu vois je n'ai pas oublié,* Seuil/Fayard, 1990.

MORGAN

Michèle Morgan, *Avec ces yeux-là,* Robert Laffont, 1977.

Claude Bouniq-Mercier, *Michèle Morgan,* Colona, 1983.

MORLAY

Georges Debot, *Gaby Morlay,* France-Empire, 1987.

PHILIPE

Maurice Perisset, *Gérard Philipe,* Alain Lefeuvre, 1979.

Anne Philipe et Claude Roy, *Gérard Philipe,* Gallimard, 1960.

PREJEAN

Patrick Préjean, *Albert Préjean,* Candeau, 1979.

RAIMU

Daniel Lacotte, *Raimu,* Ramsay, 1988.

Maurice Perissey, *Raimu,* Solar, 1976.

RENAUD
Noëlle Loriot, *Madeleine Renaud,* Presses de la Renaissance, 1993.
ROSAY
Françoise Rosay, *La Traversée d'une vie,* Robert Laffont, 1974.
SIGNORET
Simone Signoret, *La nostalgie n'est plus ce qu'elle était,* Seuil, 1976.
SIMON
Jacques Fansten, *Michel Simon,* Seghers, 1970.
Claude Gauter et André Bernard, *Michel Simon,* Pac, 1975.
TRENET
Richard Cannano, *Charles Trenet : le siècle en liberté,* Hidalgo, 1981.
VANEL
Jacqueline Cartier, *Monsieur Vanel,* Robert Laffont, 1989.

3. Les producteurs

Pierre Braunberger et Jacques Gerber, *Cinémamémoire,* Centre Georges-Pompidou, 1987.
Anatole Dauman et Jacques Gerber, *Souvenirs-Ecran,* Centre Georges-Pompidou, 1989.
Michael Korda, *Des vies de rêve. Histoire d'une famille,* Robert Laffont, 1981.
Jean Mineur, *Balzac 00 01,* Plon, 1981.
Charles Pathé, *De Pathé Frères à Pathé Cinéma,* Premier Plan, 1970.
Alain Poiré, *Deux cents films au soleil,* Ramsay, 1988.
Roger Richebé, *Au-delà de l'écran,* Pastorelly, 1977.
Fernand Rivers, *Cinquante ans chez les fous,* Georges Girard, 1943.
— *Au milieu des étoiles,* Les Films Fernand Rivers, 1957.
Roger Weil-Lorac, *Cinquante ans de cinéma actif,* Dujarric, 1970.

4. Les scénaristes et écrivains

AURENCHE
Jean Aurenche, *La Suite à l'écran,* Actes Sud/Institut Lumière, 1992.

BRECHT

Klaus Volker, *Brecht : une biographie,* Stock, 1978.

DESNOS

Robert Desnos, *Les Rayons et les ombres.* Cinéma, Gallimard, 1992.

GIONO

Jacques Meuny, *Jean Giono et le cinéma,* Jean-Claude Simoen, 1978.

Jean Giono, *Œuvres cinématographiques I (1938-1959),* Gallimard/Cahiers du cinéma, 1992.

Pierre Citron, *Giono,* Seuil, 1990.

GIRAUDOUX

Philippe Dufay, *Jean Giraudoux,* Julliard, 1993.

JEANSON

Henri Jeanson, *Soixante-dix ans d'adolescence,* Stock, 1971.

MAC ORLAN

Bernard Baritaud, *Pierre Mac Orlan, sa vie, son temps,* Droz, 1992.

MORAND

Ginette Guitard-Auviste, *Paul Morand,* Baland, 1994.

PREVERT

Jacques Prévert, *Œuvres complètes,* Gallimard, La Pléiade, 1992.

René Gilson, *Jacques Prévert, des mots et des merveilles,* Belfond, 1990.

Gérard Guillat, *Les Prévert,* Seghers, 1966.

Jean Queval, *Jacques Prévert,* Mercure de France, 1955.

Michel Rachline, *Jacques Prévert. Drôle de vie,* Ramsay, 1981.

Collectif, *A la rencontre de Jacques Prévert,* Fondation Maeght, 1987.

RIM

Carlo Rim, *Mémoires d'une Nouvelle Vague,* Gallimard, 1961.

— *Le Grenier d'Arlequin. Journal (1916-1940),* Denoël, 1981.

ROMAINS

Olivier Rony, *Jules Romains,* Robert Laffont, 1993.

SIMENON

Claude Gauteur, *Simenon au cinéma,* Hatier, 1991.

Francis Lacassin, *Conservations avec Simenon,* La Sirène, 1990.

Pierre Assouline, *Simenon,* Julliard, 1992.

Les Cahiers du scénario. Spécial Charles Spaak, nos 6-7, 1991,
Bruxelles ;
— *Charles Spaak, les années d'apprentissage (1919-1927),*
nos 10-11, 1993, Bruxelles.
Janine Spaak, *Charles Spaak, mon mari,* France Empire,
1977.

5. Les collaborateurs de création

a) Décorateurs

Léon Barsacq, *Le Décor de film,* Henri Veyrier, 1985.
Max et Jacques Douy, *Décors de cinéma. Les studios français
de Méliès à nos jours,* Editions du Collectionneur, 1993.
Alexandre Trauner, *Décors de cinéma,* Jade/Flammarion,
1988.

b) Opérateurs
Henri Alekan, *Des lumières et des ombres,* Le Sycomore, 1984.
Alain Douarinou, *Un homme à la caméra,* France-Empire,
1989.

c) Compositeurs
Alain Lacombe et Claude Rocle, *La Musique du film,* Francis
Vandevelde, 1979.
Alain Lacombe, *Des compositeurs pour l'image,* Musique et
Promotion, 1982.
François Porcile, *Maurice Jaubert, musicien populaire ou mau-
dit,* Editeurs français réunis, 1971.
Jean Wiener, *Allegro appassionato,* Belfond, 1978.

d) Assistants
Jeanne Witta-Montrobert, *La Lanterne magique,* Calmann-
Lévy, 1980.

e) Témoins divers
Dudley Andrew, *André Bazin,* Cahiers du cinéma/
Cinémathèque française, 1983.
Maurice Bessy, *Les Passagers du souvenir,* Albin Michel,
1977.
Robert Brasillach, *Notre avant-guerre,* Plon, 1941.
Marcel Duhamel, *Raconte pas ta vie,* Mercure de France,
1972.

Georges Langlois et Glenn Myrent, *Henri Langlois,* Denoël, 1986.

Pierre Moineau, *Tous comptes faits,* Quai Voltaire, 1993.

Jean-Pierre Pagliano, *Brunius,* L'Age d'Homme, 1987.

Richard Roud, *Henri Langlois*, Belfond, 1985.

Jean-Paul Sartre, *Ecrits de jeunesse,* Gallimard, 1990.

— *Les Mots,* Gallimard, 1964.

Denise Tual, *Le Temps dévoré,* Fayard, 1980.

6. Les revues

L'Avant-Scène (cinéma)
Les Cahiers de la Cinémathèque
Les Cahiers du cinéma
Cinéma 55 (et la suite)
Cinémathèque
La Cinématographie française
Le Film français
1895
Positif
La Revue du cinéma

INDEX DES NOMS CITÉS

Auric, Georges, 13, 64, 119
Auriol, Jean-Georges, 12, 70, 114, 119
Auriol, Vincent, 577
Autant-Lara, Claude, 25, 45, 48, 49, 52, 95, 99, 101, 102, 110, 112, 113, 116, 256, 332, 360, 368, 375, 385, 386, 387, 393, 401, 402, 403, 442, 443, 445, 472, 514, 532, 537, 543, 544, 545, 546, 557, 558, 559, 618, 619, 620, 621
Averty, Jean-Christophe, 368
Aymé, Marcel, 115, 116, 126, 232, 249, 251, 397, 407, 411, 489, 490, 543, 557, 618, 619

Bach, 50
Badal, 377
Bagratide, Hughes de, 206
Baker, Joséphine, 115, 119
Balazs, Bela, 12
Balin, Mireille, 270, 280, 301, 356, 434
Balpêtré, Antoine, 406
Balzac, Honoré de, 248, 297, 385, 388, 392, 393, 408, 410, 411, 417, 524
Baquet, Maurice, 99, 239, 240, 284
Barberis, René, 51
Barbey d'Aurevilly, Jules Amédée, 625
Barbin, Pierre, 567
Bardèche, Maurice, 36, 204, 205
Bardot, Brigitte, 559, 561, 625
Barjavel, René, 398
Baron, Auguste, 21
Baroncelli, Jacques de, 110, 213, 326, 330, 347, 348, 378, 386, 392, 393, 396, 598
Baroux, Lucien, 225, 227, 348
Barraine, Elsa, 431
Barrault, Jean-Louis, 99, 100, 225, 239, 240, 273, 274, 381, 411, 414, 415, 539
Barrymore, John, 20, 81
Barrymore, Lionel, 48
Barsacq, André, 373, 415
Barsacq, Léon, 259, 439
Barthes, Roland, 560, 561
Basset, Gaby, 149
Bataille, Georges, 97, 99, 289, 290
Bataille, Henry, 133, 144
Bataille, Sylvia, voir aussi Maklès, Sylvia, 99, 239, 241, 273, 284, 286, 289, 290
Batcheff, Denise, voir aussi Tual, Denise, 99
Batcheff, Pierre, 97, 99
Bathiat, Léonie, voir Arletty
Baty, Gaston, 100, 126, 130
Baumer, Jacques, 225, 226
Baum, Vicky, 119
Baur, Harry, 27, 67, 68, 70, 75, 81, 116, 125, 143, 145, 153, 154, 213, 218, 271, 347, 362

Bazin, André, 108, 154, 170, 265, 287, 294, 386, 387, 398, 465, 564, 592, 610, 617, 618
Beaugé, André, 44
Beaumarchais, Pierre Augustin Caron de, 594
Beaumont, Harry, 38, 49, 92
Beauvoir, Simone de, 255
Becker, Jacques, 73, 102, 110, 111, 114, 152, 159, 233, 235, 236, 238, 266, 284, 290, 294, 323, 327, 370, 375, 384, 385, 391, 393, 401, 403, 409, 410, 429, 430, 451, 490, 508, 552, 554, 570, 591, 592, 593, 594, 595, 598, 605
Beery, Wallace, 81
Beethoven, Ludwig van, 384
Bélières, Léon, 221
Bell, Marie, 46, 77, 127, 129, 144, 148, 193, 197, 270
Belloc, Henri, 28
Bellon, Yannick, 624, 626
Belmondo, Jean-Paul, 493
Benjamin, Walter, 249
Benoit, Pierre, 50, 148, 459
Benoit-Lévy, Edmond, 240
Benoit-Lévy, Jean, 109, 208, 213, 239, 241, 330
Bérard, Christian, 397, 443
Béraud, Henri, 115
Berg, Alban, 591
Berger, Ludwig, 198, 199, 204, 327
Bergman, Ingrid, 579
Berl, Emmanuel, 204, 207
Berlioz, Hector, 379, 384
Bernanos, Georges, 322, 602
Bernard, Armand, 64, 143
Bernard, Paul, 404, 413, 473
Bernard, Raymond, 42, 66, 74, 75, 76, 78, 79, 84, 142, 145, 213, 293, 321, 325, 330, 456, 459, 598
Bernard, Tristan, 50, 51, 75, 133, 134, 394
Bernard-Aubert, Claude, 623
Bernhardt, Kurt, 198, 202, 327
Bernhardt, Sarah, 21, 89, 143
Bernstein, Henry, 83, 126, 127, 128, 129, 130, 132, 133, 154, 217, 222
Berr, Georges, 62, 125, 135
Berri, Claude, 86
Berriau, Simone, 112
Berry, John, 549
Berry, Jules (Paufichet, Jules, dit), 78, 143, 206, 218, 221, 225, 226, 227, 228, 229, 245, 264, 280, 286, 323, 327, 332, 336, 337, 353, 356, 382, 391, 392, 438
Bert, Camille, 291
Bertheau, Julien, 235

692

Duran, Michel, 152, 348
Dussart, Frantz, 21
Duvivier, Julien, 30, 60, 66, 67, 68, 78, 79, 116, 139, 145, 147, 148, 153, 154, 155, 156, 196, 213, 220, 227, 231, 246, 247, 253, 256, 260, 263, 264, 265, 266, 268, 269, 270, 271, 272, 292, 315, 328, 330, 331, 347, 348, 352, 355, 357, 371, 389, 404, 419, 420, 423, 434, 435, 455, 459, 460, 461, 466, 489, 545, 554, 559, 593, 613, 614

Eaubonne, Jean d', 273
Edeline, Jean-Charles, 508, 527
Edison, Thomas, 19, 21, 28
Einstein, Karl, 172
Eisenstein, Sergueï M., 12, 13, 108, 232, 334
Eisler, Hans, 285, 466
Eliacheff, Tolia, 473
Eliade, Mircéa, 322
Eluard, Paul, 97, 105
Engl, Joe, 20
Epstein, Jean, 14, 36, 123, 148, 236, 240, 248
Epstein, Marie, 208, 240, 330
Erlanger, Philippe, 330
Escande, Maurice, 82
Esway, Alexandre, 198, 200, 226
Etievant, Henri, 14
Evreinov, Nicolas, 350

Fabre, Saturnin, 119, 144, 270, 332, 348, 391, 485
Fabre-Luce, Charlotte, 207
Fairbanks, Douglas, 330
Fairbanks Junior, Douglas, 49, 464
Faktorovitch, William, 85
Faktorovitch, Willi-Gricha, 85
Falconetti, Renée, 148
Falla, Manuel de, 208
Farrère, Claude, 214, 217
Fassbinder, Rainer Werner, 615
Fauchois, René, 71, 73
Faulkner, William, 168
Faure, Elie, 33, 249
Faure, Paul, 187
Faurez, Jean, 381, 406, 408
Fayard, Arthème, 151
Fedor, Tania, 48
Feix, Andrée, 624
Fejos, Paul, 73
Ferdinand, Roger, 48, 73, 83, 133, 136, 154, 155
Fernandel (Contandin, Fernand Joseph Désiré, dit), 27, 70, 84, 85, 87, 92, 98, 101, 117, 118, 119, 135, 139, 141, 143, 155, 157, 167, 168, 200, 214, 217, 220, 226, 256, 271, 305, 306, 307, 308, 309, 326, 327, 332, 333, 349, 356, 379, 395, 442, 480, 561, 583, 584, 594, 614, 619
Ferrer, Mel, 464
Ferry, Jean, voir aussi Lévy, Jean, 100
Fescourt, Henri, 396
Feuillade, Louis, 97, 211, 248
Feuillère, Edwige, 27, 46, 68, 127, 149, 201, 216, 372, 378, 393, 543, 559
Féval, Paul, 147
Feydeau, Georges, 70, 101, 119, 133, 135, 339, 370, 410
Feyder, Jacques, 30, 36, 45, 47, 48, 49, 66, 75, 76, 77, 78, 79, 103, 129, 135, 148, 169, 196, 212, 216, 233, 236, 248, 250, 256, 259, 268, 272, 273, 278, 300, 323, 326, 328, 329, 330, 336, 350, 357, 389, 396, 419, 455, 457, 459, 598
Fitzmaurice, Georges, 76
Flacon, Michel, 566
Flaherty, Robert J., 22, 105, 355
Flamant, Georges, 168
Flaubert, Gustave, 417
Flaud, Jacques, 431
Flavin, Emile, 431
Flers, Robert de, 125, 133, 135, 200, 223, 607
Florelle, 54, 286
Florey, Robert, 44, 45, 52, 92, 118
Flynn, Errol, 216
Fonteney, Catherine, 461
Ford, John, 568
Forestier, Félix, 431
Forst, Willi, 331
Fossey, Brigitte, 606
Foucauld, Charles de, 214
Fouché, André, 305
Fourré-Cormeray, Michel, 437, 515
France, Anatole, 91, 393
Francen, Victor, 125, 143, 213, 218, 223, 331, 456
Franco, Francisco, 182, 269, 334, 335, 435
François, Camille, 173
François-Poncet, André, 347
Franju, Georges, 201, 233
Frankœur, Paul, 461
Frégoli, Leopoldo, 212
Fréhel (Boulch, Marguerite, dite), 115, 247, 269, 270, 410
Freire, Dido, 346, 424
Fresnay, Pierre, 22, 51, 81, 91, 110, 150, 218, 293, 304, 327, 405, 406, 433, 434, 539, 541, 547
Fritsch, Willy, 53
Froelich, Carl, 47
Frogerais, Jean-Paul, 514

Gréville Edmond T. (Gréville, Edmond Thunder, dit), 37, 63, 102, 114, 115, 116, 196, 251, 325, 326
Gridoux, Lucas, 270
Grierson, John, 105
Grimault, Paul, 99, 106, 119, 284, 626
Grimblat, Pierre, 550
Grosland, Alan, 23
Grumbach, Jean-Pierre, voir Melville, Jean-Pierre
Grunebaum-Ballin, Paul, 180, 181, 186, 190, 191, 240
Guareschi, Giovanni, 613
Guétary, Georges, 523
Guilbert, Yvette, 61, 124, 312
Guillaume-Grimaud, Geneviève, 215, 230
Guillemaud, Marcel, 62
Guissard, René, 52, 158, 228
Guitard-Auviste, Ginette, 205, 207
Guitry, Geneviève, voir aussi Séréville, Geneviève de, 316, 381, 395
Guitry, Lucien, 89, 90, 94, 143, 311, 474, 584
Guitry, Sacha, 27, 39, 50, 79, 88, 89, 90, 91, 92, 93, 94, 95, 96, 118, 126, 127, 128, 133, 136, 155, 159, 213, 218, 224, 258, 303, 310, 311, 312, 313, 314, 315, 316, 323, 332, 339, 348, 354, 381, 392, 394, 395, 411, 428, 434, 474, 475, 556, 582, 583, 584, 585, 586, 587, 598
Guy, Alice, 21, 624

Habib, Ralph, 547
Hadley Chase, James, 548
Haguet, André, 539
Hahn, Reynaldo, 112
Haïk, Jacques, 44, 183
Hakim, André, Raymond, Robert, 299, 300
Halley des Fontaines, André, 111, 172, 284, 440, 508
Hamsun, Knut, 423
Hanin, Roger, 551
Harlan, Veit, 441
Harlé, Paul-Auguste, 22, 224, 233
Harvey, Lilian, 53
Hautecœur, Louisette, 399
Hawks, Howard, 259, 456
Hayakawa, Sessue, 206
Hayer, Nicolas, 374, 429, 430, 433, 494
Hébertot, Jacques, 126
Hée, Louis d', 103
Hegel, Friedrich, 400
Heinrich, André, 241, 273
Hélia, Jenny, 168
Heller, Otto, 201
Hémard, Jean, 221

Hémon, Louis, 606
Hensel, Frank, 358
Herrand, Marcel, 126
Herriot, Edouard, 180
Hessling, Catherine (Heuschling, Andrée, dite), 69, 346, 424, 426, 468
Heurter, Ferdinand, 42
Heuschling, Andrée, voir Hessling, Catherine
Heymann, Claude, 101, 212, 290, 370
Hilero, Maurice, 240, 407
Hilsz, Maryse, 117
Hippler, Fritz, 376
Hitchcock, Alfred, 531
Hitler, Adolf, 165, 182, 191, 326, 342, 348, 354, 384, 425
Holmes, Philip, 49
Honegger, Arthur, 75, 306
Hornez, André, 53
Hossein, Robert, 75, 622
Houllé, Marguerite, voir aussi Renoir, Marguerite, 69, 73, 346
Houssin, Jacques, 159, 226
Hubert, René, 422
Hubert, Robert, 408
Hubert, Roger, 24, 71, 273
Hughes, Howard, 420
Hugo, Victor, 14, 75, 133, 248, 417
Hugon, André, 44, 116, 206, 325, 353
Hunebelle, André, 548
Hurel, Robert, 32
Huston, John, 259, 470

Iberia, Claude, 189
Ibert, Jacques, 26, 208
Icart, Roger, 132
Ichac, Marcel, 626
Illery, Pola, 64, 115
Inkijinoff, Valéry, 153, 206
Interlenghi, Franco, 522
Ionesco, Eugène, 138
Iribe, Marie-Louise, 223
Istrati, Panaït, 524
Itkine, Sylvain, 99, 284, 370
Ivens, Joris, 105, 524
Izis, 260

Jacob, Gilles, 107, 566
Jacob, Max, 370
Jaeger, Claude, 437
Jankélévitch, Vladimir, 571
Jannings, Emil, 71
Jaque-Catelain, 42, 89, 144
Jarville, Robert, 189, 190
Jaubert, 21
Jaubert, Maurice, 43, 63, 64, 99, 109, 248, 271, 272, 274, 352
Jay, Jean, 340, 429

Jeancolas, Jean-Pierre, 59, 204, 222, 342, 383, 517, 563
Jeanson, Henri, 77, 133, 233, 237, 241, 246, 252, 253, 257, 277, 321, 326, 327, 345, 357, 372, 396, 408, 434, 537, 538, 539, 558, 594, 610, 614
Jefferson-Cohn, Marcelle, voir Chantal, Marcelle,
Joachim, Irène, 103
Joannon, Léo, 256, 372, 379, 382, 484
Jolson, Al, 19, 23
Joly, Henri, 21
Joly, Louis, 238
Jonson, Ben, 347
Jouhaux, Léon, 190
Jourdan, Louis, 355, 592
Jouvet, Louis, 27, 71, 72, 78, 83, 87, 110, 125, 126, 128, 130, 131, 132, 143, 144, 145, 155, 157, 201, 218, 221, 238, 257, 271, 274, 278, 291, 322, 323, 330, 331, 332, 344, 347, 357, 405, 419, 427, 434, 473, 514, 538, 540, 583, 607, 608
Joyeux, Odette, 119, 239, 240, 402, 406, 443
July, 21
Jurgens, Curd, 623

Kafka, Franz, 472
Kamenka, Alexandre, 288, 292, 373
Kane, Robert T., 49, 50, 51
Karajan, Herbert von, 608
Karl, Roger, 348
Karol, Jacob, 49
Kast, Pierre, 591, 605, 626
Kaufman, Boris, 108
Keaton, Buster, 48
Kelber, Michel, 112
Keller, Gottfried, 419
Kelly, Gene, 27
Kerien, Jean-Pierre, 494
Kertész, André, 260
Kessel, Joseph, 42, 98, 213, 266
Kleist, Heinrich von, 357
Koch, Karl, 347
Koenig, général, 371
Kolb, Jean, 221
Korb, Francis, voir Lemarque, Francis
Korda, Alexandre, 51, 80, 166, 196, 200, 201, 228, 259, 305, 460, 483
Korda, Zoltan, 331
Korène, Véra, 216
Kosma, Joseph (Mouque, Georges, dit), 69, 99, 236, 239, 255, 373, 481
Koster, Henry, 196, 329
Krasna, Norman, 421, 422, 464
Krauss, Jacques, 260, 545
Kruger, Jules, 74, 75, 189, 263, 315
Kubrick, Stanley, 552

Labiche, Eugène, 61, 409
Labourdette, Elina, 404
Labro, Maurice, 551
Lacan, Jacques, 99
Laclos, Pierre Choderlos de, 339
Lacombe, Georges, 63, 105, 136, 228, 256, 331, 348, 371, 380, 405, 409, 442, 484, 543, 598
Lacroix, Janine, 129
Lafont, Bernadette, 290
La Fouchardière, Georges de, 69, 134
Lajarrige, Bernard, 548
Lake, Veronica, 421
Lambert, Robert-Hugues, 370
Lampin, Georges, 442, 543, 607
Lamprecht, Gerhard, 197, 407
Lamy, Raymond, 486
Lancret, Bernard, 239
Lang, André, 130
Lang, Fritz, 198, 199, 201, 371
Langlois, Henri, 233, 246, 358, 368, 399, 566, 567
Lanvin, Lisette, 98
Lapara, Léo, 608
Laroche, Pierre, 390
Larquey, Pierre, 119, 143, 397, 406
Lasky, Jesse L., 34, 49, 50
Lathière, Marcel, 430
Laudenbach, Laurent, 558
Laudet, Georges, 21
Laughton, Charles, 166, 425
Laurent, Jacqueline, 273, 277, 336, 337
Laurent, Jacques voir aussi Saint-Laurent, Cécil, 565, 566, 567, 590
Lauste, 21
Lauste, Eugène-Augustin, 21
Lautner, Georges, 551, 553, 610
Laval, Pierre, 185, 186, 208, 364, 365, 412
Lazareff, Pierre, 67, 405
Léautaud, Paul, 93
Leboursier, Raymond, 479
Le Breton, Auguste, 548, 552, 605
Lebrun, Albert, 90, 307, 315, 328
Le Chanois, Jean-Paul, voir aussi Dreyfus, Jean-Paul, 75, 99, 100, 101, 212, 232, 233, 235, 236, 237, 238, 298, 343, 374, 429, 431, 457, 491, 492, 493, 556, 598
Leclerc, Ginette, 218, 241, 406, 429, 494
Leconte, Patrice, 461
Lecoq, Jean, 86
Ledoux, Fernand, 434
Ledoux, Jacques, 418, 567
Leenhardt, Roger, 287, 625
Leenhardt, Rudolf, 208
Lefaur, André, 125, 131, 224, 225, 312, 332

Marchand, Léopold, 45, 80, 133, 159, 223
Marchat, Jean, 126
Marconi, Lana, 474
Marcy, Claude, 77
Marèze, Janie, 142
Margaritis, Gilles, 112
Margueritte, Victor, 147, 193
Mariano, Luis, 523
Marion, Denis, 334
Marion, Paul, 365
Marivaux, Pierre Carlet de Chamblain de, 339
Marken, Jane, 289
Marker, Chris, 626
Marquès-Rivière, Jean, 432
Marquet, Adrien, 203
Marquet, Albert, 428
Marshall, Bill, 456
Martel, Noemi, 237
Martin du Gard, Roger, 120, 126, 154, 300, 301
Marx Brothers, 45
Masole, Joseph, 20, 21
Mason, James, 464
Masson, André, 97, 597
Maté, Rudolf, 201, 422
Mathot, Léon, 159, 396
Matisse, Henri, 172
Mauclaire, Jean-Paul, 124
Maudet, Christian, voir Christian-Jaque
Maupassant, Guy de, 248, 288, 303, 331, 388, 393, 406, 408, 444, 524, 557, 589
Maupi, Marcel, 492
Maurette, Marc, 238, 239, 374, 451
Mauriac, François, 126, 282, 322, 411, 432
Maurois, André, 120
May, Ghislaine, voir aussi Aubouin, Ghislaine, 99
Mayo, Archie, 371
Mazac, Jeanne, 374
Mazaud, Emile, 583
McEldowney, Kenneth, 467
Meersch, Maxence, van der, 383
Meerson, Lazare, 63, 67, 113, 119, 166, 259, 261, 545
Méliès, Georges, 248, 396, 463
Melville, Jean-Pierre (Grumbach, Jean-Pierre, dit), 111, 370, 552, 598, 601, 603, 604, 605
Menchen, 43
Mendel, 21
Menjou, Adolphe, 45
Mercanton, Louis, 50, 52
Mercanton, Roger, 429, 430
Méré, Charles, 44, 211

Meredith, Burgess, 465
Mérimée, Prosper, 413, 464, 469, 470
Meurisse, Paul, 484, 551
Meyer, Carl, 129
Milhaud, Darius, 208
Miller, Arthur, 489, 490
Milton, Georges, 27, 158, 159, 222
Miranda, Isa, 486
Mirande, Yves (Le Querrec, Anatole, dit), 39, 48, 50, 51, 127, 132, 134, 135, 149, 159, 165, 199, 200, 212, 223, 224, 225, 226, 227, 228, 229, 250, 328, 331, 332, 339, 348, 378, 411
Mirbeau, Octave, 465
Mireille (Hartuch, Mireille, dite), 145
Missir, Hervé, 429
Mistinguett (Bourgeois, Jeanne, dite), 143, 149
Mitry, Jean, 12, 73, 114, 152, 233, 251
Mitterrand, François, 374
Mocky, Jean-Pierre, 456
Modigliani, Amedeo, 97, 594
Modot, Gaston, 30, 62, 235, 236, 240, 269, 296, 407
Moguy, Léonide, 199, 213, 228, 241, 325, 330, 358, 383, 459
Moinot, Pierre, 508
Molière (Poquelin, Jean-Baptiste, dit), 39, 133
Moncorgé, Jean, voir Gabin, Jean
Monet, Claude, 91, 290
Monfort, Sylvia, 624
Monick, Emmanuel, 513
Monnet, Jean, 513
Montand, Yves, 483, 484, 485, 524, 608, 621, 623
Montel, Blanche, 117
Montez, Maria, 456
Montherlant, Henri de, 126, 411
Montparnasse, Kiki de, 98
Monzie, Anatole de, 184
Morand, Paul, 50, 115, 126, 207, 208, 411, 412
Moreau, Jeanne, 556
Morel, Jean, 376, 433
Moreno, Marguerite, 27, 50, 144, 225, 306, 312, 332
Morgan, Michèle, 144, 197, 216, 217, 239, 272, 275, 276, 326, 344, 348, 350, 351, 356, 423, 456, 487, 497, 522, 540, 558, 559, 579, 616, 620, 621
Morin, Edgar, 516, 560
Morlay, Gaby, 27, 60, 75, 128, 134, 136, 144, 216, 223, 225, 227, 348, 381, 382, 597
Mortier, Jacques, 167
Mouézy-Eon, André, 69, 134, 145

Renoir, Auguste, 69, 91, 290, 346, 468, 470, 587
Renoir, Claude, 152, 168, 238, 263, 290, 368, 373, 424, 610
Renoir, Jean, 35, 41, 65, 66, 69, 70, 71, 72, 73, 74, 78, 79, 83, 86, 101, 103, 111, 134, 139, 142, 151, 152, 153, 154, 155, 156, 157, 167, 168, 169, 170, 171, 172, 173, 174, 193, 205, 206, 212, 213, 214, 220, 221, 231, 232, 233, 234, 235, 236, 237, 238, 239, 246, 247, 251, 253, 254, 255, 256, 258, 259, 262, 264, 265, 266, 268, 282, 283, 284, 285, 286, 287, 288, 289, 290, 291, 292, 293, 294, 295, 296, 297, 298, 299, 300, 301, 302, 323, 325, 331, 338, 339, 340, 341, 343, 345, 346, 347, 355, 356, 357, 390, 403, 409, 418, 419, 420, 422, 423, 424, 425, 426, 431, 455, 459, 465, 466, 467, 468, 469, 470, 471, 552, 554, 577, 579, 580, 581, 588, 598
Renoir, Marguerite, voir aussi Houllé, Marguerite, 69, 73, 152, 173, 284, 289, 340, 346, 469, 596
Renoir, Pierre, 71, 72, 152, 153, 172, 269, 299, 328, 358, 397, 408, 416, 434
Resnais, Alain, 129, 368, 397, 625, 626
Reynaud, Paul, 328, 351
Ribemont-Dessaignes, Georges, 487
Richard, Jean, 228
Richard-Willm, Pierre, 77, 129, 143, 218, 271, 318, 350, 393
Riche, Paul, voir Mamy, Jean.
Richebé, Roger, 27, 29, 30, 41, 45, 69, 70, 81, 82, 118, 119, 212, 227, 300, 379, 392
Riedinger, Pierre, 374
Riefenstahl, Leni, 330
Rieul, Jean, 555
Rim, Carlo, 120, 139, 258
Rimsky, Nicolas, 42
Rip, 125, 139
Ritter, Karl, 326
Rivers, Fernand, 95, 134, 136, 378, 393
Rivette, Jacques, 565
Robert, André, 87
Robert, Yves, 622
Robin, Dany, 485, 499
Robinson, Madeleine, 239, 491, 559
Rochefort, Charles de, 50
Rodin, Auguste, 91
Rohmer, Eric, 86, 94, 133, 565
Rollan, Henri, 144
Rolland, Romain, 127
Rollin, Georges, 239
Rollmer, Franck, 238, 292

Rollmer, Frank, 205
Romains, Jules, 83, 120, 126, 130, 131, 154, 250, 347
Romance, Viviane, 216, 279, 281, 375, 392, 409, 428, 461
Romer, Jean-Claude, 140
Romy, Georges, 348
Roosevelt, Franklin D., 293
Roquevert, Noël, 406
Rosay, Françoise, 48, 77, 78, 216, 271, 272, 273, 274, 321, 326, 348, 457
Rosenkrantz, J., 239
Rosenthal, Leonard, 12
Rossellini, Roberto, 169, 335, 436, 492, 494, 528, 591
Rossi, Tino, 135, 218, 356, 394, 407, 434, 529, 582
Rostand, Edmond, 91, 313
Rothschild, Philippe de, 130, 300
Roubaud, André, 42
Rouch, Jean, 626
Rouleau, Raymond, 239, 240, 524, 548, 549
Rouquier, Georges, 105, 442, 626
Rousselet, André, 511
Rousselet, Marcel, 511
Roussell, Henry, 46, 47
Roux, Lucien, Armand, 529
Roy, André, 551
Rutmann, Walter, 12
Ryder, Alexandre, 348
Rytmann, Hélène, voir aussi Legotien, Hélène, 277

Sadoul, Georges, 59, 65, 97, 220, 232, 245, 258, 277, 462, 495
Saint-Cyr, Renée, 408
Saint-Exupéry, Antoine de, 15, 357, 423, 424
Saint-Granier, 50
Saint-John Perse (Alexis Léger, dit), 97
Saint-Laurent, Cécil, voir aussi Laurent Jacques, 565, 566, 567, 590
Saint-Saëns, Camille, 91, 339
Salacrou, Armand, 127, 375
Salou, Louis, 444, 485, 487
Sandberg, Serge, 310, 314, 315
Sandeau, Jules, 82
Sardou, Victorien, 279, 444
Sarment, Jean, 83
Sarraut, Albert, 328
Sartre, Jean-Paul, 36, 37, 136, 252, 255, 282, 322, 406, 411, 427, 472, 473, 489, 490, 494, 497, 541, 624
Sautet, Claude, 368, 551, 552, 622
Sauvage, André, 72, 105, 106
Sauvageon, Marc-Gilbert, 375
Schertzinger, Victor, 52
Schiffrin, Simon, 189

INDEX DES FILMS CITÉS

TABLE

LIVRE TROISIÈME
L'eau grise (1946-1959)

ANNEXES

Cet ouvrage a été réalisé par
MAURY EUROLIVRES S.A.
45300 Manchecourt
pour le compte des Éditions Flammarion
en janvier 1995

Imprimé en France
Dépôt légal : janvier 1995
N° d'édition : 15751 — N° d'impression : M5591